진리의 근원
眞理의 根源

왜 친 아버지가 있는데 반기지도 않는
남의 아버지 밑에 가서 유업도 없이 방황하며 기웃거려야 하는가?

저자 **장석열**

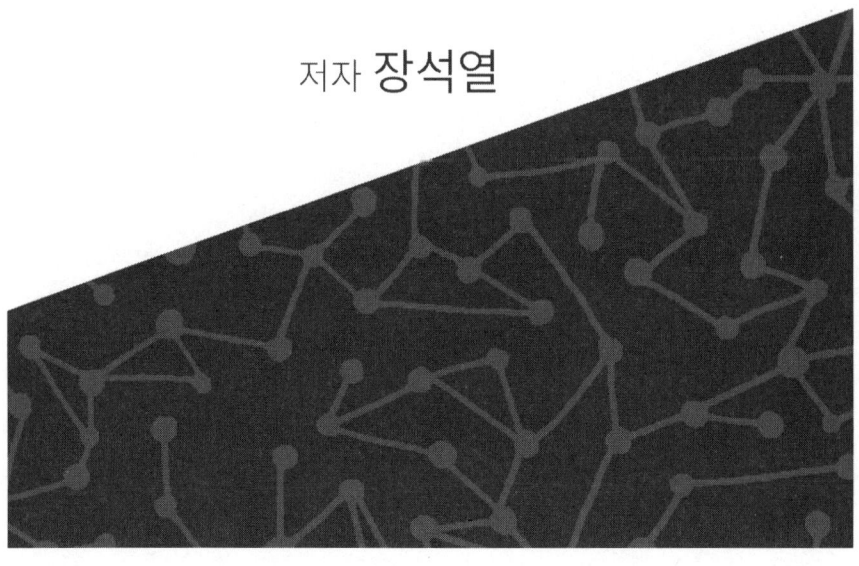

* 이 책은 '나눔글꼴', 'KoPubWorld서체' 가 사용되었습니다.

序論(서론)

복음의 뿌리

　붓을 드는 첫 순간에 천지의 主宰(주재)이신 분과 나를 돕는 천군천사들과 의인의 영들과 주변의 영적인 지체들과 형제자매들에게 감사를 드리며 이 글을 기록하려 한다.
　지금 전 세계는 과학의 발달이 눈부시긴 하나 인간의 마음은 발달하지 못하고 있으며 도덕은 오히려 1세기전보다 황폐해졌다.
　어떤 선각자가 아무리 진리를 전파해도, 시대를 앞선 계몽운동을 해도 마음의 도시건설에 관한 정신 문화운동은, 요원의 불길처럼 무슨 영화 흥행처럼 관객을 동원할 수는 없으며 촛불 시위대처럼 마음에 번져나가는 일은 지금까지 없다. 세상 임금인 詐誕王國(사탄왕국)에서 이긴 자가 되어 왕도의 길을 가는 사람이나 교회는 그 수가 정말 稀疎(희소)하고 그 좁은 문을 통과하여 잃어버린 심령의 낙원을 회복한 사람은 정말 그 수가 귀하며 한국 교회도 유럽이나 러시아처럼 문을 닫을 시기에 접어들었다.
　檀君(단군)이래 이 나라에서 가장 많은 인파를 한 자리에 모았던 날은 1974년 8월 14일 '엑스플로' 대회로 180만 명이 운집된 여의도 광장이었다. 종교 집회로는 세계사적으로도 전무한 사건이었을 것이며, 이후로부터는 200만 명이 운집하는 종교 모임은 없을 것이다. 왜냐하면 지금은 基督敎(기독교)가 退衰期(퇴쇠기)에 들어섰고 겉치레 종교마저도 다 무너지고 있기 때문이다.

1974년 당시 여의도 광장에서 그때 대회장은 朝鮮大學校(조선대학교) 문과출신 김준곤 목사였다. 아마 예언컨대 다시 말하지만 종교적 문제로 이렇게 사람이 모이는 일을 내 생에 다시는 없다고 내다본다.

종교들이 그나마 선교를 펼쳐 1차 성공을 한 것은 文盲退治(문맹퇴치), 福祉事業(복지사업), 兒童福利(아동복리), 男女平等(남녀평등), 民主主義(민주주의), 醫療事業(의료사업), 등을 통하여 명분을 겨우 유지하는데 그치고 있고 진리와 정의의 횃불을 들지 못하고 있는 형편이다.

그 이유는 간단하다. 많은 종교 중에 가장 문제되는 淺薄(천박)한 의식을 가진 문자주의 신앙을 소유한 기독교인들이다. 이들의 주장은 그렇다.

'오직 우리의 市民權(시민권)은 하늘에 있으니 거기로서 구원하는 자 곧 예수그리스도를 기다리노니' (빌3:20)

'이 세상이나 世上(세상)에 있는 것들을 사랑하지 말라 누구든지 세상을 사랑하면 아버지의 사랑이 그 안에 있지 아니하니 세상에 있는 모든 것이 육신의 情慾(정욕)과 안목의 정욕과 이생의 자랑이니 다 아버지께로부터 온 것이 아니요 세상으로부터 온 것이라.' (요일2:15~16)

이러한 聖經(성경) 구절들을 문자 그대로 해석하는 사람들은 물과 기름처럼 하나님이 지으시고 보시기에 좋았던 아름다운 세상을 악마의 나라로 보고 이 세상은 죄악이 貫盈(관영)한 將亡城(장망성)이니 죄가 없고 琪花瑤草(기화요초)가 만발한 아름다운 천국을, 죽어 이 세상 소풍 끝내는 날 가기위해 목숨 바쳐 犧牲(희생)하고 재산 팔아 헌금하고 잠시 밥 먹고 잠자는 시간외에는 교회당에서 살다시피 하고 세상이 망하고 독재자의 횡포가 판을 치고 온 땅과 계곡이 쓰레기 더미가 되고 폭력이 난무하고 하늘에다 독극물 미세먼지 중금속 오염물질을 매일 뿌려대도 1300만 교인들은, 이 땅은 마귀의 땅이라고 천국만 기다리며 민심이 부도덕으로 오염돼도 나와 상관없는 일이니 끼리끼리만 결속하여 수백 개의 교파마다 자기만 옳으니 실제적으로 알고 보면 전부 적들이다.

각 종교마다 교파가 수십 수백으로 나누어지고 자기들의 이론과 조금만 다르면 정죄하고 독선을 부리며 막상 신천지의 짜집기 교주 이만희나, 정명석, 조희성, 자칭 재림주 안상홍, 등의 교리에 맞서 신도를 지키는 곳도 없어 지금 그들에게 수많은 사람들을 **빼앗기고** 있다.

밥맛 떨어지는 좀비들이 지금도 영생을 憑藉(빙자)하여 전국에 독극물처럼 퍼지고 있으며 독거미처럼 영혼이 어린 사람들을 誘引(유인)하여 재산과 청춘과 영혼을 송두리째 저당 잡혀 奴隸(노예)가 되고 있다.

앞으로 10년 이내에 교회는 개혁해야 한다. 10년 이내에 개혁하지 않으면 오늘의 기성 교회들은 돌이킬 수 없는 흑풍이 몰아칠 것이며 금세기에 교회는 황야를 맞게 된다. 다시 한 번 말해서 30년쯤 뒤에는 교회가 거의 문을 닫을 것이기 때문이다.

지금까지는 한국교회가 全盛期(전성기)였으나 이제는 종말을 알리는 무화과나무의 비유가 실현될 시기에 나 같은 이름 없는 '멜기세덱'의 후예들이 시온의 깃발을 들고 강단에 잃어버린 십자가를 세워주고 그릇된 천국관과 문자주의 虛想(허상)과 거짓 진리를 파헤쳐 오랜 유전을 버리고 전쟁으로 피 흘리기를 좋아하며 공짜로 천국을 기다리는 사람들의 분명한 Guide 역할로 시온의 대로를 열어주려고 붓을 들었다.

지금 정말 교회가 위험한 詐誕崇拜(사탄숭배), 모세숭배, 아담숭배, 황제숭배, 물질숭배, 목사숭배, 건물숭배에 基準(기준)과 가치를 두고 '하나님이 보시기에 좋았더라.' 하시며 주신 이 땅을 荒蕪地(황무지)로 만들고 있다.

선악에 물든 첫 아담의 혈통들, 수만 명의 목회자들은 축복의 가치관을 맘모스 교회, 건물 평수와 신도수가 몇 만 명 모이느냐에 따라 사실상 등급이 결정되며 비싼 외국차를 소유해야 하며 유학파에 세상 지식이 많아야 성공한 사람이다.
　큰일이다. 사도들이나, 바울, 초대교회 감독들과는 너무나 환경이 다른 이러한 단체나 조직, 이런 성직자의 가슴에 하나님의 영이 임할 틈이 없다.
　하나같이 첫사랑을 버리고 돈 다발을 따라가는 양아치 신세를 자취하고 쑥물신학을 유전처럼 여기며 깊은 잠을 자고 있다. '예수 그리스도'의 사랑과는 전혀 무관한 사람들이 득실거리는 이 구역질나는 소돔성에 틀림없이 豫備審判(예비심판)이 지금 일어나고 있으니 대형교회들이 성직자 직업꾼들에 의해 무너지는 것이 증거이니 뉴스 보기가 두렵다. 회개와 개혁이 시급하다.

　필자는 어렵게 공부하여 초라한 목회를 하면서, 썩어가는 유형교회들의 해도 해도 너무하는 이탈된 蕩兒的(탕아적)인 축복 장사꾼들을 수도 없이 보았고 15년 이상 수도원을 운영하며 스쳐간 상처 깊은 영혼들의 피 맺힌 간증들을 들으며 너무나 놀라워 소름 돋는 순간이 한 두 번이 아니었으며 지금도 우리 명상센터에 찾아오는 이들의 간증은 종교적 상처투성이들이며 예수 이름으로 위협당하고 겁먹은 사람들이 대다수다.
　앞으로 기록될 본론에서 양해를 구하고 그 분들의 상담 내용들을 인용할 것이다. 교회가 이토록 세인들보다 더 썩은 것은 첫째 교리가 크게 잘못되었고 목회자들의 도덕성이 가장 큰 문제다. 이들은 말 할 것도 없이 양심에 火印(화인)맞은 대다수가 가인의 후예들이다.
　필자의 직업은 종교계와 정신계의 자칭 기자다. 목사직은 20년 전에 버렸고 노회도 탈퇴했으며 미련도 없고 부럽지도 않고 미운사람도 없다. 다만 기자의 눈은 슬프다. 깨진 그릇을 붙여주며 조각난 영혼들을 慰勞(위로)했으며 여비와 선물은 받았으나 단 한 번도 헌금을 요구한 적 없으며 상담료를 받은 적도 없다. 정말 부족한 사람을 찾아주는 이들이 감사할 뿐이다.

　1년 전에 〈水面(수면)에 운행하는 신〉을 탈고했는데 다시 붓을 잡는 것은 나의 첫째 弟子(제자)이며 아내인 유미경 재즈뮤지션이 세상 떠나기 전에 가슴속에 있는 영감이나 못 다한 비밀이나 교리, 등을 남겨달라는 부탁으로 힘을 얻어 다시 붓을 잡는다.

　독자들은 각 단원을 대략 더듬어 비위에 거슬리면 덮고, 보다가 눈에 띄는 곳부터 찬찬히 읽기 바란다. 가급적 난해한 신학적 용어는 피했으며 완만한 어휘로 쉽게 기록하였다. 이 책의 진리는 이 시대의 틀림없는 등불이라 자부한다. 自我陶醉(자아도취)가 아니고 여러 각도에서 內照(내조)해보며 객관적 시각을 충분히 고려하였으며 역사성과 실증적인 근거를 중시하였으며 샤먼과 비과학적인 영감들은 절제시켰는데 이 문서는 개인적인 토론이나 간증이 아니고 영성의 指針書(지침서)가 되리라 자부하기 때문이며 더 늦기 전에 횃불을 드는 심정으로 이 글을 남기려 한다.

　건강문제로 투병 차 이곳 智異山(지리산)에 은거하는 나 자신의 몸은 좀 고단하고 지금도 툭하면 매연에 쓰러지며 며칠씩 천국의 문턱을 넘나든다.
　힘은 들지만 내 영혼은 환희에 충만하다. 나의 하나님의 도우심으로 이 문서가 완성될 것을 하나님께 감사하며 내 주변의 산천초목과 江湖諸賢(강호제현) 앞에 두 손을 모아 감사의 기도를 올린다.

목 차

서론. 복음의 뿌리　　　　　　　　　　　　　3

1장. 예수 그리스도는 누구인가?

1. 인간 예수　　　　　　　　　　　　　　　16
2. 동정녀에 대한 이해와 예수 탄생　　　　　29
3. 예수의 少年期(소년기)　　　　　　　　　46
4. 靑年期(청년기) 17년　　　　　　　　　　63
　(1) 예수의 청년 시절을 찾아서　　　　　　66
　(2) 삭제된 예수의 행적　　　　　　　　　67
　(3) 인도 히말라야에서의 예수활동　　　　72
5. 그의 기름부음 (메시아의 자격)　　　　　173
6. 예수 자신이 메시아로 確信(확신)　　　　181
7. 奇籍(기적)들에 대한 조명　　　　　　　195
8. 인도와 히말라야에서 예수행적　　　　　217
9. 인간 예수의 孤獨(고독)　　　　　　　　224

2장. 聖經(성경)은 누가 썼는가?

1. 神學(신학)적인 靈感說(영감설)들   232
2. 啓示思想(계시사상) 아포칼룝시스   243
3. 예수를 신으로 만든 종교회의   247
4. 예수 신격화를 위한 역사 기록들   262
5. 기독교에서 윤회환생설이 삭제된 이유   266
6. 삼위일체교리는 사탄숭배다   270
7. 단일신과 樣態論(양태론)   279
8. 가인의 후예들의 종교전쟁   282
9. 칼빈, 하나님의 종인가   299
10. 칼빈의 스위스에서의 惡行(악행)   304
11. 종말론과 예수그리스도의 재림   320
12. 復活의 의미   329
13. 保惠師(보혜사) 성령의 실체   334
14. 이 시대의 계명성(루시퍼)들   343
   (1) 교묘한 루시퍼는 계명성으로 둔갑   344
   (2) 한국의 루시퍼(계명성들)   348
   (3) 더 무서운 계명성들(루시퍼)   372
   (4) 교회의 급성장 그 원동력은?   373
   * 73년 빌리 그레이엄 전도대회
   * 74년 엑스플로 74 대 성회
   * 77년 민족복음화 대 성회

3장 天國(천국)의 양상과 實體(실체)

1. 천국은 地上(지상)에서 시작된다.   387
2. 천국의 여러 단계들   393
3. 自覺(자각)과 인식의 중요성   427

4장. 地獄(지옥)의 槪念(개념)과 실체

1. 지옥의 개념   454
2. 지옥은 心理的(심리적)상태   455
3. 성경에 비친 문자적인 지옥 개념들   456
4. 타종교의 지옥개념과 기타 지옥   458
5. 가톨릭의 교과서 단테의 신곡   461
6. 地獄(지옥)의 상징 '게헨나' 없음   465
7. 유황불 지옥은 무엇인가? 없음   465

5장. 하나님의 形狀(형상)을 回復(회복)하는 길

1. 人格回復(인격회복)   469
2. 감정과 이성으로 회복해야 함   470
3. 하나님의 형상이 회복되면 성품이 바뀐다.   471
4. 靈光(영광)된 형상으로 변형   472
5. 하나님 아들이 되는 형상   474
6. 하나님의 형상을 잃어버린 한국교회의 오류   478

6장. 바람직한 교회의 動向(동향)

1. 개혁이 필요한 오늘날의 교회   484
2. 무형교회와 유형교회   499
   (1) 무형교회 멜기세댁의 반차   499
   (2) 유형교회 아론반차   512
   (3) 세속적인 음녀교회   524
3. 피로 물든 예루살렘   541
4. 칼을 부르는 유대 戰爭(전쟁) 경위   547
5. 구약의 여호와는 민족신이며 전쟁의 신이다.   591

7장. 永遠(영원)한 복음 새 하늘 새 땅

1. 영원한 복음 새 하늘과 새 땅   607
2. 자유, 평화, 윤택한 삶,   619
   (1) 하나님의 자녀들의 자유   619
   (2) 넘치는 의식주   622
   (3) 하나님 아들들의 평화   625
   (4) 전쟁과 싸움이 끝이 남   627
   (5) 천년왕국에 들어감   637
   (6) 형제가 서로 동거함   642
   (7) 사막이 변하여 생수가 넘치는 낙원으로   650

8장. 복음의 根源을 찾아서

1. 하나에서 하나로 돌아가는 영원한 진리　655
2. 하나로 돌아가는 原始反本(원시반본)　665
   - (1) 시대적 공동윤리　666
   - (2) 윤리적 근원　667
   - (3) 換父易祖(환부역조)　669
   - (4) 나의 종교관　671
   - (5) 인드라망(因陀羅法界間)　674
3. 탈레스와 니체　684
4. 흔들리지 않는 나의 뿌리　697
   - (1) 대륙의 한민족 홍산문화 유적들　699
   - (2) 홍산문화의 특징　701
   - (3) 수메르 문명과 한민족　704
   - (4) 길가메시(Gilgamesh)　709
   - (5) 문자도 없던 시절부터 찬란했던 우리문명　712
5. 人類 創造 紀元 (인류창조기원)　720
   - (1) 뇌의 진화와 신의 출현　721
   - (2) 신학의 진보　724
   - (3) 자연은 신의 세계이다　727
   - (4) 우리 의식의 알파와 오메가는?　728
   - (5) 성경의 6천년 역사 재조명　729
   - (6) 유란시어 서(The Urantia Book)　731
6. 슬픈 檀君(단군)할아버지　741
7. 우리의 갈 길은　754

9장. 本心本 太陽 大韓民國 (본심본 태양 대한민국)

1. 符都誌(부도지)이야기　　　　　　　785
2. 아시아(Asia)란 말의 始原(시원)　　787
3. 우리민족의 성경 天符經　　　　　　789

후기. 붓을 놓으며　　　　　　　　　795

1장.
예수 그리스도는 누구인가?

1. 人間(인간) 예수

蔽一言(폐일언)하고 예수께서는 분명한 사람이다. 여인의 몸에서 분명히 남자의 씨를 받아 孕胎(잉태)되어 여인의 子宮(자궁)으로 탯줄을 끊고 사람의 모양으로 태어나 마리아님의 젖을 먹고 나사렛 동네에서 聰明(총명)한 소년으로 자라난 사람이다.

구약시대의 모든 선지자들이 사람이었고 여러 왕들이 사람이었고 제사장들이 사람이었으며 모세, 아론, 엘리야, 마지막 선지자 세례요한이 사람이었고, 특별히 선악과 문제로 낙원을 잃어버린 첫 번째 아담이 사람이었듯이 예수 그리스도는 둘째 아담 되신 참 사람이다.(롬5:15)

사람의 형상을 입은 자리에 붙여진 이름은 예수이며 메시아 사명을 받은 뒤 붙여진 이름은 그리스도 즉, 기름부음의 증표다. 그러므로 사람이신 예수님의 생명을 그리스도라 칭하는 것이다.

사람이신 예수께서 창조주 하나님의 생명과 그의 기운을 받고 그와 하나 되신 분이다. 하나님은 둘째 아담이신 예수 그리스도로 말미암아 많은 후사들이 연합하여 그리스도 예수의 영을 통하여 구원을 얻으려 하심이 그분의 계획이시다.(히5:5)

아담 이후 인간은 끝없이 나고 죽고 또 나고 죽기를 거듭하면서 종교가 생겨나고 제사제도가 생기고 율법과 교리가 생겨났고 속죄제도가 생겨났다. 사람들의 허물과 죄를 희생제물인 대속물로 드리며 신과 올바른 관계를 유지하려 고뇌하며 애썼고 그리고 또 타락하고 율법을 파계하고 사람들은 늘 불안정하였다.

이스라엘의 역사는 족장시대, 사사시대를 거쳐 크고 작은 선지자들이 일어나 이스라엘 왕들의 墮落(타락)과 잘못을 지적하며 회개를 촉구하였고 하나님의 심판을 對言(대언)의 靈(영)으로 경고했다. 여러 선지자들의 입을 依託(의탁)하여 메시아가 오리라고 豫言(예언)하였다.

4800여년 긴 세월 동안 여러 왕들을 동원하여 통치하던 신정국가는 태평한 날보다는 늘 불안하고 불완전한 상태로 주변 강대국들 틈바구니에서 박해를 받으며 소망한 막연한 기다림 하나는, 어떤 힘 있는 정치적인 메시아가 나타나 구해주기를 바라는 것이며 동시에 이상 국가를 세우고자 하는 바람이 있었다.

말라기 선지자의 활동을 마지막으로 이스라엘은 아주 깊은 잠을 자는 신앙의 불모지가 되고 말았다. 우상숭배조차 없는 시대에 말라기 선지자가 뒤늦게 회개를 촉구한 뒤 400여 년이 다시 흘렀다. 그때 홀연히 마지막 제사장 에세네파 사가랴의 아들 세례요한이 나타나 잠자는 백성들에게 경각심을 던지며 회개의 세례를 요단강에서 베풀었다. 요한이 군중을 모아놓고 외쳤다.

"회개하라 천국이 가까웠다"(마3:2)

때마침 구도여행을 마치고 비상한 결단과 계시의 영감을 받고 고국에 돌아온 예수께서도 첫 설교를 전할 때,

"회개하라 천국이 가까웠느니라"(마4:17)

회개를 촉구하는 이 두 사람은 30세의 피 끓는 장년기에 사촌인 동시에 선교를 시작한 운명적인 만남이었다.

한 사람은 마지막 선지자로 광야의 외치는 자의 소리가 되었고, 요한보다 6개월 늦게 태어난 사람은 특별한 사람 **예수 그리스도**였다. 필자가 특별하다는 것은 그분이 신의 아들이며 전능한 힘이 있어 특별하다는 것이 아니라 사람으로서 한계에 부딪치는 일을 시작하여 어떤 선지자들도 시도하지 못한 천국복음을 가르쳤고 그 천국백성이 되는 길을 안내하며 구체적으로 마음을 비우는 방법을 山上垂訓(산상수훈)에서 가르쳐 주고 있기 때문이다.

舊約(구약)의 옛 선지자들도 회개를 촉구하며 책망과 慰勞(위로), 등 여러 방법으로 경고했으나 예수 그리스도처럼 구체적으로 하나님과의 올바른 교제를 가르치며 사닥다리 역할을 한 사람은 없었다.

유대인들이 기다리는 메시아는 힘 있는 나라로 부흥시킬 권력자를 정치적으로 기다렸고 예수께서는 영적으로 잃어버린 낙원을 회복하여 이 땅에서의 영원한 생명을 얻게 하려는 개혁의 샛별이었다.

지금까지도 그들은 정치적인 메시아를 기다리며 '부림절'을 지키며 痛哭(통곡)의 벽에서 기도하는 所望(소망)은 오직 하나 세계 강대국이 되는 것이 그들의 축복관이며 예수의 가르침과 목적은 이 땅에서 잃어 버렸던 낙원을 되찾아 건설하는 것을 신앙의 基準(기준)삼아 마음이 가난한 자를 만드는 것이 그 분의 뜻이었다.

(1) 예수께서 사람이신 聖書的(성서적) 根據(근거)

예수께서는 우리와 똑같은 肉體(육체)를 타고 나셨다.

'예수 그리스도께서 육체로 오신 것을 是認(시인)하는 영마다 하나님 께 속한 것이요 육체로 오신 것을 시인하지 않는 靈(영)들은 하나님 께 속하지 않은 거짓 선지자들이다' (요일4:2~3)

예수께서는 완전한 순수인간의 혈통이다. 만일에 신학에서 주장하는 동정녀 탄생 100% 믿는다면 전지전능의 하나님은 이러한 기적을 단 한 번으로 끝낼 분이 아니시다. 예수께서는 너희가 믿을진대 나보다 더 큰 일도 할 수 있다고 말했다.

'내가 진실로진실로 너희에게 이르노니 나를 믿는 자는 나의 하는 일을 저도 할 것이요 또한 이보다 큰 것도 하리니' (요14:12)

나의 하는 일을 저도 할 수 있다는 것은 사람으로서 제자들과 육적으로 동질성이라는 의미를 내포하는 것이며 이에 의지하여 그의 제자들은 예수 비슷하게 살다가 목숨을 던져 殉敎(순교)하고 세상을 떠났다.

베드로는 나이 많은 장로였으나 거꾸로 못 박히고, 바울은 圓形劇場(원형극장)에서 목 베임 당하고 바돌로메는 가죽 벗김을 당하여 순교하였다. 어떤 측면에서 보면 예수님보다 더 큰 고난을 받았다. 이러한 熱心(열심)은 인간으로서의 최대 限界(한계)였다.

(2) 집 없는 거지 예수

'예수께서 이르시되 여우도 굴이 있고 공중의 새도 居處(거처)가 있으되 오직 人子는 머리 둘 곳이 없다 하시더라' (마8:20 눅9:58)

여기서 인자라 함을 형용사로 예수께서 쓰신 것은 자신이 사람의 아들이라는 것이다.

(3) 예수가 神이라면 무슨 시장기를 느끼겠는가?

'이튿날 저희가 베다니에서 나왔을 때에 예수께서 시장하신지라' (마11:12~13)

그가 신이었다면 식사 한두 끼 건너뛰어도 전능할 것이다. 예수께서는 틀림없이 기름진 식사를 할 수 없었다. 왜냐하면 돈이 많은 부자가 아닌데다가 이집 저집에서 초대를 받아가며 주로 마른 빵으로 연명하셨고 간혹 야생 무화과를 몇 개씩 얻어서 하루하루 지내신 가난한 宣敎師(선교사)였다.

(4) 十字架(십자가) 죽음 앞에 흔들리는 인간 예수

'가라사대 아바 아버지여! 아버지께서는 모든 것이 가능하오니 이 잔을 내게서 옮기시옵소서 그러나 나의 원대로 마옵시고 아버지의 원대로 하옵소서.' (마14:36)

예수께서는 全知全能(전지전능)하신 하나님이 아니시다. 오직 위로부터 내리시는 기름부음으로 악정에 시달리는 민중들과 썩고 또 썩은 유대교의 뿌리 깊은 타락에서 백성을 초장으로 이끌어 의로운 길을 안내하고저 하는 뜨거운 사랑의 사명감을 온몸으로 체감하여 연민을 실천함과 동시 이왕 시작한 거 끝까지 가는 길이 죽음뿐이었다.

인간 예수는 이 십자가 사역을 앞에 놓고 벅찬 시험에 흔들렸다. 여기서 우리는 예수 그리스도에게서 사람 냄새를 느낀다.

"아바 아버지여!"

여기서 '**아바**'라는 단어는 유대인들과 팔레스타인 사람들이 갓난 애기가 처음 말을 배울 때 부르는 아버지에 대한 이름인데 '**아빠**'라는 뜻이다. 이 말은 오직 어린 자녀만이 아주 친밀한 표현으로 아버지를 부르며 부탁할 때 쓰는 용어인 것이다.

(5) 예수께서는 목마름을 느끼신 사람이었다.

예수께서 십자가상에서 절규하신 七言(칠언) 중에

'내가 목마르다…' (요19:28)

하신 구절은 틀림없이 고통당하는 사람의 부르짖음이다. 사람은 사람을 통해서 대화하고 교감하고 사랑하고 교육받고 인도받는 것이 자연계와 우주의 법질서인 것이다. 예수라는 탁월한 청년이 불의와 妥協(타협)하지 않고 종교계나 로마의 정권에도 흔들리지 않고 차라리 죽음을 택하여 구속의 길을 열어주시기 위하여 사람의 몸을 犧牲祭物(희생제물)로 드린 세계적인 사건이다. 인간이 상상하는 전능의 신들이 연극으로 행하는 기적들이라면 그다지 뉴스거리가 못된다.

(6) 예수께서 사람의 아들임을 강조한 성경구절들

- 人子(인자)가 세상에서 죄를 사하는 권세가 있는 줄을 너희로 알게 하려 하노라 (마9:6, 막2:10, 눅5:24)

- 내가 진실로진실로 너희에게 이르노니 이스라엘 모든 동네를 다 다니지 못하여서 인자가 오리라 (마10:23)

- 인자는 와서 먹고 마시매 말하기를 보라 먹기를 탐하고 葡萄酒(포도주)를 즐기는 사람이요 (마11:19, 눅7:34)

- 인자는 安안식일의 주인이니라 하시니라 (마12:8, 막2:28, 눅6:5)

- 인자를 拒逆(거역)하면 사함을 받으려니와 聖靈(성령)을 모독하는 자는 사하심을 받지 못하리라 (눅12:10)

- 그러므로 너희도 예비하고 있으라 생각지 않은 때에 인자가 오리라 (눅12:40)

- 人子(인자)도 밤낮 사흘을 땅속에 있으리라(마12:40)

- 대답하여 가라사대 좋은 씨를 뿌리는 자는 인자요 밭은 세상이요 (마13:37)

- 인자가 그 천사들을 보내리니(마13:41, 막13:27)

- 제자들에게 물어 가라사대 사람들이 인자를 누구라 하느냐 (마 16:13)

- 인자가 아버지의 榮光(영광)으로 그 천사들과 함께 오리니(마 16:27)

- 인자가 그 왕권을 가지고 오는 것을 볼 자들도 있느니라(마16:28)

- 인자가 죽은 자 가운데서 살아나기 전에 본 것을 아무에게도 이르지 말라(마17:9)

- 인자가 사람들의 손에 넘기워 죽임을 당하고 죽은 지 삼일 만에 살아나리라 (막9:31)

- 인자가 張次(장차) 사람들의 손에 넘기 우리라 (눅9:31)

- 인자가 자기 榮光(영광)의 寶座(보좌)에 앉을 때에 나를 좇는 너희도 이스라엘 열두 지파를 審判(심판)하리라 (마19:28, 막14:62)

- 인자)가 대 祭司長(제사장)들과 書記官(서기관)들에게 넘기 우매 저희가 죽이기로 結案(결안)하더라. (마20:18)

- 인자가 온 것은 섬김을 받으려 함이 아니라 도리어 섬기려하고 자기 목숨을 많은 사람의 대속물로 주려 함이니라. (마20:28, 막10:45)

- 인자의 徵兆(징조)가 하늘에서 보이겠고 그때에 땅의 모든 족속들이 痛哭(통곡)하며 그들이 인자가 구름을 타고 能力(능력)과 큰 榮光(영광)으로 오는 것을 보리라. (마 24:30, 눅21:27, 막13:26)

- 인자의 임함도 노아의 때와 같이 그러 하리라 (마24:37)

• 인자가 생각지 않은 때에 오리니 豫備(예비)하고 깨어있으라(마 24:44, 눅12:40)

• 인자가 자기 榮光(영광)으로 모든 천사와 올 때에 자기 영광의 寶座(보좌)에 앉으리니 (마25:31)

• 인자가 十字架(십자가)에 못 박히기 위하여 팔리우리라 하시더라 (마 26:2)

• 인자는 자기에게 대하여 기록된 대로 가거니와… (마26:24)

• 인자를 파는 자는 禍(화)가 있으리로다. (마26:24, 눅22:22)

• 인자가 罪人(죄인)의 손에 팔리우리라. (마26:45)

• 인자가 權能(권능)의 右便(우편)에 앉은 것과 구름을 타고 오는 것을 너희가 보리라. (마26:64))

• 인자가 많은 苦難(고난)을 받고 長老(장로)들과 大祭司長(대제사장)들과 書記官(서기관)들에게 버린바 되어 죽임을 당하고 사흘 만에 살아나야할 것을 비로소 저희에게 가르치시니… (막8:31, 눅9:22)

• 인사에 대하여 紀錄(기록)하기를 많은 고난을 받고 멸시를 당하리라 하셨느냐?(막9:12)

• 인자가 죄인의 손에 팔리우느니라. (막14:41, 눅24:7)

• 인자를 인하여 사람들이 너희를 미워하며 멀리하고 욕하며 너희 이름을 惡(악)하다 하여 너희를 버릴 때에는 복이 있도다. (눅6:22)

• 인자도 자기와 아버지와 거룩한 천사들의 영광으로 올 때에 그 사람을 부끄러워하리라 (눅 9:26)

인간예수

23

- 인자도 이 世代(세대)에 그러하리라. (눅11:30)

- 인자도 하나님의 사자들 앞에서 저를 시인할 것이요 (눅12:8)

- 인자의 날 하루를 보고자 하되 보지 못하리라 (눅17:22)

- 인자도 자기의 날에 그러 하리라 (눅17:24)

- 노아의 때에 된 것과 같이 人子의 때에도 그러하리라. (눅17:26)

- 인자의 나타나는 날에도 그러하리라 (눅17:30)

- 인자가 올 때에 세상에서 믿음을 보겠느냐 하시니라. (눅18:8)

- 인자가 이방인들에게 넘기워 戱弄(희롱)을 받고 능욕을 받고 (눅18:32)

- 선지자들로 기록된 모든 것이 인자에게 응하리라 (눅18:31)

- 인자의 온 것은 잃어버린 자를 찾아 구원하려 함이니라. (눅19:10)

- 인자 앞에 서도록 항상 기도하며 깨어 있으라. (눅21:36)

- 예수께서 이르시되 입맞춤으로 나를 파느냐 하시니 (눅22:48)

- 인자가 하나님의 권능의 우편에 앉아있으리라 하시니라. (눅22:69)

- 인자위에 하나님의 사자들이 오르락내리락 하는 것을 보리라 하시니라 (요1:51)

- 人子(인자)외에는 하늘에 올라간 자가 없느니라. (요3:13)

- 모세가 광야에서 뱀을 든 것 같이 人子도 들려야 하리라 (요3:14)

- 人子(인자) 됨을 인하여 審判(심판)하는 권세를 주셨느니라. (요 5:27)

- 이 양식은 인자가 너희에게 주리니 (요6:27)

- 人子(인자)는 하나님의 印(인) 치신 자니라. (요6:27)

- 人子(인자)의 살을 먹지 아니하고 人子(인자)의 피를 마시지 아니하면 너희 속에 生命(생명)이 없느니라. (요6:53)

- 人子(인자)가 이전 있던 곳으로 올라가는 것을 볼 것 같으면 어찌하려느냐? (요6:62)

- 人子(인자)를 든 후에 내가 그 인줄 알고 또 내가 스스로 아무것도 하지 아니하고 오직 아버지께서 가르치신 대로 이런 것을 말하는 줄로 알리라. (요8:28)

- 人子(인자)를 네가 믿느냐? (요9:35)

- 人子(인자)가 영광을 얻을 때가 왔도다 (요12:23)

- 人子(인자)가 들려야 하리라 하느냐? (요12:34)

- 人子(인자)는 누구냐? (요12:34)

- 人子(인자)가 榮光(영광)을 얻었고 (요13:31)

- 人子(인자)를 인하여 영광을 얻으셨도다. (요13:31)

- 人子(인자)가 하나님 우편에 서신 것을 보노라. (행7:56)

- 人子(인자)가 무엇이관대 주께서 저를 권고 하시나이까?(히2:6)

• 人子(인자)같은 이가 발에 끌리는 옷을 입고 가슴에 金(금)띠를 띠고 그 머리와 털의 희기가 흰 양털 같고 눈 같으며 그의 눈은 불꽃같고…(계1:13~14)

＊ 〈킹제임스(King james) 흠정역〉에는 人子를 사람의 아들로 수록함.

＊ 인자 = 사람의 아들인 예수 그리스도의 특징

하나님의 아들 獨生子(독생자) 예수는 자신이 어디서 왔는지 알고 있다고 선언하였으며 그분의 삶은 이 땅에 태어나기 위해 하늘에서 내려 왔다고 설명하였다. (요6:38)

사람의 아들로, 여러 번 자신을 가리켜 사람의 아들 즉, 인자라고 표현하셨는데 이 표현은 신약 福音書(복음서)에서 **80여회** 가량 언급되고 있다.

이 말은 그분이 인간으로 化身(화신)한 하나님이 아니라 **실제 인간**이셨음을 알려주는 黙示(묵시)인 것으로 보는 것이 전체적인 성서의 결론이다.

(7) 요한이 증언하는 사람의 아들이신 예수 그리스도

사랑하는 여러분은 자기가 聖靈(성령)을 받았다고 말하는 사람들을 다 믿지 말고 그들이 성령이라고 주장하는 것이 과연 하나님께로부터 온 것인지 아닌지를 시험해보라. 많은 거짓 先知者(선지자)가 세상에 나타났기 때문이다.

＊ 예수 그리스도께서 사람임을 알아보는 *方法*(방법)

하나님의 聖靈(성령)을 알아보는 방법은 다음과 같다.

그것은 **예수 그리스도께서 사람의 몸으로 오셨다는 것을 인정하는 사람은 모두 하나님으로부터 聖靈(성령)을 받은 사람**이며, 예수께서는 사람의 몸이 아니시고 神(신)으로 오셨다 믿는 사람들은 聖靈(성령)의 사람이 아니며 그들이 바로 세상을 어지럽히는 사람들로 그들이 바로 그리스도의 敵對者(적대자)들로부터 惡靈(악령)을 받은 자들이다. 그들이 벌써 세상에 와 있다.〈공동번역 요일4:1~3〉

예수를 神格化(신격화)하여 敎理(교리)를 만들고 宗派(종파)를 만들고 敎勢(교세)를 확장하여 거대한 조직을 만든 俗世(속세)의 종교들은, 예수 그리스도의 사랑과 그 분의 改革情神(개혁정신)은 본받지 않고 오히려 정 반대되는 방향으로 가지들이 네트워크로 뻗어 나갔고, 그 가지들은 등나무와 칡넝쿨처럼 뒤엉켜 어지러운 교파만 수백 개로 늘어나고, 같은 성경으로 해석은 제각각으로 서로가 異端(이단)이 되어 끝없는 宗敎戰爭(종교전쟁)을 일삼아 사악한 장사꾼으로 변하였다. 예수 그리스도를 위대한 全能(전능)의 신으로 확실히 믿는다면 지금 세상은 樂園(낙원)으로 100번도 더 변했어야 하지 않을까?

전 세계 종교인을 계산하면 세계 인구 숫자가 모자란다. 성경도 사람이 썼고 역사도 사람이 만들었고 신도 인간이 만들었다. 마치 엄마가 아기를 낳으면 아기는 엄마를 만들어주는 것이 自然法則(자연법칙)이며 우주의 이치인 것처럼 예수께서는 사람의 아들이며 卑賤(비천)하게 태어나 千辛萬苦(천신만고)의 苦難(고난)과 修鍊(수련), 修行(수행,) 죽을 고비와 逼迫(핍박), 위험, 주림, 등 孤獨(고독)한 경험을 수도 없이 겪으며 靑年期(청년기)를 보냈고, 千辛萬苦(천신만고) 끝에 하나님의 形狀(형상)을 회복하고 기름부음의 내공이 충만한 상태에서 故國(고국)인 유대로 돌아와 거짓에 속고 있는 惡政(악정)에 시달리는 이스라엘 백성에게 우선 일성으로 福音(복음)을 전하기 시작했다. 罪(죄)많은 니케아(Nicaea)대종교회의는 돌이킬 수 없는 황폐한 교리를 만들어 수많은 교인들이 偶像崇拜(우상숭배)를 하도록 그물을 쳐서 노예를 만드는데 성공했고 그 지도자들은 主旨肉林(주지육림)에서 고모라의 술판을 매일 벌이고 있다.

예수는 우리와 性情(성정)이 같은 사람이다

그 분이 사람이기에 사람을 구할 수 있고 사람의 심정을 알고 姦淫(간음)한 여인의 심정을 꿰뚫어 그를 구해줄 수 있었다. 잔인한 舊約(구약)의 야훼는 툭하면 쳐 죽이고 살아남을 육체가 없었다. 유대교의 잔인하고 육에 속한 지도자들과 形式的(형식적)인 교리에만 머무는 종교에서 인간을 解放(해방)시키려고 인간인 예수는 18년이라는 세월을 통하여 기름부음과 지혜, 그리고 慈悲(자비)의 내공이 罪(죄)와 무지에 빠진 만백성을 충분히 인도할 수 있는 指導者(지도자)로 구원자로 적합한 메시아로 스스로 선포하고 사람의 모범이 되신 분이시다.

2. 童貞女(동정녀)에 대한 理解(이해)와 예수의 탄생

예수님의 탄생에 관한 사건은 2천 년 이상 논쟁이 끝나지 않았고 지금도 保守派(보수파)와 자유주의 神學者(신학자)들 간에는 풀어지지 않는 葛藤(갈등)으로 남아있는데 목회자들이나 개인연구에 조금만 집중하여 공부하는 사람들이라면 틀림없이 結論(결론)에 도달하는 해답을 영감으로 받을 것이다. 그런데 너무나 많은 사람이 의심투성이인 문제를 안고 성직자라는 직업으로 糊口之策(호구지책) 하다 보니 진리보다는 虛構(허구)의 연기와 전통이나 遺傳(유전)을 중시여기는 허깨비신학의 쑥물을 마시고 헛다리를 짚어 결국은 모조리 타락하는 꼴이 되고 말았다.

童貞女(동정녀)에 대한 테마를 해석함에 있어서는 두 가지 논제를 看過(간과)할 수 없는데, 하나는 교리를 중시여기는 保守主義(보수주의)자들이 주장하는 男子(남자)를 전혀 모르는 한 처녀가 하나님의 超能力的(초능력적)인 성령의 힘으로 손가락하나 까딱 않고 임신을 하여 아기를 낳은 것이 예수 그리스도라는 것이다

이러한 이야기는 이사야의 豫言(예언)을 구속사적으로 조명하여 퍼즐을 맞추게 된 것이 유래가 되었다.

(1) 보수주의자들의 童貞女(동정녀)설 根據(근거)

10절 '여호와께서 또 아하스에게 일러 가라사대'

11절 '너는 네 하나님 여호와께 한 徵兆(징조)를 구하되 깊은데서든지 높은데서든지 구하라'

12절 '아하스가 가로되 나는 구하지 아니하겠나이다. 나는 여호와를 시험하지 아니 하겠나이다. 한지라.'

13절 '이사야가 가로되 다윗의 집이여 청컨대 들을찌어다 너희가 사람을 괴롭게 하고 그것을 작은 일로 여겨서 또 나의 하나님을 괴로우시게 하려느냐'

14절 '그러므로 주께서 친히 징조로 너희에게 주실 것이라 보라 처녀가 잉태하여 아들을 낳을 것이요 그 이름을 임마누엘이라 하리라.'

15절 '그가 악을 버리고 선을 택할 줄 알 때에 미쳐 버터와 꿀을 먹을 것이라'

16절 대저 이 아이가 악을 버리며 선을 택할 줄 알기 전에 너의 미워하는 두 왕이 폐한바 되리라'

17절 '여호와께서 에브라임이 유다를 떠날 때부터 당하여 보지 못한 날을 너와 네 百姓(백성)과 네 아비 집에 임하게 하시리니 곧 앗수르 왕의 오는 날이니라' (사7:10~17)

위 성경은 구약성서 이사야 7장 10~17절을 인용하였는데 위 이사야 7장의 구절들은 이사야가 아하스 왕에게 믿음을 촉구하는 내용이다.
웃시야의 손자요 요담의 아들인 유다와 아하스 때에 아람왕 르신과 르말리야의 아들 이스라엘과 베가가 올라와서 예루살렘을 공격했으나 이기지 못하는 가운데에 이사야의 경고인데 수리아의 군대가 북 왕국 에브라임 땅에 들어섰다는 통보를 받고 예루살렘 왕가 다윗의 집은 온통 공포 분위기였다.
왕은 곧바로 방어시설과 급수 시설을 돌아보고 이웃나라의 威脅(위협)에서 벗어나기 위하여 앗수르 사람들의 도움을 요청하려는 계획을 세우는 한편, 위 이야기는 전반적으로 메시아 탄생에 관한 예언으로 보는 것은 무리인 것으로 필자는 본다.

왜냐하면 이사야 7장 14절의 이 아이가 예수님이라면 악을 버리고 선을 택하고 말고 할 군더더기가 필요 없는 것이다. 그러므로 이 징조의 임마누엘은 하나님의 딸이며 **處女**(처녀)인 이스라엘이 회복될 것을 말함이 분명하며 **스룹바벨**이나 **고레스왕**으로 보는 것이 전후 문맥상으로 타당할듯하다.

수많은 성서학자들이 개인연구보다는 圖書館(도서관)에 묻혀 남의 이야기만 넘보다가 결국 長老들의 遺傳(유전)을 안고 제자리 뛰기에 그치고 있다. 성경을 가위질하여 曲解(곡해)하고 억지로 맞추는 퍼즐은 結論的(결론적)으로 큰 誤謬(오류)를 낳게 되고 수박 겉만 핥게 된다. 성경은 어느 지명이나 나라들은 딸, 혹은 처녀, 부녀자로 비유하여 豫言者(예언자)들은 비유하여 기록하였다. 이해를 돕기 위해 몇몇 구절들은 참고로 기록한다. 진지하게 눈여겨 읽어보길 바란다.

※ **예언자들이 비유로 즐겨 쓰던 처녀의 대명사는 그렇다.**

- 處女(처녀) 내 백성은 잔인하여 광야의 타조 같도다. (애4:3)

- 처녀 내 백성의 죄가 소돔의 죄악보다 중하도다.(애4:6)

- 처녀 내 백성이 멸망할 때에 자비한 부녀가… (애4:10)

- 처녀 딸 시온이 너를 멸시하며… (왕하19:21)

- 딸 예루살렘이 너를 향하여 머리를 흔들었느니라. (왕하19:21 하반)

- 처녀들을 생육치 못한 시돈이여 부끄러워할 찌어다. (사23:4)

- 처녀 딸 바벨론이여 내려 티끌에 앉으라 (사47:1)

- 딸 갈대아여! 땅에 앉으라 (사47:1)

- 처녀 내 딸 백성이 큰 破滅(파멸)과 중한 創傷(창상)을 인하여 (렘14:17)

- 처녀 이스라엘이 심히 可憎(가증)한 일을 행하였도다. (렘18:13)
- 처녀 이스라엘아 내가 다시 너를 세우리니… (렘31:4)
- 처녀 딸 애굽이여! 길르앗으로 올라가서 유향을 취하라. (렘46:11)
- 처녀 유다를 술틀에 밟으셨도다. (애1:15)
- 처녀 예루살렘이여! 내가 무엇으로 네게 증거할꼬… (애2:13)
- 처녀 예루살렘이여! 처녀 시온이여! (애2:13)
- 처녀 예루살렘을 향하여 비소하고 머리를 흔들며… (애2:15)
- 처녀 이스라엘이 엎드러졌으며 다시 일어나지 못하리라. (암5:2)
- 딸 내 백성이 치료를 받지 못함은 어찜인고! (렘8:22)

여러 내용 중에서 가위질 編輯(편집)을 하여 인용한다면 이렇다.

'그러므로 주께서 친히 징조로 너희에게 주실 것이라 보라 처녀가 孕胎(잉태)하여 아들을 낳을 것이요 그 이름을 임마누엘이라 하리라' (사7:14)

이 내용은 본문의 배경이나 이사야 7장 전체적인 대강은 다음과 같다. 하나님은 이사야의 입을 依託(의탁)해서 4~9절에서 약속한 구원을 아하스가 믿을 수 있도록 徵兆(징조)를 주시겠다는 내용으로 처녀라는 낱말은 히브리어로는 젊은 여인으로 번역된다.

〈king James 성경〉은 '**젊은 여자가 잉태했으니**'라고 기록되어 있다. 이에 탄생된 아이가 신학자들이 말하는 성령으로 잉태된 흠과 티가 전혀 없는 절대적인 신의 아들이라면 惡(악)을 버리고 善(선)을 택하고 말고 할 필요도 없지 않은가?(사7:15~16 참조)

본문에서 처녀로 飜譯(번역)된 히브리 낱말은 **젊은 女人(여인)**이라는 말이 정확하다. 따라서 성경 전반적인 비유와 상징으로 비추어볼 때 처녀나 젊은 여인은 이스라엘의 젊은 지명을 말한다. 예를 든다면 젊음은 희망이며 비록 전쟁으로 廢墟(폐허)가 되고 포로생활로 疲弊(피폐)해진 민족이지만, 하나의 징조로 젊은 딸 이스라엘 예루살렘은 회복되어 일어날 것을 예시함이다.

그러므로 만일에 위 구절이 예수 탄생으로 인용되려면 **이스라엘이 낳은 위대한 메시아 예수**라고 번역해야만 한다. 마치 독일이 낳은 위대한 음악가 **바흐(Bach)**처럼 말이다. 이렇게 큰 인물은 그 지역의 자궁을 빌어 사건을 형용하는 것이다.

(2) 聖經(성경)을 기록한 記者(기자)들의 照明(조명)

1) 信仰(신앙)의 눈으로 보는 誕生設(탄생설)

이미 오랜 세월 유전을 통하여 교리가 되어버린 동정녀 탄생에 관한 論題(논제)는 둘로 나뉘어 설명할 수밖에 없다.

첫째는 하나님의 초자연적인 奇籍(기적)을 통하여 성령으로 잉태되었다는 것을 흔들리지 않는 굳건한 신앙의 눈으로 보는 것인데, 이 문제가 주일학교 신앙에서 청년기를 지나 대학을 마치고 과학도가 되고 생물학이나 물리학 박사가 되고 장년층이 되어서도 흔들리지 않는 굳선함으로 변함없다면 참으로 복 있는 사람이며 소위 純潔(순결)한 사람이다.

2) 역사적인 觀點(관점)

예수님의 탄생과 관계된 마태복음과 누가복음의 이야기는 아무리 연구해봐도 역사적인 사실일 수가 없다. 보수주의 신학자들이 볼 때에는 놀랍고도 이단적인 이야기로 들릴 수밖에 없을 것이지만 오늘날의 젊고 유능한 신학자들은 대다수가 수용하는 편이다. 이러한 결론에 도달할 수밖에 없는 이유를 성서적 근거를 통해서 살펴보도록 하자.

박해자 네로 황제가 로마 시에 불을 질러 기독교인들에게 뒤집어씌운 때가 AD.64년 여름이었는데 그 후 몇 년 사이 바울과 베드로는 모두 죽었다. 신학자 하르낙(Harnack)은 마가복음이 쓰여진 기간을 AD. 50~60년으로 보고 있다. 그중에 빼놓을 수 없는 사건은 늦어도 AD.65년경에 기록된 마가복음에는 그리스도의 동정녀 탄생에 관한 언급이 전혀 없고 훨씬 뒤에 기록된 마태복음과 누가복음에만 기록되어 있다. 마태복음은 부성적으로 기록하였고 누가복음은 모성적으로 기록하였다고 할 수 있다.

그런데 소위 남자를 전혀 모르는 동정녀에게서 예수께서 출생하셨다면 뭐하자고 族譜(족보)를 만들었는가. 嚴密(엄밀)히 따지자면 요셉의 아들이 아닌데 무슨 족보가 필요하여 구태여 아브라함의 후손처럼 만들어 넣는가? 권위 없이 말이다. 그리고 모든 사람은 다 처녀가 잉태하여 탄생된다. 할머니가 애기를 낳는 경우는 아브라함의 아내 사라 말고는 없다.

* 주목해야 할 사실은 新約聖經(신약성경) 중 가장 먼저 기록된 바울 서신에서는 동정녀 탄생에 얽힌 이야기가 일절 언급되지 않고 있다. 바울은 舊約聖經(구약성경)을 많이 아는 사람이었고 博識(박식)한 사람이며 성서학자로서, 아볼로를 깨우친 능력 있는 사람이며(행18:24~28) 교회를 사랑했고 죽기까지 예수 그리스도를 위해 몸 바친 사람이었으나 동정녀 탄생에 대해서 단 한번도 言及(언급)한 적이 없다.

그것은 바울이 만약 동정녀 탄생을 정확히 구전이나 문서로 분명히 알았더라면, 그리고 이 문제가 그리 중요한 교리였다면 바울 자신이 기록한 13권의 책에 왜 한 번도 언급하지 않았을까? 지식에 능한 바울이 이 문제를 복음의 핵심이라 생각하지 않음을 분명히 입증하고 있는 것이다. 다시 말해서 동정녀 문제가 그토록 중요한 문제라면 그가 쓴 편지 여러 편에 그 말은 신중히 전하고 또한 그의 해박한 이론과 지식을 동원하여 모든 그리스도인이 한결같이 이 문제를 염두에 두고 믿어야 한다고 전파했을 것이다. 그는 그냥 예수님을 '여자의 몸에서 난 분'으로 생각하였다.(갈4:4) 학자들은 사도 바울이 처녀 탄생 같은 이야기는 들어보지도 못한 게 분명하다고 믿는 사람들이 많다.

황제의 절대적 권위 앞에 성경은 황제숭배의 도구가 되었고 불쾌하게도 로마 태양신을 숭배하는 오늘의 바티칸에게 毁損(훼손)을 당하여 여러 차례 성경을 편집하는 과정에서 황제들이 가담하여 많은 부분이 加減(가감)되었음을 우리는 인정해야 한다.

(3) 童貞女 탄생의 교리는 로마교회 황제들의 작품이다

당시의 로마교회는 전 세계 지도자들이 한자리에 모여 중요한 교리를 통일하는 회의를 통해서 당시 그들의 관점에서 이단이었던 기독교를 받아들이게 되었고 콘스탄티누스는 기독교를 지원해주는 체하며, 동시에 서서히 교회 내부 깊숙이 간섭을 하였고 기독교 안식일이었던 토요일을 미트라교의 태양신 예배일로 바꾸었고 미트라가 동정녀 처녀의 몸에서 태어난 것을 模倣(모방)하여 예수 탄생일로 둔갑시켰고 12월 25일 미트라 탄생일을 예수 탄생일로 선포하였다. 로마 태양신 종교는 기독교인의 뜨거운 가슴과 그 열성을 이용하여 태양신 선교에 도구로 이용했던 것이다. 결국 로마교회는 바울의 수고를 이용하여 수많은 제도를 창조하여 교회를 초망으로 포획하여 태양신 후예로 만드는데 대 성공을 하였다.

1) 相沖(상충)되는 부분들

　마태복음과 누가복음에 언급되는 두 가지 탄생 내용은 이야기가 많이 달라서 서로 상충되는 점이 많아 두 이야기가 도저히 하나의 역사라고 하기에는 억지부분이 많다. 몇 가지 예를 들어보자.

　① 마태복음에서 기록된 이야기는 요셉과 마리아가 베들레헴 사람으로서 그들의 집에서 아기가 태어났고 애굽으로 피난 갔다가 돌아오면서 나사렛으로 이사를 간 것으로 되어있다. (마2:11~12) 그런데 누가복음에 보면 요셉과 마리아가 나사렛 사람으로서 호적문제로 때문에 고향 베들레헴으로 갔다가 여관방을 못 구하고 밖에서 아기를 낳아 구유에 눕혔다가 그 후 나사렛으로 돌아갔다고 하였다.

　② 마태복음에서는 동방박사들이 별을 따라 아기예수를 찾아보고 갔다고 했는데 이 사건이 실재 했다면 엄청 큰 뉴스보도 재료이며 사건일진대 누가복음에서는 이 중대한 스토리가 전혀 언급되지 않고 있으며 천사의 기별을 받은 목자들이 찾아온 것으로 기록되어있다.

　③ 마태복음에서는 헤롯왕이 아기들을 죽이려 했기 때문에 예수님이 애굽으로 피신하고 그 후 많은 아기가 죽임을 당했다는 이야기가 나오는데 누가복음의 기록은 성전에서 아기 奉獻式(봉헌식)에 참석하는 이야기가 기록되어 있다.

> '모세의 律法(율법)대로 결례의 날이 차매 아기를 데리고 예루살렘에 올라가니 이는 주의 율법에 쓴바 첫 태에 난 남자마다 주의 거룩한 자라 하리라 한대로 아기를 주께 드리고' (눅2:22~23)

　애굽으로 피난을 갔다면 어찌 예수님을 율법대로 聖殿(성전)에다 봉헌할 수 있을까?

　④ 마태복음에 의하면 예수님 탄생 연대가 복음서마다 다르다. 마태

복음에서는 예수님 탄생 연대가 헤롯왕이 죽은 기원전 4년 전으로 본다. 그런데 누가복음에 의하면 호구조사를 명한 **구레뇨**가 總督(총독)이 된 기원후 6년 이후가 된다.

이와 같은 이유가 여러 곳에서 발견되기 때문에 진지한 학자들은 동정녀 탄생을 포함한 예수님 탄생에 얽힌 역사적 신빙성을 염려하고 있는 것이며 지금의 성경이 우리 손에 오기까지 皇帝(황제)들을 통하여 14차례나 손을 대고 편집하였다.

그런데 아무리 이러한 상충되는 곳이 많아도 무조건 믿어야하는 그리스도인들은 동정녀 탄생 無精子(무정자) 잉태만큼은 무슨 일이 있어도 양보할 수 없으며 이것은 기독교신앙의 근본이기 때문에 예수님은 꼭 처녀 몸에서 남자의 씨앗 없이 태어나야만 구세주가 된다는 것이다.

동정녀 탄생이 왜 이리도 중요한 부분을 차지하게 되었는지는 아래에서 언급할 것이다.

2) 童貞女(동정녀) 탄생은 英雄譚(영웅담)이다.

마가복음과 요한복음, 바울 서신에 없는 이 사건은 반드시 실체를 알고 넘어가야 한다. 이 迷信(미신)은 결국 인간이신 예수 그리스도를 偶像崇拜(우상숭배)로 轉落(전락)시키는 소설가들의 해프닝으로 끝나고 있다.

동정녀 탄생의 신비는 예수님에게만 국한된 것이 아니다. 몇 가지 명심해야 할 사실은 기독교보다 훨씬 오랜 역사를 자랑하는 타종교에서 고대로부터 내려오는 영웅신화다. 그러므로 동정녀 탄생은 종교사적으로 세계 어디에서나 발견할 수 있는 극히 普遍的(보편적)인 현상이었다.

이러한 영웅 신화의 描寫(묘사)는 종교를 만드는 인간들은 매우 중시여겼고 하나의 신화적 화법으로 신비감과 신성함을 연출하는 의도가 뚜렷이 나타나고 있다. 예수님이 동정녀 탄생을 했기 때문에 위대한 것이 아니라 위대한 인간이시기 때문에 인간의 지도자가 되시며 인간을 구할 수 있는 것이다. 예수님의 동정녀 탄생자체가 신의 아들임을 입증한다면 바벨론 왕이나 이집트나 희랍 신화에 나오는 영웅이나 로마의 신이 예수님과 동격이 되어야할 것이다.

왜냐하면 그들도 다 사람의 形狀(형상)으로 태어났기 때문이다. 석가모니 부처님도 그의 어머니 마야부인이 남편과의 性關係(성관계) 없이 꿈에 코끼리가 자기 오른쪽 옆구리로 들어오는 것을 보고 姙娠(임신)을 했다고 기록되어 있다. 나중에 그녀는 오른쪽 옆구리로 부처님을 출산했다. 이처럼 비교학적인 측면에서 비추어 본다면 예수님의 처녀 탄생 같은 것은 거의 특별한 의미가 없다. 예수님뿐 아니라 희랍, 로마, 바빌론, 이집트, 인도, 중국, 단군, 高朱蒙(고주몽), 朴赫居世(박혁거세), 金關智(김알지), 등등 세계 여러 나라 영웅담은 모두 이렇게 특별한 방법의 탄생을 강조하고 있다.

3) 宗敎的 계몽을 위한 영웅담과 예수의 친아버지 논란

童貞女 탄생의 이야기는 다시 말해서 우리에게 생물학적 진리에 대한 정보를 제공하기 위한 것이 아니라 종교적 의미를 전달하여 인간으로 하여금 심령을 변화시켜 신앙심을 얻고자 함이 목적인 것이다.

그렇다면 동정녀 탄생에서 얻을 수 있는 종교적 의미가 무엇일까? 우선 예수님은 그 어머니와 하나님의 직접적인 관계에서 태어나신 거룩한 분, 이렇게 예수님처럼 훌륭하신 분은 인류 역사상 전무후무한 일이며 普通(보통)사람과는 달리 그 어머니를 통해서 하나님의 신성을 그대로 받은 분이라는 것을 상징적으로 말해준다고 생각할 수도 있다.

또한 이렇게 훌륭하신 분도 보통 사람처럼 인성을 가지고 계시되, 신성을 직접 받으셨기에 궁극적으로 인성에 制約(제약)을 받지 않고 그것을 초월하실 수 있음을 말해준다고 볼 수도 있다.

결국 예수님 속에서 신성의 씨앗, 신성의 불꽃이 있음을 직감한 사람, 나아가 지금껏 자기 속에 드러나지 않고 내재하던 이런 신성의 臨齋(임재)를 그분을 따름으로 새롭게 발견하고 스스로 感激(감격)한 사람, 이런 사람들이 동정녀 탄생 이야기를 통해 예수님이야말로 인성과 신성을 겸한 아름답고 조화로운 결합으로 태어나신 분이라고 고백할 수도 있다.

수세기동안 예수님의 친 아버지에 대한 팩트(Fact) 문제와 소위 보수단체에서 말하는 신성모독이라는 구태의연하고도 지루한 신분적인 문제들은 위선자들과 무지한 인간들의 겉치레 상투적인 변명들이다. 시궁창에서 연꽃이 피던 개천에서 龍이 昇天하든 의식이 상승된 사람들에게는 예수의 탄생이 할머니 몸에서 낳던 과부의 몸에서 태어났던 아무런 상관이 없다. 그가 時代的인 救世主라는 것이 문제다.

많은 학자들은 예수의 아버지로 로마 군인이었던 판델라를 지목한다.

예수가 태어나던 시기의 유대 땅은 반란이 끊이지 않는 시대였다. 유대 땅의 웬만한 여자들은 거의가 로마 군인들에게 강간을 당하던 시기였다. 성소에서 기도하던 마리아도 당시(13세 정도) 강간을 당했다고 전해지고 있으며, 그렇게 태어난 아기가 예수라고 한다. 마리아의 아버지는 제사장이라 마리아를 홀아비인 요셉과 결혼시킬 수가 있었다.

이리하여 예수는 하나님의 아들이라는 말을 공공연하게 시인하였다. 그러나 유대사회에서 私生兒(사생아)는 가장 낮은 계급에 속하는 인간들이다. 심지에 성소에 접근하는 것 마저도 허용이 되지 않았다. 강간이나 不倫으로 태어난 사람들은 율법대로 죄인 취급을 받았던 것이다.

이 이야기는 기성교회에 불쾌한 감정을 줄 수도 있지만 하나님의 전지전능은 人間常式(인간상식)의 궤도 내에서만이 전능하심을 우리는 깨달아야 한다.

이는 구약에서 가장 낮은 자로 오리라는 예언대로 卑賤(비천)하게 멸시와 천대를 받고 태어나 영광된 부활의 길을 열어 놓으셨으며 천국의 길을 열어 놓으셨기 때문이다.

이렇게 예언대로 실현되었다. 유대 사회에서는 당시 유대를 지배하던 점령군 로마병사로서 성소를 지키던 판델라가 마리아를 강간하여 아이를 낳았다고 유대전체에 널리 알려진 사실이다. 유대인의 指針書(지침서)〈탈무드〉에는 '**판델라의 아들 예수(Jesus Ben Pandira)라**' 기록되어있다. 독일에서는 판델라의 墓碑(묘비)까지 발견되어 화제가 되며, 외경〈빌라도 행전〉에서는 예수님의 사생아 부분에 대한 논란으로 유대인 원로들이 말하는 장면이 묘사되어 있는데,

"예수 당신은 간통으로 태어났다"

고 외치는 기록이 있다. 〈숨겨진 성서109p, 세계의 종교 342p 참조〉

2세기의 희랍의 철학자 **셀수스**는 여러 자료를 바탕으로 예수의 처녀탄생을 부정하고 '예수는 로마군인 성전지기 Pantelra의 사생아' 라 강력히 주장하였다.

유대의 마지막 祭司長의 뿌리 역사가 **유세비우스**도 '예수는 판델라의 아들이라' 하였다. 그러나 그는 증언하길,

"예수는 메시아라 하였는데 예수께서 낮은 곳으로 임하여 탄생하신 하나님의 섭리로 보기 때문에 출신 문제는 신성의 본질과 관계없음" 을 표명하였다.

4) 象徵的(상징적)인 意味(의미)

예수님의 탄생 이야기는 전체를 놓고 볼 때에 더욱 깊은 상징적 의미

를 찾을 수 있다. 예수께서는 어둠을 이기는 빛이라는 뜻을 전하기 위해, 마태는 밤하늘을 비추는 주의 영광의 천사들을 등장시킨 것이라 풀어 볼 수 있는 것이다. 예수님은 당시 시대적으로 볼 때 이 캄캄한 역사의 현장에서 그들을 인도하실 빛이셨다.

또 마태는 예수께서 유대인의 왕이라는 것을 강조하기 위해 이스라엘의 왕으로 구성된 族譜(족보)를 열거하고 누가는 예수님이 고통 받고 있는 사람을 위한 선지자임을 强調(강조)하기 위하여 이스라엘 선지자로 구성된 족보를 첨부시켰다.

그런데 보수신학자들이 말하는 것처럼 예수님이 성령으로 잉태되어 사람의 씨앗이 아닌데 왜 굳이 사람의 족보를 만들어 첨부하여 유대인의 왕을 만들려했을까.

그분의 본질이 형상만 사람이지 실체는 전지전능하신 신이신데 무슨 족보가 필요할까? 똑같은 목적으로 마태는 동방박사를 등장시키고 누가는 목자를 끌어들였다고 보는 것이다.

유대인이 주를 이루던 초대교회 교인에게는 이런 이야기가 역사적일 이유가 하나도 없었다. 예수님에 대한 그들의 信賴(신뢰)와 確信(확신)을 이런 이야기로 표현했던 것이다.

다시 말해서 이런 이야기 때문에 예수님에 대한 신뢰와 확신이 생기는 게 아니라 그들이 신뢰와 확신이 제자 마태를 통해서 이런 이야기가 생겨나도록 만들었다.

앞에서 말한 것처럼 이야기를 문자적으로나 역사적으로 받아들이는 것과 믿음이 있다 없다 하는 것과는 하등의 關係(관계)가 없다.

문제는 이 이야기의 상징적 뜻을 잘 파악하고 우리도 예수 그리스도의 속에 臨齋(임재)한 신성으로 다가서며 우리 또한 그리스도의 기름 부음을 갈망해야 할 것이다.

예수님이 처녀의 몸에서 탄생했던 할머니 몸에서 왔던 과부의 몸에서 태어났던 인류를 救援(구원)하실 스승이며 구세주 되심과는 상관없다. 난세에 영웅이 나오고 개천에서 난 용이라야 더 영광스럽고 놀라운 결과를 결실로 남기는 것이다.

5) 타 종교의 童貞女 誕生 (동정녀 탄생)

① **미트라(Mithraism)** 12월 25일 동정녀의 몸에서 탄생함

미트라는 光明(광명)의 신 미트라를 숭배하는 密敎(밀교) 즉, 태양, 불, 광명의 신비스러움을 숭배하는 종교인데, 여기서 비밀스럽다고 하는 것은 모든 생명을 다스리는 위대한 태양의 신비를 말하는 것 같다. 미트라를 기리는 날은 예수 탄생 수백 년 전으로 거슬러 올라간다.

- 그들의 禮拜日(예배일)은 일요일이었으며 태양을 예배하기 때문에 Sunday가 성스러운 날이 된 것이다.
- 미트라에게는 12제자가 있었다.
- 미트라는 奇蹟(기적)을 행하고 물 위를 걷고 병자를 고쳤다.
- 그는 죽어서 무덤에 묻혔으나 3일 후에 다시 부활하였다.
- 미트라교의 신도들은 그가 부활한 날에 축제를 베풀었는데 나중에는 로마 皇帝(황제) 콘스탄티누스의 압력으로 기독교도들이 토요일 안식일을 버리고 황제의 지시대로 일요일은 기독교의 예배일과 동시, 미트라 부활절이 기독교 부활절로 遁甲(둔갑)하게 되었다.
- 미트라 교인들은 그가 메시아 구세주 혹은 곧 길이요 진리요 생명이라고 불렀고 미트라 자신은 자기가 세상의 빛이요 선한 목자라고 宣言(선언)하였고 자기를 따르라고 가르쳤다.
- 그들의 禮拜堂(예배당)에는 미트라가 세상 罪(죄)를 위해 어깨에 무거운 짐을 지고 가는 사람으로 描寫(묘사)된 그림들을 장식하고 있다.

• 가톨릭의 聖職者階級(성직자계급) 제도와 예배의 형식 및 이때에 쓰이는 도구들 향불, 의복, 목걸이, 염주알, 등등은 100% 미트라 교회의 세레모니이다.

초기 기독교가 생기기 전에는 미트라교라는 종교가 盛行(성행)하였고 신비한 종교로 영향을 끼치고 있었다. 미트라는 태양신의 아들이며 중재자로서 미트라 성 삼위일체설을 형성하고 지구를 지키는 신은 오직 태양이라 하였는데 이 종교가 태양을 중시여긴 것은 그들 나름대로는 과학적이었다. 태양이 없으면 지구의 생명은 존속할 수 없으며 인간이 존재할 수 없는 아주 소중한 신앙의 대상이라는 것을 인식하고 모든 생명은 태양이 다스린다고 생각하였다.

BC.1세기 전반 기독교의 유럽 선교 이전의 로마제국에 널리 유포되어 있던 이 종교는 당시 신흥종교였던 기독교와는 유력한 競爭(경쟁) 상대였다.

★ 미트라의 기원

미트라의 기원은 古代(고대) 인도와 이란의 민족시대까지 거슬러 올라간다. 이 미트라 崇拜(숭배)는 BC.3세기경에 페르시아(지금의 이란)에서 盛行(성행)하였다.

페르시아의 발전에 따라 이 종교도 그리스로 건너가 선파되었다가 다시 로마로 전파되었다. 광명의 빛을 밀교로 숭배하는 이 종교는 특히 군인들에게 널리 전파되어 퍼져나갔다. 미트라교에 대해서는 고대 페르시아의 '탁세르세스 2세'(재위 BC.404~358)의 비문에 그 이름이 보인다고 전해진다. 그러나 로마에 나타났던 종교형태는 이미 그 교리 내용이 크게 변질되어 있었다. 그 이유는 소아시아나 메소포타미아 지방의 土着宗敎(토착종교)와 상당부분이 혼합되었기 때문이었다.

로마제국의 '**폼페이우스**'(BC.106~48) 황제의 東征(동정)이후에는 로마제국의 守護神(수호신)으로까지 격상하였으니 당시의 이 미트라교의 影響力(영향력)을 짐작할 수가 있다.

그러다가 머리가 천재였던 **콘스탄티누스** 황제가 명분상 기독교로 개종하는 체하여 기독교인들에게 寬容政策(관용정책)을 시도하여 박해를 받으며 비밀리에 신앙을 지키던 교인들에게 자유를 선포하며 기독교를 옹호하는 大字報(대자보)를 로마시내에 붙이고 공인하자 기독교는 황제의 손을 잡고 드디어 박해는 끝나는 듯 하였으나 결국 교회는 영원한 황제 숭배주의에 빠져 돌이킬 수 없는 역사가 되고 말았다.

그 뒤 미트라교는 점차 세력을 잃었으며 그들의 예배당에 세워진 조각상과 여러 형상들은 기독교인들에 의해 많이 파괴되었으나 당시의 건조물을 포함하여 현재도 유럽에 많이 남아있다.

② 호러스 : 독수리 새의 상징 童貞女(동정녀) 탄생

호러스는 太陽(태양)의 신으로 BC.3000년 이집트에서 12월 25일 처녀 '**아이시스**'의 몸에서 탄생하였고 세 명의 박사가 동쪽에서 하늘의 별을 보고 호러스가 태어난 곳을 찾아왔다고 기록되었다. 호러스는 12세 때에 宣敎(선교)를 시작하였으며 30세가 되어서는 나일 강에서 세례를 받았고 12제자를 거느리고 病者(병자)들을 고쳐주고 奇蹟(기적)을 행하였고 물위를 걸으며 사람들에게 자비를 베풀었다. 그런데 어느날 '**타이폰**'이라 하는 弟子(제자)의 배신으로 十字架(십자가)에 못 박혀 죽었다. 그런데 그는 죽은 지 3일 만에 復活(부활)했으며 하늘로 昇天(승천)했다고 기록되어 있다.

③ 아티스(Attis) 童貞女(동정녀) 탄생

아티스는 그리스의 神(신)으로 BC.1200년 12월 25일 처녀인 '나나'의 몸에서 탄생하였다.

병든 자들을 고치고 선교하다 弟子(제자)의 背信(배신)으로 나무기둥에 못 박혀 죽었는데 3일 만에 復活(부활)하였다.

④ 크리슈나 처녀 몸에서 탄생

크리슈나(인도 BC.900년)는 12월 25일 처녀 '드바키'의 몸에서 誕生(탄생)하였고 12제자를 거느리고 旅行(여행)을 하며 병든 자를 고치고 기적을 행하였으며 죽은 뒤 3일 만에 復活(부활)했다고 전해지고 있다.

⑤ 디오니소스(Dionysos) 그리스 BC.500년 처녀의 몸에서 탄생

디오니소스는 처녀의 몸에서 태어나 광야생활을 하며 병든 자에게 손을 얹어 고쳐주며 여기저기 여행을 하며 奇蹟(기적)을 일으키고 물로 葡萄酒(포도주)를 만드는 기적을 일으켜 크게 알려지기 始作(시작)하였다. 그는 自己(자기)를 왕 중의 王(왕) '알파와 오메가'라는 稱號(칭호)를 썼다. 어느 날 한 사람의 모함과 背信(배신)으로 죽은 지 3일 만에 살아났다고 전해지고 있다.

初期(초기)교회는 미트라교의 상당부분 영향을 받은 종교임을 아무도 부정할 수가 없는 것은 기독교가 歷史的(역사적)으로 훨씬 후대에 創始(창시)되었기 때문에 자연히 周邊(주변)의 종교의식들이 移植(이식)되는 것이 크게 이상한 일은 아니다. 마치 우리가 日帝(일제)강점기 36년을 지나면서 은연 중 그들의 習慣(습관)과 언어, 문화 잔류물들이 남아있듯이 정신문화 부분들이 混合(혼합)될 수가 있는 것이다.

3. 예수의 少年期(소년기)

예수의 幼年(유년)시절에 관한 성서적 근거 자료는 신약성경에 별로 언급이 없는 상태다. 그것은 성인식을 마치고 얼마 뒤 바로 고향을 떠났기 때문이다. 이제부터 예수의 소년기와 청년기를 알아보도록 하자.

(1) 예수의 幼年時節(유년시절)

12살까지의 어린 시절에 관한 자료가 복음서에는 두 군데 언급 되었을 정도다.

'요셉과 마리아가 주의 律法(율법)을 좇아 모든 일을 필하고 갈릴리로 돌아가 본 동네 나사렛에 이르니라 아기가 자라며 强(강)하여지고 지혜가 충족해지고 하나님의 恩惠(은혜)가 그 위에 있더라.' (눅2:39~40)

아기 예수는 건강하고 강하게 자라났다. 마리아와 요셉은 율법을 아는 신앙인들답게 아기예수를 잘 돌보며 양육하였다. 기초적인 지식과 이해를 가르치며 책임껏 양육하였다.

이스라엘 백성들은 모세 율법이 전형적인 의무였으며 이 율법의 의무는 자녀교육에도 온전히 적용되는 신정국가의 교육방침이었다.

율법의 교육은 이렇게 말한다.

'오늘날 내가 너희에게 명하는 이 말씀을 너는 마음에 새기고 네 자녀에게 부지런히 가르치며 집에 앉아 있을 때에든지 길에 행할 때에든지 누웠을 때에든지 이 말씀을 講論(강론)할 것이라.'(신6:6~7)

유대인의 전통교육이 그러했듯 예수도 틀림없이 요셉과 마리아가 경건한 사람들이니 아기예수를 신경 써서 가르치고 양육했다. 聰明(총명)과 지혜가 더하며 하나님의 은혜가 임하였다 했으니 양 부모들은 하나님의 교훈에 순종하고 있었음을 알 수가 있는 것이다.

  어떤 보수주의 학자들은 이렇게 말하는 이도 있다. 예수께서는 성령으로 잉태되어 완전한 하나님의 아들이기에 그들의 교육과정은 사실상으로 아기예수에게 별다른 도움이 못됐을 거라는 추측을 말하기도 한다. 왜냐하면 요셉과 마리아는 인간이며 불완전하기 때문에 성령으로 잉태되고 기적으로 탄생한 신의 아들을 가르치고 교육하는 것은 큰 힘이 될 수 없다는 것이다.

  그러나 그 부모들은 젖을 먹이고 신체적으로 필요한 모든 것을 전적으로 책임 있게 지원하여 양육하였다.

(2) 알렉산드리아에서 예수의 유년 초기

  요셉과 마리아는 베들레헴에 체류하는 동안에 불확실성과 불안함 때문에 그들은 알렉산드리아로 안전하게 도착한 후 정착하여 정상적인 생활을 할 수 있을 때까지 아기에게서 젖을 떼지 않았다.

  그 곳에서 그들은 친척들과 함께 살았고 요셉은 도착한지 얼마 안되어 목수로서의 안정된 일자리를 얻었고 박사들이 선물로 준 황금과 유향, 몰약을 팔아 성전에 헌물하고 일부는 알렉산드리아에서 거처를 구하였고 살림을 꾸릴 수 있었고 때문에 가족들을 부양할 수 있었다.

  요셉은 공공건물 현장에서 목수로 일하면서 인부들을 통솔하는 감독이 되었다. 타향에서 이러한 새로운 체험은 나사렛으로 돌아와 建築家(건축가)로서 자리 잡는데 큰 도움이 되었다.

  예수의 무력한 유년기 초기의 몇 년 동안 내내 마리아는 앞으로 땅에서 이루어야 할 그의 사명을 방해하게 할지도 모르는 어떤 위험한 일이 아기에게 생겨나지 않을까 하여 노심초사하였으며 세상의 어떤 어머니도 아이에게 그보다 더 헌신적일 수는 없었을 것이다.

예수가 우연히 살게 되었던 그 집에는 마침 그와 나이가 비슷한 또래들이 두 명이 있었으며 동네에도 같이 어울려 놀만한 아이들이 6명이나 있었다. 마리아는 보호차원으로 어린예수를 늘 가까이에서 돌봤다.

그러나 요셉은 過剩保護(과잉보호)는 아이의 성장에 도움이 되지 않는다 생각되어 마리아를 설득하여 아이들과 어울려 생활하도록 평범하게 길렀다. 이렇게 알렉산드리아에서 머무는 2년 동안 어린예수는 건강하게 정상적으로 자라났다. 몇몇 친척들 말고는 아이가 약속의 사람이라는 사실을 몰랐다. 그 문제로 인하여 이주를 했기에 아무에게도 말하지 않았다. 그런데 그중에 요셉의 친척 중에 한 사람인 멤피스에 있는 이크나톤의 먼 후예들인 몇몇 친구들에게 이 사실을 누설하였으며 나사렛 가족이 팔레스타인으로 돌아가기 전에 그들은 알렉산드리아에 있는 작은 집단의 신자들과 함께 요셉의 친척 후원자의 호화로운 집에 모여 나사렛 가족의 평안을 빌었고 아이에게 敬拜(경배)하였다.

이때 모였던 사람들이 히브리경전의 그리스어 번역판 전권을 예수에게 선물하였다. 그러나 이집트에 남아있기를 바라는 멤피스와 알렉산드리아의 친구들의 청을 그와 마리아가 최종적으로 거부하기 전까지는 이 유대인의 신성한 문서들의 이 사본은 요셉의 손에 들어오지 않았다.

얼마 후 헤롯이 죽었다는 소문을 인편으로 들었다. 이 소식을 듣고도 한동안 그들은 알렉산드리아에 머물러 있었다.

(3) 나사렛으로 돌아옴

요셉과 마리아는 세 살 난 예수를 데리고 알렉산드리아를 떠나 나사렛으로 향하여 여행 4일 만에 到着(도착)하였다. 그들의 옛집에는 요셉의 형제가 당분간 살고 있었는데 예수 출생이후 처음으로 만나는 친척들은 모두 놀랐다. 왜냐하면 소문내지 않고 조용히 진행한 일이었기 때문에 예고 없이 돌아온 걸 친척들은 이해하고 그들은 이튿날 집을 비워주었다. 요셉은 다시 바로 일자리를 얻었다. 나사렛으로 돌아올 당시 예수는 3년 2개월 이었다.

여행 동안 잘 견디었으며 건강 상태도 좋았다. 그러나 두고 온 동네 또래 아이들을 몹시 그리워하였다. 그들은 고향에 돌아와서도 예수가 약속의 아이라는 사실을 숨겼다. 마리아도 물론 입을 지키며 늘 신경을 쓰며 깨어있었다.

기원전 3년 4월 2일 이른 아침에 둘째아이 야고보의 출생이 있었다. 예수는 동생이 생겼다는 사실에 매우 흥분했으며 아이의 초기 상태를 늘 들여다보며 신기해했다.

시간이 지나 예수가 네 살이 되기 한 달 전 7월에 대 상인들과의 접촉으로 인한 악성 腸(장) 전염병이 번져 나사렛 전역에 퍼졌다. 당황한 마리아는 나사렛에서 수마일 떨어진 사리드근방 메기도 거리에 있는 오빠의 시골집으로 두 아이들을 피신시켰다. 그들은 두 달 동안 맡겨져서 예수는 첫 體驗(체험)을 농장에서의 생활로 잘 적응하여 즐겼다.

(4) 예수가 5세 되던 해

나사렛으로 돌아온 소년 예수는 최초로 자기 자신이 직접적으로 진심으로의 도덕적 결정을 내릴 나이에 이르렀으며 하늘 아버지의 신성한 선물인 생각의 조절자가 예수 안에 거하기 위해 渡來(도래)하였는데 그 조절자는 이전에 마키벤타 멜기세덱과 봉사 한 적이 있었기 때문에 초

인간적인 존재가 필사자 육신과 똑같은 모습 속에서 사는 육신화와 관련하여 활동하는 체험을 획득한 조절자였다. 이 사건은 기원전 2년 2월 11일에 일어났다. 예수는 이 생각 조절자들이 자기들 마음속에 거하도록 받아들이고 그 마음들이 궁극적으로 영성화 되도록 하는 일과 자신들의 진화하는 불멸의 혼이 영원토록 살아남도록 하는 그 날 이전이나 이후의 수도 없이 많은 다른 아이들과 마찬가지로 이 신성한 감시자가 자신에게 온 것을 의식하지 못하였다.

2월이었던 이날 미가엘이 어린 아이로서 육신화 함에 있어서의 온전 무결성과 관련된 우주 통치자들의 직접적이고 개인적인 감시임무가 終了(종료)되었다.

이날 이후로 인간으로서의 육신화를 나타내는 동안 내내 예수를 보호하는 임무는 내주하는 조절자와 그리고 관련된 성 천사 수호자들의 관리 하에 있게 되었으며 때로는 그들의 행성 상관들의 명령에 따라서 어떤 한정적인 임무들을 수행하도록 배정된 중도 창조체들로부터 원조를 받기도 하였다. 예수의 다섯 번째 생일을 한 달 남겨놓은 기원전 2년 7월 11일 밤 예수는 여동생 미리암의 탄생으로 매우 기뻐하였다. 다음날 밤 예수는 자기 아버지와 세상의 다양한 종류의 생명체들이 각기 독자적인 개별 존재들로 태어나는 방식들에 대해 긴 이야기를 나누었다. 예수의 어린 시절 교육의 가장 중요한 부분은 그의 사려 깊고 탐구적인 질문에 대한 부모들의 답변으로 이루어지게 된 것이다.

요셉은 이 아이의 끝없는 질문에 대해 시간을 투자하여 충실히 대답해주었다. 한 번도 대답을 소홀히 하지 않았다. 소년 예수의 질문은 5세부터 10세까지 질문은 끊어지지 않고 계속되었다. 요셉과 마리아는 언제나 대답할 것을 준비해야만 하였다.(벧전3:15)

갑작스러운 질문에도 항상 대답할 것을 모색하기 위하여 기도하는 마음으로 임하였다. 예수가 만족스러운 답을 들을 때까지 최선으로 대답해주었다.

나사렛으로 돌아와 요셉의 가정은 매우 바쁘게 보냈다. 새로운 목공소를 차렸고 화목한 가정으로 원만하였다. 예수는 동생들을 좋아하였으며 잘 데리고 놀았다. 당시의 갈릴리 지방의 兒童敎育(아동교육)은 그렇다.

- 생후 8일까지는 新生兒(신생아)
- 젖먹이
- 젖을 뗀 아이
- 5살이 끝날 때까지 계속되는 어머니에게 의존하는 시기
- 아이들이 독립적으로 생활하기 시작하며 아들의 경우에는 아버지가 책임을 갖게 되는 시기
- 靑少年期(청소년기)의 남녀 아이들
- 남녀 젊은이들.

(5) 예수께서 12세 되던 해 (기원후 6년)

1) 이 해는 예수의 일생 중에서 파란만장한 해였다. 그는 학교에서 학업을 계속하였고 자연에 관한 공부를 게을리 하지 않았으며 동시에 그는 사람들이 살아가는 방식에 대해서도 점점 더 많이 공부하게 되었다. 그는 자기 집에 있는 목공소에서 정기적으로 일하기 시작했으며 자기 수입을 직접 관리하게 되었는데 유대인의 가정에서는 매우 이례적인 일이었다. 같은 해에 예수는 그러한 문제들에 관하여 가정 안에서 비밀을 지키는 지혜를 터득하게 되었다. 그는 자기가 전에 마을에서 문제를 일으키게 되었던 그 원인에 대하여 인식하게 되었고 따라서 그는 자기 동료들과 다르게 보일 수 있는 모든 일들을 숨기면서 더 사려 깊은 사람이 되어 갔다.

2) 그 한 해 동안 그는 자신에 대한 사명의 본질에 대하여 실제적으로 의심한 것은 아니지만 오랫동안의 불확실성을 체험하게 되었다. 자연적으로 성장한 그의 인간적인 마음으로는 자신의 이원적인 본성의 실체를 완벽하게 이해할 수 없었다. 그가 단일 개인성 가지고 있다는 사실은 그의 의식으로 하여금 그 개인성과 관련된 그 본질을 구성하고 있는 요소들이 이중적 기원을 갖는다는 사실을 깨닫는 것을 어렵게 만들었다.

3) 이때부터 그는 자기 형제자매들과 더욱 잘 지낼 수 있게 되었다. 그는 점점 더 재치 있는 사람이 되었고 그들의 繁榮(번영)과 행복에 대하여 항상 연민을 갖고 특별히 배려하였으며 자신이 대중을 위한 使命活動(사명활동)을 수행하기 시작할 때까지 그들과 좋은 關係(관계)를 유지하였다. 좀 더 설명하자면 그는 야고보, 미리암, 그리고 더 어린 (아직 태어나지 않은) 두 동생인 아모스와 룻과 더없이 친하게 지냈다. 그는 언제나 마르다와 잘 지냈다. 그가 집에서 가졌던 문제는 주로 요셉과 유다의 衝突(충돌)에서 야기되었는데 특히 유다 때문이었다.

4) 요셉과 마리아에게 있어서 인간성과 신성을 複合的(복합적)으로 갖춘 전례가 없는 이런 아이를 양육하는 임무는 하나의 괴로운 체험이기는 하였지만 그들은 어버이인 그들의 임무를 매우 성실하고 成功的으로 이행할 수 있으리라고 크게 인정받아야 마땅하였다.

예수의 부모들은 자기들의 맏아들 속에 초인간적인 어떤 존재가 들어있다는 것을 점점 더 인식하게 되었다. 마지막 해에 그가 열두 살이 되었을 때 門楔柱(문설주)에 못으로 박아 놓은 羊皮紙(양피지) 문서에 집안을 드나들 때마다 손끝을 대고 다시 그 손가락에 입을 맞추는 유대인의 慣習(관습)에 대하여 자기 아버지에게 巷議(항의)하였다.

이러한 儀式(의식)이 일부분으로서 사람들은,

"주님께서 우리가 드나드는 것을 이제로부터 그 언제까지라도 보호해 주시리라"

라고 말하는 것이 관례였다. 요셉과 마리아는 전에 예수께서 아무것도 그리하거나 만들지 말아야 하는 이유를 수차례에 걸쳐 가르치면서,

"그러한 작품들은 나중에 偶像(우상)을 숭배하는 목적에 사용될 수 있기 때문이라"

고 설명했었다.

예수는 그들이 형상이나 그림을 만드는 것을 왜 금지시키는지 충분히 알 수는 없었지만 그는 모순되지 않는 하나의 높은 개념을 가지고 있었으므로 자기 아버지에게 문설주의 양피지 문서에게 습관적으로 경의를 표하는 행위에도 근본적으로 우상숭배의 요소가 있음을 지적하였다.

요셉은 예수의 이러한 항의를 받은 후에 문설주에서 그 양피지 문서를 제거하여 아들의 인격을 존중하였다.

5) 시간이 지남에 따라 예수는 가족 공동기도와 다른 여러 관례들과 같은 종교적인 형식들에 대한 습관들을 많이 변화시켰다. 그리고 이러한 많은 일들은 그곳이 나사렛이었기 때문에 가능하였는데 왜냐하면 그곳에 있는 회당이 나사렛의 유명한 선생 호세와 같은 자유주의적 학풍을 따르는 랍비들의 影向權(영향권) 아래에 있었기 때문이었다.

6) 이 해와 그 후 2년 동안 예수는 종교적인 관례나 사회적인 풍습에 관한 자신의 견해를 자기 부모의 이미 확립된 신앙과 조화시키려고 끊임없이 노력한 결과로 심한 정신적인 고통을 체험하게 되었다. 그는 자신의 신념에 충실하고자 하는 충동과 부모에게 의무적으로 순종해야

한다는 양심으로부터의 경고가 대립됨으로 인하여 혼란되어 있었으며 그의 최극의 갈등은 그의 어린 마음속에 최우선으로 있던 위대한 두 개의 명령 사이에 있었다.

하나는 '진실과 정의에 대한 너의 최고 신념의 명령에 충성하라'는 것이었고, 다른 하나인 '네 아버지와 어머니는 너에게 생명을 주었고 그 후로는 길러주셨으니 그들을 공경해야 하는 것과 가족에 대한 의무' 사이에서 불가피하게 매 순간마다 조정해야 하는 의무를 기피한 적이 결코 없었으며 충성심과 공정성 그리고 인내심과 사랑에 바탕을 둔 집단적 일체감의 뛰어난 개념 속으로 개인적 신념과 가족에 대한 의무감을 더욱 조화롭게 융화시키는 결과를 초래하는 만족스러운 성취를 이루었다.

7) **예수께서 13세가 되던 해** 그는 이미 소년기를 벗어나 청년기에 들어가는 시기로서 육체의 골격도 잘 발달하고 목소리도 변하고 콧수염도 돋아나는 변화를 겪는 여러 특징들이 나타나고 있었다. 기원후 7년 3월 20일 그 주일의 첫날 예수는 나사렛의 회당과 관계되어있는 그 지역의 학교에서의 훈련과정으로부터 졸업하였다. 그 후 會堂 학교를 졸업한 예수는 자기 부모와 함께 자신의 첫 번째 유월절을 기념하기 위하여 그들과 함께 예루살렘으로 갈 수 있는 자격이 갖추어지게 되었다.

이 해의 유월절 축제는 기원후 7년 4월 9일 토요일이었다. 여행에 동행할 많은 사람들이 4월 4일 월요일 이른 아침에 예루살렘을 향하여 나사렛을 떠날 준비를 완료하였다. 그들은 사마리아를 향하여 남쪽으로 여행하였지만 사마리아를 피하여 동쪽으로 길을 바꾸어 길보아산을 돌아 요단 계곡으로 내려갔다. 그것은 사마리아인과 相從하는 것을 꺼려했기 때문이었다. 요셉과 그의 가족들은 야곱의 우물과 벧엘을 지나 유월절을 기념하기 위하여 그들과 함께 요단 계곡으로 지나가는 것을 선택하였다.

8) 예수와 그의 부모는 여행을 떠난 지 넷째 날과 마지막 날에는 이어지는 巡禮者(순례자)들의 행렬과 人波(인파)로 길이 가득 채워졌다. 그들은 이제 예루살렘으로 가는 언덕을 오르기 시작하였다.

꼭대기에 다가가면서 그들은 산들이 있는 너머로 요단 지역을 볼 수 있었고 남쪽으로 잔잔한 사해의 물을 볼 수 있었다. 예루살렘에 반쯤 왔을 때 예수는 올리브 산(그의 후반부 대부분을 지낼 운명적인 곳)을 처음으로 보게 되었으며 요셉은 그에게 바로 그 산마루 너머에 거룩한 城(성)이 있다고 알려주었고 하늘에 계신 자기 아버지의 성과 집을 곧 볼 수 있게 되었다는 기쁜 기대감 때문에 그 소년 예수는 가슴이 뛰기 시작하였다.

9) 그들 가족은 길을 재촉하여 감람산의 境界線(경계선)에 도착하였고 예수는 처음으로 거룩한 성과 거만하게 서있는 저택들 그리고 자기 아버지의 하나님의 웅장한 성전을 보았다. 예수는 그의 일생동안에 4월 이었던 이날 오후에 감람산 위에 서서 예루살렘을 처음 바라보게 되었을 때 그토록 완벽하게 그를 魅惑(매혹)시킨 그러한 순전히 인간의 감격을 전에는 느껴본 적이 없었다. 그들은 서둘러 예루살렘으로 갔다. 목요일 오후가 되어 도시에 도착하자 그들은 성전을 지나갔으며 예수는 이처럼 많은 군중을 본 적이 없었다. 그는 생각하기를 어떻게 어디서 이러한 많은 군중이 도처에서 몰려오는지 곰곰이 생각하였다.

10) 그들은 마리아의 부유한 친척집에 머물 기로 하고 그들은 유월절 안식일을 기념하기 위해 만반의 준비를 하였다. 온 예루살렘이 유월절 준비로 들떠 있었으나 요셉은 틈을 내어 예수를 데리고 15세가 되면 자격을 갖추어 공부할 수 있는 학교를 방문 했었는데 예수는 아버지의 성의에 비하여 별반 관심을 갖지 않음에 대하여 매우 唐惶(당황)하였다.

예수의 소년기

11) 예수는 성전과 이와 관련된 모든 敬拜(경배)들 그리고 다른 활동들로부터 깊은 감명을 받았다. 네 살이 된 이후 처음으로 그는 많은 질문을 하기 위해 혼자 묵상하는데 열중하고 있었다.

아무튼 그는 자기 아버지에게 왜 하나님은 죄 없고 힘없는 동물들을 이토록 많이 죽이도록 요구하시는가 하는 등의 몇 가지 황당한 질문을 하였다. 그리고 그의 아버지는 자신의 대답과 설명으로는 깊이 생각하고 예리하게 추론하는 자기 아들을 만족시킬 수 없다는 사실을 자기 아들의 얼굴 표정에서 쉽게 읽을 수 있었다.

(6) 聖殿(성전)을 구경하는 예수

1) 예수는 성전에 있는 여러 뜰을 하나씩 둘러볼 때마다 자신이 목격한 불경스러운 靈(영)으로 인하여 충격을 받았고 진저리가 났다. 그에게는 성전 안에서의 군중들의 행위가 그의 아버지의 집 안에서의 그들의 현존과 어울리지 않는 것으로 생각되었다. 그때 그의 아버지 요셉은 예수를 이방인의 뜰로 안내하였을 때 어린 나이의 그는 큰 충격을 받게 되었는데 그곳은 그들의 시끄러운 사투리와 큰 소리로 지껄이는 욕지거리들이 羊(양)들의 울음소리와 함께 換錢(환전)하는 사람들과 제사용 동물들을 판매하는 자들과 잡상인의 현존이 폭로되는 매우 소란스러운 시장 통으로 변해있는 장소였다.

2) 예수는 성전의 분위기와 경배에는 감탄하였지만 무의미하게 경배를 드리는 수많은 사람들의 얼굴 표정에 나타나 있는 영적으로 추한 모습들을 보면서 또 한 번 衝擊(충격)을 받았다.

3) 그 다음에 그들은 성전 앞의 돌난간 아래에 있는 제사장들의 뜰로 내려갔으며 그곳에서는 제단이 있었고 동물들을 죽이는 장면과 제사를 집행한 屠殺者(도살자), 제사장들이 청동으로 만든 그릇 앞에서 피 묻은 손을 씻는 것을 볼 수 있었다.

피로 얼룩진 도로와 제사장들의 피 비린내 나는 손, 그리고 죽어가는 동물들의 신음소리는 자연을 사랑하는 이 소년에게는 참을 수 없는 상황들이었다. 이러한 흉측한 광경은 이 나사렛 소년의 비위를 상하게 하였으며 그는 아버지 팔에 매달리면서 다른 곳으로 데려 가 달라고 애원하였다. 그들은 다시 이방인들의 뜰을 지나가게 되었지만 오히려 그곳에서 들려오는 조잡한 웃음소리나 淺薄(천박)한 농담이 방금 전에 보았던 광경으로부터 기분을 轉換(전환)시켜 주었다.

4) 요셉은 자기 아들이 성전의 의식들을 보면서 얼마나 진저리를 쳤던 것을 보았음으로 그는 지혜를 짜서 예수를 고린도 식 청동으로 만들어진 아름다운 문으로 안내하려고 하였다. 그러나 예수는 첫 번째 성전 방문으로도 충분하다고 여겼다.

그래서 그들은 마리아를 만나기 위해서 성전 위쪽으로 올라갔으며 군중으로부터 벗어나 밖으로 나와서 헤롯이 살았던 웅장한 모습의 '아스모니아' 宮殿(궁전)과 로미 警備兵(경비병)들의 탑을 보면서 한 시간 가량 걸었다.

散策(산책)을 하는 동안 요셉은 예수에게 예루살렘에 사는 사람들에게만 매일 성전에서 치르는 희생을 볼 수 있도록 허락된다는 것과 갈릴리에 사는 사람들에게는 일 년에 세 번 즉, 유월절, 오순절(유월절 7주 후) 그리고 10월의 장막축제의 경우에만 성전경배에 참여할 수 있다는 것을 설명해 주었다. 이러한 축제들은 모세에 의해 만들어진 것들이었다.

(7) 聖殿(성전)에서 博士(박사)들과 討論(토론) 하는 예수

1) 예수의 예루살렘 순례

예수의 부모는 해마다 유월절이 오면 예루살렘으로 갔다. (눅2:41) 율법에 따라 모든 남자들은 절기를 지키러 예루살렘으로 모여야 하는 것이 신정국가의 의무였고 유대교의 예배였다. (신16:11) 요셉과 마리아도 100킬로가 넘는 성지로 순례여행을 해야만 했다. 그것은 정규적인 관례였기 때문에 종교적 의무였고 얼굴만 내밀고 오는 게 아니라 절기기간 중 머물러 있으면서 율법대로 종교적 규범을 준수하고 축제를 지켰다.

소년 예수도 동행하여 절기에 참예하여 유익한 교훈을 익혀 주려는 것이 부모의 바람이었을 것이다. 이 유월절은 이스라엘의 출애굽에 관한 최대의 명절이기도 하여 단순한 행사가 아니고 당시로서는 거룩한 대회였다. (레23:36) 이러한 집회에 참예함은 요셉과 마리아, 어린예수에게 영적으로 자부심을 세워주는 기쁨의 기회이기도 하였을 것이다. 오늘날에도 어린자녀라 하여 만화책이나 보게 하는 것보다 종종 부모님과 더불어 어떤 영적인 모임에 참예하는 것도 예상외로 격조 높은 의식을 심어주는 좋은 기회가 되기도 한다. 사람의 記憶力(기억력)은 7세에서 18세의 기간이 최고로 스펀지처럼 吸收(흡수)하는 교육 기간이다.

> '마땅히 아이에게 행할 길을 가르치라 그리하면 늙어서도 그것을 떠나지 아니하리라.' (잠22:6)

예수는 어린 시절 예루살렘이라는 도시를 해마다 여행하면서 필시 부모 곁에 꼭 붙어 다녔을 것이다. 그렇게 나이가 들면서 좀 더 자유가 주어졌을 것이고 이제 나이가 만 12세이면 성인식을 했을 것이며, 박사들의 토론에 가담하여 주변 사람을 놀라게 한 점으로 미루어볼 때 소년 예수께서는 아이큐가 600쯤 될 것이라고 영적인 사람들은 입을 모으고 있다.

2) 요셉을 따라 유월절 축제에 참가하기 위해 순례 길에 오른 소년 예수는 성전에서 이틀째 남아 있으면서 장로들과 랍비들의 토론들을 들으며 유월절의 많은 군중이 거의 떠난 이후의 좀 더 조용하고 정숙한 분위기를 즐기고 있었다. 예수는 두 번째 날 회의에서 용감하게 질문들을 했고 매우 놀라운 방법으로 성전에서 토론에 參詣(참예)하였지만 소년다운 태도로 겸손하게 토론에 임하였다. 그는 때때로 그의 날카로운 질문으로 유대의 율법을 가르치는 학자들을 놀라게 하였다.

그로부터 솔직한 공평성의 마음과 지식을 추구하려는 明白(명백)한 태도가 보였기 때문에 성전에 있는 대부분 선생들은 그를 잘 봐주고 싶어 하는 태도를 보였다.

3) **예수는 성전에서 셋째 날이 되자** 갈릴리에서 온 소년이 律法學者(율법학자)들을 혼란시켰다는 소문이 자자하였고 일부 예수의 나이가 13세에서 4개월쯤 모자라는데 합법적으로 회당에서 율법학교를 공식적으로 졸업을 했기 때문에 險談(험담)을 하던 사람들도 예수의 잘못이 아니라고 인정을 하는 수밖에 없었다. 예수의 토론 참가 여부에 대하여 일부 몇 사람은 퇴장을 했지만 여론은 계속 참해도 좋다는 결론으로 합의를 보게 되었다.

예수는 이 어른들과의 첫 번 경험을 통하여 인생의 중대한 문제들을 위해서 깊은 사색을 하며 숨을 고르며 눈을 감았다.

4) 예수의 質問(질문)들

소년 예수의 비상한 질문과 聰明(총명)에 관한 소식이 금방 퍼져 이 갈릴리에서 온 소년을 구경하려고 많은 사람이 몰려들었다. 이날은 모든 관심이 소년 예수에게로 집중되었다. 그날 토론이 끝날 무렵쯤 예수는 다음과 같은 질문을 또렷또렷하게 했다.

① 성전 揮帳(휘장) 뒤에 있는 至聖所(지성소)에는 실제로 무엇이 있는가?

② 이스라엘의 어머니들은 왜 성전에서 경배 드리는 남자들과 분리되어 있는가?

③ 만약 하나님이 자기 자손들을 사랑하는 아버지와 같으시다면 신성한 은혜를 얻기 위하여 왜 동물들을 이렇게 무수히 죽여야 하며 이것은 혹시 모세의 가르침들이 잘못 해석 되어진 것은 아닌가?

④ 하늘에 계신 아버지께 드리는 祭祀(제사)를 위해 성전이 奉獻(봉헌)된 것인데 세속적인 거래나 장사를 하는 사람들의 현존을 허락하는 것은 바른 일인가?

⑤ 우리가 기다리는 메시아는 다윗의 보좌에 임시로 앉으실 영주인가 아니면 영적 왕국을 세우심에 있어서 생명의 빛으로서 활동하실 분이신가?

소년 예수의 예기치 않은 질문들에 대하여 율법사들은 큰 충격과 파장으로 술렁였다. 하루 종일 거기 있던 사람들은 이러한 질문에 驚異(경이)를 금치 못했고 네 시간이 넘도록 나사렛 소년은 유대 선생들을 자극하였고 가슴을 탐구하는 질문들을 퍼부었다.

결국 어리다는 이유로 낯을 붉히던 사람들도 그를 좋아하게 되었다. 예수는 토론에 집중하느라 이상하리만큼 부모님과의 관계에 있어 念頭(염두)에 두지 않고 성전을 떠나지 않았다. 성령에 사로잡혀 자기의 부모님들이 군중에 섞여 돌아간 것도 잊고 토론에 전념하였던 것이다. 운명적으로 예수는 이 시기가 매우 중대한 결정적인 순간이었다. 요셉과 마리아는 한 소년의 질문에 박사들이 대답을 못하고 말문이 막혀 충격을 주는 사람의 주인공이 자기의 아들임을 까맣게 잊고 생각 없이 그냥 하룻길을 고향으로 향해 가고 있었다.

* 이상은 〈유란시아 飜譯本(번역본)〉에서 소년시절의 예수 편을 간출여서 소개했다. 〈도마복음〉이나 기타 〈外經(외경)〉에도 많은 자료가 있으나 보수단체에서는 아직도 갓을 쓰고 飛行機(비행기)를 타고 다니며 라이터를 두고 부싯돌을 주장하고 트랙터를 두고 호미를 고집하고 있다.

소위 Nicaea(니케아) 대종교회의를 거쳐 66권으로 편집된 정경 Canon(캐논)에서는 예수가 베들레헴에서 탄생한 이후 30세에 洗禮(세례)를 받을 때까지 기록이 단 한 군데도 언급이 없으며 어떤 힌트도 없다. 예수의 청년시절에 대한 여러 자료들은 수십 세기를 거치면서 모조리 削除(삭제)되었다.

한 군데 중요한 기록은 앞서 말한 누가복음 2장에 나타난 12세의 소년)예수께서 유대인의 큰 명절인 유월절 축제기간에 부모와 함께 예루살렘 성전에 방문하는 이야기가 귀중한 기록이다. 여러 사람들과 함께 여행하느라 가족은 예루살렘을 떠난 후에야 아들인 예수가 없어졌다는 사실을 뒤늦게 깨닫게 되어 크게 놀란다.

겁에 질린 요셉과 마리아는 허둥지둥 예루살렘으로 돌아와 보니 소년 예수는 성전에서 유대교사들, 박사들과 심오한 토론을 하는 중이었다. 당시에 얼마나 총명했으면 듣는 자가 다 그 지혜와 대답을 놀랍게 여겼다고 했다. 그때 마리아와 요셉은 왜 뒤에 쳐져서 부모를 근심하게 하느냐고 꾸짖었다.

예수는 대답했다.

"어찌하여 나를 찾으시나이까? 내가 아버지 집에 있어야 될 줄을 알지 못하셨나이까?"

소년 예수는 부모에게 대들거나 따지는 것이 아니고 그의 말은 단지 그의 부모가 자기를 찾을 곳을 알지 못했다는 사실에 대해 놀라움을 나타낸 것이다. 다시 말하자면

"어머니 제가 지금 나이가 몇 살인데요. 내가 절기 지키러 온 사람이 성전 말고 어디를 쏘다니겠습니까? 나는 하나님의 몸을 상징하는 이 聖殿(성전)을 떠나 어디를 방황하겠습니까?"

예수가 이런 식으로 시간을 사용한 것은 성경적 원칙과 영적인 수련을 명백히 훌륭하게 파악하고 있었다는 점이며 역시 요셉과 마리아가 그를 얼마나 잘 양육시켰는가를 對辯(대변)해주고 있다.

父母(부모)는 애간장을 태우다 안전한 아들을 보고서야 안심했다.

'아이야 어찌하여 우리에게 이렇게 하였느냐? 보라 네 아버지와 내가
근심하여 너를 찾았노라'(눅2:48)

소년 예수 나이 열두 살은 당시의 유대인들 전통대로 율법학교를 졸업하고 성인식을 치룬 숙성한 나이였다.

이때 소년 예수는 경건의 모양만 남은 유대교의 暗鬱(암울)한 종교적 분위기속에서 이미 자신의 운명과 사명을 느끼고 있었다. 이상의 내용이 정경에서의 마지막 소년시절의 기록들이다.

4. 예수님의 靑年期(청년기) 17년에 대하여

우리가 현재 소유하고 있는 新約聖經(신약성경)은 여러 飜譯本(번역본)이 있지만 예수님의 12세 이상 청년기에 대한 언급이나 記錄(기록)은 없는 상태다. 예수의 민감하고 소중한 청년기 시기인 13세 이후의 기록은 단 한 구절도 묘사되지 않고 있다. 29세까지 약 17년이라는 세월에 대하여 오늘의 교회는 침묵할 수밖에 없다. 여기서 우리는 참으로 이상한 궁금증과 의심이 발동할 수밖에 없다.

무조건 믿는 믿음을 선물 받아 택함 받은 그리스도인들은 별 문제가 없겠지만 연구하는 사람들이나 히스토리를 중시 여기는 학구파들은 당연히 예수의 행적을 더듬어 보는 사람들도 다수가 존재한다는 것 또한 비난할 수 없는 것이다. 역사성을 거세시키면 영혼 없는 관념주의와 뜬 구름 같은 확신 없는 막연한 신앙에 안주하게 되는 것이다. 우리 같은 하찮은 사람들도 자기의 역사가 있고 지방대학 교수라도 그가 실존적인 인물이라면 그 사람의 행적과 이력과 내력이 있는 법이고 주변의 證人(증인)들과 하다못해 친구들이라도 몇몇은 남아있는 것이다.

아무리 알려지지 않은 사람들이라도 단편적으로나마 여기저기 구전으로라도 누구 눈에 띄어서라도 남아있기 마련이다. 그런데 놀랍게도 17년이라는 중요한 청년시기에 단 한 줄도 기록이 없으니 비 기독교인들은 '예수는 허구다'라는 등 '실존인물이 아니다'라는 의심들이 많은 것이다.

- 그렇다면 왜? 紀錄(기록)이 없을까?

대부분을 削除(삭제)시켜버렸다.

AD.380년 데살로니가 勅令(칙령)은 황제들의 박해가 극에 달하였는데 데오드시우스, 유스티니아우스, 갈바, 오토, 가리큘라, 네로, 등 그 뒤로 콘스탄틴 황제 존 4세, 존 11세, 등은 미트라교의 태양신 숭배자들이었으나 형식적으로는 기독교로 개종하는 체하여 자기들의 교리를 전파한 미트라 宣敎師(선교사)들로써 기독교를 공인하며 동시에 토요일 안식일은 태양신의 예배일인 Sunday를 誌銘(지명)하여 예배일로 命令(명령)하였다.

그리고 기독교를 쉽게 손에 넣은 뒤 교회 깊숙이 관여하여 干涉(간섭)하기 시작하였으며 결과적으로는 기독교의 본질을 크게 어지럽힌 사람들이다. 이때부터 교회는 皇帝崇拜思想(황제숭배사상)이 뿌리내리기 시작한 것이다.

본래 성경은 100여 권이 넘었지만 553년 지금의 동 로마 콘스탄티노플에서의 대종교회의는 기독교역사의 먹구름이 끼는 날이 되고 말았다. 그것은 성경을 編輯(편집)하는 과정에서 問題(문제)가 시작되었다. 그것은 투표로 決定(결정)하면서 성경이 66권으로 편집되어 상당부분은 외경으로 버림받아 正經(정경)에서 제외되었다.

마리아복음, 베드로복음, 바울묵시록, 니고데모복음, 인도에서 순교한 도마복음, 그노시스복음, 등 많은 문서들을 삭제시켜 버렸다. 만약에 66권의 성서 외에 다른 책들을 말하거나 주장하면 즉시 파문을 당하였다.

로마 제국의 콘스탄티누스는 로마와 전 기독교회를 자신의 정치적 야욕에 넣으려는 계획대로 일이 쉽게 진행되었다. 그가 전투에서 銀十字架(은 십자가)가 나타나서 기적을 체험했다는 이야기는 어디까지나 그의 작품으로 비상한 연기였다. 그는 그 경험을 말하며 정치에 이용하여 기독교를 손에 넣고 결국은 오늘의 바티칸을 만들었고 전 세계 개신교도들을 그의 영향권아래 걸려들어 황제숭배에 참여하게 되었다

콘스탄티누스는 로마를 손아귀에 넣는 과정에서 황제는 잠시 억압도 받지만 당시 교회의 엄청난 숫자를 자랑하는 기독교인들을 자신의 정치적인 입지를 강화하는데 이용하였는데 결과적으로 그는 대성공이었다. 그것은 야욕과 명성을 위해서 전적으로 투자해볼만한 역사적인 대사업이었다. 단적으로 목숨을 걸고 투쟁하며 목숨과 바꿔가며 신앙의 정조를 지키는 교인들을 보며 이전에 숭배해왔던 미트라나 태양신의 신도들의 행위에 견주어볼 때 그 열정이나 결속력이 비교할 수 없을 정도였으니 황제로서는 대 업적을 남긴 셈이다. 이렇게 미래를 내다본 황제는 기독교 관용정책으로 개종을 빙자하여 전교인을 포용한 뒤 얼마 안 가서 그의 실체가 서서히 드러났다.

그리고 황제는 기독교를 로마의 국교로 만드는데 성공한 뒤에도 그의 잔인한 성품은 변함이 없었고 무수한 사람을 處刑(처형)하고 심지어 자기 친 아들인 장남을 불륜을 저질렀다 하여 화형 시켰으며 부인을 질식사시켜 죽이고 자신은 환락을 즐기며 살았고 기독교 예수를 믿노라하며 여전히 로마제국의 神(신)이였던 태양신 아폴론을 비롯한 로마의 주신들을 여전히 숭배하였으니 그는 결국 개종이 아니라 기독교를 자기의 정치적 야망과 목적으로 이용한 게 완전히 드러났다.

그러한 과정에서 콘스탄티누스 황제는 자신의 정치적인 목적을 위해 전 로마를 지배하고자 기독교에 많은 돈과 재정지원을 해주었고 이후 성 베드로 성당을 건축해 오늘날의 로마의 敎皇廳(교황청)을 만들었다. 이로 인하여 기독교 이외의 모든 신전과 사원 고대시대의 위대한 보석이었던 알렉산드리아의 대형 圖書館(도서관)마저도 불타 없어지기에 이른다.

로마 제국의 역사가로 예수와 동시대를 살았던 요세푸스는 예수를 중요한 인물이 아닌 스쳐지나가듯이 단 두 번 〈유대 왕국사〉에서 언급했다.

• 왜 그랬을까?

당시 대제국 로마에서 바라보던 이스라엘과 예루살렘은 邊方(변방) 중 변방이었고 작은 속주였다. 또한 예수처럼 기적을 행한 자들이 당시 로마에는 수천 명에 달하는 魔法師(마법사)들이 있었고 넘쳐났으며 그들이 행한 기적도 수를 헤아릴 수조차 없었다. 또한 유대교에서 분파한 초기 기독교회와 類似(유사)한 종교들도 수를 헤아릴 수 없이 많았다.

(1) 예수의 靑年(청년)시절을 찾아서..

예수의 친척들은 敬虔(경건)과 禁慾(금욕)을 중시하여 수행하는 에세네파(Essene) 신도들이었는데 이 일원 가운데는 예수의 姨從四寸(이종사촌)이었던 세례요한도 있었다.

세례요한은 예수와 거의 비슷한 시기에 태어났는데 요한이 6개월 먼저 태어났다. 당시 이집트에는 모세로부터 전수받은 신비의 지혜를 잘 보전해온 제사장들이 있었다.

예수님과 요한은 이들 깨달은 현자들 속에서 교육을 받으며 얼마동안 성장하였다. 현대교회가 인정하지 않는 외경에서는 이집트에서 수행하던 예수님은 흙으로 새를 빚어서 하늘로 날려 보내는 이야기가 나오기도 한다. 이집트에서 訓練(훈련)이 끝나고 돌아와 토론했을 때가 13세였으며 성인식을 한 뒤로 추정되고 있다.

그 후로 예수님은 종교의 發祥地(발상지)들을 더듬어 10여 년간의 머나먼 깨달음의 여행을 시작한다. 그 중 메소포타미아 지역의 쿠무란 寺院(사원)은 예수님 탄생 시에 귀중한 예물을 들고 왔던 동방박사들이 살고 있던 곳으로 **조로아스터교**라고 하는 고대 종교의 발상지였다. 이 동방박사들은 이스라엘 민족이 볼 때에는 완전 이방인들이었으며 영적으로는 깨달음을 成就(성취)한 현자들이었다.

이들은 다른 말로는 **마기(Magi)**라고 불렀는데 조로아스터교는 마니교, 혹은 불과 태양을 중시 여긴다 하여 拜火敎(배화교)라고도 부른다. 여기서 여러 종파가 파생되어 나오게 되어 가톨릭과 개신교회까지 큰 영향을 미쳤다. 현재도 '**바하이교**'에 의해서 명맥을 이어가고 있다.

예수는 이곳에 체류하며 일정기간 공부하면서 내공을 길렀다. 중국으로 건너간 예수(Jesus)는 중국식 발음으로 耶蘇(야소) 그곳에서 알려지게 되었다. 예수께서는 베다교, 자이나교, 불교, 등 기타 종교를 두루 섭렵하여 고대종교의 핵심들을 讀破(독파)하였다.

신약성경의 돌아온 탕자의 유명한 이야기는 〈法華經(법화경)〉 신해품 편의 내용과 동일한 것과 여러 비유들의 공통적인 일치는 예사 우연은 아닐 것이다.

이러한 일치감은 이를 입증하는 하나의 반증의 예임을 인정한다. 예수님은 그리고 티베트에 존재하는 신비의 사원 삼발라 샹그릴라에 입성하였다. 예수께서는 이곳에서도 라마교를 비롯한 고대종교의 내용들과 가르침들은 섭렵하였고 깨달은 현인들에 의하여 전수되는 신비의 지혜를 수련하였다.

인도와 티베트 등지에서 수행했던 예수는 그곳에서도 많은 병자들을 고쳐주며 사람들의 시기와 질투때문에 한 군데서 오래 있지 못하고 여기저기 옮기며 베풀었다. 이런 이야기는 개신교 성경에는 없는 내용들이며 초대교를 거치면서 로마 제도권의 종교회의를 거치면서 여러 차례 삭제되었다.

(2) 削除(삭제)된 예수의 행적

앞서 말했듯 캐논(Canon)을 편집할 때 사정없이 삭제시켰다.

예수님은 이 시기에 페르시아, 인도, 캐시미르, 티베트, 등지에서 구도여행 중 유학을 한 것은 많은 자료를 볼 때 분명한 사실이다. 처음에는 그런 내용들이 그대로 성경 초기 본에 실렸으나 2~3세기가 지나면서 신약성경을 편집하면서 모조리 삭제시켰다.

예수를 神格化(신격화)시키려는데 인간적인 예수의 수행과정이 露出(노출)되면 문제가 되기 때문이었으며 세기를 내다보며 陰謀(음모)를 꾸며야 하는 그들의 계획과 입지가 흔들리기 때문이었다.

그리고 그 다음 문제는,

신약성경이 東邦(동방)의 여러 종교 냄새가 많으니 기독교가 다른 종교의 교리, 등의 영향을 받았다는 사실을 숨기려함이 컸다.

그리고 또한 靈智主義(영지주의) 색채를 지우고자 함이었으나 이러한 행위들을 영원히 은폐할 수는 없는 것이다.

이러한 음모와 또한 부인할 수 없는 사실들은 그동안 National Geographic(내셔날 지오그래픽)이나 유튜브, 기타 개인연구를 하던 진지한 학자들과 구도자들을 통하여 실증적인 자료들이 수도 없이 쏟아져 나와 이젠 더 이상 숨길수도 없을뿐더러 겉치레 신학과 앞뒤가 안 맞는 貴臣(귀신)의 가르침에 사람들은 속지 않는다.(딤전4:1)

그 당시의 과정에서 황제들의 强壓(강압)으로 로마황제의 정치적 목적에 맞지 않는 내용은 모두 폐기되었다. 역사의식이 약한 많은 겉치레 기독교인들은 이를 인정하지 않으나 분명히 歷史的(역사적)인 사실들이다. 감독들은 초기 기독교에는 수록되어 있던 페르시아와 印度(인도)의 윤회사상을 완전하게 삭제시켰다.

이때의 감독들 역시 황제와의 눈이 맞은 영적으로 크게 배도한 뒤

간음한 淫女(음녀)였기에 예수 그리스도의 본질을 까맣게 잊어가고 있었으며 황제의 정치에 반기를 들고 박해를 다시 초래하느니 차라리 동참하는 게 身上(신상)이 편하였다. 대략 황제들은 14회 정도 성경을 수정하여 편집하였다. 그나마 4복음서가 남아있는 게 다행이다. 그러나 세월이 흘러 감춘 것이 다 드러나는 과학시대에 우리가 살고 있으니 혹세무민이나 거짓된 진리는 지금 만방에 드러나고 있다. 네피림도 정체가 드러나고 노아 방주도 발견하고 유튜브를 통해서 너무나 많은 진실이 정규방송에서 입장이 난감하여 밝히지 못하는 사실들이 밝혀지고 있다. 손바닥으로 하늘을 가릴 수 없듯이 감춰어진 진실은 언젠가는 반드시 드러나는 법이다.

현재 유다복음, 마리아복음, 도마복음, 등이 발굴되어 다행이다.

사해사본에는 구세주가 지금 기독교에서 믿는 예수는 구세주가 아니라고 밝혀져 큰 문제를 야기시켰다. 신약성경보다 훨씬 먼저 기록된 성경 〈사해문서〉에는 구세주가 예수보다 이미 150년 전에 출현한 다른 선지자를 구세주라고 기록되어 있다. 기독교는 매우 당혹하여 이 복음서들을 파기하려 했으나 실패하였다.

그동안 수많은 성서학자들과 탐험가들이 간절함과 열정으로 예수의 잃어버린 생애의 삭제된 시간들과 빈 시간들을 추적하여 끝없이 연구해왔다.

황제숭배를 따르는 유형교회는 신약성경에 불교적인 이야기가 나오는 걸 용납할 수 없었고 불교를 접하셨다는 내용이 이상한 것이 아니라 자기들이 믿는 스승이며 메시아의 生涯(생애)를 그토록 無慈悲(무자비)하게 삭제하고 왜곡한 것이 진짜 이상한 일인 것이다. 예수님이 유학을 하신 것은 틀림없으며 배움에 대한 적극적인 자세로 훌륭하고 존경스러운 가치인 것이다. 일부 기독교를 맹신하는 무지한 이들은 예수님에 대한 기록을 삭제하고 왜곡함으로 결국은 스스로 예수님과 기독교를 비하하는 결과를 낳게 하는 죄를 지은 결과가 되고 말았다.

진실 된 批評家(비평가)들의 일치되는 결과는 그렇다.

없는 것은 작품으로 만들어내고 역사적으로 진짜 있는 것을 삭제하는 失手(실수)를 범하는 이상한 종교가 되고 말았는데 이것이 사탄의 상징인 황제숭배의 유산인 것이며 이름만 바뀐 태양신 숭배 종교가 되고 말았다.

예수님을 팔아 十字軍戰爭(십자군전쟁), 예수님 팔아서 수천억 원이 넘는 맘모스 교회 건축 희생의 대형 피라미드들은 축복이라는 환상의 비즈니스임을 자기 자신들도 알고 있다. 거짓 선지자들이 예수 이름을 팔아 진실을 위장하여 유해한 독을 정신계에 퍼뜨리고 쑥물 신학으로 墜落(추락)하였다.

사실상 예수님의 생애를 삭제함으로 진실이 왜곡되어 맹신 병으로 세력이 확산되어 청맹과니 신앙인들을 만들어 예수의 흔적을 가진 사람들은 심정이 있는 대로 상해 병이 날 지경에 이르렀다. 이들이 예수의 인성을 불신하는 적그리스도들이다.(요일4:1~4)

이 무서운 이단들은 오히려 진리를 수호하고 좁은 길을 가며 숨겨온 진실의 印封(인봉)을 떼어 공개하면 박수를 보내며 동참하는 게 아니라 자신들의 이익에 혹여 손해를 끼칠 듯 하며 지금까지 보수적으로 맹신하던 사상에 금이 갈까봐 이러한 사실을 드러내는 사람들은 定罪(정죄) 단죄하고는 도리어 이단으로 덮어씌우고 종교재판이라는 명목으로 수십만 명을 화형시켜 죽여 버렸다.

'살인하지 말라'는 고급 종교적인 律法(율법)을 가진 신앙인들이 매일 수십, 혹은 수백 명씩 시도 때도 없이 죽여 사람 屍體(시체) 태우는 연기가 하늘을 덮었다.

갈릴레이나 코페르니쿠스 같은 진리를 말하는 사람도 역시 기독교의 적이었다. 중세시대나 근대 미국의 세일렘에서도 한 마을에 기독교인들이 서로를 이단이라고 비난하며 서로를 잡아 장작불로 태워 죽였다. 오늘날도 끝없이 교파를 만들어내며 조금만 다르면 본질에서 크게 벗어나지 않았는데도 여전히 이단으로 排斥(배척)받는다.

이것을 분명히 알아야 한다.

"아마 실제로 예수님이 육체로 재림해서 나타나면 자신들의 既得權(기득권)을 지키기 위해 그리고 자신들의 입지와 정체가 드러나는 것이 두려워 예수를 100% 암살하여 입을 다물게 할 것이다."

위 말은 러시아의 문호 토스토 에프스키가 한 말이다. 현재 고고학자들과 사학자들이 발굴 발견한 문서를 해독중인데 신약성서에 삭제된 부분을 복원하기에 충분한 내용들이 들어있다고 방송한 바 있다. 새로운 복음서들이 때가 되어 많이 나오고 있다. 예수님의 명예회복을 위해서라도 속히 복원되길 기다린다.

종교재판이라는 명목으로 화형되는 수많은 사람들.

- 예수의 탐구와 冒險(모험)

오늘날 사람들은 꽉 막힌 자기 생각대로 사물을 판단하며 우물 속 철학으로 살아간다, 진리는 그만두고 더 넓은 세상이 있음도 보지 못하고 자기 범주 안에서만 말뚝에 묶인 염소처럼 살아간다. 이러한 사람들이 자기네끼리 학위를 주고받으며 서로 위로하고 결속하며 살아가는 게 최상이다. 하루살이에게 어찌 영원을 말하겠는가. 하물며 우주에 관한 진리를 어찌 설할 것이며 인간의 常式(상식)도 몰라 희롱하는데 어찌 하나님의 실체를 논하랴. 하나님의 실체를 본질대로 말하면 아마 놀라 자빠질 것이니 어찌 이 큰 비밀의 멜기세덱 복음이 귀에 들어오겠는가?

영적이며 聰明(총명)했던 소년 예수는 틈틈이 부모를 도와 일하며 〈베다〉를 공부하고는 율법의 알파 오메가를 깨달아버렸다. 유대종교의 수천 년 잠자는 형식과 진저리나는 겉치레 제사제도와 형식으로 그치는 禮拜(예배), 등 당시의 서기관과 율법사들에 대한 불만과 制度的(제도적) 모순에 그의 심령은 도전받았다.

통찰력 있는 소년 예수의 결심이다. 그곳에 있으면 자기의 튀는 행동에 지난 수백 세기를 통하여 박해받은 선지자들과 다를 바 없이 예수 자신도 꽃을 피우지도 못하고 잡혀 죽을 것이라 크게 느꼈다.

(3) 인도 히말라야에서 예수활동

1장) 성약성서와 도마복음에서 예수님의 구도 여행 인도편

신약 외경 기록으로 1950년 이집트 나그함마디에서 발견된 〈사해문서〉에는 예수께서 12~29세 사이에 印度(인도)를 거쳐 티베트로 간 후에 불교를 접하고 마기교 사원에 들러 여러 정신계 지도자들과 승려들과 만나며 의식을 擴張(확장)하여 여러 경험을 하며 공부했다고 기록

되어있고, 29세 사이에는 티베트 불교사원을 방문했으며, 십자가에서 내려진 후에 동굴에서 3일간 治療(치료)를 받은 후 제자들에게 잠시 모습을 보인 33세 이후인 장년시절에는 히말라야 **헤미스 곰파** 지역을 재방문했음에 대한 기록이 나온다. 그 후의 삶은 인도 전역을 다니며 하나님의 나라가 도래할 것임을 전도하였고 82세에 운명했다는 전설이 기록되어 있다. 소년 예수께서는 유월절 축제를 계기로 예루살렘에서의 운명적인 시간을 통하여 파란만장한 결정적 순간을 맞게 된다.

① 그 당시 예루살렘에 방문한 사람 중 남부 인도의 오릿사 지방의 왕자였던 **라반나**라는 사람이 유대인의 유월절 제례(축제)에 참석하였다.

② 라반나는 富有(부유)했으며 의로운 사람이었다. 그는 一群(일군, 여러 무리)의 브라만 승려들을 이끌고 서양 세계의 지혜를 구하러 온 사람이었다.

* 시바여왕이 智慧(지혜)를 구하러 솔로몬 왕을 만나기 위하여 금은 보석을 가득 싣고 왕복 일만 킬로의 거리를 마차로 달려 예루살렘을 방문했던 것처럼(왕상10:1~10) 賢者(현자)들은 지혜나 새로운 知識(지식)을 위해서라면 지구 끝이라도 찾아나서는 것이 영성의 길이었기 때문에 옛날의 실크로드는 오늘날의 高速道路(고속도로)였다.

불교의 최초 파이오니아 **慧超(혜초)** 승려(AD.704~787)는 신라 聖德王(성덕왕) 3년에 출생하여 어렸을 때 중국으로 건너가 密敎(밀교)를 연구하였고 8세기 인도와 중앙아시아에 관한 유일한 기록인 〈왕오천축국전(往五天쯛國傳)〉을 남겨 세계문화교류에 이바지한 위대한 문화인물 이었는데 혜초는 만 4년 동안을 걸어서 인도 나란다 大學(대학)에 입학하여 공부를 하였고 캐슈미르, 아프카니스탄, 중앙아시아를 8년 동안 답사하였다. 그의 유일한 기록 〈왕오천축국전〉은 1943년 崔南善(최남선) 선생이 원문과 解題(해제)를 첨부하여 국내외로 널리 알려지게 된 큰 업적이며 대한민국의 문화유산이다.

> 초대교회 당시 에디오피아 여왕 내시가 예루살렘성전을 방문하고 돌아가다 빌립 집사를 만나 세례를 받듯…(행8:26~40) *필자주

③ 총명한 소년 예수가 유대의 제사장들 사이에 서서 읽고 말하며 질문하는 것을 보고 라반나는 깜짝 놀랐다.

④ 라반나는 "예수는 누구이며 어디서 온 소년이며 무엇을 하는 사람이냐"고 물었을 때 힐헬이라는 사람이 말했다.

⑤ "우리는 이 소년이 하늘에서 내려온 샛별이라고 부르고 있습니다. 왜냐하면 그는 빛을 가지고 와서 길을 밝히기 때문입니다."

⑥ 그리고 힐헬은 소년 예수가 태어나던 날과 조로아스터교의 사제들인 동방박사들의 방문, 등 애굽의 피난사건, 木手(목수)인 아버지를 도와 일하는 것, 율법학교 회당에서 우수하게 졸업한 이야기들을 자세히 말해주었다.

⑦ 라반나는 이 이야기를 들으며 흥분을 감추지 못하였으며 호화롭게 단장한 마차를 몰고 수행원들과 함께 갈릴리로 향하여 나사렛에 당도하였다.

⑧ 라반나는 나사렛 동네에 이르러 예수님이 12단계의 사닥다리를 오르내리며 콤파스, 직각자, 도끼, 등을 나르며 아버지 요셉의 일을 도와주는 것을 目擊(목격)하고는 소리쳐서 인사를 했다. "안녕하시오? 하늘에서 최고로 복 받은 소년이시여!"

⑨ 라반나는 인사를 마친 뒤 마을 사람들을 여관으로 초대하여 대접하였는데 예수와 그의 부모님들이 主賓(주빈)이었다.

⑩ 라반나는 이렇게 며칠 동안을 마미온 거리에 있는 요셉의 집에 손님으로 있으면서 소년예수의 총명한 지혜와 비밀을 배우려 하였으나 그것은 그로서는 도저히 감당하기 힘든 굉장한 것이었다.

⑩ 그러자 그는 소년의 보호자가 되어 동양으로 데리고 가서 그곳에서 브라만교의 지혜를 배우게 하고 싶다고 말했다.

⑪ 그러자 소년 예수께서도 가서 꼭 배우고 싶다고 간절히 소망하였고 그리고 그로부터 며칠 뒤 그의 부모에게 승낙을 받아 떠나기로 결정하였다.

이러한 결정을 내린 것은 예수께서 박사들과의 토론 중 느낀 幻滅(환멸)과 유대교의 종교 상황에 대한 한계를 어린나이에 깨닫는 상태에서 이방에서 온 승려들이 자신을 알아주는 신비한 예우와 그들의 종교와 지혜 학문에 대하여 긍정적인 소망에 몸을 맡기고 모험을 하기로 마음먹은 것이다. 일반적인 교육철학에서도 12세에서 20세는 지혜와 지식의 黃金期(황금기)로 보며 일생을 좌우하는 탐구시기로 본다.

⑫ 라반나는 무척 기쁜 마음으로 일행과 함께 동방을 향하여 여행길에 올랐다. 며칠 뒤에 신드강을 건너서 그들은 마침내 인도의 남부 오릿사 지방 왕자의 궁전으로 돌아갔다.

⑬ 브라만 승려들은 그 왕자의 귀국을 환영하였으며 유대인 소년 예수를 호의로서 받아들였다.

⑭ 예수께서는 쟈간나스 사원의 생도로서 입학했으며 여기에서 〈베다〉, 〈마니 法典(법전)〉을 배웠다.

⑮ 브라만교의 선생들은 소년의 聰氣(총기)어린 理解力(이해력)에 놀랐으며 그가 그들에게 법전의 의미를 설명해 줄 때 종종 감탄해 마지 않았다.

2장) 예수님과 라마스의 友情(우정)

예수께서 라마스에게 진리, 인간, 理解(이해), 智慧(지혜), 信仰(신앙)의 의미를 설명하심.

① 쟈간나의 승려들 가운데에서 유대인 소년 예수를 사랑한 사람이

있었는데 그는 브라마스로 알려진 스님이었다.

② 어느 날 예수께서 라마스와 함께 쟈난나스 사원 광장을 호젓하게 걷고 있을 때 라마스가 물었다. "젊은 유대선생 진리란 무엇이라고 생각하십니까?"

③ 그러자 예수께서 말씀하시기를 "진리란 변화하지 않는 유일한 것입니다. 모든 세상에는 두 가지 것이 있습니다. 하나는 진리이며 또 하나는 거짓입니다. 진리란 있는 그대로의 것이며 거짓이란 있는 것처럼 보이는 것입니다.

④ 진리는 有(유)로 원인은 없으나 모든 것의 原因(원인)입니다. 거짓이란 없는 것 無(무)이므로 유의 明證(명증Manifest)을 나타내는 것입니다.

⑤ 이미 만들어진 것은 무엇이든지 없어지게 마련이며 시작한 것은 끝나지 않으면 안 됩니다. 사람의 육안으로 보여 지는 모든 것은 무슨 존재이건 그것의 명증이며 아무것도 아닌 無(무)임으로 지나쳐 사라져 없어지게 마련입니다.

⑥ 우리의 눈에 보이는 것은 단지 地水火風(지수화풍)의 에테르가 진동하는 동안만 현상적으로 드러나 보이는 것에 대한 반영의 표현이므로 상태가 변하면 눈에 보이는 것은 사라져 버립니다.

⑦ 성스런 기운이란 진리이며 과거 현재 미래를 통하여 영원히 존재하는 것입니다. 그것은 變化(변화)할 수도 消滅(소멸)할 수도 없는 것입니다."

라고 소년 예수께서 말했다.

그러자 라마스가 말했다.

"잘 대답해 주셨습니다. 그럼 인간이란 무엇입니까?"

그러자 예수께서 말씀하시기를,

"人間(인간)이란 거짓과 진리의 혼합된 物體(물체)인데 인간이란 聖

靈(성령)의 氣運(기운)이 육체가 된 것으로서 거짓과 진리가 그 안에 함께 결합되어 어우러져 투쟁하고 그럼으로써 無常(무상)의 거짓은 걸러지고 참 인간은 진리변화 받아 인격적으로서 남게 됩니다."

⑧ 라마스가 다시 물었다.

"힘(Power)에 대하여는 어떻게 생각하십니까?"

그러자 예수께서 말씀하셨다.

"그것은 표현된 결과 곧, 힘의 결과로서 없는 것에 지나지 않습니다. 그것은 단지 환영일 뿐 그 이상의 것이 아닙니다. 힘은 변하지 않으나 파워는 에테르의 변화함에 따라서 움직입니다. 힘은 하나님의 의지이며 전능한 것입니다. 파워는 성령의 氣運(기운)에 의하여 지도되어 표현되어진 하나님의 의지입니다.

⑨ 바람에 힘이 있고, 波濤(파도)에 힘이 있고, 번갯불에 힘이 있고, 사람의 눈에 힘이 있습니다. 에테르는 이와 같은 파워를 불러일으키고 엘로힘 천사, 인간, 그 밖의 생각하는 것의 사상을 힘은 지도합니다".

라마스가 다시 물었다.

⑩ "豫知力(예지력)에 대하여는 어떻게 생각하십니까?"

예수께서 말씀하시기를

"예지란 인간이 이것을 土臺(토대)로 삼아 그 위에 자기 자신을 세우는 바위입니다. 그것은 有(유)와 無(무), 진리와 거짓을 가려서 알아내는 영혼의 직관입니다. 예지는 低級(저급)한 자아의 본질을 알아내고 인간 자신의 파워를 감지합니다."

⑪ 라마스가 다시 물었다.

"지혜에 대하여는 어떻게 생각하십니까?"

예수께서 말씀하셨다

"그것은 인간의 참다운 존재라는 것, 하나님과 인간이 하나라는 동질성을 의식하는 것입니다. 無(무)는 無(무)일 뿐이며 파워는 단지 幻想(환상)일 뿐입니다. 天國(천국)과 땅과 지옥은 위나 밑에나 주위에 있는 것이 아니고 단지 자기 안에 存在(존재)하는 것입니다. 그것은 有(유)의 빛 안에서 無(무)가 되어 하나님이 一體(일체)의 일체의 것(All)이라는 사실을 의식하는 것입니다."

⑫ 그러자 라마스가 다시 물었다.

"그러면 신앙이란 무엇입니까?"

예수께서 질문에 답하셨다.

"信仰(신앙)이란 신이 全能(전능)하다는 것을 確證(확증)하는 것이며 사람이 신적인 생활에 도달할 것을 確認(확인)하는 것이며 救援(구원)이란 인간의 마음에서 하나님의 마음으로 올라가는 進動數(진동수)의 사다리입니다.

⑬ 救援(구원)에는 세 개의 階段(계단)이 있습니다. 그 첫 번째 단계가 믿음인데 이것은 아마도 사람이 진리라고 생각하는 것을 대상으로 하는 것이며 마지막이 완성입니다. 이것은 인간 자신이 바로 진리라는 사실을 깨닫는 것입니다

⑭ 믿음은 신앙에 젖어 없어지며 신앙은 완성속에서 사라집니다. 그리고 인간은 그 자신이 하나님과 같은 생활에 도달하여 그 자신과 하나님이 하나가 되었을 때 구원을 받게 되는 것입니다."

* 수드라와 바이샤의 사이에 있는 예수님과 라마스는 '**베나레스**'에서 의사 **우도라카**의 門下生(문하생)이 되니라.

3장) 우도라카의 가르침

① 예수와 그의 친구 라마스는 오릿사 地方(지방)의 모든 고을을 돌

아다니며 갠지스 강 주변의 골짜기를 차례로 방문하여 수드라와 바이샤 및 교사들로부터 지혜를 배우고자 하였다.

② 갠지스 강가의 베나레스는 문화와 학술이 발달된 도시여서 두 사람은 며칠 동안 滯留(체류)하였다.

③ 예수께서 인도의 의술을 배우고자 하여 인도에서 으뜸가는 의술을 지닌 우도라카의 문하생이 되었다. 우도라카는 물, 식물, 흙, 더위와 추위. 햇빛과 그늘, 빛과 어둠의 용법을 가르쳤다.

④ 그가 말하기를
"자연의 법칙은 건강의 法則(법칙)입니다. 이러한 자연의 법칙에 따라 순응하며 사는 사람은 결코 병에 걸리는 법이 없습니다. 이러한 법도를 어기는 것이 罪이며 죄를 지은 사람은 病(병)에 걸리게 됩니다. 이러한 법칙에 순종하는 사람은 신체의 모든 부분이 균형을 유지하게 되어 이에 의하여 참다운 조화가 이루어지게 됩니다. 부조화가 병인 반면에 조화는 바로 건강이며 죄의 결과는 사망입니다.

⑤ 인간의 모든 신체 부분에서 조화를 이루게 하는 것이 醫藥(의약)이며 이것으로 건강이 보장됩니다. 인간은 絃樂器(현악기)와 같아서 그 줄이 너무 느슨하거나 너무 팽팽하면 좋은 소리를 내지 못하듯 인간은 병이 들게 됩니다.

⑥ 한편 자연계에 있는 만물은 모름지기 인간의 요구에 부응할 수 있도록 되어 있으므로 모든 것이 의료의 비약으로 발견됩니다. 만일 현악기가 고장이 나면 자연계의 광대한 범위 안에서 무언가 치료의 수단이 발견되어 육체의 온갖 질환에 대한 治療法(치료법)이 나오게 마련입니다.

⑦ 물론 인간의 義는 최상의 약이므로 의지를 강하게 작용시키면 사람은 이완된 줄을 팽팽하게 당길 수 있고 너무 팽팽한 줄을 느슨하게 이완시킬 수도 있어서 스스로의 능력으로 병을 고칠 수가 있습니다.

⑧ 사람이 하나님과 자연과 자기 자신을 믿을 수 있는 경지에 도달하

게 되면 權能(권능)의 거룩한 말씀을 알게 됩니다. 이 말씀은 모든 傷處(상처)의 鎭靜劑(진정제)가 되고 생명의 모든 병을 치료합니다.

⑨ 치료인이란, 信仰心(신앙심)을 불어넣을 수 있는 사람입니다. 입은 사람의 귀에 들려주기는 하지만 영혼은 영혼에게 이야기하는 영혼에 의하여 전달됩니다.

⑩ 영혼이 위대한 사람은 힘이 있는 사람입니다. 그러한 사람은 다른 사람의 영혼 안에 들어가 희망이 없는 사람에게 성령을 불어넣어 주며 하나님, 자연, 인간에 대하여 믿음이 없는 사람에게 믿음을 심어주는 시대적 로고스들로 희망을 줍니다.

⑪ 평범한 인생의 길을 걸어가는 사람들에게 공통되는 만병통치약은 없습니다. 부조화를 불러일으키고 사람들을 병들게 하는 것은 그 종류가 수없이 많으며 현악기를 잘 조율하여 인간을 건강하게 하는 방법도 그 종류가 천차만별입니다.

⑫ 어떤 사람에게는 약이 되는 것이 또 다른 사람에게는 독이 될 수도 있으며 어떤 사람은 다른 사람을 죽일 수 있는 것에 의하여 병이 나을 수도 있는 것입니다.

어떤 풀잎은 사람을 살리는 약이 되기도 하며 한 모금의 물이 사람을 살리고 산에서 불어오는 미풍이 기운을 주기도 합니다.

⑬ 숯불이나 한 줌의 흙으로 또 다른 사람을 치료하고 흐르는 물줄기나 샘물에 몸을 씻고 깨끗하게 완치하는 사람도 있습니다.

⑭ 손이나 숨결로 나타나는 효험은 능히 천명을 고치겠지만 사랑은 여왕입니다. 사랑에 의해 더 큰 힘을 강화시킨 사상은 하나님께서 하사하신 명약입니다.

⑮ 그러나 생명의 줄이 끊어지는 많은 경우와 영혼을 괴롭히는 不協和音(불협화음)은 대개 인간의 육안으로 보이지 않는 공중의 악령의 농간에 의해 야기되는 것입니다. 그것은 사람의 무지를 틈타 자연과 하나님의 법칙을 깨뜨리려 劃策(획책)합니다.

⑯ 이러한 사악한 권능은 惡魔(악마)와 같은 작용을 하여 인간의 영혼에다 말을 하여 사람을 뒤흔들어 절망에 빠뜨립니다. 그러나 참다운 의사는 영혼을 다스리는 스승인 것이며 강한 의지의 힘에 의하여 이러한 사악한 신명들을 누를 수 있는 것입니다. 空中權勢(공중권세) 잡은 악령 중에는 사람의 힘만으로는 어찌할 수 없는 강한 자들이 많습니다. 그러나 보다 높은 곳에는 인간을 도와주는 고급 영들이 있습니다. 그러므로 이들에게 청하여 기원하면 그들은 인간을 도와서 악마를 쫓아줍니다."

⑰ 이상이 이 위대한 의사가 강론한 요점이다. 그리하여 예수께서는 이 훌륭한 영적 스승의 지혜를 인정하고 머리를 숙여 절하였으며 깊이 감사하는 마음으로 길을 떠났다.

4장) 예수께서 브라만교의 계급 제도인 카스트 제도의 敎義(교의)를 거부하시고 인간의 평등을 가르치셨는데 僧侶(승려)들이 화를 내어 사원에서 쫓아 내니라.

예수님께서 賤民階級(천민계급)인 수드라와 함께 살면서 그들을 가르치셨다.

① 유대소년 예수께서는 4년 동안 '자간나스' 사원에서 머물렀다.

② 어느 날 그는 승려들 사이에 앉아서 그들에게 말했다.

"부디 카스트 제도에 대한 당신들의 모든 의견을 들려주십시오. 어찌하여 당신들은 모든 사람들이 하나님 앞에 평등하지 않다고 말하는 것입니까?"

③ 그때 주지 승려가 되는 율법 선생이 앞으로 나와서 말했다.

"우리가 브라만(절대자)라고 부르는 성스러운 분은 그분에 맞게 인간을 창조하셨으므로 새삼스레 인간이 불만을 말해서는 안 됩니다."

④ 주지승려 되는 브라만 율법선생은 브라만과 크샤트리아, 바이샤, 수드라 이 네 계급의 사람들을 차례로 보여주며 그들의 직책과 하는 일에 대하여 자세히 가르쳐주고 귀족과 무사, 상인, 수드라는 노예 청소부, 등 허드렛일을 하는 신분이며 그들은 남에게 존경받을 권리가 없으며 베다 經典(경전)을 읽는 것도 안 되고 듣는 것도 허용되지 않는다고 하였고 승려나 왕의 얼굴을 들여다보면 죽음을 뜻하고 그런 고역스러운 노예 신분을 벗어나기 위해서는 죽는 길 밖에 없다고 소개하며 가르쳐 주었다.

⑤ 그러자 예수께서 말하였다.

"그렇다면 파라 브라만은 공정하고 의로운 신이 아닙니다. 왜냐하면 그는 그 자신의 강력한 손으로 마음대로 사람을 높였다 낮췄다 하기 때문입니다."

⑥ 그리고 예수께서는 더 이상 말씀을 안 하시고 단지 하늘을 바라보고 기도하였다.

'과거에도 계시고 현재에도 계시고 미래에도 영원히 계실 당신의 성스러운 손 안에 공정하고 의로운 저울대를 잡고 계시는 하나님이시여, 당신의 한량없는 사랑으로 모든 인간을 평등하게 만드시고 백색인, 흑색인, 황색인, 적색인들이 다 같이 얼굴을 우러러보고 우리의 아버지 하나님을 숭배하게 하시도다.

⑦ 당신 인류의 아버지시여! 거룩하신 이름을 찬양하나이다.'

⑧ 그러자 승려들은 예수께서 하신 말씀을 듣고 일제히 화를 내어 달려가서 그를 붙잡고 가해하려 하였다.

⑨ 그러자 그때 라마스가 손을 들어 제지하며 말했다.

"그대들 브라만 승려들이여! 조심하시오. 사리분별 없이 그런 짓을 하는 것은 옳지 못하오. 이 소년이 숭배하는 신을 알 때까지 기다리는 것이 좋겠습니다. 내가 이 소년이 祈禱(기도) 하는 것을 보니 태양빛이 그를 에워싸고 있었소. 조심하시오. 그의 신이 브라만 신보다 더 강할

지도 모릅니다.

⑩ 만일 소년 예수가 말하는 것이 진리라면 그리고 그 말이 옳다면 그대들은 강제로 그에게 중지하게 할 수는 없습니다. 만일 그의 말이 그르고 당신들의 말이 옳다면 그의 말은 거짓이 될 것이오. 왜냐하면 마침내는 정의가 이길 것이기 때문이오."

⑪ 그리하여 승려들이 가해하려 하는 것을 삼갔으나 그 중의 한 사람이 입을 열고 말했다.

"이런 신성한 장소에서 이 무례한 젊은이는 파라 브라만에게 無嚴(무엄)하게 군것이 아닙니까? 율법에서는 분명히 브라만의 이름을 욕되게 하는 자는 죽어야 한다고 하였습니다."

⑫ 그때 라마스는 예수의 생명을 구해 달라고 懇請(간청)하였다. 그래서 승려들은 붙잡아 결박했던 줄을 풀고 그를 그곳에서 추방하였다.

⑬ 그리하여 예수께서는 그곳을 떠나서 노예와 농부인 흑인과 황색인과 함께 살 隱居地(은거지)를 찾았다.

⑭ 소년 예수는 그들에게 처음으로 인류 평등의 복음을 알렸다. 인류는 동포라는 것과 하나님은 바로 모든 인류의 아버지임을 알렸다.

⑮ 사람들은 마음깊이 이 말을 기꺼이 즐겨듣고 '하늘에 계신 우리 아버지시여'라고 기도하는 법을 배웠다.

5장) 소년 예수께서 수드라 農民(농민)들을 가르치시다.

① 예수께서는 수드라와 농민들이 그토록 많이 몰려와서 말씀을 들으려는 것을 보시고 比喩(비유)를 들어서 말씀하셨다.

② "넓은 농토를 가진 한 귀족이 있었습니다. 그에게는 네 아들이 있었으며 그는 그의 네 아들이 모두가 독립하여 각기 자기들이 갖고 있는 모든 재능을 발휘하여 유력한 사람으로 자라나기를 바라고 있었습니다.

③ 그래서 그는 네 아들에게 그의 막대한 財産(재산)을 나눠주고 각기 자기 갈 길로 가도록 명했습니다.

④ 그때 그의 장남은 이기심으로 가득 찬 야심가여서 빈틈없이 약삭빠른 생각을 했습니다.

⑤ 그는 혼잣말을 했는데 '나는 장남이다. 그러니까 내 동생들은 내 발밑에서 하인이 되어야 한다.'

⑥ 그리하여 형제들을 불러 모아 놓고 둘째를 꼭두각시 왕으로 앉히어 劍(검)을 들게 하여 모든 땅을 지키라고 명하였습니다.

⑦ 셋째에게는 땅과 물이 흐르는 우물을 주어 사용하게 하고 양과 소의 家畜(가축) 떼를 주어 耕作(경작)하게 하고 가축들을 돌봐서 거기서 나오는 최상의 收穫物(수확물)을 자기에게 가져오라고 말했습니다.

⑧ 그리고 마지막으로 막내에게 말했습니다. 너는 가장 나이가 어리다. 넓은 땅은 분할이 끝나서 네게 줄 몫이 없다. 그러고 나서 그는 그의 동생을 사슬을 채워 황무지의 텅 빈 암벽에 묶어놓고 말했습니다.

⑨ 너는 노예로 태어났다. 너는 어떠한 권리도 가지고 있지 않으며 너는 너의 운명과 싸워야만 한다. 왜냐하면 네가 죽어서 이곳을 떠날 때까지 너는 어떠한 자유도 없다.

⑩ 몇 년 뒤에 심판의 날이 왔습니다. 귀족은 아들들을 소집해서 보고를 하도록 명했습니다.

⑪ 귀족은 그의 장남이 모든 땅을 독점하여 차지하고 형제들을 노예로 삼은 사실을 알자, 그는 장남을 붙잡아다가 승복을 찢어내 던지고 감옥에다 감금하였습니다. 거기서는 그가 잘못을 贖罪(속죄)할 때까지 갇혀 있어야 했습니다.

⑫ 그러고 나서 단지 인형에 불과한 꼭두각시 왕의 玉座(옥좌)와 갑옷을 공중에 던지고 그의 칼을 꺾고 그를 감옥에 가뒀습니다.

⑬ 그리고 농부가 된 아들을 불러서 왜 사슬에 묶여 노예가 된 동생을 구하지 않았느냐고 물었습니다. 그 아들이 대답을 못하자 아버지는 가

축과 우물을 빼앗고 그가 뼈저리게 참회할 때까지 모래밭에 가서 살게 하였습니다.

⑭ 그리고 나서 아버지는 사슬에 잔인하게 묶여있는 막내아들에게 가서 사슬을 풀어주며 평화롭게 살라고 했습니다.

⑮ 그리고 자신들의 죄 값을 다 치르고 난 아들들은 다시모여 심판대 앞에 섰습니다. 그들은 모두 뼈 속 깊이 교훈을 배웠습니다. 그 뒤 아버지는 다시 재산을 분배하였습니다.

⑯ 아버지는 아들 각자에게 재산을 공정하게 분배해주고 정의의 법을 인식시키고 평화롭게 살라고 명했습니다."

소년 예수는 이렇게 설교했다.

⑰ 그 때에 한 명의 수드라가 말했다.

"우리들은 노예로서 승려의 변덕을 맞추어야 되고 짐승처럼 고통을 당하고 있지만 과연 쇠사슬을 끊고 자유로운 몸이 될 가망이 있을까요?"

⑱ 예수께서 말씀 하시기를

"성스러우신 하나님께서 그의 모든 자녀들은 자유롭게 될 것이며 모든 영혼은 하나님의 자녀라"

고 말씀하셨습니다.

⑲ "수드라도 승려와 같이 자유롭게 될 것이며 농부는 왕과 함께 손에 손을 잡고 걷게 될 것입니다. 왜냐하면 모두 형제가 될 것이기 때문입니다.

⑳ 사람들이여! 일어나시오. 당신들의 권능을 깨달으시오. 뜻이 있는 사람들은 노예로 있을 필요가 없습니다.

㉑ 당신들의 형제가 이렇게 생활했으면 하고 바라듯이 생활하시오. 꽃이 피듯이 날마다 피어나시오. 땅이 당신들의 것이며 하늘이 당신들의 것입니다. 그리고 하나님께서는 그대들이 있어야 할 곳에 당신들을 데려다 주실 것입니다."

㉒ 그러자 모든 사람들이 외쳤다.
"꽃이 피어나듯이 우리가 있어야 할 곳을 가르쳐 주십시오."
라고 일제히 소리쳤다.

6장) 카타크에 계시는 예수께서 사람들에게 브라만교의 공허함과 인간 속에서 하나님을 보는 방법을 알려주시고 그들에게 犧牲(희생)의 신성한 律法(율법)을 가르치시다.

① 예수께서 '오릿사'의 모든 都市(도시)에서 사람들을 가르치셨다. 강변에 있는 '카타크'에서 가르칠 때에 수천 명의 군중이 그를 따랐다.

② 하루는 '쟈간나스'의 가마 행렬이 수많은 열광적인 사람들 손에 의하여 끌려 지나갔다.

그러자 예수께서는,

"보세요. 저들은 영혼이 없는 빈껍데기가 지나가고 있습니다. 혼 없는 육신들이 제단에다 지필 불도 없는 빈 성전들이 지나가고 있습니다.

③ 이 크리쉬나의 수레는 공허한 것입니다. 왜냐하면 크리쉬나는 거기에 없기 때문입니다.

④ 이 크리쉬나의 수레는 단지 肉慾(육욕)의 葡萄酒(포도주)에 취한 사람들이 숭배하는 우상에 불과합니다.

⑤ 하나님께서는 시끄러운 말장난속에 있지 않습니다. 우상을 모시는 사원으로부터는 어떠한 사람도 그분에게 가는 길은 없습니다.

⑥ 사람과 하나님이 맺어지는 장소는 가슴 속입니다. 하나님께서는 조용하게 나직한 소리로 말씀하십니다. 그리고 이 말씀을 듣는 사람들도 마음이 고요해집니다."

⑦ 그러자 모든 사람이 말했다.

"마음속에서 조용한 목소리로 말씀하시는 신성한 하나님을 알 수 있도록 가르쳐 주십시오."

⑧ 예수께서 이에 대하여 말씀하시기를

"하나님의 성스러운 숨결은 인간의 눈으로는 볼 수 없습니다. 뿐만 아니라 사람은 靈(영)을 볼 수 없습니다.

⑨ 하지만 인간은 거룩하신 분들의 모습으로 창조되었음으로 사람의 얼굴을 들여다보는 이는 마음속에서 말씀하시는 하나님의 모습을 보는 것입니다.

⑩ 그리고 사람이 사람을 尊敬(존경)하는 것은 곧 하나님을 존경하는 것이며 사람을 위해서 무엇을 행하면 그것은 곧 하나님을 위해서 행하는 것입니다.

⑪ 그러므로 명심하십시오. 마음과 말과 행동으로 다른 사람을 괴롭히는 자는 하나님에 대하여 죄를 범하는 것입니다.

⑫ 만일 여러분이 마음속에서 안주하시는 하나님을 섬기려면 가까운 친족이나, 친족이 아닌 사람, 문전의 낯선 사람, 당신에게 해를 끼치려 하는 敵(적)에게도 똑같이 봉사해야 합니다.

⑬ 가난한 사람들과 약자를 도와주며 남에게 해를 끼치지 말며 자기 것이 아닌 것을 절대로 탐내지 마십시오.

⑭ 그리하면 거룩하신 하나님께서 그대의 혀를 통하여 말씀하실 것이며 그대의 눈물 속에서 미소 지을 것이며 환희의 빛으로 그대들의 모습을 비출 것이며 평화로 그대의 마음을 채울 것입니다."

⑮ 그러자 그때 사람들이 물었다.

"누구에게 奉獻物(봉헌물)을 올리며 어디에다 제물을 바치오리까?"

⑯ 그러자 말씀하시기를

"우리 아버지 하나님께서는 초목, 곡물, 비둘기, 새끼양이나 짐승들 피의 쓸데없는 낭비를 원하지 않으십니다.

⑰ 聖殿(성전)에다 불태운 것은 버린바 되고 굶주린 자의 입으로부터 음식을 빼앗아 불에 던지는 사람에게 축복이 올 리가 없습니다.

⑱ 하나님께 제물을 드리고 싶거든 곡물과 고기의 제물을 가난한 사

람들의 식탁에 올려놓는 것이 났습니다.

⑲ 그곳으로부터 피어오르는 향내는 하늘까지 올라가서 축복이 되어 돌아올 것입니다.

⑳ 그대의 우상을 허물어 버리시오. 그것은 그대의 말을 듣지 못합니다. 제물을 바치는 모든 제단도 불에 던져 넣는 게 났습니다.

㉑ 보이는 사람의 마음을 그대의 제단으로 삼아 사랑의 불로서 그대의 제물을 태우시오."

㉒ 그때에 모든 사람들은 황홀하여 어찌 할 줄 몰라 하였다. 그리고는 예수를 神(신)으로 섬기려 하였다. 그러나 예수께서 말씀하시기를

㉓ "나는 사람의 아들이며, 당신들의 형제이며 하나님에게 가는 길을 가르쳐 주러 왔을 뿐입니다. 그대들은 인간을 숭배해서는 안 됩니다. 단지 신성하고 신성하고 거룩하신 하나님을 贊頌(찬송)하시오!"

7장) 예수께서 '베하르'의 宴會(연회)에 참석하셔서 인간의 평등에 대하여 革新的(혁신적)인 설교를 하시고 '부러진 잎'의 비유를 들어 구원에 하여 말씀하시다.

① 선생으로서의 예수님의 명성은 널리 퍼져 사람들은 그의 진리를 듣기위해 멀리서 또는 가까이에서 몰려들었다.

② 브라만 교도들의 신성한 강가에 위치한 '베하르'에서 그는 많은 날 동안 가르치셨다.

③ 그리고 '베하르'의 富豪(부호) 아크라라는 사람이 이들을 위해 宴會(연회)를 베풀고 멀리서 온 모든 사람을 초대했다.

④ 연회에 참석한 수많은 사람 중에는 도둑, 强盜, 娼女들도 있었다. 예수께서는 그들과 함께 앉아서 설교하셨다. 하지만 그를 따라온 많은 사람들은 그가 도적과 娼女(창녀)와 자리를 같이 하였으므로 몹시 언짢아하였다.

⑤ 그래서 그들은 그를 책망하여 말했다.

"현명하신 라보니(선생님)! 오늘은 당신에게 수난의 날이 될 것입니다.

⑥ 선생께서 창녀와 도적들과 함께 사귀었다는 소문이 퍼져 나가면 사람들은 뱀을 피하듯이 당신을 피할 것입니다."

⑦ 그러자 예수께서 그들에게 말씀하시기를

"지도자는 결코 명성이나 명판 때문에 그 자신을 숨기지 않습니다. 명성이나 명판은 단지 하루뿐인 시시한 것입니다. 흐르는 물위에 떴다 가라앉는 거품 같은 것이며 환상처럼 사라지는 것입니다.

⑧ 그것은 사리 분별없는 이의 마음에는 지표가 되며 사람들이 만드는 시끄러운 소란일 뿐입니다. 그리고 경박한 사람들은 그 시끄러운 강도에 따라서 가치를 판단합니다.

⑨ 하나님과 모든 정신적 구도자는 사람을 있는 그대로에 진상을 보고 판단하며 결코 그럴듯한 명성과 評判(평판)에 의한 겉치레 판단을 하지 않습니다.

⑩ 이들 창녀들과 도적들은 우리 하나님의 자녀들입니다. 그들의 영혼은 하나님의 견지에서 볼 때 당신들이나 브라만 승려들의 영혼만큼 소중한 것입니다.

⑪ 그리고 그들은 당신들의 자신의 체면과 도덕적 가치에 대하여 자랑스레 여기며 일해 나가듯이 똑같이 일해 나가고 있습니다.

⑫ 그들 중에는 그들을 멸시로서 바라보는 당신들이 해결하지 못한 많은 어려운 문제를 해결한 사람도 있습니다.

⑬ 그렇습니다. 그들은 죄를 고백하고 있습니다. 반면에 당신들은 죄를 범하는 동안에도 죄를 감추기 위하여 光彩(광채)나는 멋진 옷으로 갈아입고 시치미를 뗄 만큼 빈틈없이 약삭빠르게 행동합니다.

⑭ 당신들은 이들 창녀, 주정뱅이, 도적들을 멸시하고 자기 자신들은 마음이 순수하고 청렴결백하여 그들보다 훨씬 낫다고 생각하고 있으나 그 사람들이 나서서 그대들의 진면목을 알게 된다고 가정해보시오.

예수의 청년기 17년

⑮ 죄는 욕구와 바라는 마음에 있는 것이지 행위에 있는 것이 아닙니다.

⑯ 그대들은 다른 사람의 부를 탐내고 美貌(미모)에 반해 군침을 흘리며 그대마음 속 깊이 그들을 향하여 정욕을 품고 있습니다.

⑰ 날마다 사기를 치고 황금, 영예, 명성을 갈구하고 있습니다. 이러한 모든 것은 바로 자신의 이기적인 욕망을 위한 것입니다.

⑱ 탐심을 갖는 자는 盜賊(도적)이며 정욕을 품는 자는 娼女(창녀)입니다. 그대들 중에 그렇지 않은 사람이 있으면 말해보시오."

⑲ 아무도 말하는 사람이 없었으며 힐난하던 자들도 침묵을 지켰다. 그러자 예수께서 다시 말씀하셨다.

"오늘의 증거는 모두 힐난했던 사람들에 대한 것입니다.

⑳ 마음이 순수한 사람은 힐난하지 않습니다. 경건한 신앙의 신성한 연막으로 자신의 罪(죄)를 隱蔽(은폐)하려는 마음이 천한 사람은 일찍이 술주정뱅이, 도적, 창녀들을 싫어하는 법입니다.

㉑ 이렇듯 싫어하는 것이나 멸시하는 것이야말로 비웃을 만합니다. 왜냐하면 만일 명망이라는 번쩍거리는 코트를 벗겨보면 위엄 있게 말하는 선생님도 색욕과 사기, 그 밖의 숨겨진 많은 죄에 빠져 있는 것을 알게 될 것이기 때문입니다.

㉒ 다른 사람의 잡초를 제거하는 데 그의 시간을 허비한 사람은 자신의 잡초를 제거할 시간이 없으므로 아름다운 생명의 모든 꽃들은 곧 말라 죽게 될 것이며 가라지, 엉겅퀴, 가시열매, 등만 남게 됩니다."

㉓ 그리고 예수님께서 한 比喩(비유)를 들어서 말씀하셨다.

"보시오. 한 농부가 아주 잘 익은 곡식이 심겨져 있는 들판을 가지고 있었습니다. 그가 바라보니 많은 밀대 잎이 아래로 숙여져 부러져 있었습니다.

㉔ 그래서 그는 추수꾼을 보내면서 말했습니다. 부러진 잎이 달린 밀대는 거두어들이지 말도록 하라. 부러진 잎이 달린 밀대는 잘라 태워 버리도록 하라.

㉕ 며칠 후 농부가 곡식을 점검하기 위해 가보니 한 톨의 곡식도 볼 수가 없었습니다. 그래서 그는 추수꾼을 불러서 물었습니다. 내 곡식을 어디에 저장했느냐?

㉖ 그들이 대답하여 말하기를 저희들은 분부대로 했습니다. 잎이 부러진 줄기들을 모두 거두어서 불태웠습니다. 그랬더니 곡식 창고에 備蓄(비축)할 곡식을 하나도 없었습니다."

㉗ 이어서 예수께서는 말씀하시기를

"만약에 하나님이 부러지지 않은 줄기나 보기에 완전한 것만 구해주신다면 과연 누가 구원을 받겠습니까?" 힐난하던 사람들은 부끄러워 머리를 떨구었으며 예수께서는 그곳을 떠나셨다.

8장) 우도라카가 예수님을 위하여 잔치를 베풀고 예수께서는 하나님의 唯一性(유일성)과 同胞愛(동포애)를 말씀하시고 승려 制度(제도)를 비판하시고 농부의 손님이 되시다.

① '베나레스'는 브라만교의 성지였다. 예수께서는 베나레스에서 가르치셨으며 **우도라카**는 그의 주인이었다.

② 우도라카는 그의 손님들을 위하여 잔치를 열었으며 많은 상류계급의 힌두교 승려와 율법 학자들이 모였다.

③ 예수께서는 그들에게 말씀하시길

"저는 오늘 인생에 있어 생명의 동포주의에 대하여 말하게 된 것을 기쁘게 생각합니다.

④ 宇宙神(우주신)은 한 분이시지만 한 분 以上(이상)이어서 모든 것은 神(신)이며 모든 것은 하나입니다.

⑤ 향기로운 숨결에 의하여 모든 생명은 하나로 연결되어 있습니다. 그러므로 만일 그대가 살아 있는 생명체의 한 줄기 섬유를 건드린다면 생명의 중심에서 외부의 한계까지 진동합니다.

⑥ 그러므로 하잘 것 없어 보이는 미천한 버러지를 밟아도 하나님의 옥좌는 떨리고 정의의 칼은 칼집에서 웁니다.

⑦ 새는 사람을 위하여 노래하고 사람은 그 노래에 맞추어 몸을 흔듭니다.

⑧ 개미는 집을 지으며 꿀벌은 숨을 집을 만들고 거미는 줄을 치며 꽃들은 향기로운 냄새를 피워 寧(영)을 마시게 하여 그들에게 일할 힘을 줍니다.

⑨ 인간과 새 그리고 짐승과 벌레, 등은 肉化(육화)한 하나님의 신성입니다. 그런데 어찌 인간이 죽일 수 있겠습니까?

⑩ 세상을 일그러뜨리는 것은 殘忍(잔인)한 행위입니다. 생물을 해치는 것이 자신들을 해치는 것임을 깨닫는다면 죽이지 않을 것이며 하나님이 창조하신 생명을 괴롭히지 않을 것입니다."

⑪ 그때 한 율법학자가 말했다.

"그대가 말하고 있는 신은 누구며 승려는 어디에 있으며 그의 사원과 성전은 어디에 있습니까?"

⑫ 이에 대하여 말씀하시기를

"내가 말하고 있는 하나님은 어디에나 계셔서 役事(역사)하십니다. 그 분은 벽으로 한계 지을 수 없는 분이시며 어떤 종류의 장애물로도 가두어 둘 수 없는 분이십니다.

⑬ 모든 사람들은 오직 한 분이신 하나님을 섬기고 있지만 아무도 하나님의 모습을 볼 수는 없습니다.

⑭ 이 우주신은 지혜와 의지 그리고 사랑입니다.

⑮ 모든 사람들은 성 삼위일체의 신을 보지 않습니다. 사람들은 그분을 힘의 신으로 보거나 사상의 신, 아니면 사랑의 신으로 볼 뿐입니다.

⑯ 한 개인의 이상은 그 사람이 섬기는 神(신)이므로 사람이 발전함에 따라 신도 발전합니다. 오늘의 神이 내일의 신이 아닙니다.

⑰ 지상의 모든 민족들은 각자 다른 見地(견지)에서 신을 보기 때문

에 신은 모든 인간에게 똑같은 형태로 나타나지 않습니다.

⑱ 사람들은 그들이 보는 신의 일부에 이름을 붙여 받들고 이것을 신의 전부로 여기고 있습니다. 그러므로 모든 민족은 신의 일부분만 보고 있을 따름이며 신에 대하여 독자적인 이름을 갖는 것입니다.

⑲ 그대 브라만들은 그분을 파라브라만(초 절대자)이라 부르고 있으며 이집트에서는 도스(Thoth)라고 합니다. 희랍에서는 제우스라 하며 히브리인들은 여호와라 합니다.

그러나 어디에서나 그분은 원인 없는 대 원인이며 만물이 발생한 근원 없는 근원입니다.

⑳ 사람들이 하나님을 두려워하여 적대시하게 되면 그들은 다른 사람에게 환상적인 묘한 옷을 입히고 이들을 승려 혹은 사제라고 부릅니다.

㉑ 그리고 祈禱(기도)에 의하여 신의 분노를 억제하도록 책임을 맡깁니다. 그리고 그들의 기도에 의하여 신의 호의를 사는데 실패하면 動物이나 새의 祭物로서 신을 매수합니다.

㉒ 만일 사람이 신을 아버지 하나님으로서 자기 자신과 맺어진 한 분으로 본다면 중개인이 필요 없으며 중간에 수고하는 승려도 필요 없는 것입니다.

㉓ 그가 직접 그분께 나아가 '나의 아버지 하나님이시여!'라고 말하고 그분의 손위에 자신의 손을 얹으면 그것으로 만사는 해결입니다.

㉔ 이것이 바로 하나님이십니다. 당신들이 바로 각자의 승려이시며 제사장입니다. 하나님은 犧牲(희생)의 제물을 원치 않으십니다.

㉕ 단지 온갖 생명체에게 자신의 생명을 걸고 犧牲的(희생적)인 봉사를 하면 하나님께서는 즐거워하십니다."

㉖ 이와 같이 말씀을 마치시고 예수께서 옆으로 물러나자 사람들이 깜짝 놀라 서로 말다툼을 했다.

㉗ 어떤 사람은 그가 성스런 브라만에게 영감을 받았다고 말하는가

하면 다른 사람은 제정신이 아니라고 말하기도 하였으며 악령이 들려서 악마가 말하듯이 이야기한다고 말하는 사람도 있었다.

㉘ 그러나 예수께서는 그곳에 오래 지체하지 않으셨다. 손님들 중에는 농부가 한 사람 있었다. 그는 마음이 관대한 사람으로서 진리를 구하여 예수님의 말씀을 듣고 흠모하고 있었음으로 예수께서는 그와 함께 그의 집으로 가서 머무르셨다.

9장) '라호르'에서 온 승려 야자이닌이 예수님을 보기위해 '베나레스'로 와서 사원에 머무르게 되었다. 예수께서는 사원으로 방문해 달라는 요청을 거절하였다. 야자이닌이 밤에 농부의 집을 방문하여 예수를 만나 그의 지혜와 철학을 받아들이게 되었다.

① '베나레스'의 사원에 있는 객승들 가운데는 '라호르'에서 온 **야자이닌**이라는 승려가 있었다.

② 야자이닌은 상인들로부터 그 유대 소년과 그의 지혜에 대한 말을 전해 듣고 그 소년을 만나 이야기를 들어보려고 스스로 채비를 하여 '라호르'에서 왔다.

③ 브라만 승려들은 예수께서 말씀하신 진리를 인정하지 않고 '우도라카'의 연회석상에서 말한 것에 몹시 분개하고 있었다.

④ 그러나 그들은 그 소년을 본 일이 없었기 때문에 그가 말하는 것을 몹시 듣고 싶어 하여 사원의 손님으로 초대하였다.

⑤ 그러나 예수께서는 그들에게 말씀하셨다.
"진리의 빛은 지극히 풍부하여 모두에게 비춰 주고 있습니다. 만약에 당신들이 빛을 보고 싶다면 빛이 있는 곳으로 오시오!

⑥ 만일 그대들이 거룩하신 하나님께서 사람들에게 주기 위하여 나에게 주신 복음을 듣고자 한다면 나에게 직접 오시오."

⑦ 승려들은 예수께서 하신 말씀을 듣고 몹시 화를 내었다.

⑧ 그러나 야자이닌은 그들처럼 화를 내지 않고 그 농부의 집으로 값비싼 膳物(선물)을 지닌 사절을 보냈는데 그 선물에는 다음과 같은 서신이 同封(동봉)되어 있었다.

⑨ '선생님께 간곡히 부탁하오니 제 말씀을 들어 주시기 바랍니다. 브라만 율법에서는 어떠한 승려를 막론하고 신분계급이 낮은 사람의 집에 들어가는 것이 금지되어 있습니다. 그러나 선생님께서는 우리에게 올 수 있습니다.

⑩ 그리고 저는 이들 승려들이 선생님께서 하시는 말씀을 즐거이 경청하리라 확신합니다. 부디 오늘 오셔서 우리와 함께 식사를 하십시다.'

⑪ 그러자 예수께서는 말씀하셨다.
"신성하신 하나님께서는 모든 사람을 한결같이 보십니다. 지금 내가 거하고 있는 곳은 사람의 아들이 가질 수 없는 어떠한 모임도 가능한 곳입니다.

⑫ 만일 당신들이 계급 제도에 대한 자존심을 버리지 않는다면 당신들은 밝은 빛을 볼 자격이 없습니다. 나의 아버지 하나님께서는 사람이 만든 율법을 소중하게 여기지 않으십니다.

⑬ 보내드린 모든 선물을 돌려보내 드립니다. 황금이나 귀중품으로 하나님의 나라를 살수는 없습니다."

⑭ 이러한 예수의 행동과 말씀은 승려들의 화를 부채질하는 격이 되었다. 그래서 그들은 어떻게 해서라도 그 지방에서 예수를 몰아내기 위해 계략을 꾸미기 시작하였다.

⑮ 야자이닌은 그러한 계획을 謀事(모사)하는데 참여치 않고 어둠을 틈타 사원을 빠져나와 예수께서 거하시는 집을 찾으셨다.

⑯ 예수께서 말씀하시길
"마음에 해가 비치고 있는 사람 속에는 다시 밤은 없습니다. 나에게는 모든 사람에게 전해줄 비밀스러운 복음은 없습니다. 빛이 비취면 모든 비밀은 드러나게 마련입니다."

⑰ 야자이닌이 말하길

"저는 예전부터 내려오는 고대의 지혜와 선생님께서 말씀하시는 신성한 하나님의 왕국에 대하여 배우고자 멀리 '라호르'에서 왔습니다.

⑱ 왕국은 어디 있으며 왕은 어디에 계십니까? 신하는 누구이며 율법은 어떤 것입니까?"

⑲ 그러자 예수께서 말씀하시기를

"이 하나님의 왕국은 멀리 있는 것이 아니지만 육안으로는 볼 수 없습니다. 그것은 마음속에 있는 것입니다.

⑳ 당신은 땅이나 바다나 하늘에서 그 왕을 찾을 필요가 없습니다. 그분은 그곳에 계시지 않습니다. 그렇지만 그분은 모든 곳에 존재하셔서 역사하십니다. 그분은 하나님의 그리스도이신 넓고 넓은 우주의 사랑이십니다.

㉑ 이 왕국으로 들어가는 문은 높지 않습니다. 그곳에 들어가려는 사람은 무릎을 꿇어야 합니다. 문은 폭이 넓지 않으므로 아무도 이 세상의 물건을 가지고 들어갈 수 없습니다.

㉒ 低級(저급)의 자아는 영적인 자아로 변형시켜야 하며 육신은 깨끗하게 흐르는 진리의 시냇물에 씻어서 정화시켜야 합니다."

㉓ 야자이닌이 물었다.

"제가 이 왕의 신하가 될 수 있습니까?"

㉔ 그러자 예수께서 말씀하시기를

"당신 자신이 바로 왕입니다. 신은 바로 그 문으로 들어가서 왕 중에서도 大王의 신하가 될 수 있습니다.

㉕ 그러나 당신은 먼저 승복을 벗어던지고 황금을 위해 하나님께 봉사하는 作態(작태)를 그만두어야 합니다. 자신의 생명과 지니고 있는 일체의 소유물을 버리고 기꺼이 사람들을 섬기고 봉사해야만 합니다."

㉖ 예수께서는 더 이상 말씀하지 않으셨으며 야자이닌은 돌아갔다. 그는 예수께서 말씀하신 진리를 이해할 수는 없었으나 여태껏 본적이

없는 것을 경험하였다.

㉗ 그는 신앙의 領域(영역)을 탐험해보지는 못했으나 마음속에는 신앙과 세계 동포주의의 씨앗을 뿌릴 좋은 땅을 찾아냈다.

㉘ 그리고 그가 집으로 가는 도중은 졸면서 어두운 밤을 지나가는 느낌이었지만 그가 깼을 때 정의의 태양이 떠올랐으며 그는 왕을 찾았다.

㉙ 이로부터 예수께서는 많은 날을 '베나레스'에서 체류하면서 가르치셨다.

10장) 예수께서 부친 요셉이 운명하신 소식을 전해 들으시고 모친 마리아에게 위로의 片紙(편지)를 쓰시고 고향으로 돌아가는 상인 편에 보내시다.

① 예수께서 갠지스강가에 서있을 때 서방세계에서 돌아온 한 떼의 大商(대상)들이 가까이 다가왔다.

② 그중 한 사람이 와서 말했다.

"우리는 바로 당신의 고향에서 왔으며 별로 반갑지 않은 소식을 가지고 왔습니다.

③ 椿府丈(춘부장)께서 운명을 달리하셨습니다. 어머니께서는 비탄에 잠겨계시며 그분을 위로해 드릴 분이 아무도 없습니다. 또한 어머니께서는 당신이 살아있는지 그렇지 않는지 무척 궁금해 하십니다. 그녀는 당신을 다시 한 번 보게 되기를 간절히 원하고 계십니다."

④ 그러자 예수께서는 머리를 숙여 깊은 명상에 잠긴 끝에 다음과 같은 내용의 便紙(편지)를 쓰셨다.

⑤ '가장 高潔(고결)하신 여성인 나의 어머니시여! 방금 고향으로부터 온 사람에게 아버님의 운명하신 소식을 들었습니다. 어머님의 슬픔과 수심의 기별을 들었습니다.

⑥ 어머니! 만사는 잘 되어가고 있습니다. 아버지께서는 훌륭하셨으며 어머니께서도 훌륭하십니다. 지상에서의 아버님의 과업은 완성되었습니다. 아주 고결하게 완성되었습니다.

⑦ 삶의 모든 여정 속에서 아버님이 사람을 속였다거나 정직하지 못했다거나 나쁜 일을 꾀했다고 비난하는 사람은 아무도 없습니다.

⑧ 여기 지상에서 살아 계신동안 아버님께서는 많은 과중한 업무를 끝내셨습니다. 그리고 이곳으로부터 떠나시어 영혼의 여러 문제를 해결하시기 위해 준비하고 계십니다.

⑨ 우리의 아버지 하나님께서는 땅위에서 그와 함께 하셨던 것처럼 그곳에서도 함께하시며 아버님이 길을 잃고 헤매지 않도록 天使(천사)들이 지켜주십니다.

⑩ 왜 울고만 계십니까. 눈물은 슬픔을 극복할 수 없습니다. 슬픔에는 마음의 상처를 아물게 하는 힘이 없습니다.

⑪ 단지 슬픔에만 잠겨 있음은 怠慢(태만)입니다. 바쁜 영혼은 결코 슬퍼할 수 없습니다.

⑫ 애잔한 마음의 슬픔이 怒濤(노도)같이 밀려올 때는 스스로 자신에 대한 愛着(애착)을 가슴깊이 묻어 버리고 사랑의 업무에 깊이 몰두해 보세요. 그리하면 슬픔이 사라집니다.

⑬ 어머니께서 하셔야 할 聖業(성업)은 사랑의 봉사입니다. 그리고 온 세상 모두가 사랑을 갈구하고 있습니다.

⑭ 흘러간 과거는 과거로 덮어두시고 세속적인 관심에서 눈 뜨고 일어나 살아있는 사람들을 위하여 헌신하십시오.

⑮ 그리고 만일 어머니께서 생명을 다 바쳐 사람들을 위하여 봉사한다면 떠오르는 아침 해와 저녁 이슬과 새들의 노랫소리와 피어나는 꽃 속에서 그리고 밤하늘의 빛나는 별 속에서도 그 생명을 확실히 찾아볼 수 있을 것입니다.

⑯ 머지않아 이 세상에 있어서 어머니의 모든 문제가 해결될 것입니

다. 그리고 총 결산이 이루어지면 보다 큰 영혼의 문제를 풀기 위하여 좀 더 넓고 유익한 생명의 들판으로 들어가는 것이 어머니에게는 순수한 행복이 될 것입니다.

⑰ 그러니 애써 마음을 편안하게 가지십시오. 머지않아 저는 황금이나 보석보다 더 훌륭한 선물을 가지고 어머니께로 돌아가겠습니다.

⑱ 동생들에게 어머니를 부탁합니다. 그리고 저는 항상 어머니와 함께 있습니다. 어머니에게 하나님의 恩寵(은총)이 깃들기를 기원하며
-소자 예수-'

⑲ 예수께서는 이 편지를 예루살렘으로 가는 한 상인 편에 보내셨다.

11장) 브라만 승려들이 예수님의 가르침에 화를 내어 인도에서 추방할 결심을 하자 라마스가 그를 위하여 탄원을 하였다. 승려들이 예수를 죽이려고 자객을 고용하였고 라마스가 경고를 하여 네팔지방으로 避身(피신)을 하였다.

① 예수님의 말씀과 그의 행적은 인도 전역을 불안하게 하였다.

② 일반 대중들이 그의 친구가 되어 그를 믿었으며 무리를 지어 그를 따랐다.

③ 승려들과 통치자들은 그를 두려워하여 그의 이름만 들어도 봄을 떨었는데 그것은 그들의 기존 종교가 흔들렸기 때문이었다.

④ 그는 인류의 동포애와 만민평등의 정당성에 대하여 說破(설파)하셨으며 그리고 승려의 無用性(무용성)과 신전에 제물을 바치는 規範(규범)의 무용성에 대하여서도 말씀하셨다.

⑤ 그는 砂上樓閣(사상누각)인 브라만교의 제도를 뿌리 채 흔들어놓는 설교로 브라만의 우상을 대수롭지 않게 여기고 신전에 바치는 祭物에는 죄가 가득 차 있다고 하여 성전과 승려제도는 모두 잊히게 되었다.

⑥ 그리하여 승려들은 이 히브리 소년이 더 이상 이곳에 머물러있으면 革命이 일어나서 일반 민중이 들고일어나 승려들을 죽이고 사원들을 때려 부수게 될 것이라고 선언하였다.

⑦ 그래서 그들은 널리 소집장을 보내어 각 지방에 있는 승려들을 오게 하였다. 그리하여 '베나레스'는 브라만교의 열풍으로 불타올랐다.

⑧ '자간나스' 사원에서 온 라마스는 일찍부터 예수님의 내적인 인품을 잘 알고 있었으며 그들 사이에 끼어 승려들의 폭언을 들었다.

⑨ 그러자 그가 앞에 나서서 말하였다.
"나의 형제 여러분, 조심하시오. 당신들이 하는 일을 주의하시오. 오늘은 아주 중요한 기록적인 날입니다.

⑩ 하늘이 내려다보고 있습니다. 브라만교 사상의 생명자체가 지금 試驗臺(시험대) 위에 올랐습니다.

⑪ 만일 우리가 이성을 잃어 偏見(편견)으로 오늘을 지배한다면 만일 우리가 야수적인 힘에 의존하여 브라만이 볼 때 순전하고 순수한 사람의 피로 우리의 손을 물들인다면 브라만의 보복이 우리에게 가해져서 지금 우리들이 서있는 바위 자체가 우리의 발밑으로 무너져 내려 사랑하는 우리 승려단과 율법 그리고 사원들이 崩壞(붕괴)될 것입니다."

⑫ 격노한 승려들은 그에게 몰려가 손찌검을 했으며 침을 뱉고 변절자라고 말하며 피투성이가 된 라마스를 거리에다 내동댕이쳤다.

⑬ 그러자 큰 혼란이 야기되어 승려들이 暴徒(폭도)로 변하여 사람의 피를 보고 악귀 같은 짓을 하는 등 전혀 손을 쓸 수 없게 되었다.

⑭ 통치자들은 전쟁을 두려워하여 예수님을 찾으니 그는 시장 한 바닥에서 조용히 사람들을 가르치고 계셨다.

⑮ 사람들이 예수를 찾은 건 그에게 떠날 것을 종용하여 목숨을 건지라고 권했으나 그는 떠날 것을 원치 않고 거부하였다.

⑯ 그러자 승려들이 그를 잡아들일 이유를 찾기 시작했으나 그는 죄가 없었다.

⑰ 그래서 시비를 걸어 고소하여 병사들이 그를 법정으로 데리고 가려했지만 민중들이 그를 호위하고 있어서 두려워하여 손을 대지 못했다.

⑱ 승려들은 난처하게 되었다. 그래서 그들은 예수님을 몰래 죽이기로 결심을 하게 되었다.

⑲ 그들은 살인 청부업자를 찾아내어 그들이 미워하고 있는 예수를 살해하도록 밤에 보냈다.

⑳ 라마스는 그들이 계획한 陰謀(음모)를 알고 예수님에게 경고하는 密使(밀사)를 보냈고 그리하여 예수는 서둘러 그 고장을 떠나셨다.

㉑ 예수께서는 夜陰(야음)을 통하여 '베나레스'를 떠나 북쪽을 향해 걸음을 재촉했다. 가는 도중 어느 곳에서나 농부, 수드라, 상인, 등이 편의를 제공해주었다.

㉒ 그 뒤 며칠이 지나고 나서 그는 히말라야 산의 큰 봉우리에 도착하였고 그리고 '까빠바추'라는 도시에서 머물렀다.

㉓ 불교도들이 그들의 사원 문을 활짝 열고 그를 반겨 맞이하였다.

12장) 예수께서 바라타와 함께 성서를 읽었으며 예수께서는 불교의 進化說(진화설)을 받아들이지 않으시고 인간의 참된 기원에 대하여 말씀하셨다.

바자빠찌(Vibyapati)와 만나 동지가 되시다.

① 불교도 중에는 예수께서 말씀하신 높고 오묘한 지혜를 인정하는 사람이 있었는데 그는 바로 **바라타 아라보**라는 사람이었다.

② 예수님과 바라타는 유대 詩篇(시편)과 예언서를 읽고 〈베다經典(경전)〉과 〈아베스타경전〉 그리고 고타마 싯다르타의 지혜를 읽었다.

③ 그들은 인간의 가능성에 대하여 읽고 이야기하였는데 바라타가 말했다.

④ "인간은 우주의 경이로움입니다. 인간은 그가 모든 생명의 단계를 지나온 생명체임으로 모든 것의 일부입니다.

⑤ 인간이 존재하지 않던 시기가 있었습니다. 그때 인간은 시간의 주형 속에 있는 한 조각 형체 없는 실체였습니다. 그것이 원생체가 되었습니다.

⑥ 자연의 율법에 따라 만물이 완전한 상태로 진화해 나갔습니다. 그리하여 원생체가 진화하여 蟲類(충류)가 되고 파충류가 되고 새와 짐승이 되고 마침내 사람의 형태에 이르게 되었습니다.

⑦ 그런데 인간 자신은 마음의 의지이며 그것은 경험에 의하여 완전한 영역에 이르게 됩니다. 그리고 마음의 의지는 때로는 육의 형태로 나타나 발전 진화하는데 가장 적합한 형태가 됩니다. 그리하여 心意(심의)는 충류, 새, 짐승, 혹은 인간으로 化現(화현)하게 됩니다.

⑧ 모든 생명체가 완전한 사람의 단계로 진화할 때가 올 것입니다.

⑨ 그리고 인간이 완전한 사람이 된 다음 보다 높은 형태의 생명단계로 진화해야 합니다."

⑩ 그러자 예수께서 말씀하셨다.

"바라타 아라보여! 누가 그대에게 인간마음의 의지가 조수, 충류의 肉體(육체)로 나타난다고 가르쳤습니까?"

⑪ 바라타가 말하기를

"인간이 기억할 수 없는 오래 전부터 승려들이 그렇게 말해주었으므로 그렇게 알고 있습니다."

⑫ 그러자 예수께서는 말씀하시기를

"현명한 아라보여! 그대는 남을 지도하는 스승이면서 남에게 들은 것만으로는 아무것도 아는 것이 아니라는 것을 모르고 있습니다.

⑬ 사람들은 다른 사람이 말하는 것을 믿을 수도 있겠지만 그것만으로는 결코 안다고 할 수가 없습니다. 만일 인간이 알고자 원한다면 자기 자신이 직접 자각과 경험한 것이 아니면 아는 것이 아닙니다.

⑭ 아라보여! 당신은 원숭이나 새 또는 벌레였던 일을 기억하십니까?

⑮ 그런데 만일 당신이 승려들이 그렇게 말한 것 이외에 보다 훌륭한 증명할만한 근거를 가지고 있지 않다면 그대는 아는 것이 아니라 그것은 추측하는 이론일 뿐입니다.

⑯ 그러므로 누가 말한 것에 대하여 주의를 기울일 필요가 없습니다. 우리 함께 육을 잊어버리고 肉(육)이 없는 靈魂(영혼)의 나라로 가십시다. 마음의 영혼은 결코 잊어버리는 법이 없습니다.

⑰ 그러면 몇 시대인가를 거슬러 올라가서 자신들이 걸어온 길을 더듬을 수가 있으며 그와 같이 하여 알게 되는 것입니다.

⑱ 인간이 존재하지 않았던 시대는 결코 없습니다.

⑲ 시작하는 것에는 반드시 끝이 있는 법입니다. 만일 인간이 없는 시대가 있었다면 인간이 존재하지 않는 시대가 오겠지요.

⑳ 하나님 자신의 기록에는 이렇게 씌어 있습니다. 천지의 주재이신 분이 생명의 숨결을 불어 토하시니 일곱 靈(영)들이 나타나셨는데 히브리인들은 이 일곱 영들을 엘로힘이라고 부릅니다.

㉑ 그리고 이들이 그들의 무한한 권능으로 현존하며 과거에 존재했던 모든 만물을 창조했습니다.

㉒ 하나님의 일곱 영이 무한한 공간의 영역으로 움직여서 7개의 보편 에테르가 생겨났으며 각 보편 원질은 그 자체의 생명의 형태를 취하였습니다.

㉓ 이러한 생명의 형태는 단지 그를 保便(보편) 원질수준의 실체에 옷을 입힌 하나님의 사상에 불과합니다.

㉔ 사람들이 이를 보편 원질의 단계를 原生體(원생체), 땅, 식물, 짐승, 사람, 天使(천사)와 제 2계급의 지혜 천사의 단계라 부릅니다.

㉕ 이들 단계는 모든 하나님의 충만한 사상으로 가득차서 인간의 육안으로는 결코 볼 수가 없습니다. 그들은 인간의 육안으로 보기에는 너무나 미세한 실체로 구성되어있으며 모든 개체의 영혼을 구성합니다.

㉖ 그러므로 온갖 창조물은 영혼의 눈을 통하여 이러한 보편 원질의 단계와 생명의 모든 형태를 보는 것입니다.

㉗ 모든 단계에 있는 생명의 온갖 형태는 하나님의 사상이므로 온갖 창조물은 생각하고 의지를 가지고 있으며 개체마다 정도의 차이는 있으나 선택할 힘을 가지고 있습니다.

㉘ 본래의 단계에 있어서 온갖 창조물은 그 단계의 보편 원질로부터 영양분을 공급받습니다.

㉙ 그것은 의지가 원만해질 때까지의 온갖 생물의 상태이며 그런 원생체, 식물, 짐승, 사람의 보편원질이 서서히 진동하기 시작했습니다.

㉚ 우주 보편원질은 그 밀도가 너무나 높아져서 이러한 단계의 모든 생명체들은 인간이 볼 수 있는 조잡한 모습이 확실히 나타나게 되었습니다.

㉛ 이것이 바로 인간의 타락이라고 일컬어지는 것입니다. 그러나 타락한 것은 인간뿐이 아니라 원생체, 땅, 식물과 동물, 등 모든 것이 타락한 것입니다.

㉜ 천사들(the angels)과 천신(the cherubim)은 타락하지 않았습니다. 그들의 의지는 일찍이 강했기 때문에 그들 단계의 보편원질을 하나님과 함께 조화하여 유지하고 있었기 때문입니다.

㉝ 그런데 보편원질의 대기의 정도(rate)에 따르자 이들 단계에 있는 모든 창조물들은 대기로부터 음식물을 취하지 않으면 안 되게 되었고 결국 투쟁이 벌어지게 되었습니다. 그것은 유한성의 인간이 適者生存(적자생존)이라 부르는 것으로 하나의 법칙이 되었습니다.

㉞ 강한 자는 분명히 약한 자를 잡아먹었으며 여기에서 진화의 법칙이 비롯되었습니다.

㉟ 이렇듯 바야흐로 인간은 아주 철저한 鐵面皮(철면피)가 되어 짐승을 잡아먹고 짐승은 식물을 먹어치우고 식물은 땅에서 영양분을 취하고 토지는 원생물을 빨아들입니다.

㊱ 저 곳 영혼의 왕국에서는 이러한 육의 진화는 알려져 있지 않습니다. 거룩하신 분의 대 사업은 인간의 遺産(유산)을 회복하는 것이며, 잃어버린 신분으로 되돌아가게 하여 다시금 본래의 단계인 보편원질 무극생명 속에서 생활하게 하는 것입니다.

㊲ 하나님의 사상은 변하지 않습니다. 모든 단계에 있어서의 생명의 현상은 그 종류에 따라 나름대로 전개되고 완성됩니다. 그리고 하나님의 사상은 결코 소멸되는 것이 아니므로 하나님의 일곱 영의 보편원질의 존재는 죽음이란 게 없습니다.

㊳ 그러므로 결코 땅은 식물이 아니며 짐승이나 새 또는 충류들은 결코 인간이 아니며 또한 인간은 짐승이나 새 또는 충류가 될 수 없습니다.

㊴ 이러한 일곱 가지 표현이 모조리 同化(동화)되고 인간, 동물, 식물, 땅 및 원생물이 贖罪(속죄) 받을 때가 올 것입니다."

㊵ 바라타는 깜짝 놀랐다. 유대소년 성자의 지혜는 그에게 의외의 사실이었다.

㊶ 그런데 인도의 가장 지혜로운 성자 '까빠비추' 寺院(사원)의 원장 비자빠찌는 바라타가 예수에게 인간의 기원에 대하여 한 말과 그 유대 선지자가 대답한 말을 듣고 말했다.

㊷ "'가빠비추'의 승려 여러분! 내말을 들으시오. 오늘 우리는 시대의 頂點(정점)에 서있습니다. 6세대 전에 한 위대한 스승이 태어나 인간에게 진리의 빛을 던져 주었습니다. 그런데 오늘 이 '가빠비추' 사원에 위대한 성자가 와 계십니다.

㊸ 이 히브리 예언자는 떠오르는 지혜의 샛별로 신성한 분입니다. 그는 하나님의 신비로운 것에 대한 지혜를 우리에게 가지고 왔습니다. 그리고 온 세계가 그의 말을 들을 것이며 주의를 기울일 것이며 그의 이름을 영광되게 할 것입니다.

㊹ '가빠비추'의 승려 여러분! 그가 말하는 것을 조용히 귀 기울여

들으시오. 그는 살아계신 하나님의 神託(신탁)입니다."

㊺ 그리하여 모든 승려들은 감사하며 그 광명의 부처를 찬양하였다.

13장) 예수께서 샘터에서 사람들을 가르치시고 그들에게 행복으로 이끄는 방법에 대하여 말씀하시고 돌밭과 숨겨진 보물에 대하여 비유를 들러 설명하시다.

① 예수께서는 조용한 명상에 잠겨 흐르는 샘터에 앉아 계셨다. 축제일이었으므로 많은 하인 계급의 사람들이 인근에 모여 있었다.

② 예수께서 그 사람들을 보니 이마에도 손에도 고된 奴役(노역)의 흔적이 역력히 드리워져 있었다. 누구의 얼굴에도 즐거운 빛은 보이지 않았다. 그 어느 누구도 힘든 고역 외에는 생각할 여유가 없었다.

③ 예수께서는 그 중 한 사람에게 말을 건네 물었다.

"당신들은 어찌 그렇게 모두가 슬픈 표정인가? 산다는 것이 행복하지 않은가요?"

④ 그 사람이 대답하였다.

"우리는 행복이란 말의 이미를 모릅니다. 우리는 그저 살기위해서 힘들게 일하고 있습니다. 일하는 것을 제외하면 어떠한 희망도 가지고 있지 않으며 일하는 것이 끝나고 부처님이 계신 영원한 안식의 세계로 가서 쉴 수 있기를 바라고 있을 뿐입니다."

⑤ 그러자 예수께서는 이들 불쌍한 일꾼들에 대하여 동정심과 사랑으로 마음이 산란해져서 말했다.

⑥ "일이란 사람을 슬프게 하지 않습니다. 인간에게는 일할 때가 가장 행복한 순간입니다. 희망과 사랑이 고된 노역의 뒤에서 웃음 짓고 있을 때 생활은 모두 기쁨과 평화로 가득 차게 되고 이것이 바로 天國입니다. 그러한 천국이 당신에게 있다는 것을 모르십니까?"

⑦ 그 사람은 대답하였다.

"천국에 대하여 우리는 들은 적이 있습니다. 그러나 그곳은 너무나 멀고 먼 나라이기에 때문에 그곳까지 가려면 몇 번이고 거듭 태어나야만 합니다."

⑧ 그때 예수께서 말씀하셨다.

"나의 형제여 당신은 잘못 되었습니다. 당신의 하늘나라는 멀리에 있는 것이 아닙니다. 그곳은 한정되어 境界(경계)지어 있는 곳도 아니며 앞으로 가야할 나라도 아닙니다. 그곳은 인간의 마음 상태에 따라서 존재하는 곳입니다.

⑨ 하나님께서는 인간을 위하여 하늘나라와 지옥을 만들지 않으셨습니다. 모두가 우리 마음이 만들어낸 것으로 자기들 마음대로 만드는 것입니다.

⑩ 이제 하늘에서 천국을 찾는 일을 중지하시오. 바로 그대의 마음의 창을 활짝 여시오. 그러면 빛이 환하게 비춰 들 듯 천국이 다가와서 한량없는 기쁨을 자져다 줄 것입니다. 그렇게 되면 일하는 것이 힘든 고역이 되지 않을 것입니다."

⑪ 사람들은 깜짝 놀랐다. 그리고 그 젊은 선생의 신기한 가르침을 듣기 위해 가까이 다가왔다.

⑫ 그리고 하나님과 인간이 지상에 만들 수 있는 천국과 한량없는 기쁨에 대하여 더 좀 말해달라고 부탁하였다.

⑬ 그러자 예수께서는 比喩(비유)를 들어 말씀하셨다. 그가 말씀하시기를,

"어떤 사람이 밭을 가지고 있었습니다. 땅은 거칠고 메말랐습니다.

⑭ 끊임없이 일하여 그 농부는 근근이 가족의 生計(생계)를 이어갈 수 있었습니다.

⑮ 어느 날 땅 속을 꿰뚫어보는 한 광부가 지나가다가 가난뱅이 농부와 그이 땅 불모지를 들여다보았습니다.

⑯ 鑛夫(광부)는 지친 農夫(농부)를 불러 말했습니다.

"형제여! 그대는 이 메마른 땅 속에 金銀寶華(금은보화)가 묻혀있다는 것을 왜 모르고 있습니까?

⑰ 그대는 경작하여 턱없이 부족한 약간의 곡식을 얻으려고 매일매일 금은보화를 짓밟고 있군요.

⑱ 이 보물은 땅 위에는 없지만 만일 그대가 자갈밭을 파헤쳐서 땅속 깊이 파들어 가면 그대는 더 이상 쓸데없이 흙을 파지 않아도 됩니다."

⑲ 그 농부는 믿었습니다. 그 광부의 말을 믿고 땅속에 묻힌 보화를 찾아 자기 밭을 파헤쳐 보기로 맘먹고 일에 착수하였습니다.

⑳ 그가 자갈밭을 파헤쳐 땅속 깊이 파들어 가자 과연 금맥을 발견하였습니다."

㉑ 그리고 예수께서 말씀하시길

"사람들은 힘들여서 황무지나 자갈밭을 파고 있습니다. 조상때 부터 지금까지 그렇게 살면서 자기가 새로운 일을 찾아 나설 생각은 아예 엄두도 못 내고 있습니다.

㉒ 보시오. 누구든지 원하는 사람은 마음깊이 숨겨진 보석을 찾을 수 있습니다."

㉓ 그러자 사람들은 어떻게 하면 마음속에 있는 보석을 찾을 수가 있느냐고 가르쳐달라고 하였다.

㉔ 예수께서 그 방법을 설하시니 고된 노동자들은 인생의 또 다른 면을 보고 일하는 것을 즐겁게 생각하게 되었다.

14장) '기삐바추'에서의 축제

예수께서 광장에서 가르치시니 사람들이 놀라니라. 돌보지 않는 포도밭과 포도주 만드는 사람을 비유하여 말씀하시고 이 말씀에 승려들이 화를 내게 되다.

① 때는 성스러운 '가삐바추'의 축제일이었다. 한 무리의 불교도들이

축제를 축하하기 위하여 모여들었다.

② 인도 각 지방에서 온 승려들과 스승들이 그곳에 와서 가르쳤다. 그러나 그들의 이야기하는 대부분은 아무것도 아닌 것을 아름다운 말로 포장하여 윤색한 것들이었다.

③ 그러자 예수께서 고대의 광장에 나가서 설교하셨다. 그는 부모神(Father-Mother-God)에 대하여 말씀하셨으며 인류의 동포애에 대하여 설하셨다.

④ 승려들과 모든 사람들이 예수님의 말씀을 듣고 놀라서 말하였다. "부처님이 다시 인간으로 오신 것이 아닐까? 어느 누구도 그와 같이 간단명료하면서도 迫力(박력)있게 이야기를 할 사람이 없으리라"

⑤ 예수께서 이어서 비유를 들어 말씀하시길
"전혀 돌보지 않는 포도밭이 있었습니다. 넝쿨은 높이 자라서 잎사귀와 가지가 무성하게 자랐습니다.

⑥ 그 잎과 넝쿨이 너무 무성하여 햇볕을 차단했습니다. 그리하여 열매는 시고 알맹이도 잘고 收穫(수확)도 형편없었습니다.

⑦ 가지 치는 일꾼이 와서 날카로운 가위로 모든 가지를 잘라냈습니다. 그리하여 겨우 남은 것은 줄기와 뿌리만 남게 되었습니다.

⑧ 바쁘게 일하던 이웃과 사람들이 보고 놀라 가지 치는 사람에게 말했습니다. 이 미련한 사람이여 포도밭을 영영 못쓰게 만들었구나.

⑨ 마음대로 생각하시되 수확때 다시 한 번 와서 보시지요.

⑩ 그리하여 수확 철이 되어 사람들이 이 밭을 보고 다시 놀랐습니다.

⑪ 잎이 없던 줄기에서 새 가지가 돋고 새 가지에서는 탐스러운 열매가 주렁주렁 매달렸습니다.

⑫ 포도밭 주인은 매일매일 기뻐하며 酒糟醬(주조장)으로 포도를 운반하였습니다.

⑬ 보시오. 주 하나님의 포도밭을! 지상에는 인간의 포도 넝쿨이 널려있습니다.

⑭ 사람들의 화려한 형식과 의식은 가지이며 그럴듯한 말들은 무성한 잎사귀입니다. 이러한 것들이 너무 무성하면 진리의 빛이 마음으로 전달되지 않습니다. 그리하여 과실이 열지 않고 荒廢(황폐)해집니다.

⑮ 그리하여 인간의 생활은 적나라한 줄기뿐이며 열매 없는 삶입니다.

⑯ 승려들과 겉치레를 좋아하는 사람들은 가지 치는 사람을 꾸짖어서 그가 일을 못하게 합니다.

⑰ 그들은 인간생활의 가지에서 참된 아름다움을 보지 못하고 과실의 약속을 보지 않습니다.

⑱ 수확 철이 되어 가지 치는 사람을 비웃던 사람들이 다시 와서 보고 놀랍니다. 그들은 전혀 생기 없던 인간의 삶과 형편에 새로운 잎과 줄기 열매가 맺는 것을 볼 수 있기 때문입니다."

⑲ 승려들은 예수의 말씀에 불만이 대단했으나 그를 둘러싼 민중들을 두려워하여 예수님께 행패를 부리지 못하였다.

15장) 예수께서 비자빠찌와 함께 새로운 시대의 요구에 대하여 생각하시니라.

① 인도의 성자와 예수께서는 때때로 만나서 많은 나라와 사람들이 필요로 하는 것이며 다가올 시대에 가장 알맞은 신성한 교의와 형식과 의식에 대하여 의견을 교환하였다.

② 어느 날 그들이 산길에 앉아있을 때 예수께서 말씀하셨다.

"앞으로 다가오는 시대에는 분명히 승려나 사원이나 산 제물이 필요 없게 될 것입니다.

③ 짐승이나 새, 등의 제물에는 사람을 신성한 생활로 이끌어주는 힘이 없습니다."

④ 그러자 비자빠찌가 말했다.

"모든 형식과 의식은 인간이 영혼의 성전 안에서 행해야만 할 것들의 상징입니다.

⑤ 거룩한 하나님께서는 사람이 사람을 위하여 기꺼이 희생하는 것을 바라십니다. 그리고 태초이래로 제단이나 신전 위에 바치는 소위 제물이라 하는 것은 그의 형제 동포들을 구하기 위하여 그 자신의 몸을 버리는 방법을 가르치기 위하여 비롯된 것입니다. 왜냐하면 사람이 사람을 구조하기 위해서는 자신의 몸을 내던지지 않고는 결코 불가능하기 때문입니다.

⑥ 다가오는 완전한 시대에는 형식이나 의식 또는 산 제물을 필요로 하지 않게 될 것입니다. 그러나 이제 곧 닥칠 시대는 완전한 시대는 아닙니다. 그러므로 사람들은 실물교육과 상징적인 의식을 필요로 하게 될 것입니다.

⑦ 당신이 전하시는 위대한 종교에서는 약간의 간단한 세례의식이라든가 기념의식이 요구되겠지만 동물이나 새, 등의 잔인한 희생 제물은 하나님께서 요구하지 않겠지요."

⑧ 그러자 예수께서 말씀하셨다.

"우리의 하나님은 승려의 화려한 모습이나 온갖 사치품을 싫어하십니다.

⑨ 그들이 하나님의 봉사자임을 나타내기 위해 그들 자신의 옷을 아름답게 꾸며 입는다거나 신앙심이나 무슨 다른 일로 사람들에게 칭찬을 받기 위하여 공작새 같이 거드름을 피우며 걷는다면 하나님께서는 틀림없이 이를 혐오하시어 외면하실 것입니다.

⑩ 모든 사람은 우리 하나님 아버지의 봉사자와 같으며 왕이며 승려들입니다.

⑪ 앞으로 다가올 시대에는 사람들 사이에 있는 일체의 階級(계급) 제도와 불평등은 물론 승려 제도의 전폐까지도 요구하게 되지 않을까요?"

⑫ 그러자 비자빠찌가 말했다.

"앞으로 다가오는 시대에는 사람들이 승복을 입고 으스댈 것이며 그 자신을 성도(Pride)로 나타내기 위하여 경건한 聖歌(성가)들을 영송할 것입니다.

⑬ 그대가 소개하려고 하는 간단한 의식들은 그 시대의 신성한 의식이 브라만시대의 승려의식보다 그 찬란함에 있어서 훨씬 능가할 때까지 당신을 따르는 사람들에 의하여 칭찬을 받게 될 것입니다.

⑭ 이것은 사람들이 해결해야 할 문제입니다.

⑮ 완전한 시대에는 모든 사람들이 승려이므로 그들의 경건한 신앙심을 자랑하기 위해서 특정한 옷을 입지 않는 때가 될 것입니다."

- **티베트와 西印度(서인도)에서 예수의 생애와 업적**

16장) 랏사에서 예수님이 멘구스테를 만나 그의 도움으로 古書(고서) 寫本(사본)을 읽으시고 '라다크'로 가서 한 어린아이를 고치시고 왕의 아들에 대한 비유를 들어 말씀하시다.

① 티베트의 랏사에는 구도자를 위한 한 사원이 있었다. 그곳에는 수많은 고전의 필사본이 소장되어 있었다.

② 그 인도 성자는 이미 이들 사본을 읽었으므로 예수님께 그들이 포함하고 있는 많은 비밀의 교훈을 이야기해주었다. 그러나 예수께서는 직접 읽기를 원하셨다.

③ 한편 멀리 동부지방의 최고 성자 멘구스테가 이 사원에 있었다.

④ '에모두스' 고원을 횡단하는 길은 험난했지만 예수께서는 여행길에 오르셨으며 비자빠찌는 그에게 믿음직한 안내자 한 사람을 딸려 보냈다.

⑤ 그리고 비자빠찌는 멘구스테에게 서신을 보냈는데 편지 속에서 그는 그 유대 성자에 대하여 소개하였으며 그가 사원의 승려들로부터

환영을 받을 수 있게 해달라고 말하였다.

⑥ 그 후 며칠 뒤 험난한 고비를 넘긴 끝에 그 안내자와 예수께서는 티베트의 랏사에 있는 사원에 도착하였다.

⑦ 멘구스테는 사원의 문을 활짝 열었으며 승려들과 선생들이 모두 나와 젊은 히브리 성자를 맞이하였다.

⑧ 그리고 예수께서는 멘구스테의 도움을 받아서 친히 그 성스런 고대의 필사본들을 펼쳐들고 모조리 탐독하셨다.

⑨ 그리고 멘구스테는 예수님과 더불어 장차 다가올 시대에 대하여 종종 말하였으며 그 세대의 사람들에게 가장 알맞은 신성한 예식에 대하여도 얘기를 나누었다.

⑩ '랏사'에서 예수께서는 가르치지 않으셨다. 그가 사원의 학교에서 그의 공부를 모두 끝마쳤을 때 그는 서쪽으로 여행을 하셨으며 많은 마을에서 잠시 머물러 가르침을 주었다.

⑪ 마침내 샛길에 이르러 '라다크' 도시에 있는 '레흐'라는 마을에 도착하여 수도승, 상인, 천민들로부터 환영을 받았다.

⑫ 그리고 그는 수도원에 머물며 가르치셨다. 그리고 시장터에서 대중들을 찾아 가르치셨다.

⑬ 멀지 않은 곳에 한 여인이 살고 있었는데 그녀의 어린아이가 병이 들어 거의 죽게 되어 의사는 살아날 가망이 없다고 하였다. 어린아이는 죽을 날만 기다리고 있었다.

⑭ 그 여인은 예수님이 하나님이 보낸 스승이라는 소문을 듣고 그가 그녀의 아들을 살릴 수 있는 권능을 가지고 있다고 믿었다.

⑮ 그녀는 죽어가는 어린아이를 팔로 끌어안고 서둘러 하나님의 사람을 보러왔다.

⑯ 예수께서 그녀의 믿음을 보시고 하늘을 보며 말씀하셨다.

⑰ "나의 하나님! 저에게 거룩하신 하나님의 권능을 주시어 이 어린아이에게 聖靈의 氣運을 쏟아 넣어 살아날 수 있도록 도우소서!"

⑱ 그러고 나서 대중의 면전에서 그는 그의 손을 어린아이 위에 얹고 말씀하시었다.

⑲ "착한 부인이여! 당신은 축복을 받았습니다. 당신의 믿음이 당신의 아들을 고쳤습니다."

그렇게 말하자 어린아이의 병이 떠났다.

⑳ 사람들이 깜짝 놀라 말하였다.

"이 사람은 확실히 하나님이 보내신 분이 틀림없다. 인간의 힘으로는 이런 열병을 꾸짖고 아이를 죽음으로부터 구할 수 없을 것이다."

라고 이구동성으로 수군거렸다.

㉑ 그러자 많은 사람들이 환자들을 데려와서 예수께서는 말씀으로 그들을 고치셨다.

㉒ 예수께서는 '다라크'인들 사이에서 며칠 동안 머무르시며 병을 치료하는 방법과 죄를 씻어내는 방법과 지상을 기쁨의 천국으로 만드는 방법을 설교하셨다.

㉓ 사람들은 예수님의 말씀과 행적으로 인하여 깊이 사모하였으며 그가 떠나야만 했을 때 마치 어머니가 떠날 때 아이들이 슬퍼하는 것처럼 슬퍼하였다.

㉔ 출발하는 날 아침 군중들이 몰려와서 손을 붙잡고 이별을 아쉬워하였다.

㉕ 그때 예수께서는 비유를 들어 말씀하셨다.

"어떤 왕이 그의 백성을 너무 사랑한 나머지 그들 모두에게 귀중한 선물을 주기 위하여 그의 외아들을 내보냈습니다.

㉖ 아들은 가는 곳마다 아낌없이 선물을 나누어 주었습니다.

㉗ 그러나 이교의 신을 모시는 신전에 봉사하는 승려들이 있었는데 그들은 왜 자기들의 손을 통하지 않고 선물을 주고 있다고 불만이었습니다.

㉘ 그래서 그들은 모든 사람들이 그 아들을 미워할 이유를 찾아내었

습니다. 그들이 말했습니다. 이러한 선물들은 아무런 가치도 없으며 가짜에 불과하다며 사람들은 값진 보석들을 길거리에 내던지고 아들을 잡아다가 매질하고 침을 뱉어 그곳에서 내쫓았습니다.

㉙ 그 아들은 그들의 멸시와 잔인함을 증오하지 않고 오히려 기도하였습니다. '아버지 하나님 당신께서 창조하신 이들을 용서하여 주소서. 그들은 단지 하나님의 노예에 불과합니다. 그들은 그들이 해야 할 바를 알지 못합니다.'

㉚ 그리고 그들이 그를 때리고 있는 동안에도 그는 그들에게 무한한 사랑으로 축복하였습니다.

㉛ 어떤 마을에서는 사람들이 기뻐하여 그를 맞이하여주었으며 기꺼이 머물러 그 집을 축복해주려 하였으나 그는 왕의 영내에 있는 전체 백성들에게 선물을 주어야하므로 지체할 수가 없었습니다."

㉜ 그리고 예수께서는 말씀하셨습니다.

"내 아버지 하나님은 모든 인류의 왕이셔서 비할 데 없는 무한한 값진 보물을 내게 보내셨습니다.

㉝ 그러므로 나는 온 세상의 百姓(백성)들에게 빵과 생명의 물 이러한 선물들을 가지고 가야만합니다.

㉞ 나는 떠나려니와 우리는 다시 만나게 될 것입니다. 왜냐하면 나의 아버지 나라에서는 모든 사람들을 맞을 새 땅이 준비되어 있기 때문입니다. 내가 당신들을 위해 처소를 만들어 놓겠습니다."

㉟ 그리고 예수께서는 그의 손을 들어 침묵의 축복을 드리고 그곳을 떠나셨다.

17장) 예수께서 낙타를 선물로 제공받으시고 라호르로 가셔서 그가 가르치신 야자이닌과 함께 머무르시다.

유랑 음악가의 교훈과, 예수께서 그의 여행을 다시 시작하시다.

① 예수께서 캐시미르 골짜기로 들어서자 마침 한 떼의 大商(대상)들이 그곳을 지나가고 있었다. 그 일행은 다섯 갈래로 갈라진 지류로 형성된 손바닥 모형의 도시 '라호르'로 가는 도중이었다.

② 상인들은 이 예언자에 대하여 들은 적이 있었으며 '레흐'에서 그가 권능을 행하는 것을 보았으므로 다시 보게 된 것을 무척 반갑게 여겼다.

③ 그리고 예수께서 '라호르'에 가서 신드 강을 건너 페르시아를 통해서 더 멀리 서쪽으로 가려하나 타고 갈 동물이 없다는 것을 알게 되자

④ 그들은 그에게 안장과 그 밖의 일체의 장비를 갖춘 낙타를 무료로 제공하였다. 그리하여 예수께서는 그들 상인들과 함께 여행을 하게 되었다.

⑤ 그들이 '라호르'에 도착하자 야자이닌과 몇몇 다른 승려들은 그를 歡待(환대)하여 맞이하였다.

⑥ 야자이닌은 몇 달 전에 '베나레스'에 있을 때에 야밤에 찾아와 진리의 말씀을 들은 적이 있는 승려였다.

⑦ 예수께서는 야자이닌의 손님이 되어 야자이닌에게 많은 것을 가르치셨으며 病 治療術(병 치료술)의 비의도 전해주었다.

⑧ 그는 공기 불, 물, 땅의 영을 지배하는 방법을 가르치셨으며 罪(죄) 사함의 비유와 죄를 씻어 없애는 방법에 대하여 설명하셨다.

⑨ 어느 날 야자이닌과 예수께서 사원의 입구에 앉아 있는데 한 떼의 유랑가수와 음악대들이 뜰 앞에 머물러 노래하고 춤을 추었다.

⑩ 그들의 악성이 너무나 풍부하고 오묘해서 예수께서 말씀하셨다. "이 고장의 교양 있는 사람들 중에서 우리는 일찍이 이들 황야의 낯선 악인들이 노래하는 것보다 더 달콤한 음악을 들은 적이 없습니다.

⑪ 이들의 재능과 이들의 힘은 어디에서 오는 것일까? 한 번의 짧은 인생에서는 확실히 이러한 아름다운 목소리와 그러한 음률의 법칙에 맞게 노래하는 지식을 터득할 수가 없을 것입니다.

⑫ 사람들은 이들을 奇才(기재)라 부르리라. 그러나 기재는 없는 법

만사는 자연의 법칙의 결과일 것입니다.

⑬ 사람들은 젊지가 않습니다. 그러한 신적인 표현과 순수한 음성과 감촉을 연출하기 위해서는 천년의 세월로도 충분하지 않을 것입니다.

⑭ 만 년 전에 이들 사람들은 和聲法(화성법)을 마스터 했습니다. 오랜 옛날 그들은 분주한 인생살이를 하면서 새들이 지저귀는 묘한 멜로디에 귀를 기울여 이것을 완전한 형태의 하프로 연주하였습니다.

⑮ 그들은 또 다시 와서 표현의 다양한 명시에서 또 다른 음조(음조)를 배웠습니다.

⑯ 이들 유랑 악단들은 하늘나라의 交響樂團(교향악단)의 일부를 구성하여 완전 원만한 나라에서는 천사들까지도 그들이 연주하고 노래하는 것을 듣고 기뻐할 것입니다."

⑰ 그리고 예수께서는 '라호르'의 일반 대중들을 가르쳤으며 병자들을 고치고 사람들을 도와서 생활을 향상시키는 방법을 보여주었다.

⑱ 그가 말씀하시기를 "우리는 소유하는 것에 의하여 부자가 되는 것이 아닙니다. 우리가 소유할 수 있는 유일한 길은 남에게 베풀어 주는 것뿐입니다.

⑲ 만일 당신들이 완전한 삶을 영위하고자 한다면 당신의 동족들을 위하여 그리고 천한 생활을 한다고 생각되는 사람들을 위하여 몸을 바치시오."

⑳ 그러나 예수께서는 라호르에서 더 이상 지체할 수가 없어서 승려들과 그 밖의 다른 친구들에게 작별인사를 하였다. 그리고 나서 낙타를 타고 신드 강을 향하여 길을 떠났다.

18장) 예수께서 페르시아에 방문하시어 많은 곳에서 가르치시고 병자를 고치시고 조로아스터교의 승려들이 페르세폴리스 가까이에 있는 예수님과 만나니라.

카스파와 또 다른 두 사람의 페르시아 선생이 페르세폴리스에서 그를 만나고 7명의 선생들이 7일 동안 조용히 앉아서 명상에 잠겼다.

① 예수께서 고향으로 돌아가는 도중에 페르시아에 들어가셨는데 그때 나이 24세 때였다.

② 그는 많은 부락과 도시 또는 그 이웃에서 잠시 걸음을 멈추어 사람들을 가르치시고 병자들을 고치셨다.

③ 승려들과 支配階級(지배계급)들은 그를 환영하지 않았는데 왜냐하면 예수께서는 그들이 하층민을 잔인하게 박대하는 것을 충고하고 면박했기 때문이었다.

④ 일반 대중들은 무리를 지어 젊은 예수를 따랐다.

⑤ 때때로 한 가닥 한다는 사람들이 그를 방해하여 사람들을 위로하고 가르치며 병자들을 고치시는 것을 금지시켰다, 그러나 예수께서는 그들의 노골적인 협박에 개의치 않으시고 가르치고 병자들을 고치셨다.

⑥ 이윽고 그는 페르시아에 도착하였다. 이곳은 역대 왕이 묻혀 있는 곳이며 세 명의 동방박사들인 호르(Hor), 룬(Lun), 메르(Mer)가 살고 있는 곳이기도 하였다.

⑦ 그들은 24년 전 당시 예루살렘 하늘의 약속된 별을 보고 새로 태어난 왕을 찾아 서쪽을 향하여 여행하던 사람들이었다.

⑧ 그들은 앞장서서 다가오는 시대의 스승으로서 예수님을 받들고 황금과 유향과 몰약을 바쳤던 이들이었다.

⑨ 이들 세 명의 마기교=拜火敎(배화교) 교도들은 영성이 높은 사람들로서 천문학과 앞을 내다보는 능력자들로서 예수께서 페르세폴리스에 다가오고 있다는 것을 알고 미리 몸을 단정히 하고 그분을 마중하러 나아갔다.

⑩ 그리하여 그들이 해후를 하는 순간 대낮의 햇빛보다도 더 밝은 빛이 그들을 둘러싸고 있었다. 그때 이 광경을 목격한 네 사람들은 그들이 신의 모습을 보았다고 증언하였다.

⑪ 이들 박사 중 호르와 룬은 늙었으므로 예수께서는 두 사람을 자기의 낙타에 태우고 메르와 함께 앞장서서 걸으셨다.

⑫ 네 사람이 박사의 집에 도착하자 모두가 기뻐하였다. 그리고 예수께서 여행 중에 겪은 스릴과 극적인 이야기들을 들려주었으며 호르와 룬 박사는 아무 말도 않고 하늘을 우러러 마음 깊이 하나님을 찬미하였다.

⑬ 때마침 북쪽에서 3명의 현자가 페르세폴리스에 와 있었다. 그들은 **카스파(Kaspar), 자라(Zara), 멜조온(Melzone)**이었는데 카스파는 그들 마기나라에서도 가장 지혜로운 스승이었다. 이들 세 사람은 예수께서 이곳에 도착하셨을 때 마침 호르, 룬, 메르의 집에 와 있었다.

⑭ 며칠 동안 이들 7명은 아무 말도 않고 무언의 형제애로서 밀접한 교신을 하면서 집회 실에 앉아 無我(무아)의 禪定(선정)에 들어있었다.

⑮ 그들은 진리의 밝은 빛과 하늘의 계시와 힘을 구하여 다가오는 시대의 율법과 교훈은 세계의 현인들에게 모든 지혜를 요구하기 때문이었다.

19장) 예수께서 페르세폴리스의 축제에 참석하시고 사람들에게 배화교의 철학을 재음미하면서 말씀하셨고 惡의 기원을 설명하시고 기도와 명상으로 밤을 새우셨다.

① 이때 배화교의 신을 받드는 축제행사가 있었으므로 많은 사람들이 페르세폴리스로 모여들었다.

② 그리고 그 거룩한 축제일에 배화교의 통치자가 말하였다. "이 신성한 경내에서는 자유가 보장되어있습니다. 말하고 싶은 사람은 누구든 말해도 좋습니다."

③ 그러자 예수께서 군중들 사이에 우뚝 서서 말씀하셨다.
"아버지 하나님의 자녀인 나의 형제 여러분!

④ 여러분들은 오늘날 사람의 아들들 가운데 가장 축복을 받은 분들

입니다.

⑤ 여러분들의 순수한 예배와 생활은 하나님께서 기꺼워하시는 바입니다. 여러분들의 대 스승이신 조로아스터에게 영광이 있을 것입니다.

⑥ 천지를 창조하신 위대한 하나님은 오직 한 분이시며 이들 위대한 7성령은 일월성신 안에서 사람들에게 명확히 나타난다고 여러분 모두는 너무도 옳은 이야기를 하고 있습니다.

⑦ 그런데 그대들 성전에는 이들 일곱 성령들 가운데 특히 뛰어난 힘을 가진 영 둘이 있어서 한 성령은 일체의 모든 善을 창조했으며 또 한 성령은 모든 惡을 만들어냈다고 적혀있습니다.

⑧ 바라옵건대 존경하는 스승여러분! 어떻게 하여 악한 것이 일체의 선한 것으로부터 태어날 수 있는지 말해주시기 바랍니다."

⑨ 그때 한 명의 마기승려가 일어나서 말했다.

"만일 당신이 내 말에 대답할 수 있다면 그대의 문제는 해결될 것입니다.

⑩ 우리는 모두 악의 존재를 인정하고 있습니다. 무슨 일이건 원인이 있기 마련입니다. 만일 유일하신 하나님께서 악을 만들지 않았다면 이 악을 만든 신은 어디에 있습니까?"

⑪ 그러자 예수께서 말씀하셨다.

"한 분이신 하나님께서 만드신 것은 모두가 선뿐입니다. 또한 이 위대한 첫 번째 대 원인과 같이 일곱 성령은 모두 선입니다. 그들의 창조력 있는 손에서 나오는 모든 것은 선입니다.

⑫ 한편 일체의 창조물은 저마다의 고유한 색체, 음조, 형태를 가지고 있습니다. 그러나 어떤 음조는 그들 자신은 선이고 순수하지만 다른 것이 섞이어 혼합이 되면 부조화로운 잡음이 됩니다.

⑬ 그리고 어떤 것은 그들이 선하고 순수함에도 불구하고 다른 것과 혼합이 되어 섞이게 되면 부조화한 것을 만들어내게 되어 바로 그러한 유독한 것을 일러서 사람들은 악한 것이라고 부릅니다.

⑭ 그러므로 악이란 선한 색체, 음조, 형태, 등이 부조화를 이룬 혼합물을 뜻하는 것입니다.

⑮ 사람은 완전한 지혜를 가진 존재가 아닙니다. 그렇지만 사람은 그 자체의 의지를 가지고 있지 않습니다. 사람은 힘을 가지고 있어서 그것을 사용하여 하나님이 창조하신 선한 것을 가지가지 방법으로 혼합하여 매일 부조화한 소리와 악한 것을 만들어냅니다.

⑯ 그리고 모든 음조 형태는 선악을 가리지 않고 생물이 되어 악마 요정이 되고 또한 선한 영이나 사악한 종류의 영이 됩니다.

⑰ 인간이 이와 같이 악마를 만들고서 그를 두려워하여 도망칩니다. 그 악마들은 대담해져서 인간을 쫓아 내몰고 그를 고뇌의 불길에다 집어 던지는 것입니다.

⑱ 악마와 타오르는 불길 지옥도 모두다 인간의 작품입니다. 그리고 불을 끄고 악마를 내쫓을 수 있는 존재는 그들을 모두 만든 사람 말고는 아무도 없습니다."

⑲ 이 설교 후 예수께서는 옆으로 비켜섰다. 그러나 이에 답변하는 승려들은 아무도 없었다.

⑳ 그러자 예수께서는 군중들을 떠나 기도하시기 위하여 은밀한 곳으로 들어가셨다.

20장) 예수께서 마기교도들을 가르치시고 명상과 명상에 들어가는 방법을 설명하시고 카스파가 예수님의 지혜를 칭찬하였다.

예수께서 가르치신 곳은 싸이러스의 숲속이었다.

① 이른 아침에 예수께서 다시 오셔서 가르치시고 병자들을 고치셨다. 그러자 마치 권능을 가진 성령이 그를 에워싸듯이 알 수 없는 한줄기의 빛이 훤히 비추었다.

② 그때 한 마기승려가 이 광경을 주시하고 그의 지혜는 어디에서 오는 것이며 그 빛은 무엇을 뜻하는 것이냐고 은밀하게 물었다.

③ 그러자 예수께서 말씀하셨다.

"영혼이 하나님과 하나 되어 만나는 고요한 순간에 있습니다. 그곳에 지혜의 샘이 있습니다. 그리고 그곳에 들어가는 사람은 모두가 진리의 빛에 의하여 지혜, 사랑, 권능으로 충만하게 됩니다."

④ 그 마기승려가 다시 말하였다.

"이 명상과 진리의 빛에 대하여 말씀해 주십시오. 제가 그 곳에 머무르고 싶습니다."

⑤ 그러자 예수께서 말씀하셨다.

"고요한 명상은 어떤 특별한 장소에 국한되는 것은 아닙니다. 담이나 암벽으로 둘러 쌓여있는 은밀한 곳도 아니며, 인간이 칼을 들고 지키는 곳도 아닙니다.

⑥ 사람은 항상 하나님과 만날 수 있는 비밀의 장소를 몸에 지니고 다닙니다.

⑦ 사람이 산꼭대기에 있든 깊은 계곡 속에 있든 저자거리 복판에 있든 조용한 집에 있든 아무 상관이 없습니다. 사람들은 마음이 내키는 순간 즉시 마음의 문이 열리게 되어있고 고요한 명상의 집과 하나님이 거하시는 성전으로 변합니다. 이것이 無所不在(무소부재)하시는 성령의 집입니다. 그것은 영혼 속에 이미 준비되어 있는 것입니다.

⑧ 만일 사람들이 혼자서 깊은 골짜기나 산길에 들어가게 되면 길거리의 소음이나 사람들의 생각, 등에 별로 방해를 받지 않을 것입니다.

⑨ 그러므로 인간의 무거운 짐이 심하게 압박해 올 때에 살며시 빠져나와 조용한 곳을 찾아 기도하고 명상하는 것보다 더 나은 것은 없습니다.

⑩ 조용한 瞑想(명상)은 영혼의 왕국이여서 사람의 육안으로 보이는 곳이 아닙니다.

⑪ 일단 명상 속으로 들어가면 환영의 허깨비가 머릿속에서 잠시 어른거리기도 하지만 그것들은 모두 마음의 의지에 의해서 屈伏(굴복)하여 주인인 영혼의 뜻대로 그들은 모두 물러갑니다.

⑫ 만일 그대가 이러한 영혼의 정적을 발견하고 싶다면 그대는 반드시 그렇게 할 수 있는 여건을 준비해야만 합니다. 마음이 순수한 사람을 제외하고는 누구도 이곳으로 들어갈 수 없습니다.

⑬ 그리고 당신은 모든 마음의 긴장 모든 世俗的(세속적) 관심사 일체의 공포 일체의 疑惑(의혹)과 번뇌를 버리지 않으면 안 됩니다.

⑭ 그대 인간의 의지가 하나님의 신성 속으로 흡수되지 않으면 안 됩니다. 그렇게 되면 그대는 신성한 의식 속으로 들어가게 될 것입니다.

⑮ 그대는 신성한 곳에 있어서 주 하나님의 촛불이 불타오르는 살아 있는 성전을 볼 것입니다.

⑯ 그리고 그대가 그것이 그곳에서 불타오르는 것을 볼 때 그대의 가슴과 두뇌 속에 있는 성전을 깊숙이 들여다보시오. 그리하면 그것이 모두 성스럽게 불타오르는 것을 보게 될 것입니다.

⑰ 머리에서 발끝까지의 모든 부분에 촛불들이 놓이고 사랑의 횃불이 타오름에 의하여 막 점화 될 준비를 하고 있습니다.

⑱ 그리고 모든 초가 불이 붙은 것을 보면 가까이 들여다보시오. 영혼의 눈으로 그것을 들여다보면 그대는 지혜의 샘물이 솟구쳐 쏟아져 나오는 것을 보게 될 것입니다. 그러면 그대는 그 샘물을 마시고 거기에 머무르며 쉬면됩니다.

⑲ 그러고 나면 그 장막은 걷히고 그대는 가장 신성한 곳에 있습니다. 그 곳에는 하나님의 계약의 그 상자가 놓여있는데 그 상자의 덮개는 하나님의 거룩한 자리입니다.

⑳ 두려워 말고 그 신성한 덮개를 들어 올리시오. 계약의 상자 속에는 새로운 율법의 판이 秘藏(비장)되어 있습니다.

㉑ 그 율법을 들어서 잘 읽어보시오. 왜냐하면 그들은 인간이 필요로

하는 모든 가르침과 계명을 포함하고 있기 때문입니다.

㉒ 그리고 그 계율의 상자 속에는 예언의 마술지팡이가 놓여 있어요. 당신의 손을 기다리고 있습니다. 그것은 과거 현재 미래의 숨겨진 모든 의미를 해결하는 열쇠입니다.

㉓ 그리고 보시오. 만나가 그곳에 있으며 숨겨진 생명의 떡이 그곳에 있습니다. 그리고 그것을 먹는 사람은 결코 죽음이 없습니다.

㉔ 지혜의 천사 **케루빔**이 모든 영혼을 위하여 이 보물 상자를 지켜왔습니다. 그리고 원하는 사람은 누구든지 안으로 들어가서 자신의 것을 찾을 수 있습니다."

㉕ 그러자 카스파는 그 젊은 유대선생이 말하는 것을 듣고 나서 감탄하여 소리쳤다.

"보라! 하나님의 지혜가 사람들에게로 왔도다."

㉖ 그리고 나서 예수께서는 이곳을 떠나 신성한 싸이러스의 숲속으로 들어가셨다. 그 곳에서 군중들을 만나셨으며 또한 가르치시고 병든 사람들을 고치셨다.

21장) 예수께서 靈驗(영험) 있는 신비의 샘터에 계시며 신앙이 治療(치료)의 주요 원인이라는 것과 사람들이 신앙에 의하여 병을 고쳤다는 것을 말씀하시니라.

한 어린아이가 위대한 신앙의 교훈을 가르치느니라.

① 영험있는 샘이라고 불리는 흐르는 샘터가 페르세폴리스 근처에 있었다.

② 그래서 모든 사람들은 일 년 중 일정한 시기에 하나님의 신성이 내려오셔서 샘물에 영험을 주시고 그때 샘물에 몸을 담그면 완치된다고 생각하였다.

③ 샘터에는 많은 사람들이 북적거렸고 하나님의 성령이 오셔서 샘

물에 은혜를 내려 效驗(효험)이 나타나게 되기만을 간절히 기다리고 있었다.

④ 盲人(맹인), 절름발이, 귀먹은 사람, 鬼神(귀신)들린 자들과 기타 병자들이 모여 있었다.

⑤ 그러자 예수께서 그들 가운데 서서 말씀하셨다.

"생명의 샘을 보시오. 이런 효험 없는 물을 당신들은 하나님의 특별한 축복으로 여기고 있지만

⑥ 병 치료의 영험이 어디로부터 오는 것입니까? 어찌하여 당신들의 하나님은 그 은총을 베푸는 데 있어 그렇게도 불공평합니까? 왜 그분께서는 축복의 샘물을 오늘 주시고 내일은 모두 거두어 가시는 겁니까? 권능의 신성은 날마다 영적인 물로 가득 채워지는 것입니다.

⑧ 그대들 愁心(수심)에 잠긴 병든 사람들이여! 내 말을 들으시오. 이 샘물의 효능은 하나님의 특별한 선물이 아닙니다.

⑨ 신앙은 이 샘물의 모든 방울마다에 알알이 스며있는 병 치료의 근원적인 힘입니다.

⑩ 이 샘물에 씻으면 완치되리라고 정성을 다하여 믿는 사람은 언제든지 씻기만 하면 나을 것입니다.

⑪ 하나님을 믿고 자기 자신을 믿는 자는 누구든지 지금 즉시 이 샘물에 몸을 담그고 씻도록 하시오."

⑫ 그러자 많은 사람들이 수정같이 맑은 샘으로 뛰어들어 병을 고쳤다.

⑬ 그 뒤에 사람들이 앞을 다투어 몰려왔다. 그들은 신앙에 힘입어 모든 효험이 사라지기 전에 먼저 씻으려고 앞을 다투어 뛰어들었다.

⑭ 그때 예수께서 한 소녀를 보셨다. 그 아이는 매우 가냘프고 힘이 없어 보였으며 怒濤(노도)와 같은 군중들 건너편에 홀로 앉아있었다. 그런데 어느 누구도 어린 소녀를 샘으로 인도하는 사람이 없었다.

⑮ 그러자 예수께서 말씀하셨다. "나의 귀여운 소녀여, 어찌하여 그

렇게 가만히 앉아서 기다리기만 하지? 서둘러 샘에 들어가 몸을 고치지 않으련?"

⑯ 그 어린 소녀가 대답하였다. 서두를 필요가 없어요. 하늘에 계시는 우리 아버지의 은혜는 작은 컵으로는 잴 수 없어요. 하나님의 은혜는 틀림이 없어요. 그들의 효험은 언제까지나 변함 없구요.

⑰ 믿음이 흔들리는 사람들은 효험이 없을까봐 근심하여 서두르는 거죠. 이 물은 제게도 틀림없이 효험이 있을 것입니다.

⑱ 그래서 저는 서두를 것 없이 천천히 가서 축복의 샘물 속에서 오래 오래 머무를 것입니다."

⑲ 그러자 예수께서 말씀하셨다.
"이 모범적인 소녀의 영혼을 보시오. 이 소녀는 모든 사람에게 신앙의 힘을 가르치려고 이 땅에 왔습니다."

⑳ 그리고 나서 그 소녀를 들어 올리며 말씀하셨다.
"왜 무엇을 기다리고 있습니까? 지금 바로 우리가 숨 쉬고 있는 공기가 생명의 향기로 가득 차 있습니다. 신앙으로 이 생명의 향기를 마시고 건강해지시오."

㉑ 소녀는 신앙 속에서 생명의 향기를 마시고 즉시 건강해졌다.

㉒ 사람들은 이 눈앞에서 벌어지는 일에 대해, 보고 듣고 몹시 놀라서 말했다. 이분은 전능의 신이 인간으로 화신한 게 틀림없다고 여기저기서 말했다.

㉓ 그러자 예수께서 말씀하셨다.
"생명의 샘은 조그만 웅덩이가 아닙니다. 그것은 하늘의 공간만큼이나 넓습니다.

㉔ 샘물이 사랑이며 신앙이 효력입니다. 그리고 살아있는 신앙을 가지고 살아있는 샘물로 깊이 뛰어드는 사람은 자기의 죄를 깨끗이 씻어내어 완전하게 되어 죄로부터 해방되는 것입니다."

• 앗시리아에서 예수님의 生涯(생애)와 業績(업적)

22장) 예수께서 마기승려들과 작별하고 앗시리아로 가시니라. 갈대아 우르에서 사람들을 가르치시고 아시바나를 만나 함께 많은 마을들과 도시를 방문하여 가르치고 병든 자들을 고치시니라.

① 페르시아에서 예수님의 일은 끝나고 또다시 고향을 향해 여행길에 올랐다.

② 페르시아의 성자 카스파는 유프라데스 강까지 동행해주었으며 두 사람은 애굽에서 다시 만날 것을 기약하고 작별인사를 나누었다.

③ 그러고 나서 카스파는 카스피 해변가의 자택을 향하여 떠났으며 이윽고 예수께서는 이스라엘의 요람의 땅인 칼데아에 당도하셨다.

④ 그는 아브라함이 태어난 우르에 잠시 머무르면서 자기의 신분과 찾아온 이유를 말하니 사람들이 사방에서 모여들어 그에게 말하고 싶어 했다.

⑤ 그들에게 대하여 말씀하시기를
"우리 모두는 동족입니다. 약 2천 년 이전에 우리의 조상 아브라함은 이곳 우르에 사시었습니다. 그때 그는 오직 한 분이신 하나님을 섬기셨으며 이러한 신성한 숲 속에서 사람들을 가르쳤습니다.

⑥ 그리하여 그는 크게 축복받아 이스라엘의 위대한 아버지가 되었습니다.

⑦ 아브라함과 사라가 이 근처의 길을 거닌 뒤 수많은 세월이 지났음에도 불구하고 아직도 나머지 혈족들은 이곳 우르에 남아서 살고 있습니다.

⑧ 그리고 그들의 마음속에는 아직도 아브라함이 모신 하나님이 깊이 간직되어 숭앙되고 있습니다. 그리고 신앙과 정의가 그들이 지은

반석입니다.

⑨ 이 땅을 바라보시오. 그것은 이제 그렇게도 아끼며 사랑하던 풍요로운 땅이 아닙니다. 예전과 같이 비가 흡족하게 내리지도 않습니다. 포도나무는 지금 열매를 맺지 않고 있으며 무화과나무는 메말랐습니다.

⑩ 그러나 이것이 오래가서는 안 됩니다. 사막이 기뻐하고 꽃들이 활짝 피고 달콤한 포도는 마디마다 풍성하게 열고 목동들이 기뻐하는 시대가 다시 올 것입니다."

⑪ 그리고 예수께서는 선의와 지상 평화의 복음을 그들에게 설파하셨다. 그리고 인간의 동포애와 인간이 타고난 능력, 영혼의 왕국, 등에 대하여 말씀하셨다.

⑫ 예수께서 이와 같이 이야기하고 있을 때 앗시리아 제일의 성자인 아시비나가 그의 앞에 서있었다.

⑬ 사람들은 그가 종종 그들의 성전과 숲 속에서 자신들을 가르쳤기 때문에 그 성자를 알아보았다. 그래서 그들은 그의 얼굴을 보자 매우 기뻐하였다.

⑭ 아시비나가 말했다.

"사랑하는 칼데아의 자녀들이여! 잘 들어보시오. 그대들은 오늘 위대한 축복을 받았습니다. 살아계신 하나님의 예언자가 그대들에게 오셨기 때문입니다.

⑮ 이 예언자께서 말씀하시는 것을 주의하여 잘 들어보도록 하시오. 왜냐하면 그분께서 하나님이 내리신 생명의 말씀을 전해줄 것이기 때문입니다."

⑯ 그러고 나서 예수님과 아시비나는 칼데아와 티크리스강과 유프라데스강 사이에 있는 모든 마을과 도시를 찾아다니셨으며 예수께서는 많은 병자들을 고치셨다.

23장) 예수께서 아시비나와 함께 바빌론을 방문하여 그 황폐함을 인식하시니라.

이곳에서 두 선생께서 7일 동안 함께 머무르시니라. 그러고 나서 예수께서 집으로 향한 여행을 다시 시작하여 나사렛에 도착하시니라. 어머니 마리아가 그를 위해서 잔치를 베푸나 그의 형제들이 그를 싫어하였다. 예수께서는 어머니와 숙모에게 여행담을 이야기하시었다.

① 파괴된 바벨론이 가까이에 있었으므로 예수님과 그 성자는 바빌론의 문을 통하여 들어가 무너져 내려 황폐해진 궁전을 거닐었다.

② 그들은 이스라엘 자손들이 한때 포로생활로 70년이란 긴 세월을 잡혀있던 거리를 거닐었다.

③ 그들은 야곱의 아들 Judah의 아들딸들이 버드나무 가지에 하프를 걸고 바빌론 사람들이 조롱하며 노래를 요구할 때 찬송을 거부하여 망향에 젖어 울었다는 곳을 조용히 바라보았다.

'우리가 바벨론의 여러 강변에 앉아서 시온을 기억하며 울었도다.
그 강변 버드나무에 우리가 우리의 豎琴(수금)을 걸었나니
이는 우리를 사로잡은 자들이 거기서 우리에게 노래를 청하여
우리를 황폐케 한 자가 기쁨을 청하고 자기들을 위하여
시온의 讚頌(찬송)을 노래하라 함이로다.
우리가 이방나라에 끌려와서 어찌 하나님의 노래를 부를꼬!
예루살렘아! 내가 너를 잊을진대 내 오른손이 재주를 잊을 지로다.
내가 예루살렘을 기억지 아니하거나 내가 너를 마음에
나의 제일 즐거움으로 삼지 않을진대
내 혀가 입천장에 붙으리로다.' (시137:1~6)

위 노래는 바벨론 포로생활중 강 건너 예루살렘을 바라보며 부른 望鄕(망향)의 哀歌(애가)다.

④ 그들은 다니엘과 히브리 아들들이 신앙의 산증인으로 서있었던 곳도 둘러보았다.

⑤ 그러자 예수께서는 그의 손을 들어 올려 말씀하셨다.

"인간이 이룩한 이 허망한 장관들을 보시오.

⑥ 바벨론의 왕은 옛 예루살렘의 성전을 파괴하였습니다. 그는 그 성스럽고 찬란했던 도시를 불태우고 나의 동포와 나의 친족들을 쇠사슬로 묶어 노예로 만들어 이곳으로 끌고 왔습니다.

⑦ 그러나 보복이란 또 오는 것입니다. 사람이 다른 사람에게 행하는 것은 무엇이든지 정의의 재판관에 의하여 심판이 되기 때문입니다.

⑧ 바빌론의 날은 저물었습니다. 환락의 노래는 이제 더 이상 성안에서 울려 퍼지지 않을 것입니다.

⑨ 그리고 온갖 기어 다니는 더러운 충류와 깨끗하지 못한 새들이 이 폐허속에서 번식하며 살아갈 것입니다."

⑩ 예수께서는 아시비나와 함께 조용히 명상에 잠겨있었다.

⑪ 그러자 예수께서는 입을 열어 말씀하셨다.

"이 어리석고 수치스러운 기념비를 보시오.

⑫ 인간은 하나님의 보좌를 흔들려고 노력했습니다. 그리하여 그들은 하늘까지 탑을 쌓는 어리석은 짓을 시도했습니다. 그런데 바로 그때 인간의 언어가 흐트러졌습니다. 그것은 인간이 큰소리를 치며 지나치게 인간의 힘을 자랑하는 愚(우)를 범했기 때문이었습니다.

⑬ 그리고 이 높은 꼭대기에는 이교의 신 바알이 세워졌습니다. 그것도 인간의 손으로 만든 형상을 하나님의 자리에 세웠습니다.

⑭ 그 제단위에는 새, 짐승, 사람, 어린아이의 人身祭祀(인신제사)에 이르기까지 바알신의 끔찍한 희생 제물이 되어 불태워졌습니다.

⑮ 그러나 지금 유혈이 낭자한 승려들은 죽고 성벽마저 흔들려 내려

앉아 이곳은 폐허가 되어 버렸습니다."

⑯ 그 뒤 예수께서는 시날(Shinar) 평지에 일주일동안 머무르면서 아시비나와 함께 사람이 필요로 하는 것과 다가오는 시대에 성자들이 어떻게 가장 잘 봉사를 할 것인가에 대하여 오랫동안 명상에 잠기셨다.

⑰ 그러고 나서 예수께서는 그곳을 떠나 요단강을 건너 그의 고향땅으로 돌아와 즉시 나사렛 옛집을 찾았다.

⑱ 어머니 마리아는 기뻐서 어쩔 줄을 몰라 하였다. 그녀는 아들 예수를 위하여 잔치를 베풀고 그녀의 모든 친족들과 친구들을 초대하였다.

⑲ 그러나 예수님의 형제들은 한낱 모험 객에 지나지 않는 예수에게 이렇게까지 환대하며 잔치를 베풀어 대접할 것까지는 없다고 생각하여 잔치에 참석하지 않았다.

⑳ 그들은 그의 형이 말하는 것을 비웃고 그를 게으른 자 헛된 야심을 가진 자. 별 볼일 없는 소용없는 자, 가치 없는 행운을 엿 보는 자, 세상에서 명성을 찾는 뜨내기라고 말하고 집을 떠난 뒤 여러 해 뒤에 무일푼 알거지로 어머니의 집으로 찾아온 자라고 비난하였다.

㉑ 예수께서는 어머니 마리아와 그녀의 동생 미리암을 따로 불러 동방 여행담을 들려주었다.

㉒ 그는 그들에게 그 동안에 배운 교훈들과 자신의 행적들을 말해주었으나 다른 사람에게는 일체 이야기를 하지 않았다.

24장) 예수께서 희랍에서의 업적

예수께서 희랍을 방문하여 아테네 사람들로부터 환영을 받으시고 아폴로를 만나시니라.

원형극장에서 희랍의 선생들에게 말씀하시니라.

① 희랍의 철학은 신랄한 진리로 가득 차있었으므로 예수께서는 희랍의 선생들과 함께 배우기를 열망하였다.

② 그래서 그는 나사렛 옛집을 떠나 갈멜산을 넘어 항구에서 배를 타고 곧장 희랍의 수도에 도착하였다.

③ 아테네의 사람들은 전부터 그가 선생이며 철학자임을 전해들어 알고 있었으므로 그를 만나게 된 것을 기뻐하여 그로부터 진리의 말씀을 들으려하였다.

④ 희랍의 많은 선생들 가운데서 신탁의 옹호자로 불리는 아폴로라는 사람은 희랍의 성자로 많은 나라에 알려져 있었다.

⑤ 아폴로는 예수님을 위하여 널리 희랍 학문의 문호를 개방하였다. 그리고 아레오파쿠스에서 그는 가장 지혜로운 선생들이 말하는 것을 들었다.

⑥ 그러나 예수께서는 그들의 지혜보다 훨씬 뛰어난 것을 가지고 와서 그들을 가르치셨다.

⑦ 한번은 원형극장에 서있는데 아폴로가 말할 기회를 주어서 입을 열고 말하였다.

⑧ "아테네의 학자여러분! 내 말을 잘 들으시오. 오랜 옛날 자연법칙에 조예가 깊은 사람들이 지금 당신들의 수도가 서있는 곳을 찾아냈습니다.

⑨ 여러분이 잘 알고 있듯이 지구의 어느 부분에는 그의 약동하는 심장이 하늘을 향하여 에테르의 파동을 던지면 하늘로부터 내려오는 에테르와 만나는 곳이 있습니다.

⑩ 그 장소에서는 밤하늘의 별과 같이 영혼의 빛과 悟性(오성)이 반짝입니다.

⑪ 땅위에 있는 모든 곳 중에서도 아테네와 같이 감수성이 있고 진실로 보다 많은 영적인 축복이 넘치는 곳은 흔치않습니다.

⑫ 그뿐 아니라 희랍 전체가 축복을 받았습니다. 당신들의 명성 있는 방명록을 장식하는 이토록 위대한 사상가를 낳은 곳은 어느 나라에도 없습니다.

⑬ 철학, 시, 과학, 예술의 방면에서 위대한 거장들이 희랍에서 태어났으며 맑고 순수한 사상의 요람을 흔들어서 건장한 어른으로 키웠습니다.

⑭ 내가 이곳에 온 것은 과학이나 철학 또는 예술에 대하여 말하기 위해서가 아닙니다. 이들에 대하여는 여러분들이 세상에서 제일가는 권위자들입니다.

⑮ 그러나 당신들이 성취한 모든 고상한 학문들을 단지 감각의 영역을 뛰어넘은 세계로 나가는 디딤돌에 불과합니다. 그것은 단지 시간의 벽을 날아 지나가는 허무한 환상의 그림자에 지나지 않습니다.

⑯ 하지만 나는 그 너머에 있으며 안에 있는 생명에 대하여 말하고자 합니다. 이 생명은 그냥 스쳐 지나가지 않는 참된 생명입니다.

⑰ 과학과 철학에는 영혼의 자각과 하나님과 교통하는 강한 카리스마가 없습니다.

⑱ 나는 당신들의 왕성한 사상의 흐름을 막으려는 생각은 없습니다. 그러나 그들의 영혼의 통로로 그 방향을 바꾸어 흐르게 하려는 것입니다.

⑲ 성령의 숨결에 의하지 않고는 지적 작용의 큰 활동은 우리 눈에 보이는 사물의 문제를 풀 수 있지만 그 이상은 할 수 없습니다.

⑳ 오감은 단지 스쳐지나가는 사물의 단순한 그림의 모습을 마음에 실어가도록 명했을 뿐 그들은 사물의 실체를 다루지 않습니다. 그들은 영원한 법칙을 이해하지 못합니다.

㉑ 그러나 인간의 영혼에는 사물의 실체를 보기 위해 신비의 베일을 찢어내려 하는 그 어떠한 것이 있습니다.

㉒ 우리는 이것을 **靈覺**(영각=spirit consciousness)이라 부릅니다. 그것은 모든 영혼 안에 잠자고 있어서 성령의 숨결이 손님으로 임하기까지는 깨어나지 않습니다.

㉓ 이러한 성령의 숨결은 영혼의 문을 두드리지만 인간의 의지가 문을 활짝 열 때까지는 들어갈 수 없습니다.

㉔ 지성에는 그 열쇠를 돌릴 힘이 없습니다. 철학과 과학은 신비의 베일 안을 힐끗힐끗 들여다보았으나 헛수고에 불과했습니다.

㉕ 영혼의 문을 열어 둔 채로 두는 비밀의 장치는 순결한 생활, 기도, 거룩한 상념 이외에는 없습니다.

㉖ 돌아오라! 희랍 사상의 신비한 흐름이여! 그대의 맑고 깨끗한 물을 영적인 생활로 충만한 흐름에 연합하시오. 그러면 영각은 더 이상 잠자지 않을 것이며 인간은 깨닫게 되어 신의 축복이 臨再(임재)할 것입니다."

㉗ 예수께서는 이와 같이 말씀하시고 옆으로 물러났다. 희랍 선생들은 그의 말씀의 지혜에 놀라움을 금치 못했고 아무도 대답하는 사람이 없었다.

24장) 예수께서 희랍의 교사들을 가르치시고 아폴로와 함께 델피 신전에 가셔서 神託(신탁)의 말씀을 들으셨다.

신탁의 말씀이 예수님을 증언하였다. 아폴로와 함께 머무르면서 하나님의 산 신탁의 예언자임을 인정받으셨다. 그리고 아폴로에게 신탁의 신비한 현상을 설명하시니라.

① 며칠 동안 희랍의 교사들은 예수께서 말씀하시는 명쾌하고 신랄한 말에 귀를 기울였다. 비록 그들이 그가 말씀하신 바를 충분히 이해할 수는 없었지만 기꺼이 그의 철학을 받아들였다.

② 어느 날 예수님과 아폴로가 해변을 걷고 있는데 델피신전의 사자가 급히 와서 말하였다.

"아폴로 선생님! 신탁이 당신에게 할 말이 있으시답니다."

③ 아폴로는 예수께 말하였다.

"선생님 만일 당신이 델피 神殿(신전)을 보고 싶어 하시고 그것이 말하고 싶어 하는 것을 듣고 싶어 하신다면 저와 함께 가셔도 좋습니다."

그리하여 예수께서는 그와 함께 동행하시었다.

④ 그들이 서둘러 델피신전에 가보니 많은 사람들이 몹시 흥분하여 있었다.

⑤ 아폴로가 신탁 앞에 서자 그것이 입을 열어 말하였다.

⑥ "희랍의 성자 아폴로여! 종이 열두시를 치는 시대의 한밤중이 도래했노라.

⑦ 대자연의 子宮(자궁)속에서 시대가 잉태 되니라. 그들 시대는 떠오르는 아침 태양과 함께 찬란하게 태어나며 늙은 태양이 지면 시대는 붕괴하고 소멸되느니라.

⑧ 델피의 시대는 영광과 名譽(명예)의 시대였노라 수목, 황금, 보석의 신탁을 통하여 사람의 아들에게 말했었노라.

⑨ 그러나 이제 델피의 태양은 저버렸노라. 신탁은 빛을 잃었으며 이제 사람들이 더 이상 그의 목소리를 들을 수 없는 때가 임박하였노라.

⑩ 신들은 인간을 통하여 인간에게 말할 것이니라. 살아있는 신탁이 지금 이 성스러운 숲 속에 있느니라. 높은 곳으로부터 하나님의 말씀이 왔노라.

⑪ 지금부터 나의 지혜, 나의 권능은 그 힘을 잃으리라. 앞으로는 그 임마누엘의 슬기와 권능이 더욱 강해지리라.

⑫ 모든 스승들은 머무르라. 모든 생명체들은 그 임마누엘의 말을 듣고 그를 잘 받들라."

⑬ 그러자 그 신탁은 40일 동안이나 말을 하지 않았다. 그러므로 사제들과 사람들은 놀라지 않을 수가 없었다. 사람들은 멀리서 또는 가까운 곳에서 와서 살아있는 신탁이 신들의 지혜를 말하는 것을 들으려 하여 모여들었다.

⑭ 그리고 나서 예수께서는 그 희랍의 성자와 그 곳을 떠났다. 그리고 아폴로의 집에서 그 살아있는 신탁은 40일 동안 말하였다.

⑮ 어느 날 그들이 단둘이 남아있게 되었을 때 아폴로가 말하였다.

"이 신성한 델피의 신탁은 그 동안 희랍을 위하여 많은 유익한 말을 해주었습니다.

⑯ 부디 말하는 것의 정체를 좀 가르쳐 주십시오. 도대체 그것이 천사입니까? 아니면 살아있는 신입니까?"

⑰ 그러자 예수께서 말씀하셨다.

"말하는 것은 천사도 인간도 신도 아닙니다. 그것은 희랍의 많은 지도자들의 모든 지혜를 합하여 하나, 이 큰 정신이 된 비할 바 없는 슬기입니다.

⑱ 이 거대한 정신은 영혼의 실체를 그 자신에게 받아들여서 생각하고 듣고 말하고 합니다.

⑲ 이것은 지도적 스승들이 사상, 지혜, 신앙, 희망으로 그의 정신을 키우는 동안까지 살아있는 魂(혼)으로 남을 것입니다.

⑳ 그러나 희랍 정신의 지도자들이 이 땅에서 사라지게 되면 이 큰 정신도 없어지게 될 것입니다. 그러고 나면 신탁도 더 이상 말하지 않을 것입니다."

26장) 그때 바다에 거센 폭풍이 일어나 많은 사람들이 물에 빠졌는데 예수께서 사람들을 구조하셨다.

아테네 사람들이 우상에게 기도를 하였다. 예수께서 허망한 우상 숭배를 책망하시고 하나님의 은총 받는 방법을 말씀하시고 희랍인들과 이 마지막 모임을 갖고 화성호를 타고 출항하였다.

① 때는 聖日(성일)이었다. 예수께서는 해변을 거닐고 계셨다.

② 폭풍우가 일어나 선박들은 바다복판에서 장난감처럼 요동쳤다.

③ 선원과 어부들이 물속으로 익사하여 해변 가에는 사람들의 시체로 널려있었다.

④ 예수께서는 쉴 새 없이 전력을 다하여 사람들을 구조하고 죽어가

는 많은 사람들을 소생시켰다.

⑤ 한편 이곳 바닷가에는 바다를 지배한다고 생각되는 神들을 모셔 놓은 제단이 있어 그리로 모여들었다.

⑥ 물에 빠진 사람들의 悲鳴(비명)소리에는 아랑곳없이 사람들은 제단 앞에 몰려와서 바다의 神들에게 구원을 요청하는 기도를 드렸다.

⑦ 얼마 뒤 마침내 폭풍은 걷히고 바다는 잠잠해졌다. 사람들이 겨우 정신을 차리고 웅성거렸다. 예수께서 말씀하기 시작했다.

⑧ "그대 나무 彫刻(조각)으로 만든 신을 믿는 사람들이여! 그대들의 열띤 기도로 폭풍이 잔잔해지던가요?

⑨ 그림으로 그린 칼과 관으로 장식한 이 초라하고 비바람에 시달린 신상의 어느 곳에 힘이 있습니까?

⑩ 그러한 작은 움막에 깃든 신은 공중을 나는 파리 한 마리도 거의 잡지 못하고 아무런 힘도 없습니다. 어떻게 그가 폭풍을 잠재울 수 있습니까?

⑪ 눈에 보이지 않는 세계의 커다란 권능은 인간이 그들의 최선을 다할 때까지는 구조의 손을 내밀지 않습니다. 그들은 인간이 그들의 모든 힘을 쏟았을 때만 비로소 도움을 줍니다.

⑫ 그대들이 이 신전주위에서 몸부림치며 기도했습니다. 그래서 당신들이 구조의 손길만 뻗혔더라면 살릴 수 있었던 사람들을 빠져 죽게 만들었습니다.

⑬ 구원을 베푸는 하나님은 당신들의 영혼 속에 거하셔서 당신들의 손과 발을 통하여 자기를 나타내십니다.

⑭ 힘은 결코 게으름으로부터 나오지 않습니다. 또는 누군가 와서 자기의 짐을 짊어지기를 바라거나 그대가 마땅히 해야 할 일을 다른 사람이 대신 해주기를 바라고 있어서는 힘은 나오지 않습니다.

⑮ 그러나 최선의 힘을 다해서 자신의 짐을 짊어지고 일을 하면 그대들은 하나님 앞에 그 기뻐하시는 犧牲(희생) 제물을 바친 셈이 됩니다.

⑯ 그리고 거룩하신 하나님은 당신의 불타는 희생 제물에 깊은 숨결을 불어넣어 불길을 높이 올바르게 잡으시고 당신의 영혼과 빛과 힘과 봉사의 힘을 채워 주십니다.

⑰ 인간이 신 앞에 바칠 수 있는 가장 효과적인 기도는 도움을 필요로 하는 사람들을 도와주는 것입니다. 왜냐하면 그대들이 다른 사람을 위해 일을 하면 하나님께서도 그만큼 그대들을 위해 축복의 손길을 뻗히기 때문입니다.

⑱ 하나님은 이와 같이 도와주십니다."

⑲ 희랍에서의 그의 일은 끝이 났고 그리하여 예수께서는 남쪽에 있는 애굽으로 그의 발길을 옮겨야만 하였다. 아폴로는 희랍 최고의 현학자들과 여러 계층에 종사하는 있는 많은 사람들과 함께 부둣가에 나와 그 히브리 성자가 떠나는 것을 傳送(전송)하였다. 그러자 예수께서 말씀하셨다.

⑳ "나는 지금까지 많은 나라를 방문해 보았으며 수많은 여러 외국의 신을 모신 신전에도 가보았습니다. 그리고 언어가 다른 수많은 종족의 사람들에게 선의와 지상 평화의 복음을 설파했습니다.

㉑ 그리고 많은 개인 가정에서도 환대를 받기도 했습니다. 그러나 그들 모두 중에서 희랍은 최고의 주인이었습니다.

㉒ 희랍 사상의 폭과 희랍철학의 깊이 그리고 사심 없는 지덕, 열망의 높이는 훌륭한 것이어서 인간의 자유와 정의의 챔피언이 되기에 적합합니다.

㉓ 불행한 전쟁의 운명이 희랍을 정복시켰습니다. 이것은 살과 **뼈**의 지력을 과신하고 국가와 국민의 힘의 근원을 묶어 주는 영적인 생명을 잊어 버렸기 때문입니다.

㉔ 그러나 희랍은 언제까지나 영원히 외국 임금의 속국으로서 어두운 그림자의 세계 속에 있지는 않을 것입니다.

㉕ 희랍 사람들이여 머리를 드시오. 희랍의 성스러운 숨결의 에테르를

깊이 마시고 지상위의 영적인 힘의 근원이 될 날이 다가올 것입니다.

㉖ 그러나 하나님이 그대의 보호자가 되어야만 할 것이며 그대의 方牌(방패)와 그대의 힘의 탑이 되어야만 할 것이오."

㉗ 이렇게 설교를 마치고 예수께서는 손을 들어 작별인사를 하였고 아폴로도 손을 들어 조용히 축복을 빌었고 사람들은 모두 눈물을 흘렸다.

㉘ 크레타 섬 소속의 배 화성호를 타고 이 히브리 성자 예수께서는 그동안 모든 사연을 지중해의 맑은 파도에 싣고 희랍의 항구를 떠났다.

27장) 예수님의 애굽에서 업적과 생애

예수께서 **엘리후(Elifu)**와 **살로메(Salome)**를 애굽에서 만나고 그들에게 자신의 오랜 여행담과 경험들을 들려주시니 엘리후와 살로메가 하나님을 찬송하였다.

예수께서 헬리오폴리스에 있는 신전을 찾아가 生徒(생도)로 들어가시니라.

① 예수께서는 무사히 애굽에 도착하였다. 그는 바닷가에 머무르지 않고 즉시 엘리후와 살로메가 살고 있는 조안(Zoan)으로 갔다. 그들은 25년 전에 그들의 성스러운 학교에서 그의 어머니 마리아를 가르치셨다.

② 세 사람은 다시 만나게 된 것을 매우 기뻐하며 감사하였다. 마리아의 아들 예수가 전에 이 신성한 숲은 본 것은 갓난아기였을 때였기 때문이다.

③ 그러나 지금은 그 아기가 온갖 세상의 풍파에 부딪쳐 단련이 된 건장한 사나이로 성장하였다. 그는 많은 나라에서 수많은 대중들의 마음을 사로잡았던 구루(스승)가 된 것이다.

④ 그리고 예수께서는 그 나이 지긋한 선생에게 그의 생애에 대한 모든 것과 외국에서의 여행에 대하여 대중들에게 친절한 대접을 받은 일들에 대하여 말해주었다.

⑤ 엘리후와 살로메는 기쁨에 충만하여 그 이야기를 귀담아 들었다. 그들은 하늘을 향하여 눈을 들어 감사하였다.

⑥ '우리아버지 하나님! 우리가 당신의 영광을 보았나니 당신의 종들을 편히 가게 하여 주소서!

⑦ 또한 우리가 사랑의 使節(사절)이며 지상의 평화를 기약하는 使臣(사신)이며 인간들에게는 선의의 사신인 그와 이야기를 나누었나이다.

⑧ 그를 통하여 지상의 모든 국가는 축복을 받게 될 것입니다. 그는 바로 임마누엘이기 때문입니다.'

⑨ 그 후 예수께서는 며칠 동안 조안에 머무르시고 사람들이 헬리오플리스라 부르는 태양의 도시에 가서 성 형제결사단(聖 兄弟結社團 Sacred brotherhood)인 신비적 명상단체에 입회하기로 하셨다.

⑩ 명상도가의 회의가 소집되었다. 그래서 예수께서는 神秘儀式(신비의식)의 사제 앞에 섰다. 그는 질문하는 모든 것들에 대하여 명백하고도 힘 있게 대답하셨다.

⑪ 그 의식을 주관하는 사제는 감탄하여 외쳤다.

"대 선생님이시여! 어찌하여 당신은 이곳에 오셨습니까? 당신의 지혜는 신의 지혜입니다. 어찌하여 사람의 모임에 오셔서 지혜를 구하십니까?"

⑫ 그러자 예수께서 말씀하셨다.

"나는 모든 생활을 경험하고 싶습니다. 널리 학문적으로도 추구해보고 싶습니다. 누군가가 이미 오른 높은 곳에 저도 오르고 싶기 때문입니다.

⑬ 나는 누군가가 고통 받는 것을 나도 경험하고자 합니다. 그리하여 이것으로 내 형제들의 비애, 실망, 시련이나 시험, 등을 알고 싶습니다. 또한 역경에 빠진 사람들을 구할 수 있는 방법까지도 알고 싶습니다.

⑭ 내가 바라건대 형제들이여! 부디 그대들의 어두운 지하 禮拜堂(예배당)에 들어가게 해 주시오. 그리하면 저는 그대들의 가장 어려운

테스트를 받아 통과할 것이오."

⑮ 그 신비의식을 주관하는 사제가 말하였다.

"가장 높은 정상은 가장 깊은 심오한 경지에 이르도록 하시오."

⑯ 예수께서는 샘터로 인도되어 목욕재개를 하셨다. 그리고 그 의식에 적합한 옷으로 갈아입고 다시 사제 앞에 서셨다.

28장) 예수께서 神祕儀式(신비의식)의 사제로부터 그의 신비한 이름과 번호를 받으시고 密議的(밀의적) 명상도가의 첫 번째 관문을 통과하여 그의 첫 번째 칭호 '성실'을 받으셨다.

① 그 신비의식의 사제는 온갖 사물의 속성과 특성이 내리 적혀있는 두루마리를 벽으로부터 내려놓으며 말했다.

② 圓(원)은 완전한 인간의 상징이며 7은 완전한 인간의 숫자입니다.

③ 로고스는 모든 것을 창조하고 破壞(파괴)하며 구원하는 완전한 하나님의 말씀입니다.

④ 이 히브리 선생은 모든 인류의 원이며 시간의 7인 성스러운 하나님의 로고스입니다.

⑤ 그리고 기록서에다 서기는 '**로고스=원=7**'이라 내리 적었다. 이와 같이 하여 예수께서 알려지게 되었다.

⑥ 로고스는 내가 하는 말에 귀를 기울이도록 하시오. 자기 자신을 찾을 때까지 나가서 구하도록 하시오. 그리고 당신의 영혼을 찾았을 때 돌아오도록 하시오.

⑦ 안내원은 이른 새벽빛처럼 희미하고 맑은 빛이 있는 방 안으로 그를 데리고 갔다.

⑧ 그 방의 벽에는 신비한 기호, 상형문자, 신성한 성구, 등이 적혀 있었다. 예수께서는 혼자 남게 되어 그곳에서 며칠간을 지내셨다.

⑨ 그는 성구를 읽고 상형문자의 의미를 찾아내어 생각하고 자기 자

신을 찾으라고 사제가 말한 의미를 탐구하였다.

⑩ 그러자 한 계시가 내려졌다. 그는 그의 영혼과 친숙해졌다. 그는 그 자신을 찾아 내었으며 이제 그는 혼자가 아니었다.

⑪ 어느 날 깊은 한밤중에 잠을 자고 있는데 미쳐 있는 줄도 몰랐던 문이 열리고 거무스름한 옷을 입은 승려가 들어와서 말하였다.

⑫ "형제여! 아닌 밤중에 들어온 것을 용서하시오. 하지만 나는 당신의 생명을 구하기 위해 온 것이오.

⑬ 당신은 잔인한 간계의 희생물이오. 헬리오폴리스의 승려들이 당신의 명성을 시기하여 이 어둠침침한 지하실 속에서 산 채로는 내보내지 않을 것이라고 말하고 있소.

⑭ 고급 승려들은 사람들을 가르치기 위하여 나가지 않소. 그대는 신전의 심부름꾼으로 일해야 할 운명이오.

⑮ 이제 만일 그대가 자유의 몸이 되고자 한다면 그대는 이들 승려들을 속여야만 하며 그대가 이곳에서 평생 있겠다고 말해야만 하오.

⑯ 그 뒤 그대가 바라는 모든 것을 얻었을 때 내가 돌아와서 그대가 안전하게 나갈 수 있는 비밀통로로 안내해 드리겠소."

⑰ 그러자 예수께서 말씀하셨다.

"형제여! 그대는 내게 邪氣(사기)를 가르치러 왔습니까? 내가 이 비열한 위선의 간계를 배우기 위하여 이 신성한 방안에 온줄 아십니까?

⑱ 아니 그렇지 않습니다. 오히려 나의 아버지 하나님께서는 사기를 경멸하고 계십니다. 그리고 나는 그분의 성스러운 뜻을 이룩하려고 여기에 왔습니다.

⑲ 이곳의 승려들을 속이라고? 태양이 비추는 동안에는 하지 않겠습니다. 나는 내가 말한 것은 그대로 실행합니다. 그리고 나는 그들과 하나님과 내 자신에게 진실할 것입니다."

⑳ 그러자 유혹하는 사람은 사라졌다. 그리하여 예수께서는 또다시 홀로 남게 되었다. 그러나 잠시 뒤에 하얀 옷을 입은 승려가 나타나서

말했다.

㉑ "잘 하셨습니다. 로고스가 이기셨습니다. 이곳은 僞善(위선)의 실험입니다."

이렇게 말하고 그는 예수님을 인도하여 심판석앞에 세웠다.

㉒ 그곳에는 모든 형제들이 일어서 있었으며 그 신비의식의 사제가 와서 예수님의 머리 위에 손을 얹고 그의 양손에 한 권의 두루마리를 놓았다. 거기에는 '誠實(성실)'이라는 단어만 적혀 있을 뿐 아무것도 다른 말은 적혀있지 않았다.

㉓ 안내인이 또 다시 나타나서 생도들이 탐을 낼만한 모든 것이 가득 놓여있는 널찍한 방으로 안내되어 잠시 쉬고 기다리라는 하명을 받았다.

29장) 예수께서 두 번째 성 형제결사단의 시험에 통과하셨다. 그리고 두 번째의 칭호인 '公正(공정)'을 받으셨다.

① 그 로고스는 쉬고 싶지가 않았다. 그가 말씀 하시기를
"어찌하여 이런 호화스러운 방에서 기다리게 하는 것이오? 나는 쉴 필요가 없소. 나의 아버지의 과업이 과중한 무게로 억눌려 오고 있소.

② 나는 가서 모든 과제를 배우고 싶소. 만일 시험이 있다면 오게 하시오. 자아를 극복한 모든 승리는 더 큰 힘을 부가시켜 줄 테니까.

③ 그 뒤 안내인이 마치 밤과 같이 어두운 방에 그를 인도하여 주고 홀로 가버렸다. 며칠인가가 이 외로움 속에서 지나갔다.

④ 그리고 예수께서 잠이든 정적의 한밤중에 비밀의 문이 열리고 승복을 입은 두 사람이 들어왔다. 그들은 각자 깜빡거리는 작은 등불을 들고 있었다.

⑤ 그들은 예수께로 다가오면서 한 사람이 입을 열어 말하였다.
"젊은이여! 우리는 당신이 이 무서운 지하실에서 겪는 고통으로 인하여 마음이 무척 아픕니다. 그래서 우리는 그대를 빛으로 데려가 자유의

길을 보여주기 위해서 친구로서 온 것입니다.

⑥ 우리도 한때는 당신과 같이 이 지하실에 갇혀 있었습니다. 그리고 이러한 알 수 없는 무시무시한 길을 통하여 축복과 힘에 도달할 수 있으리라 생각했었습니다.

⑦ 하지만 어떠한 행운의 순간에 우리는 잘못을 깨닫고 모든 힘을 다하여 속박의 사슬을 끊었습니다. 그 뒤에 우리는 이러한 모든 종교의식이 위장된 타락이라는 것을 알았습니다. 이곳의 승려들은 도망중인 범죄자들입니다.

⑧ 그들은 희생제물의 의식을 자랑하고 그들의 신들에게 제물을 바치며 살아있는 가엾은 새나 동물들을 불태웁니다. 그들뿐 아니라 어린 아이, 부인들, 남자도 마찬가지입니다.

⑨ 그리고 지금은 그들이 당신을 이곳에 가두어 두고 있으나 조금만 지나면 당신을 희생제물로 바칠 것입니다.

⑩ 부디 그대에게 바라건대 형제여! 쇠사슬을 풀고 우리와 함께 갑시다. 당신이 할 수 있는 동안에 자유를 누리시오."

⑪ 그러자 예수께서 말씀하셨다.

"당신들의 약한 빛은 당신들이 가져온 그 작은 빛을 나타내고 있습니다. 도대체 당신은 누구입니까? 인간의 말은 그 말로써 인간의 가치를 나타내는 것입니다.

⑫ 이곳 신전의 벽은 단단하고 높은데 어떻게 하여 이곳에 들어왔습니까?"

⑬ 그 사람들이 대답하였다.

"이들 벽 밑에는 많은 지하 통로가 있습니다. 예전에 우리들이 승려였을 적에 많은 해와 달을 이미 지하실에서 보냈으므로 우리는 그 통로들을 잘 알고 있습니다."

⑭ 그러자 예수께서 말씀하셨다.

"그렇다면 당신들은 背信者들입니다. 배신자는 악마입니다. 다른 사람을 기만하는 사람은 결코 믿을 수 있는 인간이 아닙니다.

⑮ 인간이 한번 배반의 경지에 이르게 되면 가지 치는데 맛을 들이며 그의 이기적인 자아를 위하여 친구도 배신하게 됩니다.

⑯ 보시 당신들이 사람인지 아니면 무엇인지 모르겠지만 당신들이 하는 말은 내 귀에 전혀 미미하게 들릴 뿐입니다.

⑰ 당신이 배반자라고 고백하는 것을 들었는데도 불구하고 내가 이 수많은 승려들을 의심하고 내 자신과 그들을 기만할 수 있다는 말입니까?

⑱ 아무도 나의 마음을 헤아려 판단할 수 없습니다. 그리고 만일 충분한 증거가 갖추어지기 이전에 판단을 내린다면 그것은 아마 옳은 판단이 아닐 것입니다.

⑲ 아무튼 당신들이 어떤 길로 왔는지는 모르지만 왔던 길로 돌아가시오. 나의 영혼은 당신들이 가져온 깜빡이는 등불보다는 차라리 죽음 속의 어둠을 택하겠소.

⑳ 나는 양심에 의해 행동합니다. 나의 형제들이여 당신들이 하는 말은 잘 듣겠습니다. 그러나 모든 증거가 갖추어 진다면 결정하겠습니다. 그대들이 나 대신 결정할 수 없는 것입니다.

㉑ 이제 당신들은 가주시오. 그리고 이러한 매력적인 공간의 빛 속에 나를 남아있게 해 주시오. 해가 비추지 않는 동안에두 나의 영혼은 해와 달을 능가하는 빛이 있습니다. 나는 본시 빛이기 때문이오."

㉒ 그러자 금방이라도 그에게 가해하려는 듯한 심한 협박 투로 떠들어대던 음험한 유혹자들은 떠나갔으며 예수께서는 다시 홀로 남아있게 되었다.

㉓ 또다시 하얀 옷을 입은 사람이 나타나서 안내를 하였다. 예수께서는 신비의식의 사제 앞에 다시 섰다.

㉔ 그는 아무 말도 하지 않고 '공정'이라는 암시적인 말이 적혀있는 두루마리를 예수님의 양손에 들려주었다.

㉕ 그리하여 예수께서는 편견과 반역의 幻影(환영)을 극복한 지배자가 되셨다.

30장) 예수께서 密議的(밀의적) 성 형제결사단의 3번째 시험을 통과하여 '信仰(신앙)'이라는 제 3의 칭호를 받으셨다.

① 예수께서는 7일간을 기다렸다. 그리고 나서 명예의 방으로 안내를 받아 들어가셨다. 그곳은 실내장식이 豪華燦爛(호화찬란)하게 꾸며져 있었고 금과 은으로 만든 등으로 불을 밝혔으며

② 천정과 장식 기구용품과 벽들의 색이 청색과 황금색이었으며 그 선반에는 훌륭한 작품들이 가득 채워져 있었으며 회화와 조각품은 천하의 일품들이었다.

③ 예수께서는 이러한 모든 기품 있는 우아함과 사상의 명백한 표현에 마음이 끌리어 매료되었다.

④ 또한 예수께서 깊은 명상에 잠겨 있을 즈음 한 승려가 가까이 다가와서 말했다.

⑤ "형제여! 이곳의 장관을 보시오. 당신은 참으로 축복받은 사람입니다. 당신 같은 젊은 나이에 그렇게 높은 명성을 얻은 사람은 아주 드뭅니다.

⑥ 이제 만일 사람들이 결코 이해할 수 없는 숨겨진 것들을 찾아서 자신의 일생을 헛되이 소비하지 않는다면 당신은 후세까지 불후의 명성을 남길 사상계의 한 학파의 創始者(창시자)가 될 것입니다.

⑦ 왜냐하면 당신의 철학은 플라톤의 철학 이상으로 깊고 당신의 가르침은 소크라테스의 가르침 이상으로 일반 대중들을 만족시키기 때문입니다.

⑧ 어찌하여 이와 같은 古色蒼然(고색창연)한 동굴에서 신비한 진리의 광명을 찾습니까? 나가서 사람들과 함께 어울려 거닐면서 생각하시

오. 그리하면 사람들은 당신을 존경할 것입니다.

⑨ 그리고 이들 不可思議(불가사의)한 비법 전수는 결국 꾸며낸 신화가 될 것이며 당신이 메시아가 되고자하는 희망은 단지 천박한 시간의 환상일 뿐입니다.

⑩ 내가 그대에게 충고하고 싶은 것은 불확실한 것을 추구하는 것을 단념하고 확실한 명성에 이르는 길을 선택하라는 것입니다."

⑪ 이와 같이 허울 좋게 위장한 악마의 화인 그 승려는 불신앙의 마녀의 노래를 불렀다. 그리고 예수께서는 오랫동안 명상에 잠겨 그가 말한 것을 곰곰이 생각하셨다.

⑫ 야망의 왕은 싸워야 할 완강한 적이었으므로 투쟁은 모질고도 괴로운 것이었다.

⑬ 40일 동안 보다 높은 자아와 보다 낮은 자아는 서로 무섭게 싸웠다. 그러고 나서 싸움은 높은 자아의 승리로 끝났다.

⑭ 믿음이 승리를 가져다주었다. 신앙이 아닌 것은 패배했으며 야망은 그의 얼굴을 가리고 달아났다. 그러자 예수께서 말씀하셨다.

⑮ "부귀, 명예 그리고 지상의 모든 명성은 일시적인 뜬구름에 불과하노라.

⑯ 지상에서의 이러한 덧없는 짧은 삶이 다했을 때 인간이 일시적으로 잠시 누리는 무지개 빛과 같이 영롱하게 보이는 온갖 虛飾(허식)은 그의 뼈와 함께 땅속에 묻힐 것입니다.

⑰ 인간이 바로 자신의 이기적인 자아를 위하여 행동하는 것은 생명의 문서에는 기록되지 않습니다.

⑱ 인간이 다른 사람들을 위하여 행하는 선행은 그 영혼이 결코 소멸될 수 없는 하나님 자신의 부귀, 권력, 명예에 오르는 사다리가 됩니다.

⑲ 나에게 가난한 사람들을 구하고 사랑 속에서 행해야할 의무의 자각을 주시고 나의 하나님께서 이러한 모든 것에 대하여 기꺼이 허락해 주도록 해주시오. 그리하면 나는 만족할 것입니다."

⑳ 그런 뒤에 그는 시선을 하늘로 향하여 말하였다.

㉑ "나의 아버지 하나님! 이 시간을 마련해 주심을 감사하나이다. 당신 자신의 영광을 구치 아니하며 오히려 하나님의 왕국의 문지기가 되어 나의 형제들을 위해 기꺼이 봉사하겠습니다."

㉒ 예수께서는 또다시 그 신비의식의 사제 앞에 불려나가 섰다. 역시 한 마디 말도 없이 그 사제는 예수님의 양손에 '신앙'이라고 써진 두루마리를 들려주었다.

㉓ 그러자 예수께서는 머리를 숙여 경건하게 감사의 인사를 하며 자리를 떠나셨다.

31장) 예수께서 密意的(밀의적) 성 형제결사단의 네 번째 시험에 통과하여 4번째 칭호인 '博愛(박애)'를 받으셨다.

① 다시 며칠이 지난 뒤 예수께서는 안내원을 따라 환락의 방으로 들어가셨다. 방은 호화스러웠으며 사람이 원하는 모든 물건들이 다 채워져 있는 방이었다.

② 온갖 산해진미와 달콤한 포도주가 탁자위에 진열되어있고 화려하게 차려입은 여인들이 우아하고 아름다운 자태로 일을 거들고 시중을 들고 있었다.

③ 고귀하게 차려입은 남녀들이 그곳에 모여 있었고 그들은 즐거움에 들떠 환락의 술을 마시며 웅성거렸다.

④ 예수께서는 잠시 침묵 속에서 이들 무리들을 지켜보시고 있을 때 성자의 옷차림을 한 사람이 나타나서 말했다.

"가장 행복한 사람은 꿀벌과 같이 온갖 꽃에서 꿀을 모을 수 있는 사람입니다.

⑤ 현명한 사람이 추구하는 쾌락은 어디에서나 그것을 찾을 수 있는 사람입니다.

1장

⑥ 기껏해야 지상에서의 인간의 삶은 덧없이 짧은 것이므로 그가 죽고 나면 어디로 가는 지 알 수가 없습니다.

⑦ 그러므로 우리 다 같이 먹고 마시고 춤추고 노래합시다. 그리하여 인생의 즐거움을 만끽 합시다. 곧 죽음이 올 것이므로

⑧ 다른 사람을 위하여 인생을 낭비한다는 것은 단순한 어리석은 짓일 뿐입니다. 보시오. 모든 사람이 죽어서 무덤에 누워 있습니다. 죽어 무덤에 묻히면 어디에 누가 있는지 알 수가 없으며 아무도 감사의 표시를 나타낼 수도 없습니다."

⑨ 그러나 예수께서는 아무런 대답도 하지 않고 환락의 극치를 다한 아름다운 옷으로 꾸며 입은 주위의 사람들을 바라다보며 명상에 잠겼다.

⑩ 그리고 나서 그는 손님들 가운데서 옷차림이 허름한 사람을 보았다. 그는 얼굴과 손이 고생과 기아로 찌들어 주름투성이였다.

⑪ 흥에 겨워 들떠있는 무리들은 그에게 욕을 퍼붓는 것으로 흥을 돋우었으며 그를 벽에다 밀어붙이고 그가 당황해하는 것을 보며 비웃으며 조롱하였다.

⑫ 이번에는 보기에도 허약한 부인이 들어왔다. 그녀의 얼굴과 몸매에는 죄와 수치심의 표시가 그림자처럼 깔려있었다. 그런데 그녀는 물세례를 받고 조롱감이 되어 쫓겨나버렸다.

⑬ 그리고 나자 이번에는 초라하고 가엽은 어린아이가 맥없이 배고픈 모습으로 들어와서 음식을 구걸하였다.

⑭ 그런데도 그 어린 소녀는 누구하나 거들떠보지도 않고 몰인정하게 쫓아내었다. 그리고 유쾌한 춤의 행진은 계속되었다.

⑮ 쾌락을 추구하는 무리들이 자꾸 그들의 환락의 축제에 참석하라고 권유하므로 예수께서 입을 열어 말씀하셨다.

⑯ "다른 사람들이 곤궁에 빠져 있는데 어찌 내 스스로 즐거움을 추구할 수 있습니까? 아이들이 주려 빵을 구하고 죄의 소굴에 있는 자들이 동정을 구하고 사랑을 구하는데 내 어찌 자신의 사치스러운 환락을

求暇(구가) 하겠습니까.

⑰ 내가 그대들에게 말하노니 나는 절대로 싫습니다. 우리들은 모두가 하나의 핏줄을 이어받은 동족입니다. 우리 각자 모두는 위대한 인간마음(Great Human Heart)의 한 부분들인 것입니다.

⑱ 나는 당신들이 그렇게도 경멸하고 벽에다 밀어붙인 불쌍한 사람들로부터 내 자신을 별개의 것으로 구분하여 생각해 볼 수 없습니다.

⑲ 또한 동정심과 사랑을 구하여 죄악의 소굴에서 빠져나왔으나 그대들에 의하여 또다시 죄의 소굴로 들어가게 된 가련한 여인으로부터

⑳ 당신네들로부터 추방당하여 찬바람이 몰아치는 밤하늘 아래서 흐느껴 우는 저 어린소녀에 이르기까지 모든 불쌍한 사람들을 도외시하고 내 자신의 안락을 위하여 환락을 추구할 수는 없습니다.

㉑ 내가 그대들에게 말하노니 그대들이 이들 불쌍한 나의 혈족들에게 행한 일은 곧 나에게 행한 것이나 다를 바 없소.

㉒ 당신들은 자기 자신의 집안에서 나에게 모욕을 주었소. 더 이상 이곳에 머무를 수가 없소. 나는 나가서 그 불쌍한 어린아이와 그 가련한 여인과 물세례를 받고 나간 사람을 찾을 것입니다. 그리고 나의 모든 생명의 피가 마를 때까지 그들을 도울 것입니다.

㉓ 나는 연약한 자를 돕고 굶주린 자를 배불리고 헐벗은 자를 입히고 병든 자를 고치고 사랑이 없어 낙심한자들에게 생명이 충만한 위로를 전해줄 때 이것을 곧 쾌락이라 말하겠소.

㉔ 당신들이 추구하는 소위 환락이라고 하는 것은 단지 하룻밤의 환상에 지나지 않소. 관능적 욕구의 불길은 시간의 벽 위에 그려진 환영에 지나지 않소."

㉕ 이와 같이 예수께서 말하는 동안에 흰옷을 입은 승려가 나타나서 그에게 말하였다.

"명상회원 일동이 당신을 기다리고 있습니다."

㉖ 그리하여 예수께서는 또다시 심판대 앞에 섰고 신비의식의 사제

는 아무 말 없이 '박애'라고 적혀있는 두루마리를 그의 양손에 들려주었다.

32장) 예수께서 신전의 숲속에서 40일을 보내시고 성 형제결사단의 5번째 시험을 통과하시고 5번째 칭호인 '義烈(의열)'을 받으셨다.

① 성전이 있는 숲에는 彫像(조상)기념비 사당이 많이 있었으며 예수께서는 여기서 산보를 즐기시며 명상과 침묵에 잠기셨다.

② 예수께서 자아를 극복한 뒤에 40일 동안 이 숲 속에서 자연과 더불어 이야기하였다.

③ 그러자 안내원이 손과 발을 쇠사슬로 채워 결박해버렸다. 그리고는 그를 굶주린 야수와 더러운 새들과 파충류가 득실거리는 소굴에 집어던졌다.

④ 동굴 속은 밤과 같이 어둡고 음산했고 짐승들의 울부짖음과 새들의 잡소리와 혀를 낼름거리는 뱀들의 쉬쉬! 하는 소리가 공포감을 켰다.

⑤ 그러자 예수께서는 말씀하셨다.
"누가 나를 이같이 결박 지었는가? 어찌하여 나를 쇠사슬로 묶여 고분고분해야 하게 하는가?

⑥ 내가 너희에게 이르노니 아무것도 사람의 영혼을 붙잡아 매는 힘은 없느니라. 발을 묶는 족쇄는 무엇으로 만들어졌는가?"

⑦ 그러자 예수께서는 용기를 내어 그 자신의 힘으로 벌떡 일어나셨다. 그러자 그가 쇠사슬이라고 생각했던 것은 하잘 것 없이 약한 줄이어서 몇 번 건드리자 그냥 풀어져버렸다.

⑧ 그 뒤 예수께서는 크게 소리 내어 웃으며 말씀하셨다.
"땅 위의 시체를 사람들이 붙잡아매는 쇠사슬은 환상의 공장에서 주조한 것이며 공기로 만들어져서 환각의 불로 용접한 것이다.

⑨ 사람의 의지와 신앙은 인간이 만든 어떤 사슬보다 강하다."

⑩ 그리고 예수께서는 굶주린 야수와 새들 사이에 버티고 서서 말했다.

"나를 둘러싼 이 암흑은 무엇일까?

⑪ 이것은 단지 빛이 없다는 것이노라. 그렇다면 빛이란 무엇일까? 이것은 신속하게 전파되는 사상의 리듬 안에서 율동하는 하나님의 숨결일 뿐이노라"

⑫ 그리하여 그는

"빛이여 나타나라!"

하고 말한 뒤 강력한 마음의 의지를 투사하여 우주 공간에 편재되어 있는 창조의 조화생명(ethers)을 진동시켰다. 이윽고 진동의 빛이 환하게 나타났다.

⑬ 그러자 칠흑같이 어두운 야수의 소굴은 마치 새로이 태어난 아침의 밝음처럼 영롱하게 반짝이기 시작하였다.

⑭ 그런 뒤에 예수께서는 굶주린 야수들과 새와 파충류들을 바라보시니 아니 이것이 웬일 입니까? 보시오. 이곳에는 아무것도 없었습니다.

⑮ 그러자 예수께서 말씀하셨다.

"영혼이 두려워하는 것은 무엇인가? 공포는 인간을 죽음으로 태우고 가는 꽃수레이노라.

⑯ 그리고 그가 죽은 자의 방 안에 있음을 깨닫게 되었을 때 그는 속은 것을 알게 되노라. 죽음으로 데려가는 그의 꽃수레는 만들어진 가공의 이야기였으며 죽음은 환상의 자식이었노라.

⑰ 그러나 언젠가 모든 사람들의 구도의 여정이 끝나게 되면 불결한 야수, 새, 파충류가 득실거리는 소굴로부터 벗어나 빛 속에서 거닐게 될 것이오."

⑱ 그리고 예수께서는 황금으로 된 사다리를 보시고 이를 밟고 올라가니 위에는 흰옷 입은 사제가 기다리고 있었다.

⑲ 또다시 그는 심판대 앞에 섰으며 신비의식을 주재하는 사제는 말없이 손을 뻗혀 그를 축복해주었다.

⑳ 예수께서는 공포와 일체의 환상을 만나 이들과 싸워 통쾌하게 승리를 거둔 것이다.

33장) 예수께서 密議的(밀의적) 성 형제 결사단의 6번째 시험에 통과하시어 6번째 칭호인 '聖愛(성애)'를 받으셨다.

① 이 나라 이집트는 모든 곳 중에서 '태양의 사원'이 있는 아름다운 특별 面會室(면회실) 만큼 화려하고 웅장하게 꾸며 놓은 곳은 없었다.

② 지금까지 이와 같이 훌륭하게 꾸며진 방안에 들어가 본 수련생은 아마 거의 없을 것이다. 승려들은 이에 대하여 경외심을 가져 그들 방을 '신비의 방'이라고 이름 지어 불렀다.

③ 예수께서 공포를 극복하셨을 때 이 방에 들어갈 수 있는 권한을 갖게 되었다.

④ 안내원이 길을 안내하여 훌륭하게 꾸며진 많은 방을 통과하여 '조화의 방'에 도착하였다. 그리고 이곳에서 혼자 남게 되었다.

⑤ 여러 가지 많은 악기 가운데 하프시코드가 있었다. 예수께서는 그것을 조용히 바라보며 조용히 명상에 잠겨있을 때 매혹적으로 예쁜 아가씨가 방안으로 조용히 들어왔다.

⑥ 그녀는 예수께서 깊은 명상에 잠기신 것을 알아차리지 못한 듯하였다.

⑦ 그녀는 하프시코드의 곁에 앉을 자리를 찾고는 아주 세련되게 줄을 잡아당겨 연주하며 이스라엘의 노래를 불렀다.

⑧ 그러자 예수께서는 넋을 빼앗길 만큼 매료되었다. 그는 지금까지 그러한 아름다움을 보지 못하였다. 또한 그러한 아름다운 선율의 음악을 들어본 적도 없었다.

⑨ 그 아가씨는 그녀의 노래를 계속하여 부르고는 누군가 가까이 있다는 것을 모르는 듯이 방을 나가 버렸다.

⑩ 그러자 예수께서는 혼자 自問自答(자문자답)하였다.

"이 사건의 참된 의미가 무엇일까? 이처럼 황홀하게 하는 아름다운 여인을 나는 사람이 낳은 자 중에서 일찍이 보지 못하였노라.

⑪ 나는 이와 같은 아름답고 황홀한 천사의 목소리가 사람의 입술에서 흘러나오는 것은 처음이다."

⑫ 예수께서는 며칠 동안 넋을 잃은 듯 앉아있었다. 그의 사상의 흐름이 변하여 그는 그 매혹적인 여인의 아름다운 노랫소리만 눈에 아른거리고 귀에 낭낭하였다.

⑬ 그는 다시 한 번 그녀를 보고 싶은 생각에 온 정신이 쏠렸다. 그러데 며칠이 지나서 그녀는 다시 나타났다. 그녀는 말을 걸면서 그녀의 아름다운 손을 예수님의 머리위에 얹었다.

⑭ 그녀의 감미로운 손길은 잠시 예수님의 마음을 빼앗아 그가 이곳에 보내진 과업이 무엇인지를 잊어버리게 하였다.

⑮ 그 아름다운 여인은 몇 마디인가 말하고는 사라졌다. 그러나 그때 예수님의 마음은 흔들렸다.

⑯ 사랑의 불꽃같은 것이 그의 영혼 속에서 타올랐다. 그리하여 그는 인생에 있어 최고로 큰 試鍊(시련)에 직면하게 되었다.

⑰ 그는 상사병이 생겨 잠도 잘 수 없게 되었고 먹을 수도 없었다. 그는 오직 그 매혹적인 아가씨를 사모하는 마음만이 전신을 결박하고 있었다. 그녀의 매혹은 예수의 모든 정신을 사로잡았으며 그의 관능적 애욕을 소리 높여 그녀의 美麗(미려)한 애욕과 해후하기를 희구하였다.

⑱ 그런데 그때 예수께서는 말씀하셨다.

"보라! 나는 지금까지 만났던 모든 적들과 싸워 이겼노라. 이제 와서 이러한 관능적 애욕앞에 무릎을 꿇을 수 있겠는가?

⑲ 나의 하나님께서는 성애의 권능을 보여주기 위하여 나를 이곳에

보내셨노라. 그러한 아버지 하나님의 聖愛(성애)는 모든 살아있는 것에 미치노라.

⑳ 이러한 순수하고도 우주 보편적인 사랑(聖愛 Universal Love) 인간의 관능적인 애욕에게 흡수되어 무릎을 꿇어야 할 것인가? 비록 그녀가 미와 순결과 사랑에 있어 최고의 전형이라 해도 다른 모든 피조물들을 잊고 이 매혹적인 처녀에게 내 인생을 던질 수가 있을까?"

㉑ 그의 영혼과 내면세계는 動搖(동요)되어 혼잡하였다. 그리고 자신의 마음에 이상향의 상징으로 여겨졌던 이 매혹적인 우상 천사와 오랫동안 싸웠다.

㉒ 그러나 싸움의 날이 거의 종결에 임박했을 때 그의 보다 높은 자아가 힘 있게 머리를 쳐들고 자기 자신을 다시 찾아 말했다.

㉓ "설사 내 가슴이 터진다 할지라도 나는 나의 가장 어려운 課題(과제)에 실패하지 않으리라. 나는 관능적 애욕의 勝利者(승리자)가 되리라."

㉔ 그러자 그 아름다운 아가씨가 또 다시 나타나서 그에게 그녀의 매력적인 손과 풍만한 가슴을 내어맡기자 예수께서 말씀하셨다.

㉕ "그대 어여쁜 아가씨여! 당신의 아름다운 자태는 나를 환희 속에 몰아넣어 숨 막히게 하는구려. 당신의 목소리는 나의 영혼을 축복하여 悅樂(열락)으로 인도합니다. 나의 인간적인 자아는 당신에게 날아가 당신의 그윽한 향기에 취해 언제까지고 만족하며 살고 싶습니다.

㉖ 그러나 온 세상은 내가 보여주고자 하는 사랑을 간절히 열망하고 있습니다.

㉗ 그러므로 나는 사랑스러운 그대에게 떠나달라고 말해야만 하는 것입니다. 그러나 우리는 또 다시 만나게 될 것입니다. 이 땅 위에서 걸어가는 우리 서로의 길은 다른 것이 아니기 때문이오.

㉘ 나는 지상에서 저마다 바쁘게 살아가는 군중들 사이에서 사랑의 사신으로서 그대를 봅니다. 그리고 사람의 마음을 이끌어 보다 나은

예수의 청년기 17년

것으로 洗淨(세정)시키는 노래 속에서 당신의 음성을 듣습니다.

㉙ 그러자 그 아름다운 여인은 슬피 울면서 자리를 떠나갔다. 예수께서는 다시 홀로 남게 되었다.

㉚ 바로 그 순간 사원 안에 거대한 종이 울리면서 성가대가 들어와 참신하고도 아름다운 새 노래를 불렀다 그 방안은 빛으로 환하게 빛났다.

㉛ 이번에는 그 신비 의식의 사제가 스스로 나타나서 말하였다. "축하합니다. 승리의 로고스여! 진심으로 축하합니다. 관능적 애욕의 정복자는 높은 곳에 섭니다."

㉜ 그러자 그는 예수님의 손에 '聖愛(Love Divine)'라고 적혀있는 두루마리를 들려주었다.

㉝ 그들은 함께 아름다운 미의 洞窟(동굴)에서 나왔으며 연회장에서는 그를 위하여 축제가 베풀어졌는데 그리하여 예수께서는 그 연회의 主賓(주빈)이 되셨다.

34장) 예수께서 그 신비의식의 성스러운 사제의 生徒(생도)가 되어 이집트의 伸臂(신비)를 배웠다. 7번째의 시험을 통과하는 중에 死者(사자)의 방에서 일하게 되셨다.

① 이제 보다 수준이 높은 고급 과정의 공부가 시작되어 예수께서는 그곳에 들어가 훌륭한 신비의식의 사제 밑에서 수련생이 되었다.

② 그는 애굽에 전승되어 내려오는 신비한 밀교의 비밀을 배웠으며 삶과 죽음의 신비 그리고 태양계 너머의 세계에 대하여도 배웠다.

③ 그는 보다 수준이 높은 모든 수련과정이 끝났을 때 사자의 방에 들어갔다. 그곳에서 그는 고대로부터 내려오는 屍體(시체)를 썩지 않게 하는 방법을 배우기 위해 일하였다.

④ 그곳에 운반 인이 한 과부의 외아들의 시체를 실어왔다 어머니는

가까이에 따라오며 슬픔에 젖어 목 놓아 울고 있었다.

⑤ 그러자 예수께서 말씀하셨다.

"부인! 눈물을 거두시오. 당신은 단지 빈집을 따라 왔을 뿐입니다. 당신의 아드님은 지금 시신 안에 없습니다.

⑥ 아드님의 죽음으로 당신은 지금 울고 있습니다. 죽음이란 무정한 것이지만 당신의 아들은 결코 죽을 수 없습니다.

⑦ 당신의 아들은 육신의 옷을 입고 자기에게 맡겨진 모든 일을 다 했습니다. 이제 육신의 옷을 입고 해야 할 모든 일이 끝나 더 이상 그것이 필요 없기 때문입니다.

⑧ 당신의 육안으로는 보이지 않는 저 너머에서 그는 해야 할 또 다른 일을 가지고 있습니다. 그는 그것을 잘 행할 것이며 그런 다음에는 계속해서 해야 할 과제를 옮길 것입니다. 이렇게 하여 그는 바야흐로 완전한 생명의 冕旒冠(면류관)에 도달하게 될 것입니다.

⑨ 그리고 당신의 아들이 행한 일 그가 앞으로 해야 할 일들은 우리 모두도 해야만 합니다.

⑩ 그런데 이제 만일 당신이 슬픔을 가득히 품고 슬픈 한탄의 통곡을 하고 있노라면 그 슬픔의 깊이는 날이 가면 갈수록 더해 갈 것입니다. 마침내 종국에 가서는 그들 슬픔은 당신의 고귀한 생명을 빨아들일 것이며 당신은 쓰디쓴 눈물로 뒤범벅이 되어 버린 슬픔을 제외하고는 남는 것이 아무것도 없게 될 것이오.

⑪ 당신의 슬픔이 아들을 도와주기는커녕 오히려 아들의 영혼을 더욱 슬프게 만듭니다. 그는 지금도 예전에 당신의 위로를 받았던 것과 같이 당신의 위로의 말을 구하고 있습니다. 당신이 기쁠 때면 아들도 따라서 기뻐하고 당신이 슬프면 아들도 따라서 슬퍼할 것이오.

⑫ 가서 당신의 비애를 묻어버리시오. 그리하여 슬픔에게 미소를 보내어 다른 사람의 눈물을 거두게 하고 당신 자신을 잊도록 하시오.

⑬ 의무를 다하면 행복과 기쁨이 뒤따라옵니다. 그리고 기쁨은 이미

세상을 떠난 사람들의 마음을 위로해 줍니다."

⑭ 지금까지 비탄에 젖어 울고만 있던 그 부인이 남에게 봉사하는 기쁨 속에 자신의 슬픔을 깊이 묻기 위하여 찾아 나섰다.

⑮ 그때 또 다른 운반 인이 한 어머니의 시신을 사자의 방으로 옮겨 왔다. 그 뒤에는 한 명의 문상객이 뒤따라 왔다. 그녀는 어린 소녀였다.

⑯ 그리고 이 행렬이 입구에 다가왔을 때 그 어린 소녀는 부상을 입은 한 마리의 새가 심하게 괴로워하여 퍼덕이는 것을 보았다. 잔인한 사냥꾼의 화살이 새의 가슴을 관통한 것이었다.

⑰ 그러자 소녀는 이미 죽은 자기 어머니의 시체를 따라가지 않고 아직 살아있는 새를 구하러 갔다.

⑱ 소녀는 온 정성과 사랑을 다하여 부상당한 새를 가슴에 안고 급하게 먼저 자리로 되돌아왔다.

⑲ 그러자 예수께서 소녀에게 말씀하셨다.
"어찌하여 傷處(상처) 입은 새를 구하기 위하여 어머니 곁을 떠났느냐?"

⑳ 소녀가 대답하기를
"이 세상에서 생명이 끊어진 육신은 더 이상 나의 도움이 필요 없기 때문입니다. 그러나 아직 살아있는 생명은 도와서 구할 수가 있습니다. 어머니께서 살아생전에 저에게 그렇게 가르치셨습니다.

㉑ 저의 어머니께서는 슬픔과 이기적인 사랑 그리고 희망과 공포는 단지 보다 낮은 자아로부터 나오는 반영에 불과하다고 말씀하셨으며

㉒ 또한 우리들의 느끼는 것은 커다란 생명의 물결이 搖動(요동)치는 것 중에서 아주 작은 물결에 불과하다고 가르쳐 주셨습니다.

㉓ 이러한 모든 것들은 시간과 함께 지나갈 것입니다. 그들은 허무한 것입니다.

㉔ 눈물은 육신의 감정에서 흐르는 것이며 영혼은 결코 눈물을 흘리지 않습니다. 그리고 저는 모든 눈물이 씻겨 내려 찬란한 생명의 빛 속을 거닐게 될 날이 기다려집니다.

㉕ 어머니께서는 喜怒哀樂(희노애락)의 모든 감정은 사람의 애정과 희망 그리고 공포로부터 일어나 분사되는 물보라라는 것과 완전한 행복은 우리가 이러한 것을 극복할 때까지는 우리의 것이 될 수 없다고 말씀하셨습니다."

㉖ 그러자 예수께서는 소녀의 면전에 경의를 표하여 절을 하고 말씀하셨다.

㉗ "지금까지 나는 오랜 세월에 걸쳐서 지상에서 인간이 배울 수 있는 최고의 진리를 배우기 위하여 찾고 있던 중 뜻하지 않게 이곳에서 젊디젊은 소녀에게서 모든 것을 단숨에 들었노라.

㉘ 다윗이 오! 여호와여! 우리의 여호와여! 주의 이름이 온 세상에 어찌 그리 크시옵니까? 라고 한 것은 놀라운 일이 아니노라.

㉙ 어린아이와 젖먹이의 입을 통해서 당신은 말씀하시도다."

㉚ 예수께서는 소녀의 머리위에 손을 얹으시고 말씀하셨다.
"어린 소녀여! 나의 아버지 하나님의 축복이 영원히 그대 위에 있을 것이니라."

35장) 예수께서 밀의적 성 형제 결사단의 7번째 시험에 합격하여 신전의 화려한 자줏빛 방에서 최고의 칭호인 '그리스도'를 받으시고 승리자가 되어 신전을 떠나셨다.

① 死者(사자)의 방에서 모든 수행이 끝난 예수께서는 신전에 있는 화려한 자줏빛 방안의 사제 앞에 섰다.

② 그리고 예수께서 자줏빛 예복을 입었으며 모든 형제들은 일어섰다. 그러자 그 신비의식의 사제가 일어나서 말씀하셨다.

③ "오늘은 이스라엘 전체의 민족에게 최고로 경사스러운 날입니다. 우리는 그들의 선택된 아들을 위하여 유월절의 잔치를 축하하는 바입니다."

④ 그런 뒤에 그 사제는 예수님께 말하기를
"그대 형제여! 그대는 사람들 가운데서 가장 탁월하며 성전에서 베푼 모든 시험에 통과하였노라.

⑤ 여섯 번이나 그대는 정의의 심판대 앞에서 판결을 받았노라. 그리고 이제 그대는 그 마지막 칭호를 받기 위하여 이렇게 서 있는 것이니라.

⑥ 그대의 이마 위에 이렇게 왕을 상징하는 머리띠를 둘러주노라. 그리고 이제 그대는 천지의 큰 초막집에 거하는 그리스도니라.

⑦ 이것이 그대에 대한 훌륭한 유월절 의식입니다. 그대는 이제 더이상 견습 수련생이 아니고 이제부터는 훌륭한 대 스승입니다.

⑧ 이제 인간으로서는 더 이상 할 것이 아무것도 없습니다. 그렇지만 하나님 자신이 말씀해 주실 것이며 그대의 자격과 칭호를 確證(확증)해 주실 것입니다.

⑨ 이제 그대의 갈 길로 가시오. 그대는 사람들에게 선의의 복음을 전해야만 되기 때문입니다. 그리고 또한 감옥의 문을 활짝 열고 죄인들을 풀어 주어야만 하기 때문입니다."

⑩ 그 성스러운 사제가 채 말을 끝내기도 전에 성전의 종소리가 은은하게 울려 퍼졌으며 하얀 비둘기가 하늘에서 내려와 예수 그리스도의 머리위에 앉았다.

⑪ 그러자 어디선가 성전까지도 진동시킬 만큼 큰 소리가
"이는 그리스도입니다."
라고 말하고 온갖 생물들은 "아멘"하고 응답하였다.

⑫ 그 신전의 웅장한 문이 조금 열리자 예수 그리스도께서는 온갖 貪淫瞋癡(탐음진치)의 정복자로서 여행길에 올랐다.

36장) 당시 세계의 7 성현이 모이는 알렉산드리아의 집회와 개회사 목적

① 천지가 창조된 이래 각 시대마다 7인의 성자들이 존재했었다.

② 이들은 국가, 민족, 종족, 언어의 변동과정을 지켜보며 문명의 중심지였던 알렉산드리아에서 모였다.

③ 중국에서부터 멘구스테가 왔으며 인도에서 비자빠찌가 왔으며 페르시아에서 카스파가 왔고 앗시리아에서 아시비나가 왔고 희랍으로부터 아폴로가 왔고 맛세노는 당시 애굽의 성자였다,

④ 그리고 파일로는 히브리 사상의 거두였다. 모임시간이 임박하자 회의는 시작되었고 성자들은 7일 동안 말없이 앉아 명상에 잠겼다.

⑤ 그러자 그때 맨 먼저 중국에서 온 멘구스테가 일어나서 말하였다. "시간의 바퀴가 한 번 더 돌아 인류는 이제 보다 높은 사상의 수준에 머물러 있습니다.

⑥ 우리의 조상들이 짠 옷은 이제 다 낡았습니다. 지혜의 천사 케루빔은 천국의 옷감을 짰습니다.

⑦ 그리하여 우리의 수중에 그 옷감을 맡겼으므로 이제부터 우리는 사람들을 위하여 새로운 옷을 만들어야만 합니다.

⑧ 사람들은 보다 더 큰 빛을 희구하고 있습니다. 그들은 더 이상 나무로 깎아 새긴 신이나 흙으로 만든 신을 좋아하지 않습니다. 그들은 손으로 만들지 않은 신을 찾고 있습니다.

⑨ 그들은 다가오는 시대의 빛을 봅니다. 그러나 그들은 아직 그것을 아직 그것을 이해하지 못하고 있습니다.

⑩ 이제 때가 무르익었습니다. 그러므로 우리는 인류를 위하여 이 시대에 알맞은 의복을 입어야 합니다.

⑪ 그리고 사람들을 위하여 공정, 자비, 정의, 사랑의 옷을 새로이 재단하여 다가오는 시대에 진리의 빛이 빛날 때 그들의 몸을 감싸주도록 합시다."

⑫ 그러자 비자빠찌가 말했다.
"우리의 승려들은 모두 머리가 돌았습니다. 그들은 광야에서 악마를

보고 그에게 진리의 등불을 내던져 패배 당했으며 어떠한 승려도 사람을 위하여 한 줄기 진리의 빛도 주지 못하고 있습니다.

⑬ 밤은 어둡습니다. 그리고 인도인의 마음은 진리의 빛을 구하고 있습니다.

⑭ 승려제도가 개혁될 리는 없습니다. 그들에게 最高로 필요한 것은 무덤이며 葬送曲(장송곡)입니다.

⑮ 새로운 시대는 자유를 원하고 있습니다. 모든 사람이 각자 수도승이 되어 혼자서 하나님의 성전에 나아가 자신의 정성을 바칠 수 있게 될 것입니다."

⑯ 그때 카스파가 말하였다.

"페르시아에선 사람들이 두려움 속에서 살아가고 있습니다. 그들은 단지 나쁜 짓을 하는 것이 두려우므로 좋은 일을 행하고 있습니다.

⑰ 우리나라에서는 악마가 제일 큰 권세를 얻고 있습니다. 그리고 이것은 비록 비유로 꾸민 이야기에 지나지 않지만 악마는 남녀노소 할 것 없이 이 모두를 자기 무릎 위에 놓고 마치 어린아이 다루듯이 군림하고 있습니다.

⑱ 페르시아는 캄캄한 밤이며 그러한 어둠을 틈타 사악한 권세가 맹위를 떨치고 있습니다.

⑲ 공포는 바람을 타고 생명의 모든 형태에 스며들어 사람들의 심령 속에 잠복하고 있습니다.

⑳ 악한 공포는 사탄의 조작이며 환상이며 함정에 지니지 않는 것이지만 하늘의 권능이 나타나서 빛의 근원인 에너지로 이끌기 전까지는 이 공포는 계속 인간을 지배할 것입니다.

㉑ 이 모든 것이 이루어질 때 마기교도의 나라는 빛 속에 환하게 드러날 것입니다. 페르시아의 영혼들은 이 빛을 기다리고 희구합니다."

37장) 世界聖者(세계성자)들의 모임이 계속되었다. 예수께서 성자들과 함께 7일 동안 명상에 잠기셨다.

① 아시비나가 말하였다.

"앗시리아는 의혹이 많은 나라입니다. 우리나라 국민들이 타는 수레의 대부분은 疑惑(의혹)이라는 호칭이 붙어있습니다.

② 한때 신앙이 바빌론으로 유입되어 충만했던 때가 있었습니다. 당시의 신앙은 건전하고 밝았습니다. 그러나 신앙이라는 아름다운 여인은 너무나도 곱고 아름다운 흰옷을 입고 있었으므로 사람들이 모두 그녀를 두려워하였습니다.

③ 그립습니다. 그 뒤 아름다운 그 여인은 다시는 돌아오지 않았습니다.

④ 사람들은 형식적으로만 유일한 하나님을 섬기고 있으며 마음속으로는 하나님의 존재를 의심하며 불신하고 있습니다.

⑤ 신앙은 눈에 보이지 않는 사람의 성전에 깃들지만 의혹은 하나님의 모습을 직접 보기 전까지는 절대로 믿지를 않습니다.

⑥ 모든 앗시리아 인들에게 가장 필요한 것은 올바른 신앙입니다. 그것은 모든 것에 확실성으로 맛을 보여주는 신앙입니다."

⑦ 그러자 아폴로가 말했다.

"희랍인들이 가장 필요로 하는 것은 하나님에 대한 확실한 개념입니다.

⑧ 희랍의 神統系譜(신통계보)는 나침반과 방향타가 없습니다. 왜냐하면 모든 사상이 신이 되어 신으로서 받들어지고 있기 때문입니다.

⑨ 그리고 사상의 폭이 넓어서 신랄한 반대론자로 가득 차 있습니다. 그리하여 신들의 사회는 증오와 투쟁과 천박한 음모로 가득 차 있습니다.

⑩ 희랍은 그러한 신들 위에 올라설 수 있는 주도적인 커다란 정신을 필요로 하고 있습니다. 이에 의하여 사람들이 信奉(신봉)하고 있는 수많은 사상의 신들로부터 떠나 유일한 하나님을 섬기게 하는 것입니다.

⑪ 우리는 지금 빛이 언덕너머에서 오고 있음을 알고 있습니다. 하나님의 빛이 속히 오기를 기다립니다."

⑫ 맛세노가 말했다.

"이 신비의 나라 死者(사자)의 나라인 애굽을 보시오.

⑬ 우리의 신전들은 오래전에 시간으로 모든 것이 감추어진 비밀의 무덤으로 변했습니다. 우리의 신전 지하 동굴은 어둠에 묻혀있습니다.

⑭ 빛 속에는 비밀스러운 것이 없습니다. 진리의 태양은 감추었던 것들을 모두 드러냅니다. 하나님 앞에서는 풀지 못할 문제가 없습니다.

⑮ 떠오르는 太陽을 보시오. 그 빛은 모든 입구로 들어옵니다. 그렇습니다. 미즈라임의 비밀 지하실의 모든 빈틈으로도 들어옵니다.

⑯ 우리들은 기꺼이 빛을 환)합니다. 모든 애굽 인은 빛을 갈망하고 있습니다."

⑰ 이번에는 파일로가 말하였다.

"히브리의 사상과 생명이 필요로 하는 것은 자유입니다.

⑱ 히브리의 예언자, 선견자, 율법 制定家(제정가)들은 유력한 사람들이며 신성한 사상가들이어서 우리들에게 '이상'이라고 하는 철학 체계를 전해주었습니다. 아주 강력하고 좋은 것이었습니다.

⑲ 그러나 세속적인 인간의 마음은 신성함을 거부하여 승려제도는 이기심으로 가득 차게 되어 마음속에 있는 순수한 정신은 한갓 신화로 채색되어 버리고 사람들은 노예로 전락하게 됩니다.

⑳ 승려제도는 이스라엘의 저주받을 존재입니다. 그러나 와야 할 메시아가 오시면 그분께서 노예해방을 명하실 것이며 우리 백성들은 자유를 얻을 것입니다.

㉑ 보시오. 하나님께서는 지혜와 사랑과 빛의 화신을 만들어서 그를 임마누엘이라고 불렀습니다.

㉒ 이분 메시아에게는 새벽 여명을 여는 열쇠가 주어졌으며 그리고 사람으로서 지금 이곳에 우리와 함께 걸어오고 있습니다."

㉓ 그때 회의실 문이 열리더니 로고스께서 세상의 성현들 사이에 그 모습을 나타내었다.

㉔ 또 다시 성현들은 일주일간을 앉아서 명상에 잠겼다.

38장) 성현들의 모임이 계속되었고 7개 條項(조항)의 세계적 보편원리를 제출하다.

① 명상에 잠겼던 성현들이 다시 정신을 되찾아 생명의 책을 펼쳐서 읽었다.

② 그들은 인간생활 인간사회에서 벌어지고 있는 모든 투쟁 이해득실에 대한 이야기를 읽고 과거에 벌어졌던 사건과 필요성에 비추어 앞으로 다가오는 시대에 인간들에게 가장 적합한 것이 무엇인가를 생각하였다.

③ 그들은 그 시대에 가장 알맞은 율법과 가르침의 종류를 알고 있었다. 그리고 그들은 인류가 이해할 수 있는 최고의 하나님의 이상을 보았다.

④ 이 성현들은 이제부터 명문화하려고 하는 7가지의 근본 원리에 바탕을 두고 다가오는 시대의 생활과 신앙의 철학에 대한 훌륭한 골격을 짜야만하였다.

⑤ 그때 가장 나이가 많은 성자 멘구데스가 의장직을 맡아서 말하였다.

⑥ "인간은 아직 신앙에 의하여 생활할 수 있을 만큼 충분히 진화되어 있지 않습니다. 그들은 자신의 눈에 보이지 않는 사실들을 이해할 수 없는 것입니다.

⑦ 인간은 아직 어린아이의 수준을 벗어나지 못하기 때문에 앞으로 다가올 모든 시대를 통하여 그림과 상징 의식과 형태로서 가르침을 받지 않으면 안 됩니다.

⑧ 그들이 받드는 하나님은 인간적인 모습을 지닌 하나님이어야 합니다. 그들은 신앙에 의해서 하나님을 볼 수가 없습니다.

⑨ 인간은 아직 자기 자신을 다스리지 못하기 때문에 왕이 지배를 해야만 하고 인간은 왕의 지시를 받아 제도권 안에서 봉사를 해야만 합니다.

⑩ 이러한 때의 뒤에 오는 시대는 인간의 시대 신앙의 시대가 될 것입니다.

⑪ 이러한 축복받은 시대에는 인류는 육안의 도움 없이도 보게 될 것이며 소리 없는 소리를 듣게 될 것이며 성스러운 하나님을 알게 될 것입니다.

⑫ 지금 우리가 돌입하려는 시대는 과도기입니다. 그러므로 모든 학교와 정부와 신앙 의식을 인간이 이해할 수 있는 간단한 방법으로 구상하여 가르쳐야 합니다.

⑬ 그리고 인간은 창작할 수가 없기 때문에 그가 본 模型(모형)에 의하여 모든 것을 세웁니다. 그러므로 이 모임에서 우리는 다가올 시대를 위한 모형을 만들어내지 않으면 안 됩니다.

⑭ 그러므로 우리는 7개 條項(조항)의 근본 원리에 근거를 둔 영혼의 제국에 대한 靈智神覺(영지신각)의 신비적 또는 영적인 진리에 관한 直觀的(직관적) 지식의 신비적 직관을 명문화해야만 하는 것입니다.

⑮ 성현 帝位(제위)께서는 각기 하나의 근본 원리의 모형을 만들어 주시기 바랍니다. 그리고 이들 모형은 완전한 시대가 도래 할 때까지 모든 사람들의 신조의 기초가 될 것입니다."

⑯ 그러자 멘구스테가 그 첫 번째 조항을 기록하였다.

⑰ "만물은 思想(사상, Thought) 모든 생명은 사상의 활동이다. 수많은 실존의 형태들은 하나의 커다란 사상이 명확히 표현된 하나의 국면일 뿐이다. 보라! 하나님은 사상이며 사상은 곧 하나님이다."

⑱ 그러자 비자빠찌가 그 두 번째 조항을 썼다.

⑲ "영원한 사상은 하나이다. 그러나 본질적으로 그것은 지성과 힘의 두 가지이다. 이것이 숨을 쉬어 자식이 태어났는데 이 자식이 바로 사랑이다.

⑳ 이와 같이하여 삼위일체의 신이 정립되는데 사람들은 이를 아버지 어머니 자식이라고 이름 지어 부르며 하늘과 땅 그리고 인간의 三位에 이른다.

㉑ 그러나 빛은 하나이면서 빛깔은 여럿이듯이 하나님의 본질은 일곱 靈(영)이시다.

㉒ 그리하여 三位一體의 하나님이 숨을 내쉰즉 그들이 바로 창조적 속성들이다.

㉓ 사람들은 그들을 보다 덜 중요한 신들이라고 부른다. 그리고 그들의 형상대로 인간을 빚어 창조하셨다."

㉔ 그러자 카스파가 그 세 번째 조항을 썼다.

㉕ "인간은 하나님의 사상으로서 제 7위의 형상으로 만들어져 영혼의 실체 위에 육신의 옷을 입혔다.

㉖ 인간의 소망은 강하였으므로 생명의 모든 단계에 명확히 나타나기를 원하였다. 그리고 그들은 인간 스스로를 위하여 지상 형태의 에테르체를 만들었으며 그리하여 낮은 단계로 내려갔다.

㉗ 이와 같이 낮은 단계로 내려간 것으로 말미암아 인간은 태어날 때부터 가지고 있었던 天賦的(천부적)인 권리를 잃게 되었으며 하나님과의 조화를 잃고 생명의 온갖 것을 부조화의 상태로 만들었다.

㉘ 부조화와 악은 같은 것이다. 그러므로 악은 인간이 만들어낸 수공품이다."

㉙ 아시비나가 네 번째 조항을 기록하였다.

㉚ "씨앗은 빛 속에서는 發芽(발아)할 수가 없다. 종자는 그들이 땅을 찾아서 빛으로부터 몸을 숨기기 전에는 성장하지 않는다.

㉛ 인간은 영생의 종자로 진화 발전한다. 그러나 인간 육신은 생명의

토양을 구하여 어두운 땅 속에서 싹이 트고 성장할 수 있는 곳을 찾아내는 것이다.

㉜ 인간의 나무는 지물인 토양에서 발육하여 자연법에 순응하여 완전한 형태로 도달해가고 있는 중이다.

㉝ 인간을 육의 생활로부터 영적인 축복으로 승화시킬 수 있는 하나님의 초자연적인 작용은 없다. 인간은 식물이 자라듯이 성장하여 추수 때가 이르면 완성이 된다.

㉞ 인간을 영적인 생활로 승화시켜주는 영혼의 본질은 바로 순결한 믿음이다."

39장) 계속되는 성현들의 모임과 나머지 根本原理(근본원리)
성현들이 예수님을 칭송하며 7일 동안 명상을 이어갔다.

① 아폴로가 그 다섯 번째 조항을 기록하였다.

② "영혼은 4마리의 백마에 의하여 완전한 빛으로 이끌려간다. 이들은 의지, 신앙, 원조, 사랑의 말이다.

③ 인간이 무엇인가 이루고자 하는 의지가 있으면 그는 그러한 일을 감당할 수 있는 권능을 갖게 된다.

④ 그러한 권능의 지식이 곧 신앙이다. 그리고 신앙이 움직일 때 그 영혼도 따라서 날기 시작한다.

⑤ 이기적인 신앙은 빛으로 인도되지 않는다. 빛을 향해가는 도중에 외로운 巡禮者(순례자)란 없는 것이다. 인간은 다른 사람들이 정상에 오르도록 도와주는 奉仕精神(봉사정신)을 통해서 피차 성숙하여 정상에 도달하는 것이다.

⑥ 영적인 생활로 길을 인도하는 駿馬(준마)는 사랑이다. 그것은 순수하고 이타적인 사랑이다."

⑦ 맛세노가 6번째 조항을 기록하였다.

⑧ "아폴로가 말한 우주 普遍的(보편적)사랑은 지혜와 神意(신의 The divine will)의 지식이다. 그리하여 하나님께서는 이를 인간에게 알리기 위해 육신으로 땅위에 보내셨다.

⑨ 성현들이 말하는 普遍愛(보편애)란 그리스도를 말하는 것이다.

⑩ 모든 시대에 있어 최대의 신비는 그리스도를 어떻게 하면 인간의 마음속에 거하게 하느냐에 있다.

⑪ 그리스도는 육에 속한 냉습한 동굴 속에서는 살 수가 없다. 공포, 자아, 감정, 욕망, 등의 온갖 세속적인 것들이 버려질 때까지 일곱 번 싸워서 일곱 번 이겨야한다.

⑫ 이것이 이루어지면 그리스도가 영혼의 소유물을 얻을 것이며 그러한 일이 성취되면 인간과 하나님은 완전히 연합되어 하나가 되는 것이다."

⑬ 그러자 파일로가 7번째 항목을 기록하였다.

⑭ "완전한 인간이여! 그대는 하나님께서 자연계에 보내신 완전한 존재이다.

⑮ 이러한 완성은 신비한 생명의 세계에서 최고의 啓示(계시)이다.

⑯ 모든 세속의 육적인 眞髓(진수)가 영혼으로 화하고 영혼의 모든 진수가 하나님의 성스러운 숨결로 변하여 인간이 완전한 신으로 변모되어질 때 창조의 드라마는 종결을 짓게 되는 것이다. 그리고 이것이 天地創造(천지창조) 완성의 모든 것이다."

⑰ 그러자 모든 성자들이 "아멘"하고 화답하였다.

⑱ 그러자 멘구스테가 말하였다.

"성스러우신 하나님께서는 사람들의 사상을 인도 하시기 위하여 무수한 세월을 통하여 각고의 노력 끝에 계발된 한 사람을 우리에게 보내 주셨습니다.

⑲ 하늘과 땅의 모든 성현들에 의하여 입증된 바 있는 이 사람 갈릴리에서 온 예수를 세상에 있는 모든 성자들의 大(대) 스승으로 우리 다

같이 기쁘게 인정하는 바입니다.

⑳ 예수 그리스도께서 사람들에게 선물로 가져온 이 지혜를 인정하는 의미에서 우리 다 같이 연꽃다발의 왕관을 그에게 바치는 바입니다.

㉑ 우리들은 세상의 일곱 성현 일동의 모든 축복으로서 그를 餞送(전송)합니다."

㉒ 그러자 모든 성현들이 자리에서 일어나 예수님의 머리위에 손을 얹고 한데 입을 모아 "하나님을 찬양 할지어다"라고 기원하였다.

㉓ "지혜, 명예, 영광, 권력, 축복, 권능이 그대의 것입니다. 오! 오! 그리스도여 영원 무궁하소서!"

㉔ 그러자 모든 생명체들이 "아멘!"하고 성령으로 응답하였다.

㉕ 이어서 성현 일동은 일 주일동안 앉아서 瞑想(명상)에 잠겼다.

40장) 예수께서 7 성현들에게 말씀하시고 그리고 갈릴리로 떠나셨다.

① 7일 동안에 걸친 명상이 끝나자 예수께서는 성현들과 더불어 앉아서 말씀을 나누셨다. 예수께서 말씀하신 내용들이다.

② "생명의 역사는 이들 불후의 근본원리 속에 잘 요약되어 있습니다. 이들 7개 조항의 세계적 보편 원리는 7개의 커다란 언덕이어서 그 위에 성스러운 도시가 세워져야 합니다.

③ 이들은 그 위에 세계교회가 세워져야 할 7개의 확실한 礎石(초석)입니다.

④ 나는 나에게 주어진 과업에 착수하는데 있어서 뒤따르는 위험들을 충분히 인식하고 있습니다. 내가 마셔야할 盞(잔)은 고통스럽고 쓸 것이며 인간적인 마음으로는 피하고 싶은 것이 당연합니다.

⑤ 그러나 나는 성령의 숨결 속에 나의 의지를 몰입시켰습니다. 그러므로 나는 성령의 숨결에 의하여 말하고 행하고 싶은 생각이 드는 대로

나의 과업을 추진해 나갈 것입니다.

⑥ 내가 말하는 생명의 말씀들은 내 자신의 것이 아닙니다. 그들은 내가 그분의 뜻을 받들어 행하는 거룩하신 하나님의 말씀입니다.

⑦ 인간은 아직 세계교회를 이해할 만큼 신성한 사상을 가지고 있지 않습니다. 그러므로 하나님께서 나에게 맡기신 사면은 그러한 세계교회를 세우는 일은 아닙니다.

⑧ 나는 이 땅에서 모델을 만드는 사람일 뿐입니다. 나는 다가오는 시대의 사람들이 이해할 수 있는 교회의 模型(모형)을 만들기 위하여 온 사람입니다.

⑨ 모델을 만드는 사람으로서 나의 과업은 나의 고향에서 출발합니다. 그리고 그곳에서 사랑은 하나님의 아들이라는 것과 내가 그러한 사랑을 확실하게 보여주기 위하여 왔다는 근본원리에 기초를 두고 하늘의 모델 교회를 세울 것입니다.

⑩ 그리고 낮은 신분의 사람들로부터 열 둘의 불멸의 사상을 대표하는 열 두 명의 사람을 골라 찾아내려 합니다. 그리하여 이들이 모델 교회가 될 것입니다.

⑪ 혈육적으로 내 자신의 친족인 유다의 집은 세계에 대한 나의 사명을 거의 이해하지 못합니다.

⑫ 그들은 나를 발길로 차고 비웃으며 콧방귀를 뀔 것이며 내가 행하는 성스러운 과업을 경멸하고 나를 거짓 起訴(기소)하며 붙잡아 맬 것이며 인간의 재판관에게 나를 유죄를 선언하여 십자가 위에서 매달아 죽일 것입니다.

⑬ 그러나 사람들은 결코 진리를 살해할 수는 없습니다. 그것이 추방된다 하더라도 진리는 더 큰 권세를 얻어서 돌아오게 될 것입니다. 왜냐하면 진리가 세상을 征服(정복)할 것이기 때문입니다.

⑭ 하늘의 모델 교회는 그루터기가 반드시 살아 부활할 것입니다. 비록 육적인 인간들이 자신들의 이기적인 목적을 위하여 그 신성한 율

법, 상징적인 의식과 형태를 더럽혀 그것이 단지 허울 좋은 겉치레에 지나지 않게 될지라도 소수의 사람은 그것을 통하여 영혼의 왕국을 찾아낼 것입니다.

⑮ 그리고 보다 나은 시대가 오게 되면 세계교회가 7개 조항의 세계보편원리 위에 서게 되어 주어진 모형에 따라 세워지게 되는 것입니다.

⑯ 때가 무르익었으므로 나는 예루살렘으로 들어갑니다. 그리하여 살아있는 신앙의 힘과 당신들이 내게 준 힘에 의하여

⑰ 그리고 천지의 주재이신 아버지 하나님의 거룩하신 이름에 의하여 영혼의 왕국이 일곱 언덕 위에 세워질 것입니다.

⑱ 그리하여 지상의 모든 백성과 종족과 언어가 모여들게 될 것입니다.

⑲ 평화의 왕자가 권좌에 앉게 될 것이며 그 때에 천지의 주재께서 모든 것 중의 모든 것이 될 것입니다.

⑳ 그러자 모든 성현들이
"아멘"
하고 화답하였다.

㉑ 그러고 나서 예수께서는 여행길에 올랐으며 며칠이 지나고 나서 예루살렘에 도착하였고 갈릴리에 있는 그의 집을 찾으셨다.

*(3) 인도 히말라야에서 예수활동
1장~40장 : 성약성서의 내용을 영감으로 풀어 씀.

5. 그의 기름부음(메시아의 자격)

예수께서 소년기, 청년기를 求道(구도)여행으로 보낸 17년은 인도, 티베트, 서인도, 페르시아, 앗시리아, 애굽, 등에서 수많은 경험들과 당시 최고의 초교파 7성현들의 종교회의에서 전원일치로 시대적인 메시아로 적합한 합의를 창조하였고 지구별의 운명을 예시하는 7성현들이 아멘으로 화답함은 단순히 사람에게 인준받는 장로 將立(장립)이 아닌 하늘의 기름부음이었다.

그것은 당시의 세계 7성현들은 어느 누구 사람에게서 교육을 받아 맥을 계승하는 일반적인 스승들이 아니고 멜기세덱의 班次(반차)처럼 하늘과 교통하여 천상천하 우주의 진리를 터득한 스승들이었기 때문이며 그들은 사람의 명예나 부를 구하는 이들이 아닌 지구의 평화와 운명을 위해 존재하는 지도자들이며 영계의 사령관들이었기 때문이다.

따라서 그들은 가장 적합한 시대적 메시아를 전원일치로 찾아낸 것이었으며 젊은 그리스도의 박애와 지혜, 과감함과 또한 현명함, 사람을 두려워하지 않는 그의 우주적인 에너지의 탁월함은 당시 일반종교인들이나 사제들과는 비교할 수 없는 위대한 영혼의 발광체였으며 암흑세계에 나타난 새벽별이었다.

- 7 성현들과의 만남과 종교회의는 예수께서 마지막 이 땅에서의 준비가 완성되는 클라이맥스와도 같은 시간이었다.

이 시기가 그의 生涯(생애)의 마지막 단계의 사닥다리였고 어리석은 인간세상으로 몸을 던져야하는 운명적인 救贖史業(구속사업)의 分水嶺(분수령)이었다고 할 수 있다.

그리고 17년의 유년시절과 청년시절의 여행을 통한 온갖 고난과 치욕 위험을 겪으면서 쌓인 지혜적 경험과 영 능력은 절정에 다다라 그의 내면적인 박애와 사랑의 힘은 무상한 인간의 감정이 아니었다. 하늘로부터 '이는 사랑하는 나의 아들이며 기뻐하는 자'라는 음성을 들을만한 적합자로 일반적인 사람의 상식으로 보아도 그는 메시아로 충분하다.

여기까지가 예수께서 구도여행의 절정기였고 현대신학에서 잃어버린 세월의 황금기였다. 이러한 천신만고의 경험들과 세계성자들과 만남을 몸소 경험하고 투시하며 하늘과 땅과 땅위의 기운과 인간의 마음과 영혼들의 처음과 나중, 만물의 실체를 알아 천지와 하나 되는 완전한 그리스도의 완성된 인간으로서 메시아가 되어 드디어 구속사업에 뛰어들게 되시었다.

하늘의 계시와 格調(격조) 높은 영성과 총체적으로 차고 넘치는 박애와 사랑은 도성인신의 첫 열매로서 인간으로서 최초로 하나님의 아들로서 온전한 경지에 오르신 것이다.

이 분 그리스도의 모델을 통하여 수많은 그리스도가 포도나무에 접붙이듯 複製(복제)되어 나올 것이다.

(1) 기름부음의 증거

1) 수많은 기적들

2) 상식을 희롱하는 그의 변증법들

3) 舊約(구약)을 초월하여 새 시대의 복음을 전파함

4) 당시의 종교 지도자들을 꾸짖음

5) 율법으로 재판하지 않고 사랑으로 사람들을 구함

6) 공중의 새와 들의 白合花(백합화)로 설교하심

7) 姦淫(간음)한 여인을 일단 살리고 위로하심

8) 하나님의 나라를 確實(확실)히 전파하심

9) 동물제사가 아닌 십자가의 제물이 되시어 길을 열어주심

10) 改革(개혁)의 샛별이 되심.

11) 병든 자, 약한 자, 세리, 기타 죄인들과 친구가 되심

12) 낮은 자리에 처하시고 謙遜(겸손)을 가르치심

13) 권위 있는 가르치심

14) 復活(부활)의 영광을 남기심.

15) 언어의 힘 있는 권능

* 위 제목들을 뒷받침하는 성구들은 수 백 구절이 넘으니 생략함
이 외에도 많은 사건들과 실증적인 정황을 비교하여 볼 때 예수께서 가르치신 교훈이나 활동상황들의 결과는 당시의 바리새인이나 제사장 들과는 전혀 다른 메시지를 전하므로 유대교의 敎理(교리)와는 확연히 별다를 소식을 전하는 반항아요, 그들의 시가으로 볼 때 에는 눈에 가시 같은 존재였고 魁帥(괴수) 이단이었다.(행24:1~6, 살전2:15)

　기름부음의 의미는 메시아란 말의 뜻이다.

　그러므로 메시아는 공식적인 의식으로서 등장하는 인물로 특별한 존재로 주목해야 하는 비범한 인물인 것이다. 그 공식적인 인물이란 대체로 왕을 의미하는 것으로 간주되며 구약시대에는 제사장도 기름부음을 받았다. (레4:3, 6:22) 왕과 같은 공적인 인물임을 나타내기 위해 선지자에게도 기름을 부었다. (왕상19:16) 그러므로 기름을 붓는 의미는 공식적인 등단을 나타내는 의식적인 절차로 보는 것이 합당하다.

그의 기름부음(메시아의 자격)

사무엘상 9장 16절과 10장 1절은 사람의 머리에 실제적으로 기름을 부어 구체적으로 어떤 의미가 있는지 보여주고 있다. 그것은 곧 왕의 등극을 알리는 宣布(선포)이며 동시에 공적 地表(지표)가 되었다. (왕하 23:30) 옛적에 머리에 기름을 붓는 다는 것은 사적으로 이뤄지는 개인적인 의례임이 아니라 기름을 붓는 것은 하나님의 권한임을 위임받아 공식적으로 수행하는 의식을 통하여 왕국을 세우고 보존한다는 의미를 갖고 있는 것이다. (삼상16:13)

- 기름부음을 받은 자의 權限(권한)과 할 일

기름부음을 받은 자는 제왕의 개념을 갖는 통치자를 의미하는 권세로서 한 나라의 영토를 관할하고 이상적이 제국을 건설하고 통치해 나아가는 領導者(영도자)로서 제왕을 나타내는 것이다.

구약에서는 어디에서도 메시아의 到來(도래)를 수백여 번 이상 암시했으나 메시아를 하나님의 나라에서 직적 연관시키지는 않았다. 분명 구약에서 말하는 메시아는 지리적인 의미에서의 유대나라를 통치하는 지상의 왕을 가리키기 때문에 이 메시아라는 용어가 그리스도인이 인식하고 이해하는 바 천국을 상징하는 하나님의 나라와 연결되어 사용된 예가 단 한 번도 없다.

(2) 예수께서 기름부음을 받은 시기

멜기세덱의 班次(반차)를 좇아 대 제사장이 되신 예수 그리스도께서는 그 누가 직접적으로 머리에 기름을 쏟아 부어준 적도 없으며 사람의 손길로 무슨 세레모니를 한 적도 없다. 성서 역사적인 근거로는 요한에게 요단강에서 洗禮(세례)를 받고 물에서 올라올 새 하늘에서 성령이 비둘기같이 내리고 '사랑하는 자요, 기뻐하는 자'라는 하나님의 음성을 들은 사건과 오순절 마가다락방에 내리신 聖靈降臨(성령강림)의 근거, 등으로 보아 예수 그리스도께서는 구약의 어느 인물이나 선지자 어느 제왕들과는 달리 상징적 구분이 뚜렷한 증거로 보더라도 메시아임에 의심할 여지가 없는 것이다. 그러므로 예수 그리스도는 구약시대처럼 실제적인 기름부음을 받은 적은 없다. 그러나 영적인 권위 말고도 인간적인 측면만 보더라도 예사인물은 아니었으며 그는 의사요, 박애주의자이며 선지자적인 면모와 수천 명의 군중을 압도하는 기인이었음을 4복음서에서는 그의 행적에 대하여 충분히 紀錄(기록)하고 있는 것으로 어느 제사장이나 어느 율법사, 그 누구도 예전에 예수 그리스도보다 뛰어난 인물은 없었다. 다만 사람의 손으로 기름을 부어 어떤 의식을 행사한 등단 세레모니는 없었다는 것이다.

- 그런데 어찌 메시아인가?

그는 자신을 가리켜 하나님의 독생자 아들임을 말했고 자신이 하나님과 하나라고 힘주어 말했고 그리고 자신이 구약에 예언된 메시아로서 성경의 예언을 이루기 위해 온 메시아임을 본인 입으로 시인하였다. 그리고 자신이 하나님의 권능으로 일한다는 암시를 자주 묘사하였다. (마11:27, 21:23, 눅20:2)

(3) 舊約에서의 메시아 힌트

이사야 선지자의 豫言(예언)이다.
'너희 하나님이 가라사대 너희는 慰勞(위로)하라.
내 백성을 위로하라.
너희는 정다운 소리로 예루살렘에 말하며
그곳에 외쳐 말하라.

그 服役(복역)의 때가 끝났고 그 罪惡(죄악)의 사함을 받았느니라.
그 모든 죄를 인하여 하나님의 손에서 倍(배)나 받았느니라. 외치는
자의 소리여! 가로되 너희는 광야에서 하나님의 길을 예비하라.
沙漠(사막)에서 우리 하나님의 大路(대로)를 平坦(평탄)케 하라.
골짜기들은 돋우어지고 높은 산이나 작은 산들이 낮아지고
고르지 않은 곳이 평탄케 되며 험한 곳이 평지가 될 것이요
하나님의 榮光(영광)이 나타나고 모든 육체가 그것을 함께 보리라.'
(사40:1~5)
'내가 영을 전하노라. 하나님께서 내게 이르시되 너는 내 아들이라.
오늘날 내가 너를 낳았도다. 내게 구하라. 내가 열방을 유업으로 주
리니 네 소유가 땅 끝까지 이르리로다.
네가 철장으로 저희를 깨뜨림이여 질그릇같이 부수리로다.'

(4) 洗禮者 요한의 책임과 그의 한계

요한은 자신에게 洗禮(세례)를 받으러 나아오는 무리들에게
"毒蛇(독사)의 자식들아!
누가 너희에게 일러 장차 올 진노를 피하라 하더냐?
그러므로 회개의 합당한 열매를 맺고 속으로 아브라함이 우리 조상
이라고 폼 잡고 허풍 떠는 거품을 버리라"
고 채찍 설교로 외쳤다. 하나님은 요단강가의 돌들로도 능히 아브라
함의 자손들이 되게 하실 수 있다 하며 이미 審判(심판)의 도끼가 나무
뿌리에 놓였으니 열매 맺지 못하는 나무마다 찍혀 불에 던지운다고 회
개를 촉구하였다. 때에 군중들이 물었었다.
"선생이여 우리가 어찌하면 좋겠나이까?"
하고 방도를 찾을 때 두벌 옷 있는 자는 없는 자에게 나눠주고 먹을

것이 있는 자도 그와 같이하고 稅吏(세리)들에게는 부과된 액수 이상 세금을 늑탈하지 말 것을 외치고 군인들도 사람들에게 강탈하지 말고 거짓으로 고발하지 말고 월급으로 족하라고 하였다. 그즈음 군중들은 혹시 요한이 메시아가 아닌가하여 서로 수군거렸다.

그때 요한은 그들의 심중을 알아서 확실한 대답을 남긴다.

"나는 너희에게 물로 세례를 주거니와 나보다 능력이 많으신 크신 이가 오시나니 나는 그분의 신들메를 풀기도 감당할 수 없는 분이로다. 그는 성령과 불로 세례를 베푸시고 소에는 키를 들고 타작마당을 정결케 하시고 알곡을 모아 곳간에 들이고 쭉정이는 꺼지지 않는 불에 태우시리라."(눅 3:7~17)

세례요한의 증언이다.

'그는 흥해야 하고 나는 쇠하여야 하리라.'(요3:30)

'오실 그 이(메시아)가 당신이니이까? 우리가 다른 이를 기다리오리이까?'(마11:3)

세례요한은 큰 고민에 빠졌다. 자신의 화려한 사회적 지위에 비하여 너무도 비천하게 보였던 예수에게서 하늘의 뜻이 함께 함께함을 알았기 때문이었다.

하지만 요한은 자신의 모든 것을 버리고 예수의 수제자가 되어 목숨을 걸고 예수를 모시고 아버지 제사장 사가랴와 자기가 알고 있던 모든 종교 지도자들과 관원들에게 이 복음을 전하여야 했다. 마치 사마리아 수가성 여인처럼

"와보라. 내가 메시아를 만났다 한 번 가보자"

라고 선포했어야 했다.

그러나 인간적인 생각에 잡힌 洗禮者 요한은 그렇게 하질 못했다. 결국 그는 자신의 책임을 방기하고 영적인 섭리와 무관하게 섭리를 어

그의 기름부음(메시아의 자격)

기고 정치적인 비판에 얽혀 휘말리는 바람에 헤로디아의 不淨(부정)을 지적 질 하다가 어처구니없는 죽음을 맞았다.(마14:1~12)

예수와 함께 흥하여야 할 축복을 버리고 비참한 최후를 맞음으로 결국 자신이 쇠하여야 한다는 말은 결코 진실이 아니었고 쓸쓸한 죽음으로 마무리되었다.

이 사건은 복음서에 기록된 슬픈 역사이며 예수 그리스도를 매우 신경 쓰이게 한 사건이다. 요단강에서 피차 알아보고 서로 확신했던 요한과 예수의 만남은 결국 의미가 희미해진다. 요한이 체포되어 옥에 갇혔을 때 예수는 면회 한 번 없이 다른 곳으로 떠났고 그를 바람에 흔들리는 갈대로 비유하였다. 이상은 세례요한이 요단강가에서 군중들을 상대로 외치는 소리였고 이사야의 예언을 成就(성취)하는 힘 있는 설교였다. 내용은 권위가 있었으며 여기서 뚜렷한 그의 증거는 자기 뒤에 오시는 메시아를 계시하는 내용이다. 구약의 마지막 선지자인 그는 메시아를 確證(확증)함으로 선지자의 사명을 다하였다. 예수께서도 그를 여자가 낳은 자 중에 큰 인물이었다고 증거 하였다.

공교롭게도 예수께서는 요한에게 세례를 받으신 때를 전후로 그의 공생애 一聲(일성) 역시

"회개하라 천국이 가까웠느니라."

였다. 이때부터 3년 동안 메시아사역이 시작되었다. 그리고 시간적으로 약간 후일의 일이지만 베드로의 고백은 명백하게,

'주는 그리스도시오. 살아계신 하나님의 아들이시니이다. 예수께서 가라사대 시몬아! 네가 복이 있도다. 이를 네게 알게 하신 이는 혈육이 아니요. 하늘에 계신 내 아버지시니라.'(마16:16~17)

이 대화는 자타의 확신이며 듣는 주변의 사람들로 하여금 신뢰를 구축하는 영적인 샘물이 되었다.

1장

6. 예수 그리스도께서 자신을 메시아로서의 적합한 자로 확신을 하였다.

　예수께서 메시아로 확신해야 할 증거는 4복음서 전체가 증거라 할 수 있다. 예수께서는 종종 자신의 구속 사업이 고난으로 연결될 때마다 자신의 고난은 구약의 예언된 메시아의 출현에 관한 성경을 이루려함이라고 힘주어 말하였다.

　하늘의 계시나 나의 사랑하는 자라는 음성을 듣지 않았다 할지라도 그는 메시아의 충분한 자격이 갖추어져 있었다. 그것은 군중을 움직이는 힘과 약자들에 대한 박애와 정의를 부르짖으며 종교 지도자들의 썩어가는 外式(외식)을 꾸짖는 용기, 등은 이사야 선지자나 아모스를 능가하는 시대적인 개혁자였기 때문이다.

　'이는 한 아기가 우리에게서 났고 한 아들을 우리에게 주신바 되었는데 그 어깨에는 정사를 메었고 그 이름은 기묘자라 모사라 전능하신 하나님이라 영존하시는 아버지라 평강의 왕이라 할 것임이라'(사9:6)

　평강의 왕이신 예수께서는 자신이 하나님의 아들임을 여러 차례 간접적으로 직접적으로 증거하며 확실하게 암시하였다.

　'다볼 산에서 변화된 예수의 모습은 그 얼굴이 해같이 빛나며 옷이 빛과 같이 희어졌더라' (마17:1~2)

　'인자가 장차 사람들의 손에 넘기워 죽임을 당하고 제 삼일 만에 살아나리라'(마17:22)

'예수께서 이르시되 내 아버지께서 이제까지 일하시니 나도 일한다 하시매 유대인들이 이를 인하여 더욱 예수를 죽이려 하니 이는 안식일만 범할 뿐 아니라 하나님을 자기의 친 아버지라 하여 자기를 하나님과 동질성으로 묘사함과 아버지의 행하시는 그것을 아들도 그와 같이 행하느니라. 그러므로 예수께서 이르시되 내가 진실로 너희에게 이르노니 아들이 아버지의 하시는 일을 보지 않고는 아무것도 스스로 할 수 없나니 아버지께서 행하시는 그것을 아들도 그와 같이 행하느니라. 아버지께서 아들을 사랑하사 자기의 행하시는 것을 아들에게 다 보이시고 또 그보다 더 큰 일을 보이사 너희로 기이히 여기게 하시리라. 아버지께서 죽은 자들을 일으켜 살리심과 같이 아들도 자기의 원하는 자들을 살리느니라. 아버지께서 아무도 심판하지 아니하시고 심판을 다 아들에게 맡기셨으니' (요5:17~22)

이와 같은 확신에 찬 예수님의 말씀은 메시아의 권능이며 審判(심판)까지 위임을 받은 심판주다. 구약성서에서는 심판이 하나님의 몫이었으며 그리고 구약의 신은 두려움의 대상이었다.

심판을 위임받았다는 것은 자신이 바로 하나님의 아들이라는 것을 계시하시는 내용이다. 당시의 유대 近東(근동)지방에서 전통적으로 이해되어왔던 아들이라는 개념은 대권자라는 의미와 뜻이 강하다. 히브리인들은 하나님의 대권자로 에덴동산을 다스렸던 아담도 하나님의 아들이라고 불렀다. 그러므로 유대인들의 인식적인 시각으로 볼 때 아들이라는 의미는 자신이 진짜 하나님의 아들이라는 의미로 해석되니 그들은 예수 그리스도에게 참람하도다 하며 그토록 화를 냈던 것이다.

시편 기자는 심오한 메시지를 豫言(예언)으로 남겼는데

'내가 영을 전하노라 하나님께서 내게 이르시되 너는 내 아들이라 오늘날 내가 너를 낳았도다. 내게 구하라 내가 열방을 유업으로 주리니 네 소유가 땅 끝까지 이르리라. 네가 철장으로 저희를 깨뜨림이여 질그릇 같이 부수리라 하시도다. 그런즉 군왕들아 너희는 지혜를 얻으며 세상의 관원들아 교훈을 받을지어다. 하나님을 경외함으로 섬기고 떨며 즐거워할지어다. 그 아들에게 입 맞추라 그렇지 아니하면 그 진노하심으로 너희가 길에서 망하리니 그 진노가 급하심이라 여호와를 의지하는 자는 다 복이 있도다.' (시2:7~12)

위 시는 문학적으로 보던지 영적으로 해석하던지 간에 누가 읽어도 메시아에 관한 詩(시)로 보는 게 타당하다. 위 시에 관한 인물 중심으로 그 적합한 자는 예수 그리스도 쪽으로 기울일 수밖에 없는 것은 역사 속에서 그만한 인물이 없었기 때문인 것이다.

예수께서도 자기 자신을 메시아요, 하나님의 아들이라고 힘주어 십자가에서 하나님 나의 아버지라고 부르짖을 때

"나의 아버지여 아버지께서는 모든 것이 가능하오니 할 수 있거든 이 잔을 내게서 옮기시옵소서, 그러나 내 뜻대로 마시고 아버지 뜻대로 하소서."

라는 기도는 애잔하면서도 그 내면의 호소 속에는 친숙한 관계가 이어진 영적인 흐름이 있었다.

많은 학자들과 영적인 성서 연구가들이 위 시를 메시아로 주목하는데 일치한다. 그런데 이스라엘은 위 시를 이스라엘 왕의 대관식 때 낭송하며 노래 불렀다. 그러니까 그들의 왕을 하나님의 아들이라고 불렀기 때문이다. 이스라엘이라는 나라의 전통적인 개념으로 비추어보는 하나님의 아들이라는 의미는 하나님의 권위를 위임받은 왕들을 그렇게 부르기도 하였던 것이다. 그 신탁에 관한 구약성경을 참고해보자.

'전에 내가 사사를 명하여 내 백성 이스라엘을 다스리던 때와 같지 않게 하고 너를 모든 대적에게서 벗어나 평안케 하리라 여호와가 너

를 위하여 집을 이루고 네 수한이 차서 네 조상들과 함께 잘 때에
네가 네 몸에서 날 자식을 네 뒤에 세워 그 나라를 견고케 하리라.
저는 내 이름을 위하여 집을 건축할 것이요 그 나라 위를 영원히
견고케 하리라. (삼하7:11~13)

이 나단의 신탁을 많은 신학적 공감은 다윗의 후손으로 오셔서 하나님의 나라와 경륜을 완성하실 그리스도에 관한 해석이 적합하다. 그런데 유대인들은 이 나단의 신탁을 다윗의 후손인 왕 중에서 육적인 이스라엘의 위를 영원히 견고케 할 자가 나올 것을 기다렸다. 그러나 솔로몬 왕 이후로 나라가 둘로 갈라지더니 북 이스라엘은 BC.722년쯤 앗수르에게 멸망 당하였고 남방 유대는 BC.586년에 바벨론에게 멸망하였다.

다윗의 후손으로 한 왕이 나타나서 다윗의 왕국을 찬란하게 빛낼 지도자를 기다렸는데… 바벨론으로 끌려가서 70년 동안 노예적 삶으로 곤혹을 치루면서도 그들은 힘 있는 메시아를 기다리는 희망을 버리지 않고 있었으며 그리고 그 나라가 왕성하리라고 믿었는데 여지없이 망해버렸다. 그래서 그들은 지금 육적으로 핵폭탄 같은 정치적인 메시아를 만들고 세계 금융시장을 장악하고 정치 언론 문화를 장악하고 있다.

'또 가라사대 진실로진실로 너희에게 이르노니 하늘이 열리고 하나
님의 사자들이 인자위에 오르락내리락 하는 것을 보리라 하시니라'
(요1:51)

나다나엘에게 인자위로 하늘이 열리고 천사들이 오르락내리락 할 것을 볼 것이다. 라고 했다. 그게 어디서 나온 것인가? 벧엘에서 야곱의 머리위에서 있었던 일이다.

이 모습은 야곱이 외삼촌 라반의 집에서 겪었던 일이다. 예수님은 그 야곱의 자리에 새로운 야곱으로 자신을 리프레이스(Replace), 대처한 것이다. 이제 나로 말미암아 진짜 '이스라엘'이 誕生(탄생)할 것이라는 것이다.

이것은 영적으로 새로운 '이스라엘'의 승리자가 나타나서 하나님의 나라를 세우는 의미인데 육적 이스라엘은 이 새로운 야곱이 출현하여 강대국이 되어 백성들을 잘 먹고 잘 살게 해줄 수 있는 기대에 부풀어 있었다. 하나님의 계획과 진정한 섭리는 그리스도를 통하여 새 하늘과 새 땅을 창조하려는 계획인데, 오늘의 유대인들은 여전히 지금까지도 다윗의 후손 중에서 어떤 정치적인 메시아가 나타나 왕국을 회복하되, 정치적 군사적 경제적으로 막강한 힘을 가지고 세상을 지배하려는 희망으로 프리메이슨, 일루미나티, 등과 결속하여 힘을 기르고 이미 메시아를 준비하고 있다.

저들의 바람이 메시아 사상이긴 하나 정치적으로 권력 있는 힘의 소유자를 기다리니 결국은 폭군을 기다리는 격이 되고 만다. 그런데 하늘의 계획은 인간의 상식을 뒤집어버리는 결과로 어디서 학식도 없고 초라한 목수의 아들이라는 청년이 한두 번도 아니고 자꾸자꾸 하나님의 아들이라고 외치고 다니니 이 사람들은 기가 막혔다.

그리고 자신을 'THE SON OF MAN' 바로 자신을 人子(인자)라고 부르는 것이다. 여기서 말하는 상징적 의미의 定冠詞(정관사)는 다니엘서 7장에서 언급한 그 인자가 바로 '나 예수다!' 라고 말하는 것으로 해석한 당시 유대인들은 자신들이 寤寐不忘(오매불망)기다리는 슈퍼맨이 아니라 정말 신분적으로 보잘 것 없고 권위 없는 이 목수의 아들이 자기들의 꿈을 짓밟아 버리고 건방을 떠는 모습에 죽이고 싶도록 밉고 화가 났던 것이다.

그러면서도 한편 기적을 행하고 군중들을 수천 명씩 모아 五餠二魚(오병이어) 역사로 몇 천 명씩 사람들이 그를 따를 때에는 예사사람이 아닌 듯하기도 하여 한편 기이히 여겨 일부 서민층에서는 예수를 자기들의 왕을 삼아보려는 움직임도 있었다.

그러나 예수께서 건설하고자 하는 왕국은 총칼이나 권력으로 세우는 사탄왕국이 아니라 잃어버린 에덴을 회복하여 사람들의 가슴에 평화의

예수그리스도의 확신

꽃이 피어나는 새 예루살렘을 건설하는 것으로서, 영적인 나라의 영원한 복음을 전하였던 것이다. 그러기에 그를 정치적인 메시아를 삼아보려다 실패한 군중들은 대개 돌아섰던 것이다.

메시아(Messiah)사상은 기독교의 중심 사상의 토대라고 볼 수 있는 중요한 위치인 것이다. 기름부음을 받은 자란 의미의 메시아는 '救世主(구세주)'로 번역되는데 그리스어로 크리스토스(Christos), 여기서 오늘날 파생된 종교가 한자로 표기하면 基督敎(기독교)가 탄생한 것이다.

苦難(고난) 많은 유대인들은 예부터 고레스 왕 같은 메시아가 나타나 이 땅에서 몰락한 정치와 민족혼을 회복하고 이교도나 여리고 족속 같은 異邦人(이방인)들을 다 청소하고 자신들의 종교 중심으로 세계가 통일될 것이라고 하는 선종 선민주의를 기다리며 꿈꾸어왔고 끝없이 결속력을 기르고 있다. 지금도 그들은 예를 든다면 사자 굴속에서도 극적으로 살아난 다니엘 같은 인물을 기다린다. 이방나라에서 구세주격인 사람이 갑자기 등장하여 운명의 기회가 왔는데 운 좋게도 페르시아의 왕 키루스 2세 구약의 메시아격인 고레스의 칙령에 의하여 바벨론 포로생활에서 풀려났던 유대인들은 1차는 스룹바벨에 의하여 2차는 에스라 先知者(선지자)에 의하여 그리고 3차는 느헤미아 선지자에 의하여 각각 꿈에도 그리던 그리운 예루살렘 고향땅인 本土(본토)로 돌아왔다. (BC.445)

이때 荒弊(황폐)해진 성전재건과 예루살렘을 다시 일으키기 시작하였다. 이로부터 약 400여년의 세월이 흐른 뒤에 洗禮者(세례자) 요한이 등장하여 회개하라고 민중을 향하여 외치기 시작하였다.

예수보다 6개월 먼저 태어난 이종사촌의 형인 요한은 광야생활을 하는 에세네파의 禁慾主義(금욕주의)와 경건의 훈련이 된 사람이었다. 세례자 요한의 豫言(예언)대로 예수께서는 메시아의 사역이 시작된 것이다.

키루스 2세 보졸그

(고대 페르시아어: 𐎤𐎢𐎽𐎢𐏁, 페르시아어: کوروش دوم بزرگ)는 테이스페-(Teispes)의 증손자이며 키루스 1세의 손자이며 캄비세스 1세의 아들이며 샤한샤이다. 그는 이란인들에게 건국의 아버지로 알려져 있다. 성경에는 히브리어 발음에 근접한 **고레스 왕** 이라고 기록되어 있다.

페르시아인의 지도자로서, 그가 다스리는 동안 페르시아는 서남아시아, 중앙아시아의 대부분을 정복하고 인도에 이르는 대제국으로 성장하였다. 29년 동안 통치하면서 메디아, 신 바빌로니아, 리디아를 굴복시켰다.

(1) 洗禮者(세례자) 요한의 의심

요단강에서 세례를 베풀던 요한은 처음에는 예수를 메시아로 선포하였고 군중들 앞에서 그의 신들메를 들기에도 감당치 못하리라고 말하던 그가 예수께서 메시아임을 서서히 의심하게 되었다. 그러한 증거는 첫째로 그는 자기를 따르는 제자들과 함께 따로 모임을 이어갔고 예수의 말씀이나 가르치는 교훈이나 그의 기적적인 박애정신에는 별 관심이 없는 듯하였다.

그의 의심을 보라!

'요한이 그 제자 중 둘을 불러 예수께 보내어 이르되 오실 그 이(메시아)가 당신이오니까. 우리가 다른 이를 기다리오리까? 하매'(눅7:19, 마11:3, 요6:14)

여기서 예수께서는 자신의 실제적인 위치와 질병과 고통, 악귀들린 사람들, 귀머거리들, 영적인 소경들에게 복음을 전하며 이 어두운 세상을 정화 작업해나가는 실제적인 상황을 가서 알리라고 말한 뒤 여자가 낳은 자 중에 요한보다 큰 자는 없지만 그러나 하나님의 나라에서는 지극히 작은 자라고 평하였다. (눅7:28)

위의 구절들은 세례 요한조차도 구약이 예고한 메시아가 예수님임을 쉽게 믿지 못하고 주저했음을 볼 수 있다.

구약에서는 예수가 바로 유대인의 메시아라는 뚜렷한 증거와 단정할 만한 예고를 하지 않았기 때문이다.

또 요한복음은 '세상에 오실 그 선지자'라고 말함으로써 사람들은 예수가 바로 그 메시아라고 보는 것에서 살짝 비껴가고 있다는 것을 나타내고 있다.

이것은 예수 부활이후 상당한 시간이 지났는데도 불구하고 사람들은 신약의 예수 그리스도를 구약이 예고한 메시아로 쉽게 연결시키지 못했음을 보여주기 때문이다. 예를 든다면 동정녀이야기 같은 거 말고 솔로몬의 몇 대손에서 한 아이가 태어날 것이다. 그 아이가 한 제사장의 아들 선지자에게 요단강에서 세례를 받고 물위를 걷고 소경의 눈을 뜨게 하고 앉은뱅이를 일으키며 제자의 배신으로 십자가형을 받고 죽은 뒤 3일 만에 살아날 것이며 유대인들은 배척하고 이방의 빛이 될 것이라든지 뚜렷한 증거가 불충분하였던 것이다. 구약의 여러 예언들을 대개 억지로 짜 맞추어 구속사적으로 신학자들은 해석하고 있다.

(2) 재조명해야 하는 創世記

영적인 시각 없이 구약성경을 흡수해서는 안 된다. 구약에 예고된 메시아가 곧 신약의 '예수'라고 직접적으로 연결시켜 말하면 유대교 경전에 그대로 말려들어가는 결과를 초래하며 오늘날의 그리스도교회가 유대교 성경인 구약을 신약의 앞에 붙여 편집하여 묶어놓았다 하여 아무런 개념정리도 없이 구약을 예수교회의 경전으로 본다면 매우 위험하며 결국 죽는 날까지 헛 미로를 헤매게 된다. 구약은 처음부터 유대교, 즉 히브리민족의 경전이었기 때문이다. 물론 모세오경의 상당부분이 길가메시 〈大 敍事詩(대 서사시)〉를 옮겨 적은 게 분명하긴 하지만 어쨌든 구약성경은 유대교 경전으로 그들의 교과서인 것이다. 그러므로 영적인 시각이 있는 사람들은 전적으로 구약을 재해석한다. 한편 구약에 예언된 메시아가 신약의 예수 메시아라고 하면 대단히 좋은 소리일 것 같지만 구약에 대한 영적인 재해석을 거치지 않으면 유대교가 말하는 메시아 觀(관)을 아무 생각 없이 그대로 받아들이게 된다. 그럴 경우 그리스도교는 유대교 속으로 소속되어 자리매김 되어 유대교 경전인 구약에 충실할 것을 요구받던지 아니면 유대교 경전이 필요할 때에만 가끔씩 빌려서 사용하는 모양새가 되던지 결과적으로는 유대교에 충실한 유대교 그리스도인이라는 매우 이상한 形態(형태)가 되고 말 것이다.

(3) 사도바울의 膽大(담대)한 결론

'우리가 이 같은 소망이 있으므로 담대히 말하노니 우리는 모세가 이스라엘 자손들에게 장차 없어질 것의 결국(율법)을 주목치 못하게 하려고 수건을 그 얼굴에 쓴 것 같이 아니하노라. 그러나 그들의 마음이 완고하여 오늘까지라도 구약을 읽을 때에 그 수건이 벗겨지지 아니하고 있으니 그 수건은 그리스도 안에서 없어질 것이라. 그러나 언제든지 주께로 돌아가면 그 수건이 벗겨지리라 주의 영이 계신 곳에서는 자유함이 있느니라. 우리가 다 수건을 벗은 얼굴로 거울을 보는 것같이 주의 영광을 보매 저와 같은 형상으로 변화하여 영광에서 영광으로 이르니 곧 주의 영으로 말미암음이니라.'(고후3:12~18)

나는 위 구절을 설교하는 사람을 만나보지 못했다. 너무나 많은 사람이 한국적 유대주의 신앙이 뿌리깊이 박혀있다. 아직도 아무렇지도 않게 구약성경을 본문으로 신약성경과 혼합하여 유대교 중심으로 혼신을 다해 유대교 선전을 하고 있다.

유대인들의 입장은 전 세계 기독교인들은 뿌리 깊은 유대교 사상을 자기네 스스로 연구하고 밀접하게 유대관계를 맺고 聖地巡禮(성지순례)까지 왕래하며 豫備知識(예비지식)을 터득하는 전 세계 교회를 자기들의 손아귀에 손쉽게 움켜잡을 날을 위해 완벽한 준비를 하고 있으며 두 개의 거대한 조직을 키우고 있다. 이 조직은 지금의 전 세계교회를 우습게 여기고 있으며 여러 가지 방법으로 목을 조여오고 있다. 금세기 즉, 미구에 그들의 대형 그물 초망은 교회들을 삼킬 것이며, 1차는 콘스탄틴 황제의 抄網(초망)으로 그들의 문화권에 흡수되어 그리스도의 참뜻을 버리고 황제숭배 교회가 되어 스스로 큰 성 바벨론의 음녀와 배를 맞춤으로 이미 진리에서 떠나 마음은 유대교 추종신앙에서 출발하여 힘 있는 세상 신의 종이 되어있는 이 세기말에 반드시 적그리스도는 구약을 중시여기는 유대교에서 출현하여 전 세계종교를 통합하는데 성공할 것이다.

유대인들도 메시아를 기다리고 현재 기독교인들도 90%이상이 구름 타고 내려오는 재림주를 기다리고 있으니 그들의 확신은 그렇다. 초림 주님은 마굿간에서 초라하게 태어나 고난과 치욕을 당하시고 십자가에서 제물처럼 저주를 짊어지고 가셨지만 다시 오실 재림주님은 위대한 영광과 능력으로 철장권세를 휘두르고 이 땅에 천년 왕국을 세워 전 세계를 통합시킬 것으로 2천 여 년을 기다리고 있는데 이미 그들은 準備(준비)를 마치고 카운트다운을 앞에 두고 있다.

(4) 殺人(살인)을 즐기는 유대교의 신앙사상과 살육

그들은 신의 이름을 憑藉(빙자)하여 피 흘리기를 좋아하는 가인의 후예들이며 한 마디로 전쟁의 신을 숭배하는 사람들로 지금도 팔레스타인 주변에 피 마를 날이 없고 화약 냄새 마를 날이 없다. 예수 사랑과는 너무나 相衝(상충)되는 몇몇 구절은 소름을 돋게 한다.

'너는 이제 가서 아말렉을 쳐라 그들에게 딸린 것은 모두 전멸시켜라 사정을 보아줘서는 안 된다. 남자와 여자 어린아이와 젖먹이, 소떼와 양떼, 낙타와 나귀, 등 무엇이든지 가릴 것 없이 죽여라' (삼상 15:3)/살육

'그러나 주 너희의 하나님이 너희에게 有産(유산)으로 주신 땅에 있는 城邑(성읍)을 점령하였을 때에는 숨 쉬는 것은 하나도 살려두면 안 된다. 곧 헷 사람과 아모리 사람과 가나안 사람과 브리스 사람과 히위 사람과 여부스 족속은 주 너희의 하나님이 너희에게 명하신 대로 全滅(전멸)시켜야 한다' (신20:16)

'사마리아가 저의 하나님에게 반항하였으니 이제는 그 죄 값을 치를 수밖에 없도다. 사람들은 칼에 찔려 쓰러지고 어린아이들은 박살나고 아이 밴 女人(여인)들은 배가 찢기울 것이다.'(호13:16)/**살육**

'모세가 그들에게 말했다. 이스라엘의 하나님이신 여호와께서 이렇게 말씀하셨느니라. 너희는 모두 칼을 차고 진의 이 門(문) 에서 저 門(문)으로 다니며 너희 형제와 친구와 이웃을 죽여라. 레위 집안의 百姓(백성)은 모세에게 복종하였다. 그날 이스라엘 百姓(백성)중에서 三千 命(삼천 명)가량이 죽었다'(출32:27)/형제, 친구, 이웃 **살육**

일부 구약의 예를 들자면 이렇게 피에 주린 민족이었으며 舊約(구약)의 대개가 전쟁 백과사전임을 명심해야 한다. 도대체 이렇게 칼날에 찢겨 죽어간 수많은 사람들은 누가 만들었는가? 사랑의 하나님의 섭리가 이런 것인가? 신약의 예수님은 구약의 야훼신의 추종자가 아니며 그분은 천지의 주재이신 사랑의 하나님을 믿은 시대적인 옥동자였다.

이사야 선지자, 에레미야, 아모스, 등은 의외의 선지자들이었다. 지금도 유대인들은 모세 5경과 탈무드 외에 다른 선지서나 예언서, 등은 인정하지 않는다.

(5) 당시 유대의 時代狀況(시대상황)

이 무렵 로마의 정치상황은 元老院(원로원)의 전제시대에서 軍部獨裁(군부독재)체제로 들어가고 있을 때였다.

貧民黨(빈민당)의 거두였던 가이사(Caesar), 貴族黨(귀족당))의 우두머리였던 폼페이우스와 또 다른 정치가 크라수스는 이른바 三頭(삼두)정치를 실시하였다. 가이사는 기원전 45년에 로마를 통일했으나 1년 후 共和主義者(공화주의자)에게 암살되고 그의 조카인 옥타비아누스가 안토니우스, 레피두스장군과 함께 다시 삼두정치를 세웠다.

　기원전 41년 옥타비아누스가 지중해를 통일한 이후 로마는 오랫동안 평화 시대에 접어들게 되었다.

　이후 五賢帝(오현제)가 기다리는 동안(AD.69~180) 로마는 植民地(식민지) 속국의 방방곡곡까지 보급이 되었다. 따라서 동쪽 유대나라의 예수께서는 정치적으로는 안정되어 있으면서도 조국이 로마의 屬國(속국)으로 전락해 있는 신정체제에서 살았던 것이다.

　예수께서는 폭 좁은 의미의 유대교 신앙에 대해 비판하였고 그들의 신앙적 매너리즘에 빠져 나라를 빼앗기고 형식적인 종교관에 대하여 비판적이었다. 그에 의하면 모든 인류는 하나님 앞에서 평등하고 모두가 같은 형제자매다. 그러므로 유대인만이 아니라 다른 민족, 다른 사회적 입장을 가진 사람들도 얼마든지 구원을 받을 수 있다는 것이라는 사상으로 이러한 예수의 가르침은 로마의 四海同胞主義(사해동포주의)와 서로 통하는 것이기도 하다.

　또한 예수는 '하나님의 나라는 여기도 저기도 아닌 바로 너희들 마음에 있다'라고 하는 내면적인 신앙을 강조하였고 이 땅의 부와 권력이 부질없는 것이라 강조하였다.

　예수께서 17년 동안 구도여행 중 내려진 결론은 전 세계인구 중 이스라엘처럼 어리석고 목이 굳고 타락한 백성은 없었다. 당시 인구 70여만 명 정도 되는 이 작은 나라가 어지간히도 타락하여 성한 곳이 없는 가운데 강대국들 틈에서 늘 고통당하는 것과, 하나님과의 올바른 관계를 유지하지 못하는 불쌍한 고아같은 고향의 유대인을 먼저 개혁해보려고 30세 되는 해에 돌아왔던 것이다.

　예수의 구원사역은 그러므로 선민사상에 물든 유대인의 입장에서 이방인이 아니고 유대인(본토인)을 깨우치기 위함이 목적이었다. 그러니까 신약성경 전체가 유대인과의 관계를 기록한 내용들이다.(요4:22)

　예수께서 부와 권력을 부정하고 영혼과 정신의 구원을 말하자 당시 희망을 잃고 편견에 신음하던 가난한 백성들과 로마의 노예계급은 그에게 열렬한 지지를 보냈다. 그러나 자신이 하나님의 아들이요, 메시아라고 주장하자 이를 못마땅하게 여기던 바리새인들과 제사장을 비롯한 유대인들은 그의 행동이 유대교 교리에 어긋났다는 이유가 분명해지자 십자가에서 죽이고 말았다.

신약성경에서는 다시 말해서 히브리어의 聖油(성유) 세례를 받은 사람으로 이스라엘 민족이 강대국의 植民地(식민지)로 지배당하고 있을 때 민족을 해방하고 지난날의 번영으로 복귀시킬 민족적 指導者(지도자)라는 의미와 인간이 최초에 가졌던 낙원의 복음을 회복할 자라는 의미로 또는 양자를 포함한 대망의 인물로 성경은 나타내고 있다.

구약에서는 다윗의 아들, 인간의 아들, 주의 종, 등이 이 메시아적 성격을 띤 인물이다. 신약에서는 예수가 메시아라는 주장과 동시에, 유대인의 메시아라는 선민 색체를 벗어나 인류 전체의 구주로서 등장하고 있다. 메시아사상은 고대 유대교에서 환상적인 계시사상 가운데서의 또는 현실적인 유태국가의 재 부흥이라는 형태를 취하고 나타났지만 나사렛의 예수를 메시아로 인정하지 않는 유대인은 중세와 근세를 통하여 자기들만의 이 메시아의 대망을 잃지 않고 시오니즘과 聖地回復(성지회복)사상이 오늘날의 일루미나티. 프리메이슨, 등과 깊이 결부하여 정치적인 슈퍼맨 메시아를 지금 만들고 있다.

7. 奇蹟(기적)들에 대한 조명

(1) 예수의 苦惱(고뇌)

　신약성서에 기록된 예수의 여러 기적들에 대한 배후에는 예수의 憂鬱(우울)한 苦惱(고뇌)가 숨겨져 있다.

　그것은 예수께서 실제로 기적을 행하셨는가 아니면 마술을 부렸는가 하는 진위의 통속적인 의문보다 몰려다니는 군중들이 그분의 가슴에 흐르는 뜨거운 연민과 사랑보다는 마치 마술사의 공연을 구경하듯 徵表(징표)와 기적만을 구했다는 슬픈 사실의 결말이다.

　군중은 늘 그렇다. 자신들의 기대가 이루어지지 않으면 사람들은 옹졸하게 돌아서고 격분하고 분노하고 과소평가하며 판단하고 루머까지 덧보태서 퍼뜨리는 것이다.(눅4:28)

　예수께서는 구약의 다른 예언자들과는 달리 연민과 정의감이 넘쳤고 사람들에게 버림받은 병자들이나 소외 계층들에 대한 애환에 늘 고뇌하였고 그들을 못 본체 하지 않았다.

　세상의 예언자들은 孤高(고고)한 자세로 그럴듯한 이야기를 했으나 예수는 갈릴리의 빈곤층과 마을의 불구자나 병자와 함께 어울렸고 창녀나 세리처럼 사람들로부터 업신여김을 받는 이들도 잊지 않고 위로하였다. 이 호숫가의 사람들은 생계가 어렵고 비참했지만 예수는 그런 사람들에게 머지않아 자신을 내어줄 것은 알아 종종 자기 자신에 대하여 누설을 하였다.

　이 애환이 어깨를 짓누른 것은 사실이다. 그런데 그는 또 하나의 사실을 경험하고 있었다.

현실에서의 사랑의 무력함이 그것이었다.

예수께서는 불행한 사람들을 사랑했지만 동시에 운명적으로 조여 오는 현실적 숙제를 앞에 놓고 사랑을 꽃 피우기도 전에 무력함을 알게 되었을 때 자신이 배반당할 것도 알고 있었다.

왜냐하면 현실에서의 인간은 결국 개인에게 미치는 이익과 즉, 눈에 보이는 효력을 중시여기는 생각 없는 군중들이었으며 그들은 기적을 기다리는 굿이나 보고 떡이나 얻어먹으러 오는 군중들이였기 때문이었다. 여기에 예수의 고뇌가 있다.

'너희는 도무지 기적이나 신기한 것을 보지 않고서는 믿지 않는도다.'
라고 말한 것이다.(요4:48)

(2) 유대인들에게는 奇蹟(기적)을 보여줘야 했다.

1) 구약성경에 기록된 기적들

이스라엘 민족은 웬만한 기적으로는 먹혀들지 않는 분위기가 전해져 오고 있었다. 창조역사와 인류 탄생 설화부터가 기적이었기 때문이다.

- 흙으로 지은 인간 갈빗대로 여인을 만든 기적
- 홍해바다가 갈라진 사건,
- 40년 동안 만나가 하늘에서 쏟아져 내린 사건
- 흉년 들어 먹을 게 없던 사렙다 과부집의 기름이 넘친 사건
- 엘리야의 기도로 떼죽음 당한 바알 선지자들의 사건
- 죽은 자를 살려낸 엘리야
- 물에 빠진 도끼를 건져 올린 엘리사이야기
- 물고기 뱃속에서 3일 만에 나온 선지자 요나 이야기

2) 新約(신약)에서 예수의 기적

- 오병이어(五餠二魚)이야기(오천 명을 먹이심) (마14:13~21)
- 물위를 걸으시다. (마14:22~33)
- 38년 된 병자를 베데스다 연못에서 고치심 (요5:1~5)
- 죽은 나사로를 살리심 (요11:38~44)
- 야이로의 딸을 살리심 (막5:35~43)
- 귀신 들린 자를 고치심 (막5:1~20)
- 中風病者를 고치심 (막2:1~12)
- 손 마른 자를 고치심 (마12:9~15))
- 관속에 들어간 청년을 살리심 (눅7:11~17)
- 가나 혼인집에서 물로 포도주를 만드심 (요2:1~11)
- 신하의 아들을 고치심 (요4:46~54)
- 물고기가 두 배에 가득하게 잡게 하심 (눅5:1~15)
- 시몬 장모를 치료하심 (눅4:38~39)
- 문둥병자를 고치심 (막1:40~45)
- 눈 멀고 벙어리 된 자를 고치심 (마12:22~27)
- 風浪을 잔잔하게 잠재우심 (마8:23~27)
- 血漏症(혈루증) 여인을 고치심 (막5:25~34)
- 두 盲人(맹인)의 눈을 뜨게 하심 (마9:27~31)
- 예수님의 옷에 손을 대는 자마다 치료받음 (막6:53~56)
- 가나안 여인의 딸을 고치심 (마15:21~28)
- 귀먹고 벙어리 된 자를 고치심 (막7:31~37)
- 소경의 눈을 뜨게 하시다. (막8:22~26)
- 아이의 癎疾病(간질병)을 고치심 (마17:14~20)

- 물고기 입에서 세겔을 취하심 (마17:24~27)
- 꼬부라진 여인을 고치심 (눅13:10~17)
- 수종병자를 고치심 (눅14:1~6)
- 열 문둥병자를 고치심 (눅17:11~19)
- 소경 바디오매를 보게 하심 (막10:46~52)
- 무화과나무를 저주하시니 곧 마름 (막11:12~14)
- 말고의 잘라진 귀를 다시 붙여줌 (눅22:47~53)
- 물고기 153마리를 잡게 명하심 (요21:1~17)

이외에도 수많은 기적들이 그들 종교역사의 교과서인 구약성서에 많은 기적들은 그들이 믿든지 안 믿든지 익숙하게 전해들으며 살아가는 사람들이다. 예수께서도 젊은 청년기에 기적을 수업 받았고 어떤 마인드에서 기적이 일어나는 가에 대하여 알고 계셨다.

성경에 있는 예수의 기적은 좀 특별한 의미를 갖는다. 그것은 자신이 하나님의 아들이라는 특별한 위치에서의 조명이다. 하나님의 아들이라는 신적 존재로서의 권위와 그리고 위치적인 능력으로 아픈 사람을 만져주고 못 고쳐서야 되겠는가 하는 상식이다. 그것은 가능하다. 아이를 기르는 엄마도 밤새 아이를 안고 문지르고 돌보면 대개 아기의 병이 엄마의 손은 약손이 되어 치유되는 것을 우리는 얼마든지 경험하며 산다.

예수께서는 여러 기적들을 행하신 후에 '자신은 하늘에서 내려온 생명의 산 떡'이라고 명명하며 위치와 신분을 확실히 밝혔다. 많은 인기를 모을 즈음 당시의 기득권 세력들은 마음이 불편할 수밖에 없었다. 율법이나 경건의 모양만 근근이 맥을 이어가던 당시 종교 기득권 세력들과 지도자들의 눈에 화성처럼 나타나 이슈를 일으키는 예수는 그들의 눈에 가시가 된 것이다. 급기야 죽여야겠다는 음모가 꾸며진 것이다.

나사로를 살려낸 이후 예수는 급격히 박해를 받는다.

그들은 예수를 죽이기로 결의하고 예수께서도 자신의 죽음이 가까이 온 줄로 자각하고 있었다. 예수께서는 기적을 일으키면서도 나가서 소문을 내는 것을 원치 않으셨고 기적을 보인 이후는 조용한 곳으로 물러나서 사람들의 흥분상태를 잠재우셨으며 자신의 기적에 대해서도 절제를 하셨다. 보통 인간들은 지기를 과시하려 대개 남용한다.

3) 奇蹟(기적)을 再照明(재조명)하자.

신약성경을 들여다보면 절반이상이 군중이나 개인의 병을 고치며 크고 작은 기적을 행하는 기록으로 가득하다. 이러한 예수의 기적은 복음서 중 상당부분을 차지하고 있으므로 예수를 말할 때 빼놓을 수 없는 사실이다. 그러나 이러한 기적들 때문에 예수가 다른 인간들과는 질적으로 다르다고 오해되어 오는 것은 영적으로 매우 슬픈 현실이다.

예수의 기적에 대하여 지나치게 덧 씌워진 권위의 무게를 덜어내고 보다 더 성숙한 시각으로 새롭게 예수를 바라보아야 할 필요가 있다.

예수께서 왜 기적을 베풀었어야 했는지 진정 그가 군중들과 당시 종교인들에게 말하고 싶고 전하고 싶은 메시지가 무엇이었을까 생각을 해야 한다. 운명의 십자가와 조여 오는 常況(상황)을 직시해 볼 때에 이곳저곳으로 피해 다니는 것도 한계가 있었다. 예수께서 남긴 의미 깊은 말이다.

'악하고 淫亂(음란)한 세대가 표적을 구하되 인자는 선지자 요나의
표적 외에는 보여줄 것이 없느니라.'(마12:38~39)

그는 기적 기다리는 사람들에게 악하고 음란한 세대라고 비하시켜 정죄하였다. 기적에 대한 소문과 자료들은 로마시대 주변에는 수십 명에 달하였다고 말한다.

1980년 대전후 10년 동안 병을 고치고 예수처럼 기적을 행한다는 부흥사들과 기도원 원장들을 보면 가관이었다. 소경, 문둥병, 벙어리, 소

아마비, 각종 암을 고친다고 선전하여 전국에서 수백 개의 기도원 운동이 일어나 한 세대를 떠들썩하게 장식하였다. 대다수의 사람들은 재발하였고 기도원 원장들의 末路(말로)는 대개가 좋지 않았다.

단 하나밖에 없는 존귀한 영혼들이 약장사 부흥사들에게 수도 없이 인격을 유린당했고 재산을 헌납하고 불러도 대답 없는 예수의 재림을 기다리며 철새들처럼 지금도 둥지를 잃고 彷徨(방황)을 하고 다닌다.

기적을 좋아하는 사람들의 말로는 그들이 요행을 기다리며 공짜배기의 행운을 기다리는 만큼 허망한 결말을 맞았다.

4) 超能力(초능력)은 무엇인가?

* 佛敎的(불교적) 新通力(신통력)

불교에서도 신통력이라는 게 있다. 이 신통은 초자연적이라는 일반적인 의미로 통용되는 것으로 그 본래의 의미가 흔히 말하는 초능력과는 다르다는 것으로 신통의 의미는 뛰어난 지혜를 의미하고 있다. 경전에 의하면 초기불교에 석가모니 부처께서는 많은 신통력이 있었다고 기록되어있으나 그는 신통력에 대하여 큰 중요성을 느끼지 않았고 제자들이나 군중들에게 중요성을 부여하지도 않았다. 오히려 대중 앞에서 신통을 과시했던 제자를 꾸짖었고 이 사건을 계기로 제자들에게는 사람들 앞에서 신통을 과시하지 말도록 당부하고 지시하였다.

〈장아함 견고경〉에서 잘 나타내고 있다. 한 사람이 석가모니 부처님께 신신한 믿음을 갖도록 신통을 한번 보여주길 간곡히 청했다. 이에 부처님은 제자들에게 신통을 보여주라고 가르친 적이 없다고 한다.

다만 공덕이 있거든 안으로 감추어 두고 허물이 있으면 몸소 드러내 놓으라고 가르칠 뿐이었다고 답하고 있다.

그럼에도 불구하고 계속되는 간청을 거절하고 몸소 체득한 세 가지 신통에 의하여 언급하였다. 변신술과 같은 초능력적인 神足通(신족통)

과 남의 마음을 꿰뚫어보는 他心通(타심통)은 사람들이 특수한 주문을 외워 얻은 것으로 오해하여 불법을 비방하는 결과를 초래하여 부질없는 것으로 여겨 결국 금지했다고 전해진다.

이에 대하여 여래가 사람들을 바르게 이끄는 신통이 敎誡通(교계통)이라 한다. 이 신통은 남을 가르쳐 훈계하는 것으로서 무면과 죄악을 제거하여 공덕을 성취하게 하는 능력을 말함이다. 불교에서는 신통을 언급할 때에는 흔히 6신통을 말하는데 이는 바른 지혜를 성취함으로써 갖게 되는 초능력이 6신통에서는 天眼通(천안통)과 宿命通(숙명통)으로 나뉜다. 천안통은 미래의 일을 알 수 있는 능력이고 숙명통은 과거의 일을 알 수 있는 능력이다. 6신통의 궁극은 결국 모든 번뇌 근심을 제거할 수 있는 능력인 漏盡通(누진통)이 된다. 아울러 6신통 중에서 천안통과 숙명통과 누진통을 칭하는 것이다. 나머지 신통인 他心通(타심통)과 天耳通(천이통)과 神足通(신족통)은 3통의 당연한 논리적 귀결로 부수되는 능력일 뿐이다.

5) 超能力(초능력)의 源泉(원천)

발달된 銳智力(예지력)이나 텔레파시 같은 힘도 초능력이라 할 수 있다. 그러므로 무의식은 초능력이라고 생각되는 많은 초월 현상들과도 관계되는데 그 중의 좋은 예는 참선, 요가, 기공, 호흡명상, 수련과 같은 방법들을 통해서도 사람의 질병이나 고통을 치료하고 있으며 공중부양을 하는 사람들과 기타 신통력으로 설명 불가능한 일을 하는 사람들이 셀 수 없이 많다. 정직한 사람이 간절히 일념으로 원하면 어느 날 그 일이 실제적으로 일어나는 것을 나는 수도 없이 보고 경험하였다.

• 결핵성 肋膜炎(늑막염)을 만져서 고치다.

1986년 초가을 쯤 나는 다급한 悲報(비보)를 들었다.

고향 마을 이웃동네 '춘호'라는 마을에서 나의 자전소설 〈애란이〉에 나오는 나보다 세 살 아래인 만현이 동생의 선친 길봉주 씨가 결핵성 늑막염으로 여러 날 금산 송병원에서 치료를 받았으나 재발하여 심한기침과 고열에 사경을 헤맨다는 기별을 받았다.

그 아저씨는 내가 그 마을에서 부자였던 길호태 씨의 집에서 머슴을 살 때에 이웃에 살고 있어서 틈틈이 놀러가 모르는 한자도 몇 자씩 배우고 내가 비록 남의 집에서 머슴은 살아도 말끔하고 인사성이 밝고 눈에 聰氣(총기)가 있다며 늘 격려를 아끼지 않던 어른이었다. 그런데 어쩌다 병이 들었는지 방에 들어가 보니 婦人(부인)은 연신 봉주 씨의 얼굴에서 땀을 닦아내고 있었고 방안에는 좋지 않은 냄새가 배어있었다.

내가 함께 동행한 백현이라는 교회 청년과 나보다 두 살 아래인 현빈이라는 조카와 신음하는 아저씨를 위로하고 내가 즉시 아저씨의 병을 고쳐드리러 왔다고 말한 뒤 아저씨의 몸을 여기저기 주무르고 '예수 나를 위하여'라는 찬송가를 합창으로 부르고 기도를 마치고 나는 마치 예수처럼 일어나 힘 있는 기도로 환자의 아픈 곳 이곳저곳을 주무르며 기를 쏟아 부었다.

돌이켜보면 그때 나는 무슨 기도를 어떻게 했는지도 모른다. 다만 내가 그리스도를 믿는 신앙생활 이후 여러 가지 질병들이 현저하게 호전되어 키도 조금 크고 몸에 살도 붙어 사람구실을 할 때였으니 보는 이들이 몸이 많이 좋아졌다고 만나는 이마다 격려를 아끼지 않을 때였다. 肋膜炎(늑막염)을 앓던 봉주씨도 내 얼굴을 보고는 몰라보게 변하였다며 마음을 열었던 것 같다. 그러면서 의사도 아니며 머슴출신의 나에게 몸을 맡기며 마음을 놓았다. 암튼 나는 서투른 예배형식의 세레모니를 진행했고 혼신을 다해서 몸을 만지며 기를 쏟아 부었다. 나는 환자에게 자신 있게 말했다.

"아저씨! 곧 좋아질 거예요. 다시 올 테니 힘내세요."
라고 인사를 하고 일어섰는데 봉주 씨가 하는 말이 신기하게도 옆구리가 가벼운 느낌이 든다며 얼굴빛이 밝아졌다.

우리는 고개를 넘어 집으로 돌아왔다. 그런데 그 다음날 오후 늦게 만현이가 넘어와서 흥분된 어조로

"형! 아버지가 일어나셨어. 지팡이 짚고 마당을 몇 바퀴 돌며 다슬기 국을 반 그릇 드셨어. 형! 한 번만 더 와줬으면 하셔."

"그래, 알았어. 음! 함께 가자!"

나는 서둘러 이 아우와 함께 단숨에 오리길 고개를 넘어 봉주 씨 집으로 들어갔다.

해질녘 마당에 들어서니 봉주 아저씨는 마루 끝에 걸터앉아 조용히 허공을 응시하고 있었다. 마당에 들어서는 나를 바라보며 얼굴에 화색이 돌았다. 나는 이 환자를 만나자마자 마치 예수처럼 권위 있게 병마를 저주하며 몸을 안수로 만지며 텅 빈 마음으로 기를 쏟아 부었다.

얼마 뒤 이 아저씨는 악취 나는 짙은 가래를 한 컵 이상 토해내고는 기적적으로 염증이 말라버려 완치되었다. 그 뒤로 정상적으로 살아나 인삼농사도 짓고 가사일도 도우며 얼굴에 살도 찌고 정상생활을 하게 되었다.

그즈음 장티푸스로 끈적한 콧물 같은 설사를 6일 동안을 하며 혈변을 보다 쓰러진 '임상빈'이라는 초등학교 6학년 학생이 쓰러져 힘없이 눈이 쑥 들어간 모습으로 누워있었다. 이 학생은 먼 친척인데 엄마를 여의고 아버지와 누나들과 쓸쓸히 살아가는 아이였고 내가 가르치는 주일학교 학생이었다. 나는 상빈이의 몸을 손으로 만지며 기를 쏟아 넣었다.

아이는 스르르 잠이 들었다. 내가 보니 이 아이의 병은 이질 장티푸스였다. 나는 즉시 '원통골'이라는 골짜기로 올라가서 깨

끗한 돌미나리를 한 움큼 뜯어 와서 아이의 누나 임상례에게 즙을 내어 가져오라고 시켰다. 잠시 후에 돌미나리 즙을 컵에 담아 왔고 나는 상빈이에게 설명한 뒤 억지로 이 미나리 즙을 먹였다. 즙을 마신 상빈이는 힘없이 누웠다. 나는 한 번 더 기를 모아 아이를 만지고 흰 쌀죽을 끓여 조선간장을 찍어서 몇 수저 먹이라고 부탁하고는 돌아왔는데 아이는 이튿날 가보니 마당에 나와서 토끼새끼를 희롱하며 살아나 있었다.

지금 이 소년은 성장하여 50세가 다된 장년이 되어 서울에서 생활을 하고 있다. 이외에도 수십 건의 奇蹟(기적)같은 현상들이 나의 주변에서 일어났다. (중략)

念力(염력)라는 것은 따지고 보면 바로 '**무의식이 물질에 영향을 미치는 예**'라고 보는 게 타당하다.

이러한 것들은 현대 물리학, 특히 아인슈타인의 상대성이론이 발표된 이후에 과학계에서도 인정받는 사실이기도 하며 이러한 증명을 통하여 과거의 전통적인 물질관은 근본적인 변화를 맞게 되었다. 양자역학에서는 물리학의 발전과 더불어 물질은 고체라고 생각되던 종래의 물질관이 수정되어 오늘날에는 에너지의 흐름이나 波動現像(파동현상)으로 이해되고 있다.

따라서 이 에너지의 흐름이 바뀌면 물질은 변화될 수 있다고 여겨지게 되었다. 이러한 사실은 불교에서 '色卽是空(색즉시공)' '空卽是色(공즉시색)'이란 〈반야심경〉의 서두에 잘 설명하고 있다. 결과적으로 아무리 단단한 고체 덩어리도 그 자체가 에너지 덩어리이기 때문에 그 에너지에 영향을 미치게 되면 물질이 파괴되거나 움직이고 변형이 일어나게 된다는 것은 당연한 이치이다. 결국 念力(염력)이란 이러한 원리 하에 마음 즉, 무의식의 힘이 물질의 에너지에 영향을 미쳐 그 물질을 움직이는 것이라 할 수 있는 것이다.

이러한 논리를 긍정적으로 廓大(확대)하면 無意識(무의식)의 힘으로 인간의 질병을 충분히 고칠 수 있는 것이며 일반상식을 뛰어넘는 현상들이 일어날 수 있는 것이다.

(3) 기적을 행하던 예수의 목적은 자신이 그리스도임을 선포하기 위함이었다.

많은 사람들은 자신이 크리스천이면서도 성경의 기적들이 실제로 일어난 사건이 아니라고 믿는다. 자유주의 신학자들은 평범한 사건을 과장되게 기록했다고 말하기도하며 마술 비슷한 속임수 혹은 오해였을 것이라고도 한다. 성경을 읽고 참고하는 신앙인이라면 33회 이상 기적에 대한 기록을 이 심오한 초자연적인 기록들을 진지하고도 조심스럽게 연구 상고하는 것이 마땅하다.

그러나 4복음서를 비교 검토해보면 목격자들과 당시의 증인들이 속았거나 기만당하거나 마술쇼를 관람한 사건이 아님을 알 수 있다. 마술사들은 무슨무슨 장비를 무대 위에 개설해놓고 놀라와 보이는 일을 해내지만 예수께서는 어떠한 장비도 없이 맨손으로 사람을 만지며 혹은 말씀의 명령으로 폭풍을 잠재우고 시체로 변하여 관속에 들어간 청년을 일으키는 놀라움은 하나님의 능력을 승인받은 메시아의 권세였다. 이 기록이 사실이라면 비교컨대 마술사가 죽은 사람을 여럿 살린 경우는 지구상에 없기 때문이다. 그것도 한 사람도 아니며 죽었던 나사로 외에도 수많은 사건들은 그가 보통 선지자들과는 확연히 다른 능력과 하늘의 권세를 위임받은 메시아임을 나타내고자 계시하심이었다.

우리는 그 기적에 관한 기록들이 단지 상징들이거나 비유였다고 말할 수는 없다. 부활을 묘사하는 기록이 예수께서 사람들을 영적인 면으로 다시 살리셔서 그들의 인생에 새로운 의미와 방향을 제시해 주셨음을 알려 주는 상징적인 방법이었다고 어떤 사람들은 생각할지 모른다. 그러나 그 제안은 면밀히 검토해 보면 옳은 관점이 않은 것이 드러난다.

죽은 오라비와 마리아, 마르다는 실존인물이며 동시에 여러 증인들 앞에서 공공연히 행하여졌음은 그들이 살아있을 때 이 성경이 기록되었다는 것을 기억해야한다.

마가복음이 AD.55년~60년경에 기록되었다고 신학자들은 합의를 본다. 그러므로 이 사건들은 짜고 치는 고스톱이 될 수 없는 사실이다. 그리고 이러한 자료들은 예수를 죽인 유대 역사 기록에도 手錄(수록)되었고 전해진다. 이러한 目擊談(목격담)은 많은 사람들의 생애에 영향을 끼쳤다. (행1:6~8, 4:8~13)

그들은 보고들은 것을 말하지 않을 수 없어 기록하고 전파하였다. (행4:20)

우리는 기적을 행하면서도 우울했던 예수의 심정을 눈치 채야한다. 예수께서는 단적으로 말씀하셨다.

'예수께서 이르시되 악하고 淫亂(음란)한 세대가 표적을 구하나 선지자 요나의 표적 밖에는 보일 표적이 없느니라'(마12:39)

신약성경 4복음서에는 서른 세 차례의 초능력적인 기적을 일으키며 백성들을 놀라게 하였으나 예수의 실체를 알아보는 사람은 없었다.

'유대인은 표적을 구하고 헬라인은 지혜를 찾으나 우리는 십자가에 못 박힌 그리스도를 전하니 유대인에게는 거리끼는 것이요 이방인에게는 미련한 것이로되 오직 부르심을 받은 자들에게는 유대인이나 헬라인이나 그리스도는 하나님의 능력이요 하나님의 지혜니라.' (고전1:22~23)

예수께서 온갖 병자를 고치시고 물위를 걷고 크고 작은 기적을 서른 번 이상 보여주신 이유와 목적은 어둠에 갇혀 희망을 잃은 백성들에게 자신이 세상의 빛으로 오신 메시아임을 선포하심과 동시에 매일 짐승을 죽여 성전을 가축시장으로 만들며 장사의 소굴로 전락해가는 피비린내 나는 허상의 제사와 그릇된 예배의 개념들을 바로잡아 신령과 진정으로 참 하나님과 아버지께 올바른 예배를 드리는 사람들로 제사제도를 개혁하기 위함이었으며, 이사야 1장 12~14절에서 이사야가 말한 대로 교회 마당만 밟는 헛된 제물을 드리며 손에 피가 가득한 백성들을 위하여 참된 회개를 촉구하여 이 땅에 하나님의 왕국을 건설하여 백성들의 의식을 개혁하기 위함과 그리고 분열되어 서로가 종교적인 숭배대상과 갈등으로 인한 장소개념을 초월하여 무소부재하신 참 하나님을 향한 예배의식을 가르치기 위한 종교개혁 정신이었다.

바울은 고린도전서 1장에 이어서 2장에서도 그는 유대인들의 메시아 교리사상과 헬라사상을 학자답게 뚜렷하게 구별하였다.

'형제들아 내가 너희에게 나아가 하나님의 증거를 전할 때에 말과 지혜의 아름다운 것으로 아니하였나니 내가 너희 중에서 예수 그리스도와 그가 십자가에 못 박히신 것 외에는 아무것도 알지 아니하기로 작정하였음이라 내가 너희 가운데 거할 때에 약하고 두려워하고 심히 떨었노라 내 말과 내 전도함이 설득력 있는 지혜의 말로 아니하고 다만 성령의 나타나심과 능력으로 하여 너희 믿음이 사람의 지혜에 있지 아니하고 다만 하나님의 능력에 있게 하려 하였노라' (고전 2:1~5)

수가성에서 물 길러 나오다 예수 그리스도를 만나 영혼이 바뀐 우물가의 여인과의 대화는 意味深長(의미심장)하다.

'여자가 가로되 우리 조상들은 이 산에서 예배하였는데 당신들의 말은 예배 할 곳이 예루살렘에 있다 하더이다. 예수께서 이르시되 여자여 내 말을 믿으라 이 산에서도 말고 예루살렘에서도 말고 너희가 예배할 때가 이르리라 너희는 알지 못하는 것을 예배하고 우리는 아는 것을 예배하노니 이는 구원이 유대인에게서 남이니라. 아버지께 예배하는 자들은 신령과 진정으로 예배할 때가 오나니 곧 이때라 아버지께서는 자기에게 이렇게 예배하는 자들을 찾으시느니라. 여자가 이르되 메시아 곧 그리스도라 하는 이가 오실 줄을 내가 아노니 그가 오시면 모든 것을 우리에게 알려 주시리이다. 예수께서 이르시되 네게 말하는 내가 그로라 하시니라'(요4:19~26)

(4) 그 시대의 관원들이 아무도 몰랐던 고독한 메시아

'그러나 온전한 자들 중에서 지혜를 말하노니 이는 이 세상의 지혜가 아니요 이 세상에서 없어질 관원의 지혜도 아니요 오직 은밀한 가운데 있는 하나님의 지혜를 말하는 것으로서 곧 감추었던 것인데 하나님이 우리의 영광을 위하사 만세전에 미리 정하신 것이라 이 지혜는 이 세대의 관원들(통치자)이 한 사람도 알지 못하였나니 만일 알았더라면 어찌 영광의 주를 십자가에 못 박아 죽였겠느냐?'(고전2:6~8)

사도바울은 깊은 탄식으로 울분을 토하고 있다. 그것은 영광의 주로 오신 이가 십자가의 이슬로 사라지는 고난의 제물이 되었던 원인이 무엇인지를 토로한 것이다. 당시 유대교 사회의 종교지도자들이 몇 명이라도 아니 한 명이라도 정확히 예수 그리스도의 실체를 알아봤더라면 십자가 고난이 아닌 영광의 주가 되시어 유대교는 새로운 영적 혁명이 일어났을 것이며 종교 역사가 달라졌을 것이다.

(5) 요셉과 마리아도 책임이 있다.

　베들레헴에서 예수가 탄생했다. 그런데 이미 자신의 뱃속에 아기가 인류의 메시아라는 사실을 알고 있었다면 무슨 영문으로 아기예수를 그 냄새나는 旅人宿(여인숙) 말구유간에서 낳는가?

　신학자들과 기독교 성직자들은 일각에서 해석하기를 지극히 천하고 낮은 자리에 겸손히 태어나신 것이라고 미화시키지만 그것은 진실로 웃기는 해석이다. 왜냐하면 오늘날 수만 명의 성직자들이 누가 예수처럼 비천하게 먹고 마시며 낮은 자리에 거하는가? 거의가 기복으로 절어 군림하고 있으며 자기 자신들도 스스로 예수의 제자가 아닌 것을 알고 있다.

　십자가 장사, 종교전쟁, 축복타령, 고급 주택과 승용차, 등 세인보다 더 타락했다. 예수의 탄생부터 오늘에 이르기까지 그를 알아보는 이는 극히 드물고 다만 객관적으로 그 이름이 피상적으로 전파된 것 뿐이다.

　그리고 예수께서 탄생했을 때 하늘의 徵兆(징조)와 별들의 계시를 받고 동방박사 세 사람이 찾아왔지만 그들은 어린 예수를 친견하여 예물을 드리고는 향후 행방이 묘연해졌다.

　도대체 왜 왔을까? 유대는 이미 로마의 植民地(식민지)로 헤롯왕이 2세 이하의 모든 남자아이를 죽이라고 명령이 떨어진 시점에서 언제든지 죽음이 엄습하는 아주 위험한 상황에서 警護員(경호원)으로서 예수를 지켜줘야 할 텐데도 도대체 하늘의 계시를 받기까지 해놓고 몇 년 동안 渺然(묘연)했다.

　그러므로 이 영광의 주를 확실히 깨달아 의심 없이 메시아로 못 박아 가슴으로 믿은 이는 없었다는 이야기다. 관원들이 몰라본 메시아를 군중들이 알아볼 리 없었다.

　예수의 행하시는 기적이나 병 고치시는 능력을 보고 떡 먹으러 몰려다니던 수천 명의 군중들도 결국은 다 흩어져버렸다. 십자가 처형의

기적들에 대한 조명

운명의 날에는 예수의 친척 되는 여인들 몇몇과 젊은 제자 요한만이 비극의 사형장에 비참한 오열을 토하며 처참히 지켜보고 있었다.

그런데 만일 당시의 대제사장이나 율법사들과 랍비들, 서기관들이 예수를 메시아로 생각했더라면 이스라엘의 운명과 지금의 전 세계운명은 크게 달라졌을 것이다. 그런데 안타깝게도 당시의 관원들은 아무도 인정하지 않았다.

어렵게 니고데모 한 사람이 사람들의 낯을 피하여 해질녘 퇴근길에 예수를 찾아와 면담하는 내용이 전부이다. 유명한 대화내용은 사람이 하나님의 나라를 보려면 새롭게 다시 한 번 태어나야만 볼 수 있다는 어느 랍비에게서도 들을 수 없는 개혁적인 설교를 남겼는데 훗날 니고데모는 그의 제자가 되었고 〈니고데모 복음〉을 저술하기도 하였다.

(6) 예수 그리스도는 죽기위해 이 땅에 오신분이 아니시다.

그런데 어쩌다 죽기위해 오신 분이 되고 말았다.

인간적인 면에서의 예수는 인척관계 면이나 여러 면에서 비추어볼 때 집 한 칸도 없는 거지였고 집시처럼 이곳저곳 옮겨 다니며 메시아로서의 계획은 성공적으로 열매를 거두지 못했다.

이스라엘이라는 유대민족이 기반이 되어주지 못하니 하나님의 왕국을 세울 기반이 없었다. 오천 명씩 따르는 군중과 제사장들과 바리새인, 등 관원들이 힘을 합치고 죽기 전에 서례요한이 적극적으로 발판이 되어 힘썼더라면 유대종교 역사는 혁명을 일으켰을 것이며 로마인들을 몰아내는 것은 이차적인 문제로 해결되었을 것이다.

무슨 근거로 이러한 평을 하느냐 하는 사람들을 위해 미리 반증하자 치면, 보라! 이스라엘이 1948년 5월 14일 발포어 선언으로 유대인의 독립이후 이들의 결속력을 막을 자들이 없는 것을 보지 않았는가? 3억

명이 넘는 이라크 아랍공화국을 6일 만에 쳐부수는 전쟁의 고수들을…
결국 예수는 육적으로 희망이 보이지 않자 영광의 주 예수는 苦難의 主가 되기로 마음먹는다.

　이 계획이 그리스도의 영혼을 지배하자 예수께서는 몇몇 구약성서를 인용하여 구약의 예언자들의 말씀을 성취하려 함이라고 제자들에게 선포하며 선지자 요나의 표적을 예로 들며 아버지 하나님께로 가는 길을 예비하러 가노라고 선포한다. 이것은 잃어버린 에덴을 회복하는 길이 이제 없어지자 예수께서 이제 죽음을 결심하고 제시하는 그 구속방법이 영적으로 전환되는 슬프고도 무거운 처지였다.

　이젠 피할 수도 없다. 관원들은 매일 예수를 잡으려고 기회를 노리고 있었으니 유다의 배신이 아니라도 예수는 틀림없이 암살위기에 처했던 환경을 복음서 여기저기서 엿볼 수 있다. 결국 이 놀라운 결단은 고난의 길을 스스로 선택한 예수의 길은 놀라운 참사랑의 정신으로 영적인 길을 열어놓는 계기가 되었다.

　이제 육신은 가인의 후예들에게 내어주면서 그것은 죽음이 아니라 새로운 길을 제시하신 救贖(구속)의 길이 되었기 때문이다.

　예수의 본래의 뜻은 죽기 위해서 이 땅에 오신 분이 아니었다. 이것은 역사적으로 부정할 수 없는 사실이었다. 유대교가 진정으로 메시아를 기다렸다면 메시아를 맞이할 준비를 했어야 했다. 모세를 통하여 유대민족을 애굽에서 이끌어낸 것은 무슨 의미일까?

　오실 메시아를 죽이라고 데리고 나온 것이 아니다. 야훼라는 존재가 4천 년을 준비했다면 이것은 부정할 도리가 없는 현실인 것이다. 유대교는 2000년 동안 오직 메시아만을 바라고 나온 교회였다.

　야곱을 21년 동안 하란 땅에 보내었다가 다시 끌어내고 또 이스라엘 민족을 애굽에 들여보내 400년 동안 고생시켜 수많은 기적을 다 일으켜 보호 육성하여 끌고 나온 민족이었지 않은가? 創造主 하나님이 예수님을 잡아 죽여 버리라고 그렇게 역사를 조작했는가?

신앙인은 먼저 이것을 알아야 한다. 유대교회와 소위 그들의 입장에서 이방인이라 불리는 우리는 메시아 사상이 1차 산산이 부서졌음을 말이다.

基督敎歷史 2000여 년 역사를 놓고 재조명해 보면 메시아를 죽이고 난 뒤 이스라엘은 나라의 존망이 위태해지고 후일 이방인에게는 예수의 행적과 발자취, 등이 기록된 성경이 문서로 남아 유대인이 예상치 못하던 교회가 생겨났다. 얼굴 없는 예수 그리스도를 상상하며 구교, 신교가 파생되고 로마교회가 파생되었으며, 여기서 말로 다할 수 없는 전쟁과 수많은 유혈사태가 하나님 혹은 예수 그리스도의 이름으로 자행되었다. 억지로 맞춘 십자가 교리로 구원을 외치며 형틀에 매달린 예수형상을 걸어놓고 구원해 주십사 기도하고 숭배하는 현실은 우상숭배종교로 전락해버렸다.

이제 그만 십자가 위에서 그분을 모셔내려 쉬게 해야 한다. 여우도 굴이 있고 공중의 새들도 둥지가 있건만 인자예수는 머리 둘 곳이 없는 외로운 모습을 기억해야 한다. 인류는 실패했고 이스라엘 유대교도 실패했다.

(7) 그들이 실패한 성서적 이유와 根據(근거))

그들은 선민사상에 대한 우월의식이 하늘을 찌르면서도 강대국에 대해서는 비겁하였고 모세 수하에서도 불순종을 밥 먹듯 하는 비겁한 민족이었고 율법을 식은 죽 먹듯 버린 민족이었다.

1) 40년 우상숭배

'이스라엘 족속아 너희가 사십년 동안 광야에서 희생과 번제의 예배를 내게 드렸느냐? 너희가 너희 우상 기윤 곧 너희가 너희를 위하여 만든 신 곧 별들의 形狀(형상)을 가지고 가리라.' (암5:25~26)

2) 예루살렘에 公義(공의)가 사라짐

'너희는 예루살렘 거리로 빨리 왕래하며 그 넓은 거리에서 찾아보고 알라 너희가 만일 公義(공의)를 행하며 眞理(진리)를 구하는 자를 한 사람이라도 찾으면 내가 이 城(성)을 사하리라.' (렘5:1~2)

3) 先知者(선지자)들과 祭司長(제사장)들의 타락

'이 땅에 奇怪(기괴)하고 놀라운 일이 있도다. 선지자들은 거짓을 예언하며 제사장들은 자기 權力(권력)으로 다스리며 내 百姓(백성)은 그것을 좋게 여기니 그 결국은 너희가 어찌 하려느냐' (렘5:30~31)

4) 지식의 근본을 버린 이스라엘

'내 백성이 智識(지식)이 없어 망하는 도다. 네가 지식을 버렸으므로 나도 너를 버려 내 제사장이 되지 못하게 할 것이요 네가 네 하나님의 율법을 잊었으니 나도 네 자녀들을 잊어버리리라'(호세아 4:6~7)

5) 善惡(선악)의 槪念(개념)이 뒤집힌 罪惡(죄악)

① '惡(악)을 善(선)하다 하며 선을 악하다 하며 黑暗(흑암)으로 광명을 삼으며 광명으로 흑암을 삼으며 쓴 것으로 단 것을 삼으며 단 것을 쓴 것으로 삼는 자들은 화 있을 진저 스스로 지혜롭다하며 명철하다 하는 자들은 禍(화) 있을 진저 그들은 葡萄酒(포도주)를 마시기

에 용감하며 毒酒(독주)를 잘 빚는 자들은 화 있을 진저 그들은 賂物(뇌물)로 말미암아 악인을 의롭다하며 의인에게서 그 공의를 빼앗는 도다. 이로 말미암아 불꽃이 그루터기를 삼킴같이 마른 풀이 불 속에 떨어짐같이 그들의 뿌리가 썩겠고 꽃이 티끌처럼 날리리니 그들이 율법을 버리며 이스라엘의 거룩하신 이의 말씀을 멸시하였음이라' (사5:20~24)

② 惡(악)한 말로 원망을 토함 (민11:1~3)

③ 고기가 먹고 싶다고 원망하며 모세를 대적함 (민11:4~35)

④ 모세를 죽이려하다 광야에서 40년 彷徨(방황)함 (민13~14)

⑤ 고라, 아비담, 온이 黨(당)을 짓고 모세와 아론을 대항하고 反逆(반역)함 (민16:1~35)

⑥ 물이 없다고 怨望(원망)함 (민20:1~13)

⑦ 怨望(원망)하다 뱀에 물려죽음 (민21:4~9)

⑧ 모세와 아론을 거역함 (민수기16장)

⑨ 70년 바벨론 포로의 메시아 고레스의 은혜를 잊음

위와 같이 구약성경을 대략만 살펴봐도 이들은 신앙심이 없는 민족이었다. 사울 왕 타락 이후에서 말라기까지의 구약을 살펴보면 이 민족은 하나님을 믿는 나라가 아니었다. 바벨론 포로에서 돌아온 뒤 그들은 또 다시 타락하기 시작하였다.

그러므로 그들은 예수와 같은 영적인 메시아를 받아드릴 수 있는 마음자세와 의식의 눈이 없었던 것이다. 왜냐하면 홍해를 가르고 반석을 쳐서 물을 마시우고 하늘에서 만나를 내려 먹이며 기적을 행하며 불뱀에 물려죽는 광경을 직접 목격했음에도 그들은 영적으로 소경들이었기 때문이다.

이러한 군중의 심리는 지금도 달라진 게 없다. 예를 든다면 선민이라는 유대인 의식으로 볼 때 완전히 이방인이었던 구약의 메시아 고레스 왕은 그의 출생지가 페르시아 지금의 '이란'이며 그의 근본신앙은 조로아스터교, 즉 拜火敎(배화교)도였다. 그의 정치 철학으로는 관용정책을 펼치는 왕이었으며 하늘의 영감을 받은 이사야는 또한 영감 받은 고레스(Cyrus=키루스) 왕을 이사야 45장에서 53장까지 연결지어 언급하며 이스라엘의 목자 메시아임을 마치 예수 그리스도와 同一視하다시피 기록하였다.

역대하 36장 22~23절에는 바사 왕 고레스의 칙령으로 조서를 내려 포로 귀환과 함께 예루살렘을 회복하라는 왕의 관용적인 행적과 함께 에스라 1장 1~4절은 눈물의 선지자 예레미아의 예언대로 고레스 왕의 마음이 감동되어 공포와 조서를 내려 유대인들로 하여금 바벨론 포로에서 해방과 더불어 예루살렘 성전 재건을 크게 돕고 그들에게 귀환할 것을 당부하였다.

때는 BC.538~539년이었다. 과거 이방나라 왕을 통하여 구원을 받은 이스라엘은 오늘날 그 은혜를 까맣게 잊고 마치 아무 일도 없던 것처럼 배은망덕의 길을 택하여 카인의 후예임을 자랑하고 있다. 이러한 인간의 심령상태는 예수 그리스도께서도 군중을 보고 느낀 심정이다.

'인자가 올 때에 믿는 자를 보겠느냐 하시니라'(눅18:8)

(8) 奇蹟(기적)인가 復活(부활) 신앙인가?

당시 유대 백성들은 예수님의 영적인 말씀을 납득하지 못했다. 예수께서는 당시의 예루살렘 성전 건물이 아니라 자신의 몸을 성전으로 비유하여 삼 일 만에 일으킨 다소 생전에 누누이 말했던 것이다. 십자가 처형 이후에도 유대인들은 그 의미를 깨닫는 이가 별로 없었다. 그들의 신앙관과 인간의 사후상태는 스올이나 게헨나에 갈 뿐이지 부활이나 還生(환생) 같은 신령한 미래관이나 소망 같은 것은 없었다.

'예수께서는 이 聖殿(성전)을 헐라 내가 삼일 만에 다시 일으키리라'
(요2:13~22)

우리는 이 구절을 영적으로 의미깊이 黙想(묵상)해야 할 필요가 있다. 성경의 많은 부분을 황제숭배 당시 수정했으며 초기 기독교 공동체 해석은 예수님의 신성보다는 교회라는 공동체 운영에 대한 유익과 조직체 입지에 맞추는 경향이 두드러졌다.

근본적인 문제에서는 문제가 불거져야 한다. 자신이 죽었다가 3일 만에 100% 살아날 줄을 알았다면 그리스도의 고난과 십자가 처형이 별 의미가 없다는 것이다.

대수술을 받고 痲醉(마취)에서 깨어난 상태에서 회복했다면 큰 의미가 없다는 것이다. 암튼 예수께서는 사람이 거듭 태어나는 영적인 부활 상태를 중시 여겼으며 유대인들은 자연법칙 보다는 기적을 요구했지만 초기 기독교인들은 자연법칙의 순환이며 생명의 실상인 부활이 인간의 완성임을 알아 집중한 사람이 많았다

예수께서는 군중들의 심리를 훤히 알고 있었다. 이 구절을 주목해보면 당시의 상황을 알 수 있다.

'예수께서 대답하여 이르시되 내가 진실로진실로 너희에게 이르노니 너희가 나를 찾는 것은 표적을 본 까닭이 아니요 떡을 먹고 배부른 까닭이로다. 썩을 糧食(양식)을 위하여 일하지 말고 영생하도록 있는 양식을 위하여 하라 이 양식은 人子(인자)가 너희에게 주리니 인자는 아버지 하나님께 印(인)치신 자니라' (요6:26~27)

8. 印度(인도)와 히말라야에서 예수 행적

예수께서는 구도자였다. 신약성경 4복음서는 예수께서 활동을 시작한 이후 十字架(십자가) 사건과 더불어 AD.60년 이후로 기록들이다. 그러므로 유년시절 잠시 언급되고 성인식 이후 성전에서 토론 이후 29세까지는 기록할 만한 자료가 없다. 본서 서두에 소년기와 청년기 시절은 언급했는데 본장에서는 그동안 신비 속에 묻혀있던 예수께서의 잃어버렸던 세월들의 자취를 추적해본다.

가장 믿을만하고 신빙성이 있는 자료를 입수한 사람이 있는데 그는 기독교인이 아닌 한양대학교 민희식 교수의 증언이다. 그는 불문학 박사로 1985년 번역 문학상과, 프랑스 대통령으로부터 문화 훈장을 수여받은바 있는 학자로서 서양문화의 근본이라 할 수 있는 기독교를 오랜 시간 연구하며 그동안 예수의 업적과 행적들에 관하여 끊임없이 추적하여 그동안 인도와 여러 곳을 답사하며 몰두하였다.

여기에 기록하는 자료는 인도, 네팔, 티베트, 등 사원에 산재해있던 불교계 경전과 당시의 기록 내용을 근거로 하고 있다.

(1) 佛(불) 博物館(박물관)에서 입수한 자료

이 기록들은 그동안 프랑스 國立博物館(국립박물관)에 秘藏(비장)된 채 공개되지 않던 것을 여름방학 때 민희식 교수가 발굴 입수해 귀국하였다. 1986년 9월 20일 조계사 관음회를 통하여 열었는데 이후 기독교계 신학도들에게 강연 요청이 한동안 쇄도하기도 하였다.

기독교 역사에서 침묵하고 있는 예수의 靑年時節에 대한 자료들이 고스란히 기록으로 남겨져 있는 곳은 인도 '라다크' 주 지방의 '하이미스' 7대 사원에서 발견된 〈티베트어 경전들〉로 그동안 의심스럽고 예수의 생애에서 모호한 점이 짙은 회의를 품었던 서양의 학자들은 많았다.

대표적인 인물로는 러시아인 '니콜라스 노토비치'였는데 그는 인도, 네팔, 등지에서 여러 사원에 있는 예수의 기록들을 모아서 지난 1894년 불어판으로 발표했으나 예수전의 편찬자 '에르네스트', '르남' 및 이들은 기독교 단체 측의 박해를 받고 이 자료가 자취를 감추게 되었다. 위 資料(자료)는 프랑스 정부의 특별배려로 이 희귀자료를 다시 찾아 민 교수는 귀국하게 되었다.

사원에서 예수께서는 불교를 진지하게 연구하였고 예수의 불교식 이름은 ISSA=이사 였다. 13세 되던 해 유대 법에 따라 성인식을 치르고 난 뒤 유대법의 家長權(가장권)을 갖고 結婚(결혼)을 해야 할 입장에 처해지자 당시 소년들 가운데서 유난히 영특하고 俊秀(준수)한 예수님을 사위로 갖고 싶어 하는 끈질긴 요구가 늘자 예수께서는 상인들과 승려들을 따라 비밀리에 印度(인도) 지역으로 떠난 걸로 되어있다.

(2) 奇蹟(기적)의 비법을 익힘

소년 예수께서는 아리아인들 성소에 정착하여 힌두의 거장들에게 〈베다〉, 〈우파니샤드〉를 공부하나 4성 계급을 주장하는 브라만교에 크게 실망을 느끼고 그곳을 탈출하였다.

예수께서는 만인의 解脫(해탈) 가능성과 평등사상을 부르짖는 불교에 심취하여 부다가야, 녹야원, 베나레스, 등지에서 교리를 연구하며 6년간 수도생활을 하였다. 이사의 공부는 '캐시미아'를 거쳐 라다크의 '레에'에서 팔리어 산스크리트어를 배우며 이어서 티베트에서는 그곳의 밀교계의 고승 **그스테**에게서 기적을 일으키는 비법과 심령치료 비방들을 집중적으로 익혔다. 불교의 이름으로 이사는 이스라엘 귀국은 페르시아를 거쳐 돌아온다.

(3) 전모가 밝혀지는 예수의 잃어버린 세월

예수께서 구도여행을 하며 불교연구와 산스크리트어를 배운 사실은 부인할 수 없는 일이다. 러시아 언론인 **니콜라스 노토비치**(Nicolas Notovich)가 쓴 〈예수 그리스도의 알려지지 않은 생애〉를 불교신문 1986년 10월 1일자에 ISSA의 제목으로 기재하여 소개했다.

그 뒤 민희식 교수가 같은 해 10월 26일자 주간 중앙을 통해 발표하였다. 이렇게 하여 예수의 청년기가 알려지자 그게 사실일까 하여 의문 속에 있던 사람들의 파장은 한 동안 술렁댔다. 그러나 예수께서 인도 등지에서 타종교를 접하며 공부한 자료에 대하여서는 영국, 프랑스, 미국, 등에서는 100년 전부터 많은 논란이 되어왔기 때문에 대부분의 서양사의 사람들은 익히 알고 있었고 예수께서 그리스도임에 관하여는 더욱 확고한 실증적인 인물임에 대하여 더욱 신뢰하게 되었다.

민희식 교수가 발표한 니콜라스 노토비치의 문제의 책이 1894년에 발간되었을 때 많은 사람들이 반박을 하고 기독교인들로부터 무수한 抗議(항의)를 받았다. 그러나 노토비치가 1877년부터 그 다음해 사이에 티베트를 거쳐 나닥의 히미스 사원에서 〈이사 전〉을 보았고, 그 후 1922년 철학자 아베다 난다(Swami Abeda Nanda)는 히미스 사원을 다녀와 보고서를 통해 노토비치의 주장을 補講(보강)해 주었고, 1924년에서 28년까지 중앙아시아를 여행한 러시아 교수이며 과학자인 니콜라스 로에리치(Nicholas Roerie)의 〈聖 이사의 東邦旅行記(동방여행기)〉에 관한 광범위한 글 가운데서 예수의 동방에서의 불교수행 연구에 대한 자료를 밝혔고, 네 번째 목격자 스위스의 음대교수 카스파리 부인(Madam Caspari)이 1939년 여행 중에 불어로 염소가죽에다 쓴 문제의 〈이사 전〉을 찍어와 공개했다. 이러한 사람들에 의하여 밝혀진 예수의 생애 가운데 성경에 기록되지 않은 13세에서 19세까지의 잃어버린 세월을 다시 찾았으며 이와 같은 충격적인 사실은 그분이 실존 인물임을 증명하는 계기로 고무적인 사실이며 목하 전 세계의 화제가 아닐 수 없다. 이렇게 네 사람의 목격자들의 이야기를 묶어 미국의 C. 프로펫(Elizabeth Clare Prophet)교수가 〈예수의 잃어버린 세월(The Lost Years of Jesus)〉이라는 제목을 달아 책을 출판하자 미국을 비롯한 전 세계에서 베스트셀러가 되었다.

우리 한국에서도 동국 출판사를 통해 출간되어 많은 사람들이 연구자료로 소장하고 있다. 이 책의 첫 페이지는

'예수의 행하신 일이 이 외에도 많으니 만일 낱낱이 기록된다면 책을 두기에도 부족할 줄 아노라'(요21:25)

을 인용해 예수의 행하신 일 가운데 밝히지 못한 일들이 있었음을 시사하고 있다고 주장하고 있다.

네 사람의 목격담과 노토비치와 아베난다 두 사람이 발견한 〈이사 전〉이 완역되어 실려 있다. 노트비치에 의해 번역된 〈이사 전〉은 14장에 이르는 방대한 양임에 비해 아베난다가 밝힌 〈예수 전〉은 다소 적은 분량이다. 노도비치에 의해 밝혀진 〈이사 전〉 가운데 4장 뒷부분부터 8장에 이르기까지가 예수께서 東邦(동방)에서 공부한 기록이 담겨져 있다.

〈이사 전〉 몇 구절 인용한다.

4장 10절 이사가 13세가 되어 유대관습에 따라 아내를 맞이해야할 즈음

11절 단순한 손기술로 생계를 유지하던 부모의 집에 귀족들이 드나들며 이사를 사위로 삼고자 하여 총명함을 욕심냈으니 이는 전능하신 하나님 이름으로 행했던 그의 교훈적인 설교가 주변으로 퍼져나가며 유명해졌기 때문이었다.

12절 이사가 아버지 집을 은밀히 빠져나와 예루살렘을 떠나 상인과 승려들과 함께 신드(Sind)로 향했던 게 바로 그때였으니

13절 이는 하나님의 말씀 안에서 스스로 자신을 완전한 대 붓다(The great Buddha)법을 연구하기 위함이라고 기록되어있다.

또한 **5장 3절**에서는 이사께서 죄에 빠진 자이나 숭배자들을 버리고 오릿사(orissa) 나라에 있는 '주거나웃(Juggernaut)'에 가시니 그곳에는 '비아사 크리슈나(Vyasa krishna)'의 시신이 안치된 곳이다. 이사께서 그곳 백인 브라만 사제들에게 극진한 환대를 받으셨더라.

4절 그들이 이사께서 〈베다〉를 읽고 이해하는 방법과 기도의 힘으로 병을 치유하는 방법, 사람의 몸에서 악령을 몰아내어 온전함을 되찾는 방법, 등을 가르치니라.

5절 이사께서 주거나우, 라지그리하(Rajagriha), 베나레스(Banres)에서 6년을 지내셨더라. 그가 바이샤(The Vaihas)와 수드라(The Sadras)에게 경전을 가르치시고…

등으로 매우 행적이 사실적으로 표시되고 있는 예수의 젊은 시절을 생생하게 느낄 수 있어 신앙인들에게는 희소식이 아닐 수 없다.

〈예수의 잃어버린 생애〉를 처음 밝힌 노토비치는 당시 많은 기독교인으로부터 항의와 반박을 받았다. 〈뉴욕타임지〉를 비롯한 〈19세기〉란 저널지에 옥스포드대학의 막스뮬러 교수와 아치발트 더글러스 교수

가 노토비치의 〈이사 전〉 발견에 대해 허무맹랑한 말을 한다고 몰아부쳤다.

바로 이러한 시기에 우리나라에 기독교가 상륙했고 선교활동에 들어갔으나 이러한 상식을 우리는 알 수가 없었던 것이다. 서방에서는 들끓고 있던 예수의 불교 수행에 대한 논쟁이 메스미디어가 발달되지 못한 그 당시의 실정에서 한반도에까지는 알려지지 않았던 것이다.

이 책에서 주목되는 것은 노토비치가 책을 발행하기 전에 키에프 시의 유명한 대주교 플라톤 신부에게 원고를 보였고 파리의 로텔리 주교에게도 보여주었다.

그 중 한 신부는 〈예수의 잃어버린 생애〉에 대해 새로운 사실이 아니라고 인정하였는데 그러나 출판에 대하여서는 시기상조라고 정중히 충고하였다고 한다. 1328년경에 포르데논의 오도릭(Odoric) 신부가 최초로 티베트를 다녀왔고 3세기 이후에 예수회 앙또니오안 드라다가 1661년에 그루에베와 도르빌의 신부들이 다녀왔다. 그리고 그들이 복사해 왔는지는 모르나 바티칸 도서관내에 이런 사실과 관련하여 여러 동양 언어로 기록된 63개의 사본이 소장되어 있다는 것이다. 그리고 이 사본들은 선교사들이 인도, 중국, 이집트, 아랍, 등지에서 로마로 가져온 것이라고 한다.

문제의 羊皮紙(양피지)에 씌여진 〈이사 전〉을 보관하고 있는 히미스 사원뿐 아니라 티베트, 인도, 등지에서 이 사실에 대하여 익히 잘 알려진 사실일 뿐 아니라 이제 전 세계 식견인들은 다 알게 된 사실에 대해 그들은 정확하게 밝히지 않으려 하고 있는지 모른다.

'그러한 사실들을 예수 그 자신에 의해서 정해진 시간이 올 때까지 또는 성경을 쓴 사람에 의해서 비밀이 밝혀지기에 앞서 진리의 성령이 먼저 와야 한다는 예수의 예에 따라 혹은 肆惡(사악)한 계략이나 훗날의 편집자들이 후세사람들이 예수가 뿌린 정신적 씨앗으로 예수와 그의 길을 모방하는 것을 억제하기 위해 의도적으로 은폐해 왔고 또한 은폐시키고 있다고 볼 수밖에 없다는 것이다. 이제 바티칸은 63개의 사본을 아니면 일부라도 끄집어내어 세상에 그 진실을 공개해야만 한다. 그리해야만 정도를 걷는 종교라 할 수 있으며 그것이 양심이 인도하는 길이다.'

〈* 이상은 1986년 10월 26일 주간중앙신문을 참고한 내용이다.〉

본서 앞부분 예수께서 소년시절에 인도에서 만행하며 구도하시는 내용들과 맥이 통하고 있다.

9. 인간 예수의 孤獨(고독)

예수의 생애는 탄생에서 십자가 사건의 죽음까지를 한 마디로 말하면 고난과 치욕의 나날이었다.

　예수께서 눈물을 흘리시더라.(요11:35)

타락되고 썩어가는 종교 지도자들과 어리석은 백성들에 대한 답답함과 손에 살인의 피가 가득한 지도자들과 목자 없이 헤매는 길 잃은 양 같은 백성들에 대한 연민으로 늘 가슴을 앓았다. 新約聖經 대부분이 예수의 고독을 말해주고 있다. 변변치 못한 식생활, 집 한 채 없는 거지 생활, 이집 저집 떠돌며 마른 떡 한쪽씩 얻어먹던 그야말로 나그네 생활이었다. 인간적으로 그나마 가장 인정을 느낀 집이 **마리아, 마르다** 자매 집이었다.

예수는 절대로 죽으러 오신 분이 아니시다. 워낙 강퍅하고 무지한 인간들을 깨우치기에는 너무나 개념의 벽이 높은 그리스도의 복음은 유대인의 전통과 자신들의 전통사상과는 그 구렁이 너무나 멀었다. 제자들이나 주변의 백성들과 병든 자들은 항상 어리석고 연약하였으며 영적인 사람들은 밤에 찾아온 니고데모와 옥합을 깨뜨려 향유를 쏟아 예수의 죽음을 예감하고 장례식을 치룬 여인은 그나마 예수에게 위로를 느끼게 하였다.

외로운 예수께 찾아와 탐욕스러운 요구를 해온 야고보와 요한을 보며 오늘날 역시도 비슷한 상황을 우리는 얼마든지 비교하여 비춰볼 수 있는 것이다. 예수께서는 이미 살아있는 삶 즉, 생전에 복음사업을 통하여 하나님의 왕국을 건설하기에는 인간의 내면의 죄악과 관념의 성벽이 화석과도 같아 어려울 것을 아시고 이제는 비장한 각오를 해야만 하였다. 그것은 이미 여러 차례 메시아 선포를 제자들에게 예고한 상태였고 관원들이 회개할 기미는 전혀 보이지 않았다. 이제는 돌이킬 수 없는 제 2차의 구속 사업만이 마지막으로 남았다. 그것은 세상 죄를 지고 가는 하나님의 어린양이 되는 길 뿐이다.

  예수께서는 마음이 무거웠다. 예수께서는 당신에게 임박해오는 죽음을 迷夢(미몽)에 헤매는 제자들에게 깨우쳐야 하는 고독한 상황에 처하게 되는 이 슬픈 드라마를 한 번 생각해보라. 자기의 스승이 하나님의 왕국을 이 땅에 건설하고 영원한 생명을 주러 오신 메시아인데 가까운 두 제자들이 당당하고도 오만한 질문 공세를 하는 이 상황을 보라. 수난과 죽음을 향해서 다가가는 길목에서 정말이지 하학적인 질문을 받는 예수, '주여! 당신이 집권에 성공하거든 가장 높은 자리를 우리들에게 달라'고 하는 이런 기막힌 요청을 받은 예수께서는 그들의 천박함을 그래도 나무라지 않으시고 차분히 대답하시었다. 고독한 예수님과 首弟子(수제자)라는 이 어리석은 사람들과의 대화에서 오늘을 사는 이 시대의 성직자들과 예수 이름을 빙자하여 자기의 위상을 높이려는 이들 성자병에, 교주병에, 맘모스를 꿈꾸는 축복가들의 마인드를 조명해 본다.

  이 제자들의 대화에서 우리는 무엇을 느끼고 있는가? 우리는 자신의 어리석음을 깨닫는다. 무모하게 요구만 하는 제자들과 군중들은 예나 지금이나 기복과 권세, 명예욕에 모두가 인드라 망으로 걸려있다는 것이다. 그들의 요구가 유치하기도 하지만 무서운 편법성을 내포하고 있는데서 예수는 더욱 고독하다.

  무엇이든지 응답해 달라는 요구는 요구의 정당성이나 도덕성은 아예 무시하는 요구인 것이다.

  '우리를 당신의 오른쪽 왼쪽에 귀한 자리로 한 자리씩 앉혀주십시오.'

이러한 편법주의는 결국 犯罪(범죄)를 낳는 悲劇(비극)이 되는 것이다. 이런 사람들은 결국 쿠데타를 일으킬 사람들이다. 당시의 유대 열심당원이나 다를 바 없는 사람들이다. 예수께서 이 땅에 오신 목적은 탐욕을 버리고 온유한 심성을 만들어 천국을 허락하려고 마태복음 5장의 산상수훈을 설하셨는데 그들은 예수께서 하시고자 하는 뜻을 헤아리지 못했던 것이다. 예수께서는 짧게 한 말씀 남긴다.

"너희는 너희가 구하는 것을 무엇인지 모르는 도다"

라고 말씀하셨다.

이제 메시아가 고난을 받고 죽음 이후 부활을 기다리는 마당인데 당장 권력을 잡을 줄로 알고 있다니… 다시 오늘날로 이 슬픈 구절을 반영해보면 예나 지금이나 다를 바 하나 없다. 얼마나 많은 교회가 종교라는 조직에서 권위주의를 이기적으로 행사하는가? 예수께서는 격조 높고 深刻(심각)한 질문을 하셨다.

"너희가 내 잔을 마시고 내 세례를 받을 수 있느냐?"

라고 물으셨다. 이 물음은 너희가 나와 같이 고난과 슬픔을 堪耐(감내)하고 동참할 수 있느냐를 물으신 것이다. 이 고난의 길이란 영광된 부활을 꿈꾸는 길이며 확신하는 길이지 결코 영광에 대한 특권을 보장받으려는 권력구조가 아니다.

- 弟子(제자)들의 한심한 대답

그들은 주님의 盞(잔)을 마실 수 있다고 장담하였다.

그들은 할 수 있는 것과 할 수 없는 것을 구별하지 못하였다. 그들이 얼마나 무지하고 어리석었는지 보라. 그들은 예수께서 체포되었을 때 모두 달아났다.

그들은 예수의 잔에 동참하지 못했다. 할 수 없으면서도 할 수 있다고

착각하였던 것은 어리석은 무지인 것이다. 왜냐하면 성숙한 사람은 戲
言(희언)을 하지 않는다.

또 하나의 슬픈 사실은 예수의 무죄를 주장하면서도 사형 집행장에
서 예수를 구할 권세와 능력이 있으면서도 부인의 꿈에 계시를 받았음
에도 불구하고 유대인들의 민란과 로마당국의 눈치를 보느라 자신의
출세를 연관지어 용기를 내지 못한 빌라도를 기억하며 또 한 번 슬픔을
느낀다. 그의 어머니 마리아도 부친 요셉도 예수 그리스도의 내적인
존재와 영적인 고독을 알지 못했다. 박사들과의 토론 때에도 그렇다.

"왜? 나를 밖에서 찾으시나이까? 내가 아버지 집에 있어야 할 줄을
알지 못하셨나이까?"

라고 반문할 때에도 잠시 기이히 여길 뿐 메시아의 존재를 깊이 헤아
리지 못하였다.

당시 세대의 엘리트층의 관원들이 알지 못하고 종교 전문가들이 알
아보지 못하는 메시아를 군중들이 모르는 건 어쩌면 당연한 일이기도
하다. 그가 기꺼이 죽음을 택한 일에 대하여 성령의 영감 없이 판단하
는 것은 죄악이다.

예수께서 다양한 고난과 수난을 겪는 것은 이미 작정된 일이다. 왜냐
하면 예수께서 전파하는 교훈이 율법을 깨뜨리는 듯이 보였으며 주장
하는 내용이 흑백논리에 신성모독으로 보였으며 당시의 유대교회의 종
교상황으로 볼 때에 돌이킬 수 없는 지경에 이르렀던 것이니 혁명을
일으키지 못하면 재판에 회부될 수밖에 없는 것이다. 복음서 전체에서
나타난 사건들을 종합하여 비춰볼 때 그는 이미 유대교인이 아니며 완
성된 인간으로서 율법에서 가장 중시여기는 의와 인과 신을 완성하러
오신 참 사람임을 보여주고 있다.(마23:23, 롬13:8~12)

그러므로 메시아는 고독할 수밖에 없는 것이다. 이 길은 세상이 몰라
주는 길이다. 광야에서 40일간의 연단과 악마의 유혹을 물리치는 메시

아의 과정을 마치 답안지를 보고 답을 쓰듯 대처하는 이런 모습은 메시아의 자격으로 거듭나는 인격의 완성으로 나는 말하고 싶다. 이러한 심연의 연단과 시련을 통하여 십자가마저도 능히 감당하였을 것이다.

광야의 고독 말고도 예수께서는 너무나도 고독하였다. 모든 공생애 순간들이 항상 혼자였다. 나는 여기서 분위기가 下學的(하학적)일 수는 있겠지만 감히 메시아를 '리처드 바크(Richard Bach)'의 저서 〈갈매기의 꿈〉을 생각해본다.

주인공 조나단 리빙스턴은 구태의연한 조직사회를 어느 날 탈출하여 금지구역으로 날아올라 수천 년간 인간의 정신을 노예화시키던 율법의 족쇄를 끊고 높이 높이 날아오른다. 고향에 돌아와 동료들을 설득하는 데 전심을 다했으나 이 위험한 이단아의 설교에 귀를 기울이는 이가 아무도 없었다. 결국은 아무도 알아주는 이가 없는 조직을 이탈하여 그는 고독한 비행을 하며 세상에 유언 한 마디 고독하게 남긴다.

'가장 높이 나는 갈매기가 가장 멀리 본다.'

예수는 고향에서뿐만 아니라 가는 곳마다 사람들은 그를 배척하였다. 율법교사와 바리새인들은 호시탐탐 그의 파멸을 노리고 있었다. 지식인들이나 예수의 가르침을 인정하는 기존의 지식인들도 자신들의 권위를 파괴하고 죄인과 낮은 이들은 곁에서 그를 높이는 예수와 함께하지 못한다. 그렇다고 어머니와 형제와 동급으로 여겼던 제자들과 무리들도 예수의 고독을 덜어주지는 못했다.

그것은 항상 가난한 마음과 낮은 자세, 아이와 같은 마음을 품으라고 가르치는 예수의 설교를 여러 날 들었던 제자들이 예수 앞에서 누가 더 높으냐고 두 번이나 다투는 한심한 행동들을 하고 있었기 때문이다. 변화산에서 모세와 엘리야를 만났을 때 제자들은 유구무언이었다. 공중의 새도 둥지가 있고 여우도 굴이 있는데 고독한 사람의 아들 예수는 머리 둘 곳이 없었다는 말씀은 메시아의 실체를 알아보는 이가 없다는 것이며 그분이 늘 혼자였다는 것이다.

• 삭개오를 만나다

키가 작은 稅吏(세리) 삭개오라는 사람은 예수의 소문을 긍정적으로 접하고 있었다. 어느 날 결정적인 순간이 도래하였다. 소란한 민중들, 타락한 제사장들, 자신도 돈 만지는 공무원으로서 도덕적 절망감에 마음이 짓눌리는 중에 만민에게 하느님의 나라를 선포하는 예수의 소식을 전해 듣고 한걸음에 달려왔다. 실제로 키가 작았던 그는 뽕나무에 올라가서 예수를 찾는다. 그가 들은 소식은 그렇다.

예수는 죄인들과 세리들과 친구를 하고 먹기를 탐하고 술꾼인 娼女(창녀)들과도 어울리는 특이한 사람이며 모든 병자를 손으로 만져서 혹은 말 한마디로 고치는 기이한 사람, 사랑과 憐憫(연민)이 많은 사람으로 소문을 들었다. 난장이였던 그도 또한 많은 蔑視(멸시)를 받았을 것이다. 그런데 예수의 눈이 뽕나무 가지위에 위태롭게 매달려있는 한 키 작은 사나이에게로 향하였다. 뽕나무에 올라가는 열심과 관심, 그들은 몇 마디 말로 통하였다.

"내가 뉘 것을 토색한 게 있으면 4배로 갚겠나이다."

"내가 오늘 그대의 집에 머물러야 겠도다"

아주 오랜만의 이 만남은 신약성경의 축제다.

누가복음에만 기록된 이 삭개오에 대한 행적은 헬라인 의사 누가 저자가 섬세히 연출해 낸 사건현장이다. 예수께서는 삭개오의 심령과 그의 집안에 칭찬으로 축복하였다. 예수께서도 잠시 특별한 믿음을 가진 이 키 작은 세리를 통하여 잠시 安慰(안위)하셨을 것이다.

'이 사람도 아브라함의 자손이요 이 집에 구원이 있도다.'

2장.
聖經(성경)은 누가 썼는가?

성경은 누가 썼는가?

성경은 물론 사람이 썼다. 오늘날의 교회에서는 그렇게 배우고 익힌다. 신구약 성경은 영감받은 사람들이 하나님에게 받아서 紀錄(기록)한 책이 성경이라는 것이다. 구약성경 중 모세오경은 하나님이 모세더러 받아 적으라 해서 그 내용들을 받아 적었다는 것이 보수 신학자들의 무조건 믿는 순수한 믿음이다. 모세오경을 유대교에서는 율법, 토라, 펜타튜크(Pentateuch), 등으로 부르기도 한다.

創世記(창세기)에서 申命記(신명기)까지 총 다섯 권을 모세가 기록한 책이라고 여기는데 지금은 많은 자료를 바탕으로 비교해볼 때 몇 사람이 편집한 것으로 밝혀지고 있으며 특별히 창세기의 역사 대부분은 〈길가메시 敍事詩(서사시)〉를 옮겨놓은 듯 내용이 비슷하다. 그러나 모세오경은 이름대로 모세가 주인공이다.

그 정신이 출애굽기, 레위기. 민수기. 신명기까지는 일관되어 있어 경전의 흐름이나 성격이 일관되어 있는데 창세기의 성격은 모세율법과는 완전히 다른 세상이다. 그렇다 하여 모세오경이라는 호칭의 의미가 상실되는 것은 아니다. 이 책들은 소설가가 영감으로 단기간 내에 쓴 것과는 판이하게도 거의 600년이라는 장구한 역사와 더불어 그 흐름 속에서 단계적으로 이루어져 BC.400년경에야 결집이 완성되었다.

유대교에서 모세오경이 신성시 되는 이유는 바로 모세가 하나님에게 계시를 받아 기록한 작품이라는 데에 권위적 가치를 둔다. 역사적으로 관찰해보면 이 5권은 각각 다른 시기에 쓴 책들을 서로 합친 것으로 가장 오래된 책은 기원전 10세기 작품이다. 두 번째 책은 기원전 8세기 작품이며 세 번째 책은 기원전 7세기 작품이며 신명기의 법률을 담고 있으며 네 번째 책은 기원전 4~6세기의 작품이다. 이 책들이 합쳐져 5경이되는 시점은 정확히 알 수는 없다. 5권의 책은 서로 다른 시기에 제작되었고 어떤 일로 인하여 합쳐지게 되었다.

1. 神學的(신학적)인 靈感說(영감설)들

(1) 칼빈(Calvin)주의에서 말하는 영감설들

1) 機械的(기계적) 영감설

이 말은 성경을 기록한 저자가 하나님의 필기사가 되어 진짜 성경의 저자이신 성령이 불러주시는 대로 지시하는 대로 받아 적었다는 것이다. 그런데 신약 복음서들을 자세히 살펴보면 저자들의 개인적인 성향과 특성이 표현 방법에 따라 문체가 현저하게 차별이 나타나 있음을 발견할 수 있다.

2) 直觀的(직관적)靈感說(영감설)

이 설에서 말하는 영감은 자연인의 개성적인 洞察力(통찰력)을 통하여 성경을 기록한 것이며 어떠한 초자연적인 산물도 아니라는 견해다.
이 견해는 성령의 절대적인 기계영감이 아니고 인간 스스로의 직관에 발달한 통찰력으로 성경을 기록하였다는 것이다. 이렇게 주장하므로 인간 스스로가 성경의 저자가 될 뿐 아니라 성경이 인간을 구원하는 하나님의 특별 계시로서의 가치가 상실되는 것이라고 보수주의에서는 말하고 있다.

3) 助命的(조명적) 靈感說(영감설)

이 견해에 따르면 성경의 저자들이 영감을 받은 것은 사실이지만 ― 일반적인 신앙인들의 영감과 비교해 볼 때 정도의 차이는 있으나 종류에 있어서 다른 것은 아니다 라고 주장하고 있다. 그러므로 성령은 신앙인 누구나 지니고 있는 영적 지각력을 주셔서 성경이 기록되었다고 말한다. 이 견해는 누구나 성경을 다 쓸 수 있다는 것으로 판정이 된다.

4) 動力的(동력적) 靈感設(영감설))

동력적 영감설이란 성령께서 성경의 저자들을 역동적인 방법으로 감동시켜 그들 각각의 독특한 성격과 기질, 은사, 재능, 교양, 등을 적극적으로 활용하여 성경을 기록하였다는 것이다. 그들이 성경을 기록할 때에 아무런 죄의 영향을 받지 않도록 특별히 주장하셨고 그 결과 하나님의 뜻에 맞는 오류 없는 성경이 기록되기에 이르렀다는 주장이다. 이 견해를 개혁주의 신학자들은 유기적 영감설이라고 명명한다.

(2) 靈感(영감)의 범위

1) 思想(사상) 靈感設(영감설)

思想(사상) 영감설을 주장하는 이들은 성경의 전체적인 사상은 신적으로 영감 되었으나 사상을 表現(표현)한 문자나 용어들은 성령의 지도 없이 인간 저자들의 임의대로 선택하여 사용했다는 견해이다. 이렇게 주장함으로서 그들은 영감에 관한 성경의 가르침의 요구를 만족시킴과 동시에 성경에 나타나는 불완전함과 오류를 설명할 수 있다고 생각하였다. 이 영감설을 주장하는 사람들은 성경에 오류가 있을 수 있다는 가능성을 전제로 하고 있다. 그러나 사상은 언어의 형태를 지니고 있으므로 이 두 가지는 분리될 수 없는 것이다.

2) 部分(부분)靈感設(영감설)

이 부분 영감설을 주장하는 사람들은 18세기 자연신론 또는 합리주의의 영향을 받았으며 성경을 교리적인 부분과 역사적인 부분으로 나누고 성경은 전체가 영감된 것이 아니고 교리부분이나 신약부분 또는 산상복음, 등만 영감 되었다고 주장하였다. 이들 견해에 따르면 성경은 하나님의 말씀이 아니라 부분적으로 그것을 포함하고 있는 것이 되는 것이다.

3) 逐字(축자) 靈感設(영감설)

이 설은 그렇다. 사상과 문자는 서로 분리될 수 없기에 성경은 문자에 이르기까지 축자적으로 영감 되었다고 믿는 것이다. 이 영감설은 영감의 방법에 있어서 기계적 영감설이 주장하는 오류를 범할 수 있다. 물론 기계적 영감설과 다르다고 주장하는 학자들이 많이 있음에도 불구하고 글자 한 자 한 자에 이르기까지 영감이 되었다면 저자의 특성이 전혀 고려될 수 없기 때문이다. 그러므로 이전에 축자영감설을 주장하던 많은 복음주의자들이 완전 영감설이라는 단어를 사용하고 있다.

4) 完全 靈感設 (완전 영감설)

부분 영감설에 반대하여 성경은 전체가 완전히 영감 되었다고 믿는 것이다. 또한 이 영감설은 逐字的(축자적)이라는 말이 포함하고 있는 기계적 영감설의 개념을 피하기 위해서 복음주의자들에 의해 多眼的(다안적)으로 사용되고 있다.

완전 영감설이 사상 영감설과 다른 것은 사상 영감설이 주장하는 것처럼 성경의 불완전성이나 오류를 인정하지 않기 때문이다. 복음주의자들은 영감의 범위에 대하여 말할 때 구약의 영감이나 신약의 영감이

질적이나 양적으로 차이가 있다는 견해에 반대한다.

성경에 기록은 다 똑같이 하나님 말씀의 권위를 지니게 되는 것이다. 예수께서도 종종 구약성경을 인용하시면서 '기록되었으되'라는 정해준 문구를 인용하며 예언된 선지자들의 말씀을 인정하시었다. 성령의 감동이 단어의 선택에까지 확장되는 것인지의 여부에 대해서는 말하고 있지 않지만 구약의 책들이 하나님의 말씀과 동일시되고 있음을 볼 수 있다.

5) 逐字(축자) 靈感設(영감설)이냐? 목적 영감설이냐?

초대교회로부터 기독교가 발판으로 하고 확립된 것은 교회가 아니고 성경 본문이었으며 또한 성경에 대한 영감교리는 성경 완전 靈感設(영감설)을 믿어왔다. 구약성경에 관해서도 율법과 예언서가 성령의 감동으로 기록되었다고 하였고 (눅24:27) 신약을 포함한 전체 성경이 영감으로 기록되었다고 믿어왔다. (딤후3:16, 벧후1:21)

교부시대 알렉산드리아의 **클레멘트**는,

'성경은 一點(일점)일획이라도 過誤(과오)가 없이 기록되었다'

고까지 했는데 그 이유는 하나님께서 성령의 감동으로 말미암아 말씀하셨기 때문이라고 하였다. 그레고리 **나지안스**는,

'성경에 지극히 작은 부분을 기록할 때에도 성령께서는 著者(저자)들을 간섭하셨기 때문에 우리도 성경의 지극히 작은 부분에 대해서도 細密(세밀)한 주의를 기울여야 한다.'

고 했다. 사도요한의 弟子(제자) **폴리갑**은,

'성경은 지극히 높으신 자의 音聲(음성)이기 때문에 누구든지 그것을 폐하는 자는 사탄의 맏아들이라'

고 하였다. **어거스틴**은,

'성경 저자들이 紀錄(기록)함에 있어서 어느 부분에 있어서나 過誤(과오)가 없음을 確信(확신)한다'

고 말하였다. **루터**는 어거스틴의 告白(고백)을 받아

'그것은 자기고백이라고 했고 성경 전체는 성령의 감동으로 기록된 하나님의 말씀이라'

고 하였다. **칼빈**은,

'성경은 예외 없이 하나님의 말씀으로 받아야하는데 그것은 하나님께로서만 나왔기 때문이며 人間的(인간적)인 혼합이 없기 때문이라'

고 했다. 또한 칼빈은 디모데후서 3장 16절을 가지고 설교하는 가운데,

'성경의 저자는 하나님이라는 것을 부단히 强調(강조)했고, 로마서 15장 4절을 註解(주해)하는 가운데 하나님께서 성경 저자들에게 받아쓰도록 명하셨다'

고 했다. 칼빈이 성경 저자들이 하나님의 말씀을 받아쓰셨다는 것은 저자들을 기계적으로 사용 하셨다는 뜻이 아니다. 하나님께서는 저자들을 기계적으로 취급하지 않으셨다. 우리는 바울이나 요한이나 베드로의 서신을 보면 다 같이 영감으로 기록된 말씀이지만 각자의 성품과 지성을 여실히 나타낸 것을 알 수 있다. 이것은 하나님께서 저자들을 기계적인 도구로 취급하지 않으시고 인격적으로 사용하셨다는 증거이다.

다음으로 성경이 어느 정도 영감으로 기록되었느냐 할 때 크게 두 가지 견해가 있다. 하나는 목적영감설과 축자영감설이다.

전자는 목적만이 영감 되었다는 것이고 후자는 목적만이 아니라 글자 한 자 한 자 다 영감으로 기록되었다는 것이다.

'칼빈주의'에서는 축자영감설을 믿는다. 그 근거를 문자적으로 다음 구절에 둔다.

'진실로진실로 너희에게 이르노니 천지가 없어지기 전에는 율법의 일점일획이라도 반드시 없어지지 아니하고 다 이루리라' (마5:18)

예수께서 여기에 **일점일획**이라고 하신 것은 히브리어의 세밀한 부분까지 다 염두에 두고 하신 말씀이긴 하다. 왜냐하면 히브리어는 점하나 잘못 사용하면 뜻이 완전히 달라지기 때문이다. 예를 든다면 아모스 9장 12절에 나오는 에돔이란 말이 점 하나 없음으로 사람이 되고 점이 붙을 때는 에돔이 된다.

그러므로 사도행전 15장 17절에는 사람이라고 飜譯(번역)하였다. 스바냐 1장 10절에 나오는 어문이란 말이 획하나 잘못됨으로 살해자의 門(문)이 된다. 칼빈주의자들이 축자영감설에 믿음을 두는 것은 두 가지 이유에서다. 첫째로는 예수께서 축자영감설을 가르치셨다고 믿는 것이며 둘째는 바른 글자를 사용하지 않고는 사상의 목적을 표현할 수 없기 때문이라고 하는 것이다.

6) 영감이란 大關節(대관절) 무엇인가?

어떤 영감설을 신뢰하던 의심을 하던 모든 경전은 사람이 썼다. 특별히 구약성경은 히브리어의 원본도 없고 사본을 통하여 현재의 성경이 편집되었다. 성령의 영감이란 한 마디로 啓示(계시)사상이다. 모세가 시나이 산에서 경험했다는 사건도 그렇고 에스겔, 이사야, 예레미아, 아모스, 미가, 다니엘, 기타 소선지서들 모두가 마치 신들리듯 영감에 사로잡혀 때로는 우레 같은 책망과 때로는 눈물의 하소연으로 때로는 멸망을 경고하는 역사적인 메시지를 전하였는데 이 선지자들의 예언을 주목해보면, 기자들의 독특한 사상과 개인적인 개성과 인격이 뚜렷이 드러나고 있다. 예루살렘의 멸망과 바벨론 포로생활을 예언함에 있어서도 전하는 방법과 메시지의 내용이 신약의 공관복음과는 매우 다르다. 그러니까 각자의 성격대로 기록했다는 것이다.

신약의 4복음서에서도 마태, 마가, 누가복음은 공관의 내용이 뚜렷한데 요한복음의 내용은 범위의 확장이 다르다. 사도 바울이 13권의 편지를 紀錄(기록)함에 있어서 절대평가를 해보자. 그의 獄中書信(옥중서신)이 어느 날 편집되어서 신약성서의 正經(정경)이 되었다.

과연 그렇다면 바울이 편지를 쓸 때의 심정이 2천 년대 어느 날 자신의 편지가 성경이 될 것을 알고 썼단 말인가? 바울의 서신 중에는 자기 자랑과 목회의 푸념도 상당분량 들어있다. 영감이란 자신의 영광이나 유익을 구치 않고 형제에 대한 연민과 사랑에서 진지하게 영적인 의사를 전한다면 그것이 바로 영감이다.

(3) 福音書(복음서)에 나타난 聖靈(성령)의 슈監(영감)

'永生(영생)은 유일하신 참 하나님과 그가 보내신 자 예수 그리스도를 아는 것이니라.' (요17:3)

예수께서는 말씀하셨다. 대개 피조물인 인간은 속세의 염려, 근심, 욕심으로 인한 영혼의 무지로 인하여 창조주 하나님과의 관계가 멀어져 지식의 근본이 되어야 할 신에 대한 영감이 단절되어버렸다. 이것을 타락이라고 한다. 그러므로 신을 볼 수도 없고 만질 수도 없으며 깨달을 수도 없게 되었다. 세상은 어둠에 쌓여 빛을 잃은 밤 같은 세상이 되고 말았다.

그러나 한 가지 희망이 있다. 온 천지가 어둠의 세상 주관자인 사탄의 주관 아래 종노릇하는 인간에게 빛으로 오신 이가 있으니 곧 예수께서 이 땅에 오신 생명의 길이다. 여기 한 가지 방법이 있다. 하나님과의 교제가 단절된 인간에게도 길이 열렸다. 그것은 예수 그리스도라는 사닥다리인 것이다.

그것은 성령을 구하는 길이다. 솔로몬의 기도는 신실한 예가 된다. 아무리 타락한 인간에게도 성스러운 영감을 구하면 응답하시는 마지막 보루는 신이 인간을 사랑하시므로 남겨준 은혜인 것이다. 하나님께서는 한 가지 방법을 열어두시었는데 바울 서신에서는 이렇게 말한다,

> '우리 주 예수 그리스도의 하나님 영광의 아버지께서 지혜와 계시의 영을 너희에게 주사 하나님을 알게 하시고 너희 마음의 눈을 밝히시고 그의 부르심의 소망이 무엇이며 성도 안에서 그 기업의 영광의 풍성함이 무엇이며 그의 힘의 세력으로 역사하심을 따라 믿는 우리에게 베푸신 능력의 지극히 크심이 어떠한 것을 알게 하시기를 구하노라' (엡1:17~19)

이렇듯 인간이 창조주를 잘 알 수 없는 한계에 부딪치지만 한 조각 사람에게는 영원을 사모하는 마음이 있는데 그것은 성령을 구하는 기도로 귀결된다. (전3:11)

부귀영화를 구하는 것이 아닌 진리의 영을 구하는 마음은 부패한 인간에게 남은 심령의 십일조로서 水面(수면)에 떠오른 빙산의 일각이다.

여기서 귀가 열리고 깨달아지는 것을 계시라고 한다. 하나님께서 보여주시는 계시를 성령께서 주시는 지혜의 靈(영)이라 한다. 영감을 받는다는 것은 이런 걸 말한다.

인간은 성령의 영감 없이는 하나님을 알 수가 없다. 영감이 있는 사람은 나무 한 그루, 풀 한포기, 들꽃 한 송이에서도 공중의 나는 새 한 마리에서도 하나님의 신성을 느낄 수 있는 것이다.

(4) 영감의 有形(유형)들

1) 캐논(Canon) 영감

이는 성경을 기록한 선지자들과 저자들에 대한 영감으로 편집되어 오늘날 성경이 된 특별한 영감이다. 신학자들이 공통적으로 합의를 보고 논평하는 문제는 성령의 역사는 계속되지만 성경의 역사는 끝이 났다는 것이다.

구약에서는 기다리는 메시아, 신약에서는 오신 메시아와 그의 십자가 사건과 행적들을 기록해놓은 역사로서 더 이상 새로운 성경을 쓸 필요가 없는 것이다. 오늘날 아무리 은혜로운 글을 써서 베스트셀러가 된다고 해도 그것을 성경이라고 말하는 이는 없다. 아무리 좋은 문서라도 그 사람의 저서로서 충분한 것이다.

2) 一般人(일반인)의 영감들

오늘날의 영감은 아무리 감동적인 글을 쓰고 대중에게 영향을 끼쳐도 그것은 저서이지 성경으로 인정하지는 않는다. 그러니까 오늘날에 와서는 그 탁월한 영감이라는 것은 성경을 쓴 기자의 마음을 충분히 헤아려 잘 해석하여 선포하는 일이다.

영감 있는 자들의 전하는 그 복음을 귀 있는 자는 잘 헤아려 듣는 것이다. (계2:29) 진리를 전하는 사람의 마음이 감동으로 신성이 충만할진대 하나님은 그의 사명 자들에게 반드시 자기의 秘密(비밀)을 드러내시어 啓示(계시)로 보여주시고 확실히 증거 하게 하신다.

'하나님은 자기의 비밀을 그 종들에게 보이지 아니하시고는 결코 행하심이 없으시니라' (암3:7)

'곧 啓示(계시)로 비밀을 알게 하신 것은 내가 먼저 간단히 기록함과 같으니 그것을 읽으면 내가 그리스도의 비밀을 깨달은 것을 너희가 알 수 있으리라' (엡3:3~4)

오늘날의 영감이란 이와 같이 하나님의 비밀을 올바르게 깨닫는 것으로 족하다. 계시의 영감이 충만한 사람은 헛갈리지 않으며 요동치 않으며 두려움이 없으며 교만할 수도 없다.

'우리는 수많은 사람들처럼 하나님의 말씀을 混雜(혼잡)하게 하지 아니하고 곧 純全(순전)함으로 하나님께 받은 것같이 하나님 앞에서와 같이 그리스도 안에서 말하노라' (고후2:17)

다시 말해서 오늘날의 영감은 성경을 기록한 이의 영감이 넘쳐 바르게 전달하는데 의미를 두는 것이다.

'오직 하나님의 성령으로 이것을 우리에게 보이셨으니 성령은 모든 것 곧 하나님의 깊은 것 까지도 통달하시느니라 사람의 일을 사람의 속에 있는 靈 외에 누가 알리요 이와 같이 하나님의 영 외에는 아무도 알지 못하느니라. 우리가 세상의 영을 받지 않고 오직 하나님으로부터 온 영을 받았으니 이는 우리로 하여금 하나님께서 우리에게 은혜로 주신 것들을 알게 하려 하여 하심이라'(고전2:10~12)

3) 듣는 자들의 영감

바울이 便紙(편지)로 혹은 설교로 전할 때 교인들은 바울의 말로 받지 않고 그들은 하나님의 말씀으로 받아들였다.

'이러므로 우리가 하나님께 끊임없이 감사함은 너희가 우리에게 들은 바 하나님의 말씀을 받을 때 사람의 말로 받지 아니하고 하나님의 말씀으로 받음이니 진실로 그러하도다. 이 말씀이 또한 너희 믿는 자 가운데에서 役事(역사)하시느니라' (살전2:13)

'保惠師(보혜사) 곧 아버지께서 내 이름으로 보내실 성령 그가 너희에게 모든 것을 가르치고 내가 너희에게 말한 것을 생각나게 하리라. 平安(평안)을 너희에게 끼치노니 곧 나의 평안을 너희에게 주노라 내가 너희에게 주는 것은 세상이 주는 것과 같지 아니하니라. 너희는 마음에 근심도 말고 두려워하지도 말라.' (요14:26~27)

이와 같이 그리스도를 주님으로 부르는 이들의 마음에는 깊은 信賴(신뢰)와 은혜로운 영감이 넘치는 것이다.

신령한 사람은 신령한 젖을 사모하여 하나님의 비밀을 깨달아 그의 가슴에는 남이 모르는 권세가 있으니 하나님의 자녀가 된 하늘의 시민권을 갖게 된 것이다.

'오직 우리의 시민권은 하늘에 있는지라 거기로서 구원하는 자 예수 그리스도를 기다리노니…'(빌3:20)

'너희가 이른 곳은 시온산과 살아계신 하나님의 도성인 하늘의 예루살렘과 천만 천사와 하늘에 기록된 장자들의 총회와 교회와 만민의 심판자이신 하나님과 및 온전케 된 의인들의 영들과 새 언약의 중보자이신 예수와 및 아벨의 피보다 더 나은 것을 뿌린 피니라.'(히12:22~24)

2. 啓示思想(계시사상) = 아포칼룹시스(Apokalupsis)

앞서 언급한 영감은 곧 啓示思想(계시사상)으로 연결된다. 계시라 해서 다니엘이나 요한 계시록 같은 미래사적이며 방대한 역사의 도래를 꼭 말하는 게 아니다. 필자가 말하는 계시사상은 성경을 기록한 기자들의 영감에 젖어야만 정확한 의미와 그 뜻을 전달할 수 있으며 모두가 마음을 모아 한 음성으로 화답할 것이다.

엄밀히 말하자면 성령의 이끌림과 계시사상은 둘이 아니다. 고장 난 기계는 그 만든 창조자만이 고칠 수 있듯 성경의 건전한 해석은 그 기록한 저자의 영감이 없이는 억지로 문자 해석으로 치우치던가 아니면 지나치게 영적으로 해석한다 하여 본질에서 떠나 역시 억지해석으로 이단에 빠져 타락하게 되는 것이다.

- 聖靈(성령)의 啓示(계시)에 대한 기록들

바울은 자신이 전하는 복음이 만세전부터 감추어 두었다가 하나님께서 이제 나타내신바 된 비밀의 계시를 따라 된 것이라고 말했다. (롬16:26, 고전14:6, 14:26) 바울은 다시 말한다.

> '형제들아 내가 너희에게 알게 하노니 내가 傳(전)한 복음은 사람의 뜻을 따라 된 것이 아니라 이는 내가 사람에게서 배운 것도 아니요 받은 것도 아니요 오직 예수 그리스도의 계시로 말미암은 것이라.' (갈1:11~12)

'계시를 따라 올라가 내가 이방 가운데서 傳播(전파)하는 복음을 그들에게 사사로이 한 것은 내가 달음질한 것이 헛되지 않게 하려함이라' (갈2:2)

'우리 주 예수 그리스도의 하나님, 榮光(영광)의 아버지께서 智慧(지혜)와 계시의 영을 너희에게 주사 하나님을 알게 하시고 너희 마음의 눈을 밝히사 그의 부르심의 所望(소망)이 무엇이며 그의 힘의 능력으로 역사하심을 따라 믿는 우리에게 베푸신 능력의 지극히 크심이 어떠한 것을 너희로 알게 하시기를 구하노라.' (엡1:17)

'곧 계시로 내게 비밀을 알게 하신 것은 내가 먼저 대강 기록함과 같으니 그것을 읽으면 내가 그리스도의 비밀을 깨달은 것을 너희가 알 수 있으리라' (엡3:3~4)

'내 아버지께서 모든 것을 내게 주셨으니 아버지 외에는 아들을 아는 자가 없고 아들과 또 아들의 소원대로 계시를 받는 자 외에는 아버지를 아는 자가 없으리라.' (마11:27, 갈 3:23)

계시의 영감 없이는 그리스도의 인격에 가까이 갈 수가 없는 것이다. 그것은 사람의 상식이나 인간의 학문의 깊이와는 그 척도가 비교할 수 없기 때문이다.

지금까지 전 세계의 사상가들이나 철학자들이 공통적으로 느끼는 것이 성경에 대한 새로운 조명이다. 사람이 쓰긴 했으나 쉽게 말해서 보통 사람이 쓴 작품이 아니라는 것이다.

그것은 위로부터 내리는 영감의 영이 함을 두고 하는 생각들이다. 그러므로 계시사상 없이는 경전을 무슨 소설책 들여다보듯 사사로이 풀 수가 없고 사람의 지식이나 생각으로는 한 편을 이해하면 다른 한 편에서 막히고 곤혹을 치르게 되는 것이다.

'너희는 주께 받은바 기름부음이 너희 안에 거하나니 아무도 너희를 가르칠 필요가 없고 오직 그의 기름부음이 모든 것을 가르치며 또 참되고 거짓이 없으니 너희를 가르치신 그대로 주안에 거하라.' (요일2:27)

'너희는 거룩하신 자에게서 기름 부음을 받고 모든 것을 아느니라' (요일2:20)

바울서신에서는 자신이 고난 받는 육체의 질병을 사탄의 가시라고 명명하였는데 그것은 본인이 하나님으로부터 받은 계시가 크고 깊고 높아 自高(자고) 할까봐 육체를 치시는 것이라고 합리화하였는데 옳은 느낌이다. 오늘날 영적인 사람들은 모두가 육체의 가시들이 있는 걸 여럿 보았다.

'여러 계시를 받은 것이 至極(지극)히 크므로 너무 자고하지 않게 하시려고 내 육체에 곧 사단의 가시를 주셨으니 이는 나를 쳐서 너무 自高(자고)하지 않게 하려 하심이라.' (고후12:7)

바울의 아들 같은 제자 디모데는 몸이 허약했던 것처럼 보인다.

'이제부터는 물만 마시지 말고 네 위장과 자주 일어나는 병을 위하여는 葡萄酒(포도주)를 조금씩 쓰라' (딤전5:23)

젊은 전도자 디모데는 아마 위장병으로 고생한 듯하다. 경건과 금욕으로 독실한 신앙을 외조모 로이스와 어머니 유니게에게 유전 받은 디모데의 건강을 염려하여 포도주를 조금씩 마시라고 권하고 있다.

〈천로역정〉을 기록한 **존 번연**도, 습기 찬 동굴 감옥에서 12년을 겪은 뒤에 1675년 다시 投獄(투옥) 되었을 때 집필하여 1678년에 출판되었고 2부는 1684년에 출판되었는데 그의 죄명은 평신도의 신분으로 설교했다는 죄명이었다. 동굴 감옥에서 영감을 받은 그는 기독인에게 명작을 남겼다.

계시사상 = 아포칼롭시스

한국 신학대학교 학장 **김정준** 박사는 폐결핵 말기로 죽음 직전까지 내려갔고, 고려 신학대학의 **오병세** 박사도 폐병으로 사경을 헤매고, 충현 교회 **김창인** 목사도 폐결핵으로 사망의 음침한 골짜기를 내려가고, **조용기** 목사도 폐병으로 죽어가다 살아났고, **톨스토이**는 호흡기 질환으로 고통 받았고, 日本(일본)의 **가가와 도요히꼬** 역시 폐결핵으로 늘 죽음의 그림자 밑에서 절박하게 살았으며, **오쇼 라즈니쉬**는 기관지 천식으로 늘 혼자 지내야했고 어떤 향수냄새도 그는 맡을 수 없어 그의 강의장에 입장하는 산야신들은 화장을 할 수 없고 입장하는 전원은 몸 냄새를 검사받는 번거로움을 겪는데 지금도 인도 뿌나 그의 아쉬람엔 오쇼 선생이 세상을 떠났다 생각하지 않고 붓다 홀에 들어가려면 예전과 똑같이 짙은 향수를 뿌리고 들어갈 수 없다.

바울의 입을 빌리면 그렇다. 신이 인간에게 육체의 고난을 주심은 자고하여 교만하지 말며 겸허하게 영성생활을 하라는 뜻으로 여겨지는 것이다. 그러므로 젊은 날에는 미친 듯이 영성에 몸을 바치는 사람이래야 마음이 가난하도록 비우고 진리에 목마른 사람만이, 영계를 보고, 천국을 보고, 새 하늘과 새 땅을 보는 것이다. 성경의 기자들은 그렇게 우리에게 권면하고 있다.

> '또 우리에게 더 확실한 예언이 있어 어두운 데 비추는 등불과 같으니 날이 새어 샛별이 너희 마음에 떠오르기까지 너희가 이것을 주의하는 것이 가하니라. 먼저 알 것은 성경의 모든 예언은 사사로이 풀 것이 아니니 예언은 언제나 사람의 뜻으로 낸 것이 아니요 오직 성령의 감동하심을 받은 사람들이 하나님께 받아 말한 것임이라.' (벧후1:19~21)

위로부터 계시와 영감을 받은 사람들은 대개 육체의 가시가 있어도 그것을 고통으로 의식할 시간도 없이 사실은 몸을 돌보지 않고 권위도 명예에도 관심 없으며 오직 이웃의 영혼을 위하여 이 땅에 복된 소식을 주려고 온 부르심을 입은 사람들이다.

3. 예수를 神으로 만든 宗敎會議(종교회의)

(1) 로마 제국의 콘스탄티누스 황제는 예수를 왜? 神(신)으로 만들었을까?

기독교를 국교로 만드는데 대 성공을 거두는데 이바지하고 태양신 종교로 둔갑시키는데 큰 공을 세워주고 오히려 교회는 그를 영웅처럼 생명의 은인처럼 오늘날까지 숭배하고 있는 현실처럼, 콘스탄티누스는 교회를 통째로 삼키고는 그다음 2단계 진행으로 또 한 번 비상한 지혜를 짜내어 아주 합리적인 듯한 영감을 발견하는데 그것은 예수를 신으로 만드는 것이었다. 1세기 초에는 예수에 대한 로마인의 인식은 예수는 정치범에 가까운 죄수의 신분으로 구별하는 수밖에 없었다.

인간 예수를 섬기는 것은 로마가 정치적으로 위험했기 때문이라는 데에 큰 비중을 두게 되었는데 사람들이 이 예수의 인성을 강조하다 보면 예수는 단순히 예배대상이 아니라 삶의 모범을 보이신 선구자로서 스승이자 친구, 형님 같고 오라비같이 될 수 있고 누구나 열심히 갈고 닦으면 자신의 노력여하에 따라 예수 그리스도와 같은 경지에 오를 수도 있다는 결론이 신경 쓰였다. 역으로 이 문제는 로마제국의 입장에서 정치범이었던 예수가 사람들의 모범이 된다면 큰 위협이 될 수밖에 없다는 결론이었다.

(2) 예수를 神(신)으로 格上(격상)시킨 이유

예수를 신으로 격상시키면 신앙의 대상, 예배의 대상이 되면서 동시에 인간은 아무리 노력해도 어떤 방식으로도 자신의 성정이나 운명을 바꿀 수 없는 무능한 존재가 된다. 결과적으로 일상에서는 무서운 권력을 거머쥐고 있던 황제에게 머리를 조아릴 수밖에 없고 종교적으로는 신의 대리자 역할을 자처하는 성직자들에게 의존하게 된다.

일반적인 신도들 역시 하늘 보좌에 오른 예수가 대신 십자가에서 죽었기 때문에 자신들은 용서를 받았고 구원은 오직 믿음으로만 얻는 것이기에 구태여 예수처럼 살 필요는 없다는 것이라는 그럴싸한 주장이다.

그리고 예수를 신격화 하면 얻게 되는 장점도 있다. 그것은 예수가 인류의 죄를 짊어지고 십자가에서 죽었다가 부활함으로써 인간의 원죄와 죽음에 대한 불안으로부터 해방되고 부와 영생, 건강과 만사형통을 기원할 수 있는 존재가 될 수 있기 때문이다.

그러나 이 같은 신앙은 로마의 다른 신으로 예배대상이었던 태양의 아들 미트라나 주피터를 통해서도 얻을 수 있는 것이기에 결국 정치와 종교적 이유로 예수를 다른 신들과 맞바꾼 것이나 다름이 없는 결론이다.

그러니까 이름만 바뀐 것일 뿐 그들의 예배 행위나 의식적인 세레모니와 예배양식, 주문 외우는 일, 십자가 사용, 후드, 제사장 가운, 촛불, 講臺床(강대상), 祭壇(제단), 등 여러 형식을 보면 변한 것은 없다.

알렉산더, 등이 예수를 신격화한 것은 AD.1세기 말에서 2세기 초에 작성된 요한의 문서 요한복음과 요한1,2,3서를 참조한 것이다. 마태, 마가, 누가, 복음서와 바울서신에서는 예수를 하나님과 동일 인격체로 묘사하진 않았다. 예수는 분명히 하나님을 아버지라고 힘주어 묘사했으며 내 이름으로 아버지께 구하라 하셨으며

'나와 아버지는 하나이니라.'

하는 구절은 관계노선을 말함이지 동질성을 말하는 게 아니었다.

요한의 문서가 예수를 신으로 묘사한 것은 기독교가 지중해 세계로 범위영역을 넓혀가면서 아우구스투스 이후 신으로 승격된 로마황제제국 내 다른 유력신들, 이미 예수를 신격화시켰던 영지주의와 경쟁해야 하는 상황이 벌어졌기 때문이다.

예수는 인간인가? 신인가? 이 문제는 니케아 종교회의에서 예수가 신이라고 투표로 결정 나기 전까지 수많은 논란을 야기 시켰으며 그 논란은 오늘날까지 이어지고 있다. 우리들이 알고 있는 기독교의 정통적 교의가 확립될 때까지는 많은 단계를 수도 없이 거쳐야만 하였다.

로마제국의 비호를 받는 세계종교가 되기 위해서 교부들은 예수 그리스도를 심각할 정도로 왜곡하였다. 예수가 신의 아들이 됨으로써 그리스도교가 가진 저항정신은 거세돼버렸다. 예수가 신이 되어야 했으므로 삼위일체 몸뚱이 하나에 머리가 셋 돋힌 형상과 같은 기괴하기 짝이 없는 似而非(사이비) 논리가 만들어 져야했고 이것이 反駁(반박)을 금하는 도그마로 선포되었다. 만일 반박하면 화형을 당하였다.

복음서에서 예수께서는 입이 마르도록 세속 권력을 비판하면서 종말을 부르짖었지만 이런 바통을 이어받은 영지주의와 마르키온은 이단으로 낙인 찍힌 채 수세기에 걸쳐 말살을 당해야만 하였다.

또한 예수는 불의와 맞서 싸워야 하나님의 나라에 들어간다고 주장했지만 반대로 교회에서는 주여! 주여! 부르며 믿기만 하면 죄가 씻긴다고 가르쳐버렸다. 그리하여 교회에서는 행동이 삭제됐고 순종과 체념은 미덕이 되어버렸다.

(3) 제 1차 니케아 종교회의

AD.324년에 콘스탄틴 황제가 로마제국의 동부에서 그의 정적인 리키니우스를 이기고 전권을 장악하고 그는 그 다음 해인 325년에 니케아에서 최초로 종교회의를 개최해 당시 교회는 예수의 신성문제를 둘러싸고 생겨난 아리우스 논쟁 때문에 분열의 위기에 놓였다.

콘스탄티누스는 이 분쟁이 국가적 차원에서 분열이 조장될 것을 걱정하여 황제 자신의 주선으로 그 당시 황제의 거주지인 동로마 니케아에서 종교회의를 개최하게 하였는데 이 회의의 동기는 **아리우스 논쟁** 즉, 그리스도의 신성을 부정하는 아리우스파를 이단으로 단죄하여 분열된 교회를 통일시키기 위함이었다.

이 회의를 통해서 예수는 신이 되어버렸는데 기존의 상당수의 기독교는 예수를 신으로 여기지 않았다. 그러한 점은 삼위일체설의 허구성에서 신약의 저자들과 복음서를 기록할 때 예수와 여호와를 동등하지 않게 기록했음을 언급한 바 있다.

당시 초대교회 사람들에게 예수는 신의 독생자로 모든 창조물 중에 뛰어난 존재요, 모든 선지자 중에 으뜸인 인간으로, 신과 인간의 중간에 서있는 중보자요, 사닥다리 역할자로 인식하고 있었다. 그리고 그러한 관점은 예수의 행적을 기록한 복음서 중에 여실히 나타나고 있다.

그러나 후기에 이르러서 기독교는 차츰차츰 미트라 태양신의 영향을 받아가면서 미트라의 성 삼위일체설을 받아들이게 되는데 기독교는 삼위일체를 부정하는 正統派(정통파)와 아리우스파와 미트라의 성 삼위일체설을 받아들인 아타나시우스파로 갈려지게 되었다.

미트라의 독실한 숭배자 콘스탄티누스 황제는 니케아 종교 회의를 개최하면서 아리우스파를 단죄하려고 하였다. 당시 콘스탄틴 황제는 기독교식으로 세례도 받지 않은 상태로 종교회의를 주관하며 사회하면서 공포적인 분위기로 회의를 주도해나갔다. 그는 모인 사람들 중 몇 명을 추방하고 종교회의의 다수로 결정된 규칙을 따르지 않는 자는 누구나 죽여 버리라고 명령했다.

교회의 불일치는 제국의 분열을 가져올 것이므로 이에 연합하지 않는 자는 죽이라고 명령을 내려 회의장은 그야말로 무시무시한 공포의 분위기였고 결국 그는 기독교를 미트라교로 만드는데 성공했고 야망을 달성했고 황제지배와 더불어 전세계를 태양의 아들 미트라 교인으로 만들어버렸다.

• 회의에 참석한 사람들

이 니케아종교회의에 참석자는 318명이라고 한다. 이들은 감독교부라고 불렀는데 그들은 각각 장로 두 명과 수행원 셋을 거느리고 니케아에 모였다. 감독들 중에서 가장 눈여겨 볼만한 인물은 **아타나시우스**(Athanasius AD.295~373) 이었다. 이 회의에서 아리우스는 '그리스도는 신이 창조한 존재로 본질은 신은 아니지만 신의 성품에 도달한 호모(homoi) 존재'라고 주장했다.

〈長老敎(장로교) 성경통신대학 제3권총회교육부1992〉

그러나 그들이 제출한 〈信經(신경)〉은 폐기되고 황제의 지지를 받고 있는 아타나시우스의 주장이 채택되어 〈니케아신경(Nicaenum)〉이 공포되었다. 이 신경의 특징을 나타내는 단어는 '우시우스'인데 그 의미는 '성자는 성부와 본질이 하나라는 것'이다. 이 말은 콘스타티누스 대제가 코르도바의 오시우스(Osius von Codoba)의 말을 빌려 한 말이다.

이 회의에서 예수는 투표에 의해서 예수께서는 주장하시던 인자 즉, 인간에서 신이 되었으며 그 결과 4명의 아리우스파가 파문과 동시에 유형을 당하였다.

〈브리태니커 백과사전은 이때의 투표에 대하여 이렇게 설명하고 있다.〉

'콘스탄티누스는 직접 회의를 주재하면서 토론을 적극적으로 지도하였으며 투표를 하되 예수를 신으로 인정하는 방향으로 몰아가며 압력을 가하였다. 공회의가 발의한 信條(신조)에서 그리스도와 하나님

의 관계를 아버지와 하나의 실체라고 표현한 결정적인 공식문을 직접 제안하였다……(중략)

당시 주교들은 황제에게 위압되어 의사주장을 할 수 없었다. 단지 두 명만 제외하고 신조에 서명하였는데, 그들 중 다수는 자신들의 견해와는 다르게 어쩔 수 없이 행동한 것이다.' 〈Encyclopaedia Britannica〉

또한 이 회의를 통해서 많은 이교도적인 종교의식이 기독교에 도입되었다. 우선 주목할 만한 것은 부활절의 시기였는데 당시 지중해 국가에서 봄의 여신 축제 동시에 미트라의 부활절 시기를 예수님의 부활절로 결정지었다. 이 밖에도 부활절 계란이나 결혼반지, 종교적인 행사, 촛불, 기도, 종교 지도자들의 가운(gown), 성가대 의상들, 죽은 자들에 대한 기도, 예배 도구로 쓰이는 나무토막이나 천 조각, 방에다 성수를 뿌리는 것, 등의 의식이 도입되어 가톨릭은 지금도 그대로 사용하며 프로테스탄트 교회에서도 90% 이 황제교리, 미트라교의 의식을 그대로 이어받아 결국은 예수 이름을 부르며 의식적 분위기로는 태양신 교인들이 되어버렸다.

(4) 제 2차 종교회의 (작은 종교회의)

2차 종교회의는 역시 동로마 콘스탄티노플에서 열렸다. 381년 테오도시우스(Theodosius) 1세가 소집하고 안티오키아의 주교 멜리티우스가 주재하였다. 콘스탄티노플에서 개최된 이 회의에는 1차 회의와는 달리 150여 명이 참석하였으며 이 회의에서 삼위일체의 교리에 관하여 논의되었으며 특히 성령의 신성함을 옹호했으며 325년에 있었던 니케아공의회의 합의를 공인하였다.

첫 번째 회의에서 예수가 신과 동등해진 후 2차 회의에서는 여기에 성령이 끼워져서 삼위일체가 결정된 것이다. 또한 니케아 종교회의에서는 아리우스의 주장이 배척되었으나 그 뒤 아리우스와 그 일파는 콘스탄티누스 1세에게 접근하는 데 성공하여 콘스탄티누스 2세 아래서는 전 로마제국을 지배할 만큼 세력을 떨쳤다. 따라서 〈니케아신경〉을 재확인하는 과정이 필요했는데 이 회의에서 아리우스파 문제에 종지부를 찍었다.

〈두산 세계 대백과사전 Encyber/아리우스파 Arianism 항목〉

당시 황제였던 테오데시우스 1세는 테오데시우스 장군의 아들로, 서로마제국의 正帝(정제) 그라티아누스에 의하여 동로마의 정제로 선임되어 사르마티아인과 서고트족을 토벌했다. 西帝(서제)가 살해된 후 서방의 군대 실력자와 帝位僭稱者(제위참칭자)들을 쳐부수고 전체 국을 수중에 넣어 디오클레티아누스 황제 이후 분할 통치되고 있던 제국을 394년 재통일 했다.

그러나 그는 죽기 직전 제국을 둘로 나누어 아르카티우스와 호노리우스에게 계승 시켰으며, 380년에는 아타나시우스파의 교리를 정통파 신앙으로 정하였다.

테오도시우스는 392년 기독교를 로마의 국교로 삼아서 밀라노 주교 '암브로시우스'로부터 대제라는 호칭을 받았으나 실상 그는 콘스탄티누스를 뺨치는 폭군이었다. 그는 암브로시우스에게 명하여 이방종교의 신전을 파괴하고 신전령을 몰수시키면서 이교도들을 압박하였다.

394년에는 올림픽경기를 금지시켰다. 또 빈민들에게는 도저히 감당할 수 없는 무거운 짐을 부담시켰으며, 빈민들을 숨겨주거나 옹호했을 경우 마을주민 전체를 학살시켜버렸다. 그리고 관리들에게는 고문을 예사로 자행시켰다.

390년에는 데살로니가 근처에서 반란을 일으켰던 시민 7천 명이 무참하게 대학살을 당하기도 하였다. 기독교를 공인한 황제나, 기독교를 로마의 국교로 삼은 황제 모두 결과적으로는 네로황제보다 더 악독한 폭군들이었으니 오늘날의 교회는 사탄에게 철저히 속아 부도난 종교를 배경삼아 밥벌이하는 가인의 후예들일뿐 그 이상도 이하도 아니다.

콘스타티노플에서의 두 번째 종교회의가 끝난 후에도 간헐적으로 401년 칼타고 종교회의(The Council of Carthago), 415년 멜라 종교회의(The Council of Mela), 415년 누미디아 종교회의(The Council of Numidia), 등이 개최되기도 하였다.

테오도시우스 1세 대제 (Theodosius I Magnus)
379년 1월 19일 ~ 395년 1월 17일

- 비 성서적인 幼兒洗禮(유아세례)

이 작은 종교회의에서는 유아세례가 공인되었다. 가톨릭에서 행하는 유아세례는 기독교의 원죄를 정립한 어거스틴의 작품이었다. 216년 터툴리안은 성인들만 침례에 합당한 대상이라 했고, 96년경에 초대교회 교부였던 클레멘트(Clement)는 세례를 받기 위해서는 먼저 교육을 받고 그가 세례를 받을 만한 사람인지 심사를 하였다. 알렉산드리아의 디오니스우스(Dionysius) 역시 신앙고백을 한 다음 세례의식을 하였다.

쁘와띠에의 힐라리(Hilary), 아나티우스, 달마티아의 제롬, 가이샤라의 바실도 공개적으로 예수 그리스도를 믿는다고 입으로 말하지 않는 한 아무에게도 세례를 베풀지 않았다. 크리소스톰, 나지 안젠의 그레고리, 밀란의 암브로스도 같은 말을 하였다.

역사가들은 90~300년 사이에는 아무도 유아세례를 베풀지 않았다고 보는데 알렉산드리아의 클레멘트와 오리겐은 이에 대한 교리들을 가르친 점이 주목된다. 필립샤프(Philip Schaff)는 오리겐처럼 외경을 담은 〈70인 역〉이 영감이 있다고 생각하였던 사람이었다.

어거스틴은 누미디아 종교회의에서 유아세례를 거부하는 사람들을 저주하였다. 그 이유는 도나티스트(Donatists)들이 성인에게 다시 재 세례를 베풀 때 그들은 처음의 세례(유아세례)가 의미 없음을 세상에 선포하는 것이었기 때문이었다.

어거스틴은 유아세례가 성경적이며 성인세례는 유아 때 이미 세례를 받았기 때문에 재 세례는 이단적이라고 주장을 펴나갔다. 418년에 개최된 칼타고 종교회의는 어거스틴을 지지하여 그의 주장을 정통교리로 인정하였다. 후에 416년 멜라 종교회의(The Council of Mela), 789년 샤를마뉴(Charlemagne)는 유아세례를 국법에 규정하기조차 하였다. 그러나 유아세례는 성경에 단 한 번도 언급된 적도 없는 모순일 수밖에 없다. 많은 수의 교인들이 아기를 교회에 데려오지 않으면 그 당시에는 파문의 위협을 받았기 때문에 어쩔 수 없이 아이들을 데려와야 했으며 신자들은 성직자들의 눈치를 보아야 하였다. 시시비비도 없는 아이에게 물을 뿌리는 것이 무엇인지 알지도 못하는 아기들에게 기독교인으로 못을 박아 버리는 것이었다.

(5) 제 3차 종교회의 에베소

• 마리아를 神(신)의 어머니로 決議(결의)함

AD.431년에 에베소에서 3차 종교회의로 예수의 품격과 마리아 숭배를 둘러싼 논란이 초점이 되어 데오데시우스 2세가 소집한 3차 공회의다. 이 회의에는 250명이 참석하였는데 에베소는 오래전부터 다이아나를 동정녀와 어머니 여신으로 경배해온 도시였으며 지금도 이르테미스를 숭배했던 신전의 흔적이 남아있는 곳이다.

티오키아 학파 출신의 콘스탄티노플 總大主敎(총대주교) 네스토리우스는 예수의 人性(인성)을 강조하는 학파의 입장에서 마리아에 대한 신의 어머니라는 稱號(칭호)를 부정하였다. 반면에 예수의 신성을 강조하는 알렉산드리아 학파가 이에 의견을 제시하자 네스토리우스 황제 테오도시우스 2세에게 강요하여 이 공의회가 개최되었다.

이 회의에는 네스토리우스의 주장에 동조하는 안티오키아의 요한, 시리아의 주교들, 교황 셀레스티누스 1세 측의 대표자들과 네스토리우스의 敵手(적수)인 에베소의 주교 멤논의 지지를 받는 알렉산드리아의 키릴로스, 등이 참석할 예정이었으나 네스토리우스의 지지자들이 회의에 도착하기도 전에 고의적으로 회의를 개최하였으며 여기에서 마리아를 신의 어머니로 숭배할 것을 결의해 버렸다.

당시 이 회의의 소집자는 동로마 데오데시우스 2세와 서로마의 발렌티아누스 3세였지만 두 황제는 모두 누이와 황후, 어머니들에 의하여

攝政(섭정)이 이뤄졌던 허수아비 왕으로 회의에도 잘 나타나지 않았다. 그들의 방관아래 네스토리우스파는 회의에도 참석하지 못했고 회의는 불공정하게 진행되었다. 결국 네스토리우스는 콘스탄티노플 총주교직에서 해임되고 파문을 당하였으며 그의 교구는 단죄되었다. 마리아를 신의 어머니로 숭배할 것은 후에 데오데시우스 법전에 수록되어 국법이 되기도 했다.

(6) 예수보다 우월한 위치의 콘스탄틴 皇帝(황제)

오늘날 이 태양신 숭배자 사교왕국의 총사령관인 콘스탄틴이 받는 영광의 위치는 예수보다 훨씬 우월한 위치에 서있으며 기독교인들은 너무나 어리석어 아직도 그가 쳐놓은 그물에 걸려 그를 숭배한다.

단적으로 말해서 여러 차례 니케아 종교회의는 영적으로 조명해볼 때 성서적이지 않고 권력의 온갖 부조리의 산실이며 씻을 수 없는 왜곡으로 예수 그리스도와는 상관없는 로마 이교도들의 정치놀음에 노예가 되어버린 신구교의 타락상을 우리는 분명히 통찰한다. 아니 차라리 미트라교 선교에 열성을 다하는 이교도 목회자들이라고 말하는 게 적합하다. 무지한 멍텅구리 예수쟁이들은 본인이 태양신의 종살이를 하는 줄도 모른다. 그들 이교도의 교리 위에 예수 이름만 살짝 이식해놓은 줄도 모르고 죽도록 충성을 맹세하고 있다.

교회가 어떻게 탄생했으며 초기 기독교가 어떤 노선을 걸어왔는지 황제숭배가 무엇을 말하는지 관심이 없다. 내면을 들여다보면 잔인하기 짝이 없는 콘스탄티누스 황제를 신처럼 숭배하며 기독교의 대 성인으로 착각하며 도무지 이 사람에 대해서 몰라도 너무 모르고 있으니 참으로 기가 차다.

325년에 소집된 니케아 공의회는 참으로 기괴한 현상이었다. 교회가 정통교리를 세우는 신성한 모임에서 이 성스러운 자리에서 어찌하여 세속권력의 1인자, 세례도 받지 않은 속세의 미트라교 신도인 정치적인 황제가 기독교 단체의 모임을 소집을 하였으며 더군다나 당시 성직자들은 왜? 자기주장을 한 마디도 못하고 **하나님이 아닌 콘스탄티누스에게 公認(공인)을 받는단 말인가?** 이것은 영적으로 도저히 있을 수 없는 해프닝이다. 이는 100% 정치적인 맥락으로만 억지로 이해할 수밖에 다른 해석이 없다.

콘스탄티누스 1세 (라틴어: Flavius Valerius Aurelius Constantinus, 272년 2월 27일 - 337년 5월 22일)는 중기 로마 황제(재위 306년 - 337년)이다. 흔히 기독교사에서는 콘스탄티누스 대제로 통칭하며, 동방 정교회는 모두 그를 성인으로 추대하여 성 (대) 콘스탄티누스 (그리스어: Μέγας Κωνσταντίνος, 라틴어: Sanctus Constantinus Magna)로 호칭한다. 306년 7월 25일 브리타니아의 요크에서 병사들에 의해 군주로 추대되어 죽는 날까지 로마 제국을 통치했다. [위키백과]

[사진] By Charlesdrakew

1) 이단으로 규정된 그노시스주의와 조작된 원죄론과 기타 대속의 교리

이 공의회에서 그노시스주의는 異端(이단)으로 규정되었다.

그노시스주의는 예수를 신의 아들이 아닌 육신을 가진 인간이며 하나님이 보내주신 메시아인데 이들에게 있어 세속권력이란 것이 메시아를 죽여 버림으로 인간은 씻을 수 없는 죄를 지은 것으로 규정한다.

이 영지주의자들이 극단적인 평등이나 형제애를 추구한 것은 결코 우연이 아니다. 따라서 세속 권력의 온갖 제도적 뒷받침을 황제로부터 받는 세계적인 종교가 되기 위해서라면 이 신비주의자들인 그노시스주의자들을 필히 제거해야만 하였다.

이후에도 로마제국은 세속권력의 죄악을 지속적으로 씻어줘야만 했다. 역사적으로 로마제국이 예수를 십자가형에 처했다는 사실자체는 부정될 수 없었기에 교부들은 이를 예수 그리스도를 신의 아들로 만드는 것으로 해결해야만 했다.

신이 죽을 수 있는가? 죽을 수 없는 노릇이기에 실제로 예수 그리스도는 십자가에서 죽은 것이 아닌 게 됐고 고로 예수가 몸소 육신을 입고 십자가에 매달린 것은… 엄밀히 말하자면 예수 그 자신의 신비하고도 은밀한 의도였다고 해석하게 된다. 그렇다면 그 숨겨진 궁극적인 의도란 무엇일까?

여기서 예수의 抵抗精神(저항정신)은 기막히게 역전된다. 본래는 신의 使者(사자)를 강조하면서 인간들 전체의 죄악 탓으로 돌려버렸기 때문이다. 이로써 결코 해소할 수 없는 負債(부채)는 핍박받는 이들의 등짐이 되었다. 이로부터 예수 그리스도 본인은 한 번도 입에 담지도 않았던 원죄론이나 대속과 같은 마술적인 논리들이 말미암아 이상한 교리들이 이 종교회의를 통하여 몇몇 사람들에 의하여 만들어졌다.

신약성경을 보면 원죄론은 정말이지 말도 안 되는 교리다. 가령 원죄론의 원형인 아담과 하와의 선악과 사건을 담고 있는 유대교 전통에서도 아담 하와의 행위를 죄로 보기는 하나 죄악이 후손으로 이어지는 連坐題(연좌제)는 거부한다. (겔18:1~4, 18:17~22)

그리고 다 같은 아브라함의 씨에서 출생하여 구약을 읽는 이슬람에서는 아예 원죄 개념이 없다.

물론 예수께서는 원죄에 대하여 말한바 없고 대속에 대해서도 말한바 없다.

대속의 교리는 이 종교회의에서 만들어진 것이다. 이를 위해서는 당시의 정치적인 맥락을 고려해야만 한다. 원죄와 대속의 논리가 아니라면 예수 그리스도가 십자가에 매달린 이유는 전적으로 로마제국에게 얹혀 진다. (이는 예수 본인이 원한 길이기도 하지만 진상은 그렇다.)

반대로 원죄와 대속의 논리를 사용하면, 로마제국의 사법적 폭력은 원죄로 타락한 인간들 전체에게 某種(모종)의 교훈(부채의식)을 주기 위한 신비롭고도 불가해한 역사의 일부가 된다. 빌라도의 아내가 예수에 대한 꿈을 꿨다느니 빌라도가 굉장히 고민했다느니 이야기는 후일 황제들이 덧붙인 이야기들이다.

2) 世俗(세속) 勸力(권력)에 봉사하는 代贖(대속)의 개념

위와 같은 원죄와 대속의 개념은 당연히 세속 권력에 봉사한다. 인간의 타락에 의해서 신의 아들이 십자가에 매달렸다면 이런 우매한 이들을 통제할 선택받은 관리자들 즉, 왕이나 귀족들의 권한에 종교적인 論據(논거)가 갖춰지기 때문이다. 새삼스러운 말이지만 왕권의 숨겨진 토대가 바로 원죄론이다. 이러한 세계관속에서 예수는 결과적으로 자신의 도구로서 로마제국을 사용한 것이 되기 때문에, 실질적으로 로마제국의 권위를 승인한 것이 되고 마는 비극이다.

어찌 예수의 의도가 그러했겠는가? 여기서 선지자 이사야의 정확한 예언을 언급해본다,

'그 날에 일곱 여자가 한 남자를 붙잡고 말하기를 우리가 우리 떡을 먹으며 우리의 옷을 입으리니 다만 당신의 이름으로 우리를 稱(칭)하여 羞恥(수치)를 면하게 하리라' (사4:1)

이교도적인 교회의 타락상을 말함이다. 일곱 여자는 일곱 교회들이며 자기들의 태양신 설교를 먹으며 미트라의 의식과 온갖 종교적 의식을 행하며 그 두루마기를 입고 다만 이름만 예수의 이름을 이용하여 가만히 이식하여 콘스탄틴은 쉽게 전 교인을 그의 草莽(초망)에 몰아넣었으며 교세를 확장하고 큰 성 바벨론으로 성장하여 음녀의 씨앗을 밤낮없이 뿌리는데 옛 뱀의 生殖器(생식기) 두 개를 휘둘러 음행하여 전 세계를 엎어버렸다. 예수이름은 이렇게 이용당하고 있다. 이것이 현재 신 구교 와 더불어 사촌 지간인 주다이즘(Judaism)이다.

이로써 가해자를 열렬한 신도로 탈바꿈하는 종교적 연금술에 성공한다. 때때로 신께서는 악으로서 선을 행하신다는 괴이하기 짝이 없는 辯神論(변신론)이 다듬어지는 것도 바로 이때부터이다. 또한 이런 이유에서 원죄론을 정통교리로 만든 것은 예수가 아닌 히포의 아우구스티누스라는 것은 교회에서 언급하지 않는다.

좀 더 노골적으로 말하자면 아예 언급조차 하지 않는다. 마치 예수께서 그런 가르침을 말하기라도 했다는 양 말이다. 필자 생각에 참으로 이상한 것은 수많은 목회자들이 교회사를 연구할 텐데 왜? 도대체 유대주의와 황제숭배에서 벗어나지 않고 예수 그리스도의 본질에서 멀어져 가는지 아무리 생각해도 도무지 납득할 수가 없다.

4. 예수 신격화에 대한 역사적인 기록들

* AD.110~172년 〈티티안 4복음서〉를 통합한 복음서를 만들었다. 예수나 그리스도 또는 크리스천이라는 단어는 없었고 대부분이 Logos에 대한 설명에 할당하고 있다.
* AD.130년 〈디오그네투스 서신〉 하나님이 그의 아들 Logos를 보냈다고 하였고 예수의 이름은 전혀 나타나지 않는다.
* AD.155년 〈미누시우스 펠릭스〉 크리스천이라는 단어는 빈번히 쓰는데 예수나 그리스도라는 단어는 전혀 나타나고 있지 않음.
* 180년, 〈티오필러스〉 기독교의 교리와 진리는 하나님에 의해 성령을 통해 계시된 것으로 기록됨. 예수 또는 그리스도라는 稱號(칭호)는 한 번도 나타나지 않음.
* AD.165년 〈저스틴 기초경전〉을 복음서라 부르지 않고 〈사도들의 회고〉라고 칭하였다. 'Logos가 형상을 받아 사람이 되고, 예수 그리스도라 칭함을 받았다.' 라고 서술. 예수(Jesus)의 의미는 -하나님의 구원- 이라는 뜻으로 보며 '저스틴'의 이론은 그리스도는 하늘에 있는 '영적 그리스도'라고 하였다.
* AD.321년, 기독교의 토요일 안식일을 폐지하고 태양신의 예배일인 일요일 법령을 강제로 준수하게 하였다. - 오늘의 교회는 실상으로는 태양신의 신도들이다 - 로마로 흘러간 교회전도는 결과적으로 태양신종교를 키워준 셈이 되어 오늘날에 와서는 교황청과 일루미나티, 프리메이슨이 삼위일체가 되어 전 세계의 종교를 통합하여 손에

넣고 목을 조여 오고 있다.

* AD.325년, 제 1차 니케아 종교회의에서 투표로 결정하여 신이 되었다. 이때에 복음서 여기저기에서 윤회, 환생에 관한 부분을 없애버렸다. 이 종교회의에서 정식으로 기독교를 공인하여 인정하게 되었다.
* AD.381년, 제 2차 콘스탄티노플 종교회의 이 회의에서 三位一體(삼위일체) 교리를 결의하였다.
* AD.394년, 이교의 태양신 매일 미사가 도입되었다. 성경적인 안식일 준수자와 예배자는 박해를 크게 받기 시작하였다.
* AD.431년, 제 3차 종교회의(에페소스) 이 회의에서 마리아를 神(신)의 어머니로 숭배할 것을 決意(결의)하였다.
* AD.450년, 로마교회 황제는 안식일인 토요일 준수자들에 대한 사형 집행을 단행하였다. 이로 인하여 목숨이 두려워 많은 교회가 일요일을 태양의 날로 바꿔 예배를 집행하였다. 박해를 견디고 남은 자들이 오늘날 안식일교회다.
* AD.451년, 제4차 종교회의(칼케톤) 예수의 이중성-(칼케톤 신조) 교황 탄생의 빌미가 되는 교리를 採擇(채택)함.
* AD.500년, 神父(신부)들의 옷이 신도들의 옷과 구별되고 예배 도구들과 복장의 裝身具(장신구)들이 미트라 예배와 흡사함.
* AD.526년, 임종미사를 制度的(제도적)으로 선포하고 준행함.
* AD.553년, 제 5차 종교회의(콘스탄티노플) 예수의 십자가형이 인류의 죄를 대속했다는 결정과 원죄론 결정, 타락한 천사사탄이 인간을 죄짓게 했다는 교리인 신학의 대부 오리겐의 윤회설을 단죄하였고 왕권에 대한 도전으로 판단하고 대 신학자 오리겐은 이단으로 정죄하였다.

* AD.593년, 煉獄設(연옥설)을 도입하였다. 조로아스터교의 '하밍스타간(Hamingstagan)'
* AD.607, '만인의 주교'란 교황의 칭호가 처음으로 사용되었다.
* AD.680년 제 6차 종교회의(콘스탄트노플) 예수의 單性說(단성설)을 배척, 로마가톨릭교회와 화해 '호노리우스' 敎皇(교황)을 이단으로 정죄하였다.
* AD.709년, 敎皇(교황)의 발에 키스하는 전통이 시작되었다.
* AD.786년, 十字架(십자가) 형상과 유물 및 遺骨(유골) 숭배 시작함.
* AD.787년, 제7차 공의회(니케아) 이콘(성화상) 숭배, 유물숭배, 죽은 성도와 殉敎者(순교자)들에 대한 기도가 공인되었다.
* AD.869년, 제8차 공의회(콘스탄티노플) 이콘 聖畵像(성화상) 논쟁을 둘러싼 동서 교회의 對立(대립)이 시작됨.
* AD.1090년, 黙珠(묵주)와 기계적인 묵주 기도 도입함.
* AD.1184년, 종교 재판을 시작함.
* AD.1190년, 免罪符(면죄부)를 판매하여 돈을 거둬들이기 시작함.
* AD.1215년, 죄를 하나님께 고백하지 않고 신부에게 의탁하는 告解聖事(고해성사) 제도 시작됨.
* AD.1229년, 정의파 M.루터가 불현 듯 일어나 免罪符(면죄부)에 관한 95개조 논제발표.
* AD.1545년, 교회의 遺傳(유전) 즉, 전통이 성경과 동등한 권위를 가진 것으로 선언됨.
* AD.1546년, 외경들이 聖經(성경)에 追加(추가)됨. 그러나 도마복음, 영지주의 복음이나 마리아복음, 베드로 복음, 빌립복음, 바울 묵시록, 등 영적인 책들을 제외시킴.

* AD.1555년, 가톨릭과 프로테스탄트 종교전쟁중지, 改新敎(개신교)를 정식으로 인정하다.
* AD.1582년, 마녀재판 시작, 독일 '바이어른'에서 48명을 魔女(마녀)로 판단하여 화형 시켜 죽임.
* AD.1782년, 마지막 마녀재판, 스위스 '게랄스'에서 '아인나겔티'를 斬首刑(참수형)하였다.
* AD.1854년, 마리아 無染(무염)受胎說(수태설) 원죄에 물들지 않았다는 뜻을 주장하였다.
* AD.1864년, 교황의 유론포(Syllabus of Errors) 宗敎(종교), 言論(언론), 良心(양심), 出版(출판)의 자유, 科學的(과학적)발견과 學文(학문)의 자유를 定罪(정죄)함.
* AD.1870년 교황 無誤說(무오설)을 채택하여 주장함.
* AD.1950년 마리아가 昇天(승천)했다는 說(설)을 만들어 세뇌시키고 주장함.
* AD.1965년, 마리아가 교회의 어머니로 승격되었다.

5. 基督教(기독교)에서 輪回 還生說 (윤회 환생설)이 사라진 이유

초대교회에서는 윤회사상과 환생설을 부활교리로 가르쳤다.

로마에서 자기 집에 기독교 교리학교를 열었던 순교자 유스티누스는 윤회, 환생을 가르쳤고 조직신학의 대부이자 시조인 그리스의 신학자 오리겐은 성 그레고리, 성 히에로니무스와 함께 윤회 전생교리들을 가르쳤다. 성 제롬과 성 어거스틴도 윤회사상을 신학적 교리로 가르쳤다.

그러나 각 개인의 신앙 수준과 척도에 따라 선행과 사랑을 실천하는 공력에 따라 영혼의 자유와 구원이 가능하다는 불교적 윤회, 환생설 사상은 오로지 신격화된 황제 또는 예수를 통해서만 구원을 받는다는 교리의 활성에 도전적이며 위협이 된다고 생각하여 결국 로마황제는 왕권과 교회 권력 강화를 위해서 당시에 널리 퍼져있던 윤회 전생사상을 독단적으로 삭제해버렸는데 이는 미트라교 태양신의 교리와 상충되기 때문이다.

(1) 환생과 윤회가 기독교에서 사라진 동기와 배경

예수님의 십자가 죽음 이후 초기 기독교에서는 윤회와 환생이 정식으로 인정되어 교회 신학의 교리적 일부였었다. AD.2세기경 로마에서 최초로 기독교 학교를 설립하였던 순교자 유스티누스와 성 어거스틴과 그리고 알렉산드리아의 클레멘스는 還生說(환생설)을 교리로 가르쳤으며, 당시의 가장 크고 강력했던 기독교 종파인 그노시스파, 영지주의와 마니교도들도 윤회 환생설을 교리로 가르쳤고 모라비안 교도들, 임마누엘형제단들도 환생과 윤회를 믿었다. 초기 기독교역사의 약 400여

년간은 환생설이 기독교의 보편적 가르침이며 이 교리가 정통 부활교리였었다. 그런데 종교가 정치적인 왕권과 결탁하면서 영혼의 구원이 개인적인 신앙의 노력의 성숙도와 사랑과 선행, 등 카르마에 따라 이루어지며 재수생처럼 된다면 교회와 황제의 권위가 약화된다고 우려했으며 영혼의 선재론=전생 윤회설을 교회신학에서 삭제해 버린 것이다.

서기 4세기에 로마의 황제 영혼의 사냥꾼 콘스탄티누스 대제는 비상한 연극으로 기독교를 통째로 그물망에 넣었고, 기독교를 公印(공인)해주면서 성경에 기록되어있던 윤회에 대한 말씀들을 없애기로 결정하여 325년 니케아공의회 이후 신약성경 복음서 모든 부분에서 還生을 암시하는 구절들을 사정없이 삭제시켜 버렸다.

사람들이 잘 때에 원수들이 가라지를 뿌려 이날부터 교회는 흑암의 권세가 짙게 깔리게 되었다. 오히려 윤회환생을 믿는 사람들은 불교인이다, 우상숭배다, 거짓교리다, 말도 많고 이단으로 오인 받는 기가 막힌 세상이 되고 말았다.

그 후 6세기경 동로마제국의 폭군인 유스티아누스 황제는 단독으로 윤회설을 이단으로 결정하고 553년에 콘스탄티노플 공의회를 소집하고 환생사상을 가르쳤던 대 신학자 오리겐을 그의 지지자들 수백 명과 함께 이단으로 규정하였다.

기독교복음 전파로 일평생을 결혼도 하지 않고 6개의 기독교 대학을 세우고 영적인 책을 600여 권이나 기록하였으나 폭군황제와 그의 아내는 윤회사상이 왕권에 도전하는 사상이라며 두려워하였고 자신들을 신격화하는데 방해가 된다고 생각하여 박해를 했던 것이다. 당시 로마제국에서는 오리겐의 윤회설이 교리로 인정되어 수용하고 있을 때였다. 그러나 황제는 환생설을 신봉하는 교파와 신도들을 무자비하게 학살하며 탄압을 가하였다. 그러자 서서히 기독교 신학에서 환생설이 사라지게 되었다.

그럼에도 불구하고 환생 윤회설은 소멸되지 않고 이단으로 몰렸던 교파들의 신앙 속에서 밀교적인 저항으로 면면히 맥을 이어져오게 되었던 것이다. 그 후 환생설은 르네상스 시대에 잠시 지성인들의 관심을 끌었다가 곧 잊힌 뒤, 19세기말 경에 이르러 다시 神智學(신지학 Theosophy)운동이 일어나면서 기존의 기독교 교리에 도전하게 되었으며 지금은 모든 정보가 오픈되어 환생을 믿는 사람들의 수효가 계속 늘어나고 있다. 신지학자들은 윤회 환생사상을 힌두교나 불교적으로 생각하기보다는 우주와 자연법칙의 순환이며 동시에 영혼선재설에 대한 생명운동으로 보았으며 이 연구를 거듭하여 서양의 기독교적 전통과 조화를 시키는데 힘을 기울였다.

현대 성직자들 중에도 초기 기독교의 성인들처럼 윤회에 대해 긍정적인 시각을 가진 사람들이 늘어나고 있다.

(2) 還生(환생) 윤회설을 신봉하는 인물들

벨기에 가톨릭 교구의 메르시 추기경은

'윤회론 사상이 가톨릭교회의 본질적인 가르침과 모순되지 않는다.'

라고 선언하였고, 영국 런던의 성 바울교회의 잉그 감독은

"윤회론과 근대 감리교교리 사이에는, 아무런 모순이 없다"

고 말하였고 감리교 목사인 레슬리 웨더해드도 환생 윤회론을 지지하였다. 이렇게 서양의 대표적인 지성인들 중에는 자신이 윤회론을 믿는다는 사실을 公的(공적)으로 밝히는 사람들이 많다.

고대의 그리스 플라톤, 피타고라스, 플루타크, 로마의 대문호였던 버질, 에니우스, 쇼펜하우어, 헤겔, 볼테르, 에머슨, 발자크, 위고, 천재음악가 베토벤, 나폴레옹, 러시아의 문호 톨스토이, 블레이크, 휘트먼, 벤저민 프랭클린, 헨리 포드, 비틀즈 멤버들, 이외에도 수많은 예술가들과

요가 명상가들은 환생을 확실히 믿으며 전생을 뚜렷하게 기억하여 사람들을 놀라게 하는 경향이 허다하다.

오늘날 기독교를 양적으로 발전하도록 공헌한 사람이 콘스탄트 대제라고 하지만 하나님에게는 대역죄를 저지른 루시퍼들이며 가장 귀중하게 다루어야 할 영적 부활문제인 환생설 교리를 없애고 진리를 왜곡시켜 기독교를 병들게 하고 태양신종교로 둔갑시킨 죄악을 이전에 네로 황제보다 몇 백 배 그 죄가 크다.

그는 성경을 함부로 가감하여 반대하는 사람은 이단으로 몰아 많은 사람을 죽이고 박해한 대역 죄인이다.

존 1세, 4세, 11세, 14세, 황제들이 모두 성경을 편집할 때 진리를 오염시킨 사람들이며 그중에 콘스탄티누스 한 사람은 가장 사악한 사람이다. 이 한 사람 때문에 기독교에서 전생과 윤회는 박해와 더불어 자취를 감추게 되었고 이로 인하여 교회는 오히려 지난날 세뇌 받던 껍데기 구정물 신학으로 환생과 윤회를 부정하게 되었다. 그러나 시대가 말법시대이며 종말의 때인 만큼 인봉된 묵시가 떨어져 많은 사람이 깨어나고 있으며 귀 없는 무지한 사람들이 눈 감아 세상 떠나는 날 즉, 둘째 부활의 날에 슬피 울며 통곡할 것이다.

6. 三位一體(삼위일체) 교리는 사탄숭배다.

터툴리안 당시에는 이미 기독교국 시대이기 때문에 신이 존재한다는 것을 전제하고 살았다. 이때에 가장 대두되는 문제는 신의 化神(화신)으로 여겨지는 예수의 본성 문제였다.

예수께서는 자신이 말한 대로 인자 즉, 사람의 아들이다. 아니면 신성만 있다. 반대로 인성만 있다는 논쟁들이 치열할 때였다. 이때 터툴리안은 이들의 모든 주장을 밀치고 예수는 인성과 신성이 있다고 주장하였고 신은 완전하기 때문에 인성과 신성을 동시에 가지고 있어야 한다고 주장하였다.

두 가지 중에서 하나가 없다면 불완전하기 때문에 이것은 신이 아니다. 신성과 함께 인성을 가지고 있는 존재가 바로 예수 그리스도이다.

"그러므로 예수는 완전한 신이다."

라고 터툴리안은 말했다.

(1) 三位一體(삼위일체)의 기원

현재 존재하는 개신교, 구교, 동방정교회, 등에서 교리적으로 가장 중점적으로 여기는 것은 삼위일체 교리다. 이 부자연스러운 교리, 성경 본문보다 어렵고 奇怪(기괴)한 교리를, 정통교회를 자처하는 기독교 단체는 이 삼위일체설을 절대적인 진리로 굳게 믿으며 이에서 조금만 벗어나면 가차 없이 이단으로 규정하고 단죄하고 있다. 예수를 어떻게 규정할 것인지를 놓고 조금만 견해가 다르면 서로 이단으로 규정하고 정죄, 추방, 왕따 시키는 현실이다.

기독교 역사는 '살인하지 말라'는 율법을 유효하게 신봉하면서도 셀 수 없는 종교전쟁과 숱한 살육을 서슴지 않았으며 터무니없고 끔찍한 일들이 기독교 초기에서부터 벌어져 왔다. 예수의 제자들과 사도들이 죽은 후 배교가 급속도로 퍼지면서 예수의 신적 지위에 관한 논쟁은 당시 감독들뿐만 아니라 일반 평신도들에 이르기까지 광범위하고 치열하게 진행되었다. 삼위일체 라는 말은 성경 어디에도 없다. 〈가톨릭 백과사전〉에서는,

'세 위안의 하나님이라는 교리에 대하여 직접적으로 하나님의 말씀은 아니다'

라고 是認(시인)하고 있다. 〈1967년 판, 14권 304면〉

처음에는 예수의 신분을 어떻게 결정할까 하는 논쟁의 시작에서 삼위일체 사상으로 발전하게 된 것은 기원 4세기부터 시작이다. 이것은 가톨릭이 숨기고 싶어 하는 진실이다. 가톨릭이 왜 숨기고 싶어 하는지 알아보도록 하자.

313년 키리니우스와 막시미누스는 동로마 제국을 다스리고, 콘스탄티누스는 서로마제국을 다스렸다. 콘스탄티누스와 리키니우스는 그리스도인을 포함해서 모두에게 종교의 자유를 주었다. 콘스탄티누스는 기독교가 자신의 제국을 연합시켜 줄 수 있다고 생각하고 그 종교를 보호하기 시작하였다. 이때 신앙의 貞操(정조)를 버리고 배교한 교회는 313년에 미트라 교인인 이교도 신봉자 로마황제 콘스탄틴 황제에 의해 합법화되었고 그때부터 교회는 세속에 끌려 다니며 힘 있는 국가권력과 결탁하게 되었다. 콘스탄티누스황제가 로마제국의 유일한 통치자가 되었을 때 기독교인이라고 공언하는 사람들은 하나님과 그리스도의 관계에 대한 논쟁으로 분열되어 있을 때였다.

1) 예수는 과연 하나님이었을까? 아니면 하나님에 의해 창조된 분인가?

이 문제를 해결하기 위해 325년에 콘스탄티누스 황제는 교회 지도자들을 니케아로 소집하였다. 그는 이러한 소집을 통하여 기독교적 진리를 알고 싶어서가 아니라 자신들의 태양신 제국이었던 로마가 분열되는 것을 원하지 않았기 때문이었다. 이렇게 소집된 종교회의는 황제의 主管 하에 진행되었지만 며칠 동안 옥신각신하였다. 여러 가지 제안들 중에 콘스탄틴의 마음을 끌었던 신의 개념은 아타나시우스가 고안해서 제출한 개념이었다. 이 설명서에는 성경을 근거로 참조한 아무런 내용도 없으며 예수 이름조차 사용되지 않았다. 하지만 이 사람의 신경은 아들 하나님이 언급되어 있으므로 당시 하나님의 아들 예수를 추종한다는 기독교인들을 하나로 包攝(포섭)할 수 있겠다는 정치적 계산이 콘스탄틴 황제에게 어필하였다. 그는 그리스도교라는 종교로 조국의 정신통일을 이루기를 바라고 정신을 집중시켜나갔다. 그리하여 다른 제안들을 제치고 콘스탄틴이 선택한 신의 개념이 훗날 삼위일체설로 자리를 잡게 된 것이다.

황제는 직접 이 회의를 주재하면서 공의회가 발의한 신조에서 예수 그리스도와 하나님의 관계를 아버지와 하나의 실체라고 표현한 주교들은 황제에게 威壓(위압)되어 단지 두 명만 제외하고 모두가 신조에 서명하였는데 그들 중 대다수가 자신들의 견해와는 달리 행동한 것은 황제에게 100% 위압감을 느꼈기 때문이었고 한편 그들의 심령이 연약하니 비겁하였던 것이다.

2) 처음부터 삼위일체가 공식 교리가 된 것은 아니었다.

325년에 열린 니케아 공의회는 아들과 아버지와 동일한 실체라는 신앙고백을 통해 후에 삼위일체로 발전된 교리의 결정적인 기틀을 마련했다. 치열한 논쟁 끝에 381년 1차 콘스탄티노플 공의회에서, 성령이 첨가되어 삼위일체가 공식화되었다.

'〈니케아 신경〉은 사실상은 제 1차 니케아 공의회(325)년에서 만들어진 게 아니라 제1차 콘스탄티노플 공의회(318년)에서 만들어진 것이다.'〈신 웨스트민스터 교회사 사전=The New Westminster Dictionary of church History〉

과정이 어찌됐던 오늘날 〈아나타시우스 신경〉에서는 삼위일체를 이렇게 정의한다. 즉, 세 명의 하나님이 공존한다. 아버지도 하나님 아들도 하나님 성령도 하나님이시다. 성부도 영원하고 전지전능하고 성자도 전능하시고 영원하고 성령도 그러하다. 아무도 다른 자보다 크거나 작거나 하지 않고 이 셋이 합하여 한 하나님을 이룬다.

✱ 질문 : 三位一體(삼위일체)를 믿는 사람들이 고려해야 할 질문은 이것이다.

* 많은 교회와 교인들이 자신의 종교나 기본적인 신념과 교리를 성경에서 얻으려한다면 삼위일체를 질문 받았을 때 왜 그토록 얼버무리며 그것은 이해할 수 없는 하나님의 신비라고 두루 뭉실 둘러대는가? 성경은 진리를 묻는 자들에게는 항상 대답할 것을 준비하라 했지 않는가? (벧전3:15)

예수를 못 박아 처형했고 여러 세기 동안 그리스도인을 무섭게 박해하고 고유한 사람의 생명을 원형경기장의 놀잇감으로 삼았고 태양신 말고도 다양한 우상들을 숭배하는 이교도의 나라 로마의 손을 빌려 하나님이 새로운 종교를 과연 탄생시킬 이유가 있겠는가?

* 그것도 부도덕과 가족, 친족, 살인으로 명성을 남긴 교활한 로마황제 콘스탄티누스를 사용해 1세기 당시 예수의 제자들도 몰랐던 새로운

진리를 선포하도록 하나님이 허용했을까?

* 예수께서 단 한 번도 가르치지 않은 진리를 철학자인 아타나시우스라는 남자가 새롭게 깨달았단 말인가?

* 왜 구약성경뿐만 아니라 신약성경 어디에도 하나님이 세 분이라는 말이 명확하게 언급되지 않았을까? 그 중요한 문제를 '우리의 模樣(모양)을 따라'(창1:26)라는 구절이 삼위일체인가?

* 삼위일체 개념이 진리라면 인류 시초부터 성경에 의해 중점적으로 가르쳤어야 했을 텐데 성서 전반적으로는 그렇지 않았고 예수께서도 단 한 번도 그렇게 말한 적이 없다. 구태여 말하자면 예수께서 하신 말씀처럼

'나와 아버지는 하나이니라.'

하신 것처럼 2위 일체를 말할 수는 있다.

니케아종교회의 이후에 탄생된 로마교회는 정치적이고 잔인한 종교 역사로 세력을 확보했으며 성경에 나타난 사랑의 하나님과는 무관한 이교 역사임이 충분히 입증되었다. 그 기간의 역사를 후세대 역사가들은 암흑시대라고 부르고 있다.

삼위일체와 함께 가톨릭의 탄생도 기원 4세기라는 사실을 알게 된다. 세상의 권력을 손에 거머쥔 사탄은 예수를 죽여 예수의 근본 목적을 가로막으려 하였으나 열렬한 제자들의 선교로 예수의 복음은 1세기에 로마까지 퍼졌다.

이교도들의 세력은 막강했고 숱한 박해가 끊이지 않았다 사탄의 역사는 초 강대국이었던 로마를 이용하여 온갖 박해를 시도하였다. 감옥에 넣어도 사자 굴에 던져도 그 수효가 늘어나며 기독교를 없애려는 시도가 불가능해지자 사탄은 그리스도교와 비슷한 사촌 정도의 거짓교회를 만들어 황제를 통하여 관용정책을 펼치는 듯한 대형 그물망을 만들어, '기독교를 국교로 임명하노라' 할 때 극소수의 참 그리스도인 말

고는 거의 전원이 황제의 뜻에 따라 배교하였다. 기원 4세기가 되어 하나님의 개념을 삼위일체로 만들어 인류가 올바른 하나님의 진리를 알지 못하도록 혼잡한 사상으로 술 취하게 만드는데, 콘스탄티누스는 역시 대 성공을 하였다. 간혹 성서를 깊이 연구하여 삼위일체설을 부정하는 사람들이 주장을 펼치면 그들은 여지없이 종교재판에 회부되어 숙청되었고 성경을 소지하거나 읽거나 번역하면 즉시 체포되어 화형에 처해졌다. 이런 악독한 단체는 결코 사랑의 사도이신 예수 그리스도의 교회가 아니었다.

오늘날에 와서 찬찬히 돌이켜보면 이 세속화된 구교와 유대주의로 젖어있는 개신교 90%는 아주 오래된 바벨론의 혼합종교일 뿐이며 예수께서 말씀하신 마태복음 24장의 암흑시기를 예언하신대로 배교의 시간에 일어난 거짓그리스도 미혹의 영들이다.

그렇다면 어떻게 같은 성경을 사용하면서도 이렇게 엄청난 종교 사기극이 벌어질 수 있을까? 이러한 대답은 성경에 충분히 예시 언급되어 있다.

- 그것은 이 세상신은 마귀라는 것이다. (고전4:4)

- 마귀는 세상의 임금 즉, 거대한 왕권이라는 것이다. (요14:30)

- 세상은 사탄마귀의 權勢(권세)아래 있다는 것이다. (요일5:19)

- 마귀는 에덴에서부터 천하 만국을 迷惑(미혹)해 왔다는 것이다. (마4:8~9, 계12:9)

초강대국이었던 로마의 慣習(관습)은 현대까지도 고스란히 계속되고 있는데 그 중 하나인 달력만 보더라도 뚜렷하다.
- 7월은 쥴리어스 시저의 이름인 july이며…
- 8월은 아우구스트 시저의 이름 August이며…

삼위일체 교리는 사탄숭배다.

- 일주일의 첫째 날인 日曜日(일요일)은 로마의 태양신 숭배에 의하여 만들어진 Sun Day Diary이다.
- 筆者(필자)가 수 십 차례 언급하여 설교하던 全世界(전세계)가 경축하는 크리스마스는 로마의 태양신을 위한 축제일이다.
- 그리고 마스(Mass)는 로마 가톨릭의 제사 즉, 미사를 말한다.
- 마찬가지로 삼위일체와 십자가 형상은 모두 이교도 풍습인 로마의 유물임을 역사는 말해주고 있다.

삼위일체 교리가 각 교회에서 자리를 잡게 되자 신학생들은 삼위일체 개념을 뒷받침해줄 성경구절들을 뒤늦게 찾기 시작하였고 더러 의심도 하였으며 어떤 구절은 그에 맞아보이도록 억지로 왜곡 번역을 하여 로마 황제들은 성경을 왜곡시켰다. 몇몇 구절은 비슷한 부분이 있으나 전후문맥을 이어보면 결국 억지해석이다.

'너희는 아버지와 아들과 성령의 이름으로 세례를 주고' (마28:19)

'證據(증거)하는 이가 셋이니 성령과 물과 피라 또한 이 셋은 합하여 하나이니라.' (요일 5:8)

위 구절들이 곡해되어 삼위일체 교리가 탄생한 게 아니고 근원적으로는 시날 평지에 바벨탑을 쌓던 영걸 니므롯 시대까지 거슬러 올라가는 뿌리 깊은 역사적 유전이 숨겨져 있다.

담무스나 동방의 삼신론, 등은 오랜 역사와 더불어 이집트 고대 근동지방 그리스, 터키, 로마에 퍼졌고 로마는 고대 바벨로니즘에 미트라 태양신을 숭배하였기에 三神思想(삼신사상)은 그들에게 익숙한 이미지였다.

그러므로 거부감이 없이 수용하였으나 성경적으로 삼위일체는 매우 억지주장이며 하나님이 셋이라는 논리는, 100% 혼합사상에서 유래한 바벨로니즘이며 로마황제 숭배에서 유전된 이교의 교리임을 분명히 알아야 한다. 지금 현재 그리스도인이라 자처하는 수효는 20억이 넘으며 그중 대다수 교회가 삼위일체 교리를 가르치는 교회에 속하여 있다.

3) 성경이 完成(완성)된 시기

성경은 AD.1세기에 완성되었다. 한편 삼위일체로 발전된 교리들은 그보다 2세기도 더 지난 기원 325년에 오늘날 터키의 이즈니크에 해당하는 소아시아의 니케아에서 열린 공의회에서 공식화되기 시작한 것이다.

〈신 가톨릭 백과사전 New Catholic Encyclopedia〉에 따르면 니케아 공의회에서 채택되었다고 알려진 〈信經(신경)〉은 하나님과 그리스도에 대한 정의를 비롯한 기독교의 정통교리를 최초로 공식 규정하였다. 그런데 성경이 완성된 지 몇 세기가 지난 뒤에 하나님과 그리스도에 대한 정의를 내릴 필요가 있다고 생각한 이유는 과연 무엇일까? 그런 중요한 점에 대한 성경의 내용이 불분명했다는 말인가?

4) 예수님은 과연 하나님이신가?

콘스단티누스황제가 로마제국의 유일한 통치자가 되었을 때 앞징에 언급했듯 많은 논쟁이 있었으나 대개 황제의 권위에 눌려 모든 회의는 황제의 뜻대로 운영되었다. 예수께서는 신앙인들에게 말씀하셨다. 예배하는 자는 신령과 진리로 예배하는 법을 가르쳐 주셨다.(요4:23, 17:17) 우선, 성경에는 삼위일체라는 말이 한 번도 없으며 예수님은 한 번도 자신이 하나님과 동등하다고 주장하신 적이 없다. 오히려 예수께서는 하나님께 진실 된 기도와 순결한 숭배를 하신 분이시다.(눅22:41~44) 예수께서는 부활하신 후에도 제자들을 가리켜 '나의 형제들'이라고 부르셨다.(마28:10) 그렇다면 당시의 제자들이 전능하신 하나님의 형제들이었을까? 과연 하나님을 형제님이라고 부를 수 있을까? 믿음으로 말미암아 그리스도 예수 안에서 하나님을 아버지라 부를 수 있는 길을 열어 주셨기에 붙여진 이름인 것이다. (갈3:26)

* 니케아 신경 결의문 내용

'우리는 한 주 예수 그리스도를 믿는다. 그 분은 아버지와 동일한 실체이시며, 하나님으로부터 나온 빛이시오, 빛으로부터 나온 하나님이시오. 참 하나님으로부터 나온 참 하나님이시다.'

* 예수가 하나님이 아닌 성경 내용

예수께서 말씀하신 구절들이다.

- 아버지는 나보다 크심이라 (요14:28)

- 내 아버지는 만물보다 크시다. (요10:29)

- 내가 아버지 곧 너희 아버지 곧 너희 하나님께로 올라간다. (요20:17)

- 우리에게는 한 하나님 곧 아버지가 계시니라 (고전8:6)

- 우리 주 예수 그리스도의 아버지 하나님을 찬송하리로다 (벧전1:3)

- 하나님은 오직 한 분뿐이시다 (갈 3:20)

- 오직 하나님은 한 분이시라 (신6:4)

7. 單一神과 樣態論(단일신과 양태론)

앞에서 말했듯 삼위일체교리를 처음으로 사용한 사람은 터툴리안이라는 변증가 교부인데 터툴리안 말고도 이레니우스라는 교부도 삼위일체론을 옹호하며 이 교부들은 한결같이 당시의 왕성한 영지주의자들에게 늘 비판적으로 경고를 하였고 삼위일체를 강조하였다.

말씀이 육신이 되신 그리스도의 신분에 관해 당시의 사람들은 혼란을 겪을 수밖에 없었다.

독생하시는 아들이라 했고 성부 하나님이 성자 하나님을 낳았다고 하며, 아들은 아버지에게 종속되는 것이라고 한다. 종속하는 것을 보니 아들은 아버지보다 열등한 면이 있다는 것을 암시하는 듯하고, 더욱이 성령 하나님은 보내심을 받는 위치니 더욱 열등한 것 같고, 그래서 초대교회 지도자들은 성부와 성자를 동일하신 분으로 강조하는 데에 힘을 기울였다.

성부와 성자를 동일하심으로 설파했던 분이 바로 오리겐이다. 오리겐에 의하면 성부, 성자, 그리고 성령은 모두 위격 즉, 신의 내적인 관계로 이해해야만 한다고 하였고 육체적인 구별을 나타낼 수 없다고 했던 것이다.

(1) 三位一體의 문제점

삼위일체의 문제점은 항상 뒤따르는 위격의 문제다. 一體라는 것은 신구약 성경에서 하나님은 한 분이심을 강조하기 때문에 한 분이라는 것에는 문제가 없으나 삼위의 의미를 이해하는데 늘 어려움을 겪는 것이다. 하나는 樣態論=양태론(Modalism), 다른 하나는 (量子論)양자론(Adoptionism)인데 양태론을 살펴보자.

(2) 單一神論(단일신론)

단일신론이란 하나님이 한 분이신 것만을 강조하는 사상이다.

문자적으로 설명하면 Monarch라는 말로 군주라는 뜻을 갖고 있다. 하나님은 군주처럼 그리스도와 성령을 지배하시며 역사하신다는 것이다. 이 단일신론이 크게 둘로 나뉘는데 하나는 양태론적 단일신론이라고 하고 또 하나는 양자론적 단일신론이라고 한다.

전자는 사벨리안주의 후자는 아리안주의라고 한다. 양자론적인 단일신론은 그리스도의 신성을 단순히 하나님이 부여하신 어떤 능력으로 보는 것이며, 그것이 바로 요한복음 1장 1절의 로고스라고 보는 것이며, 이 이론은 예수께서 성령으로 태어났지만 세례를 받기 전까지는 로고스로 힘과 능력을 공급받지 못했다는 이론이다. 이 이론을 처음으로 암시했던 교부는 오리겐이었다. 오리겐은 성자를 하나님에게 종속시켰다. 이 종속설은 아리안들에 의해 채택되었다.

(3) 樣態論(양태론)

양태론은 삼위일체의 일체를 고수한다. 설명하자면 하나님이 한 분 계시는데 창조 때에는 성부 하나님으로 나타내시고, 구원을 이루실 때는 성자 하나님으로 나타내시고, 그리고 구원사역을 성취해 가실 때에는 성령 하나님으로 나타내셨다고 한다.

한 분 하나님이 세 가지 양태 즉, 세 모양으로 나타나셨다는 것이다. 그러다 보니 세 분 하나님이 아니라 세 모습으로 나타난 한 분 하나님을 말하는 것으로 본다.

이 양태론을 처음으로 주장한 사람은 프락세아스(Praxeas)라는 사람이다. 그는 로마 시에 나타나 당시의 유행하던 양자론에 반대하여 설명하고 다녔다. 그의 열렬한 논쟁은 정통으로 인식될 정도였다.

그 뒤를 이어 '노우터스, 에피고누스, 클레오메네스라는 사람들이 그의 양태론에 동조하여 발전시켰다. 그러나 이 이론은 난관에 부딪친다. 결국 예수의 죽음과 고난은 성부의 고난이며, 성부의 십자가 사건이 되고 만다. 참으로 억지 주장들이다.

개혁자 루터도 이 문제에 있어서 성부 苦難說(고난설)에 동참하여 십자가 사건을 두고 말하길

"오호라! 하나님을 죽인 하나님!…"

이라는 애매한 탄식을 남겼다.

(4) 聖經보다 복잡한 基督敎敎理(기독교교리)

구약을 믿는 이스라엘종교 유대교는 삼위일체니 양태론이니 양자론이니 單性說(단성설)이니 하는 괴변들이 일절 없다. 모세오경과 야훼 신외에는 다른 신의 설 자리가 없다. 오직 모세오경이다.

이슬람교도 삼위일체니 단성설이니 하는 이론이 없고 오직 알라 신이며 신관이 복잡하지 않다. 단행본 〈코란경〉 한 권과 하루 5차례 2~3분 기도로 족하다. 전 세계 모든 종교를 다 소집해도 기독교처럼 복잡한 종교는 없다.

폐 일언하고 성경을 사람이 썼고 〈八萬大藏經〉도 사람이 썼고 종교도 사람이 그 제도를 만들었다. 우주를 지배하시는 천지의 주재이신 하나님은 단 한 분이시다. 예수께서는 사람의 아들이며 독실한 신앙인이시며 우리의 선배이시며 종교 개혁자였고 유대 民族神이 아니라 전 세계를 지배하시는 천지의 주재이신 참 하나님을 믿으신 분이며 우리를 그 길로 인도하시는 가이드이다. (요14:6)

8. 가인 후예들의 宗教戰爭(종교전쟁)

나는 예수 그리스도를 나의 주님으로 영혼의 스승으로 믿고 살아가는 求道者(구도자)임을 신앙 고백한 좁은 길 가는 사람이다. 내가 45년 신앙생활에 67년을 살아오면서 기적을 체험한 것이 있다면 내가 지금 살아있는 그 자체로 기적이다. 그 증거는 나의 몸 상태를 살펴본 여러 의사들이 잘 안다. 아홉 가지 몹쓸 질병과 싸우면서도 생명에 대한 집착은 대단하였다. 내 영혼의 마지막 보루는 두말 할 것도 없이 예수 그리스도였다.

내가 기원의 눈이 뜨일 무렵은 금욕생활과 질병, 집 없는 설움, 머슴살이의 한 맺힘, 배우지 못한 고독한 신세 등 어디를 돌아봐도 나를 내세울 것이라곤 병든 몸뚱이 하나밖에 없을 때 벼랑 끝에서 붙잡은 것이 나를 굽어 살피시는 듯한 예수의 십자가와 약자를 돕는 예수님의 자비였다.

십자가가 무슨 의미인지도 모르고 무조건 예수와 연관된 것으로 알고 한 눈 팔지 않고 마음 판에 書閣(서각)처럼 새기고 살면서 어느 날 돌이켜보았다. 아무도 날 사람으로 봐 주지 않고 동네에서 주인 없이 떠도는 개처럼 억울하게 맞았고 나는 늘 당하기만 하였다.

신앙생활 10년쯤 되는 어느 날, 나는 소위 말하는 성령의 영감이 내 심신을 휘감았다.… (중략) 그 뒤 십여 년이 흘러 집도 생기고 작은 서재도 생기고 가족도 생기고 농사지을 땅도 생기고 속세에서 설교할 수 있는 免許證(면허증)도 얻었다.

많은 분량의 독서를 쉬지 않고 하였다. 문학, 신학, 철학, 비교종교에 큰 관심을 갖고 끝없이 연구했다. 부산에서 14년 동안 영광도서와 국립

도서관을 어지간히 들락거렸고 금산 고향에서 20여 년, 떠돌이 걸인으로 3년 정도, 이곳 지리산에서 3년, 전라북도 무주에서 2년이 나의 구도기간이다.

유년기, 소년기는… (중략) 나의 신앙고백은 과학적이면서도 비과학적이다. 지금도 나는 하루에도 100번 이상 입으로 예수를 시인하며 석가모니 부처님을 無時(무시)로 부르는 신비주의자다. 밤에도 수십 번씩 주님을 부르며 나의 수면시간은 3시간이 평균이다. 이렇게 골수분자인 내가 왜 기독교 조직을 떠나서 교회라는 존재를 멀리서 객관적 시각으로 보게 되었는가? 폐일언하고 그것은 가인의 후예들이 득실거리는 종교계의 마피아들과 조직폭력배들이 무섭고 전쟁의 신 여호와를 떠나, **멜기세덱의 반차이신 예수 그리스도께서 입으로 시인하여 부르시던 우주를 다스리시는 천지의 주재이신 진짜 하나님** 품으로 돌아온 뒤로 바벨론 교회를 미련 없이 떠나온 것이다.

이교도 집단의 우상숭배를 끌어들여 끝없이 싸우는 전쟁의 신을 나는 미련 없이 버리고 떠났다. 그들을 보라. 신천지를 비판하면서도 그들을 막지 못하는 이유는 수박 겉만 빨아먹는 종교 사업가들이 잠자는 틈을 타서 사탄들은 가라지를 곡식밭에 덧 뿌렸던 것이다. (마13:24~25) 그러므로 사교왕국의 터를 닦아준 것은 오늘날의 한국교회이며 이 글을 쓰는 나 자신도 어느 정도 책임은 있다. 나는 그곳으로 갔던 분들을 몇 사람 설득하여 돌아오게 하였다. 나는 예수 그리스도의 제자는 맞는데 교인은 아니다.

뇌리에 남은 건 기독교는 종교라는 이름으로 전쟁을 일삼다 2억 명 이상 사람을 죽였고 '살인하지 말라'는 고급 율법을 가진 조직이 살인을 일삼는 것이 너무 많이 보여 정나미가 있는 대로 떨어져 아예 미련 없으며 극소수의 구도자말고는 모든 성직자들이 90%이상 내 눈에는 소경, 귀머거리, 짖지 못하는 개들, 탐욕이 심한 짐승으로 보인다. (사56:10~11)

이사야 4장 1절의 예수 이름만 빌려다 이용해먹는 삯꾼 목자들이 맨드라미 꽃밭 같은 십자가 꽃밭아래서 대 사업가들로 변신하여 金盞(금잔)에다 섞은 淫女(음녀)의 포도주를 마시며 취하여 비틀거리고 있다. 그밖에도 수백 개로 갈라지는 교단, 서로 적대시하는 교주들, 돈, 전쟁, 건물, 偶像化(우상화), 200년 이상 피를 뿌린 십자군전쟁, 교파전쟁, 종교전쟁, 등을 더듬어보며 잘못된 역사가 남긴 그릇된 유전들은 이제라도 과감히 수술하여 본질에로의 귀향을 시도해야 한다.

나도 영적으로 내세울 것이라고는 아무것도 없다. 내가 지금 토하는 말들은 어디까지나 批判(비판)이지 誹謗(비방)은 아니며 그렇다고 해서 모든 목회자를 도매급으로 매도함은 아니다. 존경하는 목회자들도 다수 존재한다. 그들은 모두 한결같이 좁은 길을 가는 사람들이며 사도행전 2~4장대로 실천적인 삶을 살아가는 적은 무리들이다. 그분들의 명단은 생략한다.

* 廣範圍(광범위)하고도 끝없는 종교 전쟁은 가인 때부터 시작하여 구약성경은 전쟁사전이라 할 만큼 피로 얼룩져있으며 그 전쟁은 지금도 끝나지 않아 팔레스타인은 중동 전체와 더불어 계속 진행 중이다. 부패한 것은 그들은 신의 이름으로 피를 흘리는 즉, 형제를 죽이는 무시무시한 악마들이다. 이제부터 역사를 더듬어보며 종교라는 이름으로 자행한 그 잔학상을 잠자는 영혼들에게 일깨우고자 기록해보려 한다.

(1) 宗敎戰爭(종교전쟁)

종교전쟁이란 종교라는 이름으로 모든 전쟁을 가리키는 것으로 특히 서양사 분야에서는 종교개혁 후인 16~17 세기에 가톨릭과 개신교파의 대립에서 일어난 일련의 전쟁을 가리켜서 이용되었는데, 그 주된 것은

80년간 계속된 네덜란드 독립전쟁, 프랑스의 위그노전쟁, 독일을 중심으로 한 30년 전쟁을 들 수 있으며, 거기에는 신교의 자유가 쟁점이 되었는데, 유럽의 패권을 둘러싼 정치적인 투쟁이 전쟁을 크게 확대하였다 할 수 있다.

현재에도 인도, 파키스탄 전쟁을 '종교전쟁'이라고 할 수 있으며 宗종교적 대립만이 아니며 거기에는 정치적인 문제와 국가관계가 잠재하고 있다는 것을 간과할 수 없다. 그러므로 종교전쟁이라는 개념은 개개의 전쟁도 또한 연속하는 일련의 것도 정확하게 파악할 수 없을 정도로 혼란한 것이다.

1) 위그노 戰爭(전쟁)(1562~1598년)

이 전쟁은 가톨릭과 개신교의 갈등으로 일어난 전쟁이다.

프랑스에서는 전통적으로 로마 가톨릭 교회에 저항하는 분위기가 강했던 남부를 중심으로 널리 퍼져있던 개신교도들을 가리켜 **위그노(Huguenot)**라고 불렀다. 이들이 빠르게 성장하여 종교적 영역을 넘어 정치세력화 됨이 시작함에 따라 가톨릭의 반감을 크게 사게 되었고 이러한 신구교의 정치적인 갈등이 프랑스 궁정 내부문제와 국제적인 문제와 겹쳐지며 결국은 프랑스 최초로 종교전쟁인 위그노 전쟁이 일어난 것이다.

이 전쟁은 신구교 양 진영 모두 수많은 희생자를 냈으며 당시 유럽의 악화된 경제사정, 전염병, 국제적 갈등이 더해지면서 프랑스 국토를 심각하게 황폐화시켰다.

이 전쟁으로 인한 피해를 극복해가는 과정에 프랑스에서는 정치파(Politiques)라 불리는 새로운 정치세력이 탄생하게 되었다. 이들은 종교를 떠나 객관적으로 사태를 바라보고 해결책을 찾으려 했으며 이후 왕권강화와 질서회복에 많은 기여를 하였다.

이는 훗날 프랑스가 영토국가의 기틀을 갖추고 절대주의 시대로 접어드는 밑바탕이 되었다.

위그노 전쟁의 구체적인 과정은 프랑스 가톨릭의 신교 탄압이 프랑수아 1세를 시작으로 그의 아들 앙리 2세로 이어졌다. 앙리 2세가 죽은 다음 그 후 샤를 9세가 어린 나이로 왕위에 올랐고 어머니이자 앙리 2세의 부인인 카드린 드 메디시스(Catheine de Médicis)가 섭정을 하였다. 이탈리아의 출신이었던 그녀는 프랑스 내부에서의 입지를 강화하고자 가톨릭 귀족 가문인 기즈가(Les Guise)와 결탁하였다. 당시 프랑스는 위그노인 나바르의 왕과 강한 가톨릭의 성향의 기즈가 온건 가톨릭교도인 몽모랑시 가문으로 나뉘어져 있는 데다 가톨릭과 위그노들의 대립으로 혼란한 상태였다.

이 혼란의 와중에 개신교에 반감이 많던 기즈 공작이 먼저 1562년 예배를 올리던 위그노들을 기습 공격하기를 시작으로 8차에 걸친 위그노 전쟁이 시작되었다.

구교와 신교는 서로 이단시하며 폭력을 가했고 3차전까지 치른 후에 양측은 평화협상을 빌어 어렵게 합의를 이루었으나 정부가 위그노들의 종교적 자유를 인정하지 않는 고로 격렬한 갈등이 다시 시작되어 결국은 1572년 8월 24일 성 바르톨로메오(St. Bartholomew) 祝日(축일)에 기즈 공작과 카트린이 결탁하여 축제에 참석한 위그노 지도자들과 위그노들을 대량 학살하였다. 이에 격분한 위그노들은 전국에서 들고 일어났고 신교와 구교는 격렬한 싸움이 시작되었다. 그즈음 샤를 9세가 사망하고 신교에 대하여 다소 너그러웠던 앙리 3세가 왕위에 오르면서 상황은 조금씩 달라지기 시작했다.

이후 앙리 3세가 죽고 그 뒤를 이어 위그노의 지도자격인 나바르의 왕이 앙리 4세로 왕위에 오르게 되어 그는 신교와 구교의 갈등을 종식시키고자 노력하였다.

앙리 4세는 1592년 가톨릭으로 개종하여 화해를 도모하고자 하였으며 1598년에 낭트칙령(Edict of Nantes)을 발표함으로 36년이라는 지긋지긋한 위그노 종교전쟁을 종결시켰다.

2) 十字軍(십자군) 戰爭(전쟁)

11세기 말에서 13세기 말 사이 유럽의 기독교인들이 성지 팔레스타인과 성도 예루살렘을 이슬람교도들에게 빼앗기 위해 8차례에 걸쳐 감행한 원정을 통 털어서 말할 수 있다.

그리고 이 전쟁에 참예한 군인들을 십자군이라 부른다. 그 당시 참전한 기사들이 가슴과 어깨에 십자가 표시를 했기 때문에 이 원정군을 십자군이라고 부르게 되었다. 이 태동은 1005년 종교적인 목적으로 명확하게 출발하였으며 유일신을 믿는 교회와 알라를 신봉하는 이슬람교와의 배타적전쟁이라는 점에서 볼 때 종교전쟁으로밖에 볼 수 없지만 한편 이것을 간단히 종교적으로만 성격 지을 수 없는 복합적인 이해가 필요하기도 하다.

그것은 봉건영주와 하급의 기사들은 새로운 영토 지배의 야망에서, 상인들은 경제적 이익에 대한 욕망에서, 또한 농민들은 봉건사회의 억눌림으로부터 벗어나려는 희망에서 저마다 기꺼이 원정에 가담하였다. 그밖에도 이 전쟁은 호기심, 모험심, 약탈욕구 등 잡다한 동기가 신앙적 광기와 혼합적으로 작용하여 있었다. 이시대의 서 유럽은 봉건사회의 기초가 다져지고 상업과 도시의 발달도 어느 정도 이루어져 있어서 노르만인의 남이탈리아 및 시칠리아 정복, 에스파냐의 국토 회복운동, 동부 독일의 대 식민 활동, 등에서 볼 수 있듯이 주변세계와의 경계를 전진시키고 있었다. 따라서 이런 배경에서 십자군도 정치적, 식민적 운동의 일환이 될 수밖에 없었다. 종교는 이 운동을 성화시키는 역할을 수행하게 된 것이다.

① 신의 引導(인도)라고 일컫는 전쟁(1096년~1272년)

팔레스타인을 다스리는 셀주크투르크가 이슬람교를 믿으며 기독교 巡禮者(순례자)들을 학대하기 시작하자 당시 교황이었던 우르반 2세가 십자군 운동을 제창하였다. 십자군 전쟁은 결과적으로 실패하였으나, 서유럽의 도시들이 십자군 전쟁에 힘입어 동서교통이 활발해지고 상업활동이 활기를 찾은 면도 있었다. 이 십자군운동은 교황의 세력이 등등하던 때에 일어났다. 중세에는 순례의식을 중요시하였다.

고생스럽고 위험함에도 불구하고 성지를 참배하고 영혼의 구원을 얻으려는 갈망에서 행해졌다. 가장 중요한 곳은 그리스도의 무덤이 있는 예루살렘이었다. 11세기에 아라비아인을 내 몰고 팔레스타인을 다스리게 된 셀주크투르크는 기독교인을 적으로 생각하였고 순례자들을 학대하기 시작하였다. 이로 인하여 서 유럽인들은 예루살렘을 셀주크투르크의 손에서 奪還(탈환)해야 한다고 생각하였다.

때마침 동로마 제국이 셀주크의 공격을 받아 서유럽에 도움을 요청하였다. 이때 교황 우르반 2세가 들고 일어났다. 우르반 2세는 교황 선출 이후 그레고리 7세의 정책을 이어받아 성직매매와 성직자의 혼인을 철저히 금하는 동시에 성직서임권을 교황이 차지하는데 온 힘을 기울였다. 그는 카노사의 굴욕의 주인공 하인리히 4세가 세운 교황 클레멘스 3세를 추방하는 일에 성공하였다.

우르반 2세는 하인리히를 궁지에 몰아넣는데 힘을 쏟아 1099년에 하인리히의 아들 콘라트를 신성 로마제국 황제로 세웠다. 콘라트는 교황의 지지를 등에 업고 부왕에 대해 반란을 일으켰다. 하인리히 4세는 이 사건 이래로 실의에 빠져 나날을 보냈다. 우르반 2세는 마침내 그의 스승인 그레고리우스 7세의 원수를 갚은 셈이었다.

② 우르반 2세는 예루살렘 탈환을 위해 종교회의를 개최하였다. 1095년에 우르반 2세는 셀주크투르크로부터 수도 콘스탄티노플까지 위협

받고 있는 비잔틴 제국의 알렉시우스 1세로부터 구원을 요청받게 되었다. 그 요청이란 기독교의 성지 예루살렘을 탈환하여 '투르크'의 위협으로부터 기독교국가 비잔틴 제국을 지켜달라는 내용이었다.

동방에서 이동해온 셀주크투르크는 1055년에 바그다드를 점령하고 1071년에는 비잔틴 제국군을 격파하여 해안지대를 제외한 소아시아를 점령하였고 그 후에도 시리아와 예루살렘을 지배아래 두고 1095년에는 수도 콘스탄티노플의 건너편 해안까지 공격해온 것이다.

교황 루우반 2세는 1095년에 프랑스 클레르몽에서 종교회의를 개최하였다. 그는 회의에서 이렇게 연설하였다.

"서구의 기독교여! 높은 자나 낮은 자나 近東(근동)의 기독교인을 구원하는 일에 진군하자. 하나님의 정의를 위해 싸우다 쓰러지는 자에게 罪(죄) 사함이 있을 것이다."

그가 성지회복을 위해 십자군운동을 제창한 이유는 또 다른 뜻도 있었다. 그것은 1054년 그리스도 교회의 동서분열이 있은 이래로 거의 일관되게 동방의 비잔틴제국과 그 교회가 로마교회에 대해 우위에 서 있어온 歷史(역사)를 이번 기회에 역전시켜 로마교회 주도로 동서양교회를 재통합해보고자 하는 의도가 숨겨있었다. 교황의 연설을 들은 청중들은 감격한 나머지 '이것은 하나님의 뜻이다' 라고 확신을 외치며 성지회복을 위해 싸울 것을 맹세하였다. 그리고 편성된 군대는 복장과 깃발에 십자가 표시를 붙였기 때문에 십자군이 된 것이다.

③ 십자군은 8회에 걸쳐 예루살렘을 향해 진군하다.

1096년, 역사적인 1차 십자군 전쟁이 예루살렘을 향하여 진군하였다. 십자군은 3년에 걸쳐 고된 행군과 전투 결과 1099년 7월 15일에 예루살렘을 함락시켰다.

그때 우르반 2세는 병상에 누워있는 상태였으며 성지탈환 소식이 닿기 전인 7월 25일에 사망하였다. 이렇게 시작된 십자군은 1096년부터 1272년까지 200년이라는 기나긴 세월을 두고 모두 8차례를 파견하였다. 1회 때는 예루살렘을 점령하여 예루살렘 왕국을 건설하였으나 그 후 대부분은 실패로 끝났다.

실패한 이유는 전쟁 횟수를 더할 때마다 국왕과 제후 그리고 이탈리아 여러 도시의 경제적 이해에 따라 좌우된 탓도 있으나, 상대편인 이슬람 편에서 엄격한 지도자가 나왔기 때문이기도 하였다.

그 당시 북아프리카에는 이집트에는 이슬람의 시아파인 파티마왕조(900~1171)가 성립되어, 시리아에서 모로코까지 이르는 광대한 영토뿐 아니라 시칠리아 섬과 몰타 섬까지 차지하여 번영을 누리고 있었다. 이 파티마왕조의 재상이 되어 실권을 장악하고 마침내 왕조를 쓰러뜨린 것이 살라딘(재위1161~1193)이다. 살라딘은 십자군에 맞서 이슬람세계를 지킨 용맹한 인도주의자였다

그는 새로운 아이유브 왕조(1169~1250)를 열었다. 술탄이 된 사라딘은 당시 지중해의 정세를 정확히 분석해 교묘한 외교를 전개하였다. 비잔틴제국과 이탈리아 여러 도시와 동맹을 맺은 후 시리아와 메소포타미아 및 예멘을 차례로 정복하였다. 1187년에는 십자군이 세운 예루살렘 왕국을 타도하고 예루살렘을 그들이 다시 탈환하였다.

④ 기독교인에게 예루살렘 성지순례를 허락한 살라딘

예루살렘이 이슬람교도들에게 함락 당하였다는 소식이 전해지자 유럽 여러 나라에서는 제왕십자군이라고 하는 제 3회 십자군(1189~1192)을 일으켰다. 살라딘은 침입해온 영국 왕 리처드 1세가 인솔하는 군대와 치열한 격전을 벌이며 마지막까지 예루살렘을 지켰다. 1192년에 양국은 휴전조약을 체결하고 살라딘은 기독교도의 예루살렘 순례를 허용하기로 하였다.

'살라딘은 경건한 이슬람교도였으며 군인으로서도 용맹하고 과감한 용사였다'

라는 소문이 멀리 퍼져나갔다. 그는 전투와 휴전교섭에서도 항상 인도주의적인 정신을 발휘하여 약속을 성실하게 지켰다. 그는 결국 십자군을 격퇴하다 오랜 전쟁의 피로로 병을 얻어 십자군을 격퇴한 다음 해에 55세의 나이로 전사하였다

⑤ 十字軍戰爭(십자군전쟁)의 실패

십자군전쟁은 결과적으로 실패로 끝났고 수많은 전사자들의 피를 땅위에 뿌렸다. 이 사건을 통해 서유럽에는 활기를 찾기도 하였는데 그리스와 로마시대 문화의 중심지였던 도시들이 십자군 원정에 힘입어 동서교통이 활발해지면서 상업에 활기를 얻어 도시가 번성하기도 하였다. 북이탈리아의 베네치아와 제노바의 상인들은 지중해 무역을 독차지하고 있었다. 십자군 병사를 태운 배가 돌아올 때면 동방의 후추와 향신료, 보석과 명주, 등을 싣고 왔다. 이와 같은 현상은 십자군전쟁이 없을 때에도 이어졌으나 많은 사람이 왕래하며 활성화된 것이다.

지중해무역이 주로 사치상품을 다룬 반면 발탁해와 북해의 무역에서는 곡물, 생선, 목재, 모피, 등 주로 생필품을 다루었다. 이 무역은 독일의 뤼백과 함브르크, 등지에서 이루어졌다. 이들 무역의 중계지에 위치한 독일과 프랑드르(벨기에)에도 도시가 생겨났고, 이탈리아의 피렌체는 모직물로 번영하였다. 銀(은)과 銅(동)의 광업으로 번영한 남부독일의 아우크스부르크에는 대부호 '푸거'라는 사람이 등장했고 그 재력은 신성로마 황제까지도 움직일 수 있을 정도였다.

(2) 왜 戰爭(전쟁)이 벌어졌는가?

1) 전쟁이 벌어진 주 동기는 앞장에 언급했듯이 예루살렘 聖地(성지)회복이었다.

로마제국의 시기였던 3세기경부터 레반트 일대는 기독교의 중심지가 되었고 대다수가 기독교도였다. 그러나 7세기 中盤(중반)을 중심으로 일어난 이슬람의 세력으로 637년에 예루살렘은 이슬람 령이 되었고 기독교를 믿는 지역은 11세기까지 서아시아와 북아프리카를 잃는, 등 그 영역이 지속적으로 줄어들었다.

이슬람 세력권은 遊牧民(유목민)의 약탈이 일상화된 지역이라 공격 당한 巡禮者(순례자)들이 굉장히 많아졌다. 여기에는 예루살렘에서 基督敎(기독교) 순례자가 이슬람 세력에게 迫害(박해)를 받는다는 소문이 크게 작용하였다. 이러한 소문은 동로마제국이 西方(서방)의 원군을 얻기 위한 지원요청에 명분으로 써먹었고 정치적 이유로 교황을 비롯한 종교지도자들이 과장한 부분도 있었다. 정확히 따지자면 1009년에 파티마왕조의 6대 칼리프 알 하킴이 기독교와 유대교를 대놓고 탄압하여 예루살렘 성묘교회를 완전히 파괴하기는 했으나 1040년대부터 동로마제국에서 돈지랄 외교로 파티마왕조와 타협하여 기독교 신자들을 보호하며 성묘교회를 복구하였다.

어쨌거나 아랍인 王祖(왕조)들은 성묘를 찾아오는 순례자들의 돈을 반겨서 대체로 보호해주었다. 문제는 십자군 전쟁이 일어나기 직전에 기존 동로마 파티마의 레반트는 세계질서를 파괴하고 예루살렘을 점령했던 셀주크제국은 순례자들이 어떤 이익을 가져다주는지 감각이 없어서 초반에는 순례자들을 박해했던 것이다.

그러나 현지 사정을 잘 모르는 서 유럽인들은 분노로 들끓었다. 암튼 당시의 성지 분쟁지역으로 순례자들에는 위험이 따랐다. 1070년 '말라

크샤'가 통치하는 셀주크제국의 '에미르 아트시즈'가 성지를 포함한 시리아 전체를 파티마왕조에게 빼앗겼는데 예루살렘의 저항을 모스크 안에서 수천 명을 학살하며 진압해버렸다.

2) 서유럽의 인구증가로 인한 식량부족 해결과 인구감소

당시 서유럽은 농업기술 자체가 뒤떨어져 있었기 때문에 식량 생산성이 저조하였다. 지배자들은 인구를 획기적으로 감소시키는 방법이 전쟁이라 생각하여 전쟁을 합리화시켰다. 고로 전쟁을 통하여 잉여 인간을 감소시키고 식량문제를 해결하려는 비인간적인 생각을 고안했다. 전쟁을 통해서 인구를 감소시키려 한다니 과연 이것이 신앙인이 할 짓인가?

3) 敎皇廳(교황청) 재산증식 목적

당시의 십자군전쟁은 소요기간이 아주 길었다. 어차피 돌아올 가능성도 낮을 거라고 예상한 교황과 사제들이 원정에 참여한 사람들의 재산을 위탁받으면 그냥 자기네 것이 될 것이라 계산을 하고 있었다. 실제로 교황청이 원정에 참예한 사람들의 영지의 관리를 위탁받은 곳은 사실이고 당시 교황청은 서유럽에서 가장 발달한 관리시스템이라서 교황청을 중심으로 한 수도원들은 영주들에 비해 효과적으로 땅을 관리하고 운영할 줄 알았다.

4) 十字軍(십자군)의 잔악한 모습

1096년 1차 십자군이 예루살렘을 향해 진군하여 안티오크를 점령하고 예루살렘을 눈앞에 두고 있었다. 이 당시 마라의 학살사건이 일어나게 되었다. 프랑스 기사 보에몽이 이끈 십자군부대는 마라성에 도착하여 목숨이 아까운 자는 궁전으로 피하라고 최후통첩을 보낸 후 성안으로 진격해서 닥치는 대로 약탈과 살육을 자행하였다.

이슬람 인이면 남녀노소를 가리지 않고 도륙하였으며 성안에는 시체로 뒤덮여 산더미 같았다. 여기에 궁전 안에 피난하고 있던 사람들까지 공격하여 물건을 빼앗고 살아남은 사람은 노예로 팔아넘겼다.

마라에 머문 지 1개월, 보에몽 부대는 식량이 떨어지면서 이슬람 인을 죽여서 톱으로 배를 갈라보기도 하였다. 이슬람인들은 금은보화를 삼켜 뱃속에 간직한다는 소문 때문이었다. 그리고 그들을 죽여 사람고기를 요리해 먹기도 하는 등, 잔인한 짓도 서슴지 않았다. 십자군의 이러한 만행은 마라에서만 일어난 것이 아니었다. 어쨌든 이들은 계속하여 진군해서 1099년 6월에 드디어 예루살렘에 도착하였다.

전투는 6주간 계속되었다. 7월 15일 마침내 예루살렘을 정복했다. 여기서 십자군은 적군은 물론 일반 백성들까지 모조리 살육하였다. 너무나도 처참한 광경은 말로다 할 수가 없었다. 큰 거리와 광장에는 사람의 머리와 팔다리가 산더미처럼 쌓여있었다.

십자군은 시체를 밟으며 아랑곳없이 전진했고 신전과 성벽은 물론이며 기사가 잡은 말고삐까지 사람의 피가 튀어 붉게 물들었다. 십자군은 성지순례를 방해했던 이슬람에 대한 보복의 심판이니 정당한 일로 찬양받을 일이라 생각하였다. 이 대학살은 정당한 신의 심판이라 외치며 聖地奪還(성지탈환)에 성공한 십자군은 성지탈환을 성공했으나 얼마 뒤 다시 이슬람의 손에 성지는 넘어갔다. 결국 목적을 달성한 것은 1차 원정뿐이었으며 수많은 피를 흘린 뒤 실패로 끝나게 되었다.

5) 少年十字軍(소년십자군)

제 4차 십자군 원정이 끝나고 10여 년이 지난 어느 날 프랑스 북부의 한 마을에서 '에티엔(Étienne)'이라는 양치기 소년 하나가 신의 계시를

받았다고 한다. 그 계시는

"가난한 巡禮者(순례자)의 모습을 한 그리스도께서 나타나 제게 빵을 청하셨습니다. 그런 후에 이 편지를 임금님께 전해주라고 하셨습니다. 그러자 제가 몰던 양들이 일제히 무릎을 꿇었습니다."

이 소년 에티엔은 出處不明(출처불명)의 편지 한 통을 들고 세상을 향해 나아갔다. 그러자 수천 명의 소년소녀가 그의 뒤를 따랐고 이들은 부모나 신부의 만류에도 아랑곳없이 사명을 완수하러 길을 나섰다. 이성이 발달한 아이들도 있었겠지만 예나 지금이나 군중의식은 변함이 없는 것이다. 남이 나서면 나도 나서고 남이 흥분하면 나도 흥분한다. 이를 보는 수많은 사람은 기적이 일어났다며 돈과 양식을 들고 이 아이들을 찾았다. 거기에 신의 부름을 받은 에티엔은 말 그대로 살아있는 천사가 되어 신이 출현한 듯한 환영을 받았다.

에티엔이 입고 있는 옷은 수많은 사람들에 의하여 찢겨지고 인파속에 묻힌 이 소년은 의기가 솟구쳤다. 이러한 사실을 알게 된 국왕은 해산 명령을 내렸으나 이미 누구도 그런 말에 귀를 기울일 분위기가 아니었다. 겨우 열두 세 살의 어린 십자군들은 마르세유 항을 향해 발길을 돌렸고 무리는 이미 3만여 명에 이르렀다. 3만여 명의 행렬이 한 곳을 향해 나아가는 모습이라니 얼마나 많은 식량이 필요하고 얼마나 많은 잠자리가 필요했을까? 이 소년소녀들이 이 모든 것을 해결하면서 마르세유까지 탈 없이 당도했다는 것이야말로 그 시대의 광기를 그대로 보여주는 것이었다.

그러나 이들과 이들을 부추긴 어른들은 마르세유 상인들을 너무 가볍게 보았다. 마르세유에서 이들을 배 일곱 척에 태운 선주들은 곧 성지를 향해 출발했는데 두 척은 이내 난파를 당하고 나머지 배에 타고 있던 어린 십자군들은 이집트 알렉산드리아에 내리자마자 노예상인들의 환영을 받았다.

그래도 다행스러웠던 것은 후에 신성로마제국의 프리드리히 2세와 '알렉산드리아' 술탄 사이에 화해가 이루어지면서 십자군으로 끌려갔던 노예 700여 명이 무사히 해방되었던 것이다. 그러나 십자군 소년들의 비극은 여기서 끝나지 않았다.

독일에서는 열 살 된 '니콜라우스'라는 소년이 나타나 무리를 지어 다시 이탈리아를 향해 걸어갔다. 독일에서 이탈리아의 브린디시(Brindisi) 항구까지 가야했던 그들은 알프스 산맥을 넘기까지 했다. 그러나 다행스럽게도 그들은 항구에서 배를 타기 직전에 사제들의 강력한 저항을 받고 대부분 고향으로 발길을 돌렸다.

그들의 모습은 거지 그 자체였다. 떠나올 때의 용기와는 달리 자신들이 왜 이곳까지 왔는지 조차 제대로 기억하지 못했고 이 소년 지도자 '니콜라우스'는 의욕이 상실되어 어디로 갔는지 행방이 묘연하였다. 다른 아이들은 이리저리 헤맸고 그 과정에서 노예로 팔려가지 않았다면 그것은 시대적으로 기적이었을 것이다.

1212년 제 5차 십자군, 이른바 소년 십자군은 상인들과 결탁한 선주의 농간으로 인하여 이집트의 알렉산드리아로 끌려가서 이슬람 인들에게 노예로 팔렸었다. 양심 있는 이슬람 인들은 700명에 달하는 소년들을 다치지 않고 모두 풀어주었다. 철없는 소년들이 받은 계시는 이렇게 실패로 끝났고 역사의 한 장면을 남겼다.

이렇게 봉건제도를 뒤흔든 십자군 전쟁은 200여 년에 걸쳐 피로 얼룩진 상처만 남긴 채 실패로 끝이 났다. 그 결과 사람들은 교회와 교황을 성스러운 존재로 믿지 않게 되었고 영적인 면은 고사하고 더 이상 성스럽게 여기지 않았다. 전쟁에 참가했던 영주와 기사들은 영지를 돌보지 않은 탓에 수입이 줄고, 참가비용을 조달하느라 가산을 탕진하여 서서히 몰락의 길을 가게 되었다. 반면에 왕과 상인들은 전쟁으로 돈을 벌어들였다. 왕은 교황과 영주들을 누르고 자신의 권력을 강화하기 위해 상인세력과 협력을 하였다. 십자군 전쟁은 중세사회가 지닌 힘을 분출시킨 사건인 동시에 봉건제도를 뒤흔들고 새로운 사회를 눈뜨게 하는 계기도 시작됐다고 볼 수 있으나 결과적으로나, 宗敎的(종교적)으로나 씻을 수 없고 돌이킬 수 없는 汚點(오점)을 남긴 역사의 진상이 되었다. 이 무모한 역사는 지금도 기독교 시장에서 계속 진행 중이며 의미 없는 신의 계시를 받았다는 교주들과 자칭 재림예수들이 중세의 십자군보다 더 많은 영혼들을 살아있는 자리에서 생지옥으로 밀어 넣고 있다. 천벌을 받을 것이다.

소년 십자군 By 귀스타브 도레

니코폴리스 전투 (불가리아어: Битка при Никопол, Bitka pri Nikopol; 터키어: Niğbolu Savaşı[*]; 헝가리어: Nikápolyi Csata; 루마니아어: Bătălia de la Nicopole) 흔히 니코폴리스 십자군이라고 불리며, 중세 최후의 대규모 십자군이었다. [위키백과]

[사진출처] By aus Sébastien Mamerot

9. 칼빈(Calvin)은 하나님의 종인가?

종교 개혁자로 불리는 존 칼빈(Jean Calvin)은 프랑스 인문주의적인 기반에서 성장하였다. 칼빈은 기독교 교부, 특별히 아우구스티누스 전문가로서 이 신학을 배경으로 인문주의와 논쟁하는 개신교 신학을 창출한 사람이다. 1509년 7월 10일 북부 프랑스 누아용에서 출생하였고 그의 아버지 잔 느루프랑은 법률가로서 누아용 대성당의 공증인이며 재정을 담당하는 사람이었고 그의 아내 수산나는 경건한 신앙인이었다.

1523년 칼빈은 파리에서 마르슈 대학과 몬테규 대학을 다녔고 1528 초에는 인문학석사가 되었다. 같은 해 칼빈은 아버지의 희망에 따라 오르레옹과 부르쥬에서 법학을 다시 공부하기 시작하였다. 그러나 아버지가 죽은 후 칼빈은 파리로 돌아왔고 1531년에 법학박사 과정에 지원하였다. 동시에 그는 인문주의도 열심히 공부하여 자신의 처녀작 〈세네카의 관용론 주석〉을 출판하였다.

1533년 칼빈의 친구인 파리 대학 학장인 니폴라스 콥은 마태복음 5장 3절의 '마음이 가난한 사람은 복이 있나니 천국이 저희 것임이요'라는 중심으로 설교를 하였다.

그 내용은 '에라스무스-루터' 적인 사상을 담고 있었으며 스콜라(Schola)주의 신학을 비판하는 내용으로 가득 차 있었다. 이 문제로 칼빈은 콥과 함께 파리를 떠나야했는데 이로 미루어 칼빈이 그의 연설문을 초안하는 데 참여했을 것으로 추정된다. 그 후 칼빈은 '샤를데 스페빌'이란 가명을 사용하였고 인문주의자들과 만날 수 있는 프랑스 전역을 방랑하였다. 그런 와중에 칼빈은 개신교도들과 접촉하기 위해 조심스럽게 파리에 나타나기도 하였다.

1534년 10월에 이단적인 내용의 전단이 왕의 침실까지 등장하자 개신교도들을 향한 박해가 시작되었고 칼빈은 다시 파리를 떠나야만 하였다.

당시 국왕 프랑소아 1세는 기독교의 迫害者(박해자)로 변절한 이래로 프랑스 국경을 넘어서 그는 잠시 스트라스부르트를 거쳐서 바젤에 定着(정착)하였다. 그 당시 프랑스에서는 충성스럽고 경건한 신도들이 화형에 처하여 순교를 당하고 있었다. 그래서 일단 스위스로 피신을 했던 것이다. 그는 여기에서 스위스의 宗敎改革(종교개혁)자 파렐, 비레, 불링거와 접촉하였다.

1536년 그는 이곳에서 〈基督敎綱要(기독교강요 lnstitutio Chrstianae Religionis)〉의 초판을 완성하였고 결정판이 나올 때에는 50,000자의 〈신학대전〉을 이룩하였다. 처음에는 라틴어로 저술하였으나 후에는 다시 불어로 번역하였다. 이 책은 훗날 기독교 개혁주의신학의 교과서가 되어 오늘날까지 변함없게 되었다. 자신의 새로운 종교개혁의 신학을 총체적으로 기술한 이 기념비적인 책은 구성 형식에서 1529년 루터의 요리문답서를 따르고 있다.

이 책은 우선 프랑스 내의 개신교를 위한 변증으로 쓰인 것이다. 프랑스 왕 프랑수아 1세에게 바친 헌사에서 나타난 바와 같이 개신교도는 민스터 왕국의 재세례파와 달리 그 어떤 정치적인 폭도가 아니라 충성스런 신하임을 주장하고 있다. 점차 이 책은 칼빈주의적 개혁교회의 전범이 되었다.

칼빈은 이 책을 통하여 한편으로는 가톨릭과 다른 한편으로는 급진적인 종교개혁 주의와 논쟁을 하였다. 이 책은 그 문체가 분명하고 유려하여 16세기의 그 어떤 작품도 그의 라틴어 문장을 능가하지 못한다는 평가를 받기도 한 걸작으로 평을 받고 있기도 하다.

칼빈이 최종적으로 '종교개혁 사상을 인식하게 된 때가 정학하게 언제인가' 라는 질문에 대해서는 여전히 논쟁 중이다. 분명한 것은 이미

1527년 칼빈은 루터의 著述(저술)을 알고 있었다는 점이다. 그가 1528년 스트라스부르크를 방문한 것도 그의 종교개혁적인 회심에 영향을 끼쳤다고 볼 수 있다.

칼빈 자신의 증언에 따르면 종교 개혁적인 전향은 소위 갑작스런 回心(회심)으로 이루어졌다. 그의 전향은 내적인 갈등과 투쟁이 있던 1533년 8월에서 1534년 5월 사이에 일어난 것으로 보인다. 이 시점에 칼빈은 자신의 聖職錄(성직록)을 포기하였다. 이렇듯 여기까지는 칼빈에 대하여 크게 비난받을만한 행위가 없으며 열심히 학문탐구에 전념했다는 신념 또한 크다.

그는 걸어 다니는 병원이라 할 정도로 몸이 허약한 사람이었다. 그는 그러한 몸으로 자기방식대로의 신앙과 학문을 게을리 하지 않은 사람이다. 이제 이 유명하고도 장로교회의 대부로 불리는 칼빈의 사상과 그가 스위스 제네바에서 위엄을 떨친 종교정책의 허와 실, 그리고 그가 남긴 오점을 수면 위로 끌어내보자.

* 칼빈의 제네바 종교 정치

당시 제네바에서의 칼빈은 유럽 전역에서 종교적 핍박과 가난을 피해온 개신교 난민들을 받아들였다. 제네바 사람들은 건물들을 증축하여 핍박받고 망명 온 이방 교인들을 받아들였다. 당시 건물들은 1층과 2층의 색깔이 달랐다고 한다. 그것은 2층은 새로 증축을 했으니 새 건물로 뚜렷이 구별이 되었던 것이다. 난민을 받아준 제네바는 복지정책에 발전을 기여하기도 하였다. 그것은 난민 중에는 예술가, 음악가, 기술자, 학자들, 醫師(의사), 科學者(과학자)를 비롯한 당시 유럽에서 새로 생겨난 사업가 계층에 속한 사람들이 많았다.

제네바 시 정부운동을 주도한 칼빈의 사상은 西歐(서구)정치에 큰 영향을 미쳤다. 하나님의 주권을 강조하는 칼빈은 국왕이나 대주교나 그 어떤 인간도 절대적 충성을 요구할 수 없다고 했다.

그리고 이것은 크리스천들이 정치권력을 어떻게 해석하고 받아들여야 하는지에 대하여 아주 흥미로운 결과를 낳기도 하였다. 칼빈은 어떤 권위든 반드시 다른 권위에 의해서 점검받아야 한다고 가르쳤다. 그의 가르침은 잘못된 권위는 언제든 逐出(축출)할 수 있다는 이론을 확고히 세웠다. 칼빈은 자신의 가르침이 다가오는 시대에 영국과 미국에서 절대군주에 대항 할 수 있는 권리, 그리고 민중에 의해 선출된 代表者(대표자)들이 다스리는 국가 정치시스템을 장려하는 論理(논리)의 토대가 될 줄은 꿈에도 몰랐을 것이다.

그래서 칼빈을 자신의 의도는 아니었으나 서구 민주주의의 아버지로 불리기도 하였다. 이렇듯 종교개혁은 본의 아니게 귀족들 중심의 '절대전체군주체제' 정부를 서서히 없애고, 민주주의적 의회정치를 자리 잡게 하는데 큰 기여를 한 셈이 되었다. 칼빈은 이러한 정책이 그냥 되어진 것이 아니라 그가 법학을 전공한 박사 아닌가. 그의 종교정치는 은연 중 그러한 정치철학이 묻어난 것이다.

그는 입법부, 사법부, 행정부로 구성된 3권 분립체제 정부를 제안했다. 統治者(통치자)가 지나치게 많은 권력을 지니면 인간의 죄성 때문에 부패한 독재자가 된다고 주장하면서 권력의 집중을 막기도 하였는데 이것이 서구 유럽과 미국의 정부 체제로 자리매김하게 되어 오늘에 이르게 되었다.

여기까지의 칼빈 사상은 크게 비난받거나 문제될만한 행위는 보이지 않는다. 그러나 後日(후일) 자신의 의가 어떤 波長(파장)을 몰고 올지는 본인도 몰랐으며 자신이 改革者(개혁자)의 신분으로 '살인하지 말라'는 율법의 有效成(유효성)을 무시하고 대학자를 화형 시키고 수많은 사람들을 유배 시키리라고는 몰랐을 것으로 간주하고 싶다.

세르베투스 화형식

세르베투스(Michael Servetus 1509년 혹은 1511년 9월 29일~1553년 10월 27일)는 스페인 아라곤 출신의 의학자이자 신학자이다.

당시 스페인 당국이 가톨릭교 강제 개종을 거부한 유대인 12만 명을 추방하고, 이슬람교도(무어인) 수천 명을 화형시키는 등의 종교적 분열상과, 당시 교황과 교직자들의 도덕적 타락상을 관찰하고 역사와 성서를 연구하여 그리스도교가 기원 첫 3세기 동안에 부패하게 되었으며, 콘스탄티누스와 후계자들이 성서에 없는 삼위일체를 공식 교리로 채택했다는 사실을 깨닫고 《삼위일체론의 오류 : De Trinitatis erroribus libri vii》(1531)라는 책을 출간했지만, 종교개혁 시대에 삼위일체 교리를 반대한 이유로 로마교회와 개신교회로부터 정죄 받고 1553년 10월 27일, 제네바 시의회로부터 산채로 화형당하였다.

[사진출처]
https://exchurchofchrist.wordpress.com/2016/09/03/who-does-god-choose/servetus-stake/

10. 칼빈의 스위스에서 惡行(악행)

(1) 殺人(살인)의 실례

　칼빈의 돌이킬 수 없는 살인행각은 아무리 조명해 봐도 두렵고 소름 끼친다. 의사이자 신학자인 '미켈 세르베토(Miguel Serverto)'를 화형에 처한 사건은 기독교 역사상 돌이킬 수 없는 칼빈의 과오였다. 극단적 칼빈주의자들은 여러모로 이 사건을 합리화시키며 옹호하고 있으나 장로교인 중에도 이 신교의 역사에 오점을 남긴 이 기념비적인 사건에 대개 黙秘權(묵비권)으로 일관하고 있다. 이렇게 칼빈은 세르베토를 화형시키고 말았다. 이것은 단지 개인의 죽음이 아니라 개신교의 역사를 바꾸어놓은 전환기적인 대사건이 되었다.

　이 사건을 계기로 개신교도 종교상의 이유로 얼마든지 종교재판으로 사람을 죽일 수 있다는 관계가 공식적으로 남게 되었다. 칼빈의 세르베토에 대한 화형은 당시 유럽사회에 적지 않은 파문을 일으켰으며 이로 인하여 칼빈만이 아니라 신교에 대한 일반의 평가조차 냉혹하게 善繪(선회)하는 계기가 되었다. 더구나 세르베토는 독실한 신앙인이었기에 그 충격의 파장은 클 수밖에 없었다. 카스텔리오는,

"세르베토가 칼빈의 神學思想(신학사상)에 문제를 제기하다 부당하
게 칼빈의 손에 죽었다"

는 것을 증언하였다. 그리스도인인 세르베토라는 사람은 하나님을 모독하지는 않았으나 칼빈의 이론에 반증을 한 이유로 하나님을 모독했다는 죄명이 씌워져 그토록 괴로운 화형을 당하였다

장작더미에 올라 세르베토는 그 불길 속에서도 그리스도의 이름을 부르며 칼빈을 저주하거나 원망하지 않았다. 그는 소위 말하는 자유사상가나 무신론자가 아니었으며 독실한 기독교영역 안에 서있는 신앙인이었으며 血液順換(혈액순환)을 발견한 의사였고 신학자요, 철학의 천재였고, 의식이 깊은 사람이었다. 그는 삼위일체설과 '칼케톤 회의'에서 결정된 기독론, 유아세례에 대한 칼빈의 〈基督敎(기독교)綱要(강요)〉에 대하여 비판하였다. 한때 칼빈을 구출하여 그에게 승리를 얻도록 도와준 동지 중의 한 사람이기도 했었다.

(2) 改新敎(개신교)의 명분을 잃은 세르베토의 死刑(사형)

칼빈이 세르베토를 불태워 죽인 것은 宗敎改革(종교개혁)이라는 이름으로 시작하여 명분은 좋았으나 結果的(결과적)으로 교회의 명분을 잃어버린 결과를 초래하였다.

改新敎(개신교)는 다른 사람의 의견이나 자유적인 생각을 가진 사람들도 서로 비난하지 않고 討議(토의)하고 때로는 批判(비판)하고 지지하고 서로 硏究(연구)하는 것으로 인식되어, 사실상 종교재판을 도입한다는 것과 사람에 대한 殺人(살인)은 용납될 수 없는 것으로 인식하고 있었다. 가톨릭의 敎義(교의)와 통제에서 벗어나 자유로운 개인들의 신앙을 존중하는 것이 개신교에 대한 기대였다. 그러나 이러한 기대감은 세르베토의 처형으로 인하여 무너지게 되었고, 동시에 신구교 성직자들에 대한 상대 지도자들을 제거하기 위한 치열한 살상적 사건들과 종교전쟁의 極致(극치)를 보여준 것으로, 가톨릭과 신교의 성직자들에 대한 암살을 자행하였다.

양자의 지배자들은 상대방의 專制君主(전제군주)를 제거하는 것이 신에 대한 奉仕(봉사)라고 간주하고 암살을 자행하였다. 그 예로 홀란드의 오랑에 '公 위레름'이 5차에 걸친 암살시도를 피하기는 했으나 결국 1584년 '발사라르 제럴드(Balthasar-Gerard)'의 흉탄에 쓰러졌고, 英國(영국)의 엘리자베스 여왕은 15차 이상의 살해시도를 피했고, 프랑스의 앙리 4세는 19명의 암살시도를 피했으나 그 역시 1619년에 '라바이야끄(Francois Ravaillac)'의 단검에 찔려 피살되었다. 이러한 사건으로 인하여 신교에 대한 기대감은 급격히 퇴색하기 시작하였다.

이와 같은 一連(일련)의 불관용적 사건들은 서구교회 침몰의 시발이 되었음을 부인할 수 없는 사이와 같은 구실이 되었다. 어떻든 가톨릭과 同一(동일)한 교리, 동일한 魔女裁判(마녀재판)과 종교재판을 통한 인간사냥을 자행한 칼빈에 의해 改新敎(개신교)의 명예는 무너져 내리고 말았다. 이로 말미암아 가톨릭의 참혹한 종교재판과 마녀사냥에 대한 비판이 함께 취급되고 있는 것이다.

(3) 칼빈은 가장 잔인하게 세르베토를 죽였다.

역사가들은 칼빈이 세르베토를 가장 잔인하고 가혹한 방법으로 죽였다고 증언하고 있다. 카스텔리오는 당시의 사건을 확인해주고 있다.

'그것은 최초의 이단자 처형이 바로 가장 잔인하고 끔찍한 화형방식이었는데 칼빈은 세르베토에게 화형선고를 적용하였다. 잔인성으로 이름이 높은 중세에도 화형의 경우에는 사형수들은 화형대에 묶이기 전에 미리 목 졸려 죽어있거나 아니면 痲醉(마취)된 상태였다. 그러나 칼빈은 주저 없이 무자비하게 산채로 화형을 집행하였다. 오로지 칼빈 해석의 절대권을 강화하기 위하여 스위스 '샴펠 사형장'에 준비된 장작더미에 불을 붙였다. 유아세례 반대와 삼위일체설에 관한 다른 의견 때문에 죽은 것이다. 그런데 그는 불길 속에서도 예수 그리스도의 이름을 부르며 그 누구를 한 번도 원망하지 않았다.'

• 칼빈의 살인은 무엇으로도 정당화할 수 없는 패륜이다.

구약 모세시대에도 금령을 범한 자들이 율법의 요구대로 돌에 맞아 죽는 즉결심판이 있었지만 칼빈처럼 마구잡이로 사람을 죽이지는 않았다. 칼빈은 자기가 저술한 책에 있는 내용을 조금만 의심하거나 반론하면 그는 숙청의 대상이 되었다.

그것도 한 두 명도 아닌 59명을 죽이고 어린 소년소녀까지도 용서하지 않고 絞首刑(교수형)을 시켜 죽인 무서운 사람이었다.

오늘을 사는 현대 기독교인이라면 반드시 칼빈을 재조명하지 않으면 돌이킬 수 없는 自繩自縛(자승자박)의 수렁에 빠져 구원은커녕 무섭고 맹렬한 불 審判(심판)이 기다리고 있을 것이다. (히6:4~6) 스위스에서의 종교정치는 칼빈으로 하여금 악의 수건이 쓰인 불행한 시간이었다고 나는 생각한다.

그의 눈에는 이미 권력에 눈이 멀어 선한 사마리아 사람이나 간음하다 잡힌 여인을 비상한 辨證法(변증법)으로 율법도 깨지 않고 여인을 구출하여 낸 자비롭고 사랑이 넘치는 예수의 사랑을 그는 의식하지 못했고, 그가 믿었던 성경도 山上垂訓(산상수훈)도 보이지 않았다. 그동안 나는 이러한 모순적인 신학에 대하여, 회의감과 상처의 골이 깊어 여러 해 동안 깊은 고뇌를 하며 깊이 또는 심각하게 기독교 역사를 再재조명하고 또 숙고하여 역사의 그늘을 산책하였다.

상처와 분노는 여전히 아물지 않고 도리어 분노가 일어나기도 한다. 그는 성경보다도 자신이 세운 신학체계를 표준화하여 기독교 세계를 체계화하려는 의도에 눈이 멀어 있었다. 결국 그에게 있어서 성경은 자기의 이론을 뒷받침해 주는데 이용한 교리도구 역할을 하는데 지나지 않았다.

실제로 그는 자기 자신의 성경해석과 자기의 결정만이 모든 선악의 기준이라고 믿었다. 그리고 그는 자기의 저서 〈기독교강요〉를 부각시키기 위해 무척 신경 썼고 입으로 말을 하진 않았으나 권위적인 면과 정치적인 면에서는 이미 자신을 신격화한 인물이다. 처형을 할수록 그의 명성과 권위는 높아만 갔으니 그에게 있어서 처형은 승리의 상징이었으며 자신을 제왕으로 착각을 하고 쾌감을 느꼈을 수도 있을 것이다.

그가 세르베토 말고도 58명을 죽일 때 추호도 망설임이 없는 것으로 보아 가책이나 관용이 없는 사람임을 뒷받침해 주고 있다. 예수께서는 말씀하시길

'인자는 사람의 생명을 멸하러 온 것이 아니요 구하러 왔노라.' (눅 9:53~55)

칼빈에 의하여 죽임을 당한 사람은 불신자들도 아니고 그들은 전부 믿는 사람들이며 다 형제들이었으며 그렇다고 본질에서 벗어난 이단들도 아니었고 교회를 거역한 사람들도 아니었다. 그가 죽인 사람들은 그 대상들이 모두 칼빈의 교리와 일치하지 않은 사람들을 索出(색출)하여 죽이고 추방하였던 것이다.

- 우리는 이제 입장을 분명히 表明(표명)해야 한다.

이와 같은 정황으로 볼 때 과연 칼빈은 하나님의 종인가 아니면 사탄인가? 여기에 대하여 기독교는 명확한 입장을 밝혀야 한다. 그의 신학이 지구촌 방방곡곡에서 판을 치고 있으며 그의 신학을 절대시하며 감리교회나 침례교, 기타 교파들은 못 마땅하게 여기고 있다. 칼빈의 제네바 종교정치는 절대 권력을 자랑하였으나 그 중에 없는 것이 하나 있었다. 그것은 바로 자비롭고 은혜로운 예수 그리스도의 피 묻은 사랑과 관용이 빠져있었다. 그렇다면 기독교의 본질인 사랑과 자비의 알맹이가 빠진 영혼없는 빈껍데기만 무성했고 공포와 두려움이 흉흉한 살인교회의 전도사였다. 성경은 분명히 '살인하지 말라' 했고 구약의 십

계명은 지금도 유효하며 복음서에서 예수께서 말씀하신 가르침에도 그리고 제자들의 서문에도 여러 차례 언급하고 있다.

'그 형제를 미워하는 자마다 살인하는 자니 살인하는 자마다. 永生(영생)이 그 속에 거하지 아니하는 것을 너희가 아는 바라' (요일 3:15)

(4) 쇠사슬로 꼼짝 못하게 묶고 야윈 세르베토의 몸뚱이에 불을 지름

칼빈의 교육목사로서 당시 화형을 직접 목격한 카스텔리오(Castellio)는 화형당하는 끔찍한 과정을 증언하고 있다. 그는 다음과 같이 그 실상을 말하였다.

"세르베토는 쇠사슬로 화형대에 묶였다. 야윈 몸뚱이 위로 밧줄이 너덧 번 들렸다. 형리는 책과 세르베토가 칼빈의 동의를 구하기 위해 極祕理(극비리)에 보냈던 原稿(원고)를 살아있는 몸뚱이와 잔인하게 파고드는 밧줄사이에 끼워 넣었다. 마침내 세르베토는 머리 위에 끔찍한 고통의 冕旒冠(면류관)이 씌워졌다. 硫黃(유황)을 묻힌 잎으로 만든 관이었다. 이 모든 잔인한 준비를 마침으로써 刑吏(형리)의 일은 끝났다. 이제 그가 장작더미에 불을 붙이기만하면 된다."

'살인하지 말라' 는 이 종교교리가 살인을 하는데 그것도 친구를... 칼빈은 함께 공부하던 동료를 죽이는 것이다.

"사방에서 불꽃이 솟구쳐 올라올 때 고문 받는 사람은 모든 한 순간 몸서리를 치며 물러설 정도로 끔찍한 외침소리를 토해냈다. 연기와 불길이 치솟고 고통으로 죄어드는 불길이 사람의 몸을 태웠다. 점점 더 끔찍한 살아있는 肉體(육체)를 갉아먹는 날카로운 고통의 신음소리가 여전히 울려 나왔다.

그때 마지막 苦痛(고통)의 외침이 불길 속에서 들렸다.

예수 영원한 하나님의 아들이시여, 저를 불쌍히 여기소서!

저를 불쌍히 여기소서!

두려운 죽음의 투쟁이 반시간이나 더 계속되었다.

그리고 나서야 불꽃이 잦아들고 연기가 四方(사방)으로 흩어졌다. 검게 탄 기둥에는 시커멓게 불탄 연기를 내뿜는 덩어리가 빨갛게 달구어진 쇠사슬에 묶여있었다. 더는 인간의 형체라고 여겨지지 않는 끔찍하게 일그러져 녹아내린 물체였다.

한때는 하나님의 聖靈(성령)이 깃들어 숨 쉬던 한 인간이 끔찍하고 살 탄 냄새를 풍기는 汚物(오물)덩이로 변해버린 것이다."

라고 증언하고 있다. 이것이 칼빈이 處刑(처형)한 세르베토가 불에 태워지며 오물 덩어리로 변해가는 참혹한 광경이다.

(5) 칼빈이 세르베토를 죽인 것에 대한 역사가들의 평가

칼빈은 이 이러한 행위를 보고서 직접 지켜 본 카스텔리오는

"스스로 基督教(기독교)도라고 고백하는 사람들이 불과 물로 살해당하고 살인자들과 강도보다도 더욱 잔인하게 취급을 받고 있는데 오늘날 누가 기독교도가 되려 하겠는가."

라고 개탄하였다.

200년이 지난 후 로마제국의 〈衰亡史(쇠망사)〉의 저자 에드워드 기본(E. Gibbon)이, 이 죽음을 평가하기를

"이 한 사람의 희생 '세르베토에 대한 화형'이 종교재판의 화형대에서 사라져간 수천 명보다도 더욱 나의 가슴을 흔들었다."

라고 하였다. 그러면서 세르베토의 처형을 두고 '볼테르'의 말을 인용하면서,

"改新敎(개신교)에서 일어난 최초의 宗敎的(종교적)살인이었고 따라서 개신교 원래의 이념을 분명하게 부정한 사건이었기 때문이었다."

라고 평가했다. 한 마디로 이 사건은 개신교를 죽인 치명적인 사건이었다. 그러나 칼빈의 인간사냥은 이제 시작에 불과하였고 그의 계속된 살상행위로 인하여 개신교는 로마 가톨릭과 함께 서구사회에서 동일하게 비난받고 추락되는 운명을 맞이할 수밖에 없었다.

(6) 제네바에서 칼빈의 무서운 종교정책

칼빈은 제네바시의 종교개혁을 위하여 23년 동안 전력하였다. 처음 13년 동안은 고전의 시기였으나 그 뒤 9년 동안은 승리의 시기였다고 할 수 있었다. 그는 교회법(Church Order)을 제정하여 교회정치는 국가의 간섭이나 그 밖의 누구의 간섭도 받을 수 없으며 오직 목사, 장로, 집사, 교사에 의해 운영될 수 있도록 만들었다. 이 승리의 시기 중에서도, 특히 그가 제네바 시의 종교법원을 주관하던 4년간(1542~1546)은 무르익은 전성기였다. 그의 최종목표는 제네바 시에 신정일치 제도를 확립하여 교회와 시정을 신앙의 엄격한 규율로 통치하려는 것이었다.

칼빈은 인구 13,000명의 도시 제네바를 세 교구로 구분하고 시민들을 주일에 3번씩 즉, 새벽, 정오, 오후 예배에 출석케 하였으며 매 주

수 금 요일 예배에도 출석을 강요하였다. 만일 이유 없이 결석하는 자는 벌금을 바쳐야했으며 게으른 신도들을 위해서는 그들을 책임지는 직분제도를 만들었다.

종교 법원은 목사 5명, 장로 12명, 합 17명으로 구성된 조직체로서 제네바 시의 神政一致(신정일치)제도를 실현하기 위한 중추기관이며 교회의 규율과 시민의 도덕을 관장하는 의결기관이었다. 칼빈은 목사로서 일개 회원에 불과했으나 성경해석자로서 최고의 권위를 가진 특별한 지위에 있었다.

당시에는 현재와 같은 목사 안수제도도 없었고 그런 조직체도 없다. 그가 목사안수를 받았다는 기록은 없다. 그는 제네바 시의회에서 목사로 추대받아 활약하였다. 그는 성경해석자로 최후의 판결권을 독점한 왕자의 지위에 있었을 뿐 아니라 실제로는 종교법원을 좌우하는 판사의 역할까지 담당하였다. 칼빈의 성경해석 여하에 따라 모든 죄의 유무와 경중대소가 결정되는 절대권력을 행사하였다. 그는 엄격하게 시정을 관리하며 음주, 방탕, 저속한 노래, 등을 금지시키고 교회 규율을 엄격히 하기 위하여 수많은 신도들을 감옥으로 보내고 추방하고 사형도 서슴지 않았다.

천주교의 종교재판을 보며 자라온 그는 특히 종교적 범죄자는 아주 잔인하게 처벌하였다. 춤췄다고 투옥하고, 설교를 들을 때에 웃었다고 투옥하였고, 부모에게 대들며 엄마를 때린 어린소녀를 목을 잘라 처형했고, 귀신 쫓는 마법사를 사형시켜 버렸다. 이와 같이 그가 종교법원에서 막강한 권세를 과시하던 4년 동안 그는 76명을 추방하거나 투옥하였고 58명을 학살하였다. 이 숫자는 알려진 사람만 그렇다. 예수가 그런 분이셨는가?

예수 이름으로 무서운 학살극이 벌어졌다. 처형당한 이유는 대개 예정설, 성경의 권위문제, 삼위일체설, 특히 유아세례, 성만찬, 등의 해석을 칼빈 자신과 달리했다는 이유로 죽였고 예수 이름으로 겁을 주고 가혹한 형벌로 다스렸다. 특히 수많은 성경구절 중 단 한 구절이라도 자신과 달리 해석하면 이단으로 몰았다. 일단 이단으로 낙인이 찍히면 그는 숙청의 대상이 되었는데, 숙청은 경중대소로 나뉘어 추방, 투옥, 혹은 사형으로 구분되었다. 앞서 언급된 미카엘 셀르베투스(Michael Servtus)(1511~1553)도 여기에 속한 신학자였다. 그는 42세의 천재학자로 왕성한 시기에 칼빈의 손에 학살당하여 생을 마감하였다.

(7) 과연 하나님 앞에서 누가 이단일까?

제네바에서의 칼빈의 종교정치는 엄격한 독선으로 일관하였다. 그의 독선은 모세시대의 이스라엘 민족의 율법시대보다 더욱 엄격하여 당시의 교인들은 불안에 떨었다. 칼빈은 절대적인 신권주의자였으며 여성을 무시하였고 동시에 그는 마술을 믿었다.

그리고 부권의 절대성을 주장하였고 철없는 어린이가 아버지와 다투다가 아버지를 때렸는데 그 어린이를 교수형에 처하였고, 스코틀랜드에서는 아버지의 명예에 불복종한 아이들에게는 엄한 처벌을 지시하였다. 칼빈은 자기에게 최소한 Mr. Monsieur Calvin으로 '씨' 또는 '님'이라 부르지 않는 자는 엄벌에 처하였다.

자기의 설교나 훈계에 비판적인 사람은 3일 동안 빵과 물을 금하였다. 구루엣(Gruet)은 자기의 책에 칼빈의 주장을 어리석은 교리라고 기록했다는 이유로 반역과 모독죄로 목이 잘려 죽임을 당했으며, 칼빈이 설립한 종교법원의 파문권에 도전하였다는 죄목으로 버틸류(Berthelieu)와 그의 지지자들 역시 교수형에 처하였다.

이러한 칼빈을 보고 카스텔리오(Castelio)는

"만일 예수나 그의 命令下(명령하)에 이런 일을 한다면 마귀가 할 일로 남은 것은 무엇이겠냐"

고 물었다. 그러나 칼빈에게는 교회나 국가가 동일한 신정일치의 것이었기 때문에 그의 명에 대하여 비판적이거나 반대하는 자들은 전부 이단이며 반역죄로 처단하였으니 가톨릭에서의 개혁이 무슨 의미가 있으며 그리스도의 용서는 어디로 갔는가?

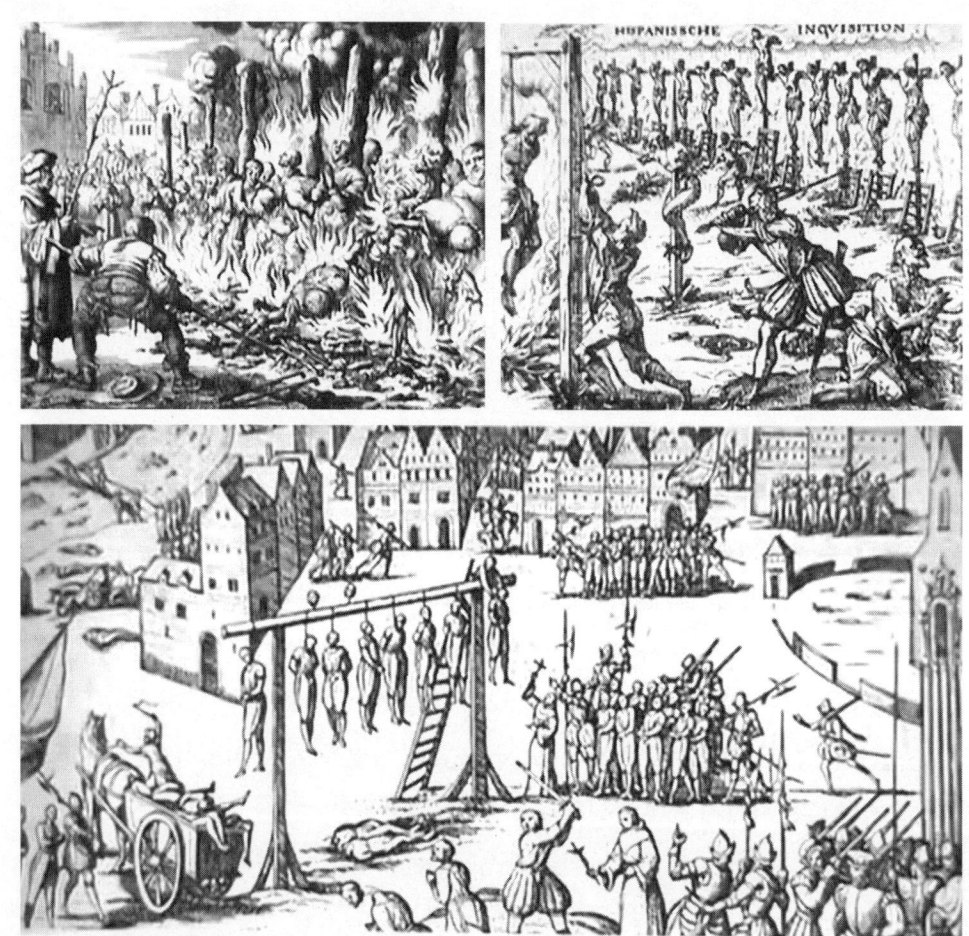

종교재판으로 희생된 수없이 많은 사람들

(8) 칼빈은 惡魔(악마)였다.

신약성경 중 4복음서인 예수의 말씀과 교훈 중 상당부분을 무시하고 반성서적인 사람이 기독교인을 이단으로 몰아 처형해버린 셈이 되는 이 사람 칼빈은 그야말로 이단이며 원수도 사랑해야하는 용서의 넉넉함은 찾아볼 수가 없었고 종교적으로 악마의 잔인함을 역력히 보여준 칼빈은 마귀 사탄이었다.

따라서 그를 추종하는 바벨교회들과 살인을 일삼는 맘모스 사탄숭배자들 모두 어느 날 심판 받아 없어질 육에 속한 쭉정이 가라지들이며, 양의 가죽을 뒤집어쓰고 예수 이름 빌어 밥벌이하는 계명성의 후예들이다. (사4:1)

칼빈이 종교법원을 4년 동안 주관한 것이 천만다행이었다. 그가 장기집권을 했을 경우 천주교회의 종교재판처럼 수많은 선량한 사람들과 학자들이 사소한 문제로 억울하게 처형되었을 것이기 때문이다. 교회 질서나 정치, 등 어떤 면에 대하여는 어느 정도 업적을 인정할 수는 있으나 그 반면에 그는 독선과 배타적인 성격 때문에 수많은 믿음의 사람들을 조금만 달라도 이단이라는 명목으로 사소한 일까지 트집을 잡아 투옥, 추방, 처형한 사실에 대해서는 가톨릭의 종교재판보다도 그 잔인성이 지나쳤다는 비판이다.

〈조찬선목사 기독교 罪惡史 하편 94P〉

• 칼빈의 또 다른 약점들

칼빈은 다른 성경은 주석을 하였으나 요한계시록만은 손을 대지 않았다. 왜일까? 요한계시록 21장 8절과 22장 15절은 그에게 무서운 부담감을 주었기 때문이다. 알만하다. 살인자들은 그의 거룩한 성에 들어갈 수 없다고 했지 않는가? 살인자는 불과 유황이 타는 못에 들어간다고 했으니 아무리 철면피라도 어찌 심중이 부담스럽지 않을까?

오늘날에도 목회자들이 손 못 대는 성경이 있다. 사도행전 2장과 4장 사이와 바울서신 중 '여자는 교회에서 잠잠하라' 그리고 여자 목사안수, 등이다. 이와 같은 사실을 알면서도 칼빈을 추종하는 사람들의 쑥물 신학자들은 염두에 두어야할 것이다.

'너희가 서로 사랑하면 모든 사람이 너희가 내 弟子인 줄 알리라' (요 13:35)

이 성경은 예수의 제자가 되는 조건은 사람의 실천여하에 있으며 성경해석이나 신학적이론이 아니라는 뜻이다. 아무리 신학적 이론을 들고 나와 정통을 가장하더라도 형제를 미워하고 정죄하고 사랑을 실천하지 않으면 예수의 제자가 아니며, 그가 곧 살인자이며 예수의 가르침을 정면으로 거부하는 자이기 때문이다.

(9) 칼빈 주의자들의 심각한 問題點(문제점)

지금 한국교회는 멸망의 가증한 것들이 제단을 장악하고, 알지 못하는 것을 毁謗(훼방)하며 대기업을 꿈꾸며, 예수이름 장사를 하고 있으며, 살인자를 스승으로 옹호하며, 결국 원수를 사랑해야 할 기독교인이 사람을 파리처럼 죽인, 한 법학도의 잔인한 교리를 성경보다 더 귀하게 받들고 우상숭배를 하고 있다.

칼빈주의가 어떻게 어떤 모습으로 나타나고 있는가? 이 문제를 도저히 그냥 간과할 수가 없기에 짚고 넘어가려 한다. 장로교회의 취지는 다음과 같다.

'우리 학교는 칼빈주의 正統神學(정통신학)에 입각하여' 아니면, '본교는 칼빈주의의 正統(정통)에 입각하여…'

등등으로 취지를 설명하여 학생을 모집하며 혹은 선교 표어로 선전하고 있다. 왜냐하면 이에 지나는 것은 다 이단이며 타 교단은 인정할 수가 없는 것이다. 1970년~80년까지는 전국에 장로교 신학교만 350개가 넘었다. (지방 신학교 포함)

그 뒤 세월이 흐르고 인구도 줄고 목회 지망생도 급격히 줄면서 1995년에 조사된 발표에 의하면 한국에 장로교총회라는 간판의 신학교가 50여 개가 있고 각 장로교 교파는 130여개로 분열되어있는데 총회란 단어는 문자 그대로 총회에서 인정하는 정통교리를 준수하는 보수교단이며 칼빈의 〈기독교 강요〉에 입각하여 그 정통성을 준수한다는 무언의 약속과 자부심이다.

그런데 근래에 다시 바람이 불어 지금도 피아노 학원처럼 어느 빌딩 한 칸을 빌려 성경도 잘 모르는 집사들 몇 명 모아놓고 교수진도 형편없는 상태에서 돈으로 성직을 팔고 사는 群小神學校(군소신학교)까지 합하면 약 400개의 사이비 신학교가 생겼는데 졸업생 수가 1999년 조사에 따르면 15,000 명이나 된다고 한다. 남대문 시장도 아니고 이게 웬일인가? 앞으로 20년 안에 이 교회들은 유럽이나 러시아 교회처럼 없어지게 될 것이다.

왜 이런 부패한 폐단이 계속 증폭되는가? 칼빈이라는 법학도의 사상은 본래부터 남들과 하나로 뭉칠 수 있는 자질이 애시 당초 없는 옹졸한 사람이며 살인과 분열을 좋아하던 성격이며 그의 저서 〈기독교강요〉는 법학냄새가 다분히 풍기는 동시에 단 한번도 수정을 하지 않은 그의 일기이다. 장로교회는 대다수가 끼리끼리 분쟁을 좋아하며 조금수 틀리면 자기네들끼리 모여 무리한 모금운동으로 또 다른 희생의 피라미드 학교를 세우고 치열한 교세 확장으로 전 세계 개신교회는 그 교파수가 25,500개나 된다.

그런데 여기서 분열과 대립을 조장하는 주역들은 대개 칼빈주의의 정통을 외치는 성직자들이다. 지금 교회는 지금 올바른 방향으로 가고 있는가? 이들은 말세 심판 때에 염소들이다.

도대체 왜? 살인자를 예수님보다 더 높은 위치에 올려놓고 그를 숭배하는가? 사람이 뭘 몰라서 교리를 지키지 못했거나 의견이 달라도 하나님과 그리스도를 믿는 본질에서 벗어나지 않았다면 그도 존중해주는 것이 형제이고 자매 아닌가? 어디로 봐도 용서가 없는 칼빈은 저주받은 사람이다. 그러기 때문에 한국교회가 바른말 한마디 못하고 오직 축복타령이나 하다가 교회는 모델을 상실하고 목자 없는 양처럼 교인들은 상처 진 가슴을 안고 길을 잃고 헤매고 있는 것이다.

칼빈 : 장 칼뱅 (프랑스어: Jean Calvin, [ʒɑ̃ kalvɛ̃], 1509년 7월 10일 ~ 1564년 5월 27일)은 종교 개혁을 이끈 프랑스 출신의 개혁교회 신학자, 종교개혁가이다. 기독교 사상 중 하나인 칼뱅주의(개혁주의)를 개창함으로써 마르틴 루터·울리히 츠빙글리가 시작한 종교 개혁을 완성시켰는데, 하나님의 절대주권을 강조하는 것과 구원은 전적으로 하나님에 의해 주어지는 것이라는 독력주의를 강조하였다. 이러한 칼뱅의 신학사상에 근거하여 칼뱅주의가 태동되었는데 이런 신학을 따른 교회들로는 회중 교회, 개혁 교회, 장로교회가 대표적이다.

종교재판의 이유로 여자와 아이 구분없이 대학살이 벌어졌다.

칼빈의 스위스에서의 악행
319

11. 終末論(종말론)과 예수 그리스도의 재림

기독교에서 가장 심각한 신학의 교리는 문자주의 종말론과 세상을 審判(심판)하러 구름타고 내려온다는 예수의 재림론이다.

구름타고 오신다는 (행1:9, 마24:30, 계1:7)의 문자주의 해석은 2000년 동안 헤아릴 수 없는 오해와 곡해를 초래하여 수많은 사람들이 그릇된 해석으로 실패하였다. 예수께서 구름타고 오신다는 정확한 의미를 알아보기 위해서는 깊은 상징성을 진지하게 연구해보면 예수께서 비유로 말씀하신 내용이 보일텐데 사람들이 성령의 영감이 없다보니 문자를 억지로 꿰어 맞추어 공중의 구름으로 착각하는 것이다. 사실 구름기둥이나 구름자체는 사람이 타고 다니는 비행기가 아니다. 그러면 구름이란 무엇인가? 구름은 비를 가득 실은 물주머니이며 구름은 다시 말하면 비의 실체이며 본체이다. 성경의 전반사에서는 하나님의 말씀이나 예수님의 말씀을 생수, 강물, 샘물, 빗물, 복된 장맛비. 성전 문지방에서 흐르는 물, 생명수, 강, 등으로 묘사했는데 이해를 돕기 위해서 몇 구절만 기록해본다.

- 모세시대의 구름기둥
- 구름에 비가 가득하여 땅에 쏟아짐 (전11:3)
- 주의 말씀은 연한 풀 위에 맺히는 이슬이요 채소위에 단비로다 (신32:1~2)
- 하나님의 말씀은 때를 따라 내리는 복된 장맛비 (겔34:26)
- 하나님의 말씀은 샘물의 근원임 (사49:10)

- 하나님의 영을 받은 자는 그 배에서 생수가 강처럼 흘러나리라 (요7:38)
- 생명수의 강 (계22:1~2)
- 생명수 샘 물(계7:17)
- 하나님의 신부들 가슴의 덮은 우물 봉한 샘 (아4:12)
- 기쁨의 샘물을 길으며 하나님을 만나다. (사12:3~5)
- 땅이 자주내리는 비를 흡수하여 하나님께 복을 받음 (히6:7)
- 성전 문지방 밑에서 스미어 나온 큰 강물 (겔47:1~5)

생각나는 대로 필자가 떠오르는 영감대로 몇 구절 기록한 내용만보더라도 비유임을 금방 알 수 있을 것이다. 신구약에서는 하나님의 말씀을 샘물이나, 강물, 구름, 빗물, 등으로 수 백군데 묘사하고 있다

위와 같이 구름에 비가 가득하면 땅에 쏟아지는 원리처럼 상징성으로 하나님의 영과 그리스도의 영이 말씀을 타고 각 사람의 의식수준과 성장 속도에 따라 임재하시는 것이다. 마태복음 24장에 언급된 종말의 徵兆(징조)는 영적인 이야기로 해석해야 하며 구름을 타고 오시는 모습을 재조명하려 하니 독자들은 유념하여 참고하길 바란다.

★ 마태복음 24장 풀어쓰기 종말의 징조

- 미혹의 영들이 난무함. 불안과 소문 가짜뉴스가 만연함 (4~5).
- 민족이 민족을, 나라와 나라, 교파와 교단이 신교와 구교의 싸움이 일어남. (7~8)
- 極端主義者(극단주의자)들의 박해 (10절)
- 거짓 先知者(선지자)가 많이 일어나 사람들을 미혹함 (11절)

예수를 투표로 결정하여 신으로 만들고 예수의 육체를 인정하지 않는 교회와 성직자들은 전부 적그리스도이다. (요일4:1~3)

- 불법이 심하고 사랑이 식어지고 개인주의가 팽대하고 교회가 타락함 (12절)
- 멸망의 가증한 것이 제단에 서서(깨닫지 못한 자들) 진리를 곡해함 (15절)
- 그때에 유대에 있는 자들은 山(산)으로 도망할지어다. (16절)

산이란 영적으로 큰 산인 깨달음의 선지자들 즉, 시온 산 같은 영적으로 단련된 현자들을 의미한다. 따라서 큰 산은 큰 은혜와 권능으로 넘치는 양떼들의 피난처를 말하는 것이며 환란날에 노아 같은 사람들이다.
* 스룹바벨 같은 큰 산 (슥4:7)
* 어린양과 함께 서 있는 시온 산 (계14:1)
* 患亂(환란) 날의 山城(산성) (사26:1)

- 산꼭대기에 세워지는 하나님의 성전 말일에 하나님 성전의 산이 모든 산꼭대기에 굳게 설 것이요 모든 작은 위에 뛰어나리니 만방이 그리로 모여들 것이라. 많은 백성이 가며 이르기를 오라 우리가 하나님의 산에 오르며 야곱의 하나님의 전에 이르자 그가 그 도로 우리에게 가르치실 것이라 우리가 그길로 행하리라 (사2:1~4)

이 외에도 거룩한 성도의 성숙한 意識(의식)세계를 수많은 산들로 비유하고 있다.
- 지붕위에 있는 자와 밭에 있는 자에 대한 경고, 좌우로 치우치지 말라는 信仰人(신앙인)의 자세 (17절)
- 아이 밴 자 젖먹이는 자들 禍(화)가 있음 (19절)

* 아이 밴 자란 거듭나지 못한 자들이며 젖먹이는 자는 아직 미성숙하여 의의 말씀을 경험하지 못하는 지각이 없는 어리석은 자들이다. (고전13:11, 엡4:13, 히5:13)

- 겨울이나 安息日(안식일)(21절) = 준비되지 않은 靈魂(영혼)이 스스로 안전하다 나는 끄떡없다 평안하다 하며 게으르고 지나치게 이완하며 착각하는 거짓 평화주의자들을 말함이다.
- 그리스도의 임재하시는 신비(23절) = 어느 장소나 기도원에 성령의 역사가 강하게 나타난다느니 어느 부흥사에게서 큰 능력이 많이 나타난다는 식으로 장소개념을 말함이 아니라는 것이다. (23~27절)
- 번개가 東西南北(동서남북)에서 번쩍임과 같이 (27절)
- 주검이 있는 곳에는 독수리가 모일지니라. (28절)

* 영적인 종말 시에는 에스겔 37장 골짜기의 마른 뼈와 해골이 뒹굴듯 영적으로 죽은 시체들을 먹어치우려고 독수리들이 모여드는 것이다. 다시 말해서 시체가 있는 곳에는 독수리가 모이듯이 예수 그리스도의 임재하심도 영적으로 틀림없이 진행된다는 것이다.

- 해가 어두워지고 달이 빛을 잃고 별들이 떨어지며 하늘의 權能(권능)들이 흔들림 (29절)

하나님의 상징인 햇볕 같은 빛을 발해야 할 교회지도자들이 타락해버리고 밤 같은 세상을 비취는 달빛 신부감 성도들이 빛을 잃고 하늘의 별들인 많은 교회 교인들이 육에 속하여 속세로 타락해버림과 지도자들이 권위를 잃고 길을 잃고 헤매는 오늘날을 말하고 있다.

- 하늘에 징조가 보이고 人子(인자)가 구름을 타고 오심 (30절) = 하늘의 징조란 창공을 두고 하는 말이 아니고 하늘소식을 전한다는 교회와 종교단체 혹은 그와 비슷한 조직체들이나 우상을 숭배하는 쑥물신학, 등으로 여러 가지 타락된 징조들을 들 수 있으며 실제적으로도 여러 나라가 부도났고 공황상태에 수천만이 죽어가고 지금 지구촌 절반 이상이 애곡하며 전쟁기아로 난민으로 죽어가고 있다.
- 큰 나팔소리(31절) = 영적으로 아직 듣지 못하던 마음에 개혁의

바람을 일으키는 14만 4천인의 노래이며, 대학원복음이며, 인봉되어 감취인 만나를 의미함이다.

• 천사들을 보내심(31절) = 구원받을 후사들을 도우시라고 보내심을 받은 여러 멘토들과 기타 새로운 정보체계나 신지식인들의 열린 정보망이나 영적인 사람들을 돕는 매체와 기별을 전해주는 소식통들을 의미함이다.

• 하늘 이 끝에서 저 끝까지 사방에서 택한 자를 모음(31절) = 영계의 거미줄 같은 組織網(조직망)이다. 진리의 영이 있는 사람들은 장소개념의 핑계가 없고 천리 길을 마다 않고 단숨에 달려가서 하늘의 새 소식을 공유하며 힘을 모으고 단결하여 영성을 돈독하게 한다.

하나님은 이러한 자들을 따로 모아 환난 날에 화를 면케 하는 영계의 방주인 시온 산으로 모으신다. (히12:22, 요4:23, 눅12:22, 마18:19~20)

• 무화과나무의 祕密(비밀) (32절) = 지구상에서 유일하게 꽃 없는 과일이 무화과이다. 그러니까 이 열매는 나무의 새순이 움돋을 때부터 잎사귀 사이에서 녹두알 같은 열매가 동시에 돋아나는데 처음부터 꽃을 피우지 않고 열매부터 맺히는 기이한 열매로 다 익었을 때에 쪼개보면 열매 속살 자체에서 안으로 꽃이 피어있고 식용해보면 꽃술이 씹히는 과일이다. 이 과일은 겉으로 보면 화려하지 않고 매료될 만큼 유혹적이지도 않고 노래하는 이들도, 시인들도 이 나무를 예찬하는 사람이 없는 여름실과인데, 이 나무는 이스라엘이라는 나라의 국화이며 피부질환이나 위장, 기타 염증에 藥理作用(약리작용)이 뛰어난 귀한식품인데 오늘날 이름도 없이 빛도 없이 신분도 없고 황무지의 아카시아처럼 초라한 종말의 사명자들을 의미하는데 겉모습이 그저 초라해 보이니 찾는 이가 없다.

(미4:4, 삿9:8~13 참조)에서는 그러나 이 나무는 영적으로 이긴 자

들의 나무니 신령한 이스라엘 종말복음의 사명자들을 말함이다.

- 그 가지가 연하여지고 잎사귀를 내면(32절) = 여기저기서 마지막 나팔소리를 듣고 심령이 홀연히 변화된 멜기세덱의 반차를 좇는 영원한 제사장반열의 아름다운 소식을 전하는 사람들의 활동을 의미함이며 따라서 무화과는 여름실과로서 종말을 의미함인데 무슨 말이냐 하면, 여름은 유대 근동지방의 밀 타작하는 시기로서 추수 때이다. 추수 시기는 알곡과 쭉정이를 심판하는 타작마당이 임박하였음을 예고함이다.

그러므로 이름도 성도 빛도 없이 멜기세덱 비슷한 사람들이 예수의 흔적으로 인봉된 진리의 복음을 열어 증거하는 활동시기를 말한다.

- 人子(인자)가 가까이 곧 門(문)앞에 이른 줄 알라. (33절)

폐 일언하고 징조를 알아차리고 예비하라는 것이다. 구름에 비가 가득하면 땅에 쏟아지는 것이다. (전11:3) 그동안 세대주의 종말론을 옹호하는 신학자들과 극단주의 기도꾼들의 빗나간 예수 재림론이나 유황불 심판, 등으로 난리를 친 사람들의 결말을 우리는 소문으로 매스컴으로 뉴스를 통해서 여러 차례 목격하였다. 비윤리적이었고 부작용은 심각하였다.

그들의 이름을 들자면 그동안 군림해온 시한부 종말론의 사이비 교주들이 한국에만도 40여 명이 넘는다. 지금 여기저기서 멜기세덱의 종말 복음이 적은 무리이지만 선포되고 있다. 영적으로 재림하시는 그리스도 영의 심령이 가난하고 마음이 청결한 사람의 마음 문을 계속 두드리고 있는 것이다.

- 眞實(진실)로 너희에게 말하노니 이 세대가 지나가기 전에 이 일이 다 일어나리라. (34절)

여러 徵兆(징조)를 종합하여 볼 때 분명하다는 豫言(예언)이다.

- 天地(천지)는 없어지겠으나 내 말은 없어지지 아니하리라. (35절)

예수께서 언급하신 예언은 다 이루어졌으며 특히 유대인의 멸망과 예루살렘 멸망은 정확하게 이루어졌으며, 시대의 징조들과 말세의 시대적 상황들이 예전에 교주들이 함부로 성경이나 예언서들을 곡해하던 때와는 완전히 다르다.

지금은 12시 정오를 기점으로 비유한다 치면 2분전으로 나는 생각한다. 1분을 10년으로 계산할 경우에 그렇다고 본다. 적그리스도의 그림자 정부에서는 지금도 매일 하늘에 무서운 독극물을 뿌려대고 있으며 파란 하늘을 못 보는 지가 벌써 5년이 지나고 있다. 하나님의 특별한 방법으로 자기 백성을 따로 모으는 시기가 임박해졌고 보병궁시대에 진입했고 실제적인 격변기에 우리는 서 있다.

- 그러나 그날과 그때는 아무도 모르나니 하늘의 天使(천사)들도 아들도 모르고 오직 아버지만 아시느니라 (36절)

그날과 그 때를 아무도 모르나니 = 육에 속한 자들은 노아의 때와 똑같아서 귀가 따갑도록 외쳐도 알지 못한다. 하늘의 징조와 켐트레일의 독가스를 매일 마시며 살면서도 그 실체를 아무리 말해줘도 농담으로 여기며 감춘 만나 멜기세덱의 종말복음을 印封(인봉)을 열어 증거해도 아무런 반응이 없다. '폼페이' 도시의 멸망 때와 마찬가지로 먹고 마시고 시집가고 장가가고 하늘에서 최신형 유황불인 8가지 중금속 독극물은 매일 뿌려도 머리를 들어 하늘 한 번을 올려다보지 않는다. 예수께서는 시대의 징조를 보고 깨달으라고 말씀하셨다.

- 하늘의 천사들도 모르고… 천사들은 구원받은 후사들을 도와주라고 존재하는 의의 일꾼들이기 때문에 지구에 존재하면서 사람들을 돕되 하나님의 구원계획이나 섭리의 비밀을 알지는 못하는 것이다.

- 아들도 모르고 = 오직 아버지만 아시느니라 (36절)

여기서 아들도 모른다는 것은 예수 그리스도를 말함이 아니며 아이들이 모른다는 것이다. 이들은 대개 젖을 먹는 어린아이들이니 시대의 징조나 영적인 깨달음이 없는 유아기 신앙들이다. (히5:13~14, 고전13:11~13, 요일2:14)

성숙하여 아버지 단계에 이른 성숙한 스승들을 말함이니 이들은 특별한 계시를 통하여 하나님의 계획과 섭리역사와 구원의 운동, 종말에 되어 질 일들을 청사진처럼 다 알게 된다. (암3:7, 고전4:15 꼭 참조.)

(요일 2:13~14) 그리스도 안에서 일만 스승이 있는데 아비는 많지 않으니 아비는 지혜자로서 그리스도의 분량을 채워 (엡4:13) 시기와 판단을 분별하여 (전8:5) 천기를 분별하는 성숙한 알아차림으로 연단을 받아 '복음으로 내가 너를 낳았도다.' (고전4:15)의 고백처럼 아버지가 된 영혼들은 때와 시기를 분별하여 안다는 것이다.

역사는 돌고 또 돌아간다. 동서고금의 인간은 모두 혈과 피가 붉고 37도의 온기를 품고 머고 마시고 시집가고 장가가고 전쟁하고 흥망성쇠가 물레바퀴처럼 돌아가고 노아의 때처럼 소돔 고모라처럼 폼페이 도시 멸망때처럼 별로 변한 게 없다.

불편한 진실을 말하자면 나는 이 책을 과연 출판할 수 있을까 할 정도로 이 시대가 위태롭게 변하고 있음을 전율하고 있다. 홍수가 나서 다 멸하고 석유가 되고 석탄이 되고 다 멸하기까지 아무도 모른다. 지금도 마찬가지다. 이 무지한 人類(인류)를 보면 우울하기 그지없다.

'그 때에 두 사람이 밭에 있으매 한 사람은 데려감을 당하고 한 사람은 버려둠을 당할 것이요' (40절) =

아무리 사이가 가까워도 한 직장 한 지붕 아래에 살아도 마음을 진리와 연합하지 않으면 영계에 입문하지 못한다.

'두 여자가 맷돌질을 하고 있으매 한 사람은 데려감을 당하고 한 사람은 버려둠을 당할 것 이니라.'(41절) =

유대인들의 맷돌은 여인들의 주방 즉, 음식 만드는 부엌이다. 같이 주방에서 음식을 만드는 친구라도 들림을 받은 사람이 있고 동문수학하고 한 식탁에서 음식을 나누어도 연합되지 않으면 그들의 상고가 머나먼 것이다. 이는 의식세계의 높낮이를 말함이니 그 長(장)과 廣(광)과 高(고)가 일만 이천 스다디온이 된 사람과 영혼의 장막터에 벽돌 한 장 기초가 없는 사람과 방불하다. 이와 같은 종말의 징조들은 최근 들어 하루하루가 다르게 가까워진다. 하나님은 영으로 오시는 그리스도의 임재를 그 깨달은 종들과 성장한 충성된 종들에게 때를 따라 양식을 나눠 주도록 허락하사 택한 백성들을 비상한 방법으로 하늘 이 끝에서 저 끝까지 모아 시대에 합당한 방주를 예비하사 머리털 하나도 상치 않도록 인도하실 것이다. 이상 간추려 강해한 마태복음 24~25장의 종말복음을 문자적으로 해석하면 예수께서 공중의 구름을 타고 곧 오실 것 같은 인상을 짙게 나타내고 있는 듯하나 그런 재림은 영원히 없는 것이다.

다니엘서 2장 34절의 뜨인 돌이 신상을 부서뜨리고 뜨인 돌이 태산을 이루듯 많은 사람의 마음의 우상이 부서지고 하나님의 영이 臨(임)하여 많은 사람이 한 음성으로 소통하며 그리스도의 영으로 의에 居(거)하며 새 방언과 새 사람이 되어 천국백성으로 살아가는 그런 세상이 예수 그리스도의 재림왕국인 것이다.

다시 말해서 구름은 비와 이슬의 실체이며 물로 상징된 말씀의 근원인 것이니 곡식과 채소, 각종 나무로 비유된 인간의 마음에 뿌려지는 진리의 말씀 구름에서 내리는 복된 축복의 단비를 의미함이며 또 다른 해석으로는 인산인해를 의미하는 군중들을 구름떼라고도 의미하기도 한다.

12. 부활의 意味(의미),

(1) 肉體的(육체적) 復活(부활)은 없다.

예수께서 말씀하신 부활은 인격변화를 의미함이다.
- 死亡(사망)길에서 돌이켜 생명으로 옮긴 신앙이 첫째부활이다. (요 5:2~8, 롬8:1~2))
- 의식이 죽었다가 살아나 아버지께 돌아와 전향된 의식이 첫째부활이다. (눅15:24)
- 짐승과 우상에게 경배하지 않고 오른손이나 이마에 짐승의 설교로 印(인)맞지 아니한 자들이 살아서 그리스도와 더불어 왕 노릇하니 이것이 첫째 부활이니라. (계20:4~6)
- 일곱 가지 시험을 넉넉히 이기고 일어선 믿음이 부활이다. (롬8:35)
- 사망의 세력을 이기는 신앙이 부활이다. (히2:14~15)
- 목숨을 각오하는 것이 첫째부활에 참예함이다. (눅9:24)
- 살아서 하나님의 나라를 보는 자들이 있으니 이는 첫째부활에 참예함이다. (눅9:27)
- 티끌에 거하는 자들이 깨어 노래함이 첫째부활이다. (사26:19)
- 마지막 종말복음의 큰 音聲(음성) 나팔소리를 듣고 홀연히 變化(변화)를 받음이 첫째부활이다. (고전15:51~52)
- 부활한 사람은 사망권세를 저주한다. (고전15:55~57)
- 죽은 자는 죽은 자에게 장사하게 맡겨라 (마8:21~22)
- 회개하지 않는 자는 살았다 하는 이름을 가졌으나 실상은 죽은 자들이다. (계3:1~2)

- 예수께서 군중들을 무덤속의 죽은 시체로 여겼듯 땅에 속하여 배로 기어 다니며 흙을 먹고 사는 뱀의 후손들, 인생들의 귀머거리, 앉은뱅이, 장님으로 여긴 것이 바로 이런 의미인 것이다. 선지자는 신의 감동으로 영감을 받아 (겔37:1~10) 마른 뼈와 해골이 무수한 공동묘지 같은 인간들을 영혼이 사망당한 자들로 여겼는데 그들이 대언의 영으로 말씀을 통하여 이긴 자가 되어 이스라엘 군대가 되었다는 것은 100프로 의식이 바뀌는 영적 부활을 의미한 것이다. 이외에도 수많은 성경구절이 영적인 부활을 뒷받침하고 있다.
- 너는 흙이니 흙으로 돌아갈지라(창3:19)
- 흙은 여전히 땅으로 돌아가고 영은 하늘로 올라간다. (전12:7) (시146:4, 전9:5, 시104:29~30, 욥10:9 꼭 참고바람)

(2) 부활의 의미 修正(수정)해야 한다.

심오한 부활의 의미를 간과하고 유치원 아이들 생각처럼 썩은 시체가 다시 일어난다 하여 화장을 하는 장례식장에서 예전에는 형제들 간에 다툼이 많았다. 부활이란 다시 말해서 의식이 죽었다가 깨닫고 돌아온 탕자의 마음을 말하는 것으로 육신의 요구대로 막행하면 반드시 죽을 것이로되 영으로서 육신의 행실을 죽이면 생명 안에서 반드시 살 것이다. (롬8:13)

고린도 전서 15장에서 사도바울이 부활을 언급했지만 전후 문맥과 바울서신 전체를 두고 상고해보면 그리스도인의 부활이란 단지 죽음에서 살아난 모든 생명을 뜻하는 것이 아니라 악에서, 무지에서, 죄에서, 방탕생활에서, 돌이킨 제 2의 새로운 삶을 통하여 깨끗해진 새로운 피조물로 변화 받은 새 생명을 의미함인 것이다. 이러한 생명을 얻은 것이야말로 이전과 비교하여 돌이켜보건대 가히 부활의 능력으로밖에 말할 수 없는 것이니 이후로부터는 내가 사나 죽으나 두려움이 없는 것은 이미 첫째부활에 참예함으로 사망을 저주하는 단계에 이르러 죽음을 저주하는 노래를 부를 수 있는 것이다. 이것이 부활의 능력이며 거듭남인 것이다. 바울은 완전한 부활을 꿈꾸며 이를 삶의 푯대로 삼아 달려간다고 자신의 경험과 심정을 고백하였다. 푯대를 향하여 달려가는 인생이 얼마나 성결하고 멋진 행위인가? 이 고백은 오늘을 사는 신앙인들의 모든 고백이 되기에 합당한 모델의 표본이다. 그런데 오늘날 바울의 신학사상도 크게 변절하여 교회는 이 중요한 신앙인의 푯대가 될 만한 영적인 행위를 믿음으로 얻는 내세 구원관에 희석시켜 버렸다. 주여! 주여! 하고 믿기만 하면 구원을 얻어 부활은 공짜로 따 놓은 상급으로 모두 알고 있으니 기가 막히다.

이 그릇된 교리의 개념이 수정되지 않는 한 오늘날 그나마 명분을 유지하는 교회마저 더욱더 황폐하여져서 더 나아갈 동력을 상실할 것이다. 왜냐하면 지금은 많은 사람이 빨리 왕래하며 지식이 배나 빠른 시대에 우리는 살고 있으며(단12:4) 속임수로 통하는 시대가 아니기 때문이다. 성경의 모든 진실이 다 들어나고 알곡과 쭉정이가 스스로 지금은 갈라지고 있다. 다시 말해서 이 유치한 부활사상이 보다 성숙한 영적으로 수정되지 않는 한 오늘의 교회는 영원히 요원한 숙제가 되고 말 것이다.

(3) 부활은 人格(인격) 변화다.

인격이라는 한자의 格(격)자는 바로잡을 '격' 혹은 다듬을 '격'자인데, 주변 환경이나 사정에 잘 적응하여 어울릴 줄 알며 자기를 낮출 때는 낮추고 가꾸고 다듬어가며 변화시키는 정신세계의 성숙을 말한다.

거듭나지 못했을 때는 우리는 항상 어리석었고 어리석었기에 진리의 실체를 보지 못하였고 불확실한 관념으로 막연하게 불투명한 신의 이름을 부르며 알지 못하는 것에 대하여 종노릇하며 사람의 의지와 사람의 지혜로 열심으로 부자청년처럼 주변을 서성이며 종교의 그늘에서 살았다. 신앙인이 1차 부활을 장성한 인격을 기준으로 정해두고 정진한다 할 때 에는 아래와 같은 과정을 반드시 겪게 된다.

1) 長成(장성)을 향한 바람직한 과정

우리가 어렸을 때에는 말하는 것과 깨닫는 것과 생각하는 것이 어린아이와 같다가 장성한 사람이 되어서는 어린아이의 일을 버렸노라. (고전13:11)

2) 長成(장성)에서 穩全(온전)으로

하나님 아들을 믿는 것과 아는 일에 하나가 되어 온전한 사람을 이루어 그리스도의 장성한 분량이 충만한데 까지 이르리니, 이제부터 어린 아이가 되지 않고 사람의 속임수와 奸詐(간사)한 유혹에 빠져 온갖 교훈의 풍조에 밀려 요동치 말아야 장성한 사람이다. (엡 4:12~14)

3) 예수 그리스도의 마음과 人格(인격)으로 장성해야…

우리의 목표와 푯대는 오직 그리스도의 성품이며
그의 인격과 그의 마음과 그의 심장을 이식하는 일이다.
그러기 위해서는 그의 사랑 안에 항상 머물러야 하며
참된 것을 행하고
그에게까지 성숙하는 일이니
그는 우리의 머리이시기 때문이다. (빌4:13~15)

4) 경험과 연단을 통하여 어린아이의 생각을 버리고 장성함

한 사람의 구도자가 하나님을 알아가는 과정을 설명하자면 시간과 연륜, 그리고 경험을 통한 과정이 반드시 필요하다. 오늘날의 선교단체에서 말하듯 1분 만에 하나님을 영접하고 주여! 주여! 하고 신의 이름을 부르면 구원이 되는 문제가 아니며 이는 실로 심각하고도 엄숙하고 숙고한 결정적인 순간과 신앙고백, 그리고 에고의 문제가 뒤엉킨 문제이기 때문에 마치 살아있는 사람 앞에서와 마찬가지로 결정적인 계기와 양심선언에 대한 변화와 인생의 전반적인 운명적 전향이 매우 중요한 만큼 이 신앙문제는 장난치듯 '甘呑苦吐(감탄고토)'식으로 여겨서는 하늘에 죄를 짓는 일이다. 경험은 지각과 지식을 낳게 하며, 연단을 받아서 영적인 선과 악을 분별하는 자들은 장성한 자들이며 어린아이의 티를 벗어나 젖먹이 신앙에서 성숙에로의 발돋음 하여 단단한 식물을 먹는 자들이다.(히5:12~14)

5) 長成(장성)한 자들이 나아갈 길

- 文字的(문자적)인 말씀의 초보를 버리고
- 悔改(회개)도 버리고
- 信仰心(신앙심)도 버리고
- 洗禮(세례)도 버리고
- 按手(안수)받는 것도 버리고
- 文字主義(문자주의) 부활도 버리고
- 審判(심판)에 관한 교훈의 터를 닦지 말고 다 버리고
* 온전한 데로 나아가는 것이 장성한 분량의 신앙이다. (히6:1~2

13. 保惠師(보혜사) 성령의 실체

알렉산드리아에서 출생한 아볼로라 하는 유대인은 학문이 깊고 성경 지식이 능통한 자였다. 그는 일찍부터 예수 그리스도의 도를 잘 배워 열심히 예수에 대하여 자세히 설교하며 가르쳤는데 그는 요한의 세례만 알 따름이라 하였다. (행18:24)

위 구절을 얼핏 생각건대 매우 경건하고 건전한 신앙인이라 할 수 있는 위치에 있는 사람으로 사료된다. 오늘날 많은 경건의 모델들이나 수많은 신학교에서 배출하는 사람들이나 신학자들은 대다수 여기에 속하는 사람들이다. 멋있어 보이고 타의 모범이 되고 젊은 시절부터 잘 배워 열심 있는 설교자이니 모범적인 자세는 칭찬 받을만하다.

그러나 그는 요한의 세례만 알 따름이라 하였다. 크게 아쉬운 것이 있으니 그 속에 성령의 영감이 없었던 것이다.

바울이 어느 날 에베소 지방에서 아볼로의 제자들에게 물었다.

"너희가 믿을 때에 聖靈(성령)을 받았느냐?"

라고 물을 때 그들은

"아니라, 우리는 성령이 있음을 듣지 못 하였고 알지 못하였노라"(행19:1~6) 바울은 그들에게 예수 이름으로 세례를 베풀고 그들에게 안수를 하매 그들에게 성령이 임하였다.

(1) 聖靈(성령)이란 무엇인가?

학문탐구나 세뇌교육은 기억력을 이용하여 두뇌 학습을 통하여 습득하고 익혀 배우는 학문으로 되는 일이다 하면 이는 열심히 공부하면 매우 유익하나 이 방법은 한계가 있다. 그러나 보혜사 성령의 영감은 한계를 초월하여 하나님의 깊은 것도 통달하여 (고전2:10~11) 하나님의 심정을 이해할 수 있고 따라서 이렇게 준비된 영혼들에게는 그 위에 하나님의 영감이 크게 임하여 그들은 선지자가 되기도 하고 하나님을 대신하여 예언을 하기도 하였다. (암3:7) 그들의 입을 의탁하여 전해진 예언서들의 공통적인 특징은 '하나님의 말씀이 내게 임하여 가라사대' 혹은 '여호와의 말씀이 내게 임하여' 또는 '주의 성령이 임하여' 등등 수도 없이 형용사를 언급하였다.

(2) 保惠師(보혜사) 성령의 役事(역사)

- 성령은 하나님의 깊은 秘密(비밀)을 통달함 (고전2:10~11)
- 성령은 모든 비밀을 미리 알게 하심 (암3:7)
- 성령으로 아이와 같은 마음 위에 계시로 나타내심 (마11:25~27)
- 성령의 운동은 이와 같으니 '너희는 주께 받은 바 기름부음이 너희 안에 거하나니 아무도 너희를 가르칠 필요가 없고 오직 그의 기름부음이 모든 것을 너희에게 가르치며 또 참되고 거짓이 없으니 너희를 가르치신 그대로 주 안에 거하라 (요일2:27)
- 또 다른 보혜사 성령을 우리에게 보내 주사 영원토록 함께하심 (요14:16)
- 하나님께서 예수 이름으로 보내신 보혜사 성령은 모든 것을 가르치시고 예수께서 말씀하신 모든 말씀의 내용과 의미를 생각나게 하심 (요14:26)
- 성령 보혜사는 진리의 성령으로 그리스도를 증거 하심 (요15:26)
- 보혜사 성령이 우리에게 임하신 증거는 이것이니 그가 죄에 대하여,

義(의)에 대하여, 심판에 대하여 啓示(계시)함이다. (요16:7~8)
- 보혜사 성령은 우리를 모든 진리 가운데로 인도하신다. (요16:13)

(3) 保惠師(보혜사)는 영감 받은 사람들이다.

保(보) : 지킬 보, 惠(혜) : 은혜 혜, 師(사) : 스승 사

통합 찬송가 453장 중에서,

'성령이 스승 되셔서 참 道(도)를 가르치오니

그 말씀 구구절절이 生命(생명)의 양식되도다.

내 평생의 소원 내 평생의 소원

대속해주신 은혜를 간절히 알기 원하네.…'

아볼로는 학문적 위치에서 예수 그리스도의 도를 일찍이 배워서 열심히 가르친 경건하고도 신실한 사람이었으나 그 속에 하나님의 깊은 경륜을 아는 계시사상이 없었다.(행18:24) 그러던 어느 날 바울을 만나 그의 신앙사상에는 개혁이 일어났다. 하나님의 성령을 체험하고 신비체험도 하며 하나님의 비밀을 깨달아 알고 요한의 세례에서 돌아서서 더 큰 복음의 일꾼이 되었다. 신앙에 있어서는 학문의 가치도 중요하지만 샘솟는 영감은 말로 다할 수 없는 하늘의 젖줄이며 생명수 강줄기와도 같아서 쓰고 또 써도 다함이 없으며 마치 감춰둔 창고에서 쏟아져 나오는 보화처럼 고갈이 없는 것이다.

오늘날 두 부류의 신앙이 있으니 멜기세덱의 반차를 좇아 선악을 분별하고 넘어서서 지각을 사용하는 장자들의 총회에서 결의된 절대세계의 복음을 깨달아 전하는 이들을 우리는 성령이라 명명한다. 물론 그들은 육체보다는 그들 가슴속에 내재되어 하늘의 영감을 늘 교신하는 영혼의 스승들을 의미함이다.

이들은 땅에 속한 지도자들이 아니다. 이름 없고 보잘것없는 이들일 수도 있다. 지혜롭고 슬기 있다고 스스로 자아도취에 빠진 이들은 이 성령의 영감을 받을 수 없다. 왜냐하면 그들은 땅에서의 영광을 구하며 땅에서의 보암직한 영화를 보이지 않는 성령의 은혜보다 중시여기기 때문에 두 마리 토끼를 잡을 수 없는 것이다.

성령은 좁은 길을 가며 진리의 영을 전하는 하나님의 종들로서 무화과나무 같은 시대적인 사명자들이다. 이들은 자기가 메시아라느니, 재림예수니, 하나님의 대리자라느니, 등등 교만하고 건방진 계명성들이다. 영혼을 지켜주며 은혜로 보호해주며 많은 사람을 옳은 길로 인도해주는 스승들이다. (단12:3) 이들은 땅에서 처음 익은 열매들로서 어린 양이 어디로 인도하던지 따라가는 자들이며 그 입에는 거짓말이 없고 흠이 없는 자들이다. (계14:4~5)

* 예를 들어 말하자면 아볼로나 디모데에게 있어서는 사도바울이 말씀의 아버지요 성령의 역할을 한 스승이었다.

> '그리스도 안에서 일만 스승이 있으되 아비는 많지 아니하니 그리스도 예수 안에서 내가 福音(복음)으로 너희를 낳았도다. 그러므로 너희는 나를 본받는 자가 되라.' (고전4:15~16)

2천년 동안 들어온 말 즉, '성령은 사람을 통하여 운동한다.' 는 말은 누가 모르는가? 직접적으로 말해서 성령은 포도나무에 온전히 접붙인 하나님의 일꾼들이며 열매와 향기로 혈육을 십자가에 못 박아 오직 예수의 향기만 나타내는 사람들이다.

(4) 성령의 具體的(구체적)인 실체

성령이 우리 개개인의 생활에 작용하여 영향을 미친다는 것을 아는가? 그리고 성령이 우리의 생활을 크게 변화 향상시킬 수 있다는 것을 실제적으로 인식하는가? 우리는 진실한 대답을 해야만 한다. 그냥 문화 형식적인 측면으로 성경책 들고 교회를 평범하게 왔다 갔다 하는 사람들에게는 이런 말이 그리 심각하지 않을 것이며, 어떤 사람에게는 놀랍게 여겨지기도 할 것이다.

사실 성령이 누구냐고 묻는 사람도 있다. 몰라서가 아니라 이런 대답은 한 마디로 설명하기에 때로는 난감하기도 하다. 성령은 오늘날 교회에서 세례를 베풀 때에 성부와 성자와 성령의 이름으로 말하는 삼위의 셋째 위격인 성격이 아님을 알아야 한다. 이러한 견해는 기원초기 몇 세기 동안은 수용되지 않았음을 역사적으로 알아야 한다.

사도들이 죽은 지 약 3세기 후에 '**나지안주의 그레고리우스**'는 이와 같이 기록하였다.

> '어떤 사람들은 성령의 능력을 에네르게이아(Energeia, 광범한 활동)로, 어떤 사람들은 被造物(피조물)로, 어떤 사람들은 하나님으로 생각한다. 어떤 사람들은 어느 쪽이 옳은지 판단을 못 하기도 한다.'

오늘날의 교회는 극소수의 단체 말고는 성령에 관한 삼위일체 교리를 대개 받아들이며 개운치 않아도 교단의 헌법상 수용한다. 그렇다면 이러한 교리가 성경적인가? 아니면 각 교파의 전통에 근거한 견해인가? 그러나 실제적으로 성경에서는 하나님이나 예수에 관해 말하는 것과 같은 방법으로 성령에 관해서 말하지 않는다.

예를 들면 성경에서는 성령을 부르는 이름이 요한복음 14장과 15장에 언급된 예수님의 생전에 남기신 보혜사 이야기가 몇 번 언급된 것이 전부다. 영감 받은 이사야 선지자는 이렇게 말한다.

> '나는 여호와니 이는 내 이름이라 나는 내 榮光(영광)을 다른 자에게 내 讚頌(찬송)을 우상에게 주지 아니하리라' (사42:8)

예수 그리스도의 이름의 중요성은 그분의 탄생 전에 천사가 마리아에게 "그 이름을 예수라 하라"고 말했을 때부터 강조되었다. (눅1:31)

아버지와 아들의 이름이 그토록 중요하다면, 성령을 부르는 이름이 없는 이유는 무엇인가? 확실히 이러한 세부점을 보더라도 우리는 성령이 실제로 아버지 및 아들과 동등한가에 대하여 의문을 제기하지 않을 수 없는 것이다.

(5) 舊約(구약)에서의 하나님의 靈(영)에 관한 언급

- 주의 聖神(성신)을 내게서 거두지마소서 (시편51:11)
- 내가 내神(신)을 萬民(만민)에게 부어 주리니 (요엘2:28)
- 그때에 또 내 神(신)으로 남종과 여종에게 부어 주리니… (요엘2:29)
- 하나님의 神(신)을 그들에게 充滿(충만)하게 하여 지혜와 聰明(총명)과 지식과 재주를 주심 (출31:3)
- 여호와의 神(신)이 사사 옷니엘에게 임하심 (삿3:10)
- 여호와의 神(신)이 기드온에게 降臨(강림)하심 (삿6:34)
- 여호와의 神(신)이 모세에게 임하심 (민11:17)
- 여호와의 神(신)이 삼손에게 임하심 (삿14:6)
- 하나님의 神(신)이 사울에게 크게 임히시니 (삼상10:10)

이외에도 여러 선지자들에게 계시의 영으로 나타나시고 임재하신 구절들은 수백여 구절이 넘는다. 이러한 성경을 참고하며 느끼는 공통적인 사실은 그들 모두가 사람들이었다는 것이다. 그러니까 하나님의 성령을 체험하고 받았다 하여 자기가 하나님이 되는 것은 아니다.

초인적인 힘을 발휘하고 초자연적이 능력을 발휘했다 해도 피조물을 하나님이라 할 수 없다. 다만 영적인 측면에서 우리는 모두가 神(신)의 형상을 유전 받은 하나님의 형상들이니 만백성 모두가 신의 성품인 것은 사실이나 동등한 위치는 아니라는 것이다.

성령의 역사는 사람을 통하여 나타나는 의의 도구이며 사랑의 열매들이다. 그러므로 성령은 하나님이 주시는 영감이지 하나님의 몸 일부를 찢어 다른 인격체로 보내심이 아니다. 예수께서 지상에 계실 때 충실한 유대인들이 성령을 아버지와 동등한 인격체로 보았다는 증거는 전혀 없다. 그들은 결코 성령을 숭배하지 않는다. 예수께서는 친히 내 이름으로 아버지께 구하라 하셨고 또 이르시기를

'내가 내 아버지 곧 너희 아버지 내 하나님 곧 너희 하나님께로 올라 간다 하라'(요20:17)

여기에 성령은 언급되지 않는다. 보혜사 성령은 예수께서 죽으신 뒤 오순절 이후에 사도들의 활동을 통하여 나타나기 시작하였으며 그것은 허공에서 들려오는 메아리가 아니라 진실된 증인들 즉, 사람의 마음을 움직여 사람의 입술로 증거 되는 역사였다.

(6) 성령은 人格體(인격체)와 더불어 靈感이다.

누가복음 24장에 기록된 엠마오지방으로 가던 '글로바'라 하는 청년 제자와 이름 모를 한 제자가 십자가 사건 이후 실의에 빠져 슬픈 기색을 띠고 걸어가다. 부활하신 예수를 보고도 알아보지 못하였다. 해질녘 황혼 길을 한 시간 이상 함께 걸은 듯하다.

예수께서는 그들을 간섭하시며 예수께서 죽어야 했던 이유와 여러 영적인 면으로 성경을 해석하여 소상히 풀어주며 그들의 권유로 함께 저녁식사를 하게 되었다. 예수 그리스도의 변함없는 사랑의 멘트

'떡을 떼시며 축사하시되 너희에게 평강이 있을지어다.'(눅 24:30~36)

근심 걱정으로 눈이 가리어 보지 못하던 그들이 하는 말,

'서로 말하되 길에서 우리에게 말씀하시고 우리에게 성경을 풀어주실 때에 우리 속에서 마음이 뜨겁지 않더냐?'(눅24:32)

이것이 성령의 하시는 일이다.

'마음을 뜨겁게 작용하는 것…'

다시 말해서 성령은 감화와 감동으로 인간의 마음을 움직이는 내재된 영감이지 하나님 몸의 일부분이나 분신이 아니다.

예수께서 또 다른 보혜사를 보내 주신다는 약속은 사람들의 마음을 움직여 영감을 주신다는 말이지 삼위일체적인 성령의 분신을 말함이 아니다. 예를 들면 스데반은 믿음과 성령이 충만한 사람이었다고 말하였고(행6:5) 사도바울은 자신을 하나님의 봉사자로 추천하는 근거로 '깨끗함과 지식과 오래 참음과 성령의 감화와 거짓이 없는 사람을 들었다.'(고후6:4~6) 때때로 성경에서 성령을 擬人化(의인화) 하는 것은 사실이다. 예를 들면 다음과 같다.

- 주의 성령을 근심하게 하였으므로 그가 돌이켜 그들의 對敵(대적)이 되사 친히 그들을 치셨더니 (사63:10)
- 하나님의 성령을 근심하게 하지 말라 (엡4:30) 성경은 이 외에도 罪(죄)와 死亡(사망) 같은 生命(생명) 없는 사물들까지도 擬人化(의인화) 하는 경우가 기록되어 있다.
- 지혜가 길거리에서 부르며 廣場(광장)에서 소리를 높이며 (잠1:20)
- 하늘이여 땅이여 내 말을 들으라. (신32:1~2)
- 이는 죄가 사망 안에서 王(왕)노릇 한 것 같이 은혜도 또한 義(의)로 말미암아 王(왕)노릇하여… (롬5:21) 이렇게 의인화 시키는 것은 事物(사물)의 존재를 생생하게 표현하려는 한 가지 방법이다.

신학에서 주장하는 성령은 인격체라고 하는 말보다는 하나님께서 그 분의 뜻을 이루기 위하여 영감을 주시는 활동력이라 해야 할 것이다.

- 하나님도 표적들과 기사들과 여러 가지 능력과 및 자기 뜻을 따라 성령의 나눠주신 것으로써 저희와 함께 증거 하셨느니라 (히2:4)
- 베드로와 함께 할례 받은 信者(신자)들이 이방인들에게도 성령 부어주심을 인하여 놀라니…(행10:45)

다시 말해서 성령은 부흥사들이 야구공처럼 던지는 물건이 아니며 경건하고 성결한 믿음의 사람들에게 위로부터 내려오는 영감인 것으로 하나님의 하시는 일의 使役(사역)을 감당한 일이다.

14. 이 시대 한국의 불쌍한 루시퍼
啓明星(계명성 Morning star)들

'너 아침의 아들(루시퍼) 계명성이여! 어찌 그리 하늘에서 떨어졌으며 너 열국을 엎은 자여 어찌 그리 땅에 찍혔는고. 네가 네 마음에 이르기를 내가 하늘에 올라 하나님의 뭇별 위에 내 자리를 높이리라 내가 북극집회의 산위에 좌정하리라. 가장 높은 구름에 올라가 지극히 높은 자와 같아지리라 하는 도다'(사14:12~14)

이 비극의 노래는 바벨론 왕에 대한 풍자인데 바벨론의 기원적인 어두운 역사는 바벨탑을 쌓던 날로 거슬러 올라가서 기원을 더듬어보면 영걸 '니므롯'이 시날 평지에 대형 고층탑을 쌓아 지극히 높으신 하나님과 비교하려는 교만과 배교적인 타락의 시작에서 혼잡하고 더러운 개구리 같은 더러운 영이 되어 이 타락된 종교문화는 오늘날의 태양신 종교와 미트라, 호러스, 제우스, 황제숭배, 로마 교황청을 탄생시켰다.

'네가 하나님의 동산 에덴에 있었는데 모든 보석 곧 홍보석과 황옥과 다이아몬드와 녹주석과 벽옥과 사파이어와 에머랄드와 석류석과 정금이 너를 덮었고 네가 창조되던 날에 네 안에서 네 작은 북과 네 피리의 작품이 예비되었도다.(이 루시퍼는 음악을 담당했던 그룹이었음) (겔28:13)

'너는 기름부음을 받은 덮는 그룹이라. 내가 너를 그렇게 세우매 네가 하나님의 거룩한 산위에 있었고 불타는 돌들 한 가운데서 오르내리며 다녔도다.' (겔28:14)

'네가 창조된 날부터 네가 네 길들에서 完全(완전)하였는데 마침내 네 안에서 不法(불법)이 발견되었도다.'(겔28:15)

'네 商品(상품)이 많음으로 그들이 네 한 가운데를 폭력으로 가득 채우매 네가 罪(죄)를 지었도다. 그러므로 내가 너를 더럽게 여겨 하나님의 산에서 쫓아 내리라. 너 덮는 그룹아, 내가 너를 불타는 돌들 한 가운데서 끊어 멸하리로다.' (겔28:16)

'네 아름다움으로 인하여 네 마음이 높아졌으며 네 광채로 인하여 네가 네 지혜를 부패시켰은즉 내가 너를 땅에 던지고 왕들 앞에 두어 그들이 너를 바라보게 하리라. 네가 네 많은 불법 곧 네 무역의 불법으로 네 성소들을 더럽혔나니 그러므로 네가 네 한 가운데서 불이 나오게 하여 너를 삼키게 하고 너를 바라보는 모든 자들의 눈앞에서 너를 데려다가 땅 위의 재가 되게 하리라.' (겔28:17~18)

바벨론의 마왕 '니므롯'으로부터 루시퍼의 후예들은 사탄왕국의 주역들이니 이들은 피조물임을 까마득히 잊고 지극히 높으신 분 하나님께 경배를 드리는 것이 아니라 자기 자신에게 예배, 경배 드리기를 갈망하여 지옥으로 타락하는 멸망의 가증한 결말을 초래하는 것이다. 이들의 행위와 불쾌한 교만은 복음서에도 잘 나타나있다. 루시퍼, 그는 말했다.

'네가 내 앞에 엎드려 경배하면 이 모든 것을 네게 주리라' (마4:9)

이와 같은 욕망이 경배를 받고 싶어 하는 마귀권세의 하늘에 사무치는 교만인 것이다.

(1) 교묘한 루시퍼는 啓明星(계명성)으로 둔갑

결국 오늘날의 교회는 옛 뱀, 용, 루시퍼에게 경배하였다고 환난기의 실상을 묘사하고 있다. 이 불쾌한 무서운 역사는 '불법의 신비'라고 볼 수 있는 단서가 되는 유일한 증거들이다. (살후2:7) 그런데 우리는 여기서 간과해서는 안 되는 중요한 부분을 짚고 넘어가야 한다. 그것은 〈NIV 개역성경〉 번역자들은 로마가톨릭 사본과 역본을 이사야 14장에 등장하는 루시퍼 계명성을 '새벽별'로 바꿔치기를 하였다.

진짜 새벽별 모닝스타는 예수 그리스도인데 잘못된 번역이라는 것이다. 역대 역본들은 한결같이 '루시퍼'란 이름을 제거했고 이로서 성경 전체에서 유일하게 '타락 전 사탄의 이름'을 보여주는 부분은 본문에서 완전히 삭제되어 신앙인들의 시야에서 사라졌다. 이렇게 성경을 변개시킴으로 '루시퍼'는 사람들로 하여금 자기에 관한 정확한 지식을 갖지 못하도록 만들어버렸다. 예수께서는 사탄을 가리켜 거짓말쟁이요, 거짓의 아비라고 단죄하셨다. (요8:44)

- 히브리어 原文(원문)을 고찰해보면 'Helelben Shachar'(힐렐벤 샤하르)라고 불리는데 정확히 번역하면 '아침의 아들 루시퍼(빛을 나르는 자)'가 된다. 〈NIV 개역성경〉의 편집자들은 '새벽별'이 베드로후서 1장 19절과 요한계시록 22장 16절에 기록되어 있다.
- 진정한 새벽별은 누구인가. 〈킹제임스 흠정역〉에서는 '나 예수는 내 천사를 보내어 敎會(교회)들 안에서 이것들을 너희에게 증언하게 하였노라. 나는 다윗의 뿌리요 후손이요 광명한 새벽별(계명성)이라 하시더라. (계22:16)
- 또한 우리에게는 더 확실한 대언의 말씀이 있으니 날이 새어 샛별(예수님)이 너희 마음속에 떠오를 때까지 너희가 어두운 곳에서 비취는 빛을 대하듯이 말씀에 주의를 기울이는 것이 가하니라(벧후1:19)

결국 루시퍼는 서기관들의 손을 이용하여 조용히 자리를 떠나 교활하게 성경 밖으로 빠져 나왔다. 그리고 '루시퍼'는 이사야 14장 12~14

절의 'Morning Star인 예수 그리스도'를 '타락'의 대상으로 만들어버렸다. 참담한 곡해는 〈NASB〉같은 〈현대역본〉은 이사야 14장 12절 옆에 베드로 후서 1장 19절을 보라는 관주를 붙임으로 새벽별 예수 그리스도와 동격을 만들어버려 이 구절이 '루시퍼의 타락'을 지칭하는 것이 아니라 '예수 그리스도의 타락을 지칭하는 것처럼 만들어 놓았다. 현세대 배교 신학자들 이전에는 오직 예수 그리스도만이 '새벽별'을 '계명성'으로 동의했었다. 적그리스도가 장차 이 명칭을 자연스럽게 사칭한 것이다. 적그리스도는 바벨론의 실체이며 오늘날의 거대한 바벨교회의 模型(모형)들이다. 그들은 입으로는 예수 그리스도를 새벽별이라 하나 내면으로는 옛 뱀의 교육을 받으며 그들의 충성된 종이 되어 대형 십자가 군단으로 군림하고 있으니 결과적으로는 루시퍼의 후손이지만 겉모양은 계명성의 이름을 贊嘆(찬탄)하는 비밀의 문이다.

이 루시퍼는 요한계시록 12장 9절에 옛 뱀, 곧 마귀라고도 하며, 사탄이라고도 하는 온 세상을 속이는 자가 내어쫓기니 그의 天使(천사)들도 그와 함께 내쫓기더라.

〈킹 제임스 성경〉에는 용이라는 단어가 35회 등장하는데 〈개역성경〉에서는 이 龍(용)의 정체를 감추기 위해, 용이라는 단어를 삭제하는 대신에 뱀(신32:33)이라는 단어로 또는 이리(욥30:29), 시랑이(시44:19), 등으로 슬쩍 처리해 버렸다. 〈킹 제임스 성경〉을 제외한 현대 모든 성경은 아무리 검색해도 사탄의 원래 이름인 Lucifer(루시퍼)라는 단어를 찾을 수 없게 되었다. 결국 루시퍼라는 단어는 예수 그리스도를 자칭하는 새벽별 계명성으로 처참하게 변개되어 버렸다.

• 유명세를 이끄는 가짜 계명성들

내가 말하고자 하는 배교자들은 소위 보수교단에서 이단으로 지목하여 정죄하는 그런 이야기가 아니다. 지엽적인 문제로 인하여 이단 삼단

하는 시간낭비와 입 아픈 논쟁은 별 의미가 없다. 어차피 世界的(세계적)으로 흩어져있는 교파를 다 말하자면 수백 수천으로 분리 분포되어 그 정확한 수를 다 알 수도 없는 상태다.

내가 기록으로 남기려하는 부분들은 피조물인 인간들이 감히 하나님의 자리를 가로채고 주지육림에서 막행막식하며 신도들을 유혹하여 등을 치고 사기를 치는 천벌받을 저주의 자식들, 루시퍼의 후예들을 구별하여 심판하려 함이다. 구체적으로 본질에서 벗어났다 함은 그들이 하나님의 흉내를 내며 담대하게도 재림예수를 자처하는 교만이 옛적 바벨론의 '니므롯'과 같아 하늘의 별들을 이끌어 이 땅에 팽개치는 좀비 같은 짐승들이라는 것이다. (계12:3~4)

이들은 지구촌의 많은 나라 중에 유독 한국에서 가장 많이 일어나는 홍역이나 에이즈 바이러스처럼 진리의 내공이나 영적인 면역력이 부족한 구정물복음으로 비실거리는 이들은 어김없이 말려들어 시간과 물질을 버리고 가정파탄과 직장까지 잃어가며 영혼을 사냥당하고 있다. 그중에 아무리 봐주려 해도 정말 아닌 이 시대의 괴질들, 단체와 그들의 교주들, 몇몇들을 간추려서 이름을 남긴다. 우선 대한민국을 어지럽히는 좀비신앙, 남의 것 도둑질하여 이론무장한 하학적인 집단 민족정신을 버리고 윤리를 버리고 시간과 청춘, 가정을 버리다시피 하고 노예생활을 장려하는 한국의 신흥 '루시퍼'들의 정체를 밝힌다. 이들과는 개인적인 원한은 없으며 이들이 밉지도 않다. 나한테 무슨 손해를 끼친 적도 없으며 도전한 적도 없다. 우주의식을 품고 천지의 주재이신 하나님을 예배 숭배하는 나로서는 자기가 하나님 또는 메시아, 재림주라 하며 자기는 죽음이 없고 영생을 한다 하며 교인을 속이고 영적인 사람들이 필기해 놓은 노트를 자신들의 것 인양 도용하여 온갖 난리를 치는 근세 우리나라 사교 집단들을 '미가엘' 천사의 도움으로 심판하며 이 그들의 두 개의 혀와 두 개의 생식기로 선악과를 먹여대는 집단을 폭로하며 나는 심판의 리모컨을 눌렀고 이 글을 남기려 한다.

(2) 한국의 루시퍼 (계명성들)

1) 박태선 天父教(천부교)의 교주 (사망)

육체가 죽지 않는다며 신도들의 청춘을 빼앗고 재산을 빼앗고 집단최면으로 유혹하던 그는 육신이 죽어 무덤에 묻혔다.

수천 명의 여인들이 지금도 처녀로 늙고 있으며 재산을 다 헌납하고 청춘을 허비하여 간장, 양말, 담요, 등을 몇 년 전까지 팔러 다니며 죽을 고생을 하는 것을 나는 여럿 보았고 몇몇 사람은 상담도 한 적이 있다. 그들은 혼인을 금하고 결혼한 사람은 이혼을 하였다. 부부관계는 음란마귀라고 정죄하고 교주자신은 주지육림에 뒹굴었고 그의 자식도 타락하여 공중파 뉴스를 달구었다. 그는 설교 때 예수를 개새끼라 하는 막말을 한 뒤 얼마 안 되어 급사하여 죽었고 교인들은 그가 살아난다 하여 기도하고 찬송을 부르다가 결국은 무덤에 묻었다.

- 그의 호칭과 교리 : 영모님, 동방의 의인, 감람나무, 천부, 보혜사 성령, 등으로 자기를 지칭함
- 1980년대에 그는 죽기 전에 예수는 마귀대장, 개새끼라고 규탄하며 성경은 98%가 거짓말투성이라 말하고 자기는 40일 금식을 13번이나 했는데 예수는 금식을 한 번밖에 못했으며, 예수는 육신을 입은 마리아 죄인에게서 났으니 99%가 죄 덩어리요, 음란마귀의 아들이라고 하면서 자신은 5798세의 새 하나님이고 1985년 이후에는 교명을 천부교로 바꾸었다. 그는 이렇게 자신을 絶對者(절대자)의 위치에 올려놓고 참람한 행위를 서슴지 않았다. 이들의 행위와 역사는 말도 안 되니 여기서 대략 생략한다.
- 그들이 사회에 미친 영향 : 통일교회의 문선명 교주와는 사돈 간이며 박태선 밑에서 파생된 새끼 재림주들이 10여 명이 넘는다. 활동하는 사람 중 조희성은 감옥에서 죽고 몇몇 곁가지들은 지금도 살아

서 활동을 하고 있다. 박태선은 시온그룹 회장으로 알려져 있으며 신흥종교를 잘 모르는 사람들은 그를 크게 비난하지 않았다. 그의 아들 박동명은 한때 수많은 여대생들을 농락하고 돈을 탕진하여 1980년대에 뉴스를 달구었다. 신도들은 결혼도 못하고 가족은 다 흩어지고 배를 곯고 보따리 행상으로 벌어다 주는 돈으로 교주와 그 자식들은 주지육림에서 막행막식을 하며 윤리적으로 탕아의 길을 갔다.

2) 어린양 유재열 (장막성전) 1949년 2월 1일생

그는 18세에 호생 수도원을 왕래하며 김 종규의 영향을 크게 받음으로 일찍이 리플리 증후군(Ripley Syndrome)에 절어 있었다. 과천에서 장막성전을 건축하는 과정에서 천국표를 팔아 1975년 9월 사기죄로 옥고를 치루기도 하였는데 석방 후 1980년 10월에 미국으로 이민을 떠났다. 한때 이 장막성전 신도들은 교주 유 재열을 감람나무, 천사, 선지자 혹은 군왕이라고 명명하여 추켜세웠다. 당시 설교 내용은 이렇다.

"郡王(군왕)의 설교를 듣고 순종하는 자는 세상 끝이 와도 죽지 않고 永生(영생)을 얻을 수 있으나 순종치 않는 자들은 審判(심판) 날에 4만 8천도짜리 유황불 洗禮(세례)를 받는다."

고 하였다. 당시의 전국의 신도들은 2천여 명 정도로 후일 이 장막성전은 장로회 합동 측 '이삭중앙교회'라는 간판으로 개명하여 목회를 하다가 심중에 변화를 일으켜 어느 날 해당교회를 떠나 사업가로 변신하여 지금은 돈을 많이 벌어 성공한 편이며 장막성전을 운영할 때는 신비하고 영적인 면이 돋보였던 유혹에 구인회, 이만희, 최충일, 김풍일, 등 이외에도 啓示錄(계시록) 解釋者(해석자)들이 몇 십 명 전국으로 퍼져있는 상태다. 가수 싸이의 장인이기도 하다. 폭력이나 폭언 등은 없었다.

3) 재림예수 구인회

그는 1971년 1월 17일 재림예수의 영이 자신에게 임하였다 하며 주장하다 사기죄로 구속이 되기도 하였다가 33세 되던 해에 腰絶(요절)하여 재림예수의 명분을 잃었다. 전국에 교회는 10여 개가 있으며 약 천여 명의 신도가 있었는데 지금은 신천지교회와 논쟁 중에 있음

4) 김풍일 保惠師(보혜사) (지금은 김노아로 개명)

1979년부터 활동시작 (사기죄로 감옥 간 적은 없음)

5) 保惠師(보혜사) 이만희 (신천지 교회)

그는 종교 사업가로 일단 대박을 친 사람이다. 조희성처럼 사람을 구타하거나 죽이거나 하지 않아 막말은 하지 않겠다. 그들이 내세우는 주요 요지는 아래와 같다. 영적인 사람들은 기본적으로 다 알고 있는 성경을 뭐 자기들만 대단해서 계시를 받는 줄로 착각의 한계를 넘어 교계의 전염병이 되고 있다. 신천지 교인들보다 신도들을 빼앗기는 교회가 더 한심하여 할 말이 없다.

'비도덕적이다. 기성교회는 자신들의 밥이다.'라고 妄言을 서슴지 않는 무서운 패륜아들이다. 아직까지는 구타나 살인은 없었는데 지나치면 머지않아 충돌이 일어나 피 뿌리는 일도 서슴없을 것이다. 그리고는 교주와 앞잡이들의 교묘한 합리화로 변호할 것이다. 역대 사이비 교주들이 그렇게 해왔다. 부디 여기서 끝나기를 바라는 마음이다.

- 특징 : 비유풀이, 씨와 비유, 사도신경, 삼위일체, 부활과 재림, 천년왕국, 啓示錄(계시록)은 편지인가?, 실상, 인침, 예수님은 하나님이신가?, 계시록 12장의 해를 입은 여자, 생명나무와 선악과, 나무의 풀이, 요한계시록 15장의 증거, 장막성전, 마태복음 24장의 아이 밴

자들과 젖 먹이는 자, 비유 말씀의 짝, 등으로 주요 핵심 교리를 삼아 집착하며 파고든다.

비유풀이는 상당부분 인정할 수밖에 없는 데 99% 내용들이 김풍일 보혜사의 저서 〈譬喻와 實狀(비유와 실상)〉을 그대로 베꼈다고 할 수 있다. 자기들은 베끼지 않았다 하나 두 사람 다 박태선과 재림예수 유재열 밑에서 배운 사람들이니 그 밥에 그 나물들이라. 서로 맥이 통하고 있음은 당연한 일이다. 그리고 영적인 사람들은 그 정도 비유는 기본적으로 다 풀고 있으며 무화과나무의 비유나 계시록의 상징적인 성구들도 영감 있는 사람들의 건전한 해석도 많건만 자신의 것도 아닌 빌려온 것을 가지고 무슨 태산이나 옮겨온 것처럼 난리를 치고 있는데 분명한 것은 이 책이 출판된 뒤 15년 안에 그는 죽는다. 그 이전에 죽을 수도 있다. 영생교 조희성이 끝나듯 모두가 허망하게 생을 마칠 것이다.

6) 재림주님 조희성 勝利祭壇(승리제단)

일명 永生敎(영생교) 교주 조희성은 1931년 8월 11일 교주 이만희와 생년이 같다. 사이비 교주 중에 가장 난폭하고 비정하고 무서운 살인마였다. 2004년 6월 19일 죽지 않는다는 재림예수는 결국 감옥에서 생을 마감하여 승리제단은 거의 허물어지고 지금은 신도들도 교회들도 폐쇄되다시피 하였다. 조희성은 영생교를 창시하면서

"박태선의 使命(사명)은 끝이 났고 그 일을 자신이 마무리해야 한다."

고 주장하며 박태선 신앙촌 신도들까지 끌어 모으는데 성공하였다. 그것이 가능하였던 것은 박태선 천부교 신도들은 죽지 않는다고 철석같이 믿었던 교주가 죽자 심정이 흔들리는 지경에 60대 중반의 아직 핏기가 돌아가는 사나이의 설교에 힘을 얻어 그들은 연합을 하였던 것이다.

이 영생교는 처음에는 '勝利祭壇(승리제단)'이라는 간판을 걸고 집회를 하였는데 자기 자신을 정도령, 이슬성신, 생 미륵불, 메시아, 재림주님, 하나님, 등으로 종교적인 온갖 아이콘을 다 갖다 붙여 부르게 하였다. 그리고 자기에게 돈을 갖다 바치는 이에게는 지구가 망할 때 10배로 되돌려준다는 거짓말로 돈을 뜯어내어 '근화 실업'이라는 기업을 세워 200여 명의 종업원들에게 한 달에 25,000원을 주고 노동착취로 재산을 증식하였다.

그는 자기를 반대하고 나가는 자들을 용서하지 않았고 감금, 폭행은 물론 살인도 서슴지 않았다. 영생교에는 배교자들을 죽이는 킬러들이 따로 있었다. 당시 실종된 사람이 15명 뉴스에 보도되었다. 탈퇴자의 제보를 받고 수사에 착수한 경찰들을 통하여 소문종 씨와 김규석의 유골을 발견하였다. 그 뒤로도 지성룡 씨의 유골이 발견되고 암매장 당한 유골들이 발견되어 교주 조희성은 구속되었는데 끌려가면서 그는 외쳤다.

"罪(죄) 없는 사람을 구속하면 큰일이 일어나며 나라가 망한다."

고 궤변을 지껄였다. 그는 스트레스에 심근경색으로 속을 썩다가 옥중에서 매를 맞고 사망하면서 사건은 끝났다.

- 그들의 교리
  - 예수는 만고의 사기꾼이다.
  - 檀君(단군) 할아버지는 이스라엘의 단지파의 자손이다.
  - 末世(말세)에 救世主(구세주)는 韓國(한국)에서 나온다.
  - 救世主(구세주)가 바로 조희성이다.
- 조희성 메시아의 5대 공약 1981년
  - 세계 共産主義(공산주의)를 없앨 것이다.
  - 大韓民國(대한민국)에 태풍이 못 불어 닥치도록 할 것이다.
  - 여름장마를 못 지게 할 것이다.

- 대한민국에 豊年(풍년)이 들게 하겠다.
- 南北戰爭(남북전쟁)을 막고 統一(통일)을 이루겠다.
- 그는 80년대에 대대적으로 '전능하신 하나님 조희성'이란 이름을 인쇄하여 벽보마다 붙이고 천벌받을 행동을 서슴없이 하다 감옥에서 지병이 발병하여 전능하게 죽었다.

7) 재림예수 안상홍

19018년 1월 13일 전라북도 장수군 계남에서 출생

1937년 일본으로 건너가서 생활하다 그 이듬해 7월에 귀국하여 제7일 안식일교회에 입교하였다. 1948년 12월 16일에 그는 이명덕 목사에게 세례를 받았다. 1953년부터 계시를 받기 시작했다 하는 그는 1956년에 안식일교회목사의 설교를 듣는 중 예수 재림이 있을 것이라는 설교에 반박하면서 초대교회의 진리가 안상홍 자신을 통해서 회복될 것이라는 계시를 받았다고 주장하였다.

1962년 23명의 신도들과 안식일 교회를 탈퇴하고 나와서 1964년 4월 28일 부산에서 '하나님의 교회 예수증인회'를 창립하였고 교세를 확장해보려 애를 쓰며 활동하다가 1985년 2월 25일 67세 일기로 재림예수는 죽었다. 지금 그의 추종자들은 그를 재림주로 믿고 있다.

1985년 본부를 부산에서 서울 관악구 봉천 7동으로 옮겼고 '하나님의 교회 안상홍 증인회'로 개칭하였다. 교주가 죽은 뒤 교주가 죽기 전에 注目(주목)하였던 어린양의 신부 여교주 장길자는 하늘에서 내려온 새 예루살렘 어머니로 주장하여 現在(현재) 교단을 이끌고 있다.

- 그들의 교리
  - 안상홍을 재림주로 믿는다.
  - 保惠師(보혜사)로 믿는다.

- 그를 성령으로 믿는다.
- 장길자를 하나님의 新婦(신부)로 믿는다.
- 安息日(안식일)을 매우 중시 여김
- 유월절 절기를 고수함.
- 舊約(구약)에 나타난 모든 절기를 주장함
- 계시록의 생명책이 자기들에게만 적용된다고 믿음 (계20:12 13:8)
- 그들은 예배 중에 수건을 씀
- 1988년 예수 재림을 정하고 열렬히 운동하였으나 豫言(예언)은 빗나가고 불발됨
- 그들은 기성교회는 모두 異端(이단)으로 본다.
- 我田引水(아전인수)격으로 성경을 해석함
- 그들은 유대인들도 못 지키는 절기를 지켜야 한다고 주장함. 이들을 보고 유대인들은 웃는다.

8) 하나님의 셋째 아들 박명호 (엘리아복음 선교회)

본명 박광규는 1943년생으로 충남 보령 대천으로 본적은 되어있으나 부여에서 태어났으며 중학교시절 토사곽란으로 외삼촌인 장로를 따라 안식일교회에 출석하며 '오늘의 신앙'과 '예언의 소리', 등 성경 통신강좌를 공부하면서 교회생활을 시작하였다. 얼마 뒤 아버지의 엄격한 유교사상을 못 견뎌 그는 결국 가출을 하게 되어 1976년 천안의 삼일고아원에서 전도사 자격으로 일하게 되었다. 여기서 그는 안식교에서 운영하는 통신공부를 하게 되었다. 원생들을 가르치던 중 그는 자아도취에 빠져 원장까지 가르치려다가 사임을 하고 나왔다.

그는 산에 자주 올라 기도를 하던 중 유명한 목사들이 수많은 양떼들을 이끌고 천국이 아닌 멸망의 길로 계속 끌고 가는 환상을 보았다고 한다. 이에 놀란 그는 자기 입으로 "엘리야의 하나님! 엘리야의 하나님!

나를 보내소서!"라고 부르짖어 기도하였다는 것이다. 그는 〈이것이 영생이다〉라는 책을 저술하고 1984년 6월 25일 '엘리야복음 선교원'을 창설하였다.

- 主要(주요) 교리
    - 박명호 씨의 저서 4권
    - 基督敎(기독교)에는 하나님이 없다.
    - 말라기 선지자의 예언한 엘리야는 韓國(한국)에 태어난 박명호다
    - 천국 가는 길은 좁은 길이라 황금 高速道路(고속도로)이다.
    - 안식교의 조사 審判(심판)설을 그대로 가르치고 있다.
    - 하나님은 우리의 친아빠다.
    - 교인들에게 너도 하나님이 되라고 가르친다.
    - 중보는 필요 없다.
    - 靈魂不滅(영혼불멸)은 마귀의 소리라고 가르침
    - 심판 때 신학이란 학문을 몰라도 이방인 가운데 하나님을 섬긴 자들은 멸망을 당하지 않는다.
    - 핵심요원용 교리는 〈영광의 빛〉을 연구. (그가 기도하던 聖主山(성주산)은 거룩하신 하나님이 잠시 머무셨다는 뜻)
    - 예수님은 패장이며 박명호는 '인류의 구속 주'라고 주장한다. 자신이 마지막 심판주이며 죽은 자를 살려내고 영생을 준다는 것이다. 만약에 수억 명을 한꺼번에 살려내어 지구가 좁으면 열 개 백 개라도 지구를 만들어서 모두 영생을 누리도록 한다는 것이다.
    - 지구상에는 하나님이 직접 낳은 아들은 셋뿐인데 '에덴동산의 아담과 둘째아들은 예수님과 셋째아들은 박 명호 자신이다.'라고 하는데 "너는 내 아들이다."라는 음성을 들었다고 한다. 명백한 사기행위로 말할 필요도 없다.
    - 기타 활동 : 내가 아는 의사들 몇몇과 개척교회 목회자들 여의도

순복음 교인들의 증언을 들으며 놀라움을 금치 못했다. 가정이 파탄되고 성서의 본질에서 크게 벗어난 것은 사실이지만 재산을 가로채거나 구타, 감금, 폭행, 살인은 없어 극악무도한 행위는 없어 사교 왕국 중 그나마 좀 나은 편이다.

9) 정명석 메시아

충남 금산 진산면 석막리 1945년 출생 현 75세

초등학교를 졸업하고 유년시절을 가사노동으로 보내며 석막리 장로교회에 출석하며 30대 중반기시절을 보내던 중 통일교회에 출석하여 양다리를 걸친 생활을 하며 통일교의 교과서인 〈原理講論(원리강론)〉을 보고 문득 새로운 세계를 발견하였고 일반교회에서 듣지도 못하던 선악과에 대한 코카콜라 같은 새로운 성경해석을 접하고 크게 영향을 받았다.

정명석 교주는 자기 말로는 통일교회에 자신이 좋아하는 이상형 아가씨를 보러 다녔다고 하는데 그 아가씨보다는 교리적인 면에 이끌려 그는 신세계를 발견하여 흥분하였고 강사생활을 하다 〈원리강론〉을 가지고 서울로 상경하여 '신촌 5형제'라는 선교 멤버들을 중심으로 선교를 시작하였다.

'신촌 5형제'는 정명석, 김기희, 안구현, 배수현, 서인순, 김형만, 등이 생사고락을 함께 하기로 다짐을 하고 '애천 교회'라는 조직으로 시작되었다. 그는 젊은 날에 김천 용문산 기도원 (나운몽 장로 원장 시절)에 들어가 기도를 하기도 하였다.

- 정명석 교주의 연혁
  - 1980년 애천 선교회로출발
  - 주로 젊고 유능한 남녀 대학생들을 포섭

- 1982년 예수교 監理敎(감리교)에 가입하기도 함
- 예수교 장로회 애천 교회란 간판을 사용하기도 함
- 위슬리 신학교 교장인 박용식 씨를 포섭하여 상당한 헌금을 주고 先(선)안수 後(후)가입조건으로 목사안수를 받았다. 이때부터 감리교 교적으로 영동교회, 낙성대교회, 서울교회, 등의 이름으로 활동하였다. 1982년 6월 처음으로 권사 1명, 집사 11명, 중고등부교사 3명, 고등부교사 4명을 임명하여 조직을 강화하여 나갔다. 그리고 각종 교육 프로그램을 통하여 MS회원들의 강사화를 시도하여 각 대학에 침투하고 온 힘을 기울여 그들은 선교에 총력을 기울였다. 여름방학에는 대전, 광주, 춘천, 군산, 수원, 부산, 대구, 전주, 등의 순회 집회를 통하여 교세를 확장해나갔다. 1989년 당시 기준으로 한국의 교회가 약 25 개정도 대만, 일본, 브라질, 미주지역, 독일, 아르헨티나, 등 각처 30여 개국에 외국에도 20여 개의 교회가 있다.
- 캠퍼스 조직을 통하여 서울 시내를 4개 지역으로 나누어 동아리 형식으로 조직을 확대하고 있다.
• 敎理主張(교리주장)
  - 신입회원은 기도회, 말씀공부, 세미나, 등이 있고,
  - 30개론은 그들의 교리이며 교과과정은 총 4단계 입문, 초급, 중급, 고급, 주 16으로 구분되어 있음. 이 교리를 학습시켜 공부가 끝나면 시험을 치루며 합격하면 고유번호를 주어 정회원의 자격이 주어진다. 반복교육을 통해서 완전히 세뇌시켜 그들의 주장에 몰입하게 되며 대개 빠져들어 나오지 못한다. 대다수가 〈원리강론〉에서 영감을 얻어 일부 수정 각색하여 정교주의 이념을 접목하여 만든 교리이다. 그는 머리가 비상함.
  - 정명석이 구세주이며 기독교는 이미 하나님이 떠난 엘리야 제사장과 같다.

- 1999년 7월 14일 자신이 말씀으로 세상을 심판한다고 선포함
- 아담의 갈빗대로 하와를 창조했다는 설을 난자와 정자로 해석
- 자신이 신구약 성경을 1천 독을 하여 통탈했다고 함
- 자기는 매일 1천여 명의 천사에게 호위를 받는다고 함
- 하나님이 정명석 교주에게 세상을 구제하라 명하였음으로 자신은 하나님의 대리자라 함
- 자기 말을 들으면 하나님의 말씀에 순종하는 것과 마찬가지이므로 신앙에 병이 들지 않는다 함
- 정 교주의 이름 영문표기 JMS에서 성을 빼고 이름만 기록하면 MS 즉, 메시아란 뜻이라고 분명히 세뇌 교육함
- 구름타고 오신다는 그리스도의 재림은 공중의 구름이 아니고 人山人海(인산인해)의 기독교인들 가운데서 오신다는 뜻이라 함

• 내가 만난 정명석 교주

정명석 교주가 감옥에 가기 전 나는 같은 금산 사람으로서 3차례 만난 적이 있다. 1994년에서 95년 사이에 내가 지방신문 사장으로 있을 때 전임 사장 박천보 씨의 소개로 그들의 본부 진산 석막리에 오후 2시경에 도착하여 만났다. 나는 그들의 교리와 성서해석이나 포교에 관한 모든 것을 알기 때문에 힘도 없고 아예 상대하지 않으려고 피하다가 부딪치게 되었다.

우리가 도착하자 정씨는 기도 굴로 들어가자고 하였다. 내가 좋다고 하자 과일을 좀 먹고 가자는 것이다. 젊은 여자 대학생들이 사과를 깎아서 포크에 찍어 먹여 주다시피해서 일단 과일을 몇 쪽 먹었다.

함께 동행 하였던 그의 보좌관 전북대학교 김종진 교수(문학박사)와 금산 군 의회 의원이었던 박천보 씨와 총 네 사람이 마주하고 서서 서성대다가 내가 예를 갖추어 입을 열었다.

"정 총재님 기도 堀(굴)로 가시지요. 드릴 말씀도 있고 하니…"

내가 말을 마치자 그는 갑자기 마음이 바뀌었는지,

"굴에는 다음에 들어가고 여기서 이야기합시다. 목사님이 竹鹽(죽염)을 만드신다면서요? 우리 신도들이 10만 명 가까이 되니께 나중에 내가 다 팔아 주께요, 오신 짐에 저녁 먹구 가요."

나와 박천보 사장 김종진 교수는 그들이 운영하는 포장마차 같은 곳으로 따라가서 토스트 하나를 저녁 식사로 대접 받고 왔다. 그러면서 자신은 항상 그렇게 먹고 산다는 말을 강조하였다. 그는 지금 내가 남긴 말을 잊었을지 기억할지는 모른다. 그들의 광장 잔디밭을 잠시 걸으며 나보다 나이도 훨씬 윗사람이고 어쨌든 보통 인물은 아니다싶어 예를 갖추며 내가 나직이 말했다.

"정 총재님! 교세 확장하느라 애쓰셨습니다. 대단하세요. 먼 훗날을 위해서 빌려 온건 돌려주고 낡은 것은 버리고 늘 새것을 창조하세요. 즉, 자기 소리지요."

그러자,

"좋은 말여요. 언제 竹鹽(죽염) 좀 가져와요. 내가 다 팔아 주께."

하며 말을 돌렸다. 그때가 늦여름이었다. 몇 주 뒤에 다시 박 천보 사장하고 죽염 2킬로 2봉지를 들고 월명동 그들의 본부를 찾아갔다. 나는 그들의 모난 신학과 我田引水(아전인수)격인 교리들을 수정해주고, 그들이 이단이 아니라 감춰인 만나를 전하는 시대적인 복음주의로 탈바꿈시켜보려는 계획으로 진정 순수한 마음으로 접근했는데 통하지 않았다. 그는 내게 대화의 여지를 주지 않았다.

그 뒤 세월이 좀 흘러 나에게 성경을 몇 차례 배우던 정명석 교주의 보좌관 김종진 교수는 나와의 약속을 저버리고 성경공부를 하기로 한 그날, 월명동으로 향하다가 한창 일할 나이에 전라북도 경천 저수지 길에서 대형 교통사고로 세상을 떠났다. 당시 우리는 음식을 제공해가며 무료로 수도원을 운영하고 있을 때였다.

나는 아내 유미경 씨와 김종진 교수의 장례식에 참석하였다. 樹木葬

(수목장)을 하는데 젊은이들이 서툴게 장례의식을 행하고 있다. 만감이 교차했다. 그날 우리 집에서 약속대로 성경공부를 마치고 월명동은 좀 늦게 경유했으면 그가 변을 당할 리가 없다.

늘 나를 보며 대 선지자라 하면서 그는 先知者(선지자)의 말을 듣지 않았다. 교주와 보좌관 둘 다 초라한 선지자의 말을 염두에 두지 않았다. 나를 멸시했던 것이다. 정명석 씨가 6년 형을 받았을 때에 나는 항소하지 말라고 간곡히 권하였다. 결국 항소한 뒤 12년형을 받고 70세가 넘어서 2017년 2월에 석방되어 지금 다시 활동 중이다.

정교주의 아우 정규석 목사와는 지금도 친분이 있다. 그는 효자이며 경건하고 말을 조심하는 사람이다. 그의 모친이 소천 했을 때도 문상을 갔었는데 부조를 받지 않았고 돌아올 때는 밖에까지 배웅을 하며 반겼다. 벌써 여러해 전이다. 내가 금산 고향을 떠나온 뒤로부터는 이젠 정말 멀어진 사람들이다. 정명석, 그는 진실로 딱한 사람이다.

그의 설교는 언제나 주제가 없고 그의 교리와 성령론과 연설은 무시로 변한다. 신도들이 갈팡질팡하는 게 정말 안됐다. 젊고 예쁜 사람만 찾고 고르고 또 골라서 전도를 하라고 외치는 교주의 마인드를 보라. 어린이와 老人을 거부하는 이상한 단체……

10) 기타 한국의 자칭 메시아들

- 김기순 (아가동산 교주)
  - 정해진 특별한 敎理(교리)는 없음
  - 1차 오대양 사건으로 87년 8월 박 순자를 비롯하여 32명이 손이 묶이거나 목에 끈이 감긴 채 시신이 발견되었는데 집단자살로 보도(오대양 용인공장 식당 천정에서 발견)했으나 자살인지 타살인지 알 수 없음.
  - 2차 1991년 7월 신도였던 노순호 씨 외 殺害(살해)하여 암매장함

과 강미경 씨 시신은 못 찾고 최낙귀 군은 화장하여 시신이 없으므로 수사망에 걸려 형을 받았다.

- 주현 교회(삭발교) 신도였던 김기순은 자신이 '예수'라고 하였고, 천국 댄스 이교부 목사는 '세례요한'이라고 하였다. 공동생활을 강요하여 使徒行傳(사도행전) 같은 성령운동을 주장하였으나 교리의 一貫性(일관성)이 없고 욕심이 많았다.

김기순 교주는 신도들에게 금욕생활을 강요하여 성욕 물욕 그리고 사사로운 속세의 정을 버려야 낙원에 들어간다 하며 성욕과 물질 소유욕, 분별심이 있으면 시기심이 생겨서 단체생활을 못하는 것이라고 역설하며 정작 자기 자신은 여러 명과 섹스를 즐겼다. 탈퇴자들은 말하길 김기순 자신은 정욕을 참지 못하였다는 상반된 주장을 증언하였다.

주현교회에서 떨어져 나온 이들은 어묵장사와 막노동을 하면서 생활을 하였다. 그러던 중 몇몇 사람이 이천에 가서 농사를 짓고 평화롭게 살자고 제의하여 1981년부터 이천시 대월면 지역을 정착지로 잡아 이들은 여기서 누에를 치며, 누에를 치던 蠶幕(잠막)을 개조하여 공동생활에 들어갔다.

김기순 씨는 자신을 세 살짜리 아가로 비유하기를 아가처럼 순결하고 순수해야 질투 없이 공동생활을 할 수 있는 것이라고 어필하였고 이들은 이스라엘의 'kibbutz(기부츠)' 都市를 염두에 두고 헌납한 재산들을 모아 사업을 확대해나갔다.

- 권신찬 목사계열의 '구원파'들

권 신찬 목사는 80년대 극동방송에서 '은혜의 아침'이라는 설교를 맡아 방송을 했었는데 권신찬의 계열들은 세월호 사건의 주인공 유병현 교주(지금은 어디서 잘 살고 있을), 박옥수 목사, 서달석 목사 기타 여러 갈래가 있음. 서달석 목사는 최근 신학을 돌이키고 업그레이드시켜 세대주의와 구원파식 교리에서 탈피하여 유튜브 방송에서 이전의 세대주의였던 신앙을 고백하고 경건한 길을 가고 있음.
- 구원파의 교리
- 사람을 5분 만에 구원시킴
- 성경구절 3개면 충분함 : 예를 들면 요한복음 5장 24절이나 이사야서 1장 18절이나 히브리서 10장 16~18절, 마태복음 11장 28절, 등을 가위질하여 암송하여 인정하고 받아드리면 순식간에 구원이 되는 것이다.

양심의 가책이나 죄에 대한 고뇌는 이들에게 필요치 않다. 누구나 성 여인처럼 고백하고 관념으로 예수의 이름을 영접하면 구원에 이르는 것이다. 十字架(십자가) 사건과는 전혀 거리가 먼 사람들이다. 나는 이들과 언제든지 공개토론 할 준비가 되어있다.

- 이장림과 시한부 終末 예수께서 공중 재림하는 날 하늘로 구름타고 들려 올라간다는 설.
- 1992년 10월 28일 밤 자정으로 휴거 날짜를 선포함. 서울 마포구 성산동 '다미선교회' 신도들 1천여 명이 흰옷을 입고 자정 12시를 들뜬 마음으로 기다렸다. 재산을 교회에 다 헌납하고 자동차를 팔아 바치고 어리석은 신도들은 완전사기를 예수 이름으로 당한 것이다.

사이비교주들의 공통적인 특징이 있다. 시한부 종말을 말하면서 왜 재산을 팔아 바치라 하나? 그냥 버려두고 떠나면 될 일 아닌가? 경찰이 이장림 목사의 집을 수색했을 때 그의 침대 밑에서는 돈 뭉치들이 쏟아져 나왔다. 이장림 목사는 예수 이름으로 도박을 한 사람이다. 본인 자신은 알고 있었다. 시한부 종말을 말하는 교주들의 특징을 보면 재산을 따로 빼돌리고 교묘한 수단으로 돈을 모은다. 얼마나 명분이 그럴듯한가? 평소에 "형제님 자매님" 하면서 두터운 종교적 교감으로 친분을 다져놓았으니 얼마나 말을 잘 듣겠는가? 이제 필요 없는 돈과 재산을 아낌없이 던진다. 그리고 교주들은 이중에 의심했던 사람들이 많아서 예수님이 재림을 미루었다는 것이다. 항상 그랬다. 몇 년 살고 나와서는 조용히 산다. 아무 일 없듯… 이들 중 폭행 살인은 없었지만 재산을 탕진하고 가정이 깨어지고 정신적인 쇼크, 등으로 사회생활이 어려워진 이들의 상처들은 無資格(무자격) 목사들과 그릇된 신앙과 솜방망이식의 법적 조치가 너무 약해서 교주들이 범죄 하기에 딱 좋은 나라다.

- 전병도 메시아 팔영산 기도원 1972년 6월25일 아마겟돈 종말선언
- 김성복 메시아 1971년 8월 15일로 終末(종말)을 에언
- 노광공 동방교의 교주 1965년 8월15일로 말세 심판을 예고. 이들의 종말 선언으로 수많은 사람들이 가정파탄과 돌이킬 수 없는 불행을 겪었다.
- 김순옥 교주 화명산 기도원 원장(계시록의 해를 입은 여인으로 자칭) 1980년대에 친구 길창원 목사와 여러 차례 만나서 설득하려 했으나 실패했고 자신의 주장을 굽히지 않음.
- 계정열 靈父(영부)

부산 산성 기도원 원장으로 남장을 하고 지내며 자신이 하나님 아버지라 한다. 선배 문종석 목사님과 몇 차례 만나 보았으나 자기주장을 돌이키지 않았다.

이 외에도 30여 명의 자칭 재림주 메시아들이 있는데 자아도취에 빠져 착각할 뿐 사회나 개인에게 해를 끼치지 않은 이들은 생략했다. 故 탁명환 소장이 연구 조사한 자료에는 필자가 말한 사람들 말고도 신흥종교 교주들의 참람함이 훨씬 많다. 위에 기록한 9명의 교주들은 도덕적으로 문제가 있고 일부는 구타, 살인, 폭력을 일삼고 가족을 찢어놓는 천벌 받을 행동을 서슴없이 하면서도 스스로 가짜임을 알면서 화인 맞은 양심으로 담력을 얻어 하나님의 자리에서 건방을 떨고 있으며 감옥을 갔다 와서도 변하지 않는 버림받은 귀신의 후예들이다.

- '여호와의 증인'과 '안식일교회'와 '통일교회'는 일체 언급을 접는다. 이 교회들은 사회에 악을 행치 않았고 도덕적이며 폭력 집단이 아니다. 내가 말하는 이단은 하나님이라는 절대자를 예배하는 본질에서 떠나 신의 자리를 빼앗은 악마들을 거론함이다.

교회사적으로 보면 안식일교회는 황제숭배를 거부한 보수적 신앙을 고수하는 진짜 교회이다. 그리고 여호와의 증인들에게 이 시대 어느 교회가 진정 돌을 던질 수 있는가. 그들이 이 사회에 무슨 악을 끼쳤는가? 이혼, 낙태, 가정폭력, 성범죄가 그들에게서는 단 한 건도 발생하지 않는다. 교리가 다르다 해도 예수 그리스도와 하나님을 믿는 믿음에는 본질에서 벗어난 사람들이 아니며 질서 있는 사람들이다.

나는 기성 교인임을 숨기고 부산 광안리에서 4개월 동안 그들 모임에 출석을 하며 충분히 연구해 보았다. 보수 기독교적인 신학이나 교리적으로는 이단적 요소가 있겠으나 도덕적인 문제에 있어서는 분열된 일반교회는 그들의 신들메도 들기 어렵다고 나는 느꼈고 부산 남천동에서 같은 직장 동료였던 여호와의 증인 박용수씨를 2년 동안 지켜보며 그의 품성을 고스란히 지켜봤으나 그의 모범적인 심성은 회사에서 최고였다.

그리고 통일교회 문선명 교주를 거론하지 않는 이유를 밝힌다. 1991년 대전 유성 리베라 호텔에서 문선명 씨 강연을 90분 듣고 원리강론과 저서들을 조사하며 읽어보았다. 연설을 들으며 나는 할 말을 잃어버렸다. 그것은 연설내용이 포도나무와 가지의 관계성과 재림예수에 관한 내용이었는데 당신들은 모두 가정으로 돌아가서 작은 예수가 되라는 강론이었다. 그리고 얼마 뒤에 통일교회는 '가정연합'이라는 이름으로 개명하고 전 교회 목회자들에게 환고향 하라고 강력히 지시하였고 그 뒤로 얼마 안가서 많은 목회자들이 실제로 거의 고향으로 돌아갔고 지금은 명분만 유지하고 있다. 문선명 씨는 죽기 전에 후계자를 따로 정하지 않았으나 부인이 대를 잇고 있으며 지금은 후계자 문제를 두고 아들과 법적 시비 문제에 연루되어있다. 기독교 시각에서 보면 틀림없는 이단이지만 이들이 사회에 악을 끼친 적 없고 몇 십만 명이 결혼을 하고 일화제약에서는 금산인삼의 절반 이상을 소비하여 먹여 살리다시피 한 적도 있다. 한국의 80여 명의 재림주들 중 가장 신사적이고 도덕적인 교주였다. 폭행, 이혼, 헌금강요, 등은 전무하며, 혼음 종교니 피가름이니 하는 무식한 소리는 전혀 몰라서 말하는 근거 없는 소리다.

나는 통일 교인이 아니며 옹호하는 사람도 아니다. 다만 객관적으로 볼 때 예수 이후 한국 종교계에서 이런 인물이 나온 적은 없다. 그것도 전 세계를 경악하게 하는 70년대의 여의도광장 희망의 날 大饗宴(대향연) 집회는 획을 긋는 히스토리였다.

문선명 씨 그가 예수의 영광을 가로챈 사람인지 혼음주의자인지 대역적 이단 괴수인지는 〈原理講論(원리강론)〉을 한 권 구해서 일독 해보길 강력히 추천한다. 나는 신흥종교와 자칭 재림주들을 관심 있게 연구하는 사람으로 확인할 것이 많아 몇몇 통일교 목회자들과 오래 몸담고 있던 친구를 통하여 20여 년 동안 직접 친분을 나누며 많은 정보를 얻었다. 정통기독교에서 보면 그는 이단이 맞다.

그러나 그는 사회적으로 악을 행한 적이 없다. 도덕적 흠이 있었다면 기업체를 57개나 운영하다보니 어느 부분 탈세혐의가 적용되어 미국에서 법적시비에 말린 적이 있었는데 그것도 타종교에서 고발을 하여 빚어진 일이었다. 이단연구가 탁명환소장이 통일교회를 이단이라고 雜紙(잡지)에 발표했다가 사과하고 중단하였는데 그것은 다른 교주들처럼 감금, 폭행, 재산탈취, 과잉충성 강요, 불효, 등 도덕적으로 흠을 찾지 못했고 혼음종교라는 무서운 말들이 떠 도는데, 전혀 아니라는 것을 재삼 연구하다 중단하였다.

오늘날 툭하면 Me Too(미투)사건에 연루되는 대형교회 목회자들에 비하면 매우 도덕적인 단체라 생각한다. 그러니까 韓國(한국)의 수십 명의 자칭 메시아 중에 가장 도덕적이며 'Orient(오리엔트)' 문명과 학식이 많은 교주로 아마 해 뜨는 나라 동방에서 이렇게 파장을 일으킨 지도자는 전무한 일이었다. 그러나 나는 통일 교인이 아니라는 점 다시 한 번 밝혀둔다.

11) 각 時代別(시대별) 이단 敎主(교주)들

- 1912년 안식일교회의 영향을 받은 미국의 신흥종교 여호와의 증인 '홀리스더' 부부가 내한하면서 그들의 교회가 전래되어 뿌리를 내린다. 이들은 교리적으로는 이단이지만 도덕적이며 나의 경험상으로 볼 때 경건한 사람들로 알고 비판을 피하기로 한다.
- 1917년 이순화가 병을 고치려고 교회를 출석하다가 다수의 계시 幻像(환상)을 체험하면서 새 시대의 천국을 건설하겠다고 준비하고 나선다. 그 후에 이 순화는 정도교라는 혼합 종교를 만들어 基督敎(기독교)안에서 신유체험을 하던 자가 결국은 혼합종교 敎主(교주)로 변절한 한국교회의 첫 사례다.
- 1920년 남방여왕 자신의 기도를 받으면 만병을 고친다고 선전하며 자기는 이 세상을 심판하러 온 여왕이라고 선전하였다. 그는 남자 수행원들과 음행을 일삼다가 경찰에 체포되고 이후 행적은 자취를 감추었다.
- 1930년~1940년 자신을 神格化(신격화)한 교주 백남주, 한준명, 이호빈은 1933년 異端(이단)으로 결정되었다.
- 백남주, 한준명, 이호빈은 엘리트 지식인들로서 신학을 전공한 사람들이었다. 백남주와 한준명은 처남과 매형관계였다. 두 사람 다 언어의 천재들이었으며 헬라어, 히브리어에 능통한 사람들이었다고 전해진다. 원산과 평양에 부흥운동이 일어날 때에 하나님이 친히 강림했다 하며 '직통계시자'라는 유명화란 신비주의자와 동참하여,

백남주는 구약과 신약 말고도 '새 생명 길 시대'라는 구분을 시도하여 김백문에게 영향을 미쳤다. 김백문의 선악과 타락은 성적 타락, 비유풀이, 재림론, 등은 당시로서는 최대의 한국 이단 그룹에 속하였다. 이 김백문의 교리는 통일교의 문선명과 신앙촌 전도관 박태선에게 큰 영향을 끼쳤다. 일제 강점기였던 1930년대는 왜인들의 횡포가 심하여 민족의 문화와 종교 말살정책이 절정에 달하던 시기로 '이 몸의 소망 무엔가 우리 주 예수 천국 뿐일세!', '먹보다도 더 검은 죄로 물든 마음을' 등의 애절한 찬송을 반복하여 눈이 붓도록 울며 매달리던 사람들에게 교주들은 교묘하게 유인하여 당근을 먹여가며 자기사람으로 세뇌시키기에 어렵지 않았다. 세상이 강퍅해 질수록 사이비교주들은 교세가 확장되었다. 피폐해진 백성들의 어지러운 마음을 영생이라는 귀가 번쩍 뜨이는 감언이설로 끌어들였다.

- 1930년 이호빈은 예수님이 자신의 몸에 임하셨다고 주장, 복중교를 설립함. 피 가름, 목 가름, 자신의 목이 떨어져 나가고 예수의 목이 붙어 자기의 몸이 예수 화 됐다는 목 가름을 주장하였고 예수처럼 수염을 기르고 황국주도 이때 나타나 연합적인 생활을 하였다.
- 1931년 김성도라는 여인이 등장하여 12제자를 두고 자신을 새 주님이라고 불렀고 새 주파라고도 하였다. 그의 선악과 타락은 성적 타락, 교리는 성적타락의 효시라고 할 수 있다.
- 1932년 하나님이 '자신의 몸에 親臨(친림)하였다' 하며 강신극을 벌인 유명화, 그는 당시의 이호빈, 백남주, 이용도 목사, 등에게 신을 憑藉(빙자)하여 새 교회를 세우라고 명령하며 기도하였다.
- 이용도 牧師(목사)는 휘둘리지 않았음.
- 1937년 백백교 교주 전용해는 민중종교를 표방하여 비밀아지트 20여 곳에서 314구의 시체를 암매장한 악마로 활동함. 그는 설교하기를 일제당시 큰 전쟁이 벌어질 터이니 재산을 팔고 백백교로 입교하라고 설득하였다. 교주의 신통력으로 모든 생명을 보존할 것이며

물 심판 뒤에 자신이 왕이 되면 헌금 액수에 따라 관직을 준다고 유혹하여 교세를 확장해나갔다.

- 1945년 한 에녹장로(서울 영락교회) 1948년 이스라엘 독립예언을 맞혔고 1978년 아마겟돈 전쟁을 豫言(예언)했고 2023년에 그리스도가 재림할 것이라고 종말을 예고했는데, 이 분은 경건했고 품성이 건전하여 이단이라고 말할 수는 없다.
- 1950년 1960년 박태선 장로, 노광공, 등이 출현하여 자신이 영모님, 감람나무, 이슬성신, 동방의 의인, 참 구세주, 유일하신 하나님, 등으로 신격화하며 참 하나님이라고 가증한 행위로 사람들을 유혹하고 예수를 개새끼라고 저주하다 죽었다… 신앙촌과 전국에 전도관이라는 교회가 몇 개 남아있다. 노광공은 박태선의 영향을 받아 부흥사로 활동하다가 그는 '동방교'를 창설하였다. 그는 자신을 이레 할아버지, 이레 신명, 심판주, 창조주, 재림주로 신격화하였다. 이 자칭 하나님은 건방 떨다가 1967년 7월 26일 즉사하였다.
- 1950년 6·25사변 직후 크리스천 사이언스와 몰몬교가 한국에 들어왔다. 폭력이나 악행은 없음.
- 1953년 정득은 영체교환을 주장했고 이대성심 祈禱院(기도원)을 용산에 설립하고 사람들을 모으고 활동하였다.
- 1960년 진진화, 그는 통일교 출신으로 생령교회를 설립하여 신천지의 교리서인 일종의 신탄의 집필자 김모씨, 등이 생령교회 출신이다. 박태선, 장막성전, 통일교 교리가 혼합되어져 만들어졌다.
- 1962년 통일교의 영향을 받은 박윤식 목사의 활동이 시작되었다. 그는 신도들에게 자신을 아버지라고 부르게 하였고 잘못하면 몽둥이나 장작개비로 매를 쳤다고 전해진다.
- 1965년 이유성 목사 새일교회 창설, 하나님이 자신을 통해서 새 일을 하신다고 설교하였다. 肉身이 죽지 않고 영생한다고 가르쳤는데 그는 1972년에 계곡에서 익사하여 죽었는데 그가 늘 말하던 영생과 죽

어도 몸이 썩지 않는다고 장담하던 말을 믿고 교인들은 葬禮式(장례식)을 거부하였는데 시체에서 냄새가 나기 시작하자 警察(경찰)의 출동과 제지로 6일 만에 냄새나는 몸을 장례식 하였다.

- 1969년 증산도의 영향을 받은 박한경이 대순진리교를 창립하여 중곡동에서 시작하여 지금도 길거리에서 "도를 아십니까?"라는 세뇌교육으로 조상 천도제 운운하며 대학을 세우고 포교를 하고 있다.
- 1970년 교주신격화 종말론 구원파 등장, 권신찬 목사의 영향을 받은 여러 갈래의 구원파가 가지를 뻗어나갔다. 유병언, 박옥수, 등(폭력 없음) 박영규, 이선아 등이 희대의 인물들이다. 1981년 귀신파 김기동(폭행 폭력 없음) 할렐루야 기도원 김계화(무질서, 손톱에서 매독균이 환자들에게 전염되어 말썽을 부리며 한바탕 난리를 피움.)
- 영생교회, 자칭 이긴 자 조희성이라 함. 여러 명의 殺人者로 참람함, 등이 등장하였으나 체포되어 감옥에서 수감 중에 죽었다.
- 1973년 靈世敎(영세교) 창시자 교주 최태민.

영세교의 교리는 혼합적이며 그가 만든 주문은 '나무자비조화불'이다. 당시 최태민은 서울과 대전을 오가며 난치병을 치료한다는 선전으로 사람들을 현혹시켜 사이비행각을 벌였으며 육영수 여사의 現夢(현몽)을 미끼로 모친에 대한 슬픔과 비통한 원한을 안고 우울한 박근혜를 자극하여 접근하는데 성공하였다. 도박치고는 목숨을 건 큰 도박이었다. 당시 박정희의 권력은 하늘이 두렵지 않은 시기였는데 주사위를 잘 던져 심리전으로 勝算(승산)이 확정되었다.

심약해진 박근혜 영애에게 접근하여 영혼과 몸을 지배하고 그녀의 배후 지배자로서 각종 국가적인 이권사업에 개입하여 비리와 성적으로 문란한 醜聞(추문)을 저지르며 사이비교주로 입지를 굳혀나갔다. 그의 목사 안수는 가짜이며 어느 단체 장로회 종합 총회라는 곳에서 일본 유학을 마치고 돌아온 그의 친구 조현종 목사에게 안수를 받았다. 이 단체에서 돈 주고 목사직을 매매한 것이며 제대로 신학공부를 한 적이 없고 제대로 불교공부를 수행한 적도 없는 인간이다.

불교와 천주교 등 여러 종교를 넘정거리며 그 흐름을 감 잡았고 스스로를 '태자마마'라고 칭하였다. 1973년 5월 13일 대전일보에 실린 광고지에 '불교에서의 깨침', '기독교에서의 성령강림', '天道敎(천도교)에서의 인내천' 등을 언급하며 '고통을 당하고 계신 난치병환자와 모든 災難(재난)에 시달리는 사람은 누구나 오라!' 는 선전으로 유혹하였다.

그는 영세교 칙사관이라는 명의로 태몽, 현몽, 기도, 神癒(신유) 등의 상담을 주장하며 현혹시켰고 스스로를 '칙사', '태자마마', '단군', '彌勒(미륵)'으로 혹은 '조물주의 사자'로 자칭하며 신격화 했고 혼합종교 비슷하게 종교놀음을 하고 다녔다.

1974년 육영수 여사가 피살된 후에 최태민은 박근혜 영애에게 편지로 접근하여 '육영수 여사의 영혼이 나에게 憑依(빙의)되었다.' 라고 3통의 편지로 접근하여 결국 박근혜는 1975년 3월 6일 최태민을 청와대로 불러 그들은 운명적으로 만나서 육영수 여사의 표정과 당시 현장의 轟音(굉음)을 그대로 재현하며 그녀들을 위로하였다. 이로부터 박근혜 영애와 최태민은 굉장히 친밀한 관계를 유지하게 되었다.

그 뒤로도 그의 사기행각은 계속되었고 1994년 5월 신부전을 앓다가 영세교 교주는 심장마비로 죽고 말았다. 그러나 사이비교주의 波長(파장)은 끝나지 않았으며 뒤를 이어 최순실을 비롯한 최 씨 일가들은 20년이 넘도록 박근혜 영애의 몸과 영혼을 지배하며 국정농단과 한국사회를 뒤흔들어 혼란에 빠뜨리고 말았다. 결과적으로 역대 사이비교주들 중 가장 음흉한 구렁이처럼 사회를 혼란으로 몰고 간 희대의 악마였다. 이 사람을 생각하면 妖僧(요승) 신돈이 생각난다.

- 1978년 11월 18일 '짐 존스' 목사 인민사원

900여 명이 끝없이 추적하는 정부의 공권력에 지쳐 집단 자살함. 남아메리카 가이아나 존스타운에서 발생한 미국의 사회주의 목사 짐 존스가 창시한 사이비종교 '인민사원'의 집단 자살사건. 외국에서는 이

사건이 벌어진 곳의 이름을 따서 '존스타운 대학살(Jones town Massacre)'이라고 부르고 있다.

'사망한 자들 918명, 생존자들 25명'

인민사원의 창시자 '제임스 워런 존스'는 1931년 미국 인디애나 주에서 태어나 젊은 시절에 사회주의와 공산주의 관련서적을 많이 읽으며 그 사상들에 심취하여 영향을 받았다. 그는 인디애나폴리스의 로럴 스트리트 예배당에서 설교한 것을 시작으로 본격적인 목회활동이 시작되었다. 그의 주장은 아래와 같다.

인종차별반대, 사회정의, 평등과 자유, 빈민구제 등의 바람직한 가치관들을 함유하고 있어 그의 웅변 카리스마에 많은 사람들이 그를 따랐다. 그 후 존스는 친밀한 신도들을 이끌고 '해방의 날개'라고 하는 조직을 창설하였다. 존스는 체계적인 신학교육을 받지 않았는데 그의 영향력있는 행위를 보고 개신교 교단 중 하나인 '그리스도제자 회'라는 단체에서 존스에게 목사안수를 주고 자신들의 교파로 합류시켰다. 그러나 그것은 오산이었다. 많은 사이비교주들의 전형적인 행동들이 있다. 그것은 세력이 차츰 커지면서 존스는 차츰 본심을 드러내기 시작했는데 그는 순수 목회가 아닌 사회주의 운동가로 변해가며 '종교는 아편이다.'라고 역설했고 기독교와는 상관없이 변해 가고 있었다.

존스는 자신만의 왕국에서 왕이나 다름없는 존재였고 실제로도 왕처럼 행동했다. 그는 미국사회를 자본주의 제국주의라고 공공연하게 비판하였고 그리고 북한의 김일성과 이오시프, 스탈린, 로버트 무가베, 등을 좋아했다고 전해진다. 이들의 스토리는 책 한 권도 모자라지만 당시로서 워낙 큰 사건이라 기성세대 장년층은 모르는 이가 없으니 여기서 생략한다. 존스는 조직명을 '인민사원 순복음 그리스도교회'(Peoples Temple Christian Church Full Gospel)로 개명하고 70여 가구의 사람들을 캘리포니아로 이주시켰다.

그리고 공산주의사상과 초기기독교 사도행전 신앙을 부르짖으며 신도들의 부동산과 보험금, 기타 재산을 사원에 바쳐 모든 사람이 공평하게 갖도록 하였다. 여기까지는 그래도 성서적이라고 간주할 수 있으나 결국 신도들 사이에 내분이 일어나고 사회에서도 이상한 종교로 간주되어 관심을 가지고 수시로 카메라 세례를 받으며 간섭하는 관심꾼들이 많아지자 스트레스에 시달리던 존스는 결국 돌이킬 수 없는 결론을 내린 것이다.

앞 장에 언급했듯 안식일교회(제7일 예수재림교회)와 몰몬교, 말일성도 그리스도교회는 생략하기로 한다. 절도에서는 벗어났지만 그들의 포교방법이나 행위가 폭력이나 살인, 등 악행이 없고 사회적으로 물의를 일으키지 않아 생략하며 이 외에도 최근에 출현하는 신흥종교의 많은 교주들이 있지만 대략 여기서 마무리 짓고 멀쩡한 간판 걸어놓고 사교 왕국을 운영하는 '루시퍼'들을 좀 더 고려해보기로 한다.

(3) 더 무서운 계명성 루시퍼(Lucifer)

광명의 천사로 가장하여 십자가 밑에 정체를 숨기고 양의 옷을 입은 옛 뱀을 지적하기 전에 한국교회를 양적으로 이끌어온 주역들과 교회가 급성장한 경위를 먼저 설명하려 한다. 어떻게 뿌린 복음의 씨앗이며 기도의 용사들이 어떻게 협력하여 부흥의 토대를 만들어왔는지 1960년 이후에 태어난 사람들은 아래 역사적인 대집회에 얽힌 사연을 꼭 참고해야 한다. 이것은 단순한 뉴스거리가 아니며 하나님이 한국교회를 사랑하셔서 순수한 당시의 그리스도의 일꾼들을 통하여 이 나라에 복음의 못자리 씨앗을 방방곡곡에 뿌리신 지구촌의 대 혁명이었다.

하나님의 일꾼들이 복음의 씨를 뿌릴 때에 사탄도 씨를 뿌렸다. 1960년 말 전국교인 수가 220만 명 정도일 때 아래에 기록된 대로 불과 4~5

년 사이에 폭발적으로 교회가 성장했고 한국 인구에 비하여 미국을 능가하였고 세계 1위의 교회가 되었다. 好事多魔(호사다마)가 역사하듯 급성장하는 한국교회는 이사야 14장 12~14절의 열국을 엎어버리는 루시퍼의 옛 뱀 후예들이 되어가고 있으며 이미 심판의 도끼가 잎만 무성하여 열매 맺지 못하는 무화과 나무를 찍었고 맘모스 건물 신앙을 자랑하며 황금송아지를 더 숭배하는 유물론 삯꾼들, 광명의 천사들을 지난 몇 년 동안 만방에 심판하여 맛 잃은 소금이 되게 하였다.

(4) 교회의 급성장 그 原動力(원동력)은?

1) 빌리 그레이엄 초청 집회

교회가 급속도로 성장한 것은 1973년 5월 30일 주일 오후 '빌리 그레이엄' 전도대회 여의도 5·16광장 집회는 한국기독교 역사에 도화선을 긋는 대회였다. 세계적인 이 성회는 교파를 초월하여 단합된 벅차고 훈훈한 모임이었다. 미국의 저명한 50대 희대의 부흥사 Billy Graham 목사 초청 부흥성회였다. 이날 참가한 교파는 17개 교단이 넘었다.

이 대회는 본 대회가 열리기 전에 각 지역에서 예비 대회가 열렸는데 지방 대회의 연인원이 120만 명이 동원되었고 첫날 집회에 예수의 제자가 되기로 결신한 자들만 1만 7천 7백 3명이나 되었다. 5월 30일 저녁부터 12만 평의 여의도광장에 51만 6천여 명이 운집한 첫날 당시 대회장이었던 영락교회 한경직 목사의 사회로 시작되었다. 이날 오프닝 의식은 '오직 소망은 그리스도' 라는 찬양으로 6천여 명의 성가대 합창이 여의도 하늘에 사무쳤다. 이 대회에서 빌리는 자신이 50여 개국을 순방하며 집회를 했으나 한국의 집회는 2천년 기독교 역사상 가장 큰 역사적인 전도의 첫날이라며 이 영적인 열망에 큰 감동을 느낀다고

1973년 여의도광장 집회
[사진출처] https://billygraham.org/

간증하였다. 설교를 마치고 결신자는 일어나라고 하자, 2만여 명이 예수를 믿기로 결신하였다.

첫날부터 불길 같은 감동의 도가니가 되었다. '5천만 동포를 그리스도에게로' 라는 표어 아래 첫날 집회에서 대회장 한경직 목사는 개회사를 통해 이 역사적인 한국대회를 계기로 5천만 우리 계례가 서로 사랑하고 깨끗하고 아름다운 통일된 나라를 건설하도록 성령의 새로운 역사가 이 땅에 일어나도록 하자고 힘 있게 호소하였다.

빌리 목사는 박정희 대통령을 방문하고 성경을 선물하였으며 정신적인 강대국을 영도하는 박대통령을 위해 기도하자고 제의한 뒤 빌리는 한국인과 박대통령을 위하여 3분간 기도하였다. 이 여의도 광장에서 5월 30일 시작된 집회는 6월 3일까지 이어졌고, 수원중앙 침례교회 김장환 목사의 유창하고도 완벽한 통역은 마치 손에 장갑을 낀 것처럼 숨결, 感情, 제스츄어, 음성의 高低 장단을 100% 밀착하여 광장에 모여든 모든 사람 가슴에 크나큰 울림으로 심금을 울리며 전달되었다.

이 집회기간 결신자는 81,842명으로 집게 되었고, 서울과 지방에서 참석한 연인원은 4,711,588명이었으며 경제적으로도 어려운 시절에 걷힌 헌금이 33,813,191원이었다. 당시의 노동자 하루 일당이 300원, 기술자 목수 일당이 600원정도 할 때였다.

2) 엑스플로 74 대회

엑스플로 74대회는 1974년 8월 13일부터 8월 18일까지 여의도 5·16광장(현 여의도 공원)에서 개최된 한국 基督敎(기독교)의 부흥대성회로 한국기독교 역사상 손꼽히는 대규모의 집회였다.

- 1973년 11월 29일 : 엑스플로 74개최를 위한 시무예배를 서대문구 정동의 한국대학생 선교회 회관에서 거행되어 빌리 그레이엄 목사

와 한경직 목사, 백낙준 박사, 김옥길 이화여자대학교 총장, 등의 귀빈이 참석하였다,
- 74년 1월 31일 엑스플로 74 준비 위원회가 열렸다.
- 74년 2월 23일 서울 YWCA 대 강당에서 '나라를 위한 대 기도회'가 열렸다.
- 74년 3월 11일 엑스플로 74 전국지구 委員長(위원장)회의가 열려 새로운 전략, 등의 대책을 논의하였다.
- 74년 3월 12알 엑스플로 74 총무 간사 회의가 열려 전국 184개 지구 위원장과 총무간사 562명이 소집되어 준비하였다.
- 74년 4월 9일 이화여자대학교 대강당에서 동아일보 후원으로 '헨델의 메시아 오라토리오'가 열렸다. 이 연주회에는 전국교회에서 선발된 1,000명의 성가대원이 이동훈 씨 지휘로 서울 시립교향악단과 협연하였다.
- 74년 4월 10일부터 엑스플로 74주최로 제주 아세아 방송(현 제주방송)을 통해 유명 목회자들의 설교를 오후 8시 55분부터 15분간 송출하였다.
- 74년 4월 29일부터 기독교 방송 전국 방송망을 통해 오후 8시 55분부터 5분간 기독교 교수들의 칼럼을 방송하였다.
- 74년 5월 11일 '한국 대학생선교회' 주최로 고등학생을 위한 교양강좌를 매주 토요일 오후 3시에 개최하였다. 74년 6월 6일 ~9일까지 서울 한국 대학생 선교회 회관에서 전국 각지에서 모인 1,000명의 여성도들이 참석한 가운데 여성을 통한 민족 복음화 및 가정의 복음화를 위한 특별기도회가 열렸다. 이 기도회에서 범죄 청소년을 신앙의 눈으로 바라보기 위한 사랑의 "靈視(영시) 운동을 개최하고 이 청소년들은 엑스플로 대회에 초대하기 위하여 '사랑의 獻米(헌미)' 운동을 개최하였다. 이 기도회에 참석한 그날 즉시 여 성도들은 곧바로 시도하여 사랑의 쌀 1,144가마를 헌미하였다. 당시에는 쌀이

아주 귀할 때였다. 74년 6월 10일 ~14일 전남 목포시 영흥고등학교 교정에서 '목포 신안' 지역에 '그리스도의 계절이 오게 하자' 라는 캐츠프레이즈로 목포, 신안, 지역 복음화 대회를 열고 25,000명이 참석한 가운데 1,500명의 결신자가 나왔다.

- 74년 6월 16일 대회장 김준곤 목사가 인천시와 성남시에서 2000여 명의 교역자와 성도들을 대상으로 대회의 목적을 설명하고 특별기도회를 가졌다.
- 74년 6월 24일 영남지역 9개 노회대표 150여 명은 대구 서성로 교회에서 특별 기도회를 갖고 '엑스플로74는 순수한 복음전도 운동이므로 범 교회적으로 적극 참여하자.' 는 결의를 가졌다.
- 74년 6월 24일 같은 날 전라북도 내 기독교 계통의 6개 학교 14,000명의 학생들이 엑스플로대회에 참여할 것을 결정하였다.
- 74년 6월 29일 엑스플로74 대구 부녀회가 대구 제일 교회에서 개최되었다.
- 74년 7월 7일 부산 직할시에서 엑스플로 74부산 부녀 대회가 개최되었다.
- 74년 7월 8일 국립 癩患者(나환자) 요양원 소록도의 4,000여 명의 성도들은 신체적인 사유로 인해 본인들은 기도로 74대회에 동참하기로 결의하였다.
- 1974년 8월 1일 전국의 교인 16만 명이 등록을 마치고 각 지역 14,000개 교회에서 교회 직원 부녀회원, 청년회원, 학생회원, 등의 등록 요청이 쇄도하여 대회 참여자가 30만 명이 넘게 나왔다. 이날 오후 8시 40분 준비위원장인 '윌리엄 브라이트' 목사가 대한항공을 이용하여 김포 국제공항에 입국하였다. '민족의 가슴마다 그리스도를 심어 이 땅에 성령의 계절이 임하게 하자' 라는 캐츠프레이즈가 선정되었고 5박 6일의 훈련비로 성도 1인당 1,500원을 받기로 하고 부득이 참석을 못하는 직장인은 교재비로 500원을 받기로 하였다. 초대교회

의 오순절, 마르틴루터의 종교개혁에 이어 기독교 제 3의 성령폭발이 일어날 기대를 하였다. 또한 이날 10만 명을 수용할 천막공사를 시작하고 7,000명분의 식사를 준비할 20개의 대형 파라솔이 준비되었다.

- 1974년 8월 7일 엑스플로 74대회를 앞두고 명동 세종호텔에서 윌리엄 브라이트 목사와 김준곤 목사를 대상으로 한 기자회견이 열렸다.
- 1974년 8월 8일 이규현 문화공보부 차관이 준비 위원장인 '윌리엄 브라이트' 목사와 대회장 김준곤 목사의 예방을 받고 환담하였다.
- 1974년 8월 9일 서울시는 참석인원을 위해 임시로 버스를 5·16광장까지 연결시키는 노선을 마련하였다.
- 1974년 8월 10일 충남지역 3,000여 명이 천안시에서 1번 국도를 달려 서울 여의도 광장까지 자전거로가는 행사를 개최하였다.
- 1974년 8월 12일 오후 8시부터 5·16여의도 광장에서 세계기독교 복음화 대회의 전국 부녀 단합기도회가 시작되었다.
- 1974년 8월 13일 엑스플로 74가 오후 8시 등록자 헌신의 밤을 시작으로 공식 개막하고 이후 11시부터 철야기도회가 열렸다. 경찰은 이 대회를 위해 광장에 임시 파출소와 임시 소방서, 미아보호소를 설치하고 여의도부근 한강에 경비정 10척을 대기시켰다. 이날 철야기도회는 1만여 명이 남아서 기도하였으며 조희각 목사, 계용익 목사가 주도하였다.
- 74년 8월 14일 오후 2시부터 오후 5시까지 합숙 전도훈련, 오후 8시부터 본격적인 예배가 개최되고 10,000명의 연합 성가대의 찬송이 울려 퍼졌다. 아마 지구창조역사 이래 전무한 합창단의 노래일 것이다. 양택식 서울시장의 환영사가 있었다.

광복절 기념예배가 한경직 목사와 일본 아키라 하도리 목사가 공동 강사로 집례하였는데 아키라 하도리 목사는 과거 강점했던 일본인들의 만행을 용서해달라고 두 차례나 간곡히 빌며 사과를 하였는데 나는 마이크 앞에서 10여 분을 사과하며 용서를 구하는 모습을 잊지 못한다.

나도 그 광장에서 기도하였는데 진심으로 대신 사죄하는 하도리 목사가 오히려 안쓰러울 지경이었다. 밤 열 시경 정정섭 목사가 캐츠프레이즈인 '민족의 가슴마다 그리스도를 심어 이 땅에 聖靈(성령)의 계절이 임하게 하자'의 구호를 제창. 박용익 목사의 축도로 예배를 마쳤다.

곧이어 오후 11시부터 15만 명이 참석한 가운데 부흥사 신현균 목사와 최복규 목사의 공동 주도로 철야기도회가 시작되었다. 74년 8월 15일 체신부는 10원짜리 엑스플로74 기념우표를 250만 장을 발행하였다.

- 74년 8월 16일 오후 12시 30분부터 오후 1시 30분까지 법조인, 의사, 교수들은 오찬회를 열고 오후 2시부터 5시까지 합숙 훈련, 오후 8시부터 오후 10시까지 '찬두레이' 목사와 '필립 뎅' 목사의 공동 인도로 3일차 예배가 진행되었고 곧이어 오후 11시부터 철야기도회가 시작되었다.
- 74년 8월 18일 오전 6시 30분부터 오후 12시 30분까지 합숙 전도훈련, 오후 3시부터 오후 5시까지 연합 전도대회 폐회예배를 끝으로 5일간의 대 부흥성회가 공식 폐막되었다. 74년 8월 20일 경향신문은 이날 우리나라의 복음인파는 655만 명이라고 보도하였다. 74년 8월 20일 국제 기독실업인회 주최로 83개국 대표가 모여 국제 친선 조찬기도회를 조선호텔에서 개최하였다.
- 그동안 준비
- 당시의 취사 요원만 300 명이었고 식품 재료들을 三輪車(삼륜차) 50대로 운반하였다.
- 1,000여 개의 전등 아래 100만 명이 철야기도에 참여하였다.
- 30만 명의 전도요원이 먹은 쌀만 10,000가마니 정도였다. 대회본부는 이를 위해 5,000 명분의 밥을 한 번에 할 수 있는 대형스팀 솥 20개를 준비했다. 이 스팀 솥 1개에 기사 1명, 인부 10명, 설거지요원 4명, 총 15명이 붙어 각 스팀 솥 담당요원을 합해 300명이었다. 일단 지어진 밥은 5,000개의 바가지와 200개의 밥통에 담겨 50대의

삼륜차에 실려 각 天幕(천막)으로 運送(운송)되는 방식이었다.
- 정부는 이에 대해 13일부터 대회 기간 동안 汝矣島(여의도)에 한하여 통행금지를 해제하며 복음 집회를 협조하였다.
- 당시 여의도는 상업지구 및 윤중제 개발, 아파트 공사, 등으로 도로와 상수도를 먼저 설치하고 여의도를 개발하고 있었는데, 상수도 위에 임시로 수도꼭지를 달아 참가자들은 세수와 목욕을 할 수 있었다.
- 군용천막 300개를 비롯해 500 채의 천막에는 15만 명을 수용하고 나머지 15만 명은 서울시내에 있는 각 학교 교실에서 합숙하였다. 필자도 관악구 봉천동 봉천 초등학교에서 충주에서 올라온 황태모 순장을 중심으로 합숙을 하였다.
- 당시 등록을 마친 외국인들은 총 82개국의 3,039명이며, 이들 중 아시아 지역 34개국에서 참가한 인원은 1,795명. 미국, 캐나다, 등의 북 아메리카지역은 715명, 남아메리카 지역은 15개국 47명, 유럽이 14개국의 139명, 아프리카가 16개국 21명이며 한국에 와있는 외국인과 군인은 328명으로 합산되었다.
- 이 대회 기간 중에는 '보이스카우트'와 '걸스카우트'가 매일 500명씩 동원되어 안내를 담당하였고, YMCA에서 분실물 센터를 운영하며, 대한 적십자사는 미아보호소를 운영하며 이 밖의 안전사고의 처리와 편의를 도모하기 위해서는 체신부에서 임시우체국과 공중전화를 설치하고 내무부 치안본부 소방과는 임시소방서를 설치하였다.
- 이 대회를 통하여 한국기독교의 교세는 30%이상 우뚝 성장하는 교세를 보였고 전 세계만방에 한국교회의 위대한 성장을 선포하는 계기가 되었다.
- 대회 조직

이 대회는 한국 대학생 선교회 CCC가 주최하였고 정부 각 기관과 서울시의 지원으로 성황리에 개최되고 아름답게 그리고 무사히 폐회되었다.

대회장 : 김준곤 목사(한국 대학생선교회 회장), 조선대학교 문과 출신

준비 위원장 : 월리엄 브라이트 목사(국제 대학생 선교회 총재 겸 엑스플로 74국제대회 준비 위원장)

- 이하 전국 184개 전국 위원회와 총무 간사들 562명이 합심하여 이루어낸 한국 기독교역사상 偉大한 復興의 시작이었음을 그 누구도 부인할 수 없을 것이다.

개인주의와 욕망이 가득한 이시대의 크리스천들, 조금만 비위 틀리면 얼마든지 마음 놓고 교회를 옮겨 다닐 수 있는 시대를 사는 교인들, 목사를 심판하고 끌어내리고 목회자들은 교인의 희생을 끝없이 요구하고, 영성은 간곳없고 유물론 인본주의 물질의 바벨탑을 쌓아가며, 서서히 배가 부르고 의식주가 썩어나고 자동차가 남아돌고 아쉬움이 없는 오늘의 교인들은 엄두도 못 낼뿐 아니라 흉내도 못 낼 것이다. 나는 1960년 이후 출생한 기독교인들과 종교적인 사람들에게 예전에 이런 시대가 있었다는 실증을 간증으로 남기는 이유는 몇 가지 의미가 있다.

하나는 배고프고 힘들던 그 시절, 교회는 외롭고 고독한 사람들의 유일한 피난처였으며 무엇보다도 열심히 서로 사랑했으며 성직자는 곧 하나님의 대리자였으며 목숨 걸고 충성하였고 먹지 못하고 입지 못하고도 기꺼이 과분한 헌금과 토지와 재산을 납부하여 10여 년 사이에 전국에 교회가 3천여 개가 늘어났으며, 신학생들은 거의 의무적으로 개척교회를 세우며 이 민족에게 하나님의 제사장나라가 되게 해 달라고 울부짖어 기도하였고 무엇보다도 사람들이 순결하고 깨끗하였다.

당시에는 교회를 옮기는 건 죽음이었고 교인들은 목회자들에게 절대 順從하였으며 무엇보다도 열심히 전도했고 모이는데 크게 힘썼고 1980년대에 와서는 교회수와 신도 수, 신학교에 대한 열망, 등으로 전 세계 1위를 꼽게 되었다.

그 다음으로 80년 민족복음화 집회가 여의도 5·16 광장에서 또 열렸

다. 아마 큰 집회는 마지막이었을 것이다. 1990년 이후로 한국교회는 황야를 걷게 되었기 때문이다.

3) 1977년 8월 15일 民族福音化聖會(민족복음화성회)

- 場所: 여의도 5·16광장

주최 측은 이 대회를 위해 3년간 준비를 하였고, 10여 차례의 지구대회를 개최하였고 사상처음으로 1만 명이 넘는 성가대가 동원되어 하늘에 사무치는 찬양을 연합으로 불러 광장에 메아리쳤다. 73년 빌리 그레이엄 전도대회와 74년 엑스플로전도 집회를 거치면서 한국인에 의한 자주적인 민족적 성령운동의 필요성은 느껴, 한국부흥사협의회 회장 신현균 목사를 중심으로 1907년 대 부흥운동의 70주년이 되는 1977년에 대회를 개최하기로 하고 마음을 모아 준비한 것이었다. 첫날 80만 명의 성도들이 모이는 열성을 보였고, 밤에는 80만 명이 남아서 철야를 하면서 나라와 민족을 위해 기도하였다.

- 77년 민족복음화 성회를 치르고 당시의 부흥사 신 현균 목사를 중심으로 17개 교단 300여 명의 목회자들이 모여 발족한 초교파 단체 국내 민족복음화와 세계복음화를 위해 설립되었다. 연합 부흥성회를 통한 성령운동을 주요사업으로 결성되었으며 서울 동대문구 장안동에 사무실을 열었다.
- 73년, 74년, 77년, 이 5년 동안 3차례에 걸쳐 약 1400만 명의 사람들이 단 하나의 이름으로 모였었다. 단일 최대 약 180만까지 모여들었다. 지금으로서는 상상할 수도 없는 수효였다. 오늘날 50대 중반 그 이하는 기억하지 못하거나 아예 세상 있지도 않았을 때의 일이다. 이 세 차례의 집회가 5년에 걸쳐 일으킨 부흥운동은 韓國敎會 성장에 起爆提(기폭제)역할을 했다는 것에 대하여 異意(이의)를 말할 사람은 한 사람도 없을 것이다.

1970년 당시 교인수가 2백 20만이었는데 이들 큰 집회를 3차례 개최하면서 1977년에 5백만에 이르게 되었고, 이후 성장을 거듭하여 1993년 1200만으로 정점을 찍을 때까지 70년대의 대형집회의 영향력이 전형적으로 이어졌다.

이렇게 전쟁의 폐허였던 우리한국은 교회의 성장과 더불어 경제적 시련도 서서히 해결되었고 몹쓸 영양실조, 폐병, 문둥병, 종기, 버짐, 장티푸스, 학질, 등 후진성 질병들도 사라지게 되어 그야말로 낙원이 도래하였다.

"이 몸의 所望(소망) 무엔가 우리 주 예수 뿐 일세!"

"굳건한 盤石(반석)이시니 그 위에 내가 서리라 그 위에 내가 서리라!"

"泰山(태산)을 너머 험곡에 가도 빛 가운데로 걸어가면

주께서 항상 지키시기로 약속한 말씀 변치 않네.

하늘의 榮光(영광)! 하늘 榮光(영광)!

내 마음속에 차고도 넘쳐

할렐루야를 힘차게 불러 永遠(영원)히 주를 찬양하리."

아! 얼마나 우리가 울며 부르던 노래였는가?

눈에 고춧가루를 뿌린 듯 무슨 그리 큰 죄를 지었다고 原罪(원죄), 자 범죄, 고 범죄를 부흥사들이 운운하면 통회자복을 하며 눈물로 밤을 지새우던 그 祈禱(기도) 어리석었던 현명했던 無知(무지)했던 하나님께서는 이 백성의 기도를 들어주시어 1차 天國(천국)이, 이 땅에 도래하도록 일꾼들을 예비하시어 크게 역사하셨다.

• 富興(부흥)과 더불어 荒野(황야)를 걷는 한국교회의 墮落(타락)

그러나 이렇게 급 成長(성장)한 한국교회는 10여년 만에 세계 1위 교회로 우뚝 세워졌으며 때를 같이하여 朴正熙(박정희) 大統領(대통령)을 위주로 한강의 奇蹟(기적)을 일구는 시발점이 되었다. 독일이 라인 강의 회복이 50년이 걸렸는데 비하여 15년만의 기적을 일궈내는 時期(시기)와 교회부흥이 동시에 일어났다. 박정희가 비록 獨裁(독재)는 했으며 中央情報部(중앙정보부)에 많은 人才(인재)가 희생은 당했지만 전쟁폐허의 배고픔, 民族的(민족적) 숙원이었던 보릿고개를 해결했고 새마을 사업과 경부高速道路(고속도로), 등 민족중흥의 역사를 재창건한 건 사실이었다.

* 보릿고개를 넘긴 80년대 당시의 主役(주역)들
- 가나안 농군학교 교장 김용기 장로 (1966년 필리핀 막사이사이상 수상)
- 독일 鑛夫(광부)들, 看護師(간호사)들과 독일 정부의 도움

가나안 농군학교 김용기 장로는 朴正熙(박정희) 大統領(대통령)을 說得(설득)하여 새마을 운동을 하도록 부추기며 격려하였다. 박대통령이 원주 가나안 농군학교에 몇 차례 房門(방문)하여 자문을 받았고 김용기 장로께서 막사이사이상을 받을 때 國王(국왕)에게 대한민국의 실정을 말하며 간곡히 호소하여 당시의 신품종 볍씨를 선물로 받아와서 농과대학 교수들과 박대통령이 머리를 맞대고 연구하여 당시 200평 논 한마지기에 80kg 2가마니 정도의 수확이 고작이었는데, 필리핀 國王이 선물로 하사한 '통일벼'라는 벼 종자는 200평 한 마지기에 80kg 쌀이 5가마나

수확이 되는 놀라운 이 나라의 祝福(축복)이었다.

이 정도의 수확이면 머지않아 남북이 먹고도 남을 것이라는 의미로 '통일벼'라는 이름을 붙였으며 열대지방 쌀이라 기름기가 적어 푸석한 것이 단점이었는데, 삼성에서 이병철 회장을 통하여 만든 압력밥솥이 탄생된 것이 이때였다. 이 통일벼를 교배한 것이 탐진벼, 다음으로 섬진벼, 동진벼, 밀양 23호, 등으로 교배하여 5~6년이 지나 우리 입맛에 맞는 질 좋은 쌀로 개량되었다. 그 후 몇 년 못 되어 보릿고개는 完全(완전)히 해결되었고 쌀이 남아 북한으로 보내주는 대 祝福(축복)을 받은 것이다.

그러므로 한국이 가난에서 벗어나고 보릿고개를 완전히 해결하게 된 原動力(원동력)은 가나안 농군학교 김용기 장로의 偉大(위대)한 숨은 功勞(공로)를 기억해야 한다.

그가 막사이사이상을 받던 인연으로 어렵게 文益漸(문익점)선생이 붓 뚜껑에 목화씨를 얻어오던 심정으로 구해온 볍씨가 기적을 일으켰고 박정희를 격려하며 새마을 사업을 전개하여 초가집을 없애는 농촌혁신을 端行(단행)하여 벼룩, 빈대, 이, 노내기, 등이 사라지고 皮膚病(피부병)이나 종기가 사라졌다.

筆者(필자)의 말이 믿어지지 않는 독자들은 인터넷을 검색하여 김용기 장로께서 박정희 大統領(대통령)에게 얼마나 영향을 끼쳤는지 자료 검색을 해보길 바란다.

3장.
天國(천국)의 樣相(양상)과 實體(실체)

1. 천국은 地上(지상)에서 시작된다.

기독교인이라면 누구나 읽어 표면적으로 알 수 있는 성경 창세기 1장 창조과정에 언급된 문맥 내용에서는 6일 동안 천지만물을 창조하시며 '보시기에 좋았더라.' 는 말씀을 5차례나 언급했고 마지막 날에는 '보시기에 심히 좋았더라' (창1:31)라고 말씀하셨고 지옥을 만드셔서 죄인을 잡아 가두신다는 말은 아예 없으셨다. 그러므로 이 땅이 곧 천국이요, 낙원인 것이다. 에덴동산의 교리적인 선악과 사건은 각자 깨달은 대로 해결한다 치면 그래도 결국은 여기가 낙원이며 천국인 것이니 창조주께서 '보시기에 좋았더라' 하신대로 우리는 잃어버린 낙원을 되찾아 마태복음 5장 1~12절의 8가지 복을 선물 받으면 천국의 실체를 선물로 받는 것이다.

사람들을 어리석게 유인하여 대다수의 사람들이 이 땅에서도 누리지 못하는 영화를 죽어서 누린다고 믿으면서 적금을 붓는 행위로 오늘날 '맘모스 교회'를 세우는데 희생의 피를 쏟았다. 우리가 성경을 신이 주신 말씀으로 신뢰하고 믿을진대 성서를 찬찬히 주목해서 연구해보아야 한다. 성경에서는 사후 천국에 대한 언급이 별로 없고 예수께서도 사후세계에 대하여 비중을 두시지 않았다. 12제자들도 사후세계에 대하여 언급한 내용이 별로 없다. 다만 사도바울은 고린도 후서 12장에 짧게 언급한 간증이 나오는데 역시 구체적인 내용은 없다.

생일날 잘 먹으려고 열흘을 굶다 생일날 아침에 죽는 일이 있다면 그것은 틀림없는 불행이다. 구약성경 전체에서도, 솔로몬 같은 지혜의 왕도 사후천국에 대한 언급을 피하였다. 이스라엘 사람들은 사막이던 황무지이던 이 땅에서의 유목민이던 개의치 않고 하나님이 주신 이 땅을 매우 중시 여겼다. 그러므로 그들은 사후세계에 들어가는 문제는 아예 언급이 필요가 없었다. 왜냐하면 사후천국에서 오지 말라 해도 우리는 매일 저절로 가고 있으니 염려할게 무엇인가?

성경에서 답을 찾아보자

'모든 날을 그림자같이 보내는 일평생에 사람이 무엇이 낙인지 누가 알며 그 身後(신후)에 해 아래서 무슨 일이 있을 것을 누가 능히 그에게 고하리요' (전6:12)

'사람이 장래 일을 알지 못하나니 장래 일을 가르칠 자가 누구이랴' (전8:7)

'우매자들은 말을 많이 하거니와 사람이 장래 일을 능히 알지 못하나니 신후사(몸을 벗은 뒤)를 알게 할 자 누구이겠느냐? (전10:14)

'다 흙으로 말미암았으므로 다 흙으로 돌아가나니 다 한 곳으로 가거니와 인생의 魂(혼)은 위로 올라가고 짐승의 혼은 아래 곧 땅으로 내려가는 줄 누가 알랴 (중략)

그 身後事(신후사)를 보게 하려고(죽은 자를 다시 보여주려고) 저를 도로 데리고 올 자가 누구이랴?' (전3:20~22)

오늘날 천국을 보고 왔다 지옥을 보고 왔다 하는 사람들을 관찰하며 그들의 간증을 들어보면 천태만상이다. 공통적인 게 있다면 천국이라는 단어와 지옥이라는 단어만 공통적이다. 99%가 사기꾼들이다. **사후세계를 본 사람들은 대개 자기 수준만큼의 觀念(관념)세계와 意念(의념)지옥을 본 것이다.**

사후를 본 사람들은 폐일언하고 삶이 바뀐다. 타인의 천국지옥 경험담을 듣고 변화되는 사람은 별로 없다. 시한부 종말로 뉴스를 달군 다미선교회 이장림 목사와 천국을 다녀왔다는 '퍼시 콜렛' 목사를 보라. 침대 밑에 돈을 숨기며 신도들의 재산을 강요하고 천국 간증 다니며 돈벌이를 하는 사람들은 교회 신도들을 우습게 여기는 자들이며 자기는 특별한 사람이기에 특별 은혜를 하늘로부터 부여받았고 일반인들은 평범한 사람들이라서 하나님의 경륜과 은혜를 모르는 사람인 것 마냥 강단에 서서 열변을 토하며 인사 숭배받기 좋아하며 우쭐대는 것을 보면 기가 막힌다.

필자도 70~80년대 약 15년 동안 말로 다 할 수 없는 경험을 했지만 함부로 말을 못하는 것은 나의 신비적 경험이 다른 사람에게는 아닐 수 있으며 설사 영계를 분명히 보고 왔다 해도 어디까지나 나의 개인적인 경험이기에 그것을 주장해서는 안 되는 것은 각자의 의식수준과 체험이 천태만상이기 때문에 어떤 모임의 법이 되어서는 오히려 혼란을 야기 시킬 수 있어 안 된다. 바울의 간증이 이해가 되는 것은, 그가 당시 편지를 쓰던 시간으로부터 14년 전에 그는 신비한 영계에 들어가 사람의 입으로 다 설할 수 없는 신묘막측하고 신비한 천국의 양상들을 보고 편지에 기록하지 않고 생략한 것은 이 문제를 두고 후일 고린도교회가 어떤 파당을 짓고 도리어 문제가 될까봐 유념하려 힘쓴 듯하다.

성경 전반적으로 비춰볼 때 사후천국에 대한 내용은 살짝 언급만 했지 구체적으로 기록되지 않았다. 요한계시록의 새 하늘과 새 땅 그리고 12진주 문이나 강 좌우의 생명나무 열매, 등 상징적인 문구들은 거듭난 성도들의 현재 의식세계를 묘사함이며 '아마겟돈' 전쟁도 이 땅에서의 영적 투쟁이며 白寶座(백보좌) 심판도 이 땅에서 다 끝나는 것이다. 저 세상 사후천국은 진리를 깨달아 이 땅을 천국으로 가꾸고 스스로 천년왕국으로 입문하여 사망의 음침한 골짜기를 지나 사망에서 생명으로 옮긴 승리자들이 빛 가운데의 새로운 삶을 비유로 말씀하신 것이다.

천국은 지상에서 시작된다.

(1) 천국에 대한 聖書的(성서적) 근거

천국을 보고 싶어 하는 '바리새인'들에 대한 예수의 교훈

- '하나님의 나라는 눈에 볼 수 있게 임하는 것이 아니요 또 천국은 여기 있다 저기 있다 못하리니 천국은 너희 안에 있느니라.' (눅 17:20~21)

- '보라 내가 새 하늘과 새 땅을 창조 하나니 이전 것은 기억되거나 마음에 생각나지 아니할 것이라.' (사 65:17)

이것이 천년왕국이다.

- '그때에 이리가 어린양과 함께 거하며 표범이 어린염소와 함께 누우며. 송아지와 어린사자와 살찐 짐승이 함께 있어 어린아이에게 끌리며 암소와 곰이 함께 먹으며 그것들의 새끼가 함께 엎드리며 獅子(사자)가 소처럼 풀을 먹을 것이며 젖 먹는 아이가 毒蛇(독사)의 굴에 손을 넣을 것이라 나의 거룩한 모든 곳에는 害됨도 없고 傷함도 없을 것이라.' (사11:6~9)

신약성경 전체에는 천국에 대한 단어가 36회 나오는데 4복음서에 예수께서 35회 언급하셨고 바울의 입을 의탁하여 1회 언급하였는데 문맥의 대개가 사후세계의 천국을 설명하는 내용이기보다는 이 땅에서의 하나님 王國百姓(왕국백성)이 되는 길을 안내해 주는 비유들이었다.

예를 든다면,

'예수께서 말씀하시기를 또 저희에게 이르시되 眞實(진실)로 너희에게 이르노니 여기 섰는 사람 중에 죽기 전에 하나님의 나라가 權能(권능)으로 臨(임)하는 것을 볼 자들도 있느니라 하시니라. 이 말은

'엿새 후에 예수께서 제자들 중 베드로와 야고보와 요한을 데리고 따로 높은 山(산)에 올라가셨더니 그들 앞에서 變形(변형)되사 그 옷이 光彩(광채)가 나며 세상에서 빨래하는 자가 그렇게 희게 할 수 없을 만큼 매우 희어졌더라' (막9:1~3)

'예수께서 이르시되 내가 眞實(진실)로 네게 이르노니 오늘 네가 나와 함께 樂園(낙원)에 있으리라' (눅23:43)

기록된 말씀을 믿을진대 우리는 위 구절들에 대하여 주목해야 한다. 이 변화산의 경험도 세 제자들이 잠시 신비한 경험을 할 수 있는 영안이 잠시 열렸던 것으로 봐야지 이 신비경험을 천국의 양상으로 결론지을 수는 없는 것이다. 영안이 잠시 열려 깊은 은혜를 경험한 뒤 시험과 풍파 많은 이곳을 벗어나서 초막을 짓고 영인들과 살고 싶어 하던 베드로도 역시 육신이 살 곳은 주어진 생명 다하는 날까지는 이 땅에 머물러야하기 때문에 베드로, 요한, 야고보 세 제자들은 다시 일상으로 돌아왔던 것이다.

(2) 사도바울의 三人稱 經驗的(삼인칭 경험적) 고백

'내가 그리스도 안에 있는 한 사람을 아노니 그는 십 사년 전에 셋째 하늘에 이끌려 간자라 그가 몸 안에 있었는지 몸 밖에 있었는지 나는 모르거니와 하나님은 아시느니라.'

'그가 樂園(낙원)으로 이끌려가서 말로 다 표현 할 수 없는 말을 들었으니 사람이 가히 이르지 못할 말이로다. 내가 이런 사람을 위하여는 자랑하겠으나 나를 위하여는 약한 것들 외에는 자랑치 아니하리라.' (고후12:1~5)

영적인 사후 천국에 대한 양상을 설명하려면 사실상 책을 몇 권 써도 모자랄 만큼 천국의 계단이 헤아릴 수없이 많고 사람 생각으로는 복잡하다. 그러므로 무슨 과일 따먹듯 쉽게 설명할 수 있는 문제가 아니다. 분명한 것은 사후세계가 있다는 것이다. 다음 장에 초 종교적으로 천국의 樣相(양상)들에 대하여 지혜를 총동원하여 설명해 보려한다.

* 천국(Basileia)에 대한 比喩(비유)설명들. (참조 바람)

(마4:23, 마24:14, 마3:2, 마5:3, 마5:10, 마5:19, 마5:20, 마7:21, 마8:11, 마10:7, 마11:11, 마11:12, 마13:11, 마13:19, 마13:24, 마13:31, 마13:33, 마13:44, 마13:45, 마13:47, 마13:52, 마16:19, 마18:1 마18:3, 마18:4, 마18:23. 마19:12, 마19:14, 마19:23, 마20:1, 마22:2, 마23:13, 마25:1, 딤후4:18)

• 천국은 그리스어로 '바실레이아(Basileia)' = 위대한 王國, 또는 天國, 위대한 어머니의 사랑을 의미한다.

2. 天國(천국)의 여러 段階(단계)들

欲界(욕계) 色界(색계) 無色界(무색계) 이렇게 3단계가 있는데 사도 바울이 이 셋째 하늘에 이끌려갔던 것으로 측정된다.

(1) 欲界天 (욕계천)

欲界(욕계)는 四王天(사왕천), 忉利天(도리천), 夜摩天(야마천), 도率天(도솔천), 化樂天(화락천), 他化自在天(타화자재천), 등 六欲天(육욕천)이 여기에 속하는 천국인데, 이 欲界天(욕계천)에는 食慾(식욕), 性慾(성욕), 隨眠慾(수면욕), 등의 有情(유정)의 기운과 五官(오관)의 욕망이 지배하는 세계로 분류할 수 있다.

이 天國(천국)은 인간의 탐욕인 食(식), 色(색), 才物(재물), 등의 慾望(욕망)에 끌려 자기중심적으로 오직 나 자신의 만족만을 위해서 廉恥(염치)를 버리고 近視眼的(근시안적)으로 살다보니 어느 날 惡業(악업)을 축적하여 허덕이는 인간의 마음세계를 描寫(묘사)하이니 곧, 地獄(지옥), 餓鬼(아귀), 畜生(축생), 阿修羅(아수라), 人間(인간), 등이다.

- 地獄(지옥) : 이 땅에서 自繩自縛(자승자박)으로 갇힌 생활을 하는 스스로 노예 된 자들을 의미함인데, 獄자를 자세히 보라. 늑대와 개들에 양옆을 가로막아 즉, 진리의 말씀을 몰라 얽매인 생활을 하는 고통을 地獄(지옥)이라 한다.

犭 + 言 + 犬

獄

- 餓鬼(아귀) : 굶주린 鬼神(귀신)을 말하는데, 늘 진리를 거스르며 탐욕을 앞세우고 욕심이 지나쳐 귀신이 들려 항상 靈肉(영육)이 마르고 먹지 못하고 괴로워하는 고달픔과 염치없고 늘 먹을 것을 위해 집착하며 성질이 사납고 욕심이 그칠 줄 모르는 사람을 비유함이다.
- 畜生(축생) : 玄=검을현, 田=밭전이니 새벽부터 날이 어두워 캄캄할 때까지 일만 하는 노예와 영혼의 진보가 없고 살아있으나 性味(성미)가 사납고 나눌 줄도 모르며 깨닫지 못하여 하루 종일 논밭을 갈고 짐을 나르고 외양간 같은 자유 없는 인생을 비유함이다.
- 阿修羅(아수라) : 阿=언덕 아, 修=닦을 수, 羅=그물 라 또는 지남철 라, 字니 언덕위에 修道院(수도원)을 세우고 사원을 짓고 사람들을 그물망으로 포획하듯, 지남철(자석)으로 끌어당겨 사람을 모아 도를 닦아도 파당을 짓고 異端(이단)의 어즈러진 길을 가며 싸우기를 좋아하며 교만심과 시기심이 많고 우쭐하여 平和(평화)가 없고 늘 살기의 바람이 波濤(파도)치는 악한 귀신을 말한다.
- 人間(인간) : 여러 생을 거쳐 비로소 인간의 성품을 회복하여 인간이 어디서 와서 어디로 가며, 왜 사는가? 등등의 기본적인 상식에 준하여 사람의 본분을 회복하여 사람의 몸을 입고 태어난 은혜에 감사하

며 사회성을 회복하여 하나님의 形象(형상)을 의식하는 인간 과정의 단계를 의미함이다.

1) 四王天(사왕천)

欲界(욕계)의 여섯 번째의 하늘이며 士天王(사천왕)이 사는 곳으로 지구에서 4만 由旬(유순)(＊1유순은 약 80리. 32km를 곱해보라) 떨어진 곳에 있으며 33천국 맨 아래 단계이며 서쪽은 광목천왕이 다스리며, 남쪽에는 중장천왕이 다스리고 북쪽은 다문천왕이 각각 다스린다. 聖經(성경)의 分封王(분봉왕)과 비슷하다. 이곳의 수명은 800세~1000세 정도 되며 말씀을 준행하며 10가지 이상 선을 행한 사람들이 들어가며 부부생활이 건전한 사람, 영성생활을 잘한 사람들이 들어간다. 농사를 지을 수 있고 조금만 돌봐줘도 열매가 자라나며 땀 흘려 고통당하는 농사법이 아니라 순전히 즐거움으로 가꾸며 100세는 어린아이들이며, 집을 지으며 花草(화초)를 가꾸되, 도둑이나 사고팔고 싸우는 일은 아예 없으며 날씨는 地球村(지구촌)의 5월 초순 정도로 알맞으며 남녀의 사랑은 1년 중 11월 달에 한 번 정도만 나눠도 전혀 부족함이 없고 언제든지 서로 눈짓만 해도 지구촌에서 성적쾌락 이상 즐거우니 애써 집착할 필요가 없다. 맹수나 해충, 인간을 해치는 그 어떤 것도 없다.

2) 忉利天(도리천)

이곳 역시 欲界(욕계)의 여섯 하늘 중의 한 곳으로 이 천국은 수명이 3000년 정도이며, 의식주는 사왕천보다 더욱 풍성하고 男女(남녀)의 사랑이 있으나 서로 포옹만 해도 쾌락이 넘치는 곳이다. 계명 지키기를 즐겨하며 성욕이 적은 사람들과 선행 베풀기를 좋아하는 사람들이 들어간다. 이 忉利天과 四王天에는 다른 항성에서 온 영혼들은 없다. 권태는 없으며 눈물이나 苦痛(고통)을 느낄 일이 없는 곳이다.

3) 夜摩天(야마천)

欲界(욕계)의 6天 중 세 번째 속하는 하늘이며, 이 천국은 도리천과 비슷하며 이 땅에 살면서 약속을 잘 지키고 영적인 생활을 잘하며 10가지 이상 선을 베풀며 인연 닿는 사람끼리는 잠깐 정사를 나누고 인연의 경계와 애착이 없으며 자연스러워 질투나 다툼이 전혀 없는 사람들이 가는 곳이다.

이 천국은 가벼운 입맞춤 정도로 희열을 느끼는 곳으로 이곳 사람들은 영계의 태양에너지가 충전되어 각자 자기의 빛으로 연꽃을 피울 수 있으며 화단의 꽃을 피울 수 있다. 밤과 낮이 없고 연꽃이 피고 지는 것을 하루로 계산한다.

야마(Yama), 산스크리트 야마를 음역한 것으로 야마를 형용사로 쓰이면 雙(쌍)을 뜻하므로 雙王(쌍왕)이라고도 불린다. 〈리그베다〉에 따르면 야마는 최초로 죽은 자이며 죽음의 세계인 명계의 우두머리가 되었다. 고대 인도의 서사시에서는 지하세계를 주관하는 신으로 등장한다. 지하세계는 땅 밑 남쪽에 있으며 우리나라에서는 '황천'이라고 부르는 망각의 강, 바이타라나 강이 흐른다. 불교에서 쌍왕은 이름처럼 욕계의 제3천인 야마천에도 거주하고 명계의 세계인 지옥에도 머문다.

4세기에 편찬된 〈구사론〉에는 야마천이 천계를 이루는 28천 중 하나로 도리천 바로 위에 있는 하늘이다. 욕계의 첫 번째 하늘인 四天王天(사천왕천)은 수미산 중턱에 위치하고 두 번째 하늘인 도리천은 수미산 정상에 위치하는데, 야마천부터는 하늘에 위치하기 때문에 空居千(공거천)이라고도 한다. 야마천의 하루는 인간세계의 200년에 해당하고 신들의 수명은 2천 살이라 한다. 지하세계의 야마는 흔히 閻魔(염마)로 표기하는데 뒤에 도교의 영향을 받아 죽은 사람이 살아있던 동안에 생활에 따라 裁判官(재판관)이 되었다. 이 왕 이름이 閻羅大王(염라대왕)이며, 이 땅 에서의 大法官(대법관)에 해당되는 것이다.

'내가 寶座(보좌)들을 보니 거기에 앉은 자들이 審判(심판)하는 권세를 받았더라.' (계20:4)

4) 圖率天(도솔천)

이 천국은 10가지 이상 선이 몸에 익어 저절로 행하고 성적으로 애착이 떨어진 사도바울 같은 사람이나 성 프랜치스코, 청화스님 같은 사람들이 들어가는 곳이며, 성을 완전히 초월은 못해도 애착 없이 사랑하는 사람들이 들어간다. 이곳에 사는 사람들은 서로 손만 잡아도 충분한 교감을 하며, 평균수명은 4천 세 이상 되며, 이 천국은 지구에 출현했던 현자들, 선각자들, 보혜사들이 머무는 곳이다. 이곳 기후 역시 춥지도 덥지도 않으며 아름다운 (琪花瑤草)기화요초가 일 년 내내 만발하여 그 향기에 취해 고통이나 아픈 것이 없고 지상에서 그리 귀히 여기던 금은보화로 건축자재를 삼아 집을 지을 수 있으니 사람의 말로 가히 설명이 불가한 곳이다.

이 천상 정토는 산스크리트로 'Tusita'의 음역으로 '별'이라는 뜻이며, 의역하여 知足天(지족천)이라고도 한다.

이곳의 중심에는 須彌山(수미산)이 있고 시온 산 영계, 그 산의 꼭대기에서 12만 由旬(유순 : *1유순은 약 32km) 위에 있는 욕계 6천중 제 4천인 도솔천에 있다. 도솔천은 내원과 외원으로 구성되어있으며, 수많은 천인들이 즐거움을 누리는 곳으로 내원궁에서는 석가모니가 인도에서 태어나기 직전까지 머물면서 때를 기다리던 곳이다. 미래 말세의 메시아가 이곳에서 때를 기다리고 있는 곳이다.

예수의 제자들이나 지구에서 도를 깨쳐 선행을 일삼고 초월의식으로 깨달은 覺者(각자)들은 4000세 인간의 나이로 56억 6700만년을 보낸 뒤 다시 지상으로 내려와 성불하여 96억의 사람을 제도하고, 두 번째 모임에서 94억을 제도하고, 세 번째 모임에서 92억을 제도하여, 모두 성자를 만들고 천국 나이로 4000세 살다가 영원한 涅槃(열반)에 든다.

5) 化樂天(화락천)

欲界天(욕계천)에서 여섯 단계 중에서 5천으로 이곳에 있는 신들은 모든 바라는 對象(대상)을 스스로 만들어놓고 즐기는 곳으로 술과 육식을 즐기지 않고 성적인 애착에 욕심 부리지 않고, 남녀사랑을 해도 상대방을 위해서 배려 연민하는 마음으로 헌신하는 사람들이 들어가는 곳이다. 서로 웃으며 마주 보기만 해도 희열을 느끼는 곳이다. 이 화락천은 낮과 밤 하루가 800년이며, 바로 그 위 차원인 타화자재천은 화락천의 두 배인 1500년이다. 기독교에서 말하는 천국은 이곳을 의미한다. 그 중에서 화락천이 매우 유사하다. 특별히 이곳은 인간들이 상상하는 대로 모든 것이 창조되는 칼타파루스 나무의 신비와도 같은 곳이다.

해와 달도 명령으로 생성되고 별들도 움직일 수 있는 단계이며 이곳은 행복만 있고 고통은 아예 없는 천국이다.

'사랑하는 자들아 주께는 하루가 千年(천년) 같고 천년이 하루 같은 이 한 가지를 잊지 말라' (벧후3:8)

6) 他化自在天(타화자재천)

欲界天(욕계천)의 6째 하늘로서 이곳에 있는 사람들은 神人(신인)들인데 생각의 힘으로 바라는 대상을 창조할 수 있는 곳이다. 도리천에서부터 위에 구름을 붙여서 허공에 떠받혀있는 있는 하늘인데 欲界六天(욕계육천)의 여섯째로서 욕계의 최고인 곳 곧, 魔王(마왕)이 있는 곳인데 他化(타화)는 남이 지어놓은 것들을 이용하여 자신의 쾌락을 삼는데, 왕의 이름은 自在(자재)라 하며 수고하지 않고 自得(자득) 함이니 이 하늘은 남의 지은 것을 자기가 즐기기 때문에 타화자재천이라 하며, 또 愛身天(애신천)이라고도 한다. 신장은 16유순이며 옷의 길이는 32유순, 너비는 16유순, 옷의 무게는 날개처럼 가볍다. 수명은 하늘의 1만 6천세로되, 그보다 더 사는 이는 적고 덜 사는 이는 많다. 음식은 아래 하늘과 같으며, 혼인도 있으나 얼굴을 보는 것만으로도 사랑의 교감이 충분하다.

이 하늘에는 처음 태어난 아기가 지구상의 7세 정도 되어 스스로 宿命(숙명)을 아는데 이것은 선행을 베풀고 이타적인 삶을 살며 성품이 高潔(고결)하고 계명을 잘 지키고 사랑이 충만한 사람으로 惡(악)은 모양도 없는 순결한 사람들의 처소가 되는 것이다.

그리고 魔王(마왕)이라 해서 惡魔(악마)라는 뜻이 아니며 과거에 선업을 쌓고 선행을 일삼던 공덕으로 천국에서 복을 누리고 사는 하늘인간들 즉, 神人(신인)을 말한다. 높은 천국에서는 天使(천사)와 惡魔(악마)같은 선과 악을 구별하여 인정하지 않는 다. 이미 이곳은 선악의 개념과는 상관없는 곳이며 선이든 악이든 모두 자신의 마음이 만들어내는 것이기 때문에 절대성을 가진 정체성이 아니다.

이 천국은 무엇이든 생각으로 떠올리기만 하면 생각하는 즉시, 나타나는 곳으로 마치 가상현실속의 파라다이스 같은 곳이다. 예를 든다면 초 고성능 3D 프린터가 생각을 읽고 모든 걸 생산해주는 것과도 흡사하다. 이러한 천국을 갔다 온 뒤에도 사도바울은 말을 아꼈고 용문산 기도원 나운몽 장로 역시 살짝 언급만 하고 말을 아꼈다.

'스위든 붉'은 책을 편찬하기도 했는데 그가 본 천국은 문맥의 줄거리를 살펴보면 四王天(사왕천)이었다. 용문산 나운몽 장로께서 본 천국도 사왕천이었다. 그러므로 타화자재천은 物質界(물질계) 인간세상에서 다다를 수 있는 최고의 Super 천국이다. 그러므로 이 천국에 입문하려면 五慾樂(오욕락)의 감각기관의 본능대로 살지 말고 일부러 율법을 범하지 말고 잘 절제하여 에고의 사슬을 벗어나서 루시퍼 옛 뱀인 龍을 철장으로 쳐 죽이고 해를 입은 여인처럼 야곱이 이스라엘 된 것처럼 승리의 생활을 하여 선한싸움을 마친 사람들이 올라가는 천국으로 이 땅에서 王權(왕권)을 받은 사람들이 갈 곳이다.

* 欲界天에 대한 全體(전체)의 대강

앞에 말한 他化自在天 (타화자재천) 천국은 욕계심 세계에서는 가장 높은 천국으로 이곳은 남의 즐거움으로 자신의 즐거움을 삼는 곳인즉, 이곳을 지배하는 책임자가 바로 魔王(마왕) 파순이다. 이 타화자재천은 보통 신앙인들은 태어나기 어려운 곳이다.

결혼하고 사고팔고 시집가고 부대끼며 신앙생활하던 사람들은 아무리 잘 믿어도 忉利天(도리천)까지가 한계라 생각하면 좋을 것이다. 그 후부터는 프란치스코나 최소한 예수의 제자들, 순교자들, 장기려 박사처럼 일평생 남을 위해 살던 사람들, 친구에게 집을 지어주고 사원을 지어주고 교회를 남몰래 지어주고 남몰래 학비를 전해주는 등, 숨은 봉사를 하여 세상의 빛이 된 사람들은 도리천보다 더 높은 천상에 태어난다. 속담에 이르기를 '타고난 팔자는 독에 들어가서도 피할 수 없다' 라는 말처럼 인과응보는 저울 눈금과 같아서 속일 수 없고 모든 인간이 종국에 가서는 '카르마'의 원리를 인정하지 않을 수 없게 되는 것이다.

(2) 色界天(색계천)

이 색계천은 18천으로 여러 단계가 있다. 욕계의 여러 감각과 욕망이나 애욕은 없으나, 육체를 가지고 있기 때문에 色界天(색계천)이라 한다. 이곳은 禪定(선정 : 冥想의 궁극에 도달함)하여 선악에 시달리지 않고 진리의 직관에 머무르며, 고통이나 쾌락에 휘둘리지 않고 雨露霜雪(우로상설), 雪上加霜(설상가상), 그 어느 것에도 초연한 사람들이

들어가는 天國(천국)이다. 이 색계천에는 18천이 있는데 다음과 같다.
- 禪(선) 수행자의 천국이 3개가 있고
- 禪(선) 修行者(수행자)의 천국이 3개가 있고
- 禪(선) 수행자가 들어갈 천국이 3개가 있으며, 욕계로 떨어지지 않는 곳의 천국이 5곳이 있다.

이곳의 수명은 대략 천만년 이상 되며, 왕궁의 화려함과 그 아름다움은 지상 어느 궁전도 비교할 수 없다. 이러한 영계를 본 사람들은 이 땅에서의 삶을 보면 그냥 알 수 있다. 사도바울의 삶이나 '스위든 붉'의 삶은 오늘날 목회자들과는 질적으로 달랐다. 고차원의 세계를 언뜻 보기만 해도 사람이 변한다. 밭에 감춰인 보화를 내 것으로 만들기 위해서는 전 재산을 다 팔아 그 밭을 사는 것이 지혜로울 것일진대 이전의 신비주의자들은 기복적인 재산축적에 그다지 신경을 쓰지 않았다.

이 말을 불교 냄새가 난다고 무시하거나 농담으로 여기는 사람들은 힘주어 예언하건데 숨지는 날, 둘째 부활에 들어가는 그날 슬피 울며 통곡할 것이다. 이해를 돕기 위해서 언급하자면 이곳 색계 천국은 기도의 바람이나 기복의 욕심이 끝난 사람들의 본향이며, 감각적인 욕망에 빠지지 않고 우울이나, 시샘, 질투, 외식, 우쭐한 명예욕, 등에 逢着(봉착)하지 않는 성품들이 상급으로 부여받는 천국이다.

영적인 사람은 이러한 신비의 세계를 알아차리는 것에 대하여 삶을 바치며 남들이 여러 오락에 빠지며 산으로 바다로 먹을 것을 찾아 헤매고 돈만 생기면 여자를 사고 명품을 구하여 상위권의 갑 질을 일삼고 정신세계나 영계의 진리를 말하면 천국이 따로 있는 것이 아니고, 이 땅에서 먹고 마시고 실컷 즐기는 것이 최고의 축복이라며 손톱도 안 들어가는 이를 나는 수도 없이 만나봤다. 그러다보니 수많은 불교의 수행자들이나 교회의 성직자들이 거의 90%이상 호구지책에 매달려 예수 하나님 이름만 부를 뿐 전반적인 성서연구는 뒤로하고 여기저기 부분부분 성경을 가위질해서 하루하루를 연명하고 있다.

생각해보라~!

靈界가 없다면 미쳤다고 청춘을 바쳐 불사르고 시간을 투자하고 생을 허비하는가? 적당히 인심 잃지 않을 정도로 살다가 짧은 인생 맘대로 살다 가면 될 것을… 그러나 영계는 그렇지 않다. 잊지 말라. 영계의 하루가 이 땅에서는 200년 세월이 지나는 것을 농담으로 여기지 말라. 야고보는 적절한 비유를 말했다.

'내일 일을 너희가 알지 못하는 도다. 너희 생명이 무엇이냐? 너희는 잠깐 보이다가 없어지는 안개니라' (약4:14)

지구촌의 천 날이 천국의 하루가 못되는 이 한 가지를 꼭 유념해야 한다. 나는 이 영계의 비밀을 전하기 위해 지난 40년 동안 수십 가지 방법을 동원하여 여러 지혜와 통찰을 동원하여 부지런히 거품을 물고 때로는 밤 깊도록 때로는 여러 모양으로 시도하여 보았는데 결국 이들의 信仰(신앙)은 이 땅에서 잘 먹고 사업 잘되는 것으로 귀결하는데 그치고 있다. 더러 계시와 영감을 받았다는 사람들이 있긴 하나, 그 역시 겨우 성경을 좀 깨닫는 정도이며, 조금만 고통스러우면 곧바로 불평과 한숨, 낙심이 필사적으로 뒤따르니 무슨 영안이 열리겠는가. 그러니 진짜 복음을 전하기는 정말 어렵다. 생각해보라! 神性을 회복하는 길은 온전히 바뀌는 것이다. 나의 성품을 과감히 잘라버리고 99% 접붙이는 것이다. 접붙임에는 내외적으로 변화다. 어지럽고 산란한 생각이나 육에 속한 활동을 고요하게 가라앉히는 직접적인 영육의 훈련과 연습을 일상으로 호흡처럼 가까이해야 하며, 이러한 노력의 결과는 색계천국의 4 禪으로 이어지는 것이니 헛되이 시간낭비 하는 게 절대 아니다.

★ 準備(준비)할 조건들

- 바른 集中(집중)의 깨어있음
- 感覺的(감각적) 욕망을 절제할 것

- 낡은 것들은 과감하게 버릴 것
- 眞理(진리)에 대한 지속적인 고찰
- 속된 것을 버림으로 기쁨을 삼을 것
- 내적인 정신이 統一(통일)의식으로 하나 될 것
- 사물에 대한 이해와 납득을 깨달을 것
- 자신의 일상에 신호등이 밝혀질 때 알아차림
- 생사 境界(경계)를 넘는 것
- 地久(지구)별에서의 탄생이 안개와 같음을 반드시 의식할 것이다.

　이 땅에서의 우리 일생은 나그네 생활이며, 소풍객의 여정이다. 고난 많은 이 땅에서 의 여정 중에 잠시잠시 누리는 행복감은 食慾(식욕), 性慾(성욕), 愁眠慾 (수면욕), 명예욕의 일부이며 100% 의식주 문제에 얽혀있다.

　젊은 날에는 남녀사랑의 유혹과 짜릿함, 시장할 때 맛있는 음식, 졸릴 때 안락한 휴식, 남이 나를 격려해주고 알아줄 때 느끼는 喜悅(희열)과 기쁨이 속인의 理想世界(이상세계)이며, 좀 더 나아가 영적인 사람들은 나보다 이웃을 사랑하고 연민을 느끼고 더 나은 世界(세계)에 대하여 머리를 들어 천국복음에 귀를 세운다.

　砂漠(사막)을 지나는 행인이 오아시스를 발견했을 때 느낌이 기쁨이며 샘물을 마실 때의 느낌이 행복감이듯… 영적인 세계를 발견한 사람은 사실상 24시간 내내 설렌다. 잠을 자지 않아도 피곤치 않고 밥을 몇 끼 굶어도 고프지 않은 것이다. 이 땅에서의 소풍에 생명을 바치지 말자. 이 땅은 모형의 여행지이며, 本鄕(본향)이 또 있다는 것을 잊지 말라!

★ 色界의 여러 천국들

① 梵衆天(범중천) ② 法寶天(법보천) ③ 大梵天(대범천) ④ 少光天(소광천) ⑤ 無量光天(무량광천) ⑥ 光音天(광음천) ⑦ 少淨天(소정천) ⑧ 無量淨天(무량정천) ⑨ 변정천 ⑩ 廣果天(광과천) ⑪ 福生天(복생천) ⑫ 福愛天(복애천) ⑬ 無想天(무상천) ⑭ 無變天(무변천) ⑮ 무열천 ⑯ 成見天(성견천) ⑰ 聖賢天(성현천) ⑱ 色球景天(색구경천)

위와 같은 여러 단계의 천국들이 있다. 이 천국들의 자세한 양상들은 필자의 저서 〈성서속의 환생과 윤회〉 참조하면 설명을 볼 수 있다.

(3) 無色界(무색계)의 28단계의 천국들

① 空無邊處天(공무변처천) ② 識天(식천) ③ 無所有天(무소유천) ④ 非想天悱悱上天(비상천비비상천), 등 28단계의 하늘이 있는데 이 無色界(무색계)는 삼계의 하나로서 모든 色身(색신) 肉體(육체)와 物質(물질)의 속박을 벗어나서 心神(심신)만이 존재하는 思惟(사유)의 세계를 무색천이라 한다.

지금 참고로 기록한 자료들은 단순히 불교적 교리나 힌두사상이 아니라 영성 있는 사람들이 공통적으로 공감하는 우주관인 것이다. 우주를 三界(삼계)로 나누어서 보는 것은 바울이 三層天(삼층천)을 경험한 것과 비슷하다.

바울의 제자가 천사의 계시로 발견한 黙示錄(묵시록)이 황제에게 보내졌다. 그 묵시록을 황제가 열어보니 바울이 기록한 계시 책이 나왔다. 그는 한 사본을 만들어 예루살렘으로 보낸 후 원본은 자신이 보존하였다. 그 안에 기록된 내용들이다.

欲界(욕계), 色界(색계), 無色界(무색계)로 구별 지었던 위 천국들이 사도바울이 셋째 하늘로 묘사했던 것과 상당부분 공통적이다. 다시 쉽게 더듬어 덧붙여 본다면 욕계는 고락이 있는 천국으로 그 次位(차위)가 나눠지고, 선천인 욕계천상에도 입문하는 사람 정도에 따라 정해지는 것이다. 그러나 이와 같은 천국들은 신앙하는 사람들에게 희망을 주기위한 목적으로 인간상식을 동원하여 인간의 언어를 동원하여 영계와 천국이 실제를 전재한다는 것을 깨우치려는 의도와 입으로만 주여! 주여! 하며 막행막식하며 外飾(외식)하는 삶을 살지 말라는 선지자들의 경험과 경고로 생각하는 것이 좋다.

대도를 이루어, 생사경계를 이 땅에서 실제로 넘으면 이 삼계의 고리를 완전히 끊어버려 사나 죽으나 천국인 것이다.

(4) 바울 黙示錄(묵시록)

• 발견 경위

總督(총독) 데오도시우스와 아우구스투스, 시대에 바울의 제자인 저명한 남자가 있었다. 그는 그 당시 다소 지방에서 바울의 집에 거하였다. 어느 날 밤에 천사가 나타나 집 주변의 기초를 파서 그가 발견하는 것을 널리 알려야 한다고 전해줬다. 그러나 그는 이것을 착각으로 여겼다. 그러던 어느 날 천사가 세 번째 나타나 그를 채찍으로 때리며 강제로 기초를 파게 하였다. 그래서 그가 땅을 팠을 때 한 대리석 상자를 발견하였다. 그 상자 속에는 사도바울이 전에 도시에서 신었던 가죽신발과 그가 늘 받아 기록한 바울묵시록이 있었다. 그러나 그는 상자 열기를 두려워하여 데오도시우스에게 보냈다.

• 黙示錄(묵시록) 내용

1장. 肉體(육체)와 함께
2장 太陽(태양)의 호소
3장 달과 별의 호소
4장 바다의 호소
5장 물의 呼訴(호소)
6장 땅의 呼訴 (호소)
7장 天使(천사)의 보고
8장 不義(불의)의 천사
9장 義의 천사
10장 空虛(공허)한 세상
11장 義人(의인)의 死後(사후)
12장 惡人(악인)의 死後(사후)
13장 行爲錄(행위록)과 자백
14장 黃金門(황금문)과 문자
15장 공의의 書記官(서기관)
16장 엘리야
17장 約束(약속)의 땅
18장 나무의 열매
19장 아캐론 호수
20장 그리스도의 王國(왕국)
21장 城門(성문)앞에서
22장 꿀의 강
23장 젖의 강
24장 葡萄酒(포도주)의 강
25장 올리브유의 江
26장 거룩한 성의 中央(중앙)
27장 다윗
28장 할렐루야의 뜻
29장 불의 江
30장 깊은 구덩이
31장 姦淫(간음)한 長老(장로)
32장 不義(불의)한 監督(감독)
33장 淫行(음행)한 집사
34장 봉독자 훼방자 복술자
35장 淫行(음행)한 자들
36장 落胎者(낙태자)
37장 성복을 입은 자
38장 성육신과 성 만찬을 믿지 않은 자
39장 復活(부활)을 믿지 않은 자
40장 미가엘의 祈禱(기도)
41장 하나님의 보좌와 안식
42장 樂園(낙원)
43장 마리아
44장 族長(족장)들
45장 모세
46장 순교당한 先知者(선지자)들
47장 룻
48장 욥
49장 노아
50장 엘리야와 엘리사
51장 에녹과 순교자들과 아담
52장 다시 세상으로

바울 묵시록 52장을 기록해본다.

'주의 천사가 다시 나를 감람산으로 인도하였다. 거기서 나 바울은 사도들이 모여 있는 것을 보았다. 나는 그들에게 인사하고 내가 만났던 것들에 대하여 알렸다. 그리고 내가 본 것에 대하여 그리고 의로운 일들 위에 다가올 영광에 대하여 그리고 불 신앙인들에게 닥쳐질 몰락에 대하여 알렸다. 그때 사도들이 기뻐 뛰고 하나님을 칭송하면서 그들은 우리에게 명령하였다.

나와 마가와 디모데, 나의 제자들에게 그리고 교회의 선생들에게 이 거룩한 黙示를 기록하여 경건한 자들에게 그리고 이것을 듣게 될 자들을 위하여 기록하기를 명령하였다. 사도들이 우리와 함께 이야기할 때 대속자 그리스도께서 스랍 마차로부터 나타나셔서 우리에게 말씀하셨다. "평안할 찌어다. 나의 제자들이여! 내가 세상에서 선택한 거룩한 제자들이여~ 내가 세상에서 선택한 거룩한 제자들이여! 베드로여 평안할 지어다. 아버지의 평안이 너희들에게 있을 찌어다. 또한 요한이여 평안할 찌어다.

모든 사도들이여 평안할 찌어다. 나의 좋으신 아버지의 평안이 너희들에게 있을 찌어다. 사랑하는 복음의 전달자, 바울이여 평안할 지어다! 교회의 지붕이요, 기초가 되는 바울이여 평안할 지어다. 너는 네가 본 것에 대하여 납득하였느냐?" 내가 대답하였다.

"예, 나의 주님이시여! 당신의 은혜와 사랑이 나에게 커다란 선함을 보이셨습니다." 구세주께서 대답하여 이르시기를 "오, 아버지의 사랑하는 자여! 진실로 진실로 이르노니 이 묵시록의 말씀은 이것을 듣는 모든 자들의 유익을 위하여 온 세상에 전파될 것이다.

진실로진실로 너희에게 이르노니, 보라 이 묵시록을 위하여 돌보며 그것을 쓰고 그리고 후세의 인류를 위하여 한 증거로 남겨둘 그들에게는 이를 갈며 슬퍼우는 地獄(지옥)을 보이지 않을 것인데, 그 씨앗의 두 번째 세대까지 그렇게 하리라.

그리고 이 묵시록의 말씀을 조소하는 자들에게는 내가 벌을 내릴 것이니라. 그리고 사람들이 거룩한 날 외에 이것을 읽으면 안 될 것인데 왜냐하면 신성함의 모든 기밀이 너희에게 계시되었기 때문이다.

오! 거룩한 나의 肢體(지체)들이여! 보라 내가 너희에게 이것을 이미 전파하였다.

자, 이제 가라. 가서 복음을 전파하라. 이제는 너희들의 달려감과 선한 싸움이 가까이 있을 뿐이니라. 그러니 바울아, 나의 선택된 자여, 너는 너의 달려갈 길을 완수할 것이다.

그리고 너 나의 사랑하는 베드로여! 아빕(Abib)월의 다섯 번째 날에 너는 나의 낙원에 이르게 될 것이다. 나의 능력이 너희와 함께 있을 것이다."

즉시로 주님은 구름에게 명령을 내려 그 제자들을 받아 올려, 그가 그들에게 지시했던 각각의 땅으로 그들을 인도하도록 명령했다. 그들은 각기 장소에서 영원토록 천국의 복음을 전함은, 우리 주 예수 그리스도의 은혜와 인류를 사랑하는 그 사랑 때문이다.

그리스도의 영광이 선하신 아버지와 聖靈(성령)과 함께 영원히 있을 찌어다.

"복이 있을 찐저 바울아, 너의 인류와 너의 제자들이 천국의 백성이다. 그리고 알 지어다. 바울아, 너를 통하여 믿는 자 모두가 복이 있을지어다. 그리고 그에게는 항상 평강이 보존될 것이다." 그리고 주님은 떠나셨다.

주님이 나에게서 떠나실 때 나와 함께하던 천사가 나를 이끌어 진지하게 말했다.

"바울아, 이 계시의 비밀이 너희에게 주어졌다. 네가 원한다면 이것을 알리고 이것을 모든 사람들에게 啓示(계시)할 찌어다."

- 〈바울 默示錄(묵시록)〉은 한 권의 책으로 엮어진 방대한 내용이기 때문에 각 장별 제목만 참고로 기록하였으니 관심 있는 독자들은 책을 구입해서 참고하길 바란다. 그가 고린도후서 12장에 잠시 언급한 啓示(계시)의 내용들이 자세히 기록되었으니 영계를 연구하는 사람들에게는 도움이 되는 열쇠가 될 것이다.

(5) 내가 본 靈界와 天國

1984년 5월 30일 나는 평소처럼 골방에 앉아 새벽을 열고 있었다. 새벽 3시경 만물이 잠든 시간에 일어난 내 인생의 잊지 못할 사건이며 피안의 만다라이다. 이야기를 짧게 하기 전에 당시의 나의 생활상을 일부분 기록한다.

유난히 파란 많은 내 생은 1974년 8월부터 남모르게 유난히 신비 체험을 많이 하는 나는 영적으로는 매우 만족하였고 간증거리도 많지만 일상생활의 불편함이 많아 일찍 육신의 장막을 벗고 영계로 들어가는 것만이 유일한 소망이었다. 극한 가난과 배고픔, 집도 없어 3만원 월 셋방에서 죽지 못해 살아가고 있었다.

어렵게 결혼은 했으나 아내와의 신앙 갈등은 나를 힘들게 했다. 착한 사람이었으나 율법적이며 문자주의와 관념주의였으며 영적 신비보다는 일반적인 사람이었다.

당시 나는 사람의 유혹을 믿고 초빙하는 교회를 거절하고 부산 땅으로 내려가 모진 고생을 하였다. 초교파 기도원이나 수양관을 지어주겠다며 나를 불러 내린 이들도 나와의 약속을 버린 뒤로 풍비박산되고 사람을 믿고 쉽게 결정했던 나 역시도 고난의 연속이었다. 초빙하는 교회도 없고 아는 이도 없는 도시에서 새로운 길을 개척해야만 하였다. 나를 중매했던 문종석 목사의 권유로 합동 장로교 개혁 측 노회에 가입을 하고 간헐적으로 간증 집회를 인도하였으나 생활고는 당장에 쌀 걱정을 해야만 하였고 아들이 태어나서 돌이 지났는데 이유식 살 돈이 없고 계란하나 맘대로 사 먹일 수가 없었다. 나의 아들은 잘 먹이지 못해 성장장애의 기미가 보였다.

  동래구 명륜동 지하실을 빌려 의자 20개를 놓고 몇 십 명이 모여 예배를 올리고 성서연구를 시작하였는데 그도 몇 개월이 못 되어 100% 오해에 휘말려 나는 인욕하지 못하고 지하 교회를 과감히 떠나 버렸다. 직업 안내소에 가서 일자리를 찾았다. 내가 살고 있는 해운대 우 2동 1139번지 집 위치에 옛날 수영 飛行場(비행장) 장소에 세워진 선주 컨테이너에 일용직으로 취업을 하였다. 일은 엄청 힘들었다. 평균 80킬로~130킬로 두루마리 원단 뭉치를 8시간 어깨에 메고 컨테이너 박스에 차곡차곡 싣는 일이었다.

  하루 일당은 9천 원이며 천 원은 인력시장 팀장에게 상납하였다. 어느 날 정말 무거운 원단을 종일 메고 퇴근하는데 숨쉬기도 어렵고 발걸음이 천근처럼 무거웠고 **빠른** 걸음으로 5분이면 돌아오는 길을 30여분이나 걸었다. 도로 옆에 일진약국에 아는 약사가 얼굴이 왜 그리 창백하냐고 염려하는 소리를 듣고 말할 힘도 없어 눈인사만 남기고 생맥주집으로 들어갔다. 마시지도 못하는 맥주를 300CC를 벌컥벌컥 마시고 돌아와 저녁식사도 못하고 늘어져 죽은 듯이 잔 것 같았다.

  84년 5월 24일 새벽 3시경 두 평정도 되는 서재 벽 밑에서 엎드렸다. 기도 명상이 끝나고 아랫방으로 내려와 나의 아들을 왼팔로 안고 한숨 더 자려고 막 누웠다. 어제 무거운 물건을 나르며 지쳤던 몸과는 달리 신기하게도 아주 심신이 가벼워지고 개운하였다.

  나른하게 잠이 들려는 순간이었다. 나의 이마 印堂穴(인당혈) 제 3의 눈이 열리는 듯 강렬한 느낌이 들었다. 뭔가가 **빠져나간다는** 생각이 들었는데 그때 소리가 들렸다, 그 소리는 질긴 삼베천이나 포플린 천을 찢는 듯한 소리였는데 무슨 소리인지 알아보려고 눈을 떴다. 어느 평화로운 시골 마을 같은 곳이 보이는데 모르는 사람들의 웃음소리가 정겨

웠다. 나보다 나이가 좀 많아 보이는 분이 나를 안내하며
"잘 왔어요. 그동안 고생과 수고 끝났어요. 여기가 당신의 집입니다. 여기는 땅 임자가 따로 없어요. 누구든지 農事(농사)를 짓고 果樹園(과수원)을 가꾸고 마음에 드는 땅에 집도 마음대로 지을 수 있어요. 하나님의 선물이니 감사하세요."
라고 말을 건네며 친절히 웃었다.
나는 반갑고 의아해서 물었다.
"저~ 나를 아세요?"
"잘 알지요. 그러니까 이렇게 안내해 주는 거지요."
"그럼 선생님은 누구신가요?"
"나는 이 都市(도시)를 지키는 天使(천사)지요. 내 말이 안 믿어지는가요? 저 건너편을 봐요!"
나는 그 천사가 가리키는 곳을 바라보았다. 흠칫 놀라지 않을 수가 없었다. 부산시 해운대구 우 2동 1139번지, 기차가 지나가는 鐵道(철도)노선에서 직선거리로 7미터 담장 밑 3평짜리 방 2칸 연탄가스가 늘 스며들어와 창문을 열고 살아야하는 지붕 낮은 집에 33살의 한 사람이 영양이 모자란 약한 아이를 안고 힘겹게 누워있다. 장석열, 나의 모습이다. 나는 그 천사에게 물었다.
"어떻게 된 일인가요? 제가 죽었나요?"
그가 말했다.
"아니요! 당신의 갈망과 열심에 대한 선물을 미리 보여주는 것입니다. 과일이나 채소 무엇이든지 마음대로 먹어도 돼요. 여기는 거지나 불구자나 죄인이 없는 곳이니 부담 느끼지 말고 목마르면 젖과 꿀을 맘대로 마시면 돼요. 이제부터는 이곳 저곳 둘러보며 사람들도 만나고 내가 필요하면 나를 두 번 생각하면 즉시 올게요."
나를 안내하던 천사가 떠나고 나는 혼자가 되었다. 나는 어린 아들을 왼팔로 안고 누워 힘없이 누워있는 또 하나의 내 모습을 보며 스스로

천국의 여러 단계들

상황을 판단하였다. 무슨 엄청난 일이 벌어진 것 같은데 골방에 누워있는 모습이 마음에 걸렸다.

'도대체 지금 나는 누구이며 누워있는 저 사람은 누구인가? 아까 말한 천사라는 사람의 말대로 정말 내가 하나님의 선물로 미래의 세계로 구경을 하러 왔단 말인가?'

만감이 교차하면서도 나는 어떤 에너지에 끌려 머리를 돌려 오른쪽을 바라보았다. '우유의 샘물'이라는 푯말이보였다. 얼마를 걸어가니 깨끗한 옥색 바위틈에서 우유보다는 약간 투명한 물이 흘러 나왔는데 우유 맛도 나고 과일 맛도 나고, 형용할 수 없는 飮料水(음료수)가 흘러 나왔다. 몇 백 명 넘는 마을사람이 다 마시고도 남아 과일나무와 채소 가꾸는데 쓰이고 있었다. 나는 이곳저곳을 돌아다니며 구경하였다. 만나는 사람들은 서로 웃으며 눈인사를 했다. 골목마다 무슨 글귀가 있는데 전부 解讀(해독)되었다.

내가 본 영계의 이모저모

- 모르는 글들이 해독됨
- 모세, 베드로, 등 선지자들을 만날 수 있음
- 타종교 인들도 많았고 一般人(일반인)들도 섞여 살고 있음
- 바위틈에서 꿀 같은 飮料水(음료수)가 흘러나옴
- 음식을 만들 때 불을 피우지 않음
- 어린 아이를 보지 못함
- 수명이 2천세에서 8천세
- 해충이나 파리, 곤충 없음
- 새들의 노래가 사람 목소리처럼 아름다움
- 기분은 늘 설렘
- 날씨는 화창한 5월 같음
- 밤낮이 없고 몸살 질병이 없음

- 농사를 재미로 경영함
- 治療의 강물이 있어 몸을 담그면 즉시 소생되는 느낌임
- 현재 지구가 속해있는 은하계에 70여 개의 별에 사람이 살고 있음

　이상이 내가 본 靈界(영계)의 마을이다. 그곳이 어느 단계 천국인지는 모른다. 다만 어느 별에 간 것은 틀림없는 것 같다. 아마 생각건대, 欲界天(욕계천)의 한 곳으로 추정된다.

　내가 여러 말을 생략하는 것은 이 사실들이 소설이 될까 두려워 생략함이다. 내 느낌대로 보면 '스위든 볽'의 경험과 장로교회에서 이단으로 정죄했던 용문산 나운몽 장로의 체험하고 여러 부분이 비슷하다. 이외에도 신비경험을 말로 다 할 수 없게 체험했으나 이러한 신비주의로 인하여 내가 깨달은 복음의 빛이 가리어질까봐 95%는 생략한다.

　사람이 간절하게 골방생활을 하게 되면 여러 현상들이 일어난다. 이후로 나의 신앙적인 개념은 완전히 바뀌었다. 웬만한 병에는 병원도 가지 않고 보험이나, 종탑에 避雷針(피뢰침) 세우는 것도 반대할 정도로 나는 신본주의자로 변하였고 감사가 넘치고 확신에 차있고 어떤 염려도 없으며 죽음이 온다 해도 즉시 수용할 수 있다.

　누구나 절실하면, 특이한 꿈을 꾸고 꿈에 신선이나 예수 형상을 보기도 하고 예시의 능력이 나타나기도 하는데 이것이 도를 깨닫는 공부는 아니다. 筆者(필자)가 말하는 영계의 사후세계는 이런 시시한 이야기가 아니며 死後世界가 분명히 있다는 것을 확실히 말해주고 싶은 집착에서 짧게 기록해본다.

　가장 눈먼 장님들이 기독교인임을 알아야 한다. 성경이 어떻게 쓰여졌으며 어떻게 編輯(편집)되었는지 성경을 훼손한 황제들에 대하여, 피로 물든 종교역사와 태양신과 황제들의 榮光을 위하여 만들어놓은 교리에 절하며 수많은 세월을 속아서 관념주의에 빠진 줄도 모르고 천국은 일등석으로 예매해놓은 듯 막연한 자신감으로 자위하며, 무서운 독선으로 자기 길도 못 찾으며 어지간히도 정죄를 하며 스스로 만든 우물

속에서 겨우 목을 축이며 갇혀있으니 어찌 영계를 알랴? 마치 하루살이가 독수리를 몰라보듯 우리 주변에 神人(신인)이 지나가도 도무지 알 수가 없는 것이다.

- 靈界(영계)의 階層(계층)

인간은 두 개의 세계를 두고 살아간다. 하나는 假相世界(가상세계), 또 하나는 實像世界(실상세계)다. 가상세계는 실상세계인 영계를 Copy한 모형인 것이다. (히8:5, 9:1~10) 오늘날 천년만년 살 것처럼 이 땅에서 발버둥치고 부대끼는 지구촌은 천국의 모형인 피상세계인 것이며 이 땅에서의 백년 세월은 우주의 하루정도의 시간이다.

그러나 모형이 아닌 실상의 영계는 영성의 눈이 뜨인 純粹理性이 발달된 사람들이 돌아갈 Idea의 절대적 실재다. 소위 성경에서 예언한 약속의 자녀(선택된 백성)들은 이 땅에서도 하나님의 약속을 준행하여 낙원으로 가꾸고 생육하며 주인으로 잘 살아간다. 그들은 無所不在(무소부재)의 신성과 전능성을 믿으며 소풍 끝나는 날까지 지구촌의 주인으로 살다가 호흡이 다하는 순간까지 최선으로 승리의 삶을 살아간다. 영계는 그들의 삶의 질량에 따라 계층이 정해진다. 마치 이 세상 피상세계의 수많은 지위고하의 직업과 계층의 높낮이가 존재하듯 영계도 크게 다르지 않다. 다른 게 있다면 이러한 계층이 있다 하여 카스트 제도처럼 차별이나 무시를 당하는 일은 없다.

(6) 스웨덴 보리(Emanuel Swedenborg)의 천국론

1) 스웨든 보리는 누구인가?

임마누엘 스웨덴 보리는 유럽에서 가장 많이 알려진 神秘主義(신비주의)의 대부로 알려지고 있으며 유럽뿐만 아니라 전 세계에 알려진 인물이다.

에마누엘 스베덴보리 (스웨덴어: Emanuel Swedenborg, 1688년 1월 29일 ~ 1772년 3월 29일)
By Per Krafft the Elder
사진: Esquilo

천국의 여러 단계들

그는 1688년 1월 29일 스웨덴의 스톡홀름에서 당시 궁정 설교자였던 목사 Jespeer의 둘째 아들로 태어났다. 1719년 그의 아버지 목사는 Sweden borg 라는 이름으로 귀족 칭호를 받게 되었다. 1710년 Uppsala 대학을 졸업한 뒤 그는 당시 유명했던 과학자 뉴톤(Isaac Newton)과 수학자들 중 라이레톤, 바리그논(Pieerre Varignon)을 직접 만나면서 그들의 이론들을 연구하기 위해 많은 나라 영국, 네덜란드, 벨기에, 독일, 프랑스 등을 여행하면서 많은 비행기계, 잠수함, 속사포, 공기펌프, 소화펌프, 등 여러 가지 발명 설계도를 고안하였고 1716년 스웨덴으로 돌아와서는 당시 스웨덴의 학문적 기반이었던 '광산국'에서 보좌관으로 일을 하면서 광업 분야의 기계공학자와 제련학자로서도 명성을 떨쳤다.

1734년 영혼과 몸의 관계성에 대하여 관심이 많던 스웨덴보리는 해부학과 생리학을 연구하였다. 해부학의 연구를 통하여 인간의 몸에 내재되어있는 생명 또는 영혼이 어디에 있는지를 발견하고자 했다.

그는 이 영혼이 혈액 속에 함유되어 있다고 주장하면서 이 혈액을 '영혼과 직접적인 관련을 가지고 있는 매우 정신적인 액체' 라고 기록하였다. 그는 1744년까지 많은 분야 고전문학, 수학, 화학, 물리학, 천문학, 지리학, 생물학, 생리학, 심리학, 철학 등을 연구하면서 그의 학문적인 역량을 유감없이 넓혀 발휘하였다. 그러나 과학자로서 화려한 명성을 얻고 있던 스웨덴 보리는 1743년경에 경험한 신비적인 체험을 통하여 그때까지의 그의 과학자로서의 모든 것을 포기하고 죽음을 맞이하는 1772년까지 자신의 신비적인 체험을 저술하고 전하는데 그의 삶을 보내게 되었다. 스웨덴 보리의 신비적인 체험의 독특한 요소는 바로 영계이고 이 영계 즉, 천국과 지옥을 그는 경험하였고 또 그곳에 살고 있는 천사들과 영인들을 교신하며 대화를 했고 보고들은 것을 자세하게 자신의 저서에 소개하고 있다.

2) 스웨덴 보리의 神學思想(신학사상)

그에게 있어서 신앙은 오직 예수 그리스도였다. 예수 그리스도는 神性(신성)의 완전함이 그 안에 내재되어 있는 유일한 하나님의 중개자라 하였다. 그리고 예수 그리스도는 하나님의 형상을 회복한 신성이기 때문에 황제숭배교회가 말하고 있는 '삼위일체론'은 잘못된 가르침이라고 말하고 있다.

그는 또한 예수 그리스도의 恒存性(항존성)을 강조한다. 예수 그리스도는 항상 우리와 함께 계시기 때문에 그는 육적으로 다시 오시는 것이 아니며 인간과 함께 하시는 예수 그리스도를 볼 수 있는 영안이 뜨일 수 있기를 기도해야 한다는 것이다. 그리고 성경에 언급된 사랑을 실천하여 이웃을 몸처럼 아낄 때에야 사후 영계에 들어갈 수 있다고 하였다.

* 스웨덴 보리의 가르침 가운데 가장 본질적인 것은 相應論(상응론)이다. 모든 존재는 영적인 것, 자연적인 것으로 나눠진다. 천국의 것은 신의 사랑과 선행이다. 영적인 것은 신의 진리와 진실이다. 자연적인 것은 하층의 단계들, 땅에 속한 것들이다.

인간은 하나님의 모형인 형상이며, 창조의 세 가지 요소의 상응을 포함하고 있는데 내면의 인간은 천국과 영적인 것, 인간의 내적인 것은 죽음 이후에도 영원히 살게 된다. 중심에는 이성적인 것, 그리고 외형은 감각, 쾌락적으로 형성되어 있다고 보았다. 인간의 근본적인 삶은 사랑을 실천하는 것이다. 하나님께서는 인간에게 자유의지를 주셨고 독립적인 존재로 만드셨고 그 자유의지를 통해 스스로가 하나님을 사랑하도록 만드셨다.

인간의 몸은 각각의 많은 세포조직으로 구성되어 있다. 스웨덴보리는 이 그림을 영적세계에서 투영하여 생각한다. 그에게 있어서 영혼은 공동체 또는 집단 안에 속해있다. 이 공동체 또는 집단은 다시 '거대한 사람(Homo Maximus)'과 연결되어 있고 그 공동체 또는 집단의 구성원과 조직은 각각의 영혼들로 구성된다는 것이다.

3) 스웨덴 보리의 神祕經驗(신비경험)

靈夢(영몽)을 통하여 신비를 경험함.

스웨덴 보리는 1743년경부터 꿈을 통하여 영적인 체험을 자주 경험하게 되었는데 그는 자신이 경험한 상징적이며 예언적인 꿈들을 모두 일기로 빠짐없이 기록하였다.〈靈界日記〉1745년에 그는 런던에서 예수 그리스도의 환상을 체험하게 되었는데 다음과 같이 기록하고 있다.

'어느 날 밤에 한 남자가 나에게 나타났다. 그는 자신이 하나님이고 이 세상의 창조자이며 구원자라고 했으며 다른 사람들에게 성경의 영적인 참 의미를 해석해주고 그가 직접 내게 알려주신 것들을 쓰도록 나를 선택하셨다고 말씀하셨다. 그날 밤 나는 영의 세계인 천국과 지옥을 가게 되었고 그곳에서 모든 계층의 사람들을 만나게 되었다. 이 날로부터 나는 모든 세상의 학문연구를 중단하고 오직 하나님께서 나에게 쓰라고 명령하신 영적인 사건만을 집필하였다. 하나님께서는 나에게 매일매일 영의 눈을 뜨게 하심으로 완전히 깨어있는 상태에서 다른 세상(靈界)으로 건너가서 천사들과 다른 영혼들을 만나 함께 이야기도 나눌 수 있게 되었다.'

스웨덴 보리는 그의 〈영계일기〉 중에서 그저 견문자로서 미지의 세계인 천계를 한 여행자처럼 기록하였다. 그는 이 신비적인 체험을 통해 만난 신께서 주신 사명을 감당하기 위해 자신이 오래 몸을 담고 있던 광산업 관직을 그만두고 1747년 여러 나라(런던, 암스테르담)를 돌아다니면서 자신의 신비체험을 근거로 하여 신학적인 저술들을 집필했다. 많은 사람들이 그의 말을 듣고 정신병자가 아닐까 하고 의심을 하였다. 그러나 그는 자신의 많은 경험을 숨기려 하지 않고 전하였고 자신을 精神病者(정신병자)로 평가하는 사람들에게 '나는 이것을 공표하라'는 주님의 명령을 받았다고 했다.

"나를 조소하는 자는 나를 정당하게 평가하고 있지 않다. 나이도 먹을 만큼 먹고 여러 학문을 접하는 공부벌레였고 직장도 있는 사람이 어째서 환상과 啓示(계시)를 虛位(허위)로 조작하여 웃음을 사겠는가? 왜 내가 일부러 비웃음을 사겠는가?"

라고 안타까운 마음으로 그는 말했고, 그의 생활은 오직 하나님과의 영적인 교감과 영계의 일을 알리는 데만 몰두하였고 그를 따르는 사람들에게도 최선으로 친절하였으며 어떤 자기의 이익이나 사적인 욕심은 아예 없었다. 스웨덴보리가 경험한 영계 즉, 천국과 지옥은 정신적인 어떤 상태이지 장소개념이 아니라고 말하고 있다. 지옥에 대한 그의 설명은 구체적으로 설명했는데 황폐한 도시로 묘사하고 약탈을 말한 것으로 보아 지옥은 우리가 살고 있는 수준 낮은 인간의 畜生界(축생계)를 본 듯하다. 그는 영혼을 인간의 본질로 보았다.

몸은 오직 인간의 기관일 뿐이며 인간의 몸을 통해서 이 세상에 존재한다. 여기에서 인간은 죽을 때까지 이 세상에서 다른 세상으로 넘어가는 것뿐이다. 그러므로 우리가 살고 있는 이 땅은 뱀의 후손들이 득세하는 지옥이며, 다만 건전한 신앙을 통하여 진리를 깨달아 잃어버린 낙원을 회복하고 그리스도의 포도나무에 접붙인 사람들은 이 訓鍊所(훈련소)를 잘 통과하여 다음 생애까지 순탄하게 이어져 사후 영계에 들어가는 것이며 현세의 몸으로부터 분리되어 영계로 들어가는 것은 의식의 깨어남이다. 이 깨어남을 통해 인간의 의식은 계속되기 때문에 대개의 인간은 처음에는 그가 죽었다는 것을 의식하지 못한다.

또한 영의 세계에서의 인간은 완벽한 인간의 형상으로 보여 진다. 그러나 인간은 육신의 눈으로 보는 것이 아니라 오직 의식의 눈으로만 볼 수 있다. 마치 꿈속에서 보고 듣고 만지고 경험하는 의식들이 느끼는 사물은 육신의 눈으로 보는 것이 아니고 의식으로 보듯 말이다.

4) 스웨덴 보리의 경험 最後審判(최후심판)

스웨덴 보리의 경험인 최후심판에 의하면 천국과 지옥 사이에는 중간지역이 있는데 이곳은 죽음 이후의 중간상태이다. 이곳에서 최후의 심판이 행해지며 인간의 참된 성격이 밝혀지는 장소다. 이 심판은 성경에서 말하는 세상 끝 날에 이루어지는 것이 아니라 개개인의 심판이기 때문에 인간의 죽음 이후에 바로 이루어지며 심판은 인간의 외 내적 모습을 스스로 드러내는 거울과도 같은 것이다. 이 심판은 재판관이나 판결이 없이 이루어진다. 이 심판은 인간 각자의 삶의 청산을 의미하고 그 안에서 영혼은 그 내면의 성향이 생성된다. 대부분의 사람들은 자신이 행한 것이 선인지 악인지를 정확히 알지 못한다. 선을 행하였어도 그 마음이 진심으로 우러나와서 한 것이 있는가 하면 칭찬이나 자신의 이름을 드러내기 위한 선은 무익한 것으로써 버려지게 된다. 이때 진심에서 우러난 선행만이 영혼의 내면 성향에 나타내지며 어떤 욕심이나 사념으로 자기 낯을 내기위해 적선한 것들은 전혀 거울에 비취지 않는다.

5) 스웨덴 보리의 천국 旅行記(여행기)

① 스웨덴보리는 놀라운 신의 경이로운 솜씨와 하나님의 사랑과 지혜를 통하여 하늘의 모형인 이 땅의 자연계 안에서 하느님을 발견해야 한다고 권하고 있다.
② 어린아이의 얼굴과 말과 행동이 그렇듯 순진함은 눈으로 볼 수 있는 것이 틀림없다. 누구든지 하나님의 나라를 어린아이와 같이 받들지 않는 자는 결단코 들어가지 못하리라. 순진성과 어깨를 나란히 하는 또 다른 속성은 바로 평화다.

③ 물질적인 근심이 사라져서 얻는 마음의 안식과 평안과 기쁨 그리고 일의 성공은 평화로 보이지만 사실은 천상의 선 안에서 거할 때만 평화가 가능하기 때문에 천상이 선에 거하는 사람만이 진정한 평화를 얻는다고 했다.

④ 인간이 의식하지 못해도 守護天使(수호천사)들은 우리를 보호해 주고 있으며 끊임없이 영향을 끼치고 있다. 사람이 자유를 누리는 선에서 천사들이 할 수 있는 한 사랑과 믿음을 전하는 것, 그 사람의 喜悅(희열)이 향하는 방향을 알아내고 그 희열을 선한 것으로 고치고 바꾸는 것이다.

⑤ 모든 사람이 죽은 뒤에 바로 가야하는 중간 장소인 영들의 세계에서 調査(조사)를 받는다.

⑥ 우주전체는 영계와 자연계 둘로 나뉘며 영계에는 천사와 靈人(영인)들이 있고 자연계에는 肉(육)을 입은 인간이 있다. 皮相的(피상적)으로 보면 두 세계가 구별할 수 없을 정도로 매우 같아 보이지만 內的(내적)인 모습은 전혀 다르다. 영계와 자연계의 외양이 이토록 비슷하다보니 금방 죽어서 영계에 들어간 사람은 잠시 혼란을 일으킬 정도다. 중간 영계에 갓 들어간 영혼은 곧 인간의 능력을 훨씬 뛰어넘는 생각과 감각의 힘을 경험한다.

⑦ 靈體(영체)들은 육체였을 때 가졌던 것과는 비교도 안 되는 욕구와 愛着(애착)을 갖고 있다. 영체들은 육체를 입고 살던 때보다 훨씬 더 明確(명확)하고 뚜렷하게 생각한다.

⑧ 영계와 物質界(물질계)는 반대말이고 완전히 구별되는 말이지만 의사소통이 이루어지고 있는 하나의 단계가 있는데 바로 相應(상응)이다. 이것은 형이상학 체계에서 核心(핵심)을 차지한다.

⑨ 表徵(표징)이 무엇이고 相應(상응)이 무엇인지 아는 사람이 드물다. 이는 영계와 자연계는 구별된 별개의 세계임을 알지 못하는 이상 그 누구도 알 수 없는 사실이다. 왜냐하면 영적인 것과 자연적인

것 사이에는 상응이 존재하고 자연적인 것 안의 영적인 것에서 나오는 것이 표징이기 때문이다. 서로 대응하기 때문에 상응이라 부르고 서로 대표하기 때문에 표징이라고 한다.

⑩ 사람이 임종하여 영계에 도착하면 이승에 있을 때와 비슷한 집과 침실에서 비슷한 옷을 입고 비슷한 식구들과 살기 때문에 그는 스스로 생각해도 살아있는 것 같은 생각을 한다. 죽음을 맞은 뒤 모든 사람에게 이런 일이 일어나는 이유는 죽음은 죽음처럼 보이면 안 되며 삶의 연장으로 보여야 하기 때문이다.

⑪ 자연계에서 삶의 마지막 장은 영계에서의 삶의 첫 장이며 거기서부터 그는 천국에서건 지옥에서건 자신의 목표를 향해 전전해야만하기 때문이다. 갓 죽은 사람은 정신이 이승에 있을 때와 똑같은 상태를 유지하기 때문에 사후세계의 모든 것이 이승과 유사하다고 생각한다.

⑫ 죽은 이후에도 같은 사람이기 때문에 그는 정신의 개념에 따라 지상에서 소유했던 것과 비슷한 것들은 제공받는다. 그러나 그것은 며칠에 불과하다. 영계에 갓 도착한 신참들은 첫 번째 상태가 되면 天使(천사)들이 와서 그들을 맞이한다.

⑬ 사람의 영의 상태가 이승에서와 같기 때문에 이승에서 그가 알았던 모든 사람들과 친구들은 그를 알아본다. 그것은 영들은 사람의 얼굴과 말뿐 아니라 가까이 다가갔을 때 그의 생활권을 감지하기 때문이다. 來世(내세)에서는 그 누구든 어떤 사람을 생각하면 그 사람의 얼굴이 떠오름과 동시에 그의 생의 많은 것들이 같이 떠오른다. 그렇게 할 때 그 사람은 마치 누구의 부름이라도 받은 것처럼 그 자리에 나타난다. 그런 일이 가능한 것은 영계는 생각들이 서로 교통하고 공간을 뛰어넘은 세계이기 때문이다. 따라서 친구, 친척, 그리고 이승에서 어떤 식으로든 그를 알았던 사람들은 내세에 들어오자마자 그를 알아보고 서로 대화를 나누며 지상에서의 관계분량에 따라

교제한다. 남편과 아내는 다시 만나 서로 반기고 함께 지내는 경우가 흔한데 그것은 지상에서의 인연 정도에 따라 진행되기 때문에 그렇지 않을 수도 있으며 모든 현상은 자연스럽고 어색하거나 불편한 일과 가책 받는 일은 전혀 없다. 그리고 다시 만나는 그 기간이 길어지기도 하고 짧아지기도 한다.

* 이상은 스웨덴 보리의 靈的(영적)인 경험들을 간추려 기록한 것인데, 내가 1980년대에 유체이탈과 祈禱(기도) 중에 경험한 것과 특이한 꿈을 매일 밤 꾸다시피 하던 경험을 통 털어 비교해볼 때 상당한 부분이 일치 공감되어 독자들의 이해를 돕기 위해서 인용했음을 밝힌다.

* 기억하자.

오늘날 기독교 신앙을 준수하는 사람들 중에는 자신이 천국과 지옥을 보고 왔다 하며 간증 집회를 다니는 사람들을 종종 볼 수 있다. 유명인에서 평신도, 등 그리고 일반인들도 여럿이 자기경험을 증거 한다. 그런데 이들의 간증을 대략 종합해보면 여러 측면에서 앞뒤가 잘 맞지 않고 비성서적이며 혹은 어느 큰 교회 목사와 성당의 신부가 지옥에 가 있더라는 인신공격을 하며 자기를 만나서 상담하면 문제를 해결할 수 있다는 등, 간증집회에 강의비를 적게 주면 바쁘다는 핑계로 거절하는 등, 꿈 한번 꾸고 장사를 하려는 사악한 靈媒術士(영매술사)들이 판을 친다. 책을 출판하여 판매하고 우매한 사람들을 겁주며 눈물을 강요하여 천국 상담료를 받아 챙기는 사기꾼들은 정말 슬피 울며 이를 갈고 땅을 치고 통곡할 날이 미구에 돌아온다.

마치 부산대학교 미술대학 K교수의 시한부 종말설교 중 그리스도 재림종말이 가까워지니 빨리 기념관을 건축해야 한다며 모금 후원을 호소하는 것과 흡사하다. 때가 임박했고 사후세계를 보고 돌아왔으면 사유재산을 다 팔아서라도 피눈물로 호소하여 무보수로 죽도록 충성하는

천국의 여러 단계들

의미로 분투노력하여 이 긴급한 속보를 알려야하지 않은가? 천국 지옥을 보고 돌아온 사람의 할 짓인가? 무슨 돈이 그리 필요한가. 긴급한 뉴스를 목숨 걸고 전하다가 쓰러져 죽으면 천국인데 왜 장사를 해야 하는가? 오늘날 교회를 1970년대와 비교를 해보면 변해도 너무 변해있다. 목사들은 하나님의 종의 신분대신 대다수 제왕이 되어있고 칼빈(Calvin)의 뒤를 이어 권력을 휘두르며 賣身行爲(매신행위)를 일삼고 사고파는 去來(거래)에 익숙해져있어 이제는 양심이 化石(화석)이 되다보니 아예 가책이 없고 집사, 장로, 권사, 취임 시 돈을 지불해야 한다.

  신도들 역시 하나님의 약속과 구속의 섭리를 확실히 모른 채 오래된 폐습과 황제숭배의 잔유물이며, 유전인 세습을 좇아 그것을 좋게 여겨 수용하며 따라가고 있다. 예수께서 언급하신 염소는 교회에 오지 않는 속세의 불신자를 말하는 줄 알며, 넓을 길 가는 사람은 역시 불신자인 줄로만 알고 있다. 그러나 예수께서는 의인중에 악인을 골라내고 벼가 자라는 논에서 가라지를 골라내어, 양의 우리 안에서 함께 자라는 염소를 골라내어 심판하신다. 영혼 없는 쭉정이를 거두어 불에 태워 버린다고 하였다. 기억하자. 다른 동물들보다 더욱 저주를 받아 배로 기어 다니는 뱀의 후손과 존귀의 신분을 망각하고 스스로 왕이 되어 하나님과 비교하여 천상의 보좌를 넘보고 뭇별위에 앉아 금과 보석으로 구민왕국에서 군림하는 계명성(네발로 다니는 짐승)들이 진토에 패대기쳐 지는 날이 오는 것을 곧 볼 것이다. 그런데 뱀과 짐승의 신분에서 거듭나서 회개 자복하고 신분세탁을 하여 방주에 들어간 의인들은 하나님의 백성이 되어 구원에 이르는 개벽의 날이 임박하게 진행되고 있다.

6) 스웨덴 보리의 再照明(재조명)

  앞 장에 언급했으나 좀 더 구체적으로 말한다면 그는 목사의 아들로 태어나 신앙교육을 건전하게 받으며 자라왔다. 그는 1688~1772년 사람으로 哲學者, 科學者, 宗敎家, 神秘家였으며 여러 면에 재능이 탁월한 사람이었고 직업과 직장이 있는 부러울 게 없는 사람으로 56세쯤에는 확고한 신앙으로 하나님을 영적으로 만나고 어느 날 신비한 유체이탈을 경험한 후에 세상의 모든 학문을 접고 영혼과 사후세계와 신성에 관한 기도와 영계의 경험일기를 저술하는 일에만 몰두 하였다. 그의 확신에 찬 기록들을 전파하기 위해 자비량으로 여러 나라를 유영하며 사후세계를 알리는데 그는 크게 힘을 기울였다. 그의 열심으로 많은 사람이 공감하게 되었고 결국 유럽 지성계에서 다섯 손가락 안에 들었던 사람이었다. 그는 임마누엘 칸트와 감리교회의 대부 요한 웨슬리와 동시대 사람이었다. 그들과 연관된 일화도 있다.

요한 웨슬리는 스웨덴 보리에 대하여 신뢰가 느껴지면서도 한편 그의 신비주의가 의심이 일어나서 일대일의 토론을 해보려는 의도로 자신의 방문날짜를 편지로 알렸다.

그러자 즉시 답장이 왔는데 '웨슬리 선생! 당신이 방문하는 날은 내가 영적세계로 들어가는 날이니 그 이전에 방문해주시기 바랍니다.'라는 편지가 도착하였다. 웨슬리는 더욱 의심이 갔다. 그래서 그는 일부러 그가 영계로 떠난다는 그날 오후에 도착하여 마당에 들어서는데 마당에는 그의 젊은 제자들이 10여 명 서성이고 있었다. 웨슬리가 방에 들어서니 스웨덴 보리는 미소를 지으며 처음 보는 웨슬리를 반기며 침대에 누워 가쁜 숨을 고르며,

"웨슬리 선생이시군요? 너무 늦으셨습니다. 진작 오셨으면 많은 대화를 나누었을 텐데 아쉽군요."

라는 말을 남기고 크게 호흡하고는 그는 지구소풍을 마치고 영원히 영계로 돌아갔다. 그 뒤 한동안 웨슬리는 失語症(실어증) 환자처럼 말이 없었다. 이 사건은 요한 웨슬리에게 일생을 두고 잊지 못할 충격과 도전이었다. 그 당시 스웨덴 보리는 불가사의한 영매가로 이름을 떨치게 되었다. 그는 사생활이 경건하였고 건전하였으며 박식하였고 학자

답고 고상한 인격의 소유자였다. 오늘날의 영계를 자랑하는 관념주의 교주들은 그의 휴지도 줍지 못한다. 여러 권의 저술을 남겼고 지금까지도 학회가 계속 맥을 이어가고 있다. 그는 의심과 탐구 그리고 영계에 대한 궁금증 그리고 소망, 관념에서 실체를 찾으려는 궁구에서 몸부림치다가 마음이 가난한 자였다. '구하라 주실 것이요' 라는 예수께서 열어놓으신 좁은 길을 찾아가다가 알아낸 길이었다. 습기 찬 감옥에서 영혼의 고뇌와 갈등을 겪다가 영감소설인 〈천로역정〉을 저술한 존 번연(John Bunyan)처럼, 마음이 가난한 정신계의 순례자들에게 열린 하늘 문들인 것이다.

- ## 그가 神祕主義者(신비주의자)라서 이단인가?

신구약 성경은 창세기 천지창조, 인류 창조에서부터 계시록까지 신비덩어리다. 흙으로 인간을 창조하고, 홍해 바닷물을 가르고, 반석에서 물이 솟게 하고, 하늘에서 만나가 비 같이 내리고, 물에 빠진 도끼를 건져올리고, 빈 기름병을 가득 채우고, 죽은 자를 살리시고, 중풍병자를 살리시고, 죽어 썩은 냄새가 나는 나사로를 살리시고, 감옥에서 베드로의 발에 묶인 착고가 풀어지고, 변화산에서 영인들이 나타나고, 다메섹에서 환상을 경험한 사울이 크게 회심하여 자비량 선교를 하며 그 뒤로도 셋째 하늘인 영적세계를 보고 돌아와 결국 목숨을 바쳐 순교를 당하기까지 충성한 사례들이 이단인가? 오늘날 쑥물먹이는 신학자들, 로마 태양신 숭배자들인 황제들의 개입 하에 만든 사람이 만든 엉터리 교리로 사람을 떼거지로 벼랑으로 몰고 가는 소경 지도자들, 영계라는 말만 들어도 알레르기가 돋는 문자주의 맹인들은 지구가 뒤집혀도 모르고 방주문이 닫히는 날까지 먹고 마시고 시집가고 장가가고 동물적인 본능만 남아 죽음이 눈앞에 오는 순간을 의식하지 못하고 다른 동물보다 더욱 저주를 받아 배로 기어 다니다가 생을 마감하는 것이다.

3. 自覺(자각)과 認識(인식)의 중요성

(1) 자각은 포괄적인 입장에서 반드시 필요한 존재적 숙제다.

1) 특별히 남들을 가르친다고 일선에 나서서

스스로 지도자라고 칭하는 리더(Reader)들, 사람의 마음과 영혼을 논하는 구도자라면 아주 분명한 자신의 입지와 마인드 상태가 절대로 헛갈리지 않는 고유한 개성과, 자신이 펼치고자 하는 주장에서 뚜렷한 목표와 이상적인 메시지가 있어야 하며 예, 아니오, 하는 확신에 찬 이론무장이 요구된다. 왜냐하면 교회단체나 무슨 종교단체든 간에 리더자 한 사람의 영향이 개인과 사회의 흥망성쇠가 결정되기 때문이다. 여행을 하는 자가 목적지도 없이 막연하게 걷고 또 걷는 고단한 삶을 견디며 방황하는 현실이 오늘의 종교 현황이다. 하나의 예를 든다면 가나공화국의 인디아나 '짐 존스 목사'와 그의 신도들은 900여 명이 힌꺼번에 목숨을 끊는 불행을 겪는 뉴스를 우리는 금세기에 겪었다. 수많은 선남선녀가 처녀총각으로 늙어가며 청춘과 재산을 **빼앗기고** 목숨까지 잃어가며 노예로 전락하는 사이비들이 지금도 버젓하게 활보하고 있다.

왜? 무엇 때문에 고등교육을 받고 글을 배우고 감정이 있고 신경세포가 살아있는 인간들이 그토록 비교의식도 없이 맹신으로 영혼을 팔아 벼랑으로 끌려가는가? 이 무지는 자각의 눈이 없고 견성의 등불이 없는 무지의 소산이다. 그러므로 자각은 의식의 눈이 뜨이는 첫 단계의 관문이다. 여기에는 몇 가지 물음이 있는데 그것은 자각이다. 스스로 깨닫지 못한 사람이 어찌 길을 예비할 수 있는가? 예수님의 신들메를 들 자격도 없다는 확신으로 요단 강변에서 증언하던 세례자 요한도 결국 흔들려 오실 메시아가 당신이 맞느냐고 제자를 보내어 재 질문 하는 경우도 있으니 먼저 깨달음을 경험해야 헛갈리지 않는 것이다.

- 너희는 주께 받은바 기름부음이 너희 안에 거하나니 그의 기름부음이 모든 것을 가르치시리라. (요일2:27)

- 너희가 믿을 때에 聖靈(성령)을 받았느냐? 성령은 하나님의 깊은 것도 通達(통달) 하시느니라. (고전2:10)

- 所望(소망)에 관한 질문을 던지는 자에게 대답할 것을 항상 예비하여 聖靈(성령)을 근심 시키지 말 것이며 속인들에게 업신여김을 받지 않도록 무장해야할 것이다. (벧전 3:15)

- 學者(학자)같은 혀를 내게 주사 나로 困苦(곤고)한 자를 말로 어떻게 도와줄 줄을 알게 하시고 아침마다 깨우치시되 나의 귀를 깨우치사 學者(학자)들 같이 하시도다. (사50:4)

하나님께서는 자기의 비밀을 그 종 선지자들에게는 자기의 하실 일을 미리 보여주시고 실행하신다. 미리 보여주시지 않고는 결코 행하시지 않는다. 소돔 고모라 사건도, 노아방주 사건도, 바벨론 포로생활도, 예루살렘 멸망 선언도, 모두 시대적인 징조로 혹은 선지자들의 입을 의탁하사 미리미리 여러 차례 경고하셨다. 그러므로 이와 같은 받은 증거가 없이 남을 가르치거나 시대의 징조를 눈치 채지 못 하고 천기를 분별 못 하면서 어찌 사람 낚는 어부가 되겠는가.

2) 自覺(자각)은 意識(의식) 변화다.

베드로가 거꾸로 못 박힌 것은 강렬한 의식의 변화다. 예수께서 잡히시던 날 밤 운명의 갈림길에서 고뇌하던 나이 많은 제자의 호언장담하던 우직함과, 말고의 귀를 칼로 잘라버리던 의협심은 어디로 가고 두렵고 떨리며 헛갈리는 밤이었다. 그러다 결국 예수의 예언대로 로마 군병들 앞에서 세 차례나 예수를 부인하는 순간에 새벽닭이 세 번이나 울었다. 그 순간 그는 심한 통곡의 임팩트에 뒤통수가 멍하였다. 양심의 가책과 회한, 삼년동안 함께했던 지난날의 수많은 사건들과 예수께서 말했던 하나님의 나라에 대한 시대적 상황들에 대하여 퍼즐처럼 뭔가가 순간적으로 정리가 되었다. 정신이 완전히 변화된 그는 예전의 사람이 아니었다. 그는 일찍이 예수께서 생전에 변화산에 함께 올라 영계를 확실히 경험했던 순간을 기억한다. 그리고 예수의 질문에 성령의 인도로 확답을 표현한 사람으로 天國의 열쇠를 받은 사람 아닌가?

"너는 나를 누구라 하느냐?"

이 부름에 우리는 분명한 대답을 스스로 해야 한다.

"주는 그리스도시요 살아계신 하나님의 아들이로소이다!"

> '예수께서 이르시되 바요나 시몬아 네가 복이 있도다. 이를 네게 알게 하신 이는 혈육이 아니요 하늘에 계신 아버지시니라 말하는 이는 네가 아니니 너희 안에 있는 성령의 음성이로다. 내가 천국열쇠를 네게 주노니 열면 닫을 자가 없고 닫으면 열자가 없느니라' (마 16:13~20)

사도 바울역시 셋째 하늘(三層天)을 보고 사람의 상식으로 다 말할 수 없는 신비한 체험을 한 사람이라고 본인 스스로 간증한 사람이었다. 베드로와 바울은 로마에서 순교를 당하면서도 기꺼이 죽음을 택한 결단의 힘이 무엇이라 생각하는가? 이 두 사람의 공통적인 사실은 더 나은 둘째 부활과 영원한 삶이 이어진다는 사후세계를 확신했던 것이다. 베드로 그는 결국 로마로 건너가서 젊은 스승인 예수의 뒤를 이어 거꾸로 나무에 달려 더 나은 부활을 위해 죽음으로 생을 마감하는 결단을 보여주었다. 어느 순간의 깨달음을 경험한 사람은 이러한 크나큰 변화를 일으키며 그 결과가 용기와 함께 빛나는 귀감이 되는 것이다.

3) 自覺(자각)은 位置(위치)를 분명하게 한다.

신앙인들의 첫째 자각은 첫째로 위치에 대한 확신과 뚜렷한 자신감이다. 사도바울은 자신의 위치를 예수의 痕迹(흔적)을 가진 분명한 고백을 간증했으며 속세의 정과 욕심을 못 박고 그리스도의 옷을 입은 사람으로 부끄러움이 없음을 고백하였다.(갈 6:17)

누구든지 하나님을 믿노라 하는 사람이 자신의 위치를 결정 못하고 좌우로 흔들리며 시계추처럼 흔들린다면 그는 버림받은 사람이다. 그리스도인은 자신의 위치를 성경을 통해서 거울을 삼을진대 철저히 자기를 검증해봐야 하며 양심선언해야 한다. 이것은 영적으로 매우 重大한 사건이며 신앙고백이기 때문에 진실해야 한다. 바울은 다음과 같이 고린도 인들에게 편지로 부탁하였다.

'너희가 믿음이 있는가. 너희 자신을 試驗(시험)하고 너희 자신을 確證(확증)하라 예수 그리스도께서 너희 안에 계신 줄을 스스로 알지 못하느냐? 그렇지 않으면 너희가 버리운 자니라' (고후13:5~7)

'이는 내게 사는 것이 그리스도니 죽는 것도 유익함이니라' (빌1:21)

이토록 철저한 沒我一體(몰아일체)의 그리스도 화 된 신비의 간증을 선포한 그는 실제로 죽음 앞에서도 초연하였고 그의 심장은 이미 예수 심장이 되어 (빌1:8) 확고한 위치에서 갈 길이 정해진 운명의 시간들을 온몸으로 받아 들였다.

그는 사실상 육체를 떠나고 싶어 하였으나 사단의 가시를 안고 병약한 몸으로 살아가야 하는 것이 자신의 열매라면 무엇을 가리겠느냐고 말하며 차라리 영계로 떠나고 싶지만 바울자신이 좀 더 머무는 것이 여러 교회에 더 유익할 것 같아 머문다고 했으니 그러므로 사나 죽으나 그리스도를 위한 일이라며 자신의 위치를 확증하였다. (빌1:22~23)

(2) 認識(인식)의 중요성

인식은 지식과 비슷한 말이지만 근본바탕이 다른 것으로 지식은 경험적인 학습에서 얻어지고 시간의 흐름에 따라 내공이 되기도 하며 점차 익숙해지므로 여러 면에 적응되는 가치를 부여하는 것이다. 인식이란 사물을 분별하여 판단해야 하는 철학적 숙제다.

예수께서는 이 인식을 하나님의 뜻을 나타내는 啓示라고 하셨다.
(마11:25~27)

요한은 기름부음의 영이 모든 것을 가르치시리라고 언급하였다.
(요일2:27)

바울은 이 인식을 知覺을 사용하는 分別力(분별력)이라고 하였다.
(히5:13~14)

지식은 경험이나 학습을 통하여 두터워지고 풍성해진다. 그러나 인식은 바로 깨달음이니 순간순간 맑은 계시의 영으로 위로부터 내리시는 깨달음이다. 아무리 아볼로처럼 학문이 많아도 사람의 유전과 사람의 역사를 녹음테이프처럼 뇌까려 배우는 것은 영혼의 개혁을 일으키지 못한다. 얍복강 나루터에서 엎어진 야곱과, 다메섹에서 엎어진 사울처럼 어떤 운명의 소용돌이처럼 새롭게 태어나는 계시의 역사가 그 영혼을 사로잡을 때 깨달음이 시작되는 것이다.

이러한 경험과 깨달음의 시작은 피상적이던 것들도 새롭게 변하는데 만물이 새롭게 변화되는 것이 우주법칙의 순차인 것이다.

1) 認識(인식)이 분명할 때 의심이 사라진다.

일상적인 의미에서의 경험과 감각적 경험과 여기에 상관되는 세계관 자체가 매우 중요하다. 세계는 이러한 경험 속에서 그리고 이러한 경험에서부터 의미와 존재의 가치를 갖는 것이다. 神을 숭배하는 신앙이나 인간의 본질을 탐구하는 철학이든 간에 인간의 경험에서 발견하지 못하는 이론들이나 추상적인 것들은 유익은커녕 도리어 영혼을 混沌(혼돈)시키는 허상일 뿐이다. 천국이나 지옥도 인간의 경험을 통해서 인식되어지는 것이다. 마찬가지로 낙원이나 유토피아 본향은 의심 없는 確實性(확실성) 안에서만 존재한다.

예수께서 어린아이들을 언급했던 것은 이러한 문제 때문이었다. 의심 없는 아이들의 믿음과 확실성 그리고 인식이다. 이러한 영적인 존재계가 이따금씩 발표되는 학설이나 도서, 등으로 허무한 가상이 되어 우주인식의 가치를 떨어뜨려 오랜 세월을 지배해왔다. 수천만 명의 인류가 몇몇 신학자들과 관념주의자들에게 끌려 다니며 노예처럼 종살이를 하였다. 그것은 확실한 인식의 뿌리가 없어서 그렇다. 베드로와 바울이 기꺼이 순교를 하며 목숨을 던진 것은 그들의 설명할 수 없는 영적인 체험과 사람에게서 배운 것이 아닌 사도행전의 초자연적인 성령의 역사와 그 힘에 의하여 강력한 끌림 때문이었다. 그것은 목숨보다 더 중요한 생명의 가치를 깨달을 확실한 증거를 그들은 영육으로 경험했기 때문에 가능했던 것이다.

2) 認識(인식)이 부족하면 無神論者(무신론자)가 되고 만다.

　마태복음 14장에 언급된 오병이어의 기적은 복음서에 두드러지는 역사다. 이 사실을 읽고 사실여부를 따지는 것은 그다지 신령한 사람이 아니다. 의심하는 사람도 이해가 간다. 하지만 과학적으로 불가능한 일이라는 것은 누구나 안다. 그러나 오래된 지혜의 역사적인 성경 속에서 이 내용이 무엇을 암시하는지 이해하는 것이 우선이다. 비과학적인 내용이 어디 한두 군데인가? 물로 포도주를 만들고 죽은 나사로를 살려내고 죽은 청년을 살려내고 수많은 병자를 살려내고 수많은 귀신을 쫓아내는 복음서들에 기록된 역사들 도대체 성경은 뭘 가르치고 무엇을 말하자는 책인가?

　우리는 이것을 이해하여 인식해야 한다. 그렇지 않고는 다른 뜻으로 해석할 때 당신은 무신론자나 다를 바 없는 관념주의자이며 불신자이며 아니면 자기 그릇대로 성경을 가위질하는 편식장이일 것이다. 성경의 기적들은 지금도 유효하다. 여전히 요단강은 갈라지고 홍해도 갈라지고 일용할 만나도 하늘에서 내려오며 천사들이 왕래하며 구원의 후사들을 돕고 있다. 아무리 위장이 건강한 사람도 굵은 고구마나 당근뿌리를 그냥 삼킬 수는 없다. 구태여 이 식물들을 어떻게 먹을 것인가는 내가 애써 설명하지 않아도 될 것이다. 먼저 나의 몸에 대한 소화력과 인식은 바로 새김질하여 섭취하는 것이다. 구체적인 방법들은 넘쳐나니 스스로 기도 명상하여 인식해야 할 것이다. 기적을 일부러 좋아할 필요는 없다. 지금 내가 이 땅에 서있는 것이 기적이기 때문이다. 그러나 사람의 믿음이 천태만상이니 이 믿음에서 모든 만사가 결정된다.

3) 認識(인식)은 事物分別(사물분별)에서

　인식은 사물을 분별하는 건전한 정신적인 소산이며 깨달음으로 이어지는 영혼의 자양분이다. 이 말은 유기적인 연결을 의미한다. 사물은 분별하지 못하고 역사의식을 모르고 귀로 들은 소문만을 듣고 인생을 걸어버리면 어느 날 조금 성숙했다고 느끼는 때가 되면 그야말로 인생무상을 느끼는 헛다리 잡은 신세가 되고 만다. 인생무상, 이 말에는 많은 의미와 감정의 실체들이 중첩되는 말이다. 이 무상은 부정적인 면에서 이야기하는 허무감이 묻어나는 말이지 결코 형이한 철학적인 용어가 아니다. 오늘날의 기독교 문화는 현저하게 쇠퇴기를 맞고 있다.

이슬람이나 유대인들은 아직도 전형적으로 교권을 유지하며 후퇴하지 않고 있으며 이슬람권은 오히려 교세가 확장되고 있다. 유대교 역시 그렇다. 그들의 경우 인구 수효는 작지만 선택의 여지가 없고 그들은 성인식을 하기 전에 이미 모세오경을 다 외우고 늘 토라와 탈무드를 휴대하고 다니며 뼈에 사무치도록 신앙교육을 洗腦(세뇌)받는다.

물론 국교이기 때문에 선택의 여지는 없다. 끝없는 전쟁 중에도 자신들이 選民(선민)이라는 자부심으로 세포가 물들어있으며 전 세계를 자신들의 발아래 복종시키려는 거대한 프로젝트를 시도하여 이미 그 움직임의 시작은 오래전부터 진행되었다. 이슬람은 AD.600년경의 뒤늦게 생긴 종교지만 그 후 역사적인 자료가 뚜렷하여 추상적인 교리가 아예 없으며, 꿈이나 계시, 등 복잡한 조직신학도 없다. 일부다처와 자녀교육 등 별 문제가 없다. 율법은 엄격하여 범죄자가 없고 역시 국교이기 때문에 신앙에 관하여는 선택의 여지가 없다. 그런데 문제가 되는 것은 오늘의 개신교 기독교 교파들이다. 자유로운 의지의 선택으로 인하여 수백 개로 분리된 종파와 100여 명의 재림주, 메시아, 등 거기에 따르는 불협화음과 거짓교리와 속임수 우물 안에서 결정한 신학교리의 옹졸한 문자주의의 미몽 역사성이 결여된 루머에 길들여진 오늘의 조직신학의 문제점이며, 신앙의 자유라는 기회가 방종을 낳아 자승자박의 올무들이 그것이다.

4) 사물을 分別(분별)하려면 공부해야 한다.

간절하라. 필자가 말하는 분별은 사물의 밉고 고움과 선과 악을 구별하라는 것이 아니다. 우리가 살아가는 세상 제도의 實體(실체)를 파악하여 속임수 장사하지 말라는 것이며 즉, 통찰력을 갖자는 것이다.

'뵈뢰아 사람들은 데살로니가에 있는 사람보다 더 신사적이어서 간절한 마음으로 말씀을 받고 이것이 그러한가 하여 날마다 聖經(성경)을 상고하므로 그중에 믿는 사람이 많고 또 헬라의 貴婦人(귀부인)과 남자가 적지 아니하나'(행17:11~12)

신사적이라는 이 말은 의식이 고상하다는 뜻이다. 우리가 진리를 공부함에는 몇 가지 준비해야 할 요소들이 있는데 첫째는 간절함이다. 간절하지 않으면 마음이 산만하여 진리의 靈眼(영안)이 열리지 않는다.

'나를 사랑하는 자는 나의 사랑을 입으며 나를 간절히 찾는 자가 나를 만날 것이니라.'(잠8:17), '오직 너희는 믿음과 말과 간절함과 우리를 사랑하는 이 모든 일에 풍성한 것 같이 이 은혜에도 풍성하게 할지니라.'(고후8:7)

이렇듯 깊은 통찰력을 갖고 새김질해 보고 묵상하는 紳士的(신사적)인 행위는 자신을 진정한 믿음의 길로 인도하는 것이다.

'또 우리에게 더 확실한 豫言(예언)이 있어 어두운 데 비취는 등불과 같으니 날이 새어 샛별이 너희 마음에 떠오를 때까지 너희가 이것을 주의하는 것이 가하니라.'(벧후1:19~20)

'하나님이여! 사슴이 시냇물을 찾기에 갈급함같이 내 영혼이 주를 찾기에 갈급하나이다. 내 영혼이 하나님 곧 생존하시는 하나님을 渴望(갈망)하나니 내가 어느 때에 나아가서 하나님 앞에 뵈올꼬!'(시42:1~2)

'하나님의 規例(규례)는 확실하여 다 의로우시니 곧 많은 정금보다
더 사모할 것이며' (시19:9~10)

우주에는 자연 법칙이 있고 성경 속에는 하나님의 계획과 경륜과 그리고 과거 현재 미래를 잇는 영적인 원리가 들어있는데 특별히 가장 중요한 천국문제, 부활의 실체와 원리는 매우 중요하다. 예수의 신성, 동정녀 문제, 삼위일체 문제는 매우 중요한 교리이므로 진지하고도 간절한 마음으로 뵈뢰아 사람들처럼 신사적으로 연구하여 깨달아야 한다.

(3) 歷史意識(역사의식)을 조명해야 한다.

그럴듯한 이론이나 솔깃한 소문이라도 확인할 수 없는 가짜뉴스의 속임수는 결국 뒤따르는 사람들에게 허망을 안겨주고 그릇된 신앙으로 유혹에 빠져 일평생을 청춘과 재산을 송두리째 빼앗기고 가정을 잃고 폐인이 되는 사람들이 우리나라만 해도 수만 명에 이른다. 근거가 불분명한 일은 역사가 될 수 없다. 역사의식이란 실증적인 의미를 말하는 것이다. 그리고 역사적인 가치를 인식하되 각 시대적으로 상황과 배경을 통찰하여 현실에 뒤떨어지는 오류를 범하는 일이 없어야 할 것이다.

예를 든다면 솔로몬과 술람미 여인의 사랑을 해석함에 있어서 지나치게 영적으로 접근하여 솔로몬을 그리스도로 상징하여 부각시키고 술람미 여인은 정절있는 교회성도로 묘사함은 아름다워 보이며 신령한 의미를 주지만 아가서는 글자 그대로 어여쁘고 아름다운 사랑의 노래란 말로 실제적으로 솔로몬과 슈넴 지방인 시골의 얼굴 검은 아가씨와의 수준 있고 격조 있는 사랑이야기임을 알아야 한다.

"확언하노니 진실 된 에로스는 創造主(창조주)의 선물이며 파편이다. 남녀사랑보다 더 큰 사랑은 진동수가 낮은 이 지구별의 수준과 次元(차원)에서는 없다."

이 땅에 수많은 예술가들과 哲人(철인), 과학자, 음유시인들, 성인들, 영성가, 선지자들이 어디서 왔는가? 이들이 창조된 것은 100% 남녀사랑의 결합에서 결정적으로 태어난 것이다. 그러므로 남녀의 아름다운 사랑은 창조의 원리이며 바로 만물의 영장인 인간이 태어나는 깊은 비밀의 축복이다. 그런데 왜 남녀사랑을 속되다 하는가? 뭘 그리 잘난 체를 하는가? 좀 깨달았다 하는 사람들이 우를 범하는 것 하나가 하나님의 창조원리와 신성을 자기 방식대로 생각하여 남녀사랑을 속되게 여기는 것이다.

구약성경은 대부분 가치 없는 구시대 히브리 인의 피범벅인 전쟁사들이다. 그나마 건질게 있는 책이 아가서, 잠언, 전도서이다. 여기서 짚고 넘어가야할 게 있는데 우리는 이 솔로몬과 술람미 여인의 연애사건을 지나치게 구속사적으로 해석하여 그리스도와 그의 신부로만 치우치면 현실감보다는 추상 주의자가 되고 만다. 이 이야기는 솔로몬왕의 젊은 통치시절의 실제적으로 숭고한 사랑 이야기일 뿐이다. 구속사적으로 끌어오는 것은 성스러운 듯하나 좀 무리다.

이것이 역사성을 인식하는 것이다. 구약성경은 창세기 말고는 문자와 역사적으로 관조하는 것이 무난하다. 晩年(만년)에 우상숭배하며 산당으로 돌아간 솔로몬을 그리스도의 상징으로 자꾸 끌어들여 억지 해석할 이유가 없다. 유대인들이 생각하면 얼토당토않을 사실이며, 그들은 웃기는 사람들이라고 한다.

그러나 보수적으로 해석한다 하여 나쁠 것은 없다. 에스겔, 다니엘, 호세아, 이사야, 예레미야, 미가서, 산상수훈, 요한계시록, 등은 비유와 상징이 깊으니 영적으로 살펴봐야 할 것이나 구약의 대부분은 히브리 민족의 전쟁사이며, 피가 뒤엉킨 죄악사이며, 목숨 걸어야 할 가치가 없는 민족신의 이야기들이다.

그러나 예수 그리스도는 유대 전쟁역사의 후예가 아닌 멜기세덱 계열의 후손으로 아론반차의 레위지파 사람이 아닌 별다른 제사직 즉,

유대인의 여호와가 아니라 우주신이며, 천지의 主宰이신 진짜 창조주 하나님을 신앙하신 개혁의 횃불 같은 존재로서 작은 고을 베들레헴에서 탄생하신 것이다. 그는 설교시 비유가 아니면 말하지 않았다. (막4:33~34, 마13:34~35)

필자가 말하고자 하는 역사의식이란, 역사의 진실 여부를 말하는 게 아니라 그 역사의 시대적 배경을 관조하라는 것이다. 예를 들면 안중근 열사를 살인자라 비난하는 사람이 없는 것은 그 시대적 상황을 이해할 때 비로소 사건 현장을 이해할 수 있고 도리어 우리는 안중근에게 손을 모으고 숙연해진다.

바울이 감옥에서 쓴 편지들을 보자. 그는 그 시대 상황으로 볼 때 편지로 밖에 소식을 전할 수 없었다. 그가 미래에 편집될 성경을 쓰려는 의도는 없었다. 이렇게 바라보는 시각에 어떤 보수주의자들은 고등비평이라 비난을 하는데 내용을 분해하지 않고 어찌 새김질이 되겠는가? 그러므로 역사의식이란 시대적 상황을 통찰하는 것이다.

비유와 상징은 영적으로 해석하고, 역사적인 것은 문자 그대로 보는 것이다. 특별히 한국교회는 이단 교주들 100여 명이 등장하여 물을 흐려 놓았는데 이들의 성서해석을 보면 지나치게 영적으로 치우쳐 원어는 물론 성경이 기록된 배경이나 저자의 심정과 역사성 같은 것은 아예 참고할 비판의식도 없이 아전인수 격으로 해석하고 교인들은 사냥하고 있다. 그 결과가 오늘날의 십자가 걸어놓고 사업하다 속세의 법관들 앞에서 모진 수모를 당하고 법적 시비에 말려 껍데기나마 유지하던 기독교역사에 종말을 고하는 양 가죽을 쓴 광명의 천사들의 결말과 그를 따르던 신세 망친 군중들이다. 통일교를 이단이라 욕할 거 하나 없다.

그들은 문선명 씨가 미국에서 세금 문제로 법적시비에 말려 수감된 적은 있으나 그 밑에 목회자들이 돈 문제로 시비에 걸린 적은 없다. 나는 이 심각한 문제를 근원적인 단추가 잘못 끼워졌다고 역설한다. 그것은 허구를 조작하여 왜곡된 역사를 가르쳐왔기 때문이다.

동정녀 문제, 구름타고 내려온다는 예수 재림문제, 죽은 자가 살아난 다는 부활문제, 등의 교리를 믿는 목회자는 5만 명 목사 중 단 10명도 없다. 이 만들어진 교리는 기독교 초기 선교가 로마로 전파된 가장 큰 원인 중의 하나인데, 황제들은 기독교를 자기들의 태양신으로 바꿔치기 하면서 성경 편집에서부터 모든 종교회의마다 참석하여 역사를 왜곡시켰다. 그들이 가톨릭이고 그들의 사촌격이 오늘의 교회다.

  우리가 보는 성경은 14회나 편집 가감 되었고 예수님은 투표로 만들어진 신이 되었다. 진실의 역사는 감추어졌고 크게 왜곡되었다. 정명석, 이만희, 이유성, 유재열, 조희성, 김순옥, 박명호, 안상홍, 최충일 외에 교주들의 공통적인 사실들 하나는 고등교육을 받은 적이 없는 사람들이다. 그러다보니 누구의 도움이 없이는 비행기 티켓팅 하나도 못 하며 빌딩의 영문 간판 하나 못 읽는 수준이니 성경이 어떻게 편집되었으며 역사적 배경이나 당시의 상황적 분위기 특히 계시록에 대한 그릇되고 독단적인 해석과, 히브리어의 성격이나 헬라어의 성격 한 토막도 모른 채 문자를 자구적으로 옹졸한 해석을 하여 결과적으로 대 혼란을 가져 왔다. 유럽이나 러시아 교회처럼 이제 끝이 오는 것 같다.

(4) 教育(교육)을 통한 歷史意識(역사의식)

  '다니엘아 마지막 때까지 이 말은 간수하고 이 글을 封緘(봉함)하라 많은 사람이 빨리 往來(왕래)하며 知識(지식)이 더하더라.' (단12:4)

  '많은 사람이 연단을 받아 스스로 淨潔(정결)케 하며 희게 할 것이나 惡(악)한 사람은 악을 행하리니 악한 자는 아무도 깨닫지 못하되 오직 智慧(지혜)있는 자는 깨달으리라.' (단12:10)

  교육의 근본적인 원리는 배우는 단계의 마음가짐이다. 그것은 역사적인 사명감과 동시 개인적으로 탐구해야 할 영적인 지식 습득이다. 할아버지가 금테 안경만 닦으면서 손자 손녀에게 구구단 하나 가르쳐 주지 못하고 명심보감 한 쪽 山上垂訓(산상수훈) 팔복 한 마디 못해 준다면 어찌 어른의 권위가 유지되겠는가? 오늘날의 문명은 인간 상식이 신의 영역까지 쳐들어왔다. 복제 동물을 만들고 복제인간을 만들고 줄기세포 이식, 오장을 이식하는 기술 발달된 고고학 고대어 판독, 발달된 기계장비, 등, 통신망의 발달 중 인터넷, 유튜브 발달은 세상 이 끝에서 저 끝을 즉시 살펴볼 수 있는 기회가 주어졌다.

가짜뉴스도 많으나 숨겨진 진실도 적나라하게 쏟아져 나온다. 정말 빨리 왕래하고 지식이 더 상승하는 시대가 되었었고 영성있는 사람들의 지적인 周波數(주파수) 진동이 그게 증폭되고 있다. 向學(향학)은 탐구정신이 많고 수용의 자세와 한편 지각이 발달해야 하는데 그 지각은 순수한 정신에 더해지는 생명의 氣運(기운)이다.

1) 교육의 재료는 視聽覺(시청각)이다.

교육적 가치와 문제를 금세기에 가장 많이 던져준 곳은 100년의 전통을 자랑하는 내셔날 지오그래픽(National Geographic)과 댄 브라운(Dan Brown) 암허스 대학 교수의 저서 〈다빈치 코드〉는 무미건조한 종교계에 파문을 던졌다.

〈탈무드 임마누엘〉이나 〈보병궁의 성약〉 〈마리아복음〉 〈빌립 복음〉 〈도마복음〉 〈바울묵시록〉이 유출되면서 영성가들의 고민하던 퍼즐이 어느 정도 들어 맞아가고 있다. 가장 불쾌한 진실은 로마교회의 황제들로 인하여 기독교가 그들 속으로 용해되어버려 성경 편집과정에서 영적인 책들을 빼버리고 환생이나 윤회이야기는 완전히 빼버렸다는 것이다. 결과는 그렇다. 세계의 수많은 종교들과 적대감정을 심어주는 유일신 사상은 가나안 7족속 쳐부수어 죽여 버리듯 오늘날도 십자가 군기를 들고 원주민들을 다 쓸어죽이고 또 죽여도 된다는 사탄문명은 가인이 후로부터 지금까지 끝없는 전쟁과 살상을 자행하고 있으며 이 살인 문명은 지금도 그리스도교국들 즉, 선진을 자랑하는 강대국들을 통하여 무기 사업과 전쟁 놀음을 진행하고 있으니 평화는커녕, 맛 잃은 소금이 되고 세속의 쓰레기가 되어버려 교회가 좀비 배양소로 변하는 실정이다. 절반 이상이 왜곡된 종교역사의 부산물을 생명처럼 숭배하며 맹신해왔다.

이러한 피 냄새나는 정말 가인문화에서 벗어나려면 이제라도 교육적인 가치를 드높여야 한다. 그 방법은 視聽覺(시청각)이다. 그 첫째가 역사적인 實證(실증)이며 그 다음은 그 실증을 잘 보존하여 왜곡시키지 않고 후세에 남겨주는 것이다. 허구와 진실 사이에서 우리는 영적인 知覺(지각)으로 길을 택해야 하는 갈림길에 서있다. 그것은 각자의 영안으로 의식의 진동수를 높여 선택해야 한다. 진리가 자유케 하길 진심으로 바란다. 신약성경 〈4복음서〉가 남아있는 것만으로도 감사하며, 성경이 사실이라는 증명은 1945년도에 쿰란동굴에서 목동을 통하여 발견된 초대교회 당시 파워가 있던 영지주의자들의 복음이 나그함마디에서 발견되어 그동안 황제들에게 주물림을 당하여 훼손된 복음속의 예수 그리스도의 의식구조와 영적으로 풍성한 우주관과 구도의 과정을 격려하는 견인적 가치가 잘 보존된 자료라 할 수 있다.

AD.2세기경 초대교회에 강력한 단결로 영향을 끼친 이 그노시스주의(Gnosticism)는 이단사상으로 로마교회는 정죄하여 그릇된 가르침을 전하는 단체로 오해되어 지금까지도 황제숭배 교회는 그렇게 배우고 굳게 믿고 있다. 이것이 옹졸한 교육의 결과다. 그럴 수밖에 없는 것이 어쩌면 당연하다. 어찌 갓난아기에게 청량고추를 먹이며 〈道德經〉이나 〈논어〉를 가르치겠는가? 오늘날의 교육은 초대교회에서 이빨이 빠진 뒤로부터 곧장 젖을 먹고 살아왔다. 그 어떤 이유식도 허용하지 않는다.

예수께서는 눈은 우리의 마음이라 하셨고 토인비는 '역사를 바라보는 눈이 있어야 진리를 깨닫는다.' 하였다. 앙드레 지드는 말하길 '진리는 눈으로 보고 귀로 듣고 마음으로 결정하여 믿는 것이 깨달음이라' 하였다.

(5) 妄想(망상) = Delusion은 금물이다.

위 낱말은 허망한 생각이나 사고를 말하는 단어이다. 말하자면 사고 이상 현상을 의미하는 병적으로 생긴 잘못된 확신이라 구별할 수 있는 것이다. 신앙에서의 망상은 궁극적으로 큰 불행과 허탈을 안겨주는 정신질환이다. 다시 말하면 비합리적이며 비현실적인 특색이고 감정으로 뒷받침된 움직일 수 없는 주관적인 확신을 가지고 강한 에고로 주장하는 점이 특색이다. 따라서 망상에 빠진 종교인들은 자기 외에는 모두 옳지 않게 느끼고 자신의 비합리성에 관한 비판이나 내부적으로 돌아보는 고뇌가 없는 이기적인 면이 특징이다.

이치에 맞지 않는 비과학적인 생각에 잡혀 근거가 없는 주관적인 신념이 쓸데없이 강하여 아무리 건전한 사람이 설득해도 헤어나기 어렵다. 이러한 우물 안의 개구리들은 포괄적인 의식의 소유자들이 어떤 합리적인 논리로 정중하게 권면하고 타일러도 그들의 특색이나 주장을 돌이킬 수 없다는 것이다.

망상은 미신적인 것을 고집하는 경우와 논리나 계산착오, 등으로 얼마동안 끄달리다가 시간의 흐름과 함께 나타나는 결과를 자신 스스로 비교해보고 벗어나는 사람이 있다면 크게 걱정할 일은 아니다. 이런 사람은 어리석었던 자신의 경험을 토대로 한 걸음 진보하는 계기가 되어 경험적 바탕이 되기도 하기 때문이다.

1) 妄想(망상)의 구분

夢想(몽상)망상, 體系化(체계화)망상, 被害(피해)망상, 過大(과대)망상, 노인의 嫉妬(질투)망상, 憑依(빙의)망상, 追跡(추적)망상, 啓示(계시)망상 등으로 정신과에서는 분류하고 있다. 이러한 망상들은 일단 질병이지만 그 중 가장 위험하고 심각한 것이 종교적 狂信(광신)으로 인하여 일어나는 망상은 역사적 사건인데 한국의 사이비 신흥종교의 교주들 다수가 그렇다. 몇 년을 광신하며 금식을 하고 매일 소리를 질러 기도를 하고 열광적으로 情的(정적)인 사람들에게 나타나는 현상이 있는데 대개 이들이 받는 계시는 허탄한 묵시가 대다수다.(에스겔13장 참조) 몇날 며칠 집착하여 死力(사력)으로 매달리는 사람들에게 일어나는 이 현상들은 松果線(송과선)이 열려서 일어나는 신령한 영감이 아니라 오히려 송과체가 닫히고 복잡한 뇌 질환에서 오는 개꿈들이다.

연, 월, 일, 시에 하늘이 열리고 예수의 靈이 자신의 가슴에 임했다느니, 하나님의 靈이 임했다느니, 기도 중 약사여래가 임했다느니, 여기저기 대대적으로 광고를 하고 간판을 걸고 사람을 모으고 무슨무슨 환약과 생수를 팔고 하는 사람들 다 靈的으로 죄인들이다.

2) 이 妄想(망상) 환자들을 어찌해야 할까?

야스퍼스(Karl Jaspers)는 인간에게 망상이 왜 생기는지는 구체적으로 논할 수는 없지만 망상의 내용과 그 사람의 관계는 이해할 수 있다고 말했는데 그것은 그 사람의 환경과 처지, 형편이 그렇게 끌고 간 것이다. 망상이 만들어졌다 하여 무조건 마녀 재판하듯 다 없애야 할 대상은 아니다. 모든 증상에는 의미가 있다. 아무리 비과학적이라 해도 한 사람의 마음속에 자리 잡고 숨 쉬고 있다면 의미는 있는 것이다. 따라서 신앙적인 차원에서 어떤 자각몽이나 천국 문이 열리는 꿈을 꾸고 한동안 빠져있는 사람이나 꿈에 예수 형상을 보고 이상주의를 꿈꾸는 사람들은 잠시 교만한 듯하다 돌아오는 이들도 더러 있다. 우리가 염려하는 병적인 망상이란 현실을 망각한 채 가족에 대한 의무감도 버리고 일상생활이 엉망이 되어 개인은 물론 사회적으로 문제가 되는 것을 말하는 것이다.

이러한 사람을 무조건 '약 먹어야한다', '병원에 가보자'는 등 100% 부정적으로 들이대면 오히려 더 위험해지기 쉽다. 따뜻한 사랑으로 여러 차례 망상은 허위이고 오해였다는 것을 인식하도록 따뜻한 마음으로 설득하여 권유하는 정성을 보이는 것이 중요하다. 망상을 깨닫게 될 때 그 허망함이 기둥뿌리가 뽑힌 집처럼 되어 또 한 번 홍역을 치르게 된다.

나의 아내 유미경 씨가 처음 나를 만났을 때의 일이다. 서울 순복음 교회 J목사와, 소망교회 K목사의 영향을 받고 생활하던 사람으로 비교적 건전한 신앙인이었다. 망상이란 말과는 전혀 관계없는 사람이었으나 필자와 교리 공부를 하며 우리는 큰 위기를 만났다. 예수 재림, 삼위일체 교리, 성경의 부활, 동정녀 탄생, 등 황제숭배, 로마교회에 용해된 오늘의 교회, 그리고 비교 종교적인 문제들을 비판적으로 공부하던 중, 아내는 영혼의 기둥이 무너져 한 마디로 살 소망이 다 끊어졌다는 말을 무겁게 토해내고 다른 곳의 보수적인 교회를 찾아 가겠다고 하였다.

뭐라 위로할 말이 없었다. 이 영적인 전쟁이 8년이나 계속 되었다. 아내는 8년간 (分房)분방을 하며 성경과 100여 권의 전문적인 지침서들을 새벽 3시까지 혼자 연구하고 어느 날인가는 방에서 나와 이렇게 말했다.

"여보! 내가 결혼을 참 잘 했어요. 당신은 나의 스승님이십니다!"

그 뒤로 또 8년 이상 세월이 흐른 지금 다툼이나 종교적 갈등은 전생 이야기가 되었다. 내가 오늘을 사는 기독교인을 대다수 망상으로 보는 그 중 이유를 나의 아내를 빌어 단적으로 설명한 것이다. 건전한 이성을 가진 사람들은 형이한 문제의 도전을 받으면 곰씹어 새김질을 해본 뒤에 판단한다. 그러나 병이 깊은 망상주의자들은 도무지 그 누구의 권면도 무시하며 설사 예수님이 변장을 하고 내려와도 몰라볼 것이며 "아니야 내가 진짜 예수다."라고 설득하여도 죽일 사람들이다.

광신자들의 눈에는 오직 자기 것 외에는 보이는 것이 없으며 자기가 듣고 싶은 이야기가 따로 있기 때문이다. 이러한 차원에서 비춰볼 때 진리를 깨달은 사람들의 마음과 어깨는 무겁다. 어두워진 이 종교계의 문을 열게끔 해야 하는데 마음이 가난한 자들이 너무 귀하니 안타까울 뿐이다.

3) 靈的(영적)인 사람들은 어떤가?

영적인 사람들이 받는 계시는 첫째 건전하다. 육신이 안정되고, 영혼이 이완되며 송과선이 열리고 의식의 진동수가 높아지며 전두엽의 뇌세포가 활성화되며, 정신이 안정되고 근심 걱정이 사라지고 마음이 평안해진다. 이런 사람들은 깊은 평안에 들어가서 간혹 豫智(예지)몽이나 自覺夢(자각몽), 영감, 전생들에 대하여 확실한 영감을 갖고도 이러한 사실을 떠벌리거나 선전하지 않는다. 이런 경험은 다른 이들도 모두 경험하리라 생각하며 일기에 기록하던가 깊이 간직하며 은혜의 지침으로 생각하되 주장하지는 않는다. 사도바울이 영계의 낙원을 보고 상황을 고린도 교회에 공개하지 않음이 이러한 이유에서다. (고후12:1~4)

(6) 바리새파, 사두개파, 유대인들, 잘못 알고 있다.

신약성경에는 예수께서 활동당시 유대인들의 상황은 매우 어두웠고 나라는 疲弊(피폐)했고 종교적으로는 그게 타락되었고 로마의 통치를 받는 억눌린 생활이었다.

바리새파, 사두개파 말고도 에세네파, 열심파, 시카리파, 獨立軍(독립군)파 등 여러 파들이 활동하고 있었는데 바리새파와 사두개파부터 살펴보기로 한다.

1) 사두개파와 그들의 신앙

사두개파는 히브리어로 'Tsaddiqim'이라고 일컫는 데 이들은 다윗과 솔로몬시대의 대제사장 사독(Zadok)의 후예들로 전해져온다. 이들은 정치적인 그룹으로 서서히 자리를 굳혀 당시 헬라화 된 하스모니아(Harmonia) 왕가와 밀접한 관계를 유지하며 힘을 기르자 이러한 이유는 유대의 정통성을 유지하려했던 바리세파와는 결국 대립관계가 되고 말았다. 사두개파의 세력은 강력해졌고 바리새파와의 대립은 알렉산드라 살로메(Alexandra Salome BC.780~69)의 섭정기간 동안 계속되다가 히루카누스(Hyrcanus) 2세, 헤롯 안티파터(Antipater), 그리고 로마가 지원했던 '아리스토불르스(Aristobuius BC.69~63BC.) 2세 때에 와서 완전한 패권을 장악하였다. 여러 가지로 어수선한 난국에서도 사두개인들은 자신들의 전통적인 제사장의 직무를 고수하였고 산헤드린(Sanhedrin:유대의회)에서 다수를 차지하고 있었다.

2) 사두개파의 교리

사두개파는 제사장과 귀족집단이다. 그들은 바리새파 사람들보다 훨씬 더 문자적으로 율법을 해석했고 철학적 사고를 고수하였고 철학적 논쟁을 좋아하였다. 헬레니즘이 스며들어 그럴 것으로 추정된다. 그들은 자기들의 철학적인 교리에 대하여 스스로 덕스럽게 생각하기도 하였으며 그들은 한편 성전제사와 각종의식을 주도했지만 영혼불멸, 육체의 부활, 그리고 천사의 존재를 믿지 않았다.

그런 것들은 모세율법에 그대로 나타나 있지 않았다고 보았기 때문이다. 그들은 모세오경만을 신봉하였다. 이들은 예수께서 매우 경계하시던 집단들인데 바리새인과 사두개인의 누룩을 조심하라는 교훈을 남겼다. 그들의 누룩은 온 유대에 퍼져 만연하고 있었는데 시대적으로 그럴 수밖에 없었다. 예수께서는 자주자주 "화 있을진저 외식하는 서기관들과 바리새인들이여 회칠한 무덤들이여…" 등등 호되게 질책하였다. 부활을 믿지도 않는 사두개인들이 예수께 묻는 내용이다.

'선생이여! 모세가 우리에게 써주기를 사람의 형이 아내를 두고 자식이 없이 죽거든 그 동생이 그 아내를 취하여 형을 위하여 후사를 세울 지니라 하였는데 그런데 7 형제가 있었는데 맏이 아내를 취하였다가 자식이 없이 죽고 그 둘째와 셋째가 저를 취하고 일곱이다 그와 같이 자식이 없이 죽고 그 후에 여자도 죽었나이다. 일곱이 다 한 여인을 취하였으니 부활 때에는 누구의 아내가 되리이까?' (눅 20:28~33)

예수께서는 저들의 그릇된 부활의 오해를 개념적으로 깨뜨리고 명쾌한 답을 주셨다. 그것은 산 자의 하나님이시다. 아브라함에서 이삭으로 이삭에서 야곱으로 윤회하는 생명의 비밀을 말씀하시고 38절에서는 '하나님에게는 모든 사람이 살았느니라'는 말씀으로 의미심장하게 그들의 그릇된 復活觀(부활관)을 지적하셨다.

3) 書記官(서기관)들에 대한 이해

書記官(서기관), 영문으로는 필경사(Scribe)란 뜻으로 그들은 글자그대로 문서를 작성하고 글을 베끼거나 율법책을 연구하는 사람들이다. 서기관들은 국가의 회의록이나 공문서를 작성하는 일을 했으며, 특별히 모세 5경인 '토라(Torah)'를 필사하는 게 주 업무였다. 그들은 율법의 일점일획의 틀림도 없이 정확히 기록해야하기 때문에 이와 관련된 전문교육을 받은 사람들로서 성경을 대하다가, 여호와라는 단어가 나오면 목욕재계를 하고 펜을 깨끗이 씻고 나서 다시 작업을 할 정도로 독실한 신앙적 자세를 갖춘 사람들이었다. 초창기에는 그들의 권력이 약해 별로 보잘 것 없었는데 수백 년의 세월이 흐르면서 예수시대에 이를 즈음에는 성경지식의 독점권을 가진 신흥권력 집단으로 부상하게 되어버렸다. 이들은 하루 종일 성경을 쓰고 읽는 게 일이었으며 성경속의 수많은 율법들을 통째로 암기하고 있었다. 그리고 성경에 관한 지식이나 해석에 관하여는 스승에게서 제자로 전승되는 수많은 지식과 유전들을 자랑스럽게 여기며 남들에게 토라를 가르치는 랍비의 권위를 하늘같이 자부하였고, 따라서 은연 중 사람들이 율법을 제대로 지키는지 늘 감시하며 비판하고 정죄하는 부차적인 권력까지 소유한 사람들이 되어 있었다.

이러다 보니 글을 모르는 서민들이나 기타 백성들은 결국 그들의 눈과 입을 통하여 성경을 이해하는 길밖에 없었으니 그들의 영향력은 크게 작용하였다. 그러나 권력이라는 게 시간이 오래됨에 따라 부패하는 것은 동서고금이 마찬가지이듯, 유대인도 다를 바 없었다. 그들의 주장은 율법에 의거하여 성경을 정확히 해석 전달하고 티끌만큼이라도 속세화 되는 것을 막고 의롭게 지킨다는 데 지나치게 초점을 두고 율법의 字句(자구)와 획수를 지키는데 너무 전전긍긍하여 어느덧 사랑과 공의, 신뢰를 저버리게 되었다.(마23:23)

그들의 초심은 나쁘지 않았지만 하나님의 원하시는 본질인 의와 인과 신을 버리는 빈껍데기가 되다시피 했던 것이다. 뿐만 아니라 자신들의 권력을 유지하여 不淨(부정)한 방법으로 財産(재산)을 늘리고 겉으로는 의로운 신사처럼 보이나 뒷구멍으로는 엄청난 비리와 放蕩(방탕)한 행위를 서슴지 않았던 것이다. 〈유대전쟁사 중에서〉

4) 바리새인과 사두개인

유대민족의 여러 당파 중의 하나였던 바리새파와 사두개파는 종교당파였다. 이외에도 에세네파와 열심파, 시카리파, 등 여러 크고 작은 파당이 있었다. 어느 사회에서나 보수와 진보가 있듯이 이들의 성격도 비슷하였다. 사두개파는 부유한 귀족계급이자 지배층이었고, 신앙적으로는 세속적이고 타협적인 보수성이 강한 기득권세력이 모인 당파였다. 사두개파(Sadducees), 그들은 솔로몬 시대의 대 제사장이었던 사독(Zadok)의 이름이 어원이 되었다. 이들은 레위지파를 배경삼아 대대로 제사장직과 사법, 행정의 고위관리의 계승을 유지하면서 부와 권력을 유지하였고 로마에 아부하여 기득권을 유지하는 데에만 급급하여 나라를 위한 애국이나 신앙의 양심이나 사회정의에는 관심이 없는 도덕성이 저급한 집단이었다.

5) 바리새인들의 신앙과 교리

반면에 바리새인(Pharisee)들은 고대 그리스어에서 말하는 '파리스오스'에서 유래한 말이다. 이들은 이스라엘의 신앙이 이방종교에 물드는 것을 경계하여 스스로 세속과 분리되어 고유한 신앙과 경건을 잃지 말아야 한다는 주장이 강한 진보적 색채가 강한 당파가 바로 바리새파 사람들이다. 타락할 대로 타락한 사두개파에 비하면 극명하게 改備(개비)되는 좋은 치지에서 출발한 단체였다. 그런데 이 바리새파의 상당수는 바로 서기관들이었다. 유대 백성들은 사두개인이 타락한 지도자들이라는 것을 잘 알고 있었다.

그러니 성경을 한자 한자 철저히 지키면서 청렴하고 올곧아 보이는 바리새인들에게 민심이 쏠리는 것은 당연한 일이었다. 사두개파보다는 소수당이지만 그들은 여론을 등에 업은 이점으로 이 바리새파는 이스라엘의 국정에 상당한 영향력을 미치는 당파였다.

바리새파와 사두개파의 유일한 공동적 믿음의 사실은 신앙적인 면에서 유일신께서 세상을 창조하였다는 것과 아브라함과 야곱, 다윗의 하나님을 믿는다는 것뿐이다. 사두개파는 영혼이나, 천사, 천국, 부활을 부정하며 영혼은 육신과 함께 소멸한다고 믿는 것이 그들의 신앙교리다. 바리새파는 사두개파와는 달리 그나마 메시아를 기다리며 영혼의 존재와 천국과 부활을 믿는 파당들이었다. 사두개인들은 모세오경만 믿었는데 반하여 바리새인들은 오랫동안 전승되어오던 〈탈무드〉의 민간 규정을 율법화하여 사람들을 결박하였다.

〈탈무드〉는 오늘날 한국에 번역된 단행본 한 토막이 아닌 백과사전 60권 분량의 방대한 집대성 책인데 오늘날의 유대교파의 율법책이며 교과서 경전으로 사용하고 있는 것이다.

6) 바리새파와 예수의 가르침이 왜 부딪치는가?

① 바리새인의 주장은 스스로 인간은 선한 행위를 해야 되고 그 행위를 통해서 천국에 이를 수 있다고 주장하는 것과 율법을 준수해야만 천국에 들어간다고 주장하였다. 이러한 행위가 나쁜 것은 아니지만 그 바탕에 있어야 할 정의와 사랑, 믿음은 없고 그저 사람들에게 보이기 위한 행위와 금식, 그리고 여호와란 이름이 나올 때 마다 손을 씻고 목욕을 하는 행위, 등으로 외식적인 경건이 완전히 몸에 배어 그것이 위선이라 생각하는 이는 한 사람도 없었다. 613가지의 토라 율법을 지켰고 탈무드의 민간 율법까지 지켰고 십일조를 꼬박꼬박 바쳤고 채소와 양념까지 십일조를 챙겼다. (마23:23~24)

이렇게 열심히 율법을 지켰으니 천국행 티켓은 오로지 자기네 것으로 확신하고 있었으며, 자기네 교파에 미치지 못하는 사람들을 경멸하는 교만까지 충만하였다. 그런 와중에 율법을 어긴 간음한 여인을 저들은 용서할 수 없었던 것이다.

그러나 예수께서 중시여긴 것은 회개하고 낮아져 애통하는 자들에게 천국 문이 열리는 새 소식을 전파하셨다. 이 복음은 모세율법에 기록되지 않은 뉴스였다. 따라서 성경의 진정한 가르침은 義로 교육하기에 유익하지만 그중의 가장 핵심 되는 주요교훈은 '**네 이웃을 네 몸과 같이 사랑하라.**'는 데에 있음을 누차 설파하셨으나 바리새인들은 오랜 자기들의 전유물인 율법의 전승과 교리와 유전이 더 중요하기 때문에 이 젊은 예수의 말씀을 무시하였고 수용할 수 없었다. 오히려 그들의 마음은 교만으로 가득하였고 천국은 이미 자기들의 것으로 굳게 믿었으며 그들은 이미 낮은 곳은 아예 보이지 않았다. 자신들의 권위에 도전을 받게 되니 계속 예수의 행적에 시비를 걸고 박해하였다.

예를 든다면 예수께서 안식일에 병을 고치고 제자들이 손을 씻지 않고 음식을 먹거나 밀 이삭을 따먹은 행위를 말리지 않은 일들에 대하여 율법을 어겼다는, 등으로 빌미를 잡아 예수를 괴롭히기 시작하였는데 그들의 입장에서 보면 是非(시비)거리가 될 수도 있었다. 이들의 전통적인 자부심은 대단한 것이어서 병들고 가난하고 무지한 賤民(천민)들 편에서 복음을 전하시는 예수님의 말씀이 귀에 들어올 리가 없었다. 예수께서 염려하신 것은 저들의 外式的(외식적)인 가르침이 이스라엘의 신앙을 망치는 것에 대한 잘못된 교훈을 밀가루 속에 스며들어 반죽을 몇 배로 부풀리는 누룩으로 비유하였던 것이다.

예수께서는 그들을 질책하셨다.

'너희는 어찌하여 너희 遺傳(유전)으로 하나님의 계명을 범하느뇨?'
(마15:3)

바리새인과 서기관들은 그들의 그릇된 행위로 많은 군중들을 실족시키는 사람들임을 아신 예수께서는 그들을 향해 외쳤던 것이다.

'화 있을찐저 너희들은 천국 문을 닫고 남들까지 못 들어가게 막도다.'
(마23:3~13)

② 그들의 결정적인 惡行 (마16:6, 23:13, 23:33, 눅11:42)

사두개파와 바리새파는 서로의 이권을 위해 犬猿之間(견원지간)으로 지내왔으나 예수님을 제거해야 한다는 뜻에 모처럼 서로 의견일치가 되어 예수의 복음사상이 군중들에게 퍼져나가면서 자신들의 기득권 세력이나 생명에 대한 위태로움과 권위에 흠집이 나는 것을 참을 수 없어 마침내는 그들의 손으로 죽이기로 결의한 것이다.

구약의 율법의 요구대로 나무에 달리심으로 죽음에 이르신 것이다. 바리새인과 서기관들의 惡行(악행)을 저주하시고 질책을 하였으나 根本的(근본적)으로는 사랑을 전하신 예수님의 복음, 죽기까지 사랑을 確證(확증)하던 예수 그리스도의 온유함과 겸손의 열매는 바리새파의 열심당원이던 사울을 선택하여 列邦(열방)에 前導者(전도자)로 세워 일꾼으로 쓰셨는데 그가 곧 사도바울이다.

그들은 결국 예수를 은 30세겔의 懸賞金(현상금)이 걸린 罪人(죄인)으로 手配(수배)하였다. 죄명은 안식일에 병 고침과 손 씻지 않고 떡을 먹은 행위, 불법 와인 제조, 姦淫(간음)한 여자를 살려준 핵폭탄 사랑, 등이다.

사두개파와 바리새파가 동맹하여 모인 곳은 이스라엘의 산헤드린 裁判所(재판소)였다.

4장.
地獄(지옥)의 槪念(개념)과 實體(실체)

1. 지옥의 概念(개념)

사람을 유황불이나 불 못에 던져 튀기고 볶아 세세토록 죽지도 살지도 못하고 고통 받으며 아우성치는 개념을 만들어낸 것은 사람들이며, 후세에 첨부된 것들이지 하나님이 만드신 게 아님을 알아야 한다. 창세기의 천지창조)당시에도 지옥을 만들지 않으셨고 만물이 보시기에 좋았더라는 말씀만 여러 차례 나온다. 지옥이라는 단어를 만들고 가책 받으며 사는 의식의 진동수 낮은 자들이 모여 사는 곳이 곧, 이 땅 지옥이다. 지옥은 실재하는데 그 장소가 구태여 말하자면 바로 이 지구촌이다. 감옥마다 죄수들이 넘쳐나고 각 나라마다 정도의 차이는 있으나 형벌을 당하며 때로는 사형을 당하기도 하며 고통의 날들을 보내고 있는 것이다. 사람이 죽으면 창조 당시의 원리대로 육체는 4元素 즉, 地水火風(지수화풍)으로 나눠지고 흙으로 돌아가는 것이며, 영혼은 의식의 차원에 따라 태어날 곳이 정해지는 것이다.

 (창3:19, 전3:20~21, 12:7) 흙은 여전히 땅으로 돌아가는 것이 창조의 원리임을 기억해야한다. 하나님이 천국과 지옥을 만들어놓고 이쁘고 말 잘 들으면 천국으로 보내고 말을 잘 안 들으면 지옥으로 보내는 걸로 백발이 성성한 교회 원로들도 그렇게 믿고 있으니 할 말이 없다. 성경에 수많은 힌트가 있고 답이 있는데도 사람의 가르침에 귀가 먹어 스스로 지옥을 만들고 있다. 성경이 말하는 천국, 곧 하늘나라라는 말에서 하늘이란 하나님의 사랑과 하나님의 법이 존재하는 곳이며, 그리고 나라란 왕이 있고 백성이 있는 곳을 말한다. 그러므로 하늘나라는 죽어서 가는 것은 사후문제이고, 지금 살아서 의식이 부활된 사람들이 연합하여 교제하고 사랑하며 살아가는 공동체 의식이 확장된 상태를

천국이라고 1차 깨닫는 것이다.

예수께서 '천국이 가까웠다' 하신 것은 바로 자신이 하나님의 사랑과 법을 가지고 새 소식을 전해 주시려는 데에 천국열쇠가 있었기 때문이다. 지금은 기독교로 위장한 단체들이 말도 되지 않는 엉터리 교리들을 만들고 성경에 없는 말들을 가감하여 퍼뜨리고 사람들을 유혹하고 있다. 성경에는 원죄라는 개념이나 단어가 나오지 않으며, 예수 안 믿으면 지옥 간다는 말도 없다. 아담을 들어서 원죄라는 말을 하며 사람들을 무더기로 죄 아래 가두어 결박하였으나 에스겔 선지자는 이 속담을 쓰지 말라고 반증 역설하였는데 필자는 절대 공감한다.(겔18:1~4, 18:20) 예수께서는 구원에 관한 핵심가르침을 분명하게 언급하심을 주의 깊게 명상하라.

'선한 일을 행한 자는 生命(생명)의 부활로, 惡(악)한 일을 행한 자는 審判(심판)의 復活(부활)로 나오리라' (요5:29)

2. 地獄(지옥)은 心理的(심리적) 상태

지옥은 어디에도 없다고 큰 소리치고 가르치는 사람도 크게 잘못된 사람이고, 지옥은 분명한 장소가 있다고 확언하는 사람도 잘못 배운 사람이다. 지옥은 어리석은 무명이 만들어내는 동시에 탐욕스런 마음, 이기적인 마음, 자기 분수를 모르고 쌓는 카르마의 소산이며, 자기가 심고 자기가 거두는 정확한 우주의 공명이며, 反響(반향)이다.

단적으로 말하면, 지옥은 疑念(의념) 地獄(지옥)인 것이다. 예를 든다면 우리는 누구나 꿈을 꾼다. 꿈속에서 집도 짓고 벼슬하고 사랑도 하고 관광도 하고 마치 살아 움직이듯 여러 경험을 하며 그 경험이 비록 꿈이지만 五官(오관)으로 다 느꼈다는 것이다.

그런데 그 사물을 보고 느낀 감각이 누구인가? 그것은 두말 할 것도 없이 자신의 무의식이 경험하고 본 것이지 지금 이 눈으로 보고 겪은 것이 아니다. 그렇다면 결론은 그렇다. 육체는 흙으로 돌아가도 의식은 그대로 남아 있다는 것이다.

> "평소에 함량 未達(미달)인 의식이 의념의 고통을 경험하는 것이 지옥 苦痛(고통)인 것이다. 그러나 實際的(실제적)인 지옥의 장소는 아무 곳에도 없는 것이다."

수준 낮은 영들이 여기저기 의식만 남아서 귀신으로 떠도는 것으로 보는 것이 타당하다. 그러므로 지옥을 초월하여 없애는 길은 마음의 평화를 찾아 이 땅에 살면서 생전에 선행에 힘쓰고 생명의 의식부활에 참여해야 이 의념지옥 고통에서 벗어날 수 있다. 다시 한 번 말해서 지옥은 지리적인 장소 개념이 아님을 기억해야 한다. 지옥은 심리적인 상태를 설명하기 위한 隱喩(은유)임을 기억하라. 지옥은 물론 존재한다. 바로 이 땅에 살면서 자유롭지 못한 인간들이 갇혀 사는 직접적으로는 고통스런 마음상태인 것이다.

3. 성경에 비친 문자적인 지옥 槪念(개념)들

- 죽은 자의 靈魂(영혼)이 음부에 내려감 = 陰府(음부)는 그늘 음, 마을 부, 즉 빛이 없는 무덤에 내려간다는 의미…
- 늙은 영혼이 평안히 음부에 내려가지 못하게 하라.
- 사무엘의 영혼을 음부에서 불러올림. 사무엘은 기도의 용사요 정결한 사람인데 신접하는 여인에게 휘둘려 이미 믿음을 떠난 사울이 백성들의 환심을 사려고 변장하고 무당을 찾은 가증한 행위에 사무

엘이 동참했다고 볼 수는 없다. 이 일은 여인이 부리는 雜靈(잡영)이 변장하고 나타난 것으로 보는 것이 합당하다. 이 사건 역시 음부는 빛이 없는 어두운 데서 헤매는 수준 낮은 영들의 떠도는 저주다. '여호와의 신이 사울에게서 떠나고 여호와의 부리신 악신이 그를 번뇌케 한지라.'(삼상16:14) 사무엘로 가장한 노인이 올라올 때 그가 사무엘인 줄 알고 절을 하였는데 그 假葬(가장)한 노인의 영은 가짜 사무엘이다. 일개 점쟁이가 부른다고 믿음의 영인이 조종을 당한다고 생각하는가? 사탄은 본래 거짓말하는 영이며 에덴에서부터 두 개의 혀로 하나님의 심판이나 위엄에는 관심 없고 일단 속이고 유혹하는 일에 힘을 기울인다. 귀신의 가르침을 받는 영들은 외식하며 양심에 火印(화인)을 맞아 거짓말을 전한다. (딤전4:1~2)

- 부자와 나사로의 陰府(음부)
- 구더기도 죽지 않는 게헨나는 쓰레기 소각장으로 예루살렘 변두리에 있는 바위절벽 요새로 동물 사체나 죄수들의 사체에 유황을 뿌려 불태우는 곳으로 불길이 못 미치는 경우 시체에는 늘 구더기가 끓었고 늘 유황불이 피어올랐던 곳으로 예수께서는 그곳을 지나다가 제자들에게 지옥의 개념을 설명하신 비유인 것이지 사후세계에 또 다른 지옥불의 장소가 기다린다는 것이 아니다.
- 스올, 하데스, 구덩이, 등으로 묘사함.

그리스도교의 지옥개념도 그 안에서 여러 가지 관념을 포함하고 있는데 성경에서 지옥을 의미하는 히브리어나 헬라어의 원어가 일정하지 않다는 사실에 비추어서 확실하다. 먼저 구약성경에서 황천, 또는 陰府(음부)를 의미하는 히브리어의 스올이 어떻게 내용이 바뀌는지 살펴보자. 황천에 대한 초기의 방식이 잘 나타나 있는 것은 시편 31편과 7편으로 거기에서는 악한 자가 창피를 당해서 음부로 내려간다.

음부는 야훼의 입법 밖에 있으며 야훼의 존재와는 어떤 관계도 없다. 거기로 간 자의 전생의 지상생활을 알고 있는 경우도 있는가 하면 전혀 모르는 경우도 있다. 전자의 사고방식이 오래 되었으며 그에 의하면 죽은 자는 각각 자각을 하고 황천에서의 생활은 현세의 지상생활의 어슴푸레한 재생으로서 해석된다. 황천을 망각의 나라로 본 후자의 사고방식은 욥기 7장, 14장, 26장에서 가장 확실히 제시되고 있다. 그곳은 완전한 침묵의 나라로 묘사한다. 전도서 9장 1~7절은 죽은 자는 아무것도 모르며 지식도 지혜도 계획도 없다고 말한다. 이것은 육체의 소멸을 의미한다. 이사야서 26장 19절은 영적 부활을 의미하며, 다니엘서 12장 2~3절은 현시대를 사는 사람들의 의식 부활을 의미한다.

위와 같은 개념들은 모세오경에는 언급되지 않았다. 그러기에 사독의 계열 사두개파에서는 천사, 영혼, 부활, 천국을 믿지 않고 이 땅에서 부강하게 정복하고 잘 사는 선민의식을 최고로 알아 그 이상을 알려고도 하지 않으며 자기들의 신앙신조에는 요동이 없다. 천국이나 지옥에 관한 개념들은 '안티오커스 에피파네스'의 유대 점령 후에 헬레니즘을 뿌려놓아 헬라 철학사상이 젖어들고 이란에서 시작된 고대종교 배화교의 영향도 여러 문화적으로 변화를 가져온 것은 부인할 수 없다.

4. 타종교의 지옥 개념과 기타 지옥

불교에서는 8대 지옥을 말하는데 그것은 八寒(팔한), 八熱(팔열)이 있다고 〈政法念處經(정법염처경)〉에 상세히 기록하고 있다. 이 또한 念處(염처)라 했으니 意念(의념) 지옥을 말함이 분명하다.

지옥이라는 말은 원래 산스크리트어의 '나라카(naraka)' 또는 '니라야(niraya)'의 역어로, 지하에 있는 牢獄(뇌옥)을 의미하는데 '뇌옥이란 가축 동물을 가두는 곳이다.'라는 말이다. 불교의 세계관에 의하면 우리들이 사는 대륙의 지하에 각종 지옥이 있다고 기록하고 있다. 여기서 말하는 각종 지옥의 양상들은 혐오스러워 생략한다.

여기에서 마무리 단어로 주목할 것은 아무튼 이러한 지옥을 신이 만들어 보내는 것이 아니라 자기 스스로 자업자득의 이치에 의한 것이라는 것은 공통적이다. 염라대왕의 심판 설은 훨씬 후대에 속하는 것이다. 서양에서는 고대로부터 하데스, 카론, 탄탈로스(Tantalos), 시시포스(Sisyphos)의 신화, 등에 연관되어 지옥이 등장하여 바티칸 도서관 소장의 베르길리우스 바티카누스 사본 삽화〈4세기경〉에 나타나 있다. 중세에는〈最後審判(최후심판)〉,〈그리스도의 명부행〉,〈아나스타시스〉, 등에서 상세한 표현을 볼 수 있다.

이슬람교에서는 최후의 심판사상이 있는데 지옥은 타오르는 불꽃이라 생각한다.〈코란 70장 15절〉이슬람에서는 그리스도교와 마찬가지로 종말론과의 연결을 지으며 지옥이 대두되는데 그 이미지는 業火(업화)의 격렬함으로 특징 지어지고 있으며,〈코란〉에서는 또한 지옥을 '자한남(Jahanam)'이라고 하는데 여기는 '게헨나'에서 유래한 설이다. 여기에서는 지옥이 거대한 동굴로 이미지화 되어있으며, 죄인은 여기서 裁判(재판)을 받으며 그 죄의 경중에 따라서 7층으로 나누어진 장소의 어딘가에서 살 곳이 정해진다고 한다.

그러나 자이나교와 힌두교, 佛敎(불교), 등 동양 종교에서는 지옥을 죽음과 재생 사이의 사이클의 일시적인 장소로 생각하는 것이 공통이다. 최근 무디(R.A. Moody), 나노이즈 (R. Noyes) 등의 연구에 의해서 心理學(심리학)이나 精神醫學(정신의학) 분야에서 산에서 추락 사고나 교통사고, 등에서 臨死體驗(임사체험)을 한 자가 천국이나 極樂(극락) 이미지와 함께 공포의 지옥 이미지를 순간적으로 경험(환각) 한다는 것이 주목되고 있다.

또한 그와의 연관에서 약물이나 어느 종류의 정신작용에 의거한 경험에서도 동일한 비전이 나타나는 경우가 적지 않았다. 이러한 관점을 반성해볼 때 지옥이나 천국에 관한 비전을 단순히 神話的(신화적)인

일이나 상상속의 한 부분이라 가벼이 넘어갈 것이 아니라 오히려 인간의 表象(표상)이나 의식에서 普遍的(보편적) 현상으로 주목하며 수용해야 할 것이다. 부인할 수 없는 것은 눈에 보이지는 않지만 이것은 의식의 세계이며 분명히 경험해야 할 일들이다.

최후의 심판
By Viktor Mikhailovich Vasnetsov - Scanned from A. K. Lazuko Victor Vasnetsov, Leningrad: Khudozhnik RSFSR, 1990, ISBN 5-7370-0107-5

5. 단테(Alighieri Dante)의 神曲(신곡)

그리스도교의 지옥관념을 체계화하고 거기에 감각적인 살을 붙인 것은 가톨릭 신학이라 할 수 있는데 특히 천국과 지옥사이에 연옥을 설정한 것이 특징이다. 煉獄(연옥)은 죽은 자가 일시적으로 정결을 위해서 가는 곳인데 이와 같은 지옥, 연옥, 천국의 삼계 편력을 주제로 한 종교문학의 대표작이 단테의 〈신곡〉이다. 단테가 그리는 지옥은 대지의 하방으로 1지옥에서 시작하여 地核(지핵)에 해당하는 제 9지옥까지의 공간으로 구성되어 있다.

Dante(단테)의 생애를 엿보자.

이탈리아의 시인(1265~1321)

단테는 영국의 문호 세익스피어와 괴테, 호메르스, 등 세계 4대 詩聖(시성)으로 꼽는데, 〈神曲(신곡)〉은 존 밀턴의 〈실낙원〉과 존 번연의 〈천로역정〉과 더불어 基督敎(기독교) 文學(문학)에서 최고로 불리 운다. 단테는 르네상스의 요람이며 유럽 中世文學(중세문학)의 중심지였던 피렌체에서 귀족출신으로 태어났으나, 아버지 대에 와서부터 가문이 기울었다. 본래 세례명은 두란테(Durante)였는데 후에 단테(Dante)라고 고쳐 불렀다. 단테는 친모가 일찍 세상을 떠나 계모의 손에 키워져서 그는 모성애를 알지 못한 채 동경의 마음만을 키웠다.

아버지마저도 세상을 떠나 어린나이에 양친을 잃은 단테는 꿋꿋하게 학구심을 불태우며 자신에게 엄격한 젊은이로 성장하였다. 그의 생애에 큰 영향을 주었던 베아트리체는 그가 9살 되던 해에 만났다. 단테는 그녀의 모습을 가슴에 새기며 성장한다. 고독한 청년의 마음에 위로와 영향을 끼쳤다. 그러나 현실에서는 맺을 수 없는 꿈속의 여인이었다. 그녀는 24세의 나이로 요절하였기 때문이었다. 어느덧 그녀는 성모마리아 같은 신앙의 대상 같은 존재로 마음에 자리 잡고 있었다. 어머니의 부재, 아버지의 죽음, 친애하던 여인의 죽음, 등의 슬픈 사랑이 스쳐간 단테의 가슴은 비극의 비바람이 몰아치는 고독의 나날이었다. 어느 날 그는 필생의 대작인 〈神曲(신곡)〉을 집필하기 시작하였다. 그즈음 그의 앞길에는 또 하나의 기구한 운명이 기다리고 있었다. 단테가 피렌체 공화국의 정치에 참가한 것은 1295년 키피타노 델포폴로의 일원이 되면서부터였다. 그는 이 단체의 심의위원회의 고문을 겸하였고 의사 약제사 조합에도 가입을 하였다. 이것은 귀족출신자가 政治活動(정치활동)을 하는데 필수조건이었기 때문이다. 그는 그 뒤로도 3년간 여러 요직을 두루 겸하여 감당하였다.

그 뒤 1300년 그의 나이 35세, 그해 6월 14일 그는 도시국가의 최고 지위인 統領(통령)에 선출되었다. 공직에 참여한지 불과 5년 만에 파격적인 승진이었다. 그러나 운명의 신은 그를 그냥 두지 않았다. 1302년 1월 27일 그는 정치적 반역자로 기소되어 벌금과 공직박탈과 추방령을 받아 국내에 들어올 수 없다는 판결을 받게 되었다.

그러나 단테는 출두하지 않았다. 그해 3월 10일에는 영구추방이 결정되는 한편 체포하여 화형에 처하라는 영이 떨어졌다. 결국 그는 정든 땅을 떠나 그리운 고국의 땅을 두 번 다시 밟지 못했다. 1302년 단테는 정말 쓰라린 시간을 겪었다. 그는 고국으로 돌아가 마음의 준비라도 한 뒤 처벌을 받았으면 그래도 좀 나을 듯 했는데 여행길에서 가혹한 추방의 소식을 받았다. 이때부터 단테는 고독한 유랑아가 되었다. 단테는 이 무렵 대 서사시 〈신곡〉의 완성을 목표로 외길을 걷기 시작하였으며 地獄(지옥)에서 煉獄(연옥)으로 진행되며 마침 天國(천국)의 佳境(가경)으로 접어들었다. 1321년 9월 13일 밤 말라리아로 파란 많은 일생을 마쳤다.

그의 대 작품 〈신곡〉은 그가 죽기 직전에 탈고되었다. 기도는 노벨로, 공은 이 시인의 머리위에 향기 나는 月桂樹花環(월계수화환)을 정중히 바쳤다. 그의 관은 시민의 애도 속에 성 프란치스코 교회에 안치되었다. 단테가 죽은 뒤 뒤늦게 단테의 위대성을 깨닫고 피렌체 시민들은 그의 유골을 가져오려 했으나 실패하였고 대신 사원에 등을 달고 단테의 세상 떠난 날을 기념하여 사원에 등불을 밝히고 있다.

단테는 시를 통하여 중세시대의 어수선한 종교 정신을 종합해보려 애썼고 노력한 사람이며 그는 걸작 〈신곡〉을 통하여 중세 르네상스의 선구자가 되었다. 비록 추방당한 몸이지만 의식이 높은 그는 자유로운 영혼이었다. 비슷한 처지를 극복하여 비극을 환희로 바꾼 영적인 사람이 있는데 그의 영혼 또한 자유로웠다. 바로 〈天路驛程(천로역정)〉을 기록하여 非國敎派(비국교파)의 설교자로 명성을 남긴 존 번연(John Bunyan)이다. 평신도가 설교했다 하여 죄 아닌 죄목으로 12년이라는 세월을 습기 찬 독방에 가두어 피부가 상하고 비타민 부족으로 몸이 오그라들었고 그는 그리스도 이름 때문에 생지옥을 겪어야했다.

그러나 오늘날은 어떠한가? 이런 지옥의 고초를 이겨낸 그의 투지는 구도소설 〈천로역정〉을 역작으로 남겨 기독교역사의 자양분 높은 지침서가 되었다. 존 번연처럼 단테 역시 자기의 環境(환경)과 처절한 고독, 그리고 방랑의 고통, 이루지 못한 사랑, 정치의 뜻을 이루지 못한 좌절, 고향을 두고도 떠돌아야 하는 地獄(지옥)같은 삶을 통하여 영감을 크게 얻어 죽기 전에 그가 세상에 내어놓은 이 작품은 박수 받을만한 작품으로 보는 것이 중요하다. 가톨릭교회에서는 〈신곡〉을 교리처럼 신봉하는 사람들도 있으나 단테의 〈신곡〈은 神學的(신학적)인 교과서가 아니며, 어디까지나 그의 고뇌에서 얻어진 작품으로 보는 것이 중요하다. 독자들이 그의 생애를 돌아보았다면 충분히 공감할 것이다.

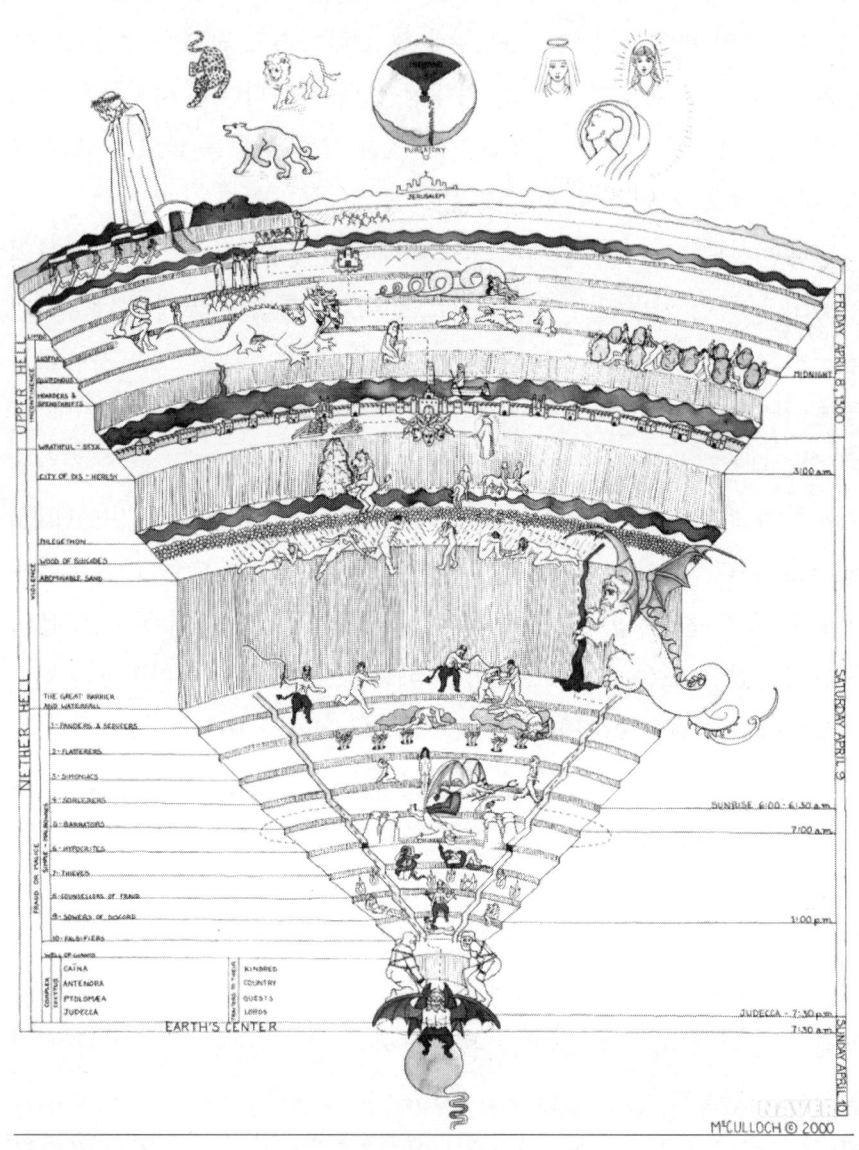

단테의 신곡 지옥도
[사진출처] 네이버

6. 지옥의 상징 '게헨나'

앞에서 언급했듯 문자적인 유황불 지옥은 상징적인 것이며, 구태여 설명하자면 意念 地獄인데, 사람의 행위가 카르마를 만들어 시비에 걸리게 되고 혹은 가책과 회한을 만들어 평화를 빼앗기고 煩悶(번민)으로 고통당함을 의미하며 사건의 경중대소 대소에 따라 죄의 무게가 달라진다. 그 상태를 예수께서는 제자들과 게헨나 지방을 지나실 때 설명하였는데, 게헨나는 地名이며 그곳은 바위계곡 낭떠러지 쓰레기 소각장으로 동물들의 사체와 죄수들의 시체를 처리하는 과정에서 중턱에 걸린 시체를 불태우기 위해 그 곳에 관리인은 유황을 뿌려 소각시키는 곳이다. 이러한 과정에서 미처 불길이 닿지 않은 곳에는 시신에 구더기가 득실거리는 광경을 종종 볼 수 있는 장소였다. 예수께서는 이곳을 지목하여 지옥의 개념 상태를 설명해주신 것이다.

7. 유황 불지옥은 무엇인가?

성경 창세기 1장 天地創造 과정에는 지옥을 창조했다는 언급은 아예 없다. 첫째 날 둘째 날 여섯째 날 모든 만물은 지으시고 '보시기에 좋았더라.' 는 말씀만 기록되어있다.

구약성경에 몇 번 상징으로 비친 지옥의 槪念은 극히 일부분 스올, 구덩이, 陰府(음부), 즉 그늘진 마을 등으로 묘사했으나 이 장소개념을 사후세계의 유황불 지옥으로 연결지어 구체적으로 무게 있게 강요하지 않았다.

또한 출애굽 이후 광야생활을 거쳐 가나안 정착, 왕국건설, 그리고 분열, 왕국몰락에서 예루살렘 멸망까지 그들을 책망하며 채찍질 한 선지자들의 입을 의탁하여 경고한 것은 또한 그들이 살아생전에 포로로 잡혀가고 이방인에게 짓밟힐 것을 예언하며 예레미야의 눈물을 뿌리게 했던 심정은, 이스라엘 백성이 살아생전에 죄를 지어 죽은 다음에 유황불 지옥에 들어갈 것이 두려워 울었던 것이 아니다.

계시록 20:11~14 절에 기록된 백보좌 심판은 죽는 영혼이 하나님 앞에서 혹은 염라대왕 앞에서 생전의 행동 기록대로 심판받는다는 해석보다 영혼이 알곡인지 쭉정이인지, 타작마당의 시험을 잘 견뎌 장성한 인격이 되었는지 갓난아이인지, 젖을 먹는지, 뼈를 먹는 믿음인지, 심판을 견뎌 사망에서 생명으로 옮겼는지, 시험을 참고이긴 자가 되어 생명책에 이름이 기록되어있는지의 여부에 따라 이 땅에서 심판은 종결되는 것이며, 둘째 사망의 해를 받지 않고 이긴 자의 자부심으로 승리의 14만 4천인의 노래를 부르는 자들인 것이다.

(히6:1~6, 약1:12, 계2:7, 2:11, 3:12, 요5:24) 신약성경의 수많은 구절이 이를 뒷받침하고 있다. (미4:12)

"손에 키를 들고 자기의 타작마당을 정하게 하사 알곡은 모아 곡간에
들이고 쭉정이는 꺼지지 않는 불에 태우시리라" (마3:12)

돌아온 탕자의 행위는 스스로 형벌과 고초를 겪다가 스스로 地獄 같은 세상에서 돌아와 아버지 집 앞에 왔을 때 무슨 심판을 받았는가? 거기에는 오래참고 기다리신 아버지의 사랑만이 가득한 곳이었다. 성경의 내용들은 생전의 이야기들로 잘 살아서 복된 생활을 하라는 부탁인 것이지 미리 겁을 주려는 의도가 전혀 아니다.

5장.
하나님의 形象(형상)을 회복 하는 길

폐일언하고 하나님의 형상을 회복하는 길은 예수 그리스도를 분명히 아는 것이다. 귀가 따갑게 들어온 에덴동산 선악과 사건도 생명나무도 뱀의 유혹도 모두가 상징이니 영광의 광채시요 그 본체의 형상을 가장 확실하게 회복하여 길을 예비하신 예수 그리스도의 인격을 닮는 것이다. (히1:3, 요14:6) 바울은 이 비밀을 알고 그의 편지에 다음과 같이 말하고 있다.

'자녀들아 너희 속에 그리스도의 형상을 이루기까지 다시 너희를 위하여 解産(해산)하는 수고를 하노니' (갈4:19)

하나님의 형상을 회복한다는 것은 단지 주여! 주여! 하며 믿음으로 구원이라는 쉽고도 간결한 앵무새 습관에서 끝나는 것이 아니라 그리스도의 형상을 이룰 때까지 더 나아가야 하는 精進(정진)이다. 마치 엄마 품에서 막 태어난 아이가 자라 성장하는 과정과도 방불하다.

1. 人格回復(인격회복)

인격이라 함은 格(격)=바로잡을 격이니 심리, 법률, 종교, 수양, 윤리를 갖추고 知(지), 情(정), 義(의)로 바로 갖춰 타인에게 존중을 받는다는 낱말이다. 신앙인이 그리스도의 인격을 본받는다 함은 그분의 지혜와 지식이 자신의 마음 중심에 들어와 그가 주인으로 살며 그분이 원하는 대로 함께 살아가는 삶을 의미함이다. 구원의 반열에 들어간다는 것은 그분의 본질과 뜻을 아는 것이다.

'永生(영생)은 곧 유일하신 참 하나님과 그가 보내신 자 예수 그리스도를 아는 것이니이다.' (요17:3)

바울은 이 사실을 너희가 알지 못함을 내가 원치 아니한다고 한 말은 부디 제발 좀 깨달으라는 부탁이다. (고전10:1)

'진리를 알 찌니 진리가 너희를 자유롭게 하리라'(요8:32)

확실한 증거와 확실한 지식이 곧 구원의 證票(증표)다. 영적 지식은 생각과 의지에 영향을 준다. 인격이란 개개인의 知情意(지정의)의 조화로운 성숙이라 말할 수 있다.

이러한 의식의 변화와 하나님을 아는 지혜와 지식이 없어 이스라엘 민족이 여러 차례 멸망하였던 것이다. (호4:6, 14:9)

영적 지식이 충만하기 위해서는 늘 갈고 닦아 온전히 하나를 이루어 매일 숨을 쉬듯이 매일 일용할 양식을 먹듯이 늘 가까이 그리스도로 더불어 호흡해야 한다. 그렇지 않으면 관념 신앙이 되어 먼지가 묻고 오염이 되어 버린다. 음식이 부패하듯, 지식도 부패하여 人格體(인격체)가 첫사랑을 잃으면 맛 잃은 소금으로 변하는 것이다.(히6:4~6)

2. 感情(감정)과 理性(이성)으로 회복해야 함

하나님의 감정은 빛과 사랑뿐이다. 그러나 말씀을 무시하고 멸시하는 자에게는 패망을 이루고 계명을 두려워하며 의지하는 자에게는 상을 베푸시는 공의로운 분이시다.(잠13:13) 사랑은 말이나 눈짓이 아닌 대상에 대한 감정과 이성의 밀착이다. 아주 가까이하여 온전히 하나를 이루어 쏙 빼어 닮은 하나의 인격체로 거듭나는 것이다. 그 감정의 변화는 고린도전서 13장이며, 성령의 9 가지 열매인 갈라디아서 5장 22~24절의 증표다.

만일 신앙인이 위 증거들이 없다면 그는 버려진 자이든가 아니면 불신자이든가, 감정과 이성의 변화가 없는 앵무새 인격자들이다. 聖靈(성령)의 인격을 상하게 하면 사함을 얻지 못한다.

'또 누구든지 말로 인자를 拒逆(거역)하면 사하심을 얻되 누구든지 말로 성령을 거역하면 이세상과 오는 세상에서도 사하심을 얻지 못하리라' (마12:32)

올바른 신앙은 하나님에 대한 감정이 건전하게 반응하는 것이며, 進步的(진보적)인 믿음으로 성숙되어지는 것을 기준으로 삼는 것이다. 자유 하는 진리의 강물에 빠진 沒我(몰아)의 신념으로 적극적으로 활기차게 살아가는 사람들은 남녀노소를 초월하여 思春期(사춘기)도 갱년기도 호르몬 변화도 다 조절되며 우울증으로 시달릴 이유가 없게 된다. 예수 그리스도의 복음이란 어두운 데 비취는 광명의 태양 같은 빛의 근원이기에 어둠은 아예 발붙일 수가 없다. (계22:5)

3. 하나님의 形狀(형상)이 회복되면 성품이 변한다.

- 意志(의지)의 변화(살전5:16)

- 行動(행동)의 변화(마7:21)

- 行實(행실)의 변화(계19:8)

　십자가의 의미는 영육의 分水嶺(분수령)이며 또한 종교역사의 분수령이기도 하다. 사람이 죽음 이전과 죽음 이후의 삶은 천국과 지옥의 차이다. 이 부활의 가치를 귀히 여기는 자는 믿음을 지키는 純潔(순결)한 성도이며 몸으로 하나님의 인격을 닮아가는 사람들이다. 그러므로 하나님의 감정을 길러야 하며, 하나님의 의지와 힘을 길러야 하는 것이다. 이 모든 조건들은 聖靈(성령)의 힘으로 가능한 일이다.

　'우리가 흙에 속한 자의 形狀(형상)을 입은 것 같이 또한 하늘에 속한 이의 형상을 입으리라.' (고전15:49)

4. 靈光(영광)된 形狀(형상)으로 變形(변형)

- 존귀 영광의 형상으로 (에스겔1:26~28)

- 주의 영광을 자손에게 내리심 (시90:16)

- 주의 영광이 모든 성도에게 (시149:9)

- 영광을 기업으로 받음 (잠3:35)

- 주의 영광으로 말미암아 부활됨 (롬6:4)

- 남자는 하나님의 형상이니라 (고전11:7)

- 태양과 같은 빛의 영광으로 (마17:1~5)

- 독생자의 영광으로 변형 (요1:14)

- 마음에 비췬 하나님의 영광 (고후4:6)

- 주와 같은 형상으로 변화되어 영광에서 영광으로 (고후3:18)

- 영광의 광채로 본체의 형상으로 화하다. (히1:3)

- 영원한 영광의 중한 것을 주심 (고후4:17)

- 우리는 예수그리스도의 영광에 참예할 자들 (벧전5:1)

신구약 성경에는 하나님과 그리스도의 영광에 대한 언급이 345회 언급되었는데 결국은 하나님을 영화롭게 하는 것은 예수 그리스도를 잘 아는 것과 그리스도의 形狀(형상)과 그의 마음을 본받아 복음을 깨닫고 십자가의 價値(가치)와 부활의식에 참예하여 함께 죽고 함께 무덤에 내려가고 함께 무덤에서 나와 함께 보좌에 올라 태양을 옷 입은 동방의 왕들이 되는 길을 뼈에 사무치도록 깨닫게 될 때 하나님의 그 영광이 내 것이 되며 그분의 자녀가 되는 권세를 얻는 것이다.
(롬6:3~8, 계16:1~2, 딤후2:11, 요1:12)

5. 하나님의 아들이 되는 形狀(형상)!

- 물과 聖靈(성령)으로 거듭난 사람이라면 하늘에 계신 너희 아버지의 온전하심 같이 너희도 온전하라 (마5:48)

- 오직 너희를 부르신 거룩한 자처럼 너희도 모든 行實(행실)에 거룩한 자가되라 기록하였으되 내가 거룩하니 너희도 거룩할 지어다 하셨느니라 (벧전1:15~16)

- 모든 악은 模樣(모양)이라도 버리라 (살전5:22)

- 예수 안에 거한다 하는 자는 그의 행하시는 대로 자기도 행할지니라 (요일2:6)

- 예수께서 가라사대 너희 율법에 記錄(기록)한 바 내가 너희를 신이라 하지 아니하였느냐 聖經(성경)은 폐하지 못하나니 하나님의 말씀을 받은 사람들을 신(하나님)이라 하였거늘 (요10:34~36)

- 그가 만물을 자기에게 복종케 하실 수 있는 자의 역사로 우리의 낮은 몸을 자기 영광의 몸의 형체와 같이 변케 하시리라. (빌3:21)

- 만일 우리가 그의 죽으심을 본받아 聯合(연합)한 자가 되었으면 또한 그의 復活(부활)을 본받아 연합한 자가 되리라 (롬6:5)

- 우리가 알거니와 우리 옛사람이 예수와 함께 십자가에 못 박힌 것은 죄의 몸이 멸하여 다시는 죄에게 종노릇하지 아니하려 함이니 (롬6:6)

- 이는 죽은 자가 죄에서 벗어나 의롭다 하심을 얻었음이니라(롬6:7)

- 우리의 생명이신 그리스도께서 나타나실 그 때에 너희도 그와 함께 榮光(영광) 중에 나타나시리라 (골3:3~4)

- 만일 너희 속에 하나님의 靈(영)이 거하시면 너희가 육신에 있지 아니하고 영에 있나니 누구든지 그리스도의 영이 없으면 그리스도의 사람이 아니니라 (롬 8:9)

- 그가 造物(조물) 중에 우리로 한 첫 열매가 되게 하시려고 자기의 뜻을 좇아 眞理(진리)의 말씀으로 우리를 낳으셨도다 (약1:18)

- 하나님께로 난 자마다 죄를 짓지 아니하나니 이는 하나님의 씨가 그의 속에 거함이요 저도 犯罪(범죄)치 못하는 것은 하나님께로서 났음이라 (요일3:9)

- 아버지께서 자기 속에 생명이 있음같이 아들에게도 생명을 주어 그 속에 있게 하셨고 (요 5:26)

- 내가 그리스도와 함께 십자가에 못 박혔나니 그런즉 이제는 내가 산 것이 아니요 오직 내 안에 그리스도께서 사신 것이라. 이제 내가 육체 가운데 사는 것은 나를 사랑하사 나를 위하여 자기 몸을 버리신 하나님의 아들을 믿는 믿음 안에서 사는 것이라 (갈2:20)

- 나는 葡萄(포도)나무요 너희는 가지니 저가 내 안에 내가 저 안에 있으면 이 사람은 과실을 많이 맺나니 나를 떠나서는 너희가 아무 것도 할 수 없음이라 (요15:5)

- 너희가 하나님의 聖殿(성전)인 것과 하나님의 聖靈(성령)이 너희 안에 거하시는 것을 알지 못하느뇨? (고전3:16)

위 여러 구절들이 공통적으로 나타내는 뉘앙스의 본질은 우리가 하나님의 지체들이며 그리스도의 십자가 사건의 사닥다리를 통하여 예수께서는 맏아들이 되시고 우리는 그분의 둘째 아들들로 연합하여 예수와 형제가 되고 동질성이 회복되어 비로소 잃어버린 하나님의 형상을 찾아 회복하는 길을 우리는 발견하여 복음의 義(의)가 된 것이다.

- 너희는 세상의 빛이라 山(산) 위에 있는 동네가 숨기우지 못할 것이요 (마5:14)

- 너희 착한 행실을 보고 하늘에 계신 너희 아버지께 榮光(영광)을 돌리게 하라 (마5:16)

- 아들이 있는 자에게는 생명이 있고 하나님의 아들이 없는 자에게는 생명이 없느니라 (요1서 5:11~12)

- 거룩하게 하시는 자와 거룩하게 함을 입은 자들이 다 하나에서 난지라 그러므로 형제라 부르시기를 부끄러워 아니하시고 (히2:11)

- 하나님이 미리 아신 자들로 그 아들의 형상을 본받게 하기 위하여 미리 정하셨으니 이는 그로 많은 兄弟(형제) 중에서 맏아들이 되게 하려 하심이라 (롬8:29)

- 너희가 믿음이 있는가. 너희 자신을 시험하고 너희 자신을 確證(확증)하라 예수 그리스도께서 너희 안에 계신 줄을 너희가 알지 못하느냐 그렇지 않으면 너희가 버리운 자니라 (고후13:5)

- 그런즉 이제는 내가 산 것이 아니요 오직 내안에 그리스도께서 사신 것이라. 이제 내가 육체 가운데 사는 것은 나를 사랑하사 나를 위하여 자기 몸을 버리신 하나님의 아들을 믿는 믿음 안에서 사는 것이라 (갈2:20)

- 그 기쁘신 뜻대로 예정하사 예수 그리스도로 말미암아 모든 사람이 아버지의 아들들이 되게 하셨으니 (엡1:5)

- 너희가 다 믿음으로 말미암아 그리스도 예수 안에서 하나님의 아들들이 되었으니 (갈 3:26)

- 그런즉 누구든지 그리스도 안에 있으면 새로운 被造物(피조물)이라 이전 것은 지나갔으니 보라 새것이 되었도다 (고후5:17)

- 나는 포도나무요 너희는 가지니 저가 내 안에 내가 저 안에 있으면 이 사람은 과실을 많이 맺나니 나를 떠나서는 너희가 아무것도 할 수 없음이라 (요15:5)

- 아버지께서 자기 속에 生命(생명)이 있음같이 아들에게도 생명을 주어 그 속에 있게 하시고 (요 5:26)

- 저희를 향 하사 숨을 내쉬며 가라사대 聖靈(성령)을 받으라 너희가 뉘 罪(죄)든지 사하면 사하여 질 것이요 뉘 죄든지 그대로 두면 그대로 있으리라 하시니라 (요20:22~23)

    이상 언급한 성경 구절들은 지극히 일부만 필자의 느낀 은혜의 영감에 따라 뽑아 나열했는데 나의 시각으로 본 이 성구들의 공통적인 사실은 전체적으로 신의 동질성 회복을 촉구하는 연합적 의미가 짙게 느껴진다. 우리기 하나님의 형상을 회복하는 길은 전인적으로 하나님의 시체로서 완전성과 신의 지체의식과 그의 심장과 그의 성품이 되어 마음으로 새 예루살렘을 건설하는 데에 뜻을 세우는 것으로 우리는 왕국백성이 되며 새 하늘 새 땅을 건설하는 것이다.
(빌1:18, 빌2:5, 시119:18, 렘15:19~20, 출 7:1, 요1:13)

  '하늘을 창조하시고 그 소산을 베푸시며 땅위의 백성에게 호흡을 주시며 그 땅에 행하는 자들에게 신을 주시는 하나님께서 말씀하시고' (사42:5)

6. 하나님 形狀(형상)을 잃어버린 한국교회의 誤謬(오류)

오늘날의 한국교회는 하나님의 형상과 예수 그리스도의 인격을 본받기는커녕 완전히 유대주의로 둔갑하였으며, 율법과 은혜를 구별 못하고 예수 그리스도를 믿는다 하면서 예수의 복음보다는 구약을 위주로 하는 律法(율법)아래 교인들을 떼거지로 묶어 감금시켜 죄인을 만들어 奴隸化(노예화)시키고 있다. 유대교와 좀 다른 게 있다면 금식, 방언, 철야, 목회자 절대권력, 물질주의, 기복신앙, 세습, 돈 세탁, 등 땅이 공허하고 黑暗(흑암)이 깊음 위에 뒤엉킨 혼돈상태에 일반 뉴스 시간마다 예비심판의 북서풍 경보가 진동을 하고 있는 사건들이다.

또 하나는 구원에 관한 믿음과 행함을 이분법으로 분리하고 있는 추세가 그것이다. 마치 행함이 필요 없는 것처럼 오해요지를 남기고 있다. 나는 이들에게 묻는다. 율법으로 구원받지 못한다 하여 십계명의 사명이 아직도 유효한가? 아니면 무효한가? 하고 물으면 명쾌한 답을 하는 사람이 별로 없다. 이 문제 때문에 복음을 깨닫지도 못한 사람들이 큰 병에 걸렸다. 행함으로 구원받지 못하지만 한편 행함 없는 믿음은 죽은 신앙임을 간과해서는 안 된다. 서울역을 가려면 마음으로 가는 것이 아니며 마음으로 느꼈으면 몸의 행함으로 움직여 서둘러 지하철을 올라타는 것이 살아있는 믿음인 것이다.

그러므로 신앙생활은 합성어로 쓰는 것이다. 아래 말씀을 기억하라.

'보라 내가 속히 오리니 내가 줄 상이 내게 있어 각 사람에게 그가 행한 대로 갚아 주리라'(계22:12)

한국교회는 머지않아 유럽의 교회들처럼 역사 속으로 사라질 것이다. 벌써 그 징조가 나타나고 있다.

기독교가 國敎(국교)인 러시아도 문을 닫았는데 한국이라고 예외는 아니다. 부스럼이 너무 곪아 수술도 불가능하다. 聖職者(성직자)라는 사람들이 너무나 교만하여 도대체 남의 말을 듣지 않는다. 책 몇 권 읽고는 정말 뭔가 된 줄로 착각하며 신도가 좀 모이면 처음 마음을 버리고 교회는 어느덧 사업장으로 변하고 비즈니스 백화점으로 혹은 문화적 바람으로 변해버리고 신도들도 문화생활로 다니고 옛날에 비교하면 생활이 풍족하고 배가 부르니 마음 가난한 사람은 아예 없다.

6장.
바람직한 교회의 動向(동향)

예수의 복음은 지상에서는 이웃사랑과 내세에는 영원한 생명에 관한 복된 소식으로 연결된다. 소위 입에 발린 구원을 지나치게 주장하여 罪(죄) 문제로 고뇌하고 가책에 시달리며 회개의 정의를 몰라 일평생 종살이하는 사람들도 문제지만, 지나치게 내세에 대한 죽은 다음의 천국을 팔아서 장사하는 사람들도 큰 문제이다. 반면에 사후세계를 인정하지 않고 이 땅에서만이 유일한 소망이라 하여 사두개파처럼 권력을 키우고 금융을 키우고 약자를 무시하며 물질만능으로 축복의 가치관이 획일적인 사상들과 혼돈에 헤매는 나그네들에게 정확하고도 분명하게 영)의 자격과 행동해야 하는 삶의 도덕률과 이웃사랑의 條例(조례)를 잘 가리켜준 바람직한 교회의 동향을 제시하는 내용들을 아래 기록된 말씀에서 찾아볼 수 있다.

'어떤 律法師(율법사)가 일어나 예수를 시험하여 가로되 선생님 내가 무엇을 하여야 영생을 얻으리이까? 예수께서 이르시되 율법에 무엇이라 기록되었으며 네가 어떻게 읽느냐? 대답하여 가로되 네 마음을 다하며 목숨을 다하며 힘을 다하여 뜻을 다하여 주 너의 하나님을 사랑하고 또한 네 이웃을 네 몸과 같이 사랑하라 하였나이다.

예수께서 이르시되 네 대답이 옳도다. 이를 행하라 그리하면 살리라 하시니 이 사람이 자기를 옳게 보이려고 예수께 여짜오되 그러면 내 이웃이 누구입니까? 예수께서 대답하여 가라사대 어떤 사람이 예루살렘에서 여리고로 내려가다가 强盜(강도)를 만나매 강도들이 그 옷을 벗기고 때려 거반 죽게 된 것을 버리고 갔더라. 마침 한 제사장이 그 길로 내려가다가 그를 보고 피하여 지나가고 또 이와 같이 한 레위인도 그곳에 이르러 그를 보고 피하여 지나가되 어떤 사마리아인은 여행하는 중 거기 이르러 그를 보고 불쌍히 여겨 가까이 가서 기름과 포도주를 그 상처에 붓고 싸매고 자기 짐승에 태워 주막으로 데리고 가서 돌보아주고 이튿날에 데나리온 둘을 내어 주막주인에게 주며 말하되 이 사람을 돌보아주라 浮費(부비)가 더 들면 내가 돌아올 때에 갚으리라 하였으니 네 의견에는 이 세 사람 중에 누가 강도 만난자의 이웃이 되겠느냐 가로되 자비를 베푼 자니이다.

예수께서 이르시되 너도 이와 같이 하라 하시니라.' (눅10:25~37)

신약성경 전체에서 바람직한 교회와 목회자 상을 상세하고도 분명하게 제시해주는 예수님의 가르침이다. 이웃사랑에는 어떤 이론도 필요 없다. 따뜻한 마음과 베푸는 자비는 외로운 영혼들에게 크게 작용한다. 그러므로 교회는 지친 영혼들이 쉼을 얻고 회복하며 병든 심신을 치유하는 곳이며 나그네와 행인 같은 인생을 위로하고 교화시켜 소생시키는 곳이다. 예수를 시험하려던 율법사는 오늘날의 똑똑하고 언변 좋은 종교 지도자들 중 목회자나 신학교수들이다. 그들의 이론은 이치적인 교육도 많기 때문이다.

예수께서는 율법사에게 묻기를,

"그대 생각에는 이 세 사람 중 누가 강도 만난자의 이웃이 되겠느냐?"

"자비를 베푼 자니이다"

율법사는 끝까지 사마리아인이라는 말을 거세한다. 선민사상에 젖어 優越感(우월감)이 가득한 그는 사마리아인을 인정할 수 없었던 것이다. 예수께서는 당시 유대 종교지도자들에 대한 그릇되고 가증하고 삐뚤어진 가치관과 신앙관을 지적하며 우월감을 젖어있는 종교인은 첫째로 따뜻한 가슴과 약자를 긍휼히 여기는 자비심을 첫째로 꼽으셨던 것이다. 간음한 여인, 나사로 문제, 병자들에 대한 慈悲心(자비심), 갈릴리

출신들에 대한 박애정신, 등 차별 없고 조건 없는 사랑의 메시아였다.

　사람이 죽어가고 있는데 제사장이 이를 피하여 지나가고 레위인(종교적으로 최고 전문가 지도자)이 그냥 지나가고 오히려 멸시받고 인정받지 못하는 규정 밖의 비종교인의 손에 의해 강도를 만나 죽어가던 사람이 목숨을 구했다. 그는 자기 일처럼 주머니를 털어서 돌보고 비용이 더 들면 여행 마치고 돌아오는 길에 갚을 것이라며 끝없는 자비를 베풀었다.

　박해 받던 바울을 도와준 사람들은 이방인들이었고 예레미아를 도와준 사람들 역시 이방인들이었다.

　예수 그리스도의 눈에 비친 당시 유대교의 실상을 말하고 있으며 오늘날의 교회 모습과도 같다. 강도 만난 자의 이웃이 된다는 것은 사람 생각으로는 불가능하다. 이웃을 내 몸처럼 사랑하지 않고는 실천할 수 없는 일이며 예수 그리스도의 인격만이 가능한 사건이다.

1. 改革(개혁)이 필요한 오늘날의 교회

교회라는 단체가 너무 대형화되어 가는 과정에 빈부격차가 너무 심해 미 자립 교회와 맘모스 교회와의 차별은 그 실태가 비참할 정도다. 부패정도는 어느 사회단체나 정치이상 썩어 예수는 멀어지고 돈과 권력만 남았으며, 그 종처가 썩어 지금 매일매일 터지고 있는 실정이다. 시대의 흐름이며 종교문화의 흐름으로 본다 해도 정도가 지나쳐 어찌 할 도리가 없다. 그러나 이제라도 손을 쓸 수 있다면 최소한 아래와 같이 실천해야 한다.

- 교회 대형화억제
- 환경문제 1순으로 신경 쓸 것
- 투명한 재정운영
- 교회재정을 50%정도는 사회 구제금으로 사용
- 목회자 연금제와 世襲(세습) 절대 불가
- 목회자 도덕성문제 양심에 손 없을 것
- 평신도 협의회 운영 온 교인이 참여할 것
- 장학위원회, 선교, 의료 위원, 등 적극 활용
- 전교인 성경연구 매주 1시간 이상 학습
- 비교종교 연구 1시간 이상 학습
- 教會歷史(교회역사) 공부 의무적으로 할 것, 등
- 교회 내에서 財政難(재정난)으로 진학 못하는 학생이 없도록 할 것

(1) 强要(강요)하지 말라

교회 운영 인이나 기타 안건은 광고시간에 뜻 깊고 진지하고 짧게, 공지하고 협조 안하는 사람에게도 강요하거나 스트레스 주지 말라. 먼

저 된 사람들이 오랜 시간 공을 들여 模範(모범)을 보이며 솔선하다 보면 어느 날 때가 되면 하나씩 배울 것이며 저능아가 아니라면 다 생각이 있을 터이니 낯 내려놓고 앞장서서 바리새인 행세하는 것은 피차 유익이 없고 결국은 피곤해지며 넘어지게 된다. 봉사활동이나 교회 각 부서 활동도 한두 번 권면한 뒤 사양하거든 그냥 용납해야 할 것이다.

(2) 십일조 기타 수십 가지 獻金(헌금)은 罪惡(죄악)이다.

게시판에 십일조를 그래프(Graph)로 그려 공개하는 곳은 사악한 악마집단이다. 속인들도 이러한 짓을 하지 않는다. 부끄러운 짓이다. 직분 받을 때 과중한 헌금 조례 없애야 한다. 이는 免罪符販賣(면죄부판매)보다 더 악한 행위다.

오늘날의 대형교회건물과 천문학적인 재산은 희생당한 사람들이 피와 살로 세운 희생의 피라미드이다. 십일조는 신정국가인 이스라엘 국교의 유대교인들의 세금이었다. 우리는 나라에 5대 의무인 세금을 내기 때문에 종교적으로 선택이 필요 없는 유대교와 비교해서는 안 된다. 우리는 나라에 의무적으로 세금을 내고 있으니 십일조를 유대인에게 일부러 배울 필요는 없다는 것이다.

수십 가지 헌금명목들은 사악한 짐승 목사들이 불쌍한 노동자들과 직장인들의 주머니를 노려 거의 **빼앗다시피** 하여 거두어들이는 수준이다. (사56:10~12, 미3장) 의식 있는 교육을 받은 사람이라면 머지않아 공동 윤리의식을 느낄 것이며 누가 말하지 않아도 선한 일에는 동참하는 것이 선한 사람들의 기운이다.

사랑을 깨달은 사람은 헌혈도 하고 콩팥도 주는 것이며 高次(고차)의 진리를 알게 되면 말하지 않아도 자동적으로 참여하는 것이다. (미가서 3장 참조)

1) 교회 운영은 어떻게 해야 하는가?

- 獻金(헌금)은 강요하지 말고 교회의 재정을 투명하게 공개하고 공동회의를 거쳐 우선 참예의식이 있는 교우들이 먼저 모범을 보여 매주 아니면 매월 수입의 이익을 얻은 대로 감사헌금을 드리되 무리하지 말고 십시일반으로 선한 일에 시비가 없도록 해야 할 것이다. 교회도 사람이 모이는 곳이니 돈이 필요한 곳 아닌가? 전기, 수도, 건물관리, 교육비, 목회자의 식량, 선교, 기타 등등.

- 교회 모임장소가 비좁을 땐 목사는 침묵하라. 좁으면 좁은 대로 빼곡히 앉아 신을 찬양하라. 얼마나 하늘의 영광인가? 신도가 조금만 모이면 어김없이 건축헌금이라는 무거운 십자가를 메어주고 부담을 있는 대로 안겨주는 행위는 구원을 받아보겠다고 자유를 찾아 돌아온 사람들을 죽이는 악행이다. 교회가 비좁으면 형제들이 하나 둘 의견을 제시할 것이며 진정으로 거듭난 성도 10여 명만 있으면 장소는 아무런 문제가 없다. 존재적으로 말해서 내 자식 결혼이나 대학 등록금, 유학비, 기타양육비는 얼마나 투자하는가? 영생을 담보로 하는 우리의 신앙생활이 과연 진실이라면 우리가 과연 어떠한 자세로 하나님의 尊影(존영)을 뵈올 것인가? 초 신자들은 얘기할 것 없다. 뭘 좀 안다는 사람들은 이 문제를 놓고 한번쯤 진지해야 할 것이다. 초대교회 사도들이나 교부들은 자기 집을 교회로 내어주어 공동으로 사용하였다.

- 牧會者(목회자)의 靈的(영적)인 태도와 자세

목회자도 일을 해야 한다. 실제로 노동을 해야 한다. 자기 손으로 노동하여 먹거리를 準備(준비)하고 교인들이 감사해서 주는 선물은 받아도 가하다. 설교는 입으로 하는 준비니 구태여 노동이라고 변명하지 말자. 몸이 약해 중노동이 어려우면 세차장이나 정원사, 기타 단순 노동도 좋으며, 시골이면 소작농이라도 배워 익히면 떳떳하고 오히려 권위 있고 귀감이 되니 영광스러운 일이다.

2) 교회 信徒들의 자세

牧會者는 섬기는 직업이며 섬기는 종이라 하여, 사람을 종으로 알고 업신여기지 말 것이다. 말없이 땀 흘려 일하며 하나님의 비밀을 위임받아 영적으로 홀로 선 하나님의 종들은 그들의 靈權(영권)과 가슴에 품은 비밀의 열쇠는 아무리 격 없는 형제라 해도 그 뒤를 따르는 표적과 행적이 일반인과는 확연히 다르다.

교회의 형제들은 이러한 선배들이나 종들에게 협조하고 존중하고 순종함이 마땅하다. 모세와 엘리야, 12사도들과 바울이나 폴리갑, 오리겐이 아무리 성정이 같은 형제라 할지라도 그 의식이나 영적인 에너지가 어찌 일반인에 비할 것인가? 이러한 하늘소식을 전하는 이들은 이미 죽음을 초월하여 자기를 봉헌한 사람들이지만 그 아래에서 배우는 사람들은 마땅히 예를 갖춰 겸손히 존중하고 따르는 것이 가하다. 이는 계급의식을 말하는 속된 해석이 아니라 영적인 질서와 하나님의 공의를 행함에 있어서의 윤리적이며, 의로운 교육적 자세인 것이다. (딤후3:16~17) 일하는 소에게 망을 씌우지 말라는 율법 말고도 좋은 일과 선한 일에 함께 함은 지체들로서 마땅한 것이다. (고전9:9~14)

(3) 새벽기도, 徹夜(철야)기도 자랑할 것 없다.

새벽기도의 성서적 근거는 예수께서 잡히시기 전 겟세마네 동산에서 깊은 고민 끝에 생의 마지막 날을 밤새워 기도하던 것으로 복음서에서는 기록하고 있다. '이 잔을 내게서 옮기지 마옵소서 그러나 나의 원대로 마옵시고 아버지의 원대로 하소서'(막14:36~41) 스승과 마지막을 보내는 제자들은 결국 졸고 있었다. 기도란 결정적인 문제가 생길 때에는 자기 스스로 무릎을 꿇게 된다. 그것이 진짜 간절한 기도다.

그리고 우리나라에서 새벽기도를 시작한 사람은 길선주 목사였다.

산에서 동양의 기학과 선도를 수련하던 그는 기독교로 개종한 뒤에도 예전처럼 새벽기도를 하였다. 동양적인 수련생들은 주로 밤10시 이후 자정에서 새벽 3시 사이에 기도를 하며 명상한다.

어떤 사람은 이를 비난하는 사람이 있는데 그것은 개인의 신앙척도에 따라 다르니 판단할 일은 없다. 결론으로 우리나라가 벌써 100년이 훨씬 넘은 선교역사를 자랑하고 있는데 사람들의 마음이나 실제적인 삶에는 1970년대와 비교해 보면 도덕적 의식은 달라진 게 별로 없고 오히려 불안하고 여유는 더 없고 옹색하다.

다시 말해서 기도는 감사와 懺悔(참회)뿐이다. 그렇다 하여 새벽에 기도하는 사람을 비난하는 것은 아니니 오해하지 말라. 필자도 25년 이상 새벽기도를 빼놓지 않은 사람이다. 지금은 명상으로 바뀌어 초저녁에 조금 잠을 자고 밤 11시~2시 사이에는 내 영혼을 돌보느라 깨어 있는 시간이 대부분이다.

시공을 초월하여 無時로 드리는 기도는 거룩한 것이다. 성령으로 全身甲冑(전신갑주)를 입고 깨어서 하나님의 나라와 하나님의 의를 구하는 일은 우리의 호흡처럼 귀하고 우리의 생명인 것이다. (엡6:18)

진퇴양난의 갈림길에 막막하던 야곱은 얍복강 나루터에서 결정적인 순간을 만나 하나님의 천사와 날이 새도록 씨름을 하여 환도 뼈가 부러지는 육신이 무너지며 응답을 얻어 모든 문제가 해결되었다.

구태여 말하자면 이것이 철야기도라 할 수 있으나 오늘날의 집단 철야기도는 어떤가? 금요일 혹은 40일 작정, 기타 등등으로 저녁 9시에 모여 밤 12시까지 모여 노래 부르고 서로 자위하고 웃고 키 재기하고 목회자랑 눈도장 한 번 찍고 안수기도해 주는 것을 큰 훈장으로 알고 기도회는 끝난다. 이것이 철야기도인가? 도시에서는 종종 철야기도나 새벽기도 하려다 적지 않은 교통사고가 일어나는 실정이다.

긴 시간을 채우기 위해서 오래 기도해야 성스럽게 보인다는 생각자체가 성령을 근심시키는 어리석음이다. 성경은 말한다.

'너희 생각을 감사함으로 하나님께 아뢰라' 했으며 이방인처럼 의식주 문제를 구하지 말라 했다.(마6:31~32)

이런 것들은 정욕적인 것들이며 샤먼기도요, 정욕으로 쓰려고 잘못 구함이다. (약4:3) 원어 성경에는 'Battalogevw(바탈로기아)'는 공연히 재잘거린다, 공연히 반복한다는 뜻이다. 여기서 더 나아가면 요한계시록 16장에 나오는 개구리같이 더러운 영들의 속살거리는 무질서하게 속살거리는 혼잡한 중언부언의 영들이 되고 만다.

- 중언부언 기도하지 말라, 말을 많이 해야 듣는 하나님이 아니시다. (마6:7)
- 불꽃같으신 눈으로 인간의 형편을 다 아신다.
- 우리가 부르기 전에 응답하시고 기도를 마치기 전에 들으신다 (사 65:24~25)
- 기도는 참회와 감사뿐이다.
- 하나님이 기뻐하는 기도는 사람들 많은 데서 떠드는 중언부언이 아닌 골방생활이며 성령과 지혜를 구하는 솔로몬의 기도를 원하신다.
- 대상을 잘못 부르는 것은 중언부언이며 응답이 없다. (왕상18:29)
- 진실 된 기도는 마음속으로 속삭여도 하나님과 통하는 것이다. 한나가 입술만 움직이며 소리 없이 기도하는 것을 지켜보고 그녀가 술 취한 줄 알았으나 심령을 꿰뚫는 하나님께 속사정을 조용히 고하고 응답을 받았다. (삼상1:12~15)
- 뜻을 파악하지 못하고 성의 없이 외우는 주기도문이나 사도신경은 重言復言(중언부언)이며 의미 없다.
- 특히 가짜 방언은 절대 금물이다. 하나님은 질서의 하나님이시다.

대개 개구리 영들이며 속살거리는 영들이니 각별히 조심해야 한다. 하나님의 질서를 깨뜨리며 영계를 혼란시키는 마귀들도 속살거리는 영으로 사람들을 세뇌시킨다. 좋은 우리말 수십만 단어를 두고 누가 신령하다 할까봐 무슨 비밀이 그리 많아 사람들 많은 곳만 있으면 혀를 꼬부리는 행위는 미구에 審判臺(심판대)앞에서 옥석이 드러날 것이며 영안이 밝은 사람들 눈에는 보인다.

• 사람들 앞에서 의를 나타내려 祈禱(기도)하지 말라
• 祕密裏(비밀리)에 기도하고 구제하라 (마6:3)
• 골방생활을 습관들이라 (마6:6)
• 떠벌이는 바리새인 本(본)받지 말라 (마6:5)
• 稱讚(칭찬)받으려고 가식하지 말라
• 靑山流水(청산유수) 기도 부러워 말라 (마6:7)
• 그러므로 저희를 본받지 말라 구하기전에 너희에게 있어야 할 바를 하나님 너희 아버지께서 아시느니라. (마6:8)
• 진정한 기도는 마음에서 근심이 떠나게 하는 것이며 악이 몸에서 떠나는 것이며 어릴 때와 청년의 때가 헛된 줄을 깨닫는 것이다. (전11:10)
• 그리스도의 마음을 품어 종의 형체를 배워 늘 깨어있음이 곧 신령한 기도인 것이다. (빌2:5~8)

(4) 場所槪念(장소개념) 초월하라

하나님은 無所不在(무소부재)하시며 영존하시며 정의로우시며 전능하신 분이시다.

* 주께서 나를 監察(감찰)하시오며 아셨나이다 주께서 나의 앉고 일어섬을 아시며 멀리서도 나의 생각을 통촉하시오며 나의 길과 눕는 것을 감찰하시며 나의 모든 행위를 익히 아시오니 하나님이여 내 혀의 말을 알지 못하시는 것이 하나도 없으시니이다.

주께서 나의 전후를 두르시며 내게 안수하셨나이다. 이 지식이 내게 너무 기이하니 높아서 내가 능)히 미치지 못하나이다. 내가 주의 神(신)을 떠나 어디로 가며 주의 앞에서 어디로 피하리이까? 내가 하늘에 올라갈지라도 거기 계시며 陰府(음부)에 내 자리를 펼지라도 거기 계시니이다.

내가 새벽 날개를 치며 바다 끝에 가서 거할지라도 곧 거기서도 주의 손이 나를 인도하시며 주의 오른손이 나를 붙드시니이다.

내가 혹시 말하기를 黑暗(흑암)이 정녕 나를 덮고 나를 두른 빛은 밤이 되리라 할지라도 주에게서는 흑암이 숨기지 못하며 밤이 낮과 같이 비취나니 주에게는 흑암과 빛이 일반이니이다.

주께서 내 장부를 지으시며 나의 모태에서 나를 造成(조성)하셨나이다. 내가 주께 감사 하옴은 나를 지의심이 신묘막측 하심이라. 주의 행사가 기이함을 내 영혼이 잘 아나이다. 내가 은밀한데서 지음을 받고 땅의 깊은 곳에서 기이하게 지음을 받은 때에 나의 형체가 주의 앞에 숨기우지 못하였나이다.

내 形質(형질)이 이루기 전에 주의 눈이 보셨으며 나를 위하여 정한 날이 하나도 되기 전에 주의 冊(책)에 다 기록이 되었나이다. (시 139:1~16)

* 나는 걸어 다니는 성전이다. 우리 몸은 주님의 영광의 통로이다. 신앙인은 맨 먼저 나의 몸이 하나님이 거하시는 성전임을 깨닫는 일이 중요하다. 교회는 교제하는 곳이며 서로 문안하며 성도의 교제하는 장소이며 예배는 움직이는 나의 일상 전반이 곧 예배이다. (고전 6:12~20)

* 사마리아 산당에도 예루살렘 성전에도 하나님은 아니 계시며 신령과 진정을 깨달은 사람들 마음에 거하신다. (요4:20~24)

그리스도의 세마포 피 뿌린 옷을 입고(계19:13) 의의 겉옷을 입고(사61:10) 예수 그리스도의 이름(말씀의 참뜻)을 깨달아 변화된 성도들이 두 세 사람만 있어도 그들 가운데 하나님을 坐定(좌정)하신다. (마18:20)

* 불 가운데도 깊은 물 가운데도 태산을 넘어도 함께 하시는 분이시니, 장소개념은 의미 없다. '야곱아! 너를 창조하신 하나님께서 지금 말씀하시느니라. 이스라엘아! 너를 지으신 이가 말씀하시느니라. 너는 두려워하지 말라 내가 너를 구속하였고 내가 너를 지명하여 불렀나니 너는 내 것이라. 네가 물 가운데로 지날 때에 내가 너와 함께 할 것이라 강을 건널 때에 물이 너를 침몰하지 못할 것이며, 네가 불 가운데로 지날 때에 타지도 아니할 것이요 불꽃이 너를 사르지도 못하리니' (사43:1~2)

* 맘모스 교회 피로 물든 교인들의 희생은 罪惡(죄악)의 장망성이다.

* 金銀寶石(금은보석)으로 장식하여 건축된 화려한 이스라엘의 형식적인 성전은 세 번이나 멸망하여 훼파되었다. 그래도 그들은 성전의 의미를 아직도 깨닫지 못하고 통곡의 벽에서 거짓 눈물을 흘리고 있다. (마24:1~2)

(5) 성전의 意味(의미)를 바로 알자.

1) 교회는 성스러운 會衆(회중)이 모이는 곳은 사실이다. 세속적인 일을 하는 곳이 아니라 거룩한 일들을 하며 영적인 교제를 하는 곳으로 성도들과 교통하고 신앙을 성숙시키며, 소망을 키우는 곳이다.

2) 에클레시아는 세상에서 부름 받은 사람들의 모임이니 교회는 역시 거룩한 곳이며 하나님의 사랑을 교제하며 사랑을 나누는 장소로 적합한 곳이다.

3) 그러나 교회는 높고 낮음이 없는 곳이며 세상에서는 고관대작이며 계급이 높은 사람이라도, 교회에서는 보편타당한 형제자매로 평등한 위치에 자신을 세우는 곳이다. 질서를 위해서 선후배 형님동생은 존재하나 속세의 계급은 분토처럼 없어지는 곳이다. 그러므로 지위고하 없이 모두가 하나님의 은혜로 한 몸이요, 건물처럼 유기적으로 연결된 지체들인 것이다.

4) 아담에서 모세까지는 어디서나 장소개념 없이 깨끗한 돌이나 기타 장소에 제물을 드리면 그곳이 성전이 되었다. 모세로부터 솔로몬 때까지는 천막으로 성전을 지어 경배를 드렸다.

5) 그 뒤로 솔로몬성전, 스룹바벨 성전, 헤롯 성전, 등 화려하게 지은 규모 있는 성전은 다 무너져버렸다. 오히려 장소개념이 고정화되고 특별한 의미를 부여하기 시작하면서부터 사람들은 형식적으로 치우치고 위선자들이 되어 하나님을 마음에 두기를 싫어하며 결국은 神(신)을 떠나게 되어 멸망을 초래하게 된 것이다.

6) 우리는 하나님의 聖殿(성전)임을 명심하자.

'너희도 성령 안에서 하나님의 거하실 처소가 되기 위하여 예수 안에서 함께 지어져 가느니라' (엡2:22)

7) 聖殿(성전)을 사모하는 熱心(열심)

'주여! 다윗을 위하여 모든 근심한 것을 기억하게하소서. 저가 하나님께 맹서하며 서원하되 내가 실로 나의 집이나 침실에 들어가지 않으며 내 눈으로 잠들게 아니하며 내 눈꺼풀로 졸게 아니하기를 하나

님의 처소 곧 야곱의 전능자의 성막을 발견하기까지 하리라 하였나
이다. 우리가 성막이 에브라다에 있다함을 듣고 야일의 밭에서 그것
을 찾았나니 우리가 그의 성막에 들어가 그 발등상 앞에서 경배하리
로다. 주의 제사장들은 의를 입고 주의 성도들은 즐거이 외칠지라.
하나님께서 시온을 택하시고 자기 거처를 삼으시려 이르시되 이는
나의 영원히 쉴 곳이라. 내가 여기 거할 것은 이를 원하였음이라.'
(시132편)

* 다윗은 一片丹心(일편단심) 주님을 사랑하였으며

반드시 성막을 찾겠노라 주님께 서원하고 온 유대를 수소문하여 찾았다. 성막을 찾아 발견하여 다윗성에 안치하고 언약궤를 예루살렘으로 모셔올 때에 그는 기쁨으로 춤을 추었다. (대상15:1~29) 이것이 성전을 사모하는 열심이며 그는 성전을 삼켜 심장은 성전이 되었다. 성전을 사모하는 열심이 나를 삼키는 도다···

우리는 하나님을 삼켜야 한다. 우리는 예수 그리스도의 말씀을 삼켜야 한다. (계10:9~10) 호흡속에 그분의 영을 모셔야 한다. 우리는 그분의 호흡 속에 갇혀야 한다. 그리스도의 지체가 되어야 한다.

(6) 벽돌집에 하나님을 가두는 한국교회

'예수께서 성전에서 나가실 때에 제자중 하나가 이르시되 선생님! 여기 좀 바라 보세요. 이 성전의 돌들의 규격과 雄大(웅대)함을 한번 보세요. 이 건물들이 어떻습니까? 예수께서 이르시되 네가 이 건물들의 겉모습을 보고 매료되었구나! 두고 보라 이 건물들이 곧 무너질 것이다. 돌 하나도 돌 위에 남지 않고 다 무너뜨려지리라 하시니라' (막13:1~2)

예수께서는 감람산에 올라 베드로, 요한, 야고보, 안드레, 등 제자들과 조용하고도 심각하게 대화하신 이야기 줄거리다. 예수께서 예언하신대로 이 헤롯성전은 완전히 무너졌고 유대교회와 나라도 짓밟히고 멸망하였다. 지금까지 세계역사는 공통적인 사실이 있는데 그것은 종교가 썩어 타락하면 반드시 국난이 일어나고 종교와 역사가 동시에 망하고 흉년이 뒤따르고 민심이 극도로 疲弊(피폐)해진다. 그 본보기가 이스라엘 유대교이며 러시아교회 멸망과 유럽의 교회와 종교 문화들이다. 위 내용은 헤롯이 증축한 성전이었다. 제자들의 눈에는 웅장하고 아름다워 보이는 성전이 곧 무너질 것이라고 불길한 말을 던지시는 예수 그리스도의 마음도 편치는 않았다. 유대종교 지도자들의 품격은 하나님과는 너무 멀리 떠나있었고 누구 하나 나라와 민족을 걱정하는 지도자가 없었다. 선지자 예레미아는 한 사람도 없다고 탄식하였다. (렘5:1~2)

솔로몬이 건축했던 성전은 길이가 60규빗 너비가 20규빗 높이가 30규빗으로 화려하게 건축 되었었는데 BC.586년에 바벨론에 의해 파괴되었으며, 그 뒤 스룹바벨에 의하여 주전 515년에 고레스의 도움으로 예전 규모보다는 좀 작게 재건되었다.

이 성전이 또 다시 시리아의 안티오커스 에피파네스 皇帝(황제)의 공격으로 함락되었다가 헤롯왕이 BC.37년에 유대인들의 환심을 사기 위해 다시 재건하였다. 헤롯은 혈통적으로는 유대에 흡수된 에돔 인이었는데 그도 아브라함의 후예들이지만 그는 아시리아의 영토 확장에 따라 에돔이 점령당하면서 유대 땅으로 이주하였다. 이후 바벨론과 헬라 지배시대를 지나면서 이두매(Idumea)라 불리던 에돔인들은 유대인으로 간주되었다.

주전 37년 헤롯은 지배국인 로마에 돈을 주고 왕위를 샀는데 유대인들은 다윗의 후손도 아니고 유대인도 아닌 헤롯을 왕으로 존중하지 않았다. 헤롯은 부활을 믿지 않고 사후세계를 믿지 않는 사두개파들의 지지를 받으며 스룹바벨이 지은 성전 터에 잔해를 부수지 않고 제사를 중단하지 않고 성전을 증축하였다. 8년 동안 석재를 준비하여 건물자체는 1년 반 정도에 걸쳐 완성하였다.

　약 165평정되는 규모의 건물로 당대에는 상당히 큰 건물이었다. 헤롯은 스룹바벨 성전 바깥쪽의 경사진 면을 메우고 높은 돌담을 쌓아 성전 마당을 솔로몬시대의 4배 이상으로 확장하였다. 성전마당은 북쪽 314m, 남쪽 280m, 동쪽 469m, 서쪽 485m로 예루살렘 구시가의 약 1/6을 차지하는 거대한 마당으로 약 25만 명이 들어갈 수 있는 공간이었다. 일반인들이 들어가지 못하는 지성소를 건축하기 위해서는 천여 명의 제사장들이 조적공과 목수훈련을 받아 건축하였다. 역사가 요세푸스는 이 성전을 평하기를 '고린도 양식으로 하얀 대리석 기둥이 쭉 늘어서있고 외벽을 흰 돌로 입힌 성전을 먼 곳에서 보면 마치 눈이 덮인 산처럼 보였다'고 표현하였다. 아! 그러나 이 화려한 성전이 하나님을 감사함으로 섬기기 위한 목적으로 건축한 것이 아니라 헤롯의 정치적인 목적으로 유대인의 겉치레 환심을 사고, 자기 힘을 과시하기 위하여 건축하였다. 예를 든다면 로마의 콘스탄틴 황제처럼 정치를 위하여 종교를 이용한 사례라고 보면 된다. AD.70년경에 티투스의 예루살렘 공격으로 성전은 훼파되고 유대인들은 지금까지 성전이 없는 빈 공간 통곡의 벽에서 거짓눈물을 흘리며 또 다른 음모를 꾸미고 있다.

* 유럽의 모든 교회가 사라지고 있다.
* 러시아의 교회 5천여 개가 불 타 없어졌다.
* 한국교회의 건물신앙도 예외는 아니다.

• 큰 건물 벽돌교회에 한이 맺힌 한국교회들…

　축복의 한이 맺힌 한국교회 피멍울진 건축헌금의 후유증으로 이혼을 한 사람을 나는 여러 명 알고 있으며 이 문제를 연간 수십 명씩 상담하며 내린 결론은 그렇다. 하나님은 벽돌집 모형성전에 갇히지 않으신다는 것이다.

'우주와 그 가운데 있는 만유를 지으신 신께서는 천지의 주재이시니 손으로 지은 전에 계시지 아니하시고 또 무엇이 부족한 것처럼 사람의 손으로 섬김을 받으시는 것이 아니니 이는 만민에게 생명과 호흡과 만물을 친히 주시는 자이심이라. 인류의 모든 족속을 한 혈통으로 만드사 온 땅에 거하게 하시고 저희의 년대를 정하시며 거주의 경계를 한 하셨으니 이는 사람으로 하나님을 혹 더듬어 찾아 발견케 하심이로되 그는 우리 각 사람에게서 멀리 떠나 계시지 아니 하시도다.'
(행17:24~17)

교회 모임장소에다 천문학적인 돈을 거둬들여 화려하게 꾸미고 피를 짜내듯 사람들을 괴롭히는 사탄교회들은 지금 분명히 심판을 받고 있다. 머리 숫자로 키 재기 하던 맘모스 교회들 지금 심각하게 썩어 내려앉고 있다. 귀신 쫓던 목사들, 병원을 무시하고 중환자들을 기도로 고친다고 방치하다 환자를 수도 없이 죽이는 무지한 사기꾼들, 사람의 인격을 무시하고 넘어뜨리고 고함을 지르며 명령하던 목사들, 해외 나가서 도박하는 목사들, 성적으로 타락한 목사들, 그들의 신은 돈과 권력 부동산이 전부다. 예수 그리스도와는 아무 상관없는 집단들이며 도리어 불법을 행하는 자들이다.

• 불법을 행하는 삯꾼들

'그 날에 많은 사람이 나더러 이르되 주여! 주여! 우리가 주의 이름으로 선지자노릇하며 주의 이름으로 귀신을 쫓아내며 주의 이름으로 많은 권능을 행치 아니하였나이까 하리니 그때에 내가 저희에게 밝히 말하되 내가 너희를 도무지 알지 못하니 불법을 행하는 자들아 내게서 떠나가라' (마7:22~23)

위 구절은 아무래도 오늘날을 미리 보시고 한국교회를 두고 예언하신 듯한 생각마저 든다. 교회가 이렇게 타락하기는 불과 20여년 사이에 부쩍 腫處(종처)가 깊어졌다. 그래도 1970~1980년대의 부흥기에는 그래도 순수한 시대였다.

지난 밀레니엄(Millennium) 전후로 의식주가 해결되며 지상낙원이 오자마자 목회자들이 대형교회 사업을 하며 예수 그리스도를 버렸다. 최근 뉴스를 달군 대표적인 예로 만민··교회 취재뉴스는 우리가 상상하는 이상 충격적이다. 15만 명 이상 모이는 교인들이 목사에게 禮物(예물)심기라는 헌금이 있어 십일조 말고도 高額獻金者(고액헌금자) 우대방안을 만들어놓고 거둬들인다. 그의 생일날에는 15만 명이 헌금을 바쳐 당회장실에 쇼핑백 나르기에 바쁘다. 여덟 명의 도우미가 밤을 새워 돈을 세기에 바쁘다.

이 불쌍한 신도들이 바친 돈을 해외賭博(도박)에서 70억을 날렸다고 뉴스는 보도하고 있다. 예수 이름 빌어 장사하는 이 살 떨리는 사람들, 교인들의 피를 독거미처럼 빨아먹는 사람들 이미 끝났다.

여기에 속는 병신 교인들도 너무 어리석으니 당해도 싸다. 성경을 가까이 하며 개인 연구를 하며 진심으로 하나님과 獨對(독대)하는 신앙인들이 없는 이시대가 안타까울 뿐이다. 이 교회는 하나의 예일 뿐이며 한국교회는 지금 크게 병들어 종처가 너무 깊어 그 누구도 수술할 수 없는 지경까지 왔다.

하나님이 떠나셨다. 그냥 도살의 날에 심판받은 죄인들로 간주하고 신은 지금 외면하고 계신다. 中世時代(중세시대)도 이렇게 무너지지는 않았다. 그 시대에는 여러 개혁자들이라도 들고 일어났으나 지금은 대다수가 사촌들이니 거기서 거기다.

2. 무형교회와 유형교회

(1) 無形敎會(무형교회) = 멜기세덱(Melchizedek)의 반차

멜기세덱은 성경에 등장하는 최초의 제사장이며, 부모도 없고, 족보도 없고, 출생지나 생일도 알 수 없고, 생명에 대한 끝도 없어 나이가 몇 살인도 모르는 하나님의 아들과 방불한 신적인 존재라고 기록하고 있다. (히7:3, 시110:4) 때는 BC.1500년 이전의 일이다. 그 시대는 다양한 도시국가들로 나라가 형성되어 있었다. 그돌라오멜 왕과 그 동맹군이 소돔과 고모라 왕을 사로잡고 거기서 살았던 아브라함의 조카 롯도 포로로 잡혀갔다.

이 소식을 들은 아브라함은 그의 집에서 훈련시킨 318명의 사병을 데리고 가서 그 동맹군을 격파하고 롯을 구하고 빼앗겼던 물건을 도로 찾고 많은 노략물을 얻어 돌아왔다. 아브라함이 이렇게 가나안 북방 연합군과 전쟁을 하고 돌아올 때 그를 환대하고 지극히 높으신 하나님의 이름으로 아브라함을 축복하였다. 이때 아브라함은 그의 전리품 중에서 선물로 십일조를 바쳤다. (창14:18~20) 다윗은 이 멜기세덱을 한 왕으로, 영원한 제사장으로 묘사하였으며 히브리서 기자는 이 멜기세덱이 하나님의 아들과 비슷한 그리스도의 예표로서 아론반차의 제사장보다 우월한 새 시대를 열어 제시할 별다른 제사장으로 묘사하였다. (히5:6~10, 6:20, 7:1~17)

1) 멜기세덱에 관한 見解(견해)들

멜기세덱은 구약성경 창세기 14장 18~20절에 처음 언급되었는데 그가 누구인가에 대한 의견은 많지 않다. 일부 학자들 간에는 '셈이나 혹은 에녹, 욥과 같은 사람 아니면 아브라함의 신앙 선조라는 견해도 있고 혹은 하나님의 아들이나 혹 천사나 성령일 것이다.' 라는 견해들인데 성경에 많은 자료가 없으니 대개 침묵하며 오늘날 멜기세덱에 관한 설교를 하는 목회자는 매우 드물다.

2) 다윗의 견해

다윗은 시편에서 노래하기를 자신의 가문을 통하여 한 왕이 나타날 것이며 그는 멜기세덱의 계통을 좇아 영원한 왕이 될 것이라고 確信(확신)하였다. 훗날 예수께서도 다윗의 이러한 고백을 참고하며 자신이 그리스도이심을 선포하셨다. (막12:35~37)

다윗은 창세기의 멜기세덱이 그리스도의 豫表的(예표적)인 인물임을 예언하였던 것이다. 히브리서를 기록한 바울은 가말리엘 랍비의 문하에서 율법과 성경을 능통히 배우고 고대 히브리 문화적 신비와 철학에도 능통한 학자였다. 구약성경을 잘 알고 있는 사람으로 축소하여 율법의 사명과 새 시대 율법의 필요성에 대하여 논리적으로 왜? 레위지파 말고 별다른 제사장이 나타나야 되는가에 대하여 세밀히 언급하고 있다.

히브리서의 기자가 무려 3장에 걸쳐 설명하고 있는 멜기세덱에 관한 비밀의 복음을 귀 기울여야 할 필요가 있다. (히5:6~11, 6:20~7:28) 핵심은 그렇다. 인간제도의 율법으로나 인간제도에서 가려 뽑은 레위지파의 대제사장 제도로는 결코 영원한 제사장이 될 수 없다는 결론으로 크게 指摘(지적)하고 있으며, 구약에 나타난 멜기세덱의 특징을 묘사하고 있으며, 그의 특징으로는 첫째 왕이며 동시에 제사장이라는 이

중직책을 암시하고 있다. 둘째로는 그의 이름을 분석해보면 멜기세덱은 의의 왕이며 살렘 즉, 평화의 왕으로 합성어라 생각하면 타당하다.

3) 멜기세덱의 특징

- 지극히 높으신 하나님의 祭司長(제사장)
- 出身(출신), 부모, 나이, 族譜(족보)가 없음
- 살렘은 여러 근거로 예루살렘과 동일시하는 보수주의 신학자들이 많다. (시76:2) BC.14세기의 초기에 나오는 살렘은 이스라엘 도시가 되기 전 우루-살렘(Uru-salem)으로 언급된 앗시리아 碑文(비문)과 創世記(창세기) 외경, 등의 근거다.
- 아브라함보다 더 높은 身分(신분)
- 구약성경 레위지파 율법과는 상관없는 大祭司長(대제사장).
- 율법이 생기기 430년 전에 존재하던 祭司長(제사장)
- 유대전통인 모세율법이 준한바 아론반차의 레위지파 제사장이 아닌 별다른 제사장으로 율법의 모든 상식과 전통을 없애고 아브라함에게 약속한 새 시대의 천국 복음을 마음에 기록하는 영적 혁명이다.
- 예수께서는 멜기세덱 王祖의 상속자가 된 별다른 제사장이시다.
- 쿰란 동굴에서 발견된 한 페셔(Pesher=해석)에도 멜기세덱이 언급되었다. 그러므로 이 멜기세덱에 대한 역사적인 신비는 예사로 넘길 부분이 아니며 서기관들이 삭제시킨 첫째 이유는 자신들의 인간적인 권위를 계승하며 자기들의 전유물로 주도하기 위한 종교 사업가들의 욕심이다.

4) 나의 見解(견해)

中東의 티크리스, 유프라테스 두 강 사이의 좁고 기다란 평야지대를 옛 그리스인들은 메소포타미아(강 사이의 땅)라고 불렀다. 메소포타미아에서 都市國家를 형성하고 최초로 문명생활을 시작한 민족은 수메르인이다. 수메르인들은 원래 이 지역 원주민이 아니라 동쪽에서 이주해온 사람들이었다.

이스라엘의 조상 아브라함은 이 수메르 출신인데, 구약 창세기에서는 이 수메르를 '시날'이라고 표기하고 있다. 수메르 문명은 대체로 BC. 5000년경에 시작된 것으로 추정된다. 수메르인 이전에 이 지역에 살던 사람들을 '우바이드인'이라 하는데 이들은 소 택지를 개간하여 농사를 지었고 점토로 벽돌을 만들고 채색토기를 만들었다. 본격적인 수메르 문명은 우르크 시대(BC.4100~2900)에 시작된다. 우르크 문화가 따로 존재할 정도로 우르크는 고고학계에 지대한 영향을 끼쳤다. 지구라트 건축물과 점토판, 신전의 유적들, 등 수천 점이 발굴되어 고고학과 오리엔트 문명에 관한 시원이 속속 밝혀지고 있다.

수메르인은 고조선의 우리 민족으로서 세계역사의 뿌리인 것이다. 1만 2천 8백년의 장구한 역사적 사실을 어디서부터 설명을 해야 할지 매우 난감하지만 내 나름대로 지혜를 동원해서 설명해 보려 한다. 이러한 자료를 첨부하는 것은 결국 멜기세덱에 관한 이해를 돕기 위한 방편이다.

• 古代(고대) 환국에서 뻗어나간 수메르문명

BC.5000년경 유프라테스 강과 티크리스 강 사이의 메소포타미아 地方(지방)에서 고도로 발전된 문명이 胎動(태동)하였다. 4대 문명 중의 하나인 메소포타미아 문명의 밑거름이 된 수메르 문명이다.

수메르 문명은 그리스로마문명의 根源(근원)이 되었기 때문에 오늘날 서양문명의 기원으로 인식되고 있다.

서구학자들은 수메르 문명에 대하여 이구동성으로 아주 갑작스럽게 앞선 문명이 전혀 독자적으로 발생한 것이라고 말한다. 그렇다면 과연 수메르인은 어디서 온 것 일까?

수메르의 창세 神話(신화)에서는 수메르인은 머리 後頭部(후두부)가 평평하고 머리카락이 검은 人種(인종)(Black Headed People)이었다고 한다. 遺骨(유골)을 보면 전형적인 동양 사람의 모습으로 나타났다.

그리고 수메르의 점토판 기록은 수메르인은 얀산(Anshan)에서 넘어 왔다고 한다. 얀산은 수메르어로 'An은 하늘이고 Shan은 산'이다. 얀산은 桓國文明(환국문명)의 중심지였던 天山(천산)과 동일한 말이다. 수메르 문명 연구의 대가인 크레이머박사는,

"수메르 인들이 東邦(동방)에서 왔다"

고 확신 있게 말한다. 그가 말한 동방의 정체를 바로 〈桓檀古記(환단고기)〉가 밝힌 환국에서 찾을 수 있다. 환국의 서남쪽에 위치한 우루국과 수밀이국 사람들이 페르시아의 산악지대를 거쳐 메소포타미아 지역으로 남하하여 개척한 문명이 바로 수메르이며 수메르인의 원 고향은 곧 우리 옛 환국인 것이다.

• 수메르문명의 特徵(특징)

수메르문명은 BC.3500년경에는 도시국가들로 이루어진 성숙한 고대 문명으로 발전하였다. 티크리스와 유프라테스 이 두 강 사이의 땅에 스무 개에 가까운 도시국가가 세워졌다. 그곳은 강의 하류지역으로 잦은 洪水(홍수)가 발생하였기 때문에 홍수대책과 관개를 위해 농경민들은 집단으로 組織(조직)한 것이 도시국가 성립의 배경이 되었다.

당시의 수메르 인들은 '대기, 태양, 바람, 등에 神性(신성)이 내재되었다'고 보았다.

수메르는 가장 오래된 법전이라 일컬어지는 〈함무라비法典(법전)BC.1750〉이 나오기 500년 전에 이미 법적 질서와 체계를 확립하였다. 수메르인은 BC.3200년경에 이미 文字(문자)도 사용하였다. 초기문자는 그림 글씨체 상형문자였으나 서서히 진화하여 BC.3100년경에는 기호와 符號(부호)와 음가를 가진 문자 즉, 쐐기문자가 되었다. 크레이머 박사에 의하면 수메르에서는 BC.3000년경에 학교제도가 확립되었고 2500년경에는 점토판으로 만든 교과서가 사용되었다. 수메르 학교에서는 수메르의 엘리트라 할 수 있는 書記(서기)를 양성하였다.

• 수메르가 남긴 文明(문명)

수메르가 인류에게 남긴 문명의 유산은 수 백편에 달하는 문학작품이다. 天地創造(천지창조)의 설화를 담은 〈에누마 엘리쉬(Enuma Elish)〉와 영생을 추구하며 모험에 나선 〈길가메시 서사시〉가 그 대표적 작품이다. 아브라함은 수메르의 도시국가 우르에 살던 전형적인 수메르 인이다. 이렇게 환국에서 뻗어나간 동서 문명은 그 뿌리의 本鄕(본향)이 우리나라 옛 환국이다. 자세한 예는 마지막 장에서 밝힐 것이다.

5) 멜기세덱의 正體(정체)

멜기세덱은 유대인이 아니며 히브리종교 제사장이 아니라 우주 센터를 다스리는 총 司令官(사령관)격인데 제사장이었으며 만왕의 왕이며 천지의 주재이신 지극히 위대하신 참 하나님의 祭司長(제사장)이다.

이는 하늘의 예루살렘 의인들의 총회 24장로 중 한 명으로 불멸의 존재이며 이 24장로 멜기세덱들은 완성된 인간으로 하나님의 아들들이며 이분들은 대우주를 분할 통치하는 사령관들이다. 죽음이 없는 신령의 존재들이며 육체를 가지고 존재하나 언제든지 육체를 숨기고 자유롭게 활동할 수 있는데 그는 수메르 출신이며 동양아시아를 다스리며 영감을 주는 성령이다. 아브라함을 자주 만났던 사실을 유념하라. 멜기세덱은 살렘에서 아브라함과 공식적인 계약을 체결하였다.

　"이제 저 하늘을 쳐다보고 할 수 있으면 저 별들을 세어보아라. 앞으로 너의 자손이 그렇게 수를 헤아리지 못할 정도로 많을 것이다."

　아브라함은 멜기세덱을 믿었고 여러모로 그리고 영적으로 많은 교육을 받았으며 그리스도 의식을 교습 받았다. 멜기세덱은 자신의 응급 대책의 증여를 끝내고 소돔과 고모라가 멸망한 뒤 자취를 감추었다. 그가 사라진 것은 아브라함에게 엄청 고독한 시험이었다.

　아브라함은 헤브론에 도시를 건설하려던 꿈을 포기하고 영적인 동반자를 잃고 길갈에 있는 자신의 동반자들 근처에서 살기위해 남쪽으로 내려갔다. 멜기세덱과 헤어진 뒤 아브라함은 사실상 두려움과 소심함에 시달렸다.

　그리하여 길갈에 도착해서는 자기 신분을 숨기고 드러내지 못하였는데 그때 아비멜렉이 그의 아내를 빼앗아가 버렸다. 무슨 말인가 하면 아브라함이 어느 날 자기 아내를 가로채기 위해 자기를 죽이려 한다는 陰謀(음모)를 꾸미는 말을 엿들었던 것이다. 膽大(담대)했던 그였지만 매우 신경이 쓰였다. 아내를 누이라고 둘러대며 여러 가지 試鍊(시련)을 겪으면서 아브라함은 스승 멜기세덱으로부터 전수받은 영적인 세계를 叩首(고수)하였다. 그럼에도 불구하고 아브라함은 멜기세덱의 후계자로서 얼마 후에 다시 일어나 활동하였다. 블레셋과 아비멜렉의 민족 중에서 개종자들이 생겨나고 그로 인하여 주변 팔레스타인에서 지도자

무형교회와 유형교회

가 되었고 모든 왕들로부터 존경을 받았다. 그는 모든 부족들의 영적인 지도자였다.

그는 말년에 한 번 더 헤브론으로 돌아갔는데 그곳은 그의 초기 활동 무대였으며 멜기세덱을 만나 연합하여 배우고 활동하던 무대였다. 아브라함의 마지막 작업은 자기의 아들인 이삭의 아내로 자신의 본래 민족 중에서 한 여인을 확실하게 얻기 위해서 메소포타미아 접경에 있는 자기 형제 나홀의 성읍으로 믿을만한 하인들을 보냈었다.

자기 사촌들과 결혼하는 것은 아브라함의 민족의 오랜 전통이었다. 그리고 아브라함은 사라진 살렘 학교들에서 멜기세덱으로부터 배웠던 하나님에 대한 복음의 비밀을 안고 편안하게 눈을 감았다. 그 다음 세대가 멜기세덱에 대한 이야기를 이해하는 것은 매우 어려운 일이 되었다. 아브라함이 죽은 뒤 500년이 지나면서 많은 사람들은 이 중요한 이야기를 하나의 신화로 여기게 되어 오늘날에 와서는 더욱 더 전설이 되어버리고 교회에서는 극소수의 사람들에 의해 間歇的(간헐적)으로 겨우 언급되나 확실히 깨닫는 사람들은 흔치않다.

6) 멜기세덱이 잊힌 이유

멜기세덱에 관한 복음의 내용은 尨大(방대)하고 포괄적이며 貫珠的(관주적)이고 또한 有機的(유기적)이다. 이 시대의 기록들은 후대의 히브리 민족의 제사장들에게 불가능하고 공상적인 일로 보였으나 적어도 바빌로니아에서 구약성경의 기록들이 한 묶음으로 편집되던 시기까지는 이들 활동 행위들을 납득하고 있는 사람들이 많이 있었다.

창세기의 기록이 아브라함과 하나님의 대화로 기록하고 있는 주 내용은 실제적으로는 아브라함과 멜기세덱 사이의 오고간 대화의 협의를 말하는 것이다. 후대의 서기관들은 멜기세덱이라는 단어를 하나님과 동의어로 간주하였다. 아브라함과 사라가 수도 없이 '주님의 천사'와 매우 여러 차례 접촉하였다는 기록들은 그들이 수도 없이 멜기세덱을 방문하여 교감했던 것을 말하는 것이다. 劣等感(열등감) 많은 히브리 서기관들은 중요한 기록들을 많이 파괴시켰으며, 아브라함에게 큰 명예가 초래되는 것으로 생각되는 싯딤 전투 이후의 아브라함과 멜기세덱이 만나는 장면에 대한 이야기만을 남겨 두었다.

7) 어렵게 맥을 이어온 멜기세덱의 消息(소식)

그러나 히브리인의 記者(기자)들 중의 한 사람이 멜기세덱에 관한 임무의 막중함을 깨닫고 그는 이렇게 기록하였다.

> '지극히 높으신 자의 제사장인 이 멜기세덱은 또한 평화의 왕이셨고, 아버지도 없고 어머니도 없고 족보도 없고 생명의 시작도 끝도 없고 하나님의 아들과 비슷하여 항상 영원한 제사장으로 남아있다.'(히 7:1~10) 이 기자는 확신하기를 나중에 증여된 미가엘의 모형으로 삼았으며 예수께서 언제까지나 멜기세덱의 계층을 따르는 성직자 즉, 제사장이라고 확신하였다.

이 복음은 짐승을 잡아 피 뿌려서 祭祀지내는 폐습적인 이방인들의 잔인한 제사가 아닌 하나님과의 평화, 사람들과의 평화, 천지만물과의 평화를 창조하는 약속의 복음이다.

> '너희의 무수한 제물이 무엇이 유익하뇨 나는 수양의 번제와 살찐 짐승의 기름에 배불렀고 나는 수송아지나 어린양이나 수염소의 피를 기뻐하지 아니하나니 너희가 내 앞에 보이러 오니 그것을 누가 너희에게 요구하였느냐 내 마당만 밟을 뿐이니라. 헛된 제물을 다시 가져오지 말라 분향은 나의 가증히 여기는 바요 월삭과 안식일과 대회로 모이는 것도 그러하니 성회와 아울러 악을 행하는 것을 내가 견디지 못하겠노라 내 마음이 너희의 월삭과 정한 절기를 싫어하나니 내가 그것을 지기에 무거운 짐이라.' (사1:11~14)

8) 密敎(밀교)로 전해오는 멜기세덱 福音(복음)

앞에 언급했듯이 이는 멜기세덱이 아브라함을 만났을 때에 레위는 아직 자기 조상의 허리에 있었음이라 〈공동번역에는 '아직 몸속에 있었다.'〉 그러니까 레위는 아직 태어나지도 않았다는 이야기이며, 복음의 권한과 주권이 약속의 자녀들인 즉, 맏아들이며 복음의 장자들인 살렘학교 출신들인 멜기세덱의 후예들에게 우선권이 있는 것이다. 이들은 선택을 받은 약속의 자녀요, 선민들이기 때문에 십자가 제물들이 아니다. 이들은 양이나 염소의 피로 제사를 드리는 죄인이 아니고 이미 언약을 믿고 따르는 삶 자체가 구원의 길인 것이다. 예수께서 십자가를 지신 것은 모세 율법아래 있는 자들을 속량하시려고 선택하신 목적이며 마귀권세를 깨뜨리고 혈과 육에 속한 자들을 구하시려 함께 육신을 입으신 그분이 같은 모양으로 죽음이 두려워 일생에 매여 종노릇하는 자들에게 길을 열어주시기 위한 수단이다. (히2:14~15)

이 제사는 육신을 단번에 드려 혈과 육을 못 박아 새로운 길을 개척하여 육체로 휘장을 찢어 짐승을 바치는 제단을 개혁하여 제사제도를 變革(변혁)시키려는 영적인 의도가 숨겨있는 깊은 뜻이 담겨있는 십자가의 비밀이다.

"제사직분이 변혁한즉 율법도 반드시 변혁하리니 이것은 한 사람도 제단 일을 받들지 아니한 다른 지파에 속한 자를 가리켜 말한 것이라." (히7:12~13)

멜기세덱의 복음은 짐승 죽여 피 뿌리는 祭祀(제사)가 아니라 마음을 드려 하나님과의 親密(친밀)한 관계를 유지하는 것을 목적으로 하여

'곧 창세 전에 그리스도 안에서 우리를 택하사 우리로 사랑 안에서 그 앞에 거룩하고 흠이 없게 하시려고 그 기쁘신 뜻대로 우리를 예정하사 예수 그리스도로 말미암아 자기의 아들들이 되게 하셨으니 이

는 그의 사랑하시는 자 안에서 우리에게 거저 주시는바 그의 은혜의 영광을 찬미하게 하려는 것이라.' (엡1:4~7)

은혜를 거저 주셨다는 의미는 내가 제물이 되어 대가를 지불하고 피로 사들인 구원이 아니라 의식적으로 참예하여 거저 받은 공짜 은혜를 말함이다. 다만 신앙고백자가 예수의 뒤를 따르는 과정은 십자가 의식에 동참하는 연합적인 차원에서의 삶의 수고를 구태여 말할 수 있다.

예를 하나 든다면 사도바울 신학을 엿보면 값없이 의롭다함을 얻었다는 설명을 여러 차례 언급하고 있는데 반하여 그가 전도 여행 중에 받은 고난을 종합해서 상상해보면 죽음직전까지 말로 다할 수 없는 고난을 받음이 마치 죄인이 형벌을 받는 것 이상 수난을 겪었다. 그런데 이것은 어디까지나 바울 자신이 택한 길이며 영광된 복음을 擴張(확장)시키고자하는 그의 사명감 때문이었으며 어쩌면 멜기세덱의 진리가 맥이 끊어질지도 모른다는 안타까움 때문에 고난을 자취한 것으로 생각된다. 따라서 여기서 당하는 고난을 십자가 의미로 해석해서는 안 된다.

의식적으로 부활을 경험한 사람도 처음에 태어난 아이와 같으니 장성한 분량을 채우기까지는 크고 작은 시련이 뒤따르는데 이것은 우주의 사계섭리처럼 마땅히 뒤따르는 것이며 농사를 지어 수확한 곡식도 입에 들어와 음식이 만들어지기까지는 적당히 수고를 해야 함과 같다. 농부가 땅을 경작하며 고난이라 생각힐 수 없으며 기계를 조작하는 기술자가 자기 직업을 고난이라 생각할 수 없는 것처럼 그리스도의 뒤를 따르며 조금 힘들다 하여 십자가 고통으로 여겨서는 안 된다는 것이다.

자전거를 배우지 않은 사람은 두발 자전거를 무서워하는데 숙련된 스포츠맨은 양손을 놓고 어깨의 움직임으로 조절하여 운동장을 몇 바퀴씩 돈다. 어떤 사람의 평범한 일상이 어떤 사람에게는 고난과 치욕이 되는 것이다. 그러므로 용병에게는 좁은 길이 결국 넓은 길이 되어 시온의 大路(대로)가 되는 길인 것이다. 예수께서는 말하기를,

'내 멍에는 가볍고 내 짐은 쉽다'고 말씀하신 의미가 이런 것이다.
(마11:30)

'멜기세덱에 관하여는 우리가 할 말이 많으나 너희의 듣는 귀가 둔하
므로 해석하기가 어려우니라. (히5:11)

멜기세덱은 여러 정황이나 당시의 주변문화형식으로 비춰어볼 때 그는 동양인이며 **東方朔(동방삭)**처럼 생사를 초월한 眞人(진인)으로 고대 환국의 제사장이었다.

동방삭은 BC.154 평원군 염차현 지금의 산동성에 속한 文人(문인)으로 중국 전한의 인물이다. 奇言奇行(기언기행)으로 불로장생에 관하여 늘 관심이 많던 武帝(무제)의 총애를 받아 수십 년 간 측근으로 있으며 높은 관직을 누리기도 했는데 미녀들과 놀기를 좋아했고 문장력이 있어 〈神異經(신이경)〉과 〈십주기〉 등을 저술하여 남겼다고 하며 신선인 西王母(서왕모)의 천도복숭아를 몰래 3개를 훔쳐 먹고 대단히 오래 살았다고 전해진다. 서왕모의 복숭아란 불로장생의 열매인 蟠桃(반도)였다. 삼천갑자면 일만 팔천 세인데 아마 이 말은 우리 還國(환국)의 시원의 오랜 역사와 더불어 長子國(장자국)의 전통을 나타내고자 하는 뜻의 說話(설화)일 것이다. 므두셀라도 있고 섭정 선생도 있고 황제의 생일상을 두 번이나 받은 이청운(256세)도 있으니 장수시대의 선인들에 대한 기록들을 내 눈으로 확인하지 않았다고 불신하는 것은 무지이다.

9) 동방삭 仙人(선인)의 장수이야기

기원전 103년 동방삭이 西 那邪國(서 나사국)을 방문하고 돌아오는 길에 손가락 굵기와 높이 2미터 남짓 되는 聲風木(성풍목) 열 그루를 가져와 한 무제에게 바쳤다. 이 성풍목은 因桓(인환)의 물을 먹고 자라는데 그 물맛은 달다. 그리고 붉은 제비와 누런 고니가 그 나무위에

집을 짓고 살기를 좋아한다. 성품목의 열매는 마치 작은 진주와도 같아서 바람이 불면 그 열매가 부딪치는 소리를 내는데 玉(옥)이 부딪치는 것 같아 성풍목이라 한다.

한 무제는 일백 세에 가까운 대신들에게 작은 가지 하나씩을 하사하였는데 전설에 따르면 이 나무의 주인이 病(병)이 들면 나뭇가지에서 땀방울 같은 이슬이 맺혔고 만일 주인이 죽으려 하면 나무가 스스로 꺾여 죽었다고 한다. 옛날 老子(노자)가 주나라에 2천 7백 년 동안 세상에 나와 있을 때 이 나무는 땀을 흘린 적이 없었다고 전해진다. 東方朔(동방삭)은 한 무제에게,

"저는 이 나무가 세 번 말라 죽을 뻔하다가 다시 살아나는 것을 보았으나 이 나무가 땀을 흘리는 것은 보지 못했습니다. 이 나무는 5천 년에 한 번씩 땀을 흘리며 1만 년에 한 번 마릅니다."

라고 말하자 한 무제는 믿어 의심치 않았다. 동방삭이 한 번은 지성목이라는 기이한 나무를 구해 와서 한 무제에게 바쳤다. 이때 마침 하늘에는 彗星(혜성)이 나타났다. 별자리를 관찰하던 일반 백성들은 모두 이것이 세상에 壞變(괴변)이 나타날 징조라고 우려하는 목소리가 높았다. 한 무제는 동방삭이 건네준 지성목으로 혜성을 한 번 가리키자 그 문제의 혜성은 종적은 그림자조차 없이 사라졌다. 관원들과 백성들이 어찌된 영문인지도 모르고 기뻐했다고 전해진다.

동방삭은 生前(생전)에 근무하던 사람들에게,

"누가 나를 아는가? 이 한나라에서 나를 이해하고 알 수 있는 사람은 오직 태광공뿐이며 그 누구도 나의 근본을 아는 사람이 없다."

라고 말했다고 한다. 동방삭이 떠나고 난 뒤 한 무제는 그의 말이 생각나서 태광공을 불러서,

"너는 동방삭의 근본을 아는가?"

라고 물었다. 태광공이 무슨 말인지 어리둥절 하자,

"너는 무엇을 가장 잘 아는가?"

하고 다시 묻자 대답하기를,

"능히 하늘의 별을 관찰할 수 있습니다."

한 무제가,

"그럼 하늘의 별들이 모두 잘 있더냐?"

태광공은 말했다.

"예전에는 하늘의 별자리에 변동이 없었는데 유독 세성(목성)만 18년 동안 보이지 않습니다. 그런데 오늘 세성이 나타났습니다."

이 말을 듣고 한 무제는 하늘을 올려다보고 장탄식을 하며,

"동방삭이 내 곁에서 18년 동안이나 있었는데 그가 목성인줄을 몰랐구나!"

하고 말을 꺼낸 후에 하루 종일 슬퍼하였다. 물론 세상에서 동방삭이 누구인지 멜기세덱이 누구인지 아는 사람은 매우 드물다. 왜냐하면 영적인 사람들은 속세의 영광에 대하여 별 아쉬움이 없기에 자신의 정체를 드러내는 것을 원치 않는다. 謙遜(겸손)해서가 아니라 심령의 성향이 그러하여 영광과 섬김을 받기 좋아하는 외롭고 고독한 교주들과는 근본이 전혀 다르다.

(2) 有形敎會(유형교회) = 아론반차

• 모세 율법과 聖幕(성막)

모세라는 이름은 구약성경에서만 750회나 언급될 만큼 비중 있는 큰 인물이다. 그는 이스라엘의 위대한 領導者(영도자)였고 신의 계시로 율법을 받은 선지자였다.

1) 배경

① 初期(초기) 40년간의 모세
- 出生(출생)
- 유년기의 모세
- 애굽에서의 모세
- 애굽에서 脫出(탈출)하는 모세

② 中間期(중간기) 40년간 모세의 생활
- 미디안 廣野(광야)에서의 모세
- 모세와 이드로
- 호렙 산에서의 모세
- 장인 이드로 에게 돌아오다.
- 애굽으로 出發(출발)함
- 피의 남편
- 아론을 만남

③ 후기 40년의 모세
- 모세와 바로
- 모세가 바로와 다툼
- 출애굽
- 구름기둥과 불기둥
- 모세와 이스라엘
- 이스라엘백성이 廣野(광야)에서 不平(불평)
- 이드로의 방문
- 아론과 70인 長老(장로)
- 모세와 聖幕(성막)
- 이스라엘백성들이 첫 번째 배교
- 모세의 중보기도

- 모세 얼굴의 手巾(수건)
- 성막과 그 儀式(의식)
- 아론과 그 아들들의 祭司長(제사장) 위임 식
- 나답과 아비후
- 시내 산으로 出發(출발)함
- 이스라엘 百姓(백성)이 만나로 인하여 불평함
- 미리암과 아론이 모세에게 대적하여 犯罪(범죄)함
- 불신앙의 그 결과
- 가데스 바네아에서 모세의 失手(실수)
- 아랏 족속과 아모리 족속을 치고 요단강가에 도착함
- 모세의 告別(고별)인사

2) 모세 時代(시대)

모세에 대한 당시의 배경의 범위는 요셉이 죽은 다음으로부터 모세가 죽은 시기까지로 정한다. 요셉은 야곱의 아들로 후일 애굽의 總理(총리)가 되는 지위에 올라 그 당시 애굽과 중근동 지방을 휩쓴 7년의 가뭄과 대 饑饉(기근)에서 야곱과 그의 모든 족속을 팔레스타인에서 애굽으로 오게 하였고 무서운 기근에서 식량을 공급해주고 구해냈다.

모세는 요셉이 죽은 뒤 수백 년 뒤에 이스라엘 백성의 數爻(수효)가 많아지자 또 다른 바로는 은근히 걱정이 앞섰다. 이스라엘 민족이 애굽에 거한지 430년쯤 될 즈음 인구가 많아지자 (출12:40~41) 산파를 시켜 이스라엘 백성의 자녀는 사내아이를 출산할 경우 죽이라는 명을 내리는 것으로 박해가 시작되었다. (오늘날의 티베트와 중국의 경우와 흡사하다)

결국은 심한 奴役(노역)과 압제에 시달림을 당하는 민족을 압제국인 애굽으로부터 구출해낸 인물이다. 모세는 역사적 사명 때문에 왕궁을 떠나 매 맞는 자기백성을 보고 의협심에서 애굽인을 쳐 죽이는 살인을 저질렀고 광야로 도피하여 여러 가지 많은 경험을 통해서 이스라엘의 영도자가 되었다. 장인을 만나고 결혼을 하고 신의 계시를 받으며 이스라엘 백성들의 종교가 탄생되며 동시 출애굽 사건이 전개된다.

3) 有形敎會(유형교회)의 시작

출애굽 사건 이후의 이스라엘 백성은 40년간 광야생활을 하며 불안정한 시간들을 보내며 불평과 원한으로 나날을 보냈다. 매일 만나를 받아먹으면서도 그들은 아늑한 안식이 없으니 늘 불안하였다. 몇 날 걷다가 또 천막을 치고 다시 걷고 또 帳幕(장막)을 치고 사람들의 마음은 정처가 없으니 疲弊(피폐)해졌다.

모세가 시내 산에 올라 돌비에 새긴 십계명을 받고 내려와 성막을 만들고 그 성막 지성소에서 모세는 신과 만남의 장소로 지정하고 (출25:22) 율법을 위주로 하여 온 백성과의 제사제도가 발전하기 시작하였다. 모세의 형인 아론은 초대 제사장이 되어 성막에서 일하였다. (출28:1~5)

이리하여 시작된 이스라엘의 종교역사는 선택이 필요 없는 국교가 되어 가나안 정탐을 마친 후 이스라엘은 아랏 족속과 아모리 족속을 쳐부수고 요단강가에 오게 되었고 法櫃(법궤)를 짊어진 제사장이 먼저 발을 딛고 그 뒤를 백성들이 따라서 건너갔다. (수3:1~17)

이렇게 가나안에 돌아온 그들은 여호수아의 인도를 받으며 사사시대를 맞아 왕이 없는 신정국가로 살아가다 사울에게 사무엘이 기름을 부어 초대 왕을 세우고 다윗이 뒤를 잇고 그 아들 솔로몬이 왕이 되며 크고 작은 전쟁을 겪는다. 솔로몬을 통해서 법궤를 안치할 성전을 건축하면서 히브리인들은 보다 확고한 신정국가의 위상과 자부심을 느끼며 자기들의 선민사상과 우월감에 세계적인 민족이라는 신명기 28장의 복된 백성임을 자부하였다.

4) 舊約(구약)의 祭司長制度(제사장제도)

이스라엘은 군사들의 정복으로 이루어진 국가였으며 (민1:3) 12지파 가운데 레위자손들이 특수한 지파로 선별 선택되어 성전에서 일을 하도록 지정되었다. 이들은 신정국가의 공무원이라 하는 게 타당할 것이다. (민1:50) 그들은 모세의 형인 아론과 그 아들들로서 그들은 제사장이었다. (출28:1, 민3:3) 이들은 이스라엘 진영 중 특별한 위치에 그들은 장막 집을 세웠고 (민1:53) 그들의 옷은 일반 백성들과 전혀 다른 옷을 입었으며 그들은 음식도 일반인과는 다른 음식을 먹었다. 그들은 특별한 권한이 있었고 그들은 제한된 일을 하며 성전에서 살았다. (출28장, 민8:2, 10:8~11참조)

이들은 당시의 성직자들로서 세상적인 일을 할 수 없었고 오직 성전과 연관된 일만 하였고 다른 11지파가 주는 십일조로 성전을 가꾸고 그 소산을 먹으며 살았다. 백성들은 성전에 들어갈 수 없었으니 오직 제사장들만 성소에 들어갈 수 있고 제단 일을 살필 수 있었으며 지성소)안에는 대 제사장만이 매년 일차씩 속죄절날 한 번 피를 뿌리러 들어 갈 수 있었다. 제사장들은 백성들 사이에서 중매쟁이 역할을 하였다.

5) 구약의 祭祀(제사)들

① 贖罪祭(속죄제)

부지중에 지은 罪(죄)를 속하기 위하여 드리는 祭祀(제사). 속죄제는 이스라엘 회중이 지은 罪(죄)와 대 祭司長(제사장)이 지은 죄를 속하기 위하여 드리는 속죄제가 있고 개인적으로 지은 죄를 속하는 속죄제도가 있다. (레1:1~13, 4:3~12, 4:13~26)

② 속건제

贖=바꿀 속, 愆=허물 건, 祭=제사 제로, 속건제는 범죄를 용서받기 위해서 드리는 제사 또는 거룩한 것이나 소유권에 대하여 율법을 모르고 범한 허물을 용서받기 위해 드리는 제사를 말한다. 여기에 바치는 제물은 동물들이다. 형편이 어려운 사람은 산비둘기 두 마리나 집비둘기 두 마리, 이도 어려울 때는 고운가루 십 분지 일 에바를 제물로 드렸다.

③ 和睦祭(화목제)

恩惠(은혜)가 감사하거나 소원을 빌 때 誓願(서원)이나 자원할 때 죄와 허물을 용서하심을 감사할 때 드리는 제사가 和睦祭(화목제)였다.

④ 번제

燔祭(번제)는 연기를 피워 불에 구운 고기를 바치는 제사다.

⑤ 素祭(소제) 흴 소, 제사 제, 즉, 성결한 생활을 제단에서 약속하는 제사로 밀가루와 기름, 유향을 불태우고 덕을 구워놓고 드린 제사 이 소제는 단독으로 드린 게 아니고 번제, 등의 제사와 함께 드려졌다.

⑥ 奠祭(전제)

포도주를 부어 드리는 제사 (레23:13, 출29:40)

⑦ 祭物(제물)을 드리는 방법들

火祭(화제) : 제물을 불에 태워 드리는 제사로 번제나 소제는 화제로 드려졌다. (레23:27, 23:13)

擧祭(거제) : 제물을 제단위에 높이 들어 올렸다가 아래로 내려놓는 제사로 제단에 바쳤다가 제사장이 다시 하나님으로부터 받는 것을 의미하는데서 생겼다. (레7:14, 민15:19~21)

搖祭(요제) : 제물을 들고 흔들어 드리는 제사로 분류된다. 위와 같은 화제와 요제, 거제는 양태에 관한 분류이며, 贖罪祭(속죄제), 和睦祭(화목제), 서원제, 낙헌제는 제사의 목적에 관한 분류로 보면 된다.

이와 같은 제사제도를 통해서 제사장들과 백성들은 늘 거래를 해야 했고 세월이 수백 년 흐름에 따라 서서히 형식만 남게 되었고 진정성 없는 위선과 경건은 없고 모양만 남게 되었다. 여기에 후대에 나타난

이들이 선지자들의 충고였다.

이렇게 무수히 죽이는 제물이 인간의 죄를 씻을 수 없었고 대제사장이 속죄절날 지성소에서 나오는 날부터 다시 일 년 동안 죄가 포인트로 쌓이는 꺼림직한 일상으로 누적된 삶이 시작되는 불완전한 종교생활이 이어지고 있었다. 사람들은 마음을 찢어 회개하는 게 아니라 죄 없는 짐승에게 전가하여 의존을 하는 날치기 습관으로 그들의 마음은 서서히 화석이 되어갔다. 뭔가 더 나은 제사를 통해서 하나님과 화목해야 할 터인데 이스라엘의 제사는 해마다 같은 제물로 짐승의 피를 뿌리는 형식을 근근이 이어올 뿐 어떤 뾰족한 수가 없었다. (히10:1~7)

6) 타락한 이스라엘 종교와 지도자들

* **신정국가에서 왕을 뽑아 세우다.**
  * 사울, 다윗, 솔로몬,
* **남 유다 왕**
  * 르호보암 (17년)
  * 야비암 (3년)
  * 아사 (41년)
  * 여호사밧 (25년)
  * 여호람 (8년)
  * 아하시야 (1년)
  * 아달랴 (6년)
  * 요하스 (40년)
  * 아마샤 (29년)
  * 웃시아 (52년)
  * 요담 (16년)
  * 아하스 (16년)
  * 히스기야 (29년)

- 므낫세 (55년)
- 아몬 (2년)
- 요시아 (31년)
- 여호아아스 (3개월)
- 여호야김 (11년)
- 여호야긴 (3개월)
- 시드기아 (11년)

* **북 이스라엘 왕**
- 여로보암 1세 (22년)
- 나답 (2년)
- 바아사 (24년)
- 엘라 (2년)
- 시므리 (7일)
- 오므리 (12년)
- 아합 (22년)
- 아하시야 (2년)
- 요람 (12년)
- 예후 (28년)
- 여호아하스 (17년)
- 여호아스 (16년)
- 여로보암 2세 (41년)
- 스가랴 (6개월)
- 살룸 (1개월)
- 므나헴 (10년)
- 브가히야 (2년)
- 베가 (8년)
- 호세아 (9년)

사울 때부터 솔로몬 때까지 이스라엘은 하나의 왕국이었다. 그러나 솔로몬이 말년에 우상을 숭배하면서 율법을 떠났기 때문에 그의 아들 르호보암 때에 나라가 둘로 갈라졌는데 이때에 여로보암은 열 지파를 이끌고 나가서 북 이스라엘을 세웠으나 왕위를 계승하는 과정들이 피 묻은 劍(검)에 의해서 지탱하다 쓰러지는 악행이 연속이었다. 25년 동안에 북 이스라엘은 왕들이 6번이나 바뀌었다. 그리고 남쪽에는 유다지파와 베냐민의 일부지파만 남아서 유다 왕국을 세웠다.

위 기록된 이름들은 남 유다와 북 이스라엘의 역대 王(왕)들이다. 그런데 이스라엘의 두 왕국은 우상을 숭배함으로 몰락하게 되었다. 북 이스라엘은 유다지파와 베냐민 지파를 제외한 열 지파왕국은 초대 왕 여로보암이 송아지 우상을 숭배하면서 그 행로를 돌이키지 않았고 마침내 앗수르인들의 침략으로 왕국이 파멸되었고 결국 수도는 솔로몬이 공들여 건축한 아름다운 성전과 함께 멸망되었다.

열왕기上下 기록에서는 그들이 예언자들의 말에 聽從(청종)했더라면 재난을 피할 수도 있었음을 밝혀주고 있다. 북쪽왕국에는 엘리야와 엘리사 두 사람의 卓越(탁월)한 예언자가 있었는데도 결국 이 송아지 숭배를 박멸하지 못하였다.(왕하10:31) 엘리야와 엘리사 외에도 요나, 미가, 오벳, 호세아, 아모스 등의 회개하라는 경고를 듣지 않았고 권고를 귀담아 듣지 않았다. 수많은 왕들 중 몇 사람을 제외하고는 대다수가 우상숭배에 빠지고 거리에는 거짓 선지자가 판을 치고 예루살렘은 마침내 멸망되고 유다 땅은 황폐해졌다. 그들은 지금도 이 大小 先知者들의 예언서를 성경으로 인정하지 않고 오직 모세오경만 주장한다.

(렘5:1~5, 왕하17:22~23) 역대 왕들과 이스라엘 민족은 종교적으로는 모세 율법과 선지자들의 권면과 경고가 있었지만 결국 그들은 율법을 준행하지 않았고 셀 수 없는 전쟁과 기근으로 인하여 나라는 황폐해지고 신명기 28장의 축복은 전설이 되어버렸고 율법은 휴지가 되었다. 솔로몬 성전은 훼파되고 스룹바벨 성전도 무너지고 헤롯 성전도 무너

졌다. 이것이 이스라엘의 종교역사이며 아론반차 遺傳(유전)과 레위지파 제사장직의 영원성 없는 들쑥날쑥한 정처 없는 결말이다.

7) 아론반차 의 제사장직은 무너지는 有形敎會의 상징이다.

이스라엘 백성들은 인구도 많지 않은 나라가 어지간히도 수난과 전쟁, 내란, 외란, 우상숭배, 등의 파란만장한 나날을 보냈고 태평한 시절은 솔로몬 시대 잠시뿐 그 뒤로는 평화의 웃음소리가 거의 없었다고 보면 된다. 끝없는 전쟁으로 백성들의 가슴에는 언제나 피에 주린 원한과 성직자들에 대한 원망과 거짓 선지자들에 대한 불신, 제사장들의 타락으로 그들은 거의 성전을 떠나고 성전의 마당에는 수풀이 우거지고 바벨론으로 잡혀가서 노예생활을 70년하고 예루살렘과 시온의 영광은 전설이 되었다.

포로생활이 끝날 쯤 바벨론에서 태어난 **스룹바벨** 이라는 솔로몬의 씨 중에서 한 사람이 일어나 성전을 재건하여 고향에 돌아가서 한동안 히브리 율법이 살아나고 성전에서 제사가 시작되고 예루살렘에 노랫소리가 들리는 듯 했으나 얼마 되지 않아 시리아의 황제 안티오커스 에피파네스(Antiochos, Epipanes BC.175~163)의 침공으로 성전은 또 무너지고 그들의 신 제우스신전으로 둔갑하여 헬레니즘(Hellenism) 사상을 전파하는 저주를 겪는다. 저들은 유대교를 박해하였으며 마카베오가 유대인 독립군을 중심으로 하는 독립전쟁을 일으켜 유대에 하스몬 왕조를 탄생시키는 결과를 초래하였다. 이렇게 내란과 외란의 분열이 만연한 틈을 타 로마군이 쳐들어와 植民地(식민지)가 되어 민심은 더욱 疲斃(피폐)해졌다. 후일 로마의 시민권을 돈을 주고 산 분봉왕 헤롯이 유대인들의 환심을 사려고 건축한 것이 헤롯 성전이다.

세월이 흘러 말라기 선지가가 잠에서 깨어나기까지 신구약 중간사 약 400년의 죽음 같은 음부의 권세가 저들을 암흑속에 가두었다. 이때에 일어난 또 한 사람의 젊은 청년 선지자, 洗禮者(세례자) 요한이다.
그는 에세네파에서 금욕으로 절제된 엘리야의 영혼이 환생한 것이
다. (마17:10~13, 눅1:15~17, 말4:5~6) 그는 에세네파의 한 黨員(당
원)으로 건전한 율법 준수자였으며 광야에서 기도하며 메시아를 기다
리는 율법의 마지막 선지자이며 당시 사가랴 제사장의 아들이다.

그는 옛날 엘리야 선지자를 재현하며 광야에서 약대 가죽을 걸치고
영적인 까마귀들이 주는 마른빵 조각과 石淸(석청)을 발견하면 따먹고
메뚜기를 잡아 구워먹으며 금욕적인 생활을 자취하였다. 그가 가난해
서가 아니었다. 아버지 제사장 집에는 양고기도 있고 진설병도 있었으
나 그가 할 일은 엘리야의 사명을 일깨우는데 혼신을 다하는 것이었다.

결국 유대교의 생명과도 같은 성전이 세 차례나 무너지고 나라는 멸
망하였다. 앞 장에서 말했듯 이것은 첫 단추가 잘못 끼워진 저들의 살
인)집단의 카르마이며 타락한 선지자들과 썩은 제사장들의 죄악이며
따라서 선민이라고 自高(자고)하는 자기네 율법도 못 지켜 버린 백성
들 모두 병 들었기 때문이다.

'너희는 예루살렘 거리로 빨리 왕래하며 그 넓은 거리에서 찾아보고
알아보라. 너희가 만일 공의를 행하며 진리를 구하는 자를 한 사람이
라도 찾으면 내가 이 성을 사하리라. 그들이 여호와의 사심으로 盟誓
(맹서)할지라도 실상은 거짓맹서니라' (렘5:1~2)

위 구절은 이스라엘의 멸망 경위를 보여주는 선지자의 기록으로 백성
들과 제사장, 선지자들의 타락의 결과다. 소돔 고모라 때에는 중보기도를
올린 아브라함이라도 있었지만 결국, 멸망만이 예비 된 슬픈 사실이다.

8) 神(신)의 이름을 憑藉(빙자)한 가짜들
- 거짓 先知者(선지자)들의 豫言(예언)으로 유혹받는 백성들

- 자기 생각을 豫言(예언)하는 荒蕪地(황무지)의 여우들
- 무너진 예루살렘성전과 성벽을 구경 한 번도 하지 않고 허탄한 占卦(점괘)로 유혹함
- 이들은 靈魂(영혼)을 사냥하는 자들임 (겔13:17~18)
- 수건을 머리에 쓰고 예언하는 부녀들은 무당들이다 (겔13:18)
- 두어 움큼 穀食(곡식)과 떡 몇 조각 때문에 백성을 사냥하여 죽이는 자들이다. (겔13:19~20)
- 公義(공의)를 버린 야곱족속의 頭領(두령)들과 治理者(치리자)들,
- 백성들의 가죽을 벗겨먹고 살을 뜯어 먹으며, 뼈를 꺾어 냄비에 다지고 솥에 삶아먹는 삯군들 (미3:1~3)
- 입에 먹을 것을 물려주며 돈 봉투라도 바치면 축복 기도를 해주며 '이 집에 평안이 있을 지어다' 하고 무엇인가를 채워 주지 않으면 성경을 인용하여 예수 이름으로 혹은 하나님의 이름으로 겁을 주며, 환란풍파 전쟁을 마음에 일으키는 사악한 선지자들 (미3:5~6)
- 이 야곱 족속의 頭領(두령)들과 이스라엘 족속의 治理者(치리자)들은 공의를 미워하고 정직한 것을 굽게 하는 자들이다. (미3:9)
- 이들은 시온(교회)을 피로 물들이고 예루살렘(평화의 교회)을 罪惡(죄악)으로 건축하는 자들임 (미3:10)
- 그 두령(오늘의 대형교회 목사들 대다수)은 賂物(뇌물)을 위하여 재판하고
- 그 제사장(모든 성직자들)은 삯을 위하여 敎訓(교훈) 牧會(목회)하며, 그 선지자(오늘날의 부흥사, 예언가, 교수들, 성서학자 대다수)는 돈을 위하여 예수 점쟁이 활동을 하여 오늘날 교회를 이 지경으로 만들고 멸망으로 이끌고 있음 (미3:11~12)
- 이 파수꾼들은 족한 줄을 모르는 소경들이며, 無知(무지) 하며, 벙어리 개들로 능히 짖지 못하며, 실체를 놓치고 꿈을 꾸는 자요, 게을러 잠자기를 좋아하는 자요, 개인연구를 하지 않고(정신 차리지 않음),

이 개들은 탐욕이 심하여, 족한 줄을 모르고 재앙을 부르는 대형교회의 몰지각한 목회자들이요 말로는 하나님의 일을 한다 하면서도 자기 길로 출세를 위해 돌이키고 결국은 어디 있는 자들이든지 자기 이익만을 그들의 축의개념은 유물론이며, 富와 상류사회를 도모하는 자들이며 자기들의 축복된 생활이 영원하리라고 피차 포도주 잔을 들고 축배를 들고 宴樂(연락)하는 자들이다. (사56:10~12)

- 그러나 위의 모든 조건들을 분토처럼 버리고 예수의 제자 되기를 자원한 사도바울은 이 개들과 손 割禮黨(할례당)을 삼가라고 경고하였다. (빌3:2~3)

(3) 皇帝崇拜(황제숭배)에서 문화축제로 전락한 세속적인 淫女敎會(음녀교회)

1) 성령이 아시아 선교를 막음

'성령이 아시아에서 말씀을 전하지 못하게 하시거늘 부르기야와 갈라디아 땅으로 다녀가 무시아 앞에 이르러 비두니아로 가고자 애쓰되 예수의 영이 허락지 아니하시는 지라' (행16:6~7)

아시아에서 복음을 전하고 싶어 하는 바울의 발걸음을 성령께서 막으셨다고 그는 고백한다. 그리고 비두니아(흑해쪽)로 가려는 것도 허락지 않으셨다고 기록하고 있다.

바울은 실라와 함께 2차 전도여행을 떠나는 바울은 루스드라에서 디모데를 제자로 삼은 후 에베소(아시아)로 직행하고 싶어 했다. 그 이유는 당시 에베소는 아시아 최대의 무역항구 도시였다. 아시아의 모든 물건이 수집되어 유럽으로 건너가고 유럽의 물건들이 아시아로 들어오는 국제적인 상업도시였다. 바울의 생각은 이런 곳에서 복음을 전파하면 크게 효과적일 것이라고 생각했기 때문이다.

그러나 신의 뜻이 어디 있었는지 성령께서 이 길을 막으셨다고 기록하고 있다.

바울은 하는 수 없이 북쪽 마지막 항구인 드로아로 갔다. 어느 날 바울은 성령이 아시아의 길을 막으신 연유를 깨닫는다. 그가 마게도냐에서 머물 때에 밤의 환상을 보았다. 마게도냐 사람들이 바울에게 건너와서 자기들을 도와달라고 간청하였다. 바울의 일행은 그제서야 크게 느낌을 받고 깨달았다. 마게도냐는 유럽이었다. 유럽 사람들이 복음을 갈망하는 것을 그는 깨달았다. 바울은 밤의 환상과 계시를 유념하였고 결국 발걸음을 유럽으로 돌리기로 하였다. 그리하여 에베소보다 먼저 빌립보와 데살로니가 그리고 아덴, 고린도(고대 그리스)같은 유럽의 중심지에 복음이 전파되었던 것이다.

2) 로마로 押送(압송)되는 바울

바울은 베냐민 지파의 후손으로 정통 유대인이며, 바리새파의 열심 당원이던 사람이었다. 특별한 부름으로 그는 개종하여 예수 그리스도의 복음을 전하는 사도가 되었고 따라서 예수가 잘못된 것이 아니라 유대교의 뿌리 깊은 부패와 하나님을 거역하는 지도자들의 구습과 弊習(폐습)을 회개하고 예수의 가르침이 옳다고 느꼈으며 그는 모든 관직과 지식들을 糞土(분토)같이 버리고 스스로 사도가 되었다.

그의 사명은 남달랐으며 죽음을 각오하고 일선에서 오직 예수의 복음을 알리는 것에만 열정을 다하였다. 그는 복음을 전했다는 죄 아닌 죄로 유대인들은 바울을 죽이려는 음모를 꾸며 바울은 빌릭스 총독 앞에 서게 된다. 유대인들은 그가 염병이 들었다고 저주하고 고소하며 바울을 죽이기 전에는 먹지도 마시지도 않겠노라고 마귀짓을 하였다. (행23:12~15, 24:5) 최고의 학자요, 지성인인 바울은 결박 당한채로 베스도에게 용기 있게 결백을 증언하며 예수의 증거를 전파하였다.

결국은 아그립바 왕과 총독과 버니게와 함께 앉은 자들이 다 일어나서 바울의 무죄를 선포하며 결박이나 사형 당할만한 행위가 없다고 하였다. 바울은 다른 죄수들과 함께 로마로 압송되는 과정에 유라굴라에서 광풍을 만나 천신만고 끝에 살아남았으며 백부장과 군사들과 다른 죄수들에게 복음을 전하며 풍랑 중에도 그들을 안심시켰고 276명 전원을 바울은 구출해 낸 셈이 되었다. 어렵게 로마로 들어간 바울은 무혐의로 2년 동안 셋방을 살면서 오랜만에 박해 없는 복음을 전하게 되었다.

'바울이 2년 동안 자기 셋집에서 유하며 찾아오는 사람을 다 영접하고 담대히 하나님나라를 전파하며 주 예수 그리스도에 관한 복음을 가르치되 금하는 사람이 없었더라.' (행28:30~31)

이리하여 로마에 복음이 전해지는 계기가 되어 오늘에 이른 것이다.

3) 바울의 活動時期(활동시기)

바울은 로마에 있는 유대 본토인(십만 명의 포로)들에게 전도하기 위해 활동한 것이지 관광여행자가 아니었음을 알아야 한다. 그는 몸이 아프고 춥고 배고프고 외롭고 힘들고 손으로 일하여 생활비를 벌었다. 그러면서도 머물러 있는 장소에서는 끊임없이 성경을 가르쳤고 행정적인 일들을 처리했으며 각 교회들에게 보내는 편지를 집필했으며 감옥에 갇혀서 얼굴을 못 보더라도 진정성 있는 편지를 쓰고 그중의 일부는 편집하여 오늘날의 성경이 되고 일부는 외경이 되기도 하였다.

그는 성도들과 동역자들과 따뜻한 친교를 하였고 영적인 활동은 말할 것도 없고 친척과 친구들을 만나는, 등 일반인으로서의 친분도 종종 하였고 천막 만드는 일을 하여 여행비를 충당하는 아름다운 생활은 오늘날 연봉이 1억이 넘는 목사들은 상상도 불허할 모범이며 경건의 모델로 충분하다. 교통 통신이 불편하던 시기에 몇 개월씩 걸려 예루살렘을 방문하며 말로다 할 수 없는 고생을 자취하며 그는 하나님의 교회를 이곳저곳 피땀으로 건축하였다.

AD.62년경 바울은 죄수의 몸으로 로마에 왔다가 2년 동안 구금을 당하게 된다. 그때에 옥중서신을 썼다. 방면된 다음 교인들을 둘러보기 위해 소아시아로 그는 떠났다. 그즈음 AD.64년 7월 18일 로마에 대화재가 발생하였다. 강한 돌풍까지 불어 삽시간에 로마의 14개 구역 중에서 10개가 전소되었다. 자연적으로 발생한 화재였는데 한 여름인 7월 중순에 화재가 일어나 피해는 엄청났다. 당시의 황제 네로는 별장에서 있다가 보고를 받고 현장으로 달려왔다. 엎친 데 덮치는 격으로 그 와중에 사령관 갈바(Galba)가 반란을 일으켰다. 네로는 둔감한 사람으로 대수롭지 않게 여겼으나 반란은 아프리카까지 번졌다. 엿새째 저녁때쯤에야 불길을 잡았다. 소방대가 있었지만 바람이 심하게 불고 목조건물이 많아 진화 작업이 어려웠다.

당시에 네로는 자신의 궁전을 원형극장 주변에 건축하던 중이었다. 그러나 거대한 궁전을 건축하려면 넓은 땅이 필요로 했는데 재정이 만만치 않아 고민이었다. 그때 마침 화재로 불타버린 터전에 가난한 사람들이 집을 지을 형편이 못 되자 땅을 헐값으로 파는 수밖에 없었다. 네로는 불타버린 집터 195,840평을 싸게 매입할 수 있었다. 네로는 예기치 않은 행운을 얻어 손뼉을 치며 웃었다. 그러나 이 지나친 행운은 불길한 소문을 낳았다. 그것은 네로가 토지를 확보하려고 일부러 방화를 했다는 유언비어가 퍼져나갔다. 이 소문이 눈덩이처럼 확산되기 시작하여 급속도로 퍼져 나가기 시작하였다. 사람들이 술렁이며 언제 무슨 일이 터질지 몰랐다. 네로는 唐惶(당황)하기 시작하였다. 그러자 위기를 해결하기 위해서는 누군가를 희생제물로 삼아야 했다.

정치가들에게 오늘날에도 흔히 있는 비열함 바로 그것이었다. 그 희생제물이 당시 로마에 새롭게 부상하는 신흥종파, 그리스도교라는 종교였다. 역사가 타키투스는 이 교인들을 가리켜 크리스투스라고 말했다. 이 교인들은 당시 정부에서 운영하는 신전제사나 국교인 태양신 축제, 등에 협조하지 않았고 노예를 인정하지 않으며, 형제로 부르는, 등 자신들끼리만 똘똘 뭉치는 단결을 보이므로 미운털이 밝히게 되던 차였다. 네로는 이들에게 放火(방화)를 뒤집어씌우기로 하였다.

4) 바울의 옥중 苦難(고난)

이러한 연유로 당시 기독교의 지도자 바울은 제 1순위로 소아시아에서 체포되어 입은 옷 그대로 로마로 압송되어 왔다. 소아시아는 지금의 터키다. 비행기로도 서너 시간이 소요될 곳에서 오랫동안에 걸려 도보로 오다보니 계절이 바뀐듯하다. 지하감옥은 돌로 건축해놓아 습기와 냉기가 심한 곳이다. 그는 디모데에게 편지로 '드로아가보의 집에 둔 겉옷과 가죽종이에 쓴 책을 가져오라'는 흔들림 없으면서도 한편의 안쓰러운 소식을 전한다. (딤후4:13) 그 옷은 값비싼 옷이 아니며 오늘날 담요 비슷하게 걸치는 천이며 로마의 서민들이 걸치는 옷이다. 바울은 그런 옷조차 없었던 것이다. 나는 이 사실을 알고 한없이 눈물을 흘렸다. 나는 너무나 여러 벌의 옷을 소유하고 있는데 미안하고 죄스러웠다.

당시 로마 교회 성도중에는 사회적으로 쟁쟁한 사람들이 많았다. 로마서 16장에서 바울의 안부를 전하는 인물들은 하나같이 보통 사람들이 아니었다. 스다구는 로마의 황족이며, 아리스도불로의 眷屬(권속)이란 헤롯의 손자 아그립바 1세와 형제관계에 있던 아리스도불로가 죽자, 글라디오 황제의 집으로 들어간 사람이다. 나깃수의 권속에게 문안하라고 했는데, 이 나깃수는 글라디오 황제의 비서가 된 사람으로 주인 나깃수가 죽자 그를 섬기던 사람들은 네로 황제의 家系(가계)로 들어왔다.

그 외에도 당시 로마교회에는 탁월한 인물들이 많았다. 로마교회는 유월절을 지키기 위해 예루살렘에 올라갔다가 오순절에 강림하신 성령의 신비적 경험을 하고 돌아온 사람들에 의해 세워진 자생적인 교회가 주축이었다. 그러니까 바울이 회심하기 이전부터 존재했던 교회였다.

그럼에도 불구하고 그들은 워낙 알려진 바울을 잘 알고 있었다. 그리고 그를 하나님의 신실한 종으로 여겼기에 바울이 로마에 오는 것을 뜨겁게 환영하였다. 당시 로마교회의 여집사 뵈뵈편으로 소식을 들어 바울의 사도됨을 인정하고 있었다. 그러나 바울이 재차 끌려와 투옥된 지금은 어느 누구도 찾아오는 사람이 없었다.

시기적으로 찾아 면회를 하다보면 함께 죄를 뒤집어 씌워 사형을 당할 수도 있을 때였으며 바울에 대한 감시도 삼엄하였기 때문이었다. 구금생활을 하던 지난번과는 차원이 달랐다. 로마 교인들은 두려움에 떨었고 바울은 자신이 버림받은 느낌이 들어 쓸쓸한 고백을 하고 있다. (딤후4:16) 그러던 중 사랑하던 데마마저 그의 고향인 데살로니가 항만도시로 훌훌 털고 가버렸다. 결정적인 순간에 홀로된 바울은 자기를 만나기 위해 줄을 서던 수많은 사람들이 모두 다 떠나버림을 알았다. 그를 가까이 하는 사람은 없었다. 늙고 건강하지 않은 몸으로 깊은 지하 돌벽 감옥에 갇혀 있는 그를 동정하고 아파하는 사람은 없었다.

시대 환경상 領置金(영치금)은커녕 두꺼운 겨울옷 한 벌 없이 寒氣(한기)에 이를 악물고 떨어야 하는 현실, 어쩌면 이것은 목회자가 걸어야 할 길이기도 하다. 마치 예수께서 공생애의 길에 경험하신 길을 바울은 지금 걷고 있는 것이다. 아! 그러나 이 길이 영광의 길임을 누가 알랴! 바울은 예루살렘에서 2년과 로마에서 갇힌 기간을 포함하면 10년간이나 감옥생활을 하였다. 그가 이토록 옥중생활을 하자 그를 따르던 사람들도 결국 하나둘 떠났다. 마지막으로 쓴 편지 디모데후서에서는 그가 처음 복음을 전할 때부터 함께했던 사람들은 하나도 남지 않았다고 하며, 나를 버렸다는 구절을 보면 그도 역시 사람이라 무척 외롭고 고독하게 보냈음을 알 수 있다. 그가 이름을 외우며 명단을 기록한 걸 보면 매우 사랑하는 사람들이었는데 떠난 뒤 소식이 아주 끊어진 사람들에 대한 애착을 느낄 수 있다. 아래는 그가 외우며 못 잊어 불러 보는 이름들이다.

부겔로와 허모게네(딤후1:15), 로이스와 유니게(딤후1:15), 후메내오와 빌레도(딤후2:17), 데마(딤후 4:10), 알렉산더(딤후4:14), 그나마 오네시보로가 자주 찾아와서 격려해 주었다고 기록하고 있다. (딤후1:16~18) 그래도 누가는 마지막 편지를 쓸 때에 바울과 함께 있었으니 위로가 되었을 것이다. (딤후4:11) 사도행전의 저자인 누가는 복음의 동역자요, 최종 목격자였다.

바울은 이제 자신의 최후가 임박했음을 운명적으로 예감했으며 제물이 되어 떠날 기약이 다가오는 것을 알고 있었으니 이미 그는 주님의 뒤를 좇아 순교를 준비하고 있었다. (딤후4:6~7) 예수가 잡힐 때 모든 사람이 떠나던 것처럼… 바울은 이제 고통의 門을 통과하여 光輝(광휘)의 문에 입문할 순간이 가까이 到來(도래)하고 있었다.

5) 슬픔을 삼켜야 하는 디모데

겉옷과 가죽 책을 가져오라는 기별을 받은 디모데는 얼마나 가슴을 조였을까? 머나먼 거리 에베소에서 목회를 하던 디모데는 큰 스승인 바울의 마지막 편지를 받고 그는 깊은 연민으로 눈물을 하염없이 쏟았다. 역사에 보면 속히 오라는 편지를 받고 디모데는 그리운 스승을 보기위해 당장 떠날 준비를 하고 드로아로 갔다. 바울의 영적인 아들 디모데 역시 육체적으로 성한 몸이 아니었으니 그는 위장병으로 고생을 하던 사단의 가시가 있던 사람이었다. 에베소에서 드로아까지는 약 80Km정도 떨어진 곳으로 이곳은 바울의 겉옷을 맡겨둔 곳인데 그는 약한 몸으로 걸어서 도착하였다.

스승이 맡겨둔 낡은 겉옷을 가지고 로마로 오는 데는 수많은 날들이 요구되는 길이다. 며칠을 걸어 나폴리 근방인 보디올(Puteoli) 항구에 하선한 뒤 (행28:13) 아피아(Appia) 길을 따라 로마까지의 거리도 200 Km나 되어 그 길 역시 걸어서 일주일이나 걸리는 형편이었다. 그는 스승의 땀내 나는 겉옷을 들고 걷고 또 걸었다.

 믿음의 아들 디모데가 오랜 날들을 잘 먹지도 못하고 부지런히 걷고 또 걸어 로마에 도착했을 때에는 스승 바울이 이미 참수형을 당하고 꽤 여러 날이 지난 때였다. 디모데는 스승의 옷을 가슴에 묻고 뜨거운 눈물을 한없이 흘리고 또 흘렸다. 마지막 길을 지켜드리지 못하고 함께 할 수 없었던 자괴감과 회한, 초겨울에 감옥에서 벌벌 떨며 고생하는 스승의 모습을 떠올리며 울었다. 아마 바울은 의도적으로 이러한 체험을 시킨듯하다. 이 험한 길, 순교정신으로 걸어야 하는 진리의 길, 그곳은 두렵고도 좁은 길이지만 전도자나 목회자가 피해서는 안 되는 영광의 길임을 묵시적으로 일깨우려는 의도도 있었을 것으로 나는 생각한다. 바울 자신은 자기가 순교당할 것을 예감했기 때문이며 또한 아들 디모데가 로마에 도착하는 시간의 소요를 잘 알고 있었기 때문이다. 가슴 아픈 사실이지만 디모데에게는 아마 영적으로 크나큰 선물이 되었을 것이다. (갈6:17) 그 낡은 옷 한 벌이 말이다. 엘리야가 엘리사에게 불 병거 타고 승천하며 던져준 겉옷을 간직하던 것처럼… 오늘을 사는 우리는 지금 어느 길을 걷고 있는가? (왕하2:11, 2:13)

6) 네로황제의 惡行(악행)과 不運(불운)

 네로는 당시의 자신의 처지를 빨리 모면하기 위해 바울과 베드로를 변명의 기회를 주지 않고 며칠 내로 죽여야 했다. 당시 네로는 이십대 후반이었으니 철없이 날뛰는 불량아 비슷하였다. 자신이 무슨 惡行(악행)을 하는지조차 몰랐고 일반죄수들에게도 비정했지만 기독교인들에게는 더욱 냉정했다.

 네로는 16세 어린나이에 황제에 즉위하였다. 시민들이 네로의 등극을 환영한 것은 정치 분위기가 쇄신되기를 원했기 때문이었다. 그의 옆에는 스승 겸 교사였던 세네카가 보좌관으로 조언을 하여 정사를 펼쳐나갔으며, 그의 조언으로 관용을 슬로건으로 세웠다. 노예문제와 세금문제로 원로들과 늘 부딪쳤다. 네로는 자기의 욕심을 위해 아내인 옥타비아와의 이혼을 반대하는 어머니를 죽이려고 노예출신의 殺手(살수)를 포섭하고 이혼을 하고 시민들의 환심을 사려 당장 재혼하지는 않았다. 그의 나이 25세가 되었다. 그즈음 바른말로 직언을 해주던 두 사람을 잃게 되었는데 첫째는 근위대장 부루스가 병으로 죽었으며 또 하나는 세네카가 은퇴를 하였다. 명망 있는 知識人이 어리석은 네로에게 매달려 붙어있는 것은 그의 감성에 사실상 맞지 않았다.

세네카는 네로가 12살 때부터 14년 동안이나 側近(측근)에서 네로를 키우며 도왔다. 6년은 스승으로 8년은 보좌관으로 음악이나 시를 좋아하던 네로는 세네카의 도움을 많이 받았다. 이제 일만 명의 병사를 지휘하며 바른말 하던 부르스가 죽고 세네카의 영향에서 네로가 벗어난 줄을 원로들이 눈치 채게 되었다. 네로는 마음이 늘 불편하고 허전하였다. 옥타비아와 이혼하고 그녀를 섬으로 유배시켜 죽여 버렸다.

그리고 그녀의 죽음과 이혼에 분개한 시민들의 시위를 보고 그녀가 지레 겁을 먹어 죽은 것이라고 핑계로 둘러댄다. 네로는 어머니와 아내를 죽인 오명을 안게 되었다. 한참 지난 뒤 그는 애인인 포파이아와 결혼하였다. 둘째 부인 포파이아는 奢侈(사치)를 좋아하였고 결국 시민들의 미움을 받게 되었다.

네로는 밤마다 악몽에 시달렸다. 화폐개혁, 콜로세움 건축, 등 야심을 채우기 위한 수단의 일들을 진행하고 콜로세움의 네로 황금상 머리 부분을 태양신의 머리 부분으로 교체시켜 상을 세웠다. 서둘러서 건축을 하는 중 어디서 시작되었는지 로마시내의 화재 발생은 네로가 진범이라는 소문이 퍼지기 시작하였다. 예나 지금이나 사악한 정치세계에는 간교한 여우들이 우글거리는 법, 당황하는 네로에게 한 아부 꾼이 붙어 기독교인이 네로를 모함하려고 소문으로 루머를 퍼뜨린 것이라고 몰아 갔다.

7) 네로의 基督敎(기독교) 박해

네로황제 이전의 기독교의 박해는 간헐적이며 부분적이었다. 본디오 빌라도가 유대 총독으로 있던 시기에 유대인들이 로마에서 추방되어진 사건, 글라우디오 황제(AD.41~54) 때에는 사도행전 18장 2절에 기록된 로마인의 추방사건과 고관 아우루스 플라우티우스의 아내인 '폼포니아 그래시나'라는 한 여인이 외래 미신(기독교를 가리킴)이라는 죄목으로 피소되어 재판을 받은 사건 등이 있었던 정도였다. 그런데 왜 네로는 기독교인들에게 방화범으로 몰아 지목했을까? 당시 유대교도들은 제 14구역에 모여살고 있었다. 로마에 살던 기독교인들은 대부분 유대인들이었다. 3~4대 황제시절에는 로마의 기독교는 테베르 강 서쪽의 유대인 사회와 동거하였다. 그곳이 12지구 화재가 발생한 곳이었다. 로마인들이 생각하는 기독교인들은 제물로 바쳐진 인간의 피를 마시며 살을 먹는 야만적인 식인 문화로 혐오스러운 존재로 꺼려하고 피하는 존재였다. 그것은 성찬식의 상징을 과장하여 말하는 것이다.

역사가들이 보는 기독교는 로마인이 창설한 인류 공동체의 규칙을 어지럽히는 어둡고 불길한 적으로 판단하였던 것이다. 그러므로 당시 로마의 분위기로 일반인들에게 기독교는 부정적인 견해를 가지고 있었기에 네로는 자연스럽게 화재사건을 뒤집어씌우는 행위를 하였고 이 사실을 수에토니우스가(Suetonius)가 기독교인들이 형벌을 받은 원인을 기술하면서 '새롭고 사악한 미신에 사로잡힌 사람들의 단체인 그리스도인들'이라는 표현 속에서 찾아볼 수 있다. 또한 타키투스도 기독교를 가리켜 '매우 위험한 미신'이라고 표현하였다.

타키투스는 그의 연대기에서 네로는 광적인 그의 잔학성을 충족시키기 위해 그리스도인을 죽였다고 말하고 있고 유세비우스의 견해도 네로의 극단적인 광기 때문에 그의 생모와 아내, 그리고 수 천 명의 사람들을 죽였다고 말하고 있다. 기독교인들은 옷을 벗기고 짐승의 가죽으로 싸서 굶주린 개들에게 찢기기도 하고 십자가에 못 박혔고, 혹은 화형 되어 온몸에 기름을 붓고 태워 밤에 가로등 역할을 하기도 하였다.

네로는 그 광경을 밝히기 위해 자신의 정원을 개방하고 사람들과 어울리며 마차를 몰고 다니고 그동안 서커스 쇼가 공연되기도 하였다. 이러한 박해를 바라보던 다른 죄수들이 오히려 기독교인들에게 동정심을 보냈다. 자기들은 마땅히 형벌을 받는 게 당연하나 기독교인들의 억울함을 보고 네로의 잔학성과 광기를 증오하였다고 〈타키투스의 年代記(연대기)〉는 기록하고 있다.

8) 그 외의 皇帝(황제)들의 박해

① 도미티안 황제의 박해

도미티안 황제는 모든 면에서 네로의 전철을 밟았다고 생각하면 될 것이다. 역사가 유세비우스는 네로와 도미티안의 박해를 다음과 같이 설명한다.

> '그는 로마에서 상당히 많은 귀족들과 저명한 인사들을 부당하게 살해하고 마침내 그는 하나님을 대적하는 일에 있어서 그대로 네로의 후계자가 되었고 또한 터툴리안도 도미티안이 네로와 동일한 일을 행하려 했으며 잔인성에 있어서도 실제적인 네로의 후계자였다'

도미티안은 자신의 아내였던 도미틸라를 유배시키는 한편 그의 집정관이었던 자신의 조카 플라비우스 클렌멘스와 그의 두 아들을 살해하였다. 이외에도 여러 황제들이 기독교를 짓밟고 무섭게 박해하였다.

② 트라얀 황제의 迫害(박해)

트라얀의 칙령에서는 네로와 같이 임의적인 잔학성은 가하지 않은 것을 발견할 수 있다. 그의 칙령에서 발견할 수 있는 것은 첫째로 의도적인 색출은 금한다는 것과 둘째로는 익명의 고소는 정부가 받아들이지 말라는 것과 그리고 셋째는 과거에는 기독교인이었으나 현재 아니라면 처벌해서는 안 된다는 것이다. 이 칙령으로 인해 혹독한 박해는 어느 정도 완화되었으며 그는 자신의 칙령대로 그리스도인을 잡아들이기 위하여 의도적인 수색은 금지되었다.

③ 하드리안 統治(통치)와 박해

하드리안은 125년경 아시아의 총독 미니스우스 푼다누스에게 보낸 서신에서 정당한 재판을 거치지 않고 기독교인을 처형하지 말라고 명령하였다. 이 하드라인의 칙령은 비 기독교인들로부터 근거 없는 모함을 받는 것은 보호하는데 초점을 맞추고 있다. 기독교인들은 합당한 법적 절차가 있는 법정에서 재판을 받아야 하며 그 재판도 분명한 증인과 증거들이 확보되어야 함을 보여주고 있다.

④ 마르쿠스 아우렐리우스 치하의 박해

〈暝想錄(명상록)〉의 저자이며 스토아 哲學(Stoa철학)의 대변자인 아우렐리우스는 기독교에 대한 우호적인 경향을 나타내 보였다. 그러나 나중에는 아첨꾼들의 영향을 받아 기독교를 참혹하게 박해하기 시작하였다. 교인들은 채찍에 맞아 온몸이 찢어져 유혈이 낭자했으며 속살이 드러나고 창자까지 밖으로 터져 나오는 사람이 허다하였다. 온갖 종류의 고문이 가해져 죽으면 사나운 짐승의 밥으로 던져졌다.

박해의 강도가 점점 심해졌지만 대부분의 기독교인들은 온갖 박해 속에서도 자신들의 신앙을 지켰다. 그 박해는 시간이 흐르면서 강화되었고 마르쿠스 아우렐리우스 황제 치하에서 저스틴의 문하에서 공부를 한 폴리갑 감독이 서머나에서 순교하였다. 그 순교의 기사는 아래와 같다.

총독은 말하길,

"그리스도를 부인하시오. 이 고통을 면하려면 그리스도를 배신하시오. 그리하면 살려 주겠소"

라고 재촉하였다. 폴리갑이 말했다.

"나는 지금까지 86년 동안 그분을 섬겨 왔는데 그동안 그분은 한 번도 나를 부당하게 대우하신 적이 없는데 내가 어찌 이제까지 섬겨 온 나의 왕 그리스도를 모독 할 수 있겠습니까?"

이윽고 화형을 위해 마련된 도구들이 그에게 정착되었다. 폴리갑은 장작더미에서 기도와 찬양을 마친 뒤에 장작더미 위에 올라 움직이지 않고 영광을 하늘에 돌리며 거룩하게 순교하였다. 폴리갑에 이어 165년 저스틴도 순교를 당하였다. 이 외에도 박해는 끝나지 않았다.

⑤ 데시우스의 勅令(칙령)과 전국적인 迫害(박해)

AD.250년부터 251년 사이 데시우스 황제 아래서 기독교가 그때까지 직면했던 박해 가운데 가장 혹독한 박해가 일어났다. 250년 데시우스 황제는 지방 관료와 행정관들에게 정해진 날에 필요한 장소에서 제사를 총괄하도록 명령을 내렸고, 제사를 드리는 사람들에게 제사 증명서인 리벨루를 발급하였다. 데시우스의 명령 앞에 교인들은 순응, 타협, 거부, 도피 중 하나를 택해야 했다. 이때에 로마교회 감독 코르넬리우스, 예루살렘 감독 알렉산더, 안디옥의 감독 바빌라스가 순교하였다. 그러나 데시우스의 극심한 박해는 다행히도 오래가지 못했다.

제국을 통치한 뒤 2년이 못되어 아들들과 함께 살해되었고 갈루스가 그의 뒤를 이어 황제가 되었다. 데시우스의 죽음 뒤에 잠시 박해가 중단 되었지만 갈루스가 들어서면서 박해는 여전히 계속되었다. 그러나 갈루스도 황제의 자리에 오른 지 2년이 못되어 제거되고, 발레리안이 아들 리에누스와 함께 황제가 되었다. 기독교인에 대한 발레리안의 태도는 異例的(이례적)일 만큼 우호적이었지만 그의 통치 말엽인 257년부터 교인들을 박해하기 시작하였다.

그리스도인의 재산을 빼앗는 악행과 대항하면 목숨을 빼앗았고 기독교인 리스쿠스, 말쿠스, 알렉산더, 세 사람이 사나운 짐승 밥이 되어 순교를 당하였다. 발레리안이 죽은 후 그의 아들 갈리에누스가 황위를 承繼(승계)하였다. 그는 기독교 사역자들이 자유로이 직무를 수행해도 좋다는 칙령을 발표하자 그 후 43년간 평화가 따랐다. 이 기간은 전에 찾아 볼 수 없을 만큼 기독교는 크게 성장했으며, 아름다운 교회들이 건축되었다. 그뿐만 아니라 영향력 있고 교육받은 지성인들이 교인이 되었으며 동시에 경제, 군대, 사회적 조직이 놀랍게 발전하였다.

⑥ 디오 클리티안 皇帝(황제)의 迫害(박해)

43년 동안 평화롭던 기독교는 디오클레티안 황제가 통치하면서 다시 박해가 시작되었다. 그의 통치 초기교회는 매우 급속히 성장하였다. 그러나 시벨레를 섬기는 이교도이자 기독교를 미워한 그의 모친 영향을 받아 교회에 박해를 가하기 시작하였다. 전국에 칙령을 내려 교회들을 부수고 성경을 불태우며 신자들의 직책들을 박탈하고, 교회 성직자들을 감옥에 가두고, 어떻게 해서든 제물로 드리게 하였다. 이 시기는 3차 박해기간 길고도 무서운 박해였다. 이때에 수많은 교회 성도들이 순교를 당하였다.

⑦ 갈레리우스 황제 迫害(박해)

사정없이 교회를 박해하던 갈레리우스는 그의 통치 8년이 되던 해에부터 박해가 완화되기 시작하였다. 그의 태도가 바뀐 것은 그의 중병)때문이었다. 그의 몸에는 腫瘍(종양)이 생기며 창자속이 곪게 되었으며 그의 몸에는 지독한 惡臭(악취)가 나게 되었다. 투병이 계속되면서 갈레리우스 황제는 자신이 경건한 사람들을 대적하여 범한 죄에 대하여 가책을 느끼기 시작하였다. 황제는 먼저 자신을 돌이켜 반성하면서 무엇보다 하나님께 자신의 죄를 자백하게 되었다. 드디어 자신의 병이 기독교를 잔혹하게 핍박해서 얻은 병이라고 하는 교인들의 충고를 받아들이고 즉시 기독교 박해를 중지하라는 관용의 칙령을 발표하였다.

이 관용의 칙령 가운데에는 기독교인들은 서둘러 교회를 재건하고 예배를 드리며 제국의 안전을 위해 기도하라는 내용이 포함되어 있었다. 갈레리우스 황제를 기점으로 박해는 완화 되었으나 기독인들의 박해가 완전히 끝난 것은 콘스탄틴 황제의 병법시대에 와서 종식되었다. 그러나 결과적으로 그 속에는 옛 뱀 붉은 용의 깊은 속임수가 도사리고 있었으니 과연 이 속임수를 아는 이가 몇이나 될지 우울하다.

⑧ 콘스탄틴 황제의 基督敎 共認(기독교공인)

콘스탄틴은 AD. 288년에 태어났다. 그의 아버지 콘스탄티누스가 죽은 후 그의 부하들이 콘스탄틴을 후계자로 임명한 후에 제국에는 권력투쟁이 시작되었다. 콘스탄틴은 맥시미안의 딸 파우스타와 결혼하여 정치적인 입지를 강화시켰다. 312년 콘스탄틴은 이교적 마술을 의지하고 있던 막센티우스를 로마의 권좌에서 축출하기 위해 이탈리아로 행진하였다.

밀리안 전투 하루 전 대낮에 붉은 태양이 이글거리는 하늘에서 승리의 十字架(십자가) 표시를 환상 중에 보았다고 하였는데 그 십자가 표시위에 '이 표지를 정복하라' 라는 말이 쓰여 있었다고 한다. 그는 이 표시가 태양신이 보내신 것이라 확신하였다. 만약 자신이 전투에서 이긴다면 태양신의 전사가 되겠다고 서약하였다. 다음날 콘스탄틴의 군대는 완전한 승리를 거두었다. 313년 콘스탄틴과 리키니우스는 밀라노 칙령(The Edict of milan)을 공표했다. 이 밀라노칙령은 공식적으로 교회의 자유를 선포하는 최초의 선언이었다.

환란과 핍박 속에서 음성적으로 숨어서 활동하던 기독교가 이 칙령으로 공식적인 자유를 얻은 셈이다. 그는 밀비안 다리 전투에서 승리한 후에 자신과의 서약 중 태양신의 전사가 되겠다고 맹세한 그대로의 일을 착수해나가기 시작하였다.

그는 시간이 흐르면서 서서히 교회와 성직자들을 擁護(옹호)하였고 재산권을 인정하고 성직자의 免稅(면세)를 확대해주고 관용을 베풀며 기독교인을 자기 사람으로 포섭하였다. 명분상으로 보면 그는 기독교인처럼 보였다.

그러나 그는 기독교 세례를 거부하였고 결국 태양의 날인 일요일을 교회 安息日(안식일)로 대처하라 명하였고 결국 미트라(태양의 아들) 탄생일인 12월 25일을 예수 탄생한 날로 바꿔 버렸다.

그리고 교회에 깊이 관여하여 초대교회의 신령한 신앙은 서서히 타락하여 皇帝(황제)들의 멋대로 성경을 삭제하고 AD.320년 니케아(Nicaea) 대종교회의는 기독교 역사에 어둠의 神(신)이 내린 咀呪(저주)의 기운이 시작된 것이며 그 뒤 有形敎會(유형교회)들은 황제숭배를 하게 되었으며… 초대교회의 신비적 성향들과 保守的(보수적)인 전통은 크게 變節(변절)하여 모든 예배형식과 세레모니는 태양신을 예배하던 방식 그대로 변절하게 되었다.

聖職者(성직자) 가운, 십자가 사용, 향불, 촛불, 黙珠(묵주)돌리기, 12월 25일 聖誕節(성탄절), 일요일 예배, 성직자의 권위 의식, 등 교회는 크게 변하였고 어지간히도 썩다가 루터의 종교개혁을 맞게 되었던 것이었다.

루터의 종교개혁 이후에도 상당부분은 舊敎(구교)의 권위의식과 태양신의 예배 잔유물이 현저히 남아있다.

3. 피로 물든 예루살렘

구약성경은 히브리인에 관한 전쟁 백과사전이라 명명할 정도로 피로 얼룩져있으며 창세기에 등장하는 가인의 최초 살인으로 시작하여 출애굽, 광야생활, 가나안 정복 그리고 세 차례의 聖殿崩壞(성전붕괴), 예루살렘 멸망, 그리고 오늘날에 이르기까지의 유대 전쟁사는 980회 이상 유혈을 뿌려가며 상상을 불허하는 파멸의 전쟁을 일삼고 있다. 살인하지 말라는 고급 율법을 가진 민족의 엄청난 아이러니를 안고 여기에 간접으로 동조하는 십자가를 숭배하는 엉터리 교회들은 자기의 소속도 모른 채 존재감을 모르고 이스라엘을 형제국으로 알고 기독교와는 아무 관계도 없는 민족을 아직도 짝사랑하며 이스라엘의 회복을 운운하고 있는데 뭘 몰라도 한참을 모르고 그리고 성경을 너무 모르니 그저 막연한 하나님을 수 천년동안 부르며 나그네 생활을 하고 있다.

(1) 예루살렘의 熱病(열병)

吸血鬼(흡혈귀) 병에 걸린 사람들은 모두가 종교 집단들인데 예루살렘에 대한 소유권을 주장하는 세 일신교가 이 중병에 걸린 사람들이다. 이 확실하고도 무서운 병은 주로 기독교의 서사이기는 하나, 한때 유대 민족 역시 그 서사에 장단을 맞췄고 이슬람도 관심을 보였으며, 세속의 문화마저 무의식중에 그 뒤를 좇았다. 예루살렘을 둘러싼 분쟁 당사자들 역시 그러한 기독교의 서사를 구체화 시키는 데 동참한다.

그러나 예루살렘은 병든 도시인 동시에 그 열병에 대한 해독제이며, 종교 역시 문제의 근원인 동시에 그것을 극복할 방법이다. 종교가 혈관을 끊는 칼인 동시에 막아내는 힘이기도 하다는 사실은 다름 아닌 예루살렘을 통해 알 수 있다. 각각의 전통은 나름대로 독특한 방식으로 그 역설에 생기를 불어넣는다. 로마인들의 손에 성전이 파괴된 뒤로 예루살렘이 유대인들에게 보여준 것은, 하나님의 부재를 통해 존재한다는 사실이었다. 우선 성서시대에 성전을 재건하고도 그 안에 지성소는 일부러 빈 공간으로 남겨 두었다.

비어있다는 사실 자체를 신화화한 것이다. 그 후 로마의 손에 파괴된 뒤 재건이 되지 않자, 유대인들은 항상 내년이면 예루살렘으로 돌아갈 수 있으리라 믿고 〈Torah(토라)〉를 연구하거나 모세 율법을 지키며 상상으로 성소를 빚었다. 수많은 세월을 지나며 디아스포라 가운데서도 공동체적인 결속을 유지하며 살아남아, 유랑과 抑壓(억압) 속에서도 살아남아, 결국 Zionism(시오니즘)을 탄생시켰던 원동력은 바로 예루살렘에 대한 유대인들의 간절한 환상 때문이었다.

기독교인들의 신앙에서 확실한 사실은 예수는 가고 없으며, 성찬 중 시주의를 투사할 때에만 예수는 존재한다는 것이다. 그러나 복음주의적 열정에 도취된 상태라면 지금도 예수께서 겟세마네 동산에 무릎을 꿇고 바로 당신을 위해 피땀을 흘리고 있는 것처럼 느낄 수 있을 것이다. 때문에 예루살렘은 항상 경건한 신앙의 중심지로 본향처럼 남게 되는 것이다. 아! 그러나 이 성지가 어찌 파멸의 도시로 변했는가? 만약 이 도시로 예수께서 구름을 타고 다시 재림을 한들 저들이 "어서 오세요!" 하고 영접하겠는가? 두말 할 것도 없이 100% 그들은 또 죽일 것이다.

(2) 무슬림과의 얽힌 카르마(Karma)

무슬림들이 예루살렘을 占領(점령)한 것은 무함마드가 죽고 5년이 지난 637년이었다. 주목할 만한 부분은 바로 그 신속성이다. 아라비아 반도를 점령한 선지자의 군대는 하나님은 한 분이라는 깨달음을 바탕으로 일찍이 이슬람권을 결집시켰으며, 그들이 맹렬히 추종한 대상 역시 예루살렘에 존재한다고 믿었다. 사막에 살던 무슬림들이 그 열기를 몰고 예루살렘으로 왔다. 예루살렘이라는 도시의 초월적 의미를 본능적으로 직감한 무슬림들은 갈망할 대상을 처음으로 찾았고, 진정한 의미의 첫 군사 작전을 펼쳤다. 이슬람교에서는 신이 가까이 있음을 오직 암송으로만 깨달을 수 있다.

이들은 매우 난해하고도 암시적인 〈코란〉을 읊조리는 이유가 여기에 있다. 그런데 지금까지도 그대로 남아 있는 예루살렘의 돌에 찍힌 선지자의 발자국은 암송으로만 신을 모셨던 이들에게 특별히 성스러운 상징으로 다가온 것이다. 무슬림에게는 예루살렘이 성지가 아닐 수 없다. 그러므로 예루살렘의 세 일신교는 과거가 결코 단순한 과거에 머물지 않고 언제고 미래 속으로 호시탐탐 끼어들려는 刹那(찰나)의 영역으로 연속된 현재에 둥지를 틀고 있는 셈이다. 마치 공간영역이 실제 그곳에 살고 있는 이들만 남긴 채 영적으로 승화하여 계속 증발되기라도 하듯, 일직선상의 시간은 예루살렘 안에서 사라져가고 있다.

좀 더 광범위한 문화적 측면에서 볼 때 시간의 중절이 의미하는 바는 심리적인 상처와 신학적 통찰이 그저 전승으로 내려오는 것이 아니라 일종의 반복 강박에 의해 여기로 전달되어 온다는 것이다. 이러한 상처, 의혹, 적대감, 그리고 광신에 이르기까지의 초월적 발현은 오직 인간적 근원을 이해함으로써만 극복할 수 있다. 인구 700만의 이스라엘은 세계파멸의 중심지가 되었다. 이스라엘인 100만 명은 모국어로 아랍어를 사용하고 나머지 100만 명은 러시아어를 사용한다. 히브리 공화국의 首都(수도)는 예루살렘이다. 예수가 떠난 뒤 수십 년 뒤로 파괴된 유대 사원의 지성소 자리가 오늘날 이슬람의 성지다.

이곳에 통곡의 벽이 남아있다. 1000년 된 성묘교회의 돔 위로 바위의

돔과 통곡의 벽이 함께 그늘을 드리운다. 예루살렘 중심 성지에는 바위가 하나 있다. 2000년 전 헤롯 신전 지성소의 제단이 있었다고 전해지는 곳이며, 무함마드가 승천할 때 디뎠던 바위로도 기억된다고 한다.

(3) 마르지 않는 宗敎血戰(종교혈전)

예루살렘은 유대교, 기독교, 이슬람교 등 3개 종교의 성지로 종교와 이념이 얽히고설킨 지역으로 복잡하고 불안한 분위기가 연속되는 지역으로 그 이름 예루살렘 즉, 평화의 땅이라는 말과는 아이러니한 화약창고로 신을 빙자한 전쟁이 늘 발생하고 있으며 피가 마르지 않는 곳이다. 이 분쟁이 몇 십 년이 아니고 분쟁이 수천 년 이어졌지만 그 누구의 편을 들거나 섣불리 긴 싸움을 끝낼 수 없는 상황이다.

이들이 목숨을 걸고 숭배하는 신이라는 존재가 죽어야 이 전쟁이 끝날 것이며 저들의 피상적인 民族神들이 사라지고 온 세상을 하나로 끌어안는 예수가 믿던 신천지의 주재이신 사랑의 아버지 神을 자각하고 서로 사랑하고 눈물을 닦아주는 영친운동에 동참하는 날, 예루살렘에는 평화가 꽃필 것이다.

1년 전 트럼프 대통령은 이러한 상황에서 덜컥 이곳을 이스라엘의 수도로 인정해버려 이슬람교도들은 악에 바쳐 이를 갈고 있다. 트럼프가 유대인을 두려워하는 여러 가지 이유 중 하나는 일루미나티와 프리메이슨 조직과 크게 연관이 있기 때문이다. 그의 딸인 이방카를 유대교로 개종시키는 세레모니가 다 이러한 이유에서 인 것이다. 그들은 종교를 정치적인 도구로 이용할 수밖에 없는 붉은 용의 후손들이기에 시기적으로 어쩔 수 없는 것이다. 1948년 건국한 이스라엘은 1967년 중동전쟁에서 예루살렘 전체를 점령하였다. 이후 50년, 이스라엘과 원래 있던 팔레스타인의 유혈충돌이 벌어지게 된 것이다. 이 두 나라가 절대로 양보하지 않는 이유는 올드 시티(Old City) 때문이다.

동 예루살렘에서 1km도 안 되는 지역이지만 그들의 조상 아브라함의 유래가 깃들어있는 본향이기 때문이다. 아브라함은 유대교, 기독교, 이슬람교의 조상이며 선지자였기 때문이다. 이곳에는 통곡의 벽, 성모교회, 알라의 사원 등이 있어 3대 종교 모두의 성지가 되는 곳이다.

그 상징성 때문에 인류사에서 늘 쟁탈전이 벌어지는 것이다. 중세의 십자군 전쟁은 지금껏 이스라엘 팔레스타인 분쟁으로 이어지고 있으며 이 종교적 비극은 천국은커녕 생지옥을 만들어가고 있다. 구제사회가 이른바 이스라엘과 팔레스타인 2국가 해법으로 영구히 분쟁을 없애자고 했던 배경이다. 안토니오 구테헤스 유엔 사무총장이,

"예루살렘을 이스라엘과 팔레스타인 모두의 수도로 인정하는 방법 뿐입니다. 왜냐하면 두 나라가 공동으로 수도를 인정하면 최소한 어쩔 수 없이 피 뿌리는 전쟁을 막을 수 있을 것이 아닙니까?"

라고 했는데 트럼프는 이런 국제사회의 합의에 변화를 꾀하였다. 국제사회가 강한 반대의 목소리를 높이는데도 불구하고 트럼프가 이러한 카드를 꺼내 들면서 중동의 화약창고에 불을 붙인 셈이다. 그는 예루살렘을 이스라엘 수도라고 공식 선언하고 후속조치로 텔아비브에 있는 이스라엘 대사관을 예루살렘으로 이전하라는 명령을 내렸다. 왜 그랬을까? 여기에는 큰 비밀의 음모가 감춰져있다.

첫째는 그림자 정부의 세력을 의식해서이며 둘째로는 유대인으로 구성된 일루미나티의 세력을 의식하는데 그 뜻이 있다고 나는 확신한다. 기독교, 이슬람교, 유대교의 성지인 예루살렘의 특별한 지역적인 성격을 무시하고 이스라엘 땅이라고 선언하자 팔레스타인을 비롯한 아랍권은 물론 유엔, 유럽 등 국제사회는 일제히 반대하고 나섰다.

에마뉘엘 마크롱 프랑스 대통령은 '인정할 수 없다' 라는 유감의 입장을 밝혔고 유럽연합(EU)의 페데리카 모게리니 외교안보 고위대표도 '의미 있는 중동평화 절차를 강조하면서 이런 노력을 해칠 어떤 행동도

해서는 안 된다'고 하였고 트럼프 대통령을 강하게 비판했다.

중동지방은 이렇게 다이너마이트의 雷管(뇌관)에 불이 붙고 있는 셈이다. 이에 팔레스타인 무장정파 하마스는 '지옥의 문을 열어버린 決定(결정)이다'라 경고했다. 레제프 타이이프 에르도안 터키 대통령은 '이슬람 세계에 분노를 유발시켜 평화의 토대를 폭파하고 새로운 긴장과 충돌을 초래하는 행위'라고 우려하였다. 결국 이스라엘 자국민 외에는 전 세계가 일어나 미국의 트럼프를 비판하고 나섰다. 과연 트럼프를 누가 조종하며 지배할까 역사의식에 소경이 된 민중들에게 사실을 말한들 귀 기울이는 사람이 없으니 일단 생략하기로 한다. 다만 거대한 재림주 권력의 루시퍼 대왕이 지금 활동 중인 것만을 인식하기 바란다. 이 땅에 구름타고 내려오시는 사람의 예수님을 기다리지는 말라.

(4) 계속되는 血戰(혈전)

2018년 5월 14일 팔레스타인은 도로와 광장에 흥건한 유혈이 전 세계 방송으로 보도되었다. 예루살렘에 미 대사관을 연날 50여 명이 이스라엘 군의 발포로 인하여 사망했고 200여 명이 총에 맞아 중상을 입었고 사망자는 매일 늘어났다. 이날 어린이도 8명이 숨졌다. 미국이 이스라엘주재 자국 대사관을 예루살렘으로 옮긴 14일, 팔레스타인 시민들의 강력한 시위가 벌어져 이스라엘이 무력진압으로 대규모 유혈사태가 일어난 것이다.

팔레스타인 자치정부는 물론 중동권 국가들, 프랑스, 등 일부 유럽연합(EU) 국가, 국제 인권단체, UN, 등은 시위대에 대한 이스라엘의 초강경 대응을 규탄하거나 濟濟(제제)를 촉구하는 목소리를 높였으나, 이스라엘은 정당한 무력사용이라고 강변하고 미국이 이들을 두둔하면서 중동지역이 격랑에 휩싸이고 있다. 선지자들은 이 모든 사실들에 관하여 여러 명이 수십 차례 예언하였다. (렘4:19~30, 8:14~22 16:4~9, 52:1~34, 애4:1~11, 겔21:1~12) 예레미아 말고도 이사야, 에스겔, 다니엘, 아모스, 등 선지자들은 이스라엘에 하나님의 律法(율법)을 버리고 계명성이 되어 사탄왕국의 주역이 될 것을 경고하였고 피로 물든 예루살렘에 대하여 예언하였다.

4. 칼을 부르는 유대 戰爭 經緯 (전쟁 경위)

지구상에서 전쟁을 가장 많이 치룬 나라는 우리 朝鮮(조선)과 이스라엘 민족이다. 내란, 외란을 합쳐 양국 모두 950여회의 難(난)을 치러냈으며 양국 모두 끈질기게 살아 건재하고 있다. 우리나라를 가장 많이 모방하고 종교적으로 모방하여 제사제도를 수입한 나라는 바로 유대인들이다. 레위기 제사제도, 산당제단, 유월절 피 뿌림, 제사장 제도, 촛대, 향불, 놋 제단, 물두멍, 등 전부 古朝鮮(고조선) 우리 풍습 그대로다. 자세한 내막은 다음 장에서 언급하기로 한다.

수많은 유대 전쟁사 중에 티투스에 의해 예루살렘이 陷落(함락)된 때로부터 구레뇨의 유대인들이 반역을 일으킨 때까지 간추려 기록하려 한다. 유대전쟁 경위를 기록하는 첫째목적과 의도는 하나님의 왕국과 평화로운 고을 예루살렘이라는 도시가 늘 피가 마를 날이 없다는 이 아이러니한 詛呪(저주)의 카르마에 대한 불쾌한 진실이 예수께서 말한 하늘나라와 천년왕국, 생명 시냇가의 열두 진주문이 과연 무슨 상관이 있을까? 하는 의문과 살인하지 말라는 종교 율법을 교리로 신봉하는 이들이 가인의 날부터 오늘에 이르기까지 끝없이 죽이고 부수고 또 죽이는 연습을 쉬지 않으니 그 답을 찾아 필자는 중대한 이단아의 결론을 내리려는 심정으로 이글을 기록하기 시작하는 것이다.

(1) 예루살렘이 파괴된 경위

예루살렘은 AD.70년 이전에도 다섯 번이나 함락된 적이 있었으나 완전히 파괴되기는 두 번째 겪는 일이다. 예루살렘은 베스파시안 재위 제 2년 고르피에우스(Gorpieus) 엘룰(Elul)월 8일에 이같이 멸망되었다. 예루살렘은 그 전에도 애굽 왕 시삭(Shishak)에게, 두 번째는 안티오커스(Antiochus)에게, 세 번째는 폼페이(Pompey), 네 번째는 소시우스(Sosius), 다섯 번째는 헤롯(Herod)에 의해 함락되었으나 완전히 함락되지는 않았었다. 그러나 단 한번 예루살렘이 처음으로 건설된 지 1468년 6월 만에 바벨론 왕에 의해 정복되어 완전히 폐허로 바뀐 적은 있었다. 예루살렘이 처음으로 건설된 것은 실제로도 의로운 자였기에 의로운 왕 멜기세덱(The Righteous King Melchisedek)이라 부르는 한 신령하고 유력한 眞人(진인)에 의해서였다. 그는 의인이었으며 그곳에서 하나님의 첫 제사장이 되었다.

그곳에 처음으로 성전을 짓고 그 전에는 '살렘(Salem)'이라고 부르던 곳을 'Jerusalem'이라고 명명하였다. 그러나 후에 유대인의 왕 다윗이 가나안인을 내어 쫓고 예루살렘에 자기 백성들을 정착시켰다. 그 후 477년 6월 만에 예루살렘은 바벨론 인들에 의해 완전히 파괴되고 멸망되기까지의 기간은 1,179년간이다. 그러나 예루살렘이 처음으로 건설되었을 때부터 티투스에 의해 마지막으로 완전히 파괴될 때까지의 기간은 2,177년간이다. 그러나 예루살렘이 그토록 자랑하는 悠久(유구)한 역사도, 예루살렘의 그 엄청난 부도, 온 세계에 그 추종자들을 거느리고 있다는 사실도, 그리고 종교적인 이유로 온 세상의 존경을 한 몸에 받은 명예도, 예루살렘을 멸망에서 구해 낼 수는 없었다. 여기까지 가 예루살렘 攻城史(공성사)에 관한 서술이다.

AD.70년 경 티투스의 침공으로 세 개의 망대를 제외하고는 예루살렘 은 처참히 파괴되었다. 로마 병사들은 닥치는 대로 유대인을 학살하고 약탈을 일삼았다. 티투스는 이때 예루살렘 전체를 완전히 파괴하라고 兵士(병사)들에게 지시하였다.

제1차 유대-로마전쟁(第1次 - 戰爭, 영어: First Jewish-Roman War) 또는 유대독립전쟁(-獨立戰爭, 66년 ~ 73년)
이 전쟁은 기원후 70년 티투스가 이끄는 로마군이 예루살렘을 함락시키고, 예루살렘 성전을 불 태우고 유대인 저항군을 진압함으로써 끝이 났다. 이 유대인 반란의 패배의 결과로 유대인은 자신의 국가를 잃어버리고 흩어져 로마 제국의 전역으로 퍼져나가게 되는 디아스포라가 본격적 으로 시작되었다. [위키백과]

[사진] By David Roberts

칼을 부르는 유대 전쟁 경위

그러나 웅장하게 서있는 세 개의 望臺 파사엘루스(Phasaelus) 망대와 히피쿠스(Hippicus) 망대와 마리암네(Mariamne) 망대와 서쪽 城壁(성벽)은 그냥 놔두라고 명령하였다. 티투스가 서쪽 城壁을 남겨 놓으라고 한 것은 장차 수비대 병사들의 진영으로 쓸 목적에서였다. 그리고 세 개의 망대를 그대로 둔 것은 로마군이 정복한 예루살렘이 얼마나 풍요(豊饒)를 누리던 도시인가를 보여주기 위해서였다. 그러나 티투스는 나머지 성벽은 基礎가 드러나도록 완전히 파괴하여 사람이 살던 곳인지 의심이 갈 정도로 폐허를 만들어 버렸다. 强盜들의 광기로 말미암은 예루살렘의 최후는 이렇게 처참하였다. 온 세상에 명성을 떨쳤던 위대한 도시가 이 같은 종말을 맞이하고 말았다.

(2) 티투스의 指揮(지휘)

티투스는 로마군 10군단과 약간의 기병대와 보병대를 예루살렘 수비대로 주둔시키기로 결정하였다. 그는 이 유대와의 전쟁을 완전히 승리로 이끈 후였기에 전 병사들의 노고를 치하하고 혁혁한 전공을 세운 자들에게는 상을 베풀고 싶었다. 이에 그는 전에 진영을 세웠던 곳의 거대한 연단을 설치하고 휘하의 최고 지휘관들을 배석시킨 후 전 兵士가 들을 수 있는 큰 목소리로 이같이 말하였다.

"나는 여러분이 그동안 보여준 열의에 심심한 사의를 표하고 싶다. 여러분이 처음부터 끝까지 내 명령에 절대 服從한 것을 크게 칭찬하고 싶다.

수많은 위기를 당할 때마다 명령에 복종하여 용감하게 싸워준 노고에 그저 깊은 고마움을 느낄 따름이다. 여러분들이 뛰어난 용기를 발휘하여 로마제국의 힘을 스스로 증가시키고 온 세상 사람들에게 로마군의 탁월한 용맹성을 과시한데 대하여 나는 더할 나위없는 자부심을 느낀다.

아무리 백성의 수가 많고 지형이 험난하고 도시들이 광대하고 백성들이 용맹하고 대담하더라도 로마제국의 손아귀에서 벗어날 수 없다는 사실을 만방에 드러낸 데 대해서 나는 무한한 기쁨을 느낀다.

그런데 우리는 이 시점에서 전쟁의 종지부를 찍는 것이 좋겠다고 생각한다. 우리가 전쟁을 처음 시작할 때는 어서 속히 전쟁이 끝났으면 하는 바람이 소망이었다. 그런데 바로 그때가 지금 온 것이다. 지금이 바로 그때다. 우리는 그동안 가족과 떨어져 너무 오래 전쟁터에서 시달려왔다. 그래도 우리는 지금 영예로운 결말을 내릴 호기에 처해 있다. 우리는 승리의 영광을 체험하고 모든 로마인들은 우리를 제국의 영웅이요 수호자로 기쁘게 맞아줄 것이다."

이상은 티투스의 연설내용이다. 티투스는 褒賞(포상)을 담당하는 지휘관들에게 전쟁에서 공을 세운 자들의 명단을 발표하게 하여 이름을 하나하나 불러가며 칭찬하고 이들의 머리에 금관을 씌워 주며 목에 금장식을 걸어주고 긴 금창을 하사하였으며 모두를 더 높은 계급으로 승진시켰다. 그밖에도 티투스는 이들에게 전리품들 가운데서 금과 은 그리고 의복, 등등을 풍성하게 안겨주었다. 티투스는 처음 약속대로 이들에게 포상한 후에 전 병사들에게 행복이 깃들기를 기원해주고 병사들의 큰 환호를 받으며 연단을 내려왔다.

그리고 티투스는 신들에게 감사 祭祀를 드렸다. 그는 한꺼번에 엄청난 수의 소를 잡아 제단들 옆에 서서 정성껏 제사를 드린 다음 병사들에게 고기를 나눠 먹게 하였다. 티투스는 주요 지휘관들과 함께 3일을 거주하면서 잔치를 베푼 다음 로마군 10군단을 제외한 나머지 兵士들은 각기 적절한 위치로 돌려보냈다. 그리고 로마군 10군단은 유브라데스 강 건너로 돌려보내지 않고 예루살렘의 수비대로 남겨두었다. 티투스는 로마군 12군단이 케스트우스의 지휘아래서 유대인에게 패한 적이 있음을 들어 수리아 밖으로 주둔시켰다. 그는 12군단을 전에 주둔하던 라파네아 (Raphanea)에서 유브라데 강 근처에 위치한 멜레세네(Melesine)로 이동시켰다.

멜레시네는 아르메니아(Armenia)와 가바도기아(Caooadocia)의 변경에 위치한 지역이었다. 티투스는 또한 나머지 군대를 거느리고 해변에 위치한 가이샤라(Caesarea)로 이동하였다. 때는 겨울이 다가오고 있었기 때문에 이탈리아로 항해 할 수가 없었다. 따라서 티투스는 가이샤라에다 약탈품을 보관하도록 지시하고 포로들도 그곳에 감금하라고 명령을 하였다. 한편 예루살렘을 완전히 정복하고 난 후에 티투스는 해변에 위치한 가이샤라에서 가이샤라 빌립보로 행군한 후에 거기서 오랜 기간을 거주하면서 온갖 쇼(show)를 개최하였다. 이곳에서 유대인 포로들이 수도 없이 희생당하였다. 일부 유대인은 짐승들과 싸움을 하다가 찢겨죽었고 나머지 유대인들은 서로 원수처럼 決鬪를 벌이다가 쓰러져 갔다.

(3) 마사다(Masada) 요새의 비극

바수스가 유대에서 세상을 떠나자 플라비우스 실바가 그 뒤를 이어 유대 총독(Procurator)으로 부임하였다. 실바는 다른 모든 지역은 정복되었는데 유독 한 곳 마사다 요새만이 계속 반역을 일으키고 있는 것을 보고는 여러 곳에 분산되어 있던 부대를 총 집결시키고 원정을 할 준비를 갖추었다. 그 요새는 다름 아닌 마사다 요새였다.

이 요새는 유대인 시카리(Sicarii)파들이 점령하고 있었는데, 그 지휘관이 유능한 엘르아살(Eleazar)이라는 사람이다. 엘르아살은 키레니우스가 유대인에게 세금을 부과하는 임무를 맡아 파견되었을 때 유대인들을 선동하여 세금 거부운동을 폈던 유다스 후손이었다. 시카리들이 로마에 굴복하기를 원하는 동족인 유대인들을 적으로 간주하고 방화와 약탈을 서슴지 않기 시작한 때가 이때부터였다. 시키리 파들은 로마에 굴복하기를 원하는 유대인이 가장 소중히 여기는 자유를 비겁하게 팔아먹는 자들이기 때문에 이방인과 조금도 다를 바가 없다고 생각하였다. 시카리들은 자유를 위해 투쟁하기보다 로마의 노예가 되기를 원하는 자들은 종족으로 볼 수 없다는 논리였다.

그러나 이들의 논리는 자신들의 야만성을 숨기려는 허울 좋은 명분에 불과했다. 자신들의 탐욕을 감추기 위한 구실이었다. 이 같은 점은 후에 그들이 저지른 행동을 보면 사신임이 여지없이 들어나게 된다. 그리고 여기저기 흩어진 유대민족은 그야말로 온갖 죄악이 극에 달하여 약탈과 살인이 매일 일어나고 있었다. 이들은 온갖 상상하는 죄라는 죄는 모두 저지르며 앞을 다투어 새로운 죄악을 생산하였다. 개인이나 단체나 서로 경쟁하여 이기고 죽이고 결국 神에게까지 불경죄를 서슴지 않았다. 어떻게 하면 상대를 짓누르고 이길까 하는 악한 생각과 어찌하면 힘 있는 귀족을 정복하여 착취하고 탄압할까 하는 생각뿐이었다. 그들은 부한 자들의 재산을 사정없이 약탈하였다.

이러한 죄를 처음으로 종족에게 시도한 사람들이 시카리파들이었다. 그들은 자신들의 목적을 달성하기 위해서는 고소나 재판의 과정을 거치지 않고도 동맹을 맺은 자들까지 살해하는 야만성을 처음으로 과시한 자들이었다. 그러나 시카리들도 요한(John)에 비하면 온건파에 속했다. 요한은 자신에게 옳은 것을 보여준 충고자들에게까지도 원수로 생각하고 살해한 악인 중의 악인이었기 때문이다. 요한은 유대국을 수만 가지의 죄악으로 가득하게 한 장본인이었으며 이미 마음이 완악하여 신에게 불경을 범하고도 죄인 줄 도 모르고 가책도 받지 않았다.

요한은 유대 율법이 명한 缺禮를 묵살하고 율법에서 금한 음식도 마구 먹어버리며 율법을 범하였다. 그 같은 인격을 가진 자가 백성들을 憐愍(연민)으로 도우리라 기대하는 것이 우스운 일이었다. 또 한 사람 기오라스(Gioras)의 아들 시몬이 저지른 죄악은 가히 천인공로 하였다. 그는 동족 중 자신에게 친절을 베푼 사람에게도 오히려 악을 행하고 하루도 빠지지 않고 살인을 했으며 지기 친족들까지도 무참히 살해하였다. 때를 같이하여 이두매인들(Idumeas, 에돔 출신의 이방인들로 팔레스타인과 인접 지역을 통치했던 BC.47~70년 헤롯家에 속한 자들)도 누구 못지않게 狂氣(광기)를 과시하며 사악한 행동을 일삼았다.

- **祭司長들의 목이 잘리는 悲劇**

이두매인들, 그들은 본래가 사악하였으나 유대인들의 제사를 금하기 위해 제사장들의 목을 자르는 악행을 그치지 않았으며 더 나아가서는 유대국의 통치 체제를 완전히 분쇄하고 모든 악행을 도입하였다.

젤러트스(Zealots), 열심당이라 부르는 유대 무리들이 성장하기 시작한 시기가 이 배경 하에서였다. 이들은 악을 행하는 데에 열심이었다. 이들은 온갖 사악한 행동을 서슴지 않았고 자신들이 무슨 짓을 했는지 모르며 가책도 받지 않았다. 그들은 선한 일에 열심을 내겠다고 자칭하였으나 아이러니하게도 악을 행하는데 열심이 되었다. 그들은 최고의 악을 최고의 선으로 간주하면서 자신들의 야만과 품성을 있는 대로 발휘하였다.

한편 실바(Silva)는 로마군을 거느리고 엘르아살과 시카리들이 장악하고 있는 마사다 요새를 공격하기 위해 원정에 나섰다. 실바는 마사다 요새 인근지역을 삽시간에 장악하고 요소요소에 수비대를 배치하는 한편 포위된 유대인들이 단 한 명도 도망치지 못하도록 요새 주변에 土城(토성)을 쌓고, 토성의 곳곳에 병사들을 배치하여 감시를 철저히 하였다. 그리고 공격하기에 적합한 곳을 찾아 진을 쳤다. 마사다 요새가 세워진 산과 가장 근접해 있는 산에 진을 쳤다.

그런데 진을 치기에는 적합하였으나 식량과 물을 획득하기에는 매우 힘든 곳이었다. 따라서 멀리 있는 곳에서 식량과 물을 나르기란 유대인들에게는 여간 고역이 아니었다. 이곳은 샘물도 없었다. 그리하여 실바는 이 같은 어려운 문제를 미리 다 해결한 후에 마사다 요새를 공격하기 시작하였다. 그러나 이 요새는 난공불락의 천연 요새였으므로 이를 함락시키려면 뛰어난 전술과 수고가 뒤따라야 했다.

• 마사다 요새의 특성

이 요새의 지형적인 특성은 圓柱(원주)처럼 생긴 높은 바위위에 건설되어 있었다. 이 바위 사방은 깊은 골짜기로 둘러싸여 있었고 밑바닥은 눈으로 보이지 않을 정도로 깊은 골짜기였다.

이 바위산은 急傾斜(급경사)를 이루고 우뚝 솟아있어 두 군데의 통로를 제외하고는 날렵한 동물들도 이 바위산을 오르내리지 못하였다. 두 군데 통로도 오르내리기가 여간 어려운 게 아니었다. 이 두 통로 중 하나는 아스팔티티스(Aspaltitis) 호수로부터 바위산 위로 나 있었으며 나머지 한 통로는 서쪽으로 꼬불꼬불하게 나있는 뱀의 길(Serpent)이라고 불렀다.

이 길은 뱀처럼 꼬불꼬불하고 狹窄(협착)하고 위험한 벼랑길이었다. 따라서 이 길은 앞으로 전진하기에 매우 불편한 길이었으며 한발 한발 體重(체중)을 실어 움직여야 하는 힘든 길 이었다. 만약 한번 미끄러지면 그대로 목숨을 잃는 벼랑이었기 때문에 아무리 용감한 사람이라도 恐怖(공포)에 질리는 곳이었다. 이러한 길로 300미터 이상 올라가야 바위산의 정상에 다다르는 곳이며 頂上(정상)에는 뾰족한 바위가 아니고 꽤나 넓은 평지로 되어있어 대 제사장 요나단(Jonadan)이 처음으로 요새를 건설하고 마사다(Masada)라고 부른 것이다.

마사다(히브리어 מצדה, , 요새라는 뜻)는 이스라엘 남쪽, 유대사막 동쪽에 우뚝솟은 거대한 바위 절벽에 자리잡은 고대의 왕궁이자 요새를 말한다.

73년 제1차 유대-로마 전쟁 당시 끝까지 로마군에 항거하던 유대인 저항군이 로마군의 공격에 패배가 임박하자 포로가 되지 않기 위해 전원 자살한 것으로 유명하다. 현재 유네스코가 지정한 세계문화유산 중에 하나이며 유명한 관광지가 되었다.

[사진] By Andrew Shiva

그 후 헤롯왕이 心血(심혈)을 기울여 이 요새를 재건하였다. 헤롯왕은 긴 성벽을 흰 돌들로만 건설하였으며 성벽의 높이는 12규빗(1규빗은 약 45.6cm)이었고 너비는 8규빗이었다. 그리고 이 성벽 위에 높이가 50규빗이나 되는 망대를 38개나 세웠다. 헤롯은 이 바위산의 중앙을 경작지로 남겨놓고 성벽 안쪽으로 작은 건물들을 지었다. 헤롯은 서쪽 경사면에 왕궁을 지었다. 왕궁은 성벽 안쪽에 지었고 왕궁의 벽은 매우 높고 견고하게 건축되었다.

네 모퉁이에는 60 규빗의 망대가 세워져 있었다. 각 건물과 회랑과 욕실 내부구조는 다양하고 화려하기가 그지없었으며 각 건물의 사방은 하나의 돌로 이루어진 석주에 의해 떠받혀 있었다. 헤롯은 또한 건물바닥을 다양한 색깔의 돌로 깔았다. 그밖에도 헤롯은 곳곳마다 거대한 돌 웅덩이를 여러 개 파서 저수 용기로 사용하도록 만들었다. 그는 거주 지역 말고도 왕궁 주위와 성벽 앞에도 이런 용기를 여러 개 만들었다. 그는 이러한 용도로 물을 사용하도록 주민들의 편의를 도모하였다. 유대인의 환심을 사기 위한 의도가 컸다.

그리고 헤롯은 왕궁에서 바위산 頂上(정상)까지 도로를 건설했는데 이 도로는 성벽밖에 있는 자들에게는 보이지 않았다. 한편 적들은 이 요새를 공격하려면 평탄한 도로가 없었기 때문에 여간 어려운 일이 아니었다. 동편으로는 길이 워낙 險峻(험준)하여 쉽게 접근할 수 없었고 서편으로는 헤롯이 세운 망대가 좁은 길 가운데 버티고 있기 때문에 접근이 용이하지 않았다. 이 망대는 바위산 정상에서 1,000규빗 가량 떨어진 곳에 세워져 있었는데 쉽게 통과할 수 없을 뿐 아니라 陷落(함락)시킨다는 것은 쉬운 일이 아니었다.

그러므로 아무리 용감한 자들도 이 요새에는 쉽게 접근할 수가 없었다. 원래 천연의 요새였기 때문에 인간이 심혈을 기울여 만든 난공불락의 城砦(성채, 울타리)였기 때문에 어떠한 공격도 막아낼 수 있을 것처럼 보였다.

이 요새는 구조도 대단했지만 더욱 놀라운 것은 공성을 오랫동안 버 텨낼 수 있는 준비가 철저히 갖추어져 있었다는 점이다.

이 요새 안에는 주민들이 오랫동안 견딜 수 있는 엄청난 양의 식량이 비축되어 있으며 포도주와 기름, 콩과 대추야자도 가득 저장되어 있었 다. 엘르아살과 시카리들이 배신의 방법으로 요새를 탈취했을 때 이 같은 물자들이 가득 비축되어 있었다. 이 열매들은 완전히 잘 익은데다 가 신선도를 계속 유지하고 있어서 로마군에 의해 함락될 때까지 거의 백년이란 세월이 흘렀음에도 불구하고 햇 열매보다 조금도 못하지 않 았다고 한다. 로마군이 이 요새를 점령했을 당시 이 열매들은 조금도 부패되지 않았다. 바람이 잘 통하는 높은 곳에 건축된 곳에 먼지도 없 고 공기나 흙가루가 해치지 않아 저장이 가능했다고 한다. 이곳은 헤롯 이 비축해놓은 전쟁무기는 10,000명의 병사가 쓰고도 남을 만큼의 무 기들이 쌓여있었다. 그밖에도 철과 놋과 朱錫(주석)들이 많이 저장되어 있었다. 이를 볼 때 헤롯이 얼마나 이 요새를 위해 많은 애를 썼는가를 알 수 있다.

그 이유는 두 가지 짐작으로 해석할 수가 있는데 하나는 유대인들이 자신을 폐위시키고 그 전의 왕들을 復位(복위)시키지 않을까 하는 두 려움을 안고 준비했을 것이며 그보다 더 두려워했던 것은 이집트의 왕 후 Cleopatra 였다. 클레오파트라는 욕심을 억제할 줄 모르는 여자였다. 그녀는 안토니에게 헤롯의 왕위를 빼앗고 유대국을 자신에게 달라고 노골적으로 요구하였다. 그러나 놀랍게도 안토니는 클레오파트라의 이 요구만은 들어주지 않았다. 다른 면에서는 그녀의 말이라면 뭐든지 다 들어주던 사람이었는데 이 요구만은 무시하였다. 이 소식을 헤롯은 소 문으로 들어 알고 있었고 애굽의 왕후가 자신을 싫어하는 것을 알고 있기에 늘 부담을 느끼고 있었으므로 마사다 요새를 건설함이 분명하 였다. 그러므로 이 요새는 유대와 로마의 戰爭(전쟁)을 마무리하는 마 지막 決判(결판)의 장소가 된 것이었다.

(4) 包圍(포위)당하는 마사다 요새

　로마의 사령관 실바(Silva)는 마사다 요새의 먼 외곽 둘레에 토성을 쌓고 유대인들이 도망치지 못하도록 물샐틈없이 포위한 후에 본격적인 공성에 들어갔다. 실바는 직접 공성하기 위해서는 토성을 쌓을만한 곳이 단 한 군데밖에 없음을 알고도 토성을 쌓으려고 결심하였다. 왕궁과 마사다 요새 정상으로 통하는 서쪽 통로 가운데에서 버티고 있는 망대는 뒤에는 거대하고 넓은 바위가 툭 튀어 나와 있었다. 그러나 이 바위는 마사다 정상과 비교해 보면 무려 300큐빗이나 아래에 있었다.

　실바는 이 바위를 기반으로 해서 토성을 쌓을 결심을 하였다. 이 엄청난 높이에 토성을 쌓기로 결심하고 그는 바위에 올라서서 부하들에게 흙을 운반해 오라고 지시하였다. 로마 병사들은 개미떼처럼 달라붙어 열심히 땀을 흘리며 토성을 쌓기 시작하였다. 그리하여 높이가 200큐빗이나 되는 견고한 토성이 건설되기에 이르렀다. 그러나 공성 장비를 배치하고 공성을 하기 위해서는 아직도 토성이 낮았다. 이에 다시 이 토성위에 큰 돌들을 촘촘히 쌓았다. 이렇게 해서 석조부분은 너비와 높이가 각각 50큐빗이었다.

　그 뒤 실바는 처음에 베스파시인이 고안해 내고 후에 티투스가 수정한 공성장비와 유사한 장비를 토성위에 배치하였다. 실바는 또한 사방이 철판으로 입혀진 60큐빗의 망대를 세웠다. 로마군은 이 망대 위에서 공성무기로 창과 돌을 마구쏘아 성벽 위의 유대인들을 격퇴시키고 유대인들이 다시는 성벽위에 얼씬거리지 못하도록 만들었다. (겔4:1~3)

　이와 동시에 실바는 자신이 만든 공성 망치로 성벽을 때려 부수기 시작하였다. 로마병사들이 망치로 성벽을 계속 강타하자 성벽의 일부가 무너져버리고 말았다. 그러나 시카리(Sicarii)들은 이에 신속히 대처하여 안쪽에 새로운 성벽을 급조하였다.

그러나 이번에는 견고한 성벽이 아닌 탄력성 있게 충격을 흡수하도록 성벽을 쌓았다. 그들의 방식은 나무를 결대로 큰 나무 토막을 연결하여 세로로 성벽 두께만큼 마주보게 나열하고 그 사이를 흙으로 채웠다. 이런 방법으로 토성을 높이 쌓으면 흙이 무너져 내릴 가능성이 있었기 때문에 시카리들은 세로로 세운 나무토막위에 가로 막대를 대어 보완하였다. 로마군이 공성망치로 공격을 가해도 충격을 흡수하여 성벽이 끄덕도 하지 않았다. 목조로 된 전체구조가 망치 충격을 흡수하였기 때문에 성벽은 이 전보다 훨씬 견고하였다. 로마의 사령관 실바는 이를 지켜보며 고안하기를 성벽에 불을 지르는 것이 가장 효과적일 것이라고 생각하였다. 이에 실바는 병사들에게 횃불을 던지라고 지시하였다. 병사들은 즉시 무수한 횃불을 던지기 시작하였다.

결국 마른 나무로 세워진 성벽에 불이 붙기 시작하였다. 불길은 무섭게 타오르기 시작하였다. 성벽에 불이 붙을 즈음 북풍이 불어 로마군은 크게 당황하였다. 왜냐하면 불길이 로마군 쪽으로 불어 타격을 입을 것 같고 공성장비들을 삼킬 것만 같았다. 그러나 잠시 바람이 다시 남풍으로 바뀌는 것이 마치 신의 섭리처럼 분명하였다. 어쨌든 바람이 반대방향으로 불기 시작하자 성벽은 걷잡을 수 없이 불길에 빠졌다. 로마군은 자기들은 신의 도움을 받았다고 생각하며 다음날 총공격을 하기로 하고 진영으로 돌아와 피곤한 몸을 휴식했다. 그 뒤 로마군은 유대인들이 한 명이라도 몰래 빠져 나갈까봐 밤새도록 엄중하게 주변을 보초로 감시하였다.

(5) 죽음을 결단한 엘르아살의 演說(연설)

마사다 요새를 지키던 시카리 엘르아살은 자신도 도망칠 생각은 없었다. 그리고 남이 도망치는 것은 그대로 살려 두려고도 하지 않았다.

엘르아살은 성이 모두 불타버리자. 이러지도 저러지도 못하고 진퇴양난의 위기에 몰리게 되었다. 성벽이 불타버렸으니 마지막 용기를 낸다 해도 뾰족한 수도 없고 도망칠 길도 막막하였다. 만약 로마군에게 이 요새가 함락된다면 부녀자들과 아이들이 어떤 수난을 당할까 미리 생각하니 눈앞이 깜깜하였다. 그는 고심 끝에 무서운 결단을 내렸다. 적에게 죽느니 차라리 동족을 전부 살해하는 것이 어떨까 하는 결론에 이르렀다. 현재 상황에서는 그 길이 최선이라는 결론이었다. 그는 측근의 용맹한 자들을 소집하고 이같이 호소하였다.

"나의 고결한 동료들이여! 우리는 오래전부터 결코 로마인들의 노예는 되지 않겠다고 맹세 하였소. 우리는 힘이 되시며 공의로우신 만인의 하나님 외에는 그 누구에게도 굴복하지 않기로 거듭 다짐을 했었소. 그런데 그 각오를 실천해야 할 때가 이제 왔소. 결코 노예는 되지 않겠다고 맹세한 우리가 목숨이 아깝다는 이유로 로마인의 노예가 되어 표리부동한 자들이라는 욕을 듣지 않도록 결정할 때가 지금이라 생각하오.

우리는 로마에 처음으로 反逆을 일으키고 제일 나중까지 남아 싸운 행운아들이오. 나는 자유로운 상태에서 스스로 용감하게 죽을 수 있는 능력이 아직 우리에게 남아 있다는 것은 하나님의 은총이라 생각하오. 로마군의 불시의 공격을 받아 죽어간 우리 동족들은 이 같은 혜택을 받지 못하였소. 우리가 로마군에게 함락되는 것이 이제 시간문제요. 내가 보기에는 앞으로 하루를 넘기기 어려울 것 같소. 우리의 둘도 없는 친구들과 영광스러운 죽음을 나눌 시간이 아직 남아 있소. 적들이 아무리 우리의 생명을 빼앗고 싶어도 이것 만큼은 어떤 방법으로도 방해하지 못할 것이오. 우리는 더 이상 적과 싸울 수 없고 적을 이길 수도 없는 처지에 놓여 있소.

어떤 의미에서는 일찌감치 하나님의 뜻이 무엇인가를 알아차려야 했었소. 우리가 처음 자유를 갈망하여 로마에 반역을 일으켰을 때부터 하나님의 의도를 깨달았어야 옳았을지도 모르오. 처음에 자유를 수호하기 위해 반란을 일으켰을 때, 내란이 일어나고 로마군에게서 온갖 타격을 입기 시작했을 때, 옛적에 유대국에 은총을 베푸시던 그 하나님이 이제는 우리를 파멸하기로 작정하셨다는 사실을 우리는 깨달아야 할 필요가 있는지도 모르오. 이토록 많은 유대인들이 파멸을 당하고 그의 거룩한 도성이 적에게 파괴되고 방화되도록 하나님이 내버려두실 리 없지 않소? 사실 우리는 하나님께 직접 죄를 지었다고 생각하지도 않을 뿐 아니라 남과 합세하여 죄를 지었다고도 생각하지 않았소. 따라서 우리는 자유를 수호하고 향유할 수 있을 것이라는 막연한 기대 속에 빠져있었소. 게다가 남까지도 자유를 수호하라고 부추겼소.

그러나 우리의 이 같은 기대는 하나님에 의해 거짓 희망이었음이 여실히 드러났소. 우리의 기대와는 반대로 오늘날 우리가 처한 상황을 한번 보시오. 하나님은 우리를 절대절명의 위기 속에 몰아넣으시고 우리의 희망이 얼마나 헛된 것인지를 여지없이 폭로하셨소. 이 마사다 요새가 얼마나 안전한 곳이오? 난공불락의 요새가 아니오? 그러나 이곳도 우리를 구원할 수 없음이 명확하게 드러났소. 우리에게는 아직도 풍족한 식량이 남아있고 무기도 충분하게 쌓여있으며 생활필수품들도 넉넉하게 비축되어 있소.

그러나 우리는 구원의 희망이 지금 다 사라졌소. 바람이 갑자기 반대편으로 불어 적군이 이롭도록 불어 우리성벽이 완전히 불타버린 이 사실은 저절로 일어난 일이 아니라 생각하오. 이것은 분명코 우리가 지은 수많은 죄에 대한 하나님의 분노의 표시임이 틀림없소. 우리가 동족에 대해 저지른 교만하고 잔인한 악행에 대한 하나님의 진노임이 분명하오. 그러므로 우리 스스로 목숨을 끊어 우리가 저지른 죄에 대한 심판을 로마군에게서가 아니라 하나님에게서 직접 받도록 합시다. 왜냐하면 그편이 훨씬 덜 苛酷(가혹)할 것이기 때문이오. 또한 우리의 아내들이 더럽혀지기 전에 세상을 떠나게 합시다.

우리가 먼저 妻子息(처자식)들을 죽인 다음 우리도 영광스러운 죽음을 택합시다. 이렇게 자유를 누리면서 세상을 떠나는 것이 우리에게는 더할 나위 없는 영광스러운 記念碑(기념비)가 될 것이오. 그러나 우리의 財物(재물)과 요새에 불을 지르도록 합시다.

그리하여 로마군들로 하여금 슬픔과 허망을 느끼도록 합시다. 그러나 식량에는 손을 대지 맙시다. 그리하여 우리가 자결한 것은 식량문제가 아니라 노예가 되느니 차라리 장렬히 죽음이 자유의 열망 때문이라는 것을 보여줍시다. 그리하여 이 정조를 만방에 과시하도록 합시다."

엘르아살의 연설은 이렇게 끝났다.

그러나 유대인들이 모두 그의 의견에 동조하지는 않았다. 일부 유대인들은 죽음을 선으로 보고 엘르아살의 의견에 일말의 기쁨까지 느끼며 그의 의견을 실천에 옮기려고 했으나 감정이 여린 자들은 처자식들을 불쌍히 생각하고 그의 의견에 동조하지 않았다. 특히 그들은 죽을 것이 거의 확실해지자 눈물이 잔뜩 고인 채 애원하는 눈초리로 사방을 두리번거리며 엘르아살의 의견에 동조할 수 없음을 은근히 드러냈다. 이에 엘르아살은 그들의 임박한 죽음을 생각하고 낙심하여 눈물을 흘리고 애통하며 공포에 질린 모습을 보고 굳게 마음을 먹은 자들까지 마음이 흔들리지 않을까 걱정이 되기 시작하였다. 그리하여 그는 그들의 용기를 북돋워주기 위해 권면하는 것을 잊지 않았다. 그는 여자와 연약한 자들의 결심을 돌이키기 위해 영혼불멸에 관하여 확신에 찬 어조로 설명하기 시작하였다.

"내가 큰 실수를 한 것 같소. 명예롭게 살지 못하느니 차라리 죽음을 택하겠다면서 용감하게 자유를 위해 투쟁하는 용사들을 지금까지 돕고 있는 줄 알았는데 이제 보니 그렇지 않은 것 같소. 여러분도 다른 사람들과 똑같은 자들임을 내가 이제 알았소. 덕도 없으며 용기도 없고 죽음을 두려워하기는 매한가지라는 사실을 말이오.

죽음은 우리에게 영혼의 자유를 가져다주는 것이며 육신과의 분리를 통하여 영만의 순결한 장소로 옮겨지는 것이오. 영혼은 하나님 자신처럼 불멸의 존재인 것이오. 영혼은 시공을 넘나드는 자유의 몸이오. 印度人(인도인)들은 영혼은 죽은 다음 저 세상에 있는 영혼끼리 대화를 한다고 믿기 때문에 그들은 죽음을 두려워하지 않는 것이오. 절대자 하나님을 믿는 우리가 인도인들보다 저급해서야 되겠소? 인간이 어차피 한 번 죽는 것은 필연이오.

하나님은 유대국 전체를 멸하시기로 작정하셨음은 이제 무엇을 보아도 명확히 드러나고 있소. 하나님은 우리가 이 세상에서의 삶을 올바로 이용하지 못했다고 생각하시고 우리의 생명을 앗아가기로 결심한 것이 분명하오. 여러분은 오늘의 불행을 여러분의 탓으로 돌리지 마시오. 우리가 이 전쟁에서 완전히 멸망하게 된 원인이 로마군에게 있다고 생각하지도 마시오. 로마군의 힘이 막강하기 때문에 이런 일이 생긴 것이라고는 더더욱 마시오. 로마군보다 더 막강한 어떤 힘이 개입하여 로마군을 勝者(승자)로 만든 것뿐이오.

가이샤라의 유대인 학살 때 로마군의 무기가 사용된 적이 있었소? 대답해 보시오. 유대인이 학살당할 때 로마군의 무기는 전혀 없었소.

그 당시 가이샤라의 유대인은 반역할 의도도 없었고, 가이샤라의 주민들에게 대항할 생각도 없었으며 단지 안식일을 지키고 있었을 따름이었소. 그런데도 불구하고 주민들은 로마인들의 의사와는 조금도 상관없이 떼를 지어 달려들어 남녀노소를 막론하고 모든 유대인들의 목을 잘랐던 것이오.

사실상 로마인들은 우리가 그들에게 반기를 들기 전까지는 우리를 적으로 생각하지 않았었소. 그러나 혹자는 이렇게도 말할지도 모르오. 가이샤라의 주민들은 유대인들과의 갈등을 겪다가 한꺼번에 폭발한 것이라고 말할 수도 있을 것이오. 여러분도 알다시피 수리아에서도 유대인 주민들을 학살하지 않은 도시가 있으면 한번 말해보시오.

오히려 그들은 로마인들보다 우리에게 더 적대적이었소. 심지어는 우리를 적대시할 하등의 이유가 없는데도 다메섹(Damascus) 주민들까지도 무려 18,000명의 유대인들을 학살한 사실을 모르는 사람이 없을 것이오. 게다가 애굽에서 고문을 받고 죽어간 유대인의 수는 우리가 아는 것만 해도 60,000명이 넘고 있소. 이방나라에 거하면서 단 한 번도 적대적인 행위를 한 적이 없는 유대인들이 이같이 죽음을 당한 것이 사실이라면 우리나라에서 로마에 반역을 일으킨 우리들이 승리할 수 있다고 생각하는 것 자체가 어떻게 보면 우스꽝스러운 일이오. 우리에게는 많은 무기와 난공불락의 요새가 갖추어져 있었으며, 어떤 위험에도 굴할 줄 모르는 자유를 향한 용기가 있었소. 따라서 우리는 과감하게 로마에 반기를 든 것이었소.

우리가 로마인의 포로가 되면 저들의 승리에 영광을 안겨주는 셈이오. 끌려가서 노예생활은 물론 짐승의 밥이 되기도 할 것이며, 고문과 채찍이 기다릴 것이요. 우리 부녀들과 자녀들의 비참함을 한번

칼을 부르는 유대 전쟁 경위

생각해보시오. 이러한 상황에서 우리가 살아남는다 해도 견딜 수 없는 수치감에 비참할 것이오. 예루살렘은 적들의 손에 완전히 훼파되었고 성전도 불타버렸소, 그러므로 우리 서둘러 용감하게 죽읍시다.

아무리 복된 사람이라 해도 죽음은 피할 수 없는 것 아니오? 아내가 비참히 끌려가는 모습을 우리가 어찌 볼 수 있단 말이오? 그리고 병약한 노인들은 어쩌겠소? 우리는 현재 자유로운 손발과 우리의 손에 칼이 들려 있소. 아직 자유로울 때 처자식과 함께 우리 모두 함께 죽음을 택합시다. 로마인들은 우리를 전원 생포하여 노예를 삼을 것이오. 그러므로 늦지 않도록 서두릅시다. 로마군이 승리의 개가를 부르지 못하도록 우리의 굳은 결의에 경탄을 금치 못하도록 단결합시다."

(6) 부녀자와 아이들 전원 5명을 제외한 나머지 모두 자결

엘르아살의 권면이 계속되자 그들은 모두 그의 말을 가로막았다. 그들은 모두 격분하여 흥분에 휩싸여 엘르아살의 뜻에 따르겠다고 결단하고 적에게 잡히느니 차라리 자결하는 것이 진정한 용기라고 생각하고 각기 집으로 향했다. 굳은 의지로 돌아가는 그들의 의지는 흔들리지 않았다. 그러나 그들에게도 천륜의 정은 남았었다.

그들은 아내와 자식들을 번갈아 껴안고 눈물을 흘리며 오랜 이별의 입맞춤을 나누었다. 그러나 그러면서도 그들은 냉정했다. 그리고 냉혹하게 실천에 옮겼다. 적들에게 온갖 불행을 당하느니 차라리 가족의 손에 죽는 것을 유일한 위로를 삼았다. 그들은 단 한 명도 가책을 받지 않고 눈을 감은 사랑하는 가족들의 목숨을 끊었다. 아! 이 얼마나 가련하고 잔인한 인간들인가? 그들은 자신들의 행악을 견딜 수 없었다. 여인들과 아이들을 죽이고 자신들이 산다는 것은 말이 되지 않았다. 그들은 모든 소유물들을 모두 불 지르고 나머지 모두를 죽일 사람을 열 사람 제비뽑았다. 그들은 각기 처자식의 옆에 누워 그 시신들을 껴앉은 다음 제비뽑은 열 명의 유대인들이 일격을 가할 수 있도록 목을 내밀었다. 그들은 두려워하지 않고 동료들의 목을 단칼에 베었다. 그리고 나머지 열 명도 제비뽑아 혼자가 나머지 아홉 명을 살해하고 마지막 한 명 남은 사람은 혹시 목숨이 끊어지지 않은 사람이 있나 한 바퀴 둘러보고 모두 죽은 것을 확인 한 다음 왕궁에 불을 질렀다.

그리고 자신의 몸을 깊숙이 찌른 뒤 이미 눈을 감은 사랑하는 아내와 자식들 옆에 쓰러져 자결하였다. 그들은 그렇게 죽이고 죽임을 당하는데 한 치도 주저함이 없었다. 그들이 이같이 한 것은 로마군에게 한 사람도 생포당하는 일이 없게 하기 위해서였다.

그러나 이 와중에도 살아남은 자가 있었다. 모든 여인 가운데에서 학식이 뛰어난 두 여인 중 한 여인은 노인이었고 다른 한 여인은 엘르아살의 친척이었는데 다섯 명의 자녀와 함께 지하 동굴에 몸을 숨기고 있었기 때문이었다. 이들은 땅위에서 서로 죽이는 자살극이 진행되고 있을 때 마실 물을 떠다놓고 지하 동굴에 몸을 숨기고 꼼짝 않고 있었다. 어쨌든 마사다 요새에서 이같이 숨져간 자의 수는 부녀자, 어린아이를 포함해서 960명이었다. 이 같은 대 살육이 벌어진 날은 Xanticus (산티쿠스) Nisan(니산)월 15일이었다.

• 놀라움에 敬歎(경탄)한 로마군

한편 로마군은 아침에 유대인과 전투가 있을 것이라고 예상하여 갑옷을 입고 토성에서 마사다 요새에 사닥다리를 놓고 판자를 간 다음 공성하기 시작했다. 그러나 적은 단 한 명도 보이지 않고 고요하기만 했다. 요새 안에는 불길만 타오르고 있을 뿐 쥐죽은 듯 정적만이 감돌고 있었다. 너무나 조용하여 두려운 마음이 들었다. 그래서 로마 병사들은 도대체 무슨 일일까 어안이 벙벙하였다. 그들은 마침내 요새 안에 있는 자들을 끌어내기 위해 공성 망치로 공격을 가하는 것처럼 함성을 지르기 시작하였다. 이에 유일하게 살아남은 두 여인이 이 소리를 듣고 지하 동굴에서 나와 특히 엘르아살의 친척 되는 여인이 그동안 일어난 일을 상세히 설명하여 주었다.

로마 병사들은 왕궁에 붙은 불을 끄려고 애를 쓰면서 불길을 뚫고 왕궁 안으로 뛰어 들어갔더니 왕궁 안에는 죽은 屍體들이 사방에 가득 널려 있었다. 그들은 이 모습을 보고 적이 자초한 일이지만 조금도 기쁘지 않았다. 그들은 유대인들이 보여준 굳은 결심과 불굴의 용기에 다만 경탄하며 놀라고 있었다. 그토록 많은 사람이 일사불란하게 한꺼번에 목숨을 끊은 사실에 그들은 혀를 찼다. 유대인들은 이렇게 비참하게 죽어갔다. 가장 안전하다고 믿었던 마사다 요새마저 그들을 지켜주지 못하자 스스로 목숨을 끊는 비극을 안고 멸망했다. '칼을 쓰는 자는 칼로 망하리라' 하던 예수의 말씀이 이들을 두고 하신 말씀이다. (마26: 47~56)

살인하지 말라는 고급 율법을 가진 민족이 스스로 선민이라 자칭하는 민족이 전 세계에서 가장 잔인하게 변하였고 가장 사람을 많이 죽이는 살인집단 종교가 유대교다. 그 다음으로 그들의 사촌인 가톨릭교회의 원주민 학살과 개신교인 학살이 바로 그것이다.

(7) 暴動(폭동)과 굶주림

앞 장에서도 언급했듯 유대인들의 1차 반란 후 예수께서 예루살렘성 멸망을 예언한 내용이 그대로 성취되었다. (눅19:41~44, 21:6) 예루살렘은 티투스(Titus)장군에 의하여 완전히 파괴되고 멸망하게 되었다. 어떤 제자는 당시의 성전을 보고 그 아름다운 미석과 헌물로 꾸민 것을 경이롭게 바라보며 예수님께 소개하였다. 그러나 예수께서는 이 성을 바라보시며 안타까운 말을 던졌다.

"이것들이 날이 이르니 돌 하나도 돌 위에 남지 않고 다 무너뜨리우리라. 너희가 예루살렘이 군대들에게 에워싸이는 것을 보거든 그 멸망이 가까운 줄을 알라… 이는 큰 환란과 이 백성에게 진노가 있겠음이라 저희가 칼날에 죽임을 당하며, 모든 이방에 사로잡혀 가겠고 예루살렘은 이방인의 때가 차기까지 이방인들에게 밟히리라." (눅 21:5~6)

이 예수의 예언은 100% 적중되어 못 박혀 죽으신지 한 세대도 되지 않아 이 땅에서 말살 되었다. 예수를 정죄하여 못 박은 예루살렘은 세계역사상 전무후무한 지옥으로 변하였다. AD.66~70년 사이에 있었던 유대 전쟁에서 전멸하고 말았다. 로마 행정장관의 독재정치로 인하여 유대인의 항거가 점점 증대해갔다. 유대교의 광신자 시카리 파들과 과격한 독립군들의 저항은 외세를 몰아내자고 끊임없이 외치고 그들은 품속에 단도를 늘 품고 다녔다. 저들의 과격한 폭력은 나라 안의 평화와 질서를 깨뜨렸다. 이렇게 팽팽하게 고조되던 투쟁은 AD.66년 5월 행정장관 플로루스가 성전 금고에서 17달란트를 요구했을 때에 激怒(격노)와 폭동으로 변하였다.

로마 수비대가 공략 당하였으며 예루살렘은 반란자들의 수중에 들어갔다. 저들은 매일 황제에게 올려 지던 제물헌납을 금지하였다. 이것은 로마제국에 대한 공개적인 선전포고를 의미하였다. 로마에 비교하면 손바닥만 하고 왜소한 예루살렘이 로마제국에 도전장을 던진 셈이다. 이것은 전 국민에게 보내는 신호였다.

반란과 폭동이 도처에서 발생하였다. 플로루스는 사면초가의 상태에서 어떻게 손을 쓸 수가 없었다. 시리아 지방 총독 C. 세스티아스갈루스가 플로루스를 구출하기 위하여 1개 군단과 수많은 외인 보조 부대를 이끌고 예루살렘으로 진군하였다.

그러나 막대한 병력을 잃고 퇴각하지 않을 수 없게 되었다. 유대 반도들은 전국을 장악하였다. 로마가 가까운 시일 내에 대군을 이끌고 예루살렘을 공격할 것으로 확신한 유대인들은 서둘러 도성 방어를 강화하였다. 옛 방어 성벽을 수리하고 군 지휘관을 임명하였다. 후에 사학가 요세푸스로 알려진 요셉은 갈릴리지구 총사령관으로 임명되었다.

한편 로마의 네로 황제는 티투스, 플라비우스 베스파시안 장군을 총사령관으로 임명하였다. 베스파시안 장군은 영국을 정복할 때에 혁혁한 무공을 세운 명장으로 알려진 사람이었다. 그는 가장 우수한 3개 군단과 수많은 외인부대를 이끌고 북쪽에서 갈릴리를 공격하였다. 이 원정에 그의 아들 타이터스(Titus)가 군단장으로 참전하였다.

AD.67년 10월경 갈릴리의 전 지역이 정복되었다. 수많은 포로들의 행렬 속에는 요세푸스도 눈에 띄었다. 그는 버스파시안의 명령으로 사슬에 묶인 채 본부로 이송되었다. 그때부터 그는 적국의 병영 내에서 유대전쟁을 목격하였다. 전시 중에 당분간 원정이 중단되었다는 소식이 들려왔다. 네로가 자살을 했기 때문이었다. 이로 인해 그 후임으로 그의 아들 티투스가 총사령관이 되어 유대전쟁의 마지막 수행임무를 맡았다.

1) 티투스(Titus)의 예루살렘 공격

앞장에서 언급한 내용이지만 상황 설명을 위해 다시 시공을 넘나들면 AD.70년 봄에 티투스는 어마어마한 大軍을 이끌고 예루살렘 성 밖에 나타났다. 유대의 도성으로 이어지는 高速道路와 샛길에는 이전에 한 번도 본 적이 없는 끝없는 행렬의 군사들과 각종 병거 및 대포가 이동하고 있었다. 로마군의 병력은 거의 8만여 명에 이르고 있었다. 유대인들이 유월절을 경축하기 위해 예루살렘으로 모여드는 사람의 인파가 원근각처에서 모여든 순례자들로 인하여 人山人海를 이루고 있었다. 유대교의 과격파들과 온건파들 간에 벌어진 싸움은 그들의 신앙심과 애국심을 더럽혔다.

한편 로마군대는 예루살렘 성 주위에 방대한 야영을 설치하였다. 티투스는 본래 계획은 유대인들의 항복을 원하였다. 항복하면 구태여 피를 흘리거나 살상이나 성을 훼파할 필요도 없었기 때문이다. 로마군은 항복하라고 여러 차례 외쳤다. 그러자 유대인들은 항복하라는 그들의 외침에 조소와 야유로 응답하였다. 결국 여러 날을 설득하다 지친 티투스는 어쩔 수 없이 마침내 공격 명령을 내렸다. 예루살렘 성 함락시에 사용한 로마 군인들의 공성망치는 양의 머리를 한 100킬로가 넘는 큰 쇠망치였다. 성의 동, 남, 서쪽은 험준한 절벽이었음으로 로마군은 북쪽에서 공격하였다. 그러나 북쪽 역시 세 겹으로 쌓아올린 거대한 성으로 아주 견고하게 방어되어 있었다. 성안에 커다란 돌들이 우박처럼 쏟아지고 밤낮으로 공성망치가 성벽을 강타하는 저주의 소리가 쿵쿵 끊임없이 들렸다. 밖이 시끄러울 때만 내분을 멈추던 두 파벌은 타협을 했다. 온건파의 지도자 시몬 바르기오라는 북쪽의 방어를 맡았으며 과격파의 지도자 기스갈라의 요한은 성전 지역과 안토니오 탑의 방어를 맡았다. 5월 초순 경 2주 만에 공성병기는 가장 북쪽에 있는 성벽에 구멍을 뚫었다. 로마병사들은 또 닷새 만에 두 번째 성벽을 다시 통과하였다. 유대병사들은 반격하여 두 번째 성벽을 다시 탈환하였지만 로마군대에 다시 빼앗기고 말았다. 이로써 성의 북쪽 외곽지역은 이와 같은 사태 하에 예루살렘이 곧 항복할 것이라고 확신한 티투스는 공격중지를 명령하였다.

그는 포위당한 유대인들 눈앞에서 로마군의 위엄을 보이면 그들의 마음이 변할 것이라고 생각하여 나흘 동안 장엄하고 화려한 서열식을 거행하면서 기다렸다. 이른 아침부터 저녁 늦게까지 무적의 로마 군대 행진소리가 천지를 진동하였다. 성벽의 옥상과 지붕에서 이 광경을 지켜보고 있던 유대인들은 로마군에게 증오의 침을 뱉으며 저주하였다.

2) 降伏(항복)을 說得하다.

티투스 장군은 유대인들을 설득하기 위하여 한 가지 방책을 시도하였다. 그는 포로로 잡혀온 유대인 대장 요세푸스를 성곽 밑으로 보내어 저들에게 投降(투항)을 하도록 권하는 연설을 하도록 하였다. 성곽 아래서 들려오는 요세푸스의 음성이 유대인들의 귀에 쟁쟁히 들렸다.

"오! 마음이 완고한 형제들이여! 여러분의 무기를 버리십시오. 벼랑 끝에 있는 여러분의 나라를 불쌍하게 여기십시오. 주위를 돌아보십시오. 여러분이 배반하려고 하는 그 모든 주변의 아름다움을 보세요. 얼마나 아름다운 성입니까? 얼마나 아름다운 성전입니까! 얼마나 아름다운 가옥이며 건물들입니까! 이 모든 하나님의 선물을 누가 잿더미로 만들려고 합니까? 여러분 중 단 한 사람이라도 이 모든 것이 荒蕪地(황무지)로 돌아가기를 원할 수 있습니까? 절대로 그럴 수 없습니다. 나는 여러분들이 먼 앞날을 바라볼 줄 아는 사려 깊고 슬기로운 유대인이 되기를 원합니다."

요세푸스는 비통한 심정으로 저들에게 과거의 위대한 공적과 저들의 선조들과 저들의 역사와 이스라엘의 사명을 상기시켜 주었지만 그의 권면과 호소는 아무런 주의도 이끌지 못하였다. 나흘을 고심하던 티투스는 어쩔 수 없이 제 2성벽에서부터 전투가 시작되었다. 어둠이 깔리면 예루살렘 성의 사람들이 성벽 밑을 통하여 혹은 성벽을 타고 로마 병영 부근에 모여들었다. 티투스는 이 유령같이 완고한 사람들을 모두 처치하라고 명령하였다. 탈주자든 기습자든 약탈자들 간에 성 밖을 배회하고 있는 사람들은 누구든지 끌려가서 십자가에 못 박혀 죽임을 당하였다. 외인부대는 바로 성 밖에서 매일 유대인을 500명씩 십자가에 못 박아 죽였다. 십자가와 공성 경사로와 사다리 및 모닥불로 사용될 나무를 충당하기 위해 로마군대는 인근의 야산과 과수원의 올리브 나무와 無花果 나무들을 모두 베어 저들의 병영으로 운반하였다.

한편 예루살렘 성 안에서는 더욱 짙은 죽음의 그림자가 감돌고 있었다. 굶주림으로 죽은 사람들과 전사한 사람들의 시체가 하루에도 수백 구씩 성벽 밖으로 던져져 성곽 바로 밑 부분에 산더미처럼 쌓였으며 시체 부패로 인한 악취는 예루살렘 성 주변을 진동하였다. 저들 중에서 전통적인 방식으로 매장할 능력과 여유를 갖고 있었던 사람은 한 사람도 없었다. 옛 유다와 유대 수도의 아름다운 교외를 보고 오늘날 이 비참한 광경을 목격하는 사람은 끔찍한 변화에 눈물과 悲嘆(비탄)을 억제할 수 없을 것이다. 전쟁은 그 모든 아름다운 것을 황폐하게 쓸어버렸다. 그리고 이전에 이곳들을 둘러보고 어느 곳인가를 알아보지 못할 것이라고 요세푸스는 슬퍼하였다.

3) 饑饉(기근)과 죽음

티투스는 성을 완전히 밀폐하기 위하여 토성을 쌓으라고 명령하였다. 거대하고 높은 성벽이 예루살렘을 포위하였다. 그동안 유대인들에게는 터널이나 도랑과 같은 비밀통로를 이용하여 군수품과 식량과 생필품들을 성 안으로 반입하였을 것이나 토성의 축성은 이와 같은 최후의 빈약한 보급 방법마저 저지하였다. 기근이라는 유령이 성에 엄습하였다. 어떤 종류의 음식이든 먹을 것에 대한 갈망은 저들에게서 정상적인 모든 감정을 빼앗아 갔으며 저들을 동물이하의 상태로 만들어 놓았다. 매일 무섭게 증가하는 기근은 예루살렘 전 가족을 죽음으로 몰아넣었다. 테라스에는 굶어죽은 아이들과 여인들의 시체가 널려 있었고 골목에는 노인들의 처참한 주검들이 쌓여있었다. 영양실조로 퉁퉁 부은 아이들과 젊은이들은 길바닥에 쓰러져 움직이지 못할 때까지 유령처럼 뼈만 남아 먹을 것을 찾아 거리를 헤매었다. 사람들은 사랑하는 血肉의 시체를 보고도 눈물을 흘리거나 통곡할 줄도 몰랐다. 예전의 감정은

다 사라졌다. 또 한 가지 형용할 수 없는 비극은 어디서든지 먹을 것이 나타나면 그것을 서로 먼저 먹으려고 싸움이 벌어졌다. 가장 친한 친구들이 가장 사소한 것을 서로 차지하려고 아귀다툼이 벌어졌다. 시민들은 너나 할 것 없이 도둑과 강도로 변하였다.

저들은 금방 숨이 넘어가고 있는 사람에게 달려들어 옷을 벗기고 마치 미친개처럼 정처 없이 거리를 쏘다니다가 주택에 침입하여 먹을 것을 강탈하였다. 사람들은 배가 너무나 고파 참을 수 없었기 때문에 손에 잡히는 것은 무엇이든지 입에 넣고 씹어야했다. 저들은 동물 가죽으로 만든 외투와 혁대와 신발, 등을 뜯어 씹고 끓여서 국물을 마시고 저들은 오래된 건초를 먹고 견디며 곡식 줄기나 대궁을 모아 그 일부 소량을 그리스 은화 네 잎을 받고 팔았다. 저들의 수치와 모욕을 이렇게 기술한 요세푸스는 당시에 살아있는 증인이며 포로 생활에서 살아남은 가장 유력한 역사작가로 후대에 역사적인 교훈을 남기려고 낱낱이 기록한 것이라 했다.

기근은 사람의 판단력이나 이성을 흐트러지게 하는 것이다. 굶주림에 미쳐가는 시민들은 먹을 것을 약탈하기 위해 살인까지도 서슴지 않았다. 어느 한 집에서는 고기 삶는 냄새가 풍겨 나왔다. 광신자들은 곧 그 집으로 몰려가서 난폭하게 문을 두드렸다. 저들에게 문을 열어준 사람은 요단강 동편 지방의 벳에조보에 사는 매우 부유한 귀족의 딸 마리아였다. 이 마리아의 이야기는 앞 장에서도 언급한바 있으나 보충을 위해 더 설명한다. 이 마리아는 유월절을 보내기 위하여 순례자로 예루살렘에 왔다가 유대전쟁과 기근을 만나 어쩔 수 없이 얽매인 몸이 되었던 것이다. 유대 시카리 광신자들은 그녀의 목에 칼을 들이대고 고기를 내 놓지 않으면 죽이겠다고 위협하였다. 그녀는 마녀와 같이 험악하고 무서운 표정으로 고기를 저들에게 건네주었다. 고기를 받아 들은 저들은 기겁을 하였다. 그 고기는 어린아이의 고기였다. 이 아기는 그녀의 친 자식이었다.

이 이야기는 예루살렘 성 전역에 알려지고 소문이 성벽을 넘어 로마 군 병영에까지 전해지고 이 끔찍한 사실이 다른 나라와 로마에까지 알려질 것을 두려워한 티투스는 휘하의 전 병사들에게 일체 함구령을 내렸다. 많은 사람이 굶어 죽지 않으려 하여 야음을 이용하여 성을 탈출하였다. 저들은 도망 나올 때 金이나 寶石, 등 값진 물건을 휴대하였지만 그것을 로마 병사들이나 낯선 사람에게 빼앗기지 않으려고 목 안으로 삼켜 버리는 경우도 허다하였다.

이러는 와중에 공성망치는 주야로 예루살렘 성벽 외곽을 강타하고 있었다. 티투스는 몹시 서둘렀다. 그는 이 끔찍한 악몽을 가능한 한 빨리 끝내고 싶었다. 7월 초순 그의 병사들은 안토니아 塔을 공격하였다. 드디어 그 성이 함락되었다. 안토니아 塔은 성전의 북쪽 성벽과 접해있었다. 그 다음은 성전 차례였다. 예루살렘 성전은 아주 장엄하면서도 견고한 건축물이었다. 파괴시키기에는 너무나도 아까운 예술품이었다. 티투스는 가능한 한 성전을 아껴두고 싶어 했다. 마지막으로 군사를 보내어 저들에게 항복을 요구하였다. 그러나 유대인들은 죽어가면서도 응답은 거절이었다. 티투스는 미련 없이 성역에 대하여 일대 공격을 감행하였다.

4) 예루살렘 滅亡(멸망)과 무너진 성전

무거운 돌과 화살이 우박처럼 성전 안뜰에 계속 떨어졌다. 유대인들은 마치 신들린 사람들처럼 열심히 싸웠으며 한 치도 물러서지 않았다. 저들은 마지막 순간까지 여호와께서 자기들을 도와주실 것이라는 믿음으로 성소를 굳게 지켰다.

군단 兵士들은 공성사다리로 외곽 성벽으로 올라갔다. 저들이 성벽의 난간과 지붕에 거의 도착할 때마다 유대인 방위군에 의해 사다리와 함께 뒤로 떨어지곤 하였다. 공성망치와 攻城兵機(공성병기)가 이 견고하기 이를 데 없는 성전의 벽을 부수기에는 한계가 있었다. 헤롯이 건축할 때에 커다란 石材를 사용하여 세운 성전은 견고하였다.

그때 한 병사가 성전에 불을 질렀다. 불길이 번지자 티투스는 성전을 아끼려고 불을 끄라고 명령하였으나 이미 감당할 수 없게 되었다. 로마군은 죽기를 각오하고 저항하는 유대인들을 그들을 성전 안뜰로 몰아 넣었다. 살아남은 유대인들은 이곳에서 무자비하게 살육을 당하였다. 성역을 점령한 로마병사들은 승전의 기쁨에 흥분하여 명령을 기다리지도 않고 그가 손에 들고 있던 횃불을 열려진 성전의 황금 창문 안으로 던져 넣었다. 그곳은 지성소 옆에 있는 예배실이었다. 이 예배실은 오래된 목재로 장식되어 있었으며 제사용 동물을 태우기 위하여 가연성 물질 및 기름단지, 등이 비치되어 있었으므로 활활 타오르던 횃불은 제 철을 만난 듯 춤을 추며 타올랐다. 당황한 티투스는 빨리 불을 끄라고 명령했으나 개선의 함성을 지르며 흥분한 병사들은 유대인에 대한 증오와 그들의 고집에 놀라 명령도 무시한 채 성전의 寶石들과 貴重品들은 탈취하였다.

이리하여 성전은 불바다로 변하고 말았다. 예루살렘의 절반이 적의 수중에 들어가고 성역에서 검붉은 불길이 솟아오르는 것을 보고도 유대교 광신자들은 항복하려 들지 않았다. 티투스는 또 한 번의 그의 공병대와 포병과 공성병기 및 그 모든 탁월한 전술을 사용하여야만 했다. 9월에 예루살렘 성의 상부지역과 헤롯 궁전이 점령되었고 이어서 남쪽의 마지막 요새도 정복되었다. 이로써 유대인의 저항은 종말을 고하였다. 승리자들은 저들에게 항복하지 않고 격렬히 저항하던 유대인들을 닥치는 대로 죽이고 약탈하였다. 예루살렘 성은 유혈과 단발마의 도시가 되었다. 황제는 예루살렘 상 전역의 모든 건물과 성전을 하나도 남김없이 완전히 파괴하라고 명령하였다. 그는 파사엘 탑과 히피쿠루스 탑과 마리암 탑 및 서쪽 성벽의 일부만을 그대로 남겨 놓았다. 이것은 뒤에 남은 수비대의 주둔지로 사용하기 위함이었다. 유대인의 인명손

실은 엄청났다.

처음 예루살렘이 포위 되었을 때의 예루살렘 인구는 60만이었다고 한다. 기록에 의하면 유대인의 포로는 9만 7천 명이었으며 성 밖으로 끌어낸 시체는 11만 5천 8백구였다고 전해진다. AD.71년에 티푸스는 로마에 개선하여 유대전쟁의 대승을 거대한 개선 행렬로 경축하였고 성전에서 탈취한 금 촛대는 개선문앞에 장식하였다.

당시의 로마 황제 하드리안(AD.117~138년)은 유대인이나 기독교도들에게 주거를 금지시킨 이 황량하고 쓸쓸한 폐허 위에 새로운 로마식 민지 아엘리아 카피톨리나를 세웠다. 이 성지에 외국인들의 거주지가 생기는 것을 본 유대인들은 노골적인 반대 입장을 취했다. 이로 인하여 또 한 차례의 반란의 불길이 일어났다. 영국 총독 줄리아스 세베루스는 황제의 명을 받고 유대로 진군하였다. 이로 말미암아 자유를 얻으려던 저들의 마지막이며 필사적인 시도가 완전히 무산되었다.

그때 황제 하드라인은 경주장과 두 개의 욕실과 극장을 세웠다. 유대 성전의 폐허 위에 쥬피터 신과 비너스 여신상이 세워지고 그 곳에서 공공연하게 이방의 우상이 숭배되었다. 66년부터 70년까지 계속된 유대 전쟁과 132년부터 135년까지 계속되었던 바로 코크바 반란에서 대량 학살을 당하지 않은 팔레스타인의 전 유대인들은 노예로 팔렸다.

'저희가 칼날에 죽임을 당하리라'던 예수의 예언대로 된 것이다. 考古學者(고고학자)들은 70년 이래 이스라엘 백성들이 팔레스타인에 거주했음을 보여주는 물질적인 증거나 유대인의 명각이 새겨져 있는 묘비를 단 하나도 발견하지 못하였다. 무정하고 냉혹한 운명의 손이 민족들의 연주회에서 이스라엘을 퇴장시킨 것이다. 그러나 그때쯤 그리스도의 가르침이 불가항력적이며, 승리적인 여행을 통하여 만방에 널리 알려지게 되었으며 모든 민족들에게 경각심을 심어준 것이다.

(8) 이스라엘 受難(수난) 歷史經緯(역사경위)

1) 바벨론 포로 (BC.587~538)

바벨론의 정복으로 유대왕국은 망하였다. 그러나 그들의 정복이 유대인들의 땅에 대한 애착을 끊지 못했다. 그들은 바벨론 강가에서 앉아 밤낮으로 망향의 哀歌(애가)를 부르며 고향 예루살렘을 기억하자고 수도 없이 盟誓(맹서)하며 언약을 하고 다짐을 하였다. 그들은 다음과 같이 애절하게 비가를 불렀다.

'예루살렘아! 내가 너를 잊는다면 내 오른손이 말라버릴 것이다. 내 생각 내 기억에서 잊혀진다면 내 혀가 입천장에 붙을 것이다.' (시 137:5~6)

2) 페르시아와 그리스 시대 지배 (BC.538~333)

바벨론을 정복한 페르시아왕 고레스의 칙령에 따라 일부 유대인들은 그들의 땅으로 돌아왔다. 1차 歸還(귀환) 때 기원전 538년 배를 탄 5000명으로 추산되는 이들은 다윗의 직계후손인 스룹바벨의 지휘 하에 인도되었으며, 1세기가 못되어 2차 귀환이 에스라에 의해서 인도 되었다.

• 유대인들의 救世主(구세주)는 바로 고레스였고 스룹바벨은 순결한 先知者(선지자)였다.

그 후 4세기가 넘도록 유대인들은 페르시아 제국과 후의 그리스시대 프톨레마이오스와 셀레우코스시대의 군주(기원전 332~142년)밑에 여러 가지 계급으로 나뉘어 차지하는 법을 배웠다. 유대인들의 귀환, 에스라의 지도력, 두 번째 성전의 건축, 예루살렘 성벽의 중건과 유대인의 宗敎的 사법적 최고 기구인 크네세트 하게돌라(의회)의 설립은 두 번째 共同體의 시작을 의미한다. 페르시아제국 안에서 유다는 예루살렘이 중심인 국가가 되고 대제사장과 장로회의에 지도력을 위임하였다. 그리스시대를 거치는 동안 시리아에 본거지를 둔 셀레우코스 왕은 그의 백성들에게 그리스 문화와 관습을 강요하기 위해 유대교 행사를 금지하고 성전을 冒瀆(모독)하였다. 그 반발로 거대한 항거운동(기원전166년)이 일어나고 강한 전투력이 생겼다.

이 항거 운동은 처음에 하스모니아 왕조의 성직자인 마타티아스에 의해 주도 되었고, 그가 죽자 그의 아들 유다에 의해 주도 되었다는데, 그는 셀레우스코 군에 대항하여 많은 승리를 거두었으며 성전을 정화하였다.(기원전 164년) 이 성전탈환을 매년 하누카 축제(수전절) 동안 경축하고 있다. (희랍지배 BC.333~141)

3) 하스모니아-마카베오家에 의한 독립시대 (BC.132~63)

하스모니아 승리가 잇따르자 셀레우코스는 유다왕국(이때 이스라엘 땅으로 불리었다)에게 政治的, 宗敎的인 자치권을 부여하였고(기원전 147년) 셀레우코스 왕국의 붕괴(기원전129년)로 완전한 독립이 이루어졌다. 하스모니아 왕들은 세습하여 왕이 되었는데 솔로몬시대의 영토에 버금가는 영토를 차지하였다. 약 80년간 지속된 하스모니아 왕조 시대동안 유대인의 생활은 비교적 풍요로웠다.

4) 로마 제국 지배 (BC.63~AD.313)

로마인들은 그 지역의 강한 지도자로서 셀레코우스로 대체하고 하스모니아 왕 히르카누그 2세에게 다마스쿠스의 로마 총통의 지배 아래 제한적인 왕권을 부여하였다. 유대인들은 이방인의 새로운 정부를 선뜻 받아들이지 않고 자주 반란을 일으켰다.

이전 하스모니아 왕조의 영광을 회복하려는 마지막 노력이 마타티아스 안티고누스에 의해 시도 되었으나 로마에게 패하고 사망함으로 땅은 로마제국에 예속된 한 주가 되었다. 기원전 37년에 로마는 히르카누스 2세의 딸과 혼인한 헤롯을 유다 왕에 임명하였다.

헤롯은 외교에서는 아무런 힘을 갖지 못했지만 국내 일에 대해서는 무제한적인 자치권을 부여받았으며 로마제국의 동부에서 가장 강력한 왕 중의 하나였다. 크레코로만 문화의 열렬한 숭배자였던 헤롯은 거대한 건축계획을 세워 가이샤라와 세바스테스의 도시들 헤로디움과 마사다의 요새를 건축하였고, 당시의 가장 웅장한 성전을 건축하며 유대백성의 신임을 받으려 노력하였으나 생각처럼 신임을 받지 못하였다.

헤롯이 死亡(기원전 4년)한 후로 헤롯 왕조에 대한 대중들의 반대로 인하여 그의 후계자들의 권위는 점차 소멸되었고 유다는 로마가 직접 지배하게 되었다. 점점 더 가혹해지고 이성을 잃은 로마의 지배를 견디다 못한 유대인들은 로마 네로황제 후기에는 항거운동을 하였는데 그 대가는 돌이킬 수 없는 비극의 바람을 몰고 왔다. 그 항거 운동은 결국 예루살렘의 完全한 함락과 그들의 마지막 요새였던 마사다의 붕괴로 막을 내린 것이다. 예루살렘 성이 함락됨으로 유대민족에게는 중대한 영향력을 끼쳤고 만감이 교차하는 비극을 경험하게 되었고 이 전쟁으로 100만 명의 유대인들이 몰락하고 그 밖의 곳에서도 수만 명이 죽고 수만 명이 노예로 팔렸다. 마지막으로 짧은 유대인 군주시대는 시몬 바르코크바의 반란으로 잠시 동안 유다와 예루살렘이 수복되었다.

사람들은 그가 메시아라 하는 이도 있었다. 그러나 그도 잠시 로마군의 막강한 힘 앞에는 역부족이었다. 3년 후 로마 관습에 따라서 예루살렘은 황소의 멍에로 갈라 젖혀졌으며, 이 땅에 대한 모든 유대인들의 끈은 점차 소멸되고 유다는 시리아 팔레스타인과 예루살렘은(황제와 가장 많이 연관되는 신을 따라) 아엘리아 카피톨리나로 다시 불리게 되었다.

성전이 파괴되고 예루살렘이 불타버렸지만, 유대인들과 유대정신은 로마와의 만남으로써 남았다. 작은 유대인 공동체는 점차 힘을 회복하고 망명에서 돌아오면서 때때로 힘을 길렀다. 제도적인 공동생활이 재건되어 국가와 신전의 통합체 없이 새로운 환경과 만나게 되었다.

5) 비잔틴 지배(AD.313~636)

4세기 말 콘스탄틴 황제의 작품인 기독교 공인과 비잔틴 제국건설에 이어 이스라엘 땅은 범 기독교의 나라가 되었다. 예루살렘, 베들레헴, 갈릴리 등 基督敎의 성지에는 교회가 세워졌으며 도처에 修道院이 설립되었다. 유대인들은 이전에 가졌던 자치권을 빼앗기고 공적인 지위를 유지할 수 있는 권리를 상실했으며, 단지 일 년 중 하루만 성전파괴를 애도하기 위해 예루살렘에 들어갈 수 있었다. 614년 페르시아가 침입해오자 유대인들은 석방될 것이라는 희망을 가지고 이를 지지했다. 이에 대한 보답으로 페르시아는 예루살렘 정부를 승인하였다. 그러나 이것도 3년 밖에 지탱되지 않았다. 곧이어 비잔틴 군은 예루살렘에 재입성하여 다시 유대인들을 逐出(축출)하였다.

6) 아랍 지배 (AD.636~1099)

무함마드가 죽은 지(632년) 4년 후부터 아랍의 지배가 4세기 이상 계속 되었다. 처음에는 다마스쿠스에서 다음에는 바그다드와 이집트로부터 칼리프들의 지배를 받았다. 이슬람 지배 초기에는 유대인들의 예루살렘 거주권이 회복되고 유대인 공동체는 보호아래 사는 것이 승인되었는데, 이것은 특별선거와 지세의 납부에 대한 보상으로 생명과 재산, 예배의 자유를 보장받는 보호막으로서 이슬람의 지배를 받는 비회교도들에 대한 권위적인 지위였다. 그러나 지속적인 비 회교도에 대한 제한법의 도입(717년)으로 유대인의 공적인 행동, 종교적 의식, 법적 지위, 등은 제한을 받았다. 그 와중에 내려진 경작지에 대한 세금의 중과로 대부분은 시골을 떠나 도시로 이주하였으나 생활은 나아지지 않았다. 사회적, 경제적, 차별대우가 극심해지자 많은 유대인들은 이 땅을 떠남으로써 11세기말 경 이스라엘 땅의 유태인 집단은 상당수가 사라지고 유기적이고 종교적인 응집력이 점차 사라지고 상실되어 갔다.

7) 십자군 시대(1099~1291)

200년 동안 피로 얼룩진 十字軍시대는 교황 우르만 2세의 호소에 따라 성지 예루살렘을 이교도의 손으로부터 해방시키려는 유럽 각국의 십자군의 지배를 받았다. 5주간의 포위 후 1099년 7월 제 1차 십자군 원정의 기사들은 예루살렘을 점령하고 라틴 왕국을 세웠다. 도시의 비기독교인들은 대부분 학살당하였다. 회당 안에 장벽을 쌓고 유대인들은 그들의 거점을 방어했으나 모두 죽거나 노예로 팔려갔다.

그 후 수십 년 동안 십자군은 조약과 협정으로, 그러나 대부분 유혈군사 정복으로 이 나라를 다른 지역까지 세력을 확장해나갔다. 십자군 왕국은 대부분 요새화 된 도시나 성에 한정된 소수 정복자들의 왕국이었다. 그리하여 이스라엘 땅은 基督敎의 지배 아래 들어갔지만 기독교 국가가 되지는 않았다. 십자군이 유럽에서 聖地까지의 교통통로를 열어 순례의 길이 대중화 되고 인기를 얻자, 동시에 늘어나는 유대인들은 그들의 옛 고향으로 돌아가기를 갈구하였다. 이것이 시오니즘(Zionism)의 태동이다. 당시의 기록은 프랑스와 영국으로부터 무리를 지어온 300명의 랍비들 중 몇몇은 악고에, 나머지는 예루살렘에 정착하였다. 십자군이 쿠르드 살라딘에게 격파 당하자(1187년) 유대인들은 예루살렘에 정착할 수 있는 권리를 비롯하여 어느 정도 자유를 되찾았지만 그들의 거주는 요새화 된 몇몇 성에 한정되었다. 마지막으로 이집트에서 권력을 잡은 이슬람 군의 엘리트 계급인 맘루크에게 패하자 이 땅의 십자군 지배는 종말을 맞게 되었다.

8) 맘루크 지배 (1291~1516)

맘루크의 지배아래 이 땅은 다마스쿠스의 지배를 받는 벽지가 되었다. 악고, 욥바, 그 밖의 항구들은 새로운 십자군의 침입으로 파괴되고 貿易(무역)은 단절되었다. 中世 말에는 이 나라 도시의 중심은 파괴되고 예루살렘의 대부분은 황폐해졌으며, 유대인들은 극심한 궁핍과 생활고에 시달렸다. 맘루크의 퇴쇠기는 정치적, 경제적인 격동과 질병, 탐욕스러운 자들의 침입과 지진, 등으로 암울한 시기였다.

9) 오스만 제국 지배 (1517~1917)

다음의 4세기 동안 이스라엘 땅은 오스만제국에 의해 콘스탄티노플의 지배를 받았다. 이스라엘 땅은 네 부분으로 분할되고 행정적으로는 다마스쿠스의 한 지방으로 예속되었다. 오스만 제국의 초기에는 약 1000호 정도의 유태인들이 이 땅에 살았는데, 주로 예루살렘, 나블루스, 헤브론, 가자, 츠파트, 갈릴리 마을에 거주했다. 이 유대인 공동체는 북아프리카와 유럽에서 온 이주민들, 이 땅을 한 번도 떠나지 않았던 유태인들의 후손으로 이루어졌다. 오스만 술탄술래이만 1세가 죽을 때까지(1556년) 자리 잡힌 정부에 의해 유태인의 생활은 개선되고 유태인의 이주를 자극하였다. 새로운 이주민들 중 몇몇은 예루살렘에 정착하였지만 대부분은 츠파트로 갔다. 그리하여 츠파츠는 16세기 중반에 유태인 수가 1만 명에 달하는 직물의 中心地로 번창했으며 유태학문 활동의 중심지가 되었다. 이 기간 동안 카발라(유대 신비주의단체)가 번성했으며, 동시에 슐란아루크에 성문화된 것과 같이 유대법률은 츠파트 학파에서 디아스포라(세계에 흩어진 유대민족) 전역에 흩어져 나갔다. 오스만 제국의 지배가 소홀해지면서 18세기 말에는 많은 토지가 부재지주의 소유가 되어 가난한 소작 농민들에게는 일관성 없는 세제로 임차되었다. 갈릴리의 대 森林과 갈멜 산맥은 벌목되고 늪지와 사막이 경작지를 침식하였다. 19세기에 서양세계의 진출이 시작되자 유럽 열강들은 선교활동을 통해 그들의 지위를 획득했다. 영국, 미국, 프랑스의 학자들은 성서의 地理와 고고학연구에 착수하고 영국, 프랑스, 구소련, 오스트리아, 미국이 이 땅과 유럽 사이를 왕래하고 우편과 전신이 개설되었다. 예루살렘과 욥바를 연결하는 도로가 처음으로 만들어졌다. 세 개의 대륙을 연결하는 전통적인 교두보로서 이 땅의 재탄생은 수에즈 운하의 개통으로 加速化되었다. 따라서 이 나라의 유태인들의 생활조건은 서서히 개선되고 인구는 폭발적으로 증가하였다. 세기의 중반에는 예루살렘 성안의 인구가 과밀하기 때문에 유태인 거주 지역을 세웠으며(1860년), 다음 25년 동안 그 새 도시를 핵으로 하는 교외지역을 추가로 7개 더 건설하였다. 1880년에 예루살렘에는 많은 유태인들이 거주하게 되었다.

농지가 이스라엘 전역에 걸쳐 매입되고 시골 정착민들이 새로 생겼다. 오랫동안 예배의식과 문학에서만 제한적으로 사용해 오던 히브리어가 다시 부활되었다. 아울러 시온주의의 토대를 위한 발판이 마련되었다. 시오니즘의 고무된 두 개의 이주 집단이 19세기 말기와 20세기 초에 동유럽으로부터 이 땅에 도착하였다.

땅을 일구어 그들의 고향을 다시 찾으려는 희망으로 이들 개척자들은 수세기 동안 버려진 땅을 개간하여 새로운 정착지를 세우고, 나중에 꽃피우게 된 농업 경제의 기반을 다지기 시작하였으며, 새로운 이주민들은 극히 어려운 환경에 직면하게 되었다. 오스만 제국의 행정정부의 태도는 적대적이고 압제적이었다. 통신과 교통수단은 여전히 원시적이고 불안정하였다. 늪지에서는 치명적인 말라리아균이 번식했고 土壤

(토양)은 수세기동안 버려진 상태였으며, 토지 매입은 제한되었고 건축은 콘스탄티노플의 특별승인 없이는 금지되었다. 이러한 어려움과 그 밖의 어려움들은 나라의 발전을 방해하였지만 중단시키지는 못했다.

이전 1500년대에 5000명에 불과했던 유태인은 그 수가 1차 세계대전 (1914년) 발발 때 85,000명에 이르렀다. 1917년 12월에 알렌비 將軍의 지휘아래 英國軍이 예루살렘에 입성함으로써 4세기에 걸친 오스만 제국의 지배는 끝나고 말았다. 영국군에는 수천 명의 유대인 의용군이 포함된 3개 대대의 유태인 여단이 있었다.

① 시온주의(Zionism)

시온이즘은 시온이란 말의 유래다. 예루살렘과 이스라엘 고향땅을 그리워하는 디아스포라(Diaspora)의 한 맺힌 향수의 명사다. 그들의 이상은 잃어버린 국가를 재건하는 일이 최후의 소망이었다. 이들은 死後 世界나 천국이나 天使들이나 靈界는 없다. 오직 그들은 이 땅에 유토피아를 建設하여 선민의식과 영광을 회복하여 世界를 다스리는 것을 꿈꾼다. 이것이 이들의 애착이며 민족의 끊임없는 갈망의 뿌리다.

② 政治的인 시온주의

동유럽 사회에서는 유대인에 대한 압박과 박해와 差別待遇가 계속되고 서유럽 사회에서 역시 차별대우가 계속되고 定着(정착)에 큰 방해를 받았다. 스위스 바젤에서 테오도어 헤르츨 에 의해 소집된 회의에서 시온주의자 협회를 설립(1897년) 함으로 公式的(공식적)인 입장을 표명하였다. 시온이즘 프로그램은 유태인을 약속된 땅에 복귀시키는 것을 촉진 및 증진시키는 것을 목적으로 하는 이상적이고 실제적인 두 가지 요소를 내포하고 있다. 또한 유태인이 사회적, 文化的, 經濟的, 政治的으로 새로운 생활을 해나가고, 박해로부터 자유롭고 그들의 생활과 신분을 보장받을 수 있는 역사적인 땅에서 국제적으로 인정받고 法的으로 안정이 보장된 생활과 동질성을 갖는 것을 목적으로 하였다.

10) 영국통치(1918~1948)

1922년 7월 국제연맹은 영국에게 팔레스타인에 대한 위임통치를 수락하고 유태 민족과 팔레스타인의 歷史的 연결을 인정하고 유태국가 건설을 촉진했다. 9월 국제연맹 이사회와 영국은 유태국가 건설 촉진계획에 위임통치 지역의 4분의 3인 지금의 하세미테 요르단 왕국을 포함시키지 않는다는 제안을 동의하였다.

- 밸푸어선언과 시온주의

(1917년)에 고무되어 1919년과 1939년 사이에 많은 유대인들이 이주하여 유대인 공동체를 다른 양상으로 발전시켰다. 1919년에서 1923년 사이에 주로 러시아에서 온 3만 5천명의 이주민들이 몇 년 동안 공동체의 성격과 조직에 강한 영향을 끼쳤다. 이들 개척자들은 포괄적으로 사회적 경제적 구조의 토대를 세웠으며 농업을 발전시키고 사막에 기부츠와 모샤브를 설립했으며 집을 짓고 도로를 건설하였다.

1924년에서 1932년 사이에 주로 폴란드에서 온 약 6만 명의 이주민들은 도시 생활을 발달 시키고 풍요롭게 하였다. 이들은 주로 텔아비브, 하이파, 예루살렘에 정착했는데 그곳에서 소규모의 사업체와 건축회사 경공업체를 설립하였다. 제 2차 세계대전 발발 이전의 1930년 마지막으로 중요한 이주의 물결이 일어났는데 히틀러가 등장했기 때문에 독일에서 온 16만 5천명이 이주한 대 이동이다. 이들 중에는 專門家들과 科學者들이 많이 있었다. 또한 中西部 유럽으로부터 온 가장 큰 규모의 이주였다.

그들의 학력과 기술, 경험은 비즈니스의 수준을 높이고 도시와 농촌의 생활환경을 개선하였으며 유대인 공동체와 文化生活을 개선하였으며, 유대인 공동체의 문화생활을 더욱 풍부하게 했다.

11) 이스라엘 독립(1948)

- 1947년 영국은 팔레스타인 아랍인들과 유대인 문제를 유엔에 넘겨서 유엔 총회가 팔레스타인을 아랍국과 유대국으로 분할할 안을 採擇(채택)하였다.
- 1948년 5월14일 영국외상 밸푸어 선언으로 이스라엘 建國宣布(건국선포) 및 영국군이 철수되고 美國이 이스라엘을 認定(인정)함
- 1948년~1949년, 1차 중동전쟁이 시작되어 땅을 강제로 빼앗긴 아랍인들의 반발로 이스라엘과 아랍 5개국(이집트, 시리아, 레바논, 이라크, 요르단)전쟁에 이스라엘이 승리하여 영토를 넓히고 팔레스타인 아랍인들 100만 명의 난민이 발생하는 비극이 발생하였다.
- 1956년 2차 중동전쟁 때 이집트가 수에즈 운하를 국유화하자 영국, 프랑스, 이스라엘이 이집트를 공격하였다.
- 1967년 3차 중동전쟁으로 이스라엘이 시나이반도, 가자지구를 공격하여 점령하여 팔레스타인 아랍공화국 150만 명의 난민이 발생하였다. 유엔에서 이스라엘의 撤收(철수)를 요청했으나 이스라엘은 빼앗은 땅에 유대인 定着村(정착촌)을 건설하였다.
- 1969년 팔레스타인 아랍인들 팔레스타인 해방기구를 결성하였다.
- 1973년 4차 중동전쟁, 이집트가 이스라엘에게 빼앗긴 시나이반도를 奪還(탈환)하였다.
- 1978년 이스라엘이 팔레스타인 해방기구에 根據地(근거지)를 내준 레바논을 공격하였다.
- 1982년~2000년 이스라엘이 레바논을 공격하여 남부 레바논을 점령하였다.
- 1993년 이스라엘 라빈 총리와 팔레스타인 아라파트가 미국 클린턴 大統領(대통령) 중재로 평화와 양보를 약속하는 오솔로 협정에서 명하고 노벨평화상을 공동 수상했고 이스라엘 극우파들이 이스라

엘 라빈 총리를 암살하였다. 현재도 이스라엘의 팔레스타인 아랍 공격과 팔레스타인의 抵抗(저항)은 지속되고 있으며, 民間人(민간인)과 아동 피해자들의 희생이 계속되고 있다.
- 이스라엘의 獨立은 결론적으로 그렇다.

시온주의자들의 꿈인 이스라엘의 국가건설은 시온주의 창시자인 헤르츨의 예언대로 50년 만에 이룩되었다. 이렇게 하여 한 예언가의 꿈은 완성되었으며 유럽에서의 수없는 박해와 대량학살 가운데서도 살아남은 이스라엘 백성들은 자기의 땅과 주권을 가진 새로운 이스라엘을 회복하게 되었다. 그러나 이스라엘의 독립이 시온주의자들에게는 약 2000년간의 방랑생활을 청산하고 과거 조상들이 살던 땅으로 돌아와 국가 없는 민족의 설움을 씻는 명예회복으로 받아들였지만 팔레스타인 사람들에게는 소유했던 토지를 빼앗기고 그 땅에서 쫓겨남으로 새로운 방랑과 수난이 시작된 식민주의의 결과로 이해되었다. 예루살렘, 평화의 고을이라는 땅이 피로 물든 거짓 福音, 거짓 先知者들의 소굴로 변했고 무자비한 야쿠자들보다 더 잔인한 인종들이 최고의 악을 행하는 멸망의 화약창고가 되어 결국은 전쟁신교가 되고 말았다.

12) 北이스라엘(BC.721년)이 아시리아에 의해 멸망

기원전 752년 에후 왕조가 무너진 뒤에 이스라엘은 決定的으로 불리해지기 시작하였다. 아시리아의 디글랏 빌레셀 3세는 동서 교역로를 장악하기 위해 강력한 軍事力과 무기를 동원하여 주변국가들을 하나하나 차례로 정복하기 시작했다. 기원전 743년, 그는 상부 메소포타미아를 장악하였고 북 시리아의 아르파드 왕국과 하맛 왕국을 정복하고 그 후에는 이집트를 정복할 계획을 세우고 反(반) 아시리아 연합군을 진압하기 위해 시리아-팔레스타인을 공격하였다.

이 시기에 북 이스라엘과 남 유다에는 여로보암 2세와 웃시야 같은 유능한 왕이 있어 새로운 復興을 위해서 요아스의 아들 여로보암 2세는 41년간을 統治(통치)하면서 북쪽 다마스쿠스와 동부 아람족을 정복하고 이스라엘의 국경을 넓혀 나갔다. (왕하14:23)

18세의 젊은 청년 나이에 유다의 왕에 올라 20년간을 통치한 웃시야 왕은 예루살렘을 改修(개수)하고 군대를 재편하는 동시에 새로운 무기를 수입하여 에돔 및 서북 아라비아 부족들을 공격하여 교역로를 열어 놓았다. (대하26:6~9, 26:11~15) 이 기간 남북관계도 매우 원만하였으며 솔로몬 시대에 비교해도 손색이 없을 만큼 번영을 누렸다.

그러나 이러한 번영은 사회내부의 부패로 이어져 亡國病(망국병)으로 번져나갔다. 이 시대 북이스라엘 사회의 두드러진 빈부의 격차는 부패의 비극으로 이어져 부자들은 탐욕이 심하여 부정적인 관행을 일삼았고 權力을 이용한 재산의 강탈과 토지의 몰수는 가난한 자들의 生活苦(생활고)에서조차 구제받을 길을 차단해버렸다. (암2:5:10~12, 8:4~6) 이 社會的 부패는 宗教的 타락과 보조를 같이하였다. 대부분의 성소에는 예배자들로 북적였으나 그들에게 청결한 양심의 예배는 없었다. (암4:4, 5:21~24) 그들은 가나안의 토착신 바알과 혼합적인 샤먼과 뒤섞인 신앙관을 형식상)유지하고 있었다. 이러한 생활은 드고아 목동 출신의 아모스와 사랑했던 아내의 배신을 경험한 호세아로부터 강한 비판을 받았다.

기원전 746년 여로보암 2세가 죽은 후, 그의 아들 스가랴는 단 6개월의 짧은 통치 후에 야베스의 아들 살롬에게 암살당하였고 살롬도 한 달 뒤에 가디의 아들 므나헴에게 살해되었다. 므나헴의 뒤를 이어 그의 아들 브기히야가 왕위에 오르자 그의 군관이었던 베가가 일어나 그를 살해하고 왕권을 장악하였다. 나라 전체는 내란으로 치닫고 민심은 걷잡을 수 없게 흉흉하였다. 결국 북 이스라엘의 몰락은 가속화되어 豫言者 호세아가 멸망을 경고한대로(호9:11~17, 13:9~13) 드디어 북 이스라엘은 호세아 왕 때에 유프라데스 강 서편지역과 地中海 연안을 공격하기 시작한 아시리아의 살만에셀 5세의 공격을 받았고 3년 동안의 포위를 견뎌내지 못하고 수도 사마리아는 기원전 721년에 멸망되고 말았다. (왕하17:1~6) 아시리아의 속주 체제에 편입된 이 지역은 아시리아의 총독이 다스렸다. 더구나 귀족들은 아시리아로 끌려갔으며 이 지역에는 아시리아 사람들이 이주해 들어와 살게 되었는데 혼돈정책에 따라 이스라엘 민족의 혈통과 종교적 전통은 말살되어 갔다.

솔로몬의 억압 정치로부터 벗어나려고 독립하였던 북이스라엘은 군주들의 계속되는 억압과 권력남용으로 결국 막을 내리게 되었다. 성경에서는 멸망의 원인이 북이스라엘이 율법을 버리고 타 민족의 신을 섬겨 여호와의 눈에 벗어났기 때문이라고 기록하고 있다. (왕하17:18)

그 후 열방으로 흩어진 이스라엘 백성들은 제 2의 광야생활을 시작하게 되었던 것이다. (호2:14~15)

5. 舊約(구약)의 여호와는 民族神(민족신)이며 戰爭(전쟁)의 神이다.

예수께서 신뢰하신 하나님은 舊約聖經에 언급된 여호와가 아니라 天地의 주재이신 유일하신 참 하나님이었다. 예수는 오히려 유대의 民族神을 숭배하며 전쟁하며 피 흘리기를 좋아하는 히브리 종교의 위선과 툭하면 돌로 쳐 죽이는 잔인하고 무자비한 위선자들과는 전혀 다른 우주 총 司슈官격인 神의 음성을 듣던 사랑의 메시아였으며, 구약성경을 별로 인용하지 않았으며, 인용했다면 메시아 豫言에 관한 내용을 자신에게 적용하는 문제에 있어서 확인, 계몽하는데 언급하셨다.

단적으로 말해서 예수께서는 멜기세덱 系統(계통)의 祭司長(제사장)으로서 모세 율법이 생기기 전 430년 전에 약속된 사랑의 메시아로서 유대교에서 탄생은 하였으나 그의 가르침은 히브리 율법이나 유대사상이 아닌 하늘의 복음이었다.

(1) 民族神이란?

우리나라의 민족신은 檀君(단군)이시며, 역사적인 자료나 증거가 충분하고 開天節(개천절)이라는 명절을 지키는 유일한 우리민족의 자비심 많으신 민족의 신이다. 中國의 민족신은 반고, 일본의 민족신은 天祖大神(천조대신)과 같은 격의 地方神이다. 여호와라는 민족신이 일개 부족으로부터 지금의 단계까지 오게 된 것인데 원래 여호와는 시나이

반도에 거주하고 있던 부족의 지방신이었다. 여호와는 호렙산(시나이 반도)에서 처음으로 모세(레위지파)에게 나타나서 자신의 이름을 알려주게 된다. 여호와가 금방 모든 유대인들의 신이 되었던 것은 아니다. 유대민족들이 가나안의 농경지역 팔레스타인을 정복하면서부터 여호와는 부족의 전쟁신으로 전면에 떠오르게 되었다. 이스라엘의 팔레스타인 정복은 서기전 15세기와 14세기에 시작하여 수세기에 걸쳐 진행되었다. 수세기를 끈 이 전쟁은 그 참혹성이 〈구약성경〉정신에 그대로 반영하고 있다. 여호와는 이 기간 이스라엘 즉, 유대민족의 전쟁신이 되어 자신의 백성들을 모든 적과의 전쟁에서 승리로 이끌어 준다고 약속하였다.

그래서 사바오트(Sabaot:전쟁신)라는 별명이 생겨났다. 유대인의 民族神 여호와는 팔레스타인의 토착민을 무자비하게 제거하라고 명령하였다. 그리하여 여리고(Jericho)와 가이성(Gai)이 완전히 파괴되어 모든 주민들이 살해당하였다. 그 밖의 다른 전쟁도 마찬가지로 피비린내 나는 도살장을 방불케 하였다. 이렇게 해서 팔레스타인은 완전히 초토화되기에 이르렀다. 여호와는 유대인들로 하여금 이러한 살상을 감행하도록 끊임없이 부추겼으며, 유화적인 태도에 대해서는 이를 완강하게 질책하였다. 예를 들면 여호와는 사울 왕이 아말렉인들을 무자비하게 다루지 않았다고 해서 그에 대한 축복을 거두었다. 반면에 여호와가 총애했던 다윗왕은 단순히 그가 정복한 나라의 족속들을 모조리 죽이는 데 그치지 않고 거기서 아예 상당히 가학적인 즐거움을 찾았다. 유대인의 팔레스타인 정복은 유대인을 유목생활에서 농경생활로 바꾸는, 등 모든 정치 경제 사회생활을 바꾸었다. 동시에 가나안 토착민들과 결혼을 하였다. 사사(士師)시대이다.

유대 종교사에서 포로기 이후는 유일신관의 강화가 절정에 달해 새롭게 전환되는 시기였다. 이때 소부족의 지방신에 지나지 않던 여호와를 이제는 세계의 創造主, 온 우주의 절대자 주권자로 숭배하게 되었다. 이 시기(서기전 5세기 말경)에 성경의 최종적인 문헌이 쓰여졌다.

이 무렵은 모세오경(창세기 출애굽기 레위기 민수기 신명기)의 중요한 문서인 제사 문서가 채집된 시기이다.

〈세계의 종교 세르게이 토카레프, 한국종교연구회 참고〉

(2) 民族神 여호와는 하나님으로 둔갑했다.

한 신으로서 질서적으로 진보하여 저명한 大神이 된 가장 명료한 예는 히브리민족의 여호와에게서 볼 수 있다. 이 신은 본래 아라비아 北境(북경)에 거주한 어느 부족의 신이었던 것을 히브리인이 채용한 것인데, 히브리인의 특수한 품성과 결부하여 발달하였다. 최초에 이 신은 도덕적으로나 지적으로나 粗野(조야)했었는데 기원전 8세기에 이르러 윤리상으로 고상한 神이 되었고 또 萬能의 신이 되었다. 여러 세기 동안 이 신은 다른 여러 민족의 신보다 우월하며 가장 강한 자라고 생각하게 되었다. 아브라함 시대의 히브리인들은 자연숭배의 다신교도들이었으며, 히브리인이 다른 신들을 버리고 여호와를 唯一神으로 하는 일신교를 믿는 것은 모세 때 이후부터였다. 제국주의가 세계역사를 장식하게 되자 神 관념도 또한 그 영향을 받아서 국민적 유일신은 자국민의 숭배에만 만족하던 종래의 태도를 일변하여 피정복국가의 신들을 배격, 정복하여 밀살하고 그 국민들의 숭배를 강요하며 또 종교의 홍보빙식에 의하여 다른 국민에까지 침투하여 세계적 유일신의 지위를 획득함으로써 전 인류에 군림하려는 시도를 강행하게 되었다.

이러한 시도에서 큰 성과를 거둔 신이 여호와 신과 알라신이다. 여호와는 오늘날 전 인류의 3%를 포섭하였고 알라는 1%를 포섭하는데 성공하였다. 그리하여 현대는 유일신들이 세계적 지위를 차지하려고 중동 지방에서는 결전장의 피 묻은 깃발을 쉼 없이 날리고 있다.

〈이정립의 '宗敎學' 참고했음〉

(3) 또 다른 학자들의 연구

태초에는 하느님(여호와)도 많은 하나님 중 가장 힘센 하나님, 어떤 동네의 種族神(종족신)에 지나지 않았던 것이다. 그런데 6세기 유태인들이 바벨론에서 귀양살이할 때에 문득 이 세계의 救主(구주)라는 관념이 생기면서 성서의 신은 새로운 차원으로 발돋움한다. 옛 전통을 가꾸는 유일한 방법은 시대의 상황에 맞게 쇄신하는 길뿐이다. 구약시대 세계는 근동을 중심으로 겨우 몇 백마일 크기의 3층짜리 케이크에 지나지 않았다.

당시 사람들 중에는 아즈텍 문화라는 게 있는 줄 아는 사람도 없었다. 그러나 세계가 바뀜에 따라 종교도 변모하지 않을 수 없었다. 위대한 성인들도 東抄西抄(동초서초, 이것은 여기에서 빌려오고 혹은 꾸어오고 저것은 여기에서 빌려가고)해서 소프트웨어를 꾸미는데 이것을 종교의 발전이라고 한다. 〈조셉 캠벨 '神話의 힘' 중에서〉

예를 들면 허준이 〈東醫寶鑑(동의보감)〉을 편집 기록했으나 당시의 400여 권의 〈동양의서〉들을 다 읽고 25권으로 축소하여 마지막으로는 단행본으로 엮어 현대인의 편리를 위해 목차를 정리하여 기막힌 업적을 남겨놓았다. 그 뒤로 아직 허준 같은 의술인이 나타나지 않고 있다. 하나 더 예를 들면 솔로몬이 〈箴言〉, 〈전도서〉를 기록하였는데 솔로몬의 箴言은 유대 근동지방의 다른 지혜서들과 이슬람교의 지침서에도 반복되는 내용들이 많다. 무슨 모임에서 회칙을 만들 때에도 타모임의 정보를 인용하여 동초서초 하는 것이 인간사이듯 종교의 교리나 경전들도 결국 사람이 썼으며 거기에 구태여 말하자면 靈感(영감)이 플러스 됐다고 덧붙임이 가할 것이다.

(4) 야훼라는 夫族神(부족신)

히브리인의 하나님은 원래 이스라엘 민족의 야훼라는 부족 신이었다. 그리고 팔레스타인 민족신은 다곤이나 모하브 민족의 체모스와 같은 부족신과 싸우는 하나님이었다.

그러나 기원전 6~8세기에 나타난 아모스, 호세아, 이사야 1세, 예레미야, 이사야 2세와 같은 예언자들의 경우 야훼는 히브리인의 하나님일 뿐만 아니라 천지의 創造主이며, 모든 역사와 인류의 심판자라고 끈질기게 가르치기 시작하였다. 그 후 하나님은 신앙의 가족에 속하는 동족뿐만 아니라 모든 人種이나 집단을 돌봐주는 하나님이 되었다. 이러한 개념화는 선지자들과 사람이 개입하여 역사에 가담했음은 말할 것도 없다. 〈존 H.힉(John Harwood Hick) 저 '종교 哲學槪論' 중에서〉

대개 예로부터 각 지방에 나뉘어 살고 있는 모든 족속들의 분란쟁투는 地方神과 地運(지운)이 서로 통일되지 못한 까닭이니라. 그러므로 이제 각 지방신과 지운을 통일케 함이 인류 화평의 원동력이 되느니라. 또 모든 족속들은 각각 색다른 생활경험으로 유전된 특수한 사상으로 각기 문화를 지어내어 그 마주치는 기회에 이르러서는 마침내 큰 시비를 이루나니…… (고전4:17)

태초부터 인류는 높은 산과 강, 바다, 등의 지형으로 분리된 전 세계의 지역에 흩어져 살면서 각기 그들 고유의 神 개념을 갖고 살았다.

- 중동의 여호와 신과 알라신,
- 이집트의 오리시스, 호루스, 이시스, 라아
- 앗시리아 제국의 야르스
- 수메르의 아누, 엔릴, 엔키
- 메소포타미아의 탐무즈, 에아, 아누
- 셈 민족의 바알

- 바벨론의 마루두크, 아쉬타르, 엔릴
- 그리스의 제우스, 데메테르, 아프로디테, 아폴로, 포세이돈, 아르테미스
- 이탈리아의 주피터, 비너스, 마르스, 베스타, 야누스
- 페르시아의 미트라(태양신)
- 인도의 파라 브라흐만
- 중국의 반고
- 일본의 천조대신
- 한국의 환인, 환웅, 단군(1만 2천 8백년의 장구한 역사속의 실존인물로 우리의 國祖)

등 그 민족의 근간을 형성하기까지 숱한 신들이 있었으며, 전쟁에 의하여 타민족이나 부족에게 지배받기 이전에 만들어졌던 하나님들은 그 민족에게는 절대 유일신, 또는 多神的(다신적) 존재, 혹은 전지전능한 창조주로서 그 민족의 신앙대상이 되어 왔던 것이다. 그러다가 힘센 민족의 침략으로 인해 약한 민족에 의해 창조되었던 신의 이름은 자연적으로 소멸되고 힘센 민족이 만들어낸 신의 이름이 자연스럽게 널리 퍼지고 布敎(포교)되는 것이다. 한마디로 神과 그 신을 모시는 씨족, 부족, 민족은 흥망성쇠를 같이하는 결론이다.

러시아의 基督敎가 타락할 때 마르크스 영향력은 볼세비키 혁명을 낳았고 분노한 혁명단의 힘은 기독교를 멸망시켰다. 그러므로 즉, 종교는 정치적 파워와 운명을 같이 한다. 러셀이 기독교를 로마제국의 환영이라고 한 것처럼 로마제국이 없었다면 오늘날의 기독교 부흥은 없었을 것이다. 더군다나 선교사들이 항상 군대와 같이 식민지에 들어갔던 것을 잘 생각해보라. 정치와의 결탁은 종교를 발전시키는 순기능도 하지만 진리를 왜곡시키는 역기능도 수행한다.

콘스탄틴 황제와 그에게 결탁한 제사장들이 기독교를 얼마나 왜곡시켰는가? 기독교의 역사를 보면 처음 5세기 동안에는 기독교의 종류도

많았고 기독교도가 되는 데도 여러 가지 방법이 있었다. 그러나 4세기의 데오데시우스 시대부터는 로마 제국이 인정하는 유일한 종교는 기독교로 로마제국이 인정하는 유일한 기독교의 형태는 비잔티움에 있던 제국의 수도가 인정하는 기독교 형태, 이런 식으로 그 의미가 한정되어 버렸다. 고대 이교도들의 신전파괴와 관련된 야만적인 폭력사태는 세계 역사상 그 유래를 찾아보기 힘들 정도로 악랄하다. 유럽 역사의 근본적인 충동은 권력충동인데 그게 기독교의 전통으로 흘러들어온 것이다. 〈조셉 캠벨, 빌모이어스의 '神話의 힘' 중에서 일부 인용〉

(5) 외래종교에 의한 大韓民國의 悲劇(비극)

필자가 이 글을 남기는 목적은 바로 아래와 같은 뜻을 밝히려고 붓을 들었음을 밝힌다. 우리나라는 여호와의 신이 이 땅에 들어오기 수천 년 전부터 하나님에 대한 신앙이 돈독히 있었다. 구한말까지만 해도 우리 하나님에 대한 民族宗敎 보천교는 신앙인의 수효가 7백만 명이 넘었고 기독교인은 30만 명 정도가 되었으며 독립자금의 80%를 지원한 종교인들이 우리 민족종교인 보천교 신앙인들이었다.

開化(개화)와 더불어 여호와 신이 선교사들을 통해서 들어오면서 이 땅의 많은 백성들은 하나님하면 개신교에서 전도된 여호와 하나님밖에 없는 줄 알고 옹졸한 심보로 변해가고 있으며 도리어 더 큰아버지를 몰아내고 작은 신을 創造主로 착각하여 지방신을 총사령관 자리에 등극시켜놓고 분쟁을 일삼고 있는 실정이다. 하나님(하느님)이라는 용어는 천주교가 이 땅에 들어오기 전인 400년 전의 〈訓民正音(훈민정음)〉으로 기록된 노래 가사에서도 이미 만날 수 있다.

여호와는 구약성경에 수도 없이 언급되고 있는 것처럼 이스라엘의 民族神이며 유대인의 하나님일 뿐이다. 기독교인들이 구약에 나오는

구약의 여호와는 민족신이다

하나님을 모든 인류의 하나님이라고 믿고 있지만 유대인은 구약에 나오는 하나님을 유대인의 하나님, 자기들만의 하나님이라고 그들은 믿고 있다. 그것은 구약성경을 자세히 보면 세 살 난 아이들도 금방 알 수 있다. 보라! 타민족과의 戰爭에서도 그들을 모조리 학살하고 유대민족에게 승리를 안겨다 주는 여호와 신의 편파적인 무자비를 보라. 여호와의 신이 유대민족만을 사랑하고 선택했다고 믿는 것은 하나도 이상할 게 없다. 유대교는 지구상에서 거의 유일하게 전도를 하지 않는 종족이다. 그 희한한 까닭이 있다. 구약은 일개 유대민족의 歷史書요, 유대교의 經典일 뿐이다, 타 민족과는 아무런 관련이 없는 문서이다. 이스라엘의 텔아비브 대학 철학과의 중국철학교수로 잇는 아리엘 교수에 의하면 오늘날 랍비 정통의 유대교에 있어서

"제일의 적인 것은 〈탈무드〉이지 구약이 아니다."

라고 말했다. 〈탈무드〉야말로 유대교의 알파요 오메가다. 〈탈무드〉야말로 그들의 구체적 역사와 생활의 원형이다. 아리엘 교수에 의하면 구약은 하나의 역사서이며, 중국의 〈二十五史〉나 한국의 〈삼국사기〉〈고려사〉〈朝鮮王朝實錄〉이상의 권위를 가질 필요가 없다고 역설하였다. 그가 유대인을 전체적으로 대변하지는 않는다 해도 이스라엘의 수많은 학자들과 지식인들의 사고가 그렇게 믿고 있는 실정이다. 그들은 〈모세오경〉과 〈탈무드〉만을 인정한다.

(6) 여호와를 섬기는 다른 民族을 이상하게 보는 유대인들

유대인들은 오히려 여호와를 섬기는 다른 민족들을 이상하게 생각한다. 왜? 예수도 유대인에게만 전도하려 했겠는가? 유대인이 아닌 이방인에게 전도한 건 예수의 12제자들보다는 예수를 한 번도 만난 적이 없던 바울이었다.

구약성경은 직접적 신앙의 대상으로는 유대인의 테두리에서 머물러야 한다. 이것은, 일본서기(日本書紀)가 일본 민족 신도(Shintoism: 일본 고유의 민족종교)의 테두리에 머물러야 하는 것과 같다. 신사참배에 굴욕을 느꼈던 사람들이 왜 야훼 참배에는 일고의 반성도 없는지… 다 비슷한 地方神들이다. 우리나라의 기독교인들이 구약성경을 읽으며 느끼지 못하고 피로 물든 戰爭史를 읽으며 의심도 없이 맹신하는 것은 분명 큰 문제가 있는 신앙이며 크게 속고 있는 비극인 것이다.

여호와는 어디까지나 유대민족의 신이다. 오늘을 사는 우리나라 기독교인들이 여호와가 예수께서 믿으신 천지의 주재이신 하나님이 아닌 것을 깨닫지 못하면 그것은 귀머거리고 그것은 맹인이다. 한국교회 신앙은 이름만 기독교이지 유대주의 신앙이다. 그들이 갖고 있는 구약성경에 대한 經學觀(경학관)을 주시해보면 그들은 마치 자신이 유대인인 것처럼 착각을 하고 선민사상에 취해 있다는 것이 문제다.

어떤 의미에서는 그들의 성경관은 전통적 유교 경학관의 오류의 답습이라는 연속성에서 보다 정확히 이해될 수 있다고 느껴진다. 한국의 기독교신학이 해야 될 첫 번째 사명은 기독교의 이해 자체에서 여호와 신의 존재상의 文化的 성격을 철저히 탈색해 내버리는 것이다.

설교에 있어서 나와 생활규범 속에서 구약의 명제들을 무비판적으로 절대적 진리로서 강요하거나 받아들인다면 그들은 암암리에 자신이 유대인이 되는 것이다. 그것도 盲目的 유대주의로 동화시키는 것이다. 우리는 과연 내 나라의 정확한 역사인 〈朝鮮王朝實錄(조선왕조실록)〉은 단 한 장도 거들떠보지 않는 사람들이 남의 민족의 역사책 그것도 대다수가 사람을 죽이고 얽매어 결박하는 의문의 죽이는 율법을 無오류적으로 맹신해야 하는가? 그러면 자신을 한국 사람이라 할 수 있는가? 구약성경은 기본적으로 유대민족의 역사기록임을 왜 모른단 말인가. 사람이라면 누구나 한번쯤은 생각해봐야 할 숙제를 눈 하나 까닥하지 않고 직수입하여 유대주의 기독교는 지금 한국에서 패망하고 있는 것이다. 구약성경은 단지 그 역사의 성격이 여호와의 구속사적 특성을 갖는다는 것뿐이다. 이것은 어느 개인의 주장이 아니라 유대인 자신들의 구약 이해에 기초하고 있는 것을 말하는 것이다.

- 김용옥 교수의 〈대기만성〉 일부 인용

도올 김용옥 교수는 여호와 신에 대한 참배는 일제 때에 신사참배와 다를 바 없는 동일한 것으로 간주하고 있다. 구약의 신 여호와는 유대의 민족 신일뿐이며, 신약에서 예수가 말한 아버지 하나님과는 분명히 다르다. 기독교인들은 빨리 구약에서 벗어나야 한다. 그러지 못한다면 올바른 하나님에 대한 신앙을 할 수가 없으며 反民族主義者로 남게 된다. 舊約은 빛을 가리며 영혼을 어둡게 하며 얼굴에 수건을 씌우며 인간을 종을 삼으며 모세의 글을 읽을 때 그리스도의 靈光과는 점점 멀어지게 된다. 그러나 언제든지 新約의 그리스도에게 돌아가면 그 수건이 벗겨져 영광의 빛이신 그리스도의 형상으로 化하게 되는 것이다. (고후3:12~18)

- 조선말 대원군의 부인도 한때 천주교인이었으나 천주교도를 처형하게 된 동기는 황사영이 쓴 편지를 북경에 있는 주교에게 전달하려 했다가 발각된 '황사영의 帛書(백서)사건'이라 볼 수 있다. 이 비단 천에 쓴 글의 내용은 그렇다.
- 서양제국의 동정을 얻어 聖敎(성교)를 받들어 나가 백성들의 구제에 필요한 자금의 요구
- 청나라 황제의 동의를 얻어 서양인 신부를 조선에 보낼 것
- 조선을 淸國에 부속시키고 친왕에 명하여 조선을 감독하게 할 것
- 전쟁을 모르는 조선에 배 수백 척과 강한 병사 5~6만 명으로 서양 傳敎隊(전교대)를 조직하여 와서 선교사의 선교를 쉽도록 할 것, 등이다.

이 얼마나 무서운 사실인가? 국가와 민족보다도 전도가 더 중요했던 것을 입증해주고 있다. 외국군에게 자기나라에 쳐들어와서 강제 선교를 하라니 이완용보다 더 망국행위를 한 것이다. 남의 나라 民族神을 신앙하면서 그 신앙을 국가나 민족보다도 우선시하거나 이스라엘의 민족신을 신앙하다가 자신의 나라의 민족신을 부정하면서 단군상의 목까지 자르고 하는 것은 분명히 반민족적인 패륜이 틀림없다. 지금도 황사영의 후예인 이들은 檀君朝鮮의 실존을 부인하면서 神話와 傳說로 몰아붙이며 일제 때 일본인들이 저지른 역사왜곡에다 한술 더 뜨면서 반역의 길을 가고 있다. 이 여호와 신은 전 세계에서 가장 오래된 우리 민족의 桓因(환인), 桓雄(환웅), 檀君(단군)을 몰아내고 이 땅의 하나님뿐만 아니라 전 세계의 하나님으로 자처하고 있다.

> 조선국 上計神(상계신 환인) 中計神(중계신 환웅) 下計神(하계신 단군)이 無依無托(무의무탁)하니 몸 붙여 의탁할 곳이 없나니 환부역조 하지 말고 잘 받들기를 글로써 이렇게 경계하노라. 〈道典 5:25, 9:20〉

우리 민족 신들이 의탁할 곳이 없을 정도로 된 것은, 우리 민족의 흥망성쇠와 관련이 깊은 것을 알아야 한다. 우리 민족이 쇠퇴하기 시작한 것은 만주벌판을 역사무대에서 상실하고 한반도에 들어오면서부터이며 이후로 수백 번의 외침을 받으며 민족의 뿌리에 해당하는 역사서를 36년 동안 이 잡듯이 각 서원들과 유생들 집이나 관공소, 기타 가정집에서 모조리 왜인들에게 20여만 권을 빼앗겨 불태우고 가치가 있는 자료들은 천황 황실 비밀도서관에 묻혀있는 실정이다.

우리 단군신은 다른 나라 지방 신처럼 구전으로 전해오는 전설이 아니고 살아있는 실증적인 역사였다. 강화군 화도면 마니산에 있는 참성단(천제단)을 비롯하여 전국의 명산에 있는 천제단의 禮拜處所(예배처소)를 보아도 우리민족은 철저한 신앙인들이었다. 지금 우리의 성경인

〈天符經(천부경)〉이라도 남아있어 그나마 다행이다.

이렇게 우리는 뿌리에 해당하는 역사서를 상실하면서 민족정신과 더불어 민족의 神도 같이 잊혀져갔다. 불과 60~70년 사이에 말이다. 원래 다른 나라를 침략했을 때에 가장 먼저 하는 짓이 그 민족의 뿌리를 없애기 위해서 역사서를 불태우는 일이다.

침략에 의해 우리민족의 史書(사서)가 얼마나 많이 멸실되었는지 송시호 博士의 저서 〈한민족의 뿌리사상〉을 보면 상세하다. 몇 년 전 주간조선에 연재되었던 이상시 변호사의 〈단군조선은 이렇게 말살되었다〉를 보면, 수 십 만권의 역사서들이 불태워지고 일본 천황의 직접적인 독려 하에 한민족의 역사를 '朝鮮史編修會(조선사편수회)'라는 단체를 통해 얼마나 조직적으로 왜곡시켰는가를 알 수 있으며, 해방 후 국내의 정치적 기반이 없던 이승만 정부는 親日派와 손을 잡음으로써 친일 잔재를 청산하지 못한 상태에서 일본인들은 연합군의 승리로 물러갔으나, 8월 16일부터 당장 나라 살림을 꾸리려 하면서 미국이 시키는 대로 상해임시정부 요원들을 무시한 채 슬쩍 대통령 자리에 앉았다.

日帝의 잔재를 청산하지 못한 상태에서 存有待的(존유대적) 역사관을 강요하는 기독교의 세력과 더불어 우리나라의 역사는 아직도 해방되지 못하고 있는 것이다.

이른바 중독된 중화사상의 유교사관, 日毒(일독)인 식민사관, 洋毒(양독)인 기독교사관에 차례로 감염되어 잘려버린 수천 년 동안의 민족사를 아직도 회복하지 못하고 있는 실정이다.

구약성경의 약속은 오로지 이스라엘 민족의 선민의식에서 나오는 민족신 여호와의 약속이며, 이미 파기된 약속일뿐이다. 이스라엘 입장에서 볼 때 지구촌 모든 민족인 이방인까지도 포함한 하나님의 메시지가 인류에 대한, 보편적인 새로운 약속이며 따라서 예수께서 친 아버지 하나님, 혹은 천지의 주재이신 분의 섭리적인 신약이 되는 것이다.

1만 년이 넘게 하나님과 동행하던 흰 옷 입던 민족인 한국인들, 한국의 기독교인들은 이제라도 정신 차리고 민족의 시원을 바로 직시하고 하루빨리 구약에서 벗어나 유다이즘에서 脫出(탈출)해야 산다. 지금 정통 유대인들은 세계 개신교도들을 만홀히 여기며 자기들의 신인 여호와 신을 숭배함에 대하여 하나도 반갑게 여기지 않고 도리어 이상하게 생각하고 갸우뚱하고 있다.

(7) 민족신 여호와를 모세가 유일신으로 선포하였다.

여호와는 아무리 성경을 수십 년 연구하고 맞춰 봐도 이스라엘의 지방신이며 타민족을 사정없이 죽여 버리는 전쟁의 신이다. 이러한 지방신을 모세가 유일신으로 둔갑시켜 이스라엘 백성에게 선포하였다. BC.1500년경 유대인의 율법지도자 모세의 출현과 함께 야훼는 이스라엘의 유일신이 되었으며, 모세의 출애굽 사건과 관련이 깊다. 야훼는 시나이 반도의 시내 산에서 모세에게 나타나 떨기나무 가운데 불꽃 속에서,

'나는 네 조상의 하나님이니 아브라함의 하나님, 이삭의 하나님, 야곱의 하나님이니라.'(출3:4~6)

라고 하며 이스라엘 민족의 하나님임을 밝혔다. 그때에 모세가 묻기를 당신의 이름을 무엇이라 알려야 할지 묻자,

'나는 스스로 있는 자' (출3:14)

라고 하였는데 학자들은 이를 야훼의 뜻으로 본다. 유대인들은 거룩한 야훼의 이름을 불러서는 안 된다고 믿어 엘로힘 혹은 아도나이(Adonai, 나의 주) 하셈(Hashem, 그 이름)이라는 말로 대신 불렀다. 그 결과 오랫동안 야훼의 정확한 발음이 잊히게 되었다. (중세의 마소라 본에 자음과 모음을 붙여 나타냈는데 그 발음은 야훼 Yahwhe 에 가깝다.) 야훼는 자신의 말을 이집트 파라오에게 전하기 꺼려하는 모세에게 다시 나타나 자신이 아브라함과 이삭과 야곱에게 전능의 하나님 엘샤다

이로 나타났으나 자신이 이름을 야훼라고 알리지 않았노라고 한다. (출 6:3) 야훼에게 啓示를 받은 모세는 노예로 지내던 유대인들을 이집트에서 탈출시켜 가나안땅으로 향하게 한다. 그들이 시내 산에 이르자 야훼는 모세를 불러 마침내 율법을 내려 준다. 유대인은 그 율법을 지킴으로써 야훼의 백성이 되고 야훼는 그들의 神이 되기로 계약을 맺은 것이다.

광야에서 무려 40년을 방황한 유대인들은 모세 사후에 여호수아의 지도아래 비로소 가나안을 정복하고 이스라엘을 세울 수 있었다. 그러나 이스라엘 백성은 十誡命의 약속대로 야훼 신만을 섬긴 게 아니라 그들은 가나안 선주민과 함께 살면서 가나안 신들도 함께 섬겼다. 그 가운데는 농업 신 바알과 그 배우자 아스다롯은 많은 유대인이 숭배한 신이었다. 이방신 숭배로 야훼 일신 주의자들과 유대 백성들 사이에 갈등이 컸음을 알 수 있다.

- 600여 년의 이스라엘 국가의 歷史

여호수아가 죽은 뒤 약 350년을 士師(사사)시대라 한다. 당시 이스라엘에는 왕이 없고 종교 지도자로서 재판관을 겸한 사사라는 통치자들이 나라를 다스렸다. BC.144년 사울이 이스라엘의 초대 왕이 되어 왕정이 처음 시작되었다. 그 뒤를 이어 사울의 사위인 다윗이 왕위에 올라 예루살렘에 도읍을 정하고 시리아까지 영토를 확대하였으나 그의 손자 대에서 유다와 이스라엘 두 왕국으로 분열되었다. 북 왕국 이스라엘은 BC.722년에 앗시리아 제국에 멸망당하고, 유다왕국은 BC.586년에 바빌론 제국에 의해 멸망한다. 바벨론 제국으로 끌려가서 노예생활을 하던 유다왕국의 왕과 유력자들은 바빌론이 페르시아 제국에 멸망하면서 반세기가 넘도록 고통당하던 포로생활을 끝내고 고레스왕의 관용으로 고향으로 귀향할 수 있었다.

야훼 一神崇拜(일신숭배)는 이 무렵, 바벨론 幽囚(유수)를 전후한 시기에 확립되었다. 당시 유대민족의 분열기에 야훼는 유대인들에게 엘 신으로 여겨지고 다른 신들을 다스리는 신들의 왕으로 받아드려졌다. 유대인들은 국가의 힘과 그 수호신의 힘이 비례한다는 입장을 부정함으로써 종교적 신념을 강화하고 유지할 수 있었다. 그리하여 야훼는 이스라엘만이 아니라 전 세계의 하나님으로 바뀌어나갔다. 바벨론이 페르시아에게 멸망당하고 포로생활에서 풀려나자, 유대인들은 예루살렘의 무너진 성벽을 다시 세우고 예루살렘을 유대교의 성지로 만들었다. 이 과정에서 유대교의 배타적인 성격이 더욱 굳어져갔다.

- **예수님의 입장과 神觀(신관)**

첫 장에서 언급했듯 예수께서는 자신을 곧, 人子(The son of Man)라고 힘주어 수십 차례나 언급하셨다. 예수께서는 율법의 形式的(형식적)인 준수에만 매달린 유대인을 비판하고 아버지 하나님 나라의 도래를 선언하였다. 수많은 기독교 국가에서 예수를 신의 아들이라고 주장하지만 본토 이스라엘에서는 단 한 번도 그를 神의 아들이라고 믿는 사람이 없고 인정하지도 않는다.

예수가 부르짖은 아버지 하나님은 이스라엘의 민족 신이 아니라 天地의 주재이신 만물의 근원이시며 宇宙(우주)의 지배자이신 참 하나님이셨고 요한이 啓示(계시)를 받은 白寶座(백보좌) 하나님이시다.

그러나 예수 사후 아버지 하나님을 유대교의 신관으로 해석해서 기독교인들은 지금까지도 이스라엘의 민족 신에게 더부살이를 하며 유대인을 짝사랑하는 난처한 생활을 하고 있으며 이 일을 유대인들은 매우 이상히 여겨 달갑지 않게 생각하고 있는 실정이다.

7장.

永遠(영원)한 福音(복음)
새 하늘과 새 땅

1. 영원한 복음 새 하늘과 새 땅

(1) 하나님의 형상을 회복한 사람들의 삶

　창세기 1장 26절의 '우리'라는 복수는 신학자들이 말하는 三位一體가 아니다. 오늘날 하나님의 형상을 우리는 매일 보며 살아가지만 分厘主義者(분리주의자)들은 전혀 알 길이 없는 것이며 죽어 천국에 올라가면 어느 날 보좌에 앉으신 성부, 성자, 성령님을 만나 뵈올 것이라고 그날을 切齒腐心(절치부심) 기다리는 것이다.
　비밀의 열쇠가 보이지만 물고기가 물속에서 물을 찾듯 계시의 영감이 없으니 알아차리지 못하는 것이다. 오늘날의 DNA의 비밀은 나를 낳으신 조상님들의 유전자임을 명심해야 할 것이다. 우리 한국의 始祖(시조)는 五輪車(오륜거)에 3000명의 하늘 영인들을 데리고 백설같이 흰옷을 입고 내려온 天孫(천손)들이다. 그러므로 왜인들은 이 신령한 우리 조선역사를 훼손하고 수십 년 동안 호호 방문하여 기록들을 모조리 빼앗고 불태우고 檀君 역사를 神話를 만드는 데 성공하였다. 그즈음 宣敎師(선교사)들을 통하여 변질된 유대주의 복음이 들어온 것이다. 하나님의 형상을 보려면 부모님을 매일 예배하는 것이 가장 옳은 신앙생활임을 명심하라. (엡61~3)
　눈에 보이지도 않는 미립자만도 못한 형질의 영체가 어머니 아버지의 陰陽(음양) 기운으로부터 정확히 모양이 닮은 형상으로 태어난 것이다.
　태초의 영계 원시 創造主께서는 우주 과학 센터에서 창조주와 비슷한 과학자들에게 지시하셔서 오늘날 반도체 만들 듯이 우리를 창조하셨는데 그 원소들은 地水火風(지수화풍)의 4대 원소였다.

오늘날의 인간들은 신에게 도전한다. DNA를 복사하여 복제양 돌리도(Dolly) 만들고, 곡식들도 과일들도 조작하여 만들고, 반도체를 만들어 인류에게 편리를 제공하는 것 같지만 생명의 에너지인 靈魂(영혼)을 만들지 못함을 기억해야 할 것이다. 도리어 유전자 변이된 GMO (Genetically Modified 0rganism) 식품은 무서운 질병을 유발시키는 악의 씨앗이 되고 있다. 전 세계의 종교서적들과 역사서, 과학 잡지들, 그리고 세계 신화들을 다 망라해도 우리 조선의 弘益人間의 진리보다 優越(우월)한 복음은 지구상에 없다.

筆者가 이러한 결론에 도달한 것은 성경도 걸레를 만들어보고 타종교의 경전도 충분히 연구해보고 내린 결정이다. 나는 지금 하늘과 땅, 우주만물과 창조의 역사, 인간세상의 미래와 세계종교의 기원과 변천사에 대한 윤곽이 크게 드러나 10세 고아로 헤맬 때부터 궁금하던 모든 인생문제의 카르마와 종교적인 갈등의 퍼즐이 맞아 들어가 지금의 내가 지향하는 관점에 대하여 헛갈리지 않는 세월이 나름대로 속세 나이 36세 이후 깨달음을 경험한 뒤 아무리 연구하고 궁구해도 헛갈리지 않고 오히려 갈수로 더욱 뚜렷해지고 있음을 고백한다. 지금 나에게 있어 하나님의 형상을 회복하는 길은 弘益人間의 이치인 敬天愛人(경천애인) 이상 없다. 위로는 위대하신 아버지 창조주님을 경외하고 이 땅에서는 사람을 사랑하고 弘=클 홍은 넓을 홍이니 사람을 넓을 마음으로 사랑하고 이롭게 해 주고, 益=더할 익은 이로울 익이니 즉, 예수님의 산상수훈 그대로이며 야고보서의 교훈 그대로 눈에 보이는 형제를 사랑함이며 사도 바울이 여러 방편으로 편지로 남긴 서로에게 거룩한 입맞춤으로 문안하며 친밀한 관계를 나누는 그대로다.

'사랑으로 율법을 완성하여 허다한 죄를 덮는 일이다.' (롬13:8)

하나님의 모양을 가지고 天山에 내려와 하나님의 아들이 雄族(웅족)

여인과 결혼을 하여 태어난 우리민족의 최초 할아버지가 우리의 조상이다. 그 증표로 우리는 엉덩이에 곰 무늬 몽고 斑點(반점)을 갖고 태어나 마치 곰의 반점 같다하여 웅족이라 불렀던 것이며 그 어린 아기들이 스스로 음식을 먹을 수 있는 나이가 들면서 반점이 없어지는 것이 신의 지문 유전자다. 이렇게 우리민족은 신과 함께 신성속에서 수천 년을 살아왔으며 옛날 우리조상들은 각 마을마다 단군을 모시는 제단들이 있었고 영적인 사람들은 사람들을 다독이며 선하게 인도하는 전도사들이 있었다. 그들을 檀君네라 했는데 후에 단골네, 단골손님이란 말이 여기서 유래된 말이다.

결국 하나님의 형상을 회복한 사람들의 삶이란, 나의 주변사람들과의 친분이며 더불어 살아가는 박애와 사랑으로 먹고 마시며 정겹게 살아가는 것이다. 초대 그리스도인들은 오순절 신비를 경험한 뒤 그들은 물건을 서로 통용하며 빈부귀천도 없고 날마다 서로 떡을 떼며 연합하여 하나님의 사랑을 체험하며 준행하며 살았다. 바리새인들과 사두개인들이 모세오경으로 회당에서 가르칠 때 예수께서는 천지의 주재이신 하나님을 찬양하며 천지에 널려있는 자연계를 비유하여 설교하셨다.

공중의 나는 새, 들에 핀 백합화, 무화과 나무, 사람 낚는 어부, 밀가루 서 말 속의 누룩, 물결을 잠재우는, 등 자연계의 사물들이 예수께서 가르치신 설교 재료들이며 영적인 비타민이었다. 예수님은 율법이나 제도를 만들지 않았다. 복음의 핵심 센터는 마태복음 5~7장의 산상복음이다. 그러므로 예수를 모르는 나라 사람들도 산상수훈대로 살았다면 모두가 복 있는 사람들이며 천국에 들어갈 사람들이다.

(2) 새 하늘 새 땅

하늘은 무엇이며, 새 하늘이란 무슨 의미일까? 죄악으로 오염된 인간의 마음에는 어두운 마음과 먹구름 같은 사념이 가리워져 가는 곳마다

가시밭뿐이고 불평불만만 가득하게 보인다.

'악인에게는 평강이 없다' (사48:22)

고 이사야 선지자는 말했다. 선지자는 하나님을 모르는 불신자들을 두고 예언한 것이 아니라 아브라함이라 자처하는 이스라엘 백성을 대상으로 지금 예언하는 것이다.

'이스라엘 이름으로 일컬음을 받으며 유다의 허리에서 나왔으며 여호와의 이름으로 나왔으며 여호와의 이름으로 맹세하며 이스라엘 하나님을 기념하면서도 악을 버리지 않고 완악한 이스라엘은 공의가 없고 진실이 없도다 너는 완악하여 네 목의 힘줄은 무쇠 같으며, 네 이마는 놋쇠 같으니라.' (사48:1~4)

'악인에게는 평강이 없으니' (사48:22)

그들은 하늘을 볼 수 없으며 앞날이 깜깜하고 햇빛은 어둡고 길이 참담하다. 그러나 회개하여 온유한 마음으로 귀가 열려 십자가의 비밀을 깨달은 자들은 살아생전에 하나님의 나라를 보며 새 하늘 새 땅을 목격하여 경험하게 된다.

'보라 내가 새 하늘과 새 땅을 창조하나니 이전 것은 기억되거나 마음에 생각나지 아니 할 것이라 너희는 나의 창조하는 것을 인하여 영원히 즐거워할 지니라.' (사65:17~18사65:22)

'그날에는 하늘이 큰소리로 떠나가고 체질이 뜨거운 불에 풀어지고 땅과 그중에 있는 모든 일이 드러나리로다. 이 모든 것이 이렇게 풀어지리니 너희가 어떠한 사람이 되어야 마땅하뇨? 거룩한 행실과 경건함으로 하나님의 날이 임하기를 바라보고 간절히 사모하라. 그날에 하늘이 불에 타서 풀어지고 체질이 뜨거운 불에 녹아지리니 우리는 그의 약속대로 의에 거하는바 새 하늘과 새 땅을 바라보리로다.' (벧후 3:10~13)

'또 내가 새 하늘과 새 땅을 보니 처음 하늘과 처음 땅이 없어졌고 바다도 다시 있지 않더라. 또 내가 보매 거룩한 성 새 예루살렘이 하나님께로부터 하늘에서 내려오니 그 예비한 것이 신부가 남편을 위하여 丹粧(단장)한 것 같더라. 내가 들으니 寶座(보좌)에서 큰 음성이 나서 가로되 보라 하나님의 장막이 사람들과 함께 있으매 하나님이 저희와 함께 거하시리니 저희는 하나님의 백성이 되고 하나님은 친히 저희와 함께 계셔서 모든 눈물을 씻기시매 다시는 사망이 없고 애통하는 것이나 哭하는 것이나 아픈 것이 다시 있지 아니하리니 처음 것들이 다 지나갔음이러라.' (계21:1~4)

중생의 씻음으로 말씀으로 거듭난 성도의 삶은 모든 생각과 의식구조가 완전히 바뀐다. 예전의 마음이나 생각, 이전의 하늘이전의 개념들이 아니다. 가치관이나 교리, 개념, 모두 바뀐다. (고후5:17)

〈새 시대의 새로운 것들〉

- 새 하늘과 새 땅 (계21:1)
- 새 사람들 (계21:2~8)
- 새 신부 (계21:2, 21:9)
- 새집 (계21:10~21)
- 새 聖殿(성전) (계21: 22)
- 새 빛 (계21:23~27)
- 새 낙원 (계22:1~5)

(3) 새 方言(방언)

방언에는 두 가지 의미로 구분할 수 있다.

'방언을 말하는 자는 사람에게 하지 아니하고 하나님께 하나니 이는 알아듣는 사람이 없고 그 영으로 비밀을 말함이라 그러나 교회에서 네가 남을 가르치기 위하여 깨달을 마음으로 다섯 마디 말하는 것이 일 만 마디 방언으로 말 하는 것보다 나으니라.' (고전14:2, 14:19)

1) 마가 다락방의 萬國方言,

사도행전 2장에 기록된 만국방언은 마가의 집 다락방의 초자연적인 현상의 기적적인 성령의 역사였고 당시의 신비한 사건을 믿을 수밖에 없다. 이러한 현상들은 지금도 종종 일어나고 있기 때문이다. 그런데 주목해야 될 사실은 오늘날의 부흥사들과 감정파들의 집회에서 유행하던 방언교육과 방언학교, 연습, 등 기도원에서 개구리 영들의 바벨론 혼잡담은 마가 다락방의 방언이 아니다. 왜냐하면 그 당시의 언어들은 각각 자기 나라의 언어로 모두 알아듣게 말했기 때문에 혼잡하지 않았으며, 질서 있고 신비하였다. 알아듣지 못하는 횡설수설의 혼잡한 말을 왜 해야 하는가? 무슨 비밀이 그렇게 많아서, 어느 교회에서는 방언을 못하는 사람을 노골적으로 무시하고 몇 시간씩 떠들어대는 사람도 있다. 대다수 위험에 처한다.

2) 새 방언이란? (막16:17)

★ 變化받은 입술의 열매로 온유하고 生命力 있고 창조적인 입술의 변화를 말한다.

• 의인의 혀는 순은과 같거니와 악인의 마음은 가치가 적으니라. (잠

10:20)

• 사람은 입의 열매로 말미암아 복록에 족하며 그 손이 행하는 대로 자기가 받느니라. (잠12:14)

• 智慧로운 자의 입술은 지식을 전하여도 미련한 자의 마음은 정함이 없느니라 (잠15:7)

• 선한 말은 꿀 송이 같아서 마음에 달고 뼈에 양약이 되느니라 (잠16:24)

• 그러므로 生疎(생소)한 입술과 다른 방언으로 이 백성에게 말씀하시리라 (사28:11)

• 주께서 學者(학자)들의 혀를 내게 주사 나로 곤고한 자를 말로 어떻게 도와줄 줄을 알게 하시고 아침마다 깨우치시되 나의 귀를 깨우치사 학자같이 알아듣게 하시도. (사50:4)

• 우리가 예수로 말미암아 항상 찬미의 제사를 드리자 이는 그 이름을 증거 하는 입술의 열매니라 오직 선을 행함과 서로 나눠주기를 잊지 말라 이 같은 제사는 하나님이 기뻐하시리라 (히13:15~16)

• 미워하고 욕하던 입술이 변하여 온유함으로 변함 (욥27:4, 시17:4)

• 속된 입술이 변하여 진리를 전하는 입술이 됨 (욥기27:4, 33:3)

• 네가 만일 돌아오면 내가 너를 다시 이끌어서 내 앞에 세울 것이며 네가 만일 천한 것에서 귀한 것을 취할 것 같으면 너는 내 입같이 될 것이라 그들은 네게로 오려니와 너는 그들에게로 돌아가지 말지니라 (렘15:19~20)

★ 감사하는 입술이 됨

- 내 입은 진리를 말하며 내 입술은 악을 미워하느니라 내 입의 말은 다 의로운즉 그 가운데 굽은 것과 패역한 것이 없나니 이는 다 총명 있는 자의 밝히 아는 바니라 (잠8:7~9, 아5:13)

★ 하나님의 입이 되어 증거 함
★ 새 노래를 부르는 입술로 거듭남

- 주께서 율례를 내게 가르치시고 내 입술이 찬송을 발할지니라. (시 119:171, 잠5:2)

- 내가 주를 찬양 할 때에 내 입술이 기뻐 외치며 주께서 구속하신 내 영혼이 즐거워 하리이다. (시71:23)

예수 그리스도의 온유한 심성을 본받아 새롭게 변화를 받아 사랑의 말, 감사의 말, 자비와 위로의 말이 입에 배인 사람으로, 예수의 香氣(향기)를 품어 마치 예수 그리스도를 만난 듯 은혜로운 품성이면 그는 새 방언을 말하는 사람이며, 또한 성령의 지혜로 말미암아 경우에 합당한 언행으로 덕을 세우는 것이다.

'경우에 합당한 말은 아로새긴 은쟁반에 금 사과니라' (잠25:11)

(4) 새 예루살렘

하늘의 예루살렘

이 예루살렘은 하늘의 예루살렘으로 이 땅의 모든 존재는 하늘의 模型(모형)들이다. 예루살렘은 히브리어로 '하나님이 세우시다'라는 뜻으로 여루엘과 '평강'을 뜻하는 살렘에서 유래했는데 '하나님이 세우신 평강의 성'이라는 뜻이다. 히브리서에 기록된 하늘의 예루살렘은 사람들이 의심하는 실제 천국을 말할 수 있으나, 그 모형은 이 땅에서 현재 사적으로 진행되고 있으니 오늘날에 있어서는 영적인 모임이다. 그러나 이스라엘의 멸망한 성벽을 말하는 것이 아니며 무너뜨릴 수도 없고 무너지지도 않는 신령한 마음의 예루살렘이다. 그리고 미래의 하늘보다는 현재의 하늘이며 영적으로는 장자들의 총회며 24장로 회의소다.

'그러나 너희가 이른 곳은 시온산과 살아계신 하나님의 도성인 하늘의 예루살렘과 천만 천사와 하늘에 기록한 장자들의 총회와 교회와 만민의 심판자이신 하나님과 온전케 된 義人(의인)의 영들과 새 언약의 중보이신 예수와 및 아벨의 피보다 더 낫게 말하는 뿌린 피니라.'
(히12:22~23_)

경건하고 온유함으로 그리스도의 향기로운 인격을 본받아 합력하여 선을 이루는 순결한 교회 혹은 모임이나 개인, 등 그리스도께서 임재하신 곳은 현재사적으로 그 곳은 새 예루살렘이다.

'또 내가 보매 거룩한 성 새 예루살렘이 하나님께로부터 하늘에서 내려오니 그 예비한 것이 신부가 남편을 위하여 예비한 것 같더라.'
(계21:2)

결국 새 예루살렘은 우리가 바라던 지상천국이다. 이 새 예루살렘이 하늘에서 내려왔다 하는 것은 무슨 거대한 빌딩이 건물 째 내려오는 것이 아니라 마치 노아가 방주를 예비하듯 뜻을 같이하는 성령의 사람들이 호흡을 같이하여 세운 영적인 성이다.

이들은 온전케 된 의인의 영들이며 장성한 그리스도의 인격을 지닌 사람들이다. (요17:22, 엡4:13) 이 지체들은 서로 연결되고 연합되어 건물의 연결처럼 서로 성전으로 지어져 가는 마음의 예루살렘을 지키는 자들이다. (렘51:50)

'예루살렘을 위하여 평안을 구하라 예루살렘을 사랑하는 자는 亨通

(형통)하리로다. 네 성 안에는 평강이 있고 네 궁중에는 형통이 있을 찌어다' (시122:6~7)

율법의 노예생활이 끝나고
감옥살이의 복역의 때가 끝나고
죄악이 사함을 받고
참 하나님을 만난 아침에
들려오는 소리가 있다
내 백성을 위로하라
정다운 목소리로
예루살렘 소식을 전하라 (사40:1~2)

위 성구는 본래 포로생활 하는 이스라엘 민족에 관한 先知者의 글이지만 오늘을 살아가는 신앙인들의 영적상태는 마치 바벨론 포로생활보다 더욱 황폐해지고 기쁨이 없으며 기껏해야 죄 많은 이 세상에서 충성봉사 많이 해서 미래의 천국에 들어간다는 거래처를 확보하며 기다림으로 하루하루 살고 있는 사람들에게도 전파되는 광야의 소리다. 이 소식은 높은 봉우리와 낮은 골짜기가 평탄케 되는 복된 왕국의 소식이다.

성경의 기자들은 예루살렘을 擬人化(의인화)하여 칭하였고 더 나아가서는 구원받은 성도의 마음을 두고 선포하였다.

'예루살렘아! 네 마음의 악을 씻어 버리라. 그리하면 구원을 얻으리라 네 악한 생각이 네 속에 얼마나 오래 머물겠느냐' (렘 4:14)

'구원받은 예루살렘들아 하나님을 찬양할 찌어다. 시온아! 네 하나님

을 찬양할 찌어다.' (시147:12)

'예루살렘아! 네 가운데서 하나님의 전 정에서 내가 갚으리로다 할렐루야!' (시116:19)

(5) 하나님 아들들의 권세

'迎接(영접)하는 자 곧 그 이름(말씀)을 믿는 자들에게는 하나님의 자녀가 되는 權勢를 주셨으니 이는 血統(혈통)으로나 육정으로나 사람의 뜻으로 나지 아니하고 하나님께로서 난 자들이니라'(요1:12~13)

'우리가 怨讐(원수)되었을 때에 그의 아들의 죽으심으로 말미암아 하나님과 화목하게 되었은즉 和睦(화목)하게 된 자로서는 더욱 그의 살아나심으로 말미암아 구원을 받을 것이니라.' (롬5:10)

'또 십자가로 이 둘을 한 몸으로 하나님과 화목하게 하려 하심이라 원수된 것을 십자가로 소멸하시고 또 오셔서 먼데 있는 너희에게 평안을 전하고 가까운데 있는 자들에게 평안을 전하셨으니' (엡2:16~17)

우리는 그리스도의 부활을 본받아 내 육체의 경험함으로 그의 능력을 힘입어 믿음으로 하나님의 자녀가 되었으니 옛 뱀의 교활한 사망권세를 이기고 뱀의 머리를 깨뜨리고 뱀을 집으며 무슨 독을 마실지라도 거친 욕설을 들을지라도 모함을 받아도 해를 받지 않을 것이다.

'내가 너희에게 전갈을 밟으며 원수의 모든 능력을 제어할 권능을 주었으니 너희를 해칠 자가 결코 없으리라' (눅10:19)

누구든지 그리스도의 제자라면 여자의 후손답게 뱀을 집어 짓이기고 전갈을 밟아 으깨며, 원수들의 모든 위험과 권능으로 가차 없이 제거해야 비로소 하나님의 힘이요, 구원자요, 그의 자녀들이다. 이것이 성도들의 靈力속에 숨겨진 권세이다. 우리는 그리스도의 인격을 본받아 온유하고 겸손해야 함은 말할 것도 없겠거니와 반면 그분의 패기와 기상과 정의롭지 못한 경우에는 장사꾼들의 좌판과 전대를 때려 엎을 수 있는 권세와 용기도 배워야 사탄들이 믿는 자들을 만홀히 여기지 않을 것이다.

그러나 오늘날 연약한 기독교인들이 이 하나님 아들의 권세를 믿지 않는다. 그러나 믿음의 분량만큼 성령의 역사는 전형적으로 역사하며 지금도 奇蹟(기적)은 일어난다. 성경의 수백 수천 구절이 상학적인 기적의 역사인데도 불구하고 아직도 여전히 상처받고 조금만 고난이 와도 울고불고 눈물로 세월을 보내는 이가 대다수다. 그리스도의 용병이 못되니 아직도 어린아이 신앙을 못 면하여 젖먹이로 머물러있으니 딱하다. (마24:19)

어서 속히 솔로몬처럼, 지혜의 영을 구하여 성령으로 거듭나서 장성하자. 성경은 말한다.

'너희가 받지 못함은 구하지 아니함이요, 구해도 받지 못함은 정욕으로 쓰려고 잘못구함이니라' (약4:2~3)

능력과 영권으로 전신갑주를 힘입어 보혜사 성령께서 우리 마음에 내주하게 하시며, 우리의 연약함을 친히 아시고 간구해 주심을 믿어야 할 것이다. 오늘날 하나님의 아들들이라면 적어도 하나님의 아들들의 권세가 무엇인지 적어도 알아야 함은 기본이다. 다시 말하면 뱀과 전갈을 밟는 권세가 하나님의 아들의 권세다.

뱀의 이름을 지어준 아담이 뱀을 다스린 것처럼, 부활신앙은 사탄의 유혹을 믿음의 권세로 다스려야 한다. 신앙생활이란 이 거칠고 험준한 세상, 늘 부대끼고 만남이 많은 세상에서 사탄의 권세를 타파하여 마귀 권세를 굴복시켜 하나님의 나라를 확장시켜 나가야 할 것이다.

예수께서 미리 아시고 당부하셨다.

'너희가 세상에서 환란을 당하나 담대하라 내가 세상을 이기었노라' (요16:33)

더 이상 자기 연민이나 두려움에 떨지 말라, 전신갑주를 입고 영전에서 승리하자!

2. 자유, 평화, 윤택한 삶, 의식주 넘치고 전쟁 없음 (미2장)

(1) 하나님의 자녀들의 自由

하나님의 아들들이 자유 가운데서 누리는 조건은 모든 것에서의 자유다. 영적인 고뇌란 사실상 믿음의 실체를 깨닫지 못하여 확신이 없어 일어나는 것이다. 따라서 죄에서 자유를 얻는 것은 믿음의 실체를 깨달을 때에만 가능하다. 증거가 불충분하면 그것은 유죄다.

진리에 이르는 지식은 영혼의 평안과 희락이며 그것이 구원의 노래다. 진리를 알지 못하는 것이 가장 큰 죄인 것이다. (호4:6, 14:9, 시119:73, 요17:3, 고전13:11~12) 구원 안에서의 자유란 말로 다할 수 없는 대 자유다.

* 죄에서 자유

'주께서 가라사대 그날 후로는 저희와 세울 언약이 이것이라 하시고 내 법을 저희 마음에 두고 저희 생각에 기록하리라. 하신 후에 저희 불법을 내가 다시 기억지 아니하리라 하셨으니 이것을 사하였은즉 다시 죄를 위하여 제사드릴 것이 없느니라.' (히10:16~18)

여기서 '그날 후로' 라는 말씀은 그리스도와 합하여 단번에 제물이 되어 동참한 영원한 속죄로, 다시는 죄를 위하여 속죄드릴 일이 없는 영속을 의미함이니 죄의 고뇌로 곤고한 생활에서 벗어나 자유로운 성숙한 아들들이 되어 장자들의 총회에 입문한 사람들의 고백이다. 이것이 죄 사함을 받은 구속의 증표다. (사1:18, 롬8:1~2, 8:17)

* 먹고 마심으로부터 자유

'그러므로 먹고 마시는 것과 절기나 월삭이나 안식일을 인하여 너희를 헐뜯고 모함하지 못하게 하라 이런 것들은 장래 일의 그림자이나 몸은 그리스도의 것이니라. 누구든지 일부러 겸손함과 천사 숭배함을 인하여 너희 상을 빼앗지 못하게 하라.' (골2:16~17)

'혼인을 금하고 식물을 폐하라 할 터이나, 식물은 하나님이 지으신 바니 믿는 자들이 감사함으로 받을 것이니라. 하나님이 지으신 모든 것이 선하시매 감사함으로 받으면 버릴 것이 없나니 말씀과 기도로 거룩하여지느니라.' (딤전4:3~5)

* 모든 형식으로부터 자유,

'먹든지 마시든지 무엇을 하든지 다 하나님의 영광을 위하여 하라' (고전10:31)

* 인간이 만든 여러 제도에서 자유
* 가난과 질병에서 자유
* 구약성경에서 자유
* 율법에서 자유
* 교리적인 간섭에서 자유다.

(골2:16~17, 2:20~23 딤전4:1~4, 고후3:12~15)

'江 左右가에는 각종 먹을 실과나무가 자라서 그 잎이 시들지 아니하며 실과가 끊이지 아니하고 달마다 새 실과를 맺으리니 그 물이 성소로 말미암아 나옴이라 그 실과는 먹을 만하고 그 잎사귀는 약 재료가 되리라.' (겔47:12)

영적인 성소에서 나오는 진리의 생수를 마신 자들의 자유 하는 妙理(묘리)는,

'그리스도로 더불어 천년동안 왕 노릇하는 하나님의 장막에 거하는 거룩한 백성들이다.' (계20:6)

이미 참 포도나무에 접붙임을 받은 아들들은 진리의 울타리인 시냇가에서 주와 더불어 먹고 마시며 그리스도의 향기를 남기며 가지와 잎사귀를 내니 생활자체가 말씀의 체질화가 되어 진리 안에서 새롭게 지음을 받은 하나님의 자녀들로서, 이미 신령한 몸으로 변화를 받아 그토록 어렵던 말씀의 규범들이 몸에 배어 삶이 그리스도와 더불어 호흡하는 이미 신령한 몸이 되어 구태여 율법이나 어떤 교훈에 매이지 않는 것이다. (요15:5~60)

우리가 교통법규를 지키되 법규가 두려워서 지키는 것이 아니듯 입 속의 혀처럼 자연스럽게 주와 연합되는 것이다.

'진리를 알 찌니 진리가 너희를 자유케 하리라.' (요8:32)

'예수께서 말씀하시기를 누구든지 죄를 범하는 자마다 죄의 종이라 종은 영원히 아버지 집에 거하지 못하되 아들은 영원이 영원히 거하나니 그러므로 아들이 너희를 자유케 하면 너희가 참으로 자유하리라' (요8:34~36)

진리 안에서 살지 않는 것은 단순한 불신이 아니라 거짓 가운데 사는 것이며 결국은 옛 뱀 마귀권세 아래 있는 율법신앙, 아니면 유대주의

모세오경을 중시여기며 다른 성경을 외면하는 사두개즘, 기타 율법주의자들은 입으로는 예수 그리스도를 말하면서 지키지도 못하는 율법의 스승이 되려하나 결국은 그에 대한 보응으로 긴장과 미움과 분, 살기로 형제를 해하며 실제적인 삶은 수고와 무거운 짐을 지고 허덕이는 것이 오늘날 종교인의 실상이다. 그러나 진리를 알게 되면 자유를 얻는다.

(2) 넘치는 의식주

성경에서 산 자의 하나님을 대표하는 세 증인은 아브라함과 이삭과 야곱의 하나님이다. 이 말은 옛적에 활동하던 아브라함과 이삭과 야곱의 하나님이라는 말이 아니고 당시의 세 증인들에게 즉, 살아있는 믿음의 조상들에게 역사하신 하나님의 섭리를 말함이다. 죽어 영계에 들어간 사람에게는 사후의 삶이 있을 것이지만 이 땅에 사는 산 사람에게는 하나님의 간섭과 도우심이 필요한 것이다. 이 세 증인은 하나님과 독대하며 영성을 키워나갔고 깊은 교감을 하였다. 모리아 산에서 얍복강 나루에서 외삼촌 집에서 그들의 하나님은 간섭하였다.

그러므로 하나님은 지금 여기에 살아있는 자가 만나야 할 하나님이며, 이미 죽어 靈界에 들어간 자들의 하나님이 아닌 것이다. 하나님과 함께 동행 하는 삶이라 죽음이 없는 영생으로 생명이 다하여 이 세상을 떠날 때에도 그때에는 옷을 갈아입는 것이지 죽음이 아닌 것이다. 이를 가리켜 둘째 부활이라 한다. 위 세 증인의 삶을 더듬어보면 사실상 고단하고 정처 없는 유목민 생활이었으며, 그렇게 여유 있고 한가한 생활이 아니었다. 그들의 삶도 오늘을 사는 우리처럼 고뇌와 문제가 항상 뒤따랐다. 다만 의식주 때문에 기도하는 일은 없었다. 일생동안 먹고 마시며 비교적 태평하게 살다가 그들의 조상인 열조의 품으로 돌아가 묘지에 안장되었다고 기록하고 있다.

• 오늘을 사는 신앙인의 衣食住

폐일언하고 집집마다 옷이 50벌도 넘는다. 필자가 70년대에 연예잡지에서 배우 엄앵란 씨의 구두가 그 당시에 50켤레가 된다고 사진을 찍어 기사화된 것을 읽었다. 함께 기사를 읽은 사람들은 모두 놀랐고 입을 딱 벌렸다. 나는 그때 고무신 한 켤레와 아끼는 운동화 한 켤레가 있었다. 연예인이니까 물론 일반인보다는 화려하고 풍족하겠지만 당시로서는 장안의 큰 부러움이며 화제였다. 신성일 씨가 우리나라에서 세금을 가장 많이 내는 사람이었으니 부를 누리는 것은 당연한 일일 것이다. 그런데 얼마 전 나의 신발장을 보고 입을 벌려 놀랐는데 나의 신발이 구두가 10켤레, 운동화가 서너 켤레 말장화가 2켤레, 등산화 두 켤레, 가죽 샌들이 3켤레, 고무신, 털신, 작업화, 등 합쳐 50켤레가 넘었다. 옷가지를 대충 보니 선물 받은 명품 코트가 4벌, 아내가 사준 코트가 2벌, 목도리 스카프가 20여 개, 양말은 50켤레도 넘고, 넥타이도 수십 개, 양복이 10여 벌, 두루마기 외에 개량한복 10여 벌, 수입셔츠, 점퍼, 등 밀린 옷이 100벌이 훨씬 넘어 千年을 입어도 못 다 입을 것 같았다.

냉장고에는 못다 먹는 고기가 밀려 고양이를 먹이고 기타 동식물 채소 곡물이 남아 썩어나고, 쌀은 선물 받은 것만 4자루나 된다. 빚은 10원도 없고 큰 부자는 아니지만 통장에 1년 이상 쓸 돈이 비축되어있고 농사를 지을 땅도 1200여 평 있으니 염려를 해야 할 이유가 털 끝 만큼도 없다. 나의 집은 늘 빈 방이 몇 개씩 준비되어 있다. 아버지의 유언대로 나그네를 영접하여 묶어 갈수 있도록 힘쓰고 있다.

오늘을 사는 신앙인들 삶의 현장을 둘러보면 오늘 나의 고백이 大同小異할 것이다. 이렇게 풍족한 가운데 살면서도 싸우고 근심하고 욕심 부리면 천벌 받는다. 내가 늘 하는 말은 그렇다. 1970년대 기다리던 그 천국 '이 몸의 소망 무엔가?' 할 때에 우물 있는 집에서 물 길러 안가고 쌀밥에 고기반찬 배불리 먹는 날이 왔으면 하는 바람이 교회의 기도 제목이었으며, 흑백 TV 있는 집이 부러웠고 비닐장판 깔고 자는 집이 부러웠다. 40년 만에 열 번도 더 임재한 천국의 물질축복 넘치고, 넘치고 또 넘친다. 마음을 조금만 저자세로 낮추면 얼마든지 부자로 잘사는 우리민족이다. 가진 자들이 착취만 않으면 우리는 부자나라다.

그러나 지금 위험한 순간이다. 긴장을 늦추지 말자. 인간이 살면서 가장 시급한 문제가 의식주 문제다. 의식주 문제가 해결이 안 되면 절대로 자유롭지 못하다. 그런데 오늘을 사는 우리주변은 먹고 사는 문제가 벌써 해결되었는데도 가난해지고 황폐해지는 것은 100% 욕심 때문이며 낭비하는 버릇과 교만 때문이다.

멀쩡한 옷을 유행 지났다고 버리며 이사했다고 물건들을 모두 버리고 새로 장만해야 하고 아직 탈만한 자동차를 낡았다고 자주 바꿔야하고 한 번 더 먹을 수 있는 음식을 모조리 쓰레기에 털어 넣고, 생필품도 유통기한이 하루만 지나면 과감히 버리고 못된 것만 배워 돈을 모으지 못하고 아무리 벌어도 빈궁한 죄받을 사람들은 이미 그 자체로 천형을 받은 것이다.

눈물 젖은 음식을 모르는 사람들이 무슨 간증거리가 있겠는가? 그러니 무슨 여유로 그들이 하나님을 알겠으며, 어찌 성경을 묵상하며 간절한 기도와 명상을 하겠는가. 지금 당장 코앞도 못 보는데 어찌 앞날을 예견할 것이며, 또한 先見者가 시대의 징조를 말해준들 역시 소돔 고모라 때처럼 농담으로 여기며 영생의 길과 멸망의 길을 알려줘도 자기들의 죄악이 충만하니 농담으로 여겨 도무지 믿지 못한다.

先知者가 어리석게 보이고 성령에 감동한 자가 미친놈으로 보이는 것은 그 사람 자신의 죄악이 넘쳐서 눈이 가리워 그런 것이다. (호9:7, 행26:24, 고전1:18~19, 요12:24, 마16:25~26, 마5:11~12, 10:41~42)

이와 같이 하나님의 지혜는 어리석어 보이는 역설적인 면으로 증거하고 있다. 단적으로 말하면 죽어야 사는 이치가 그것이다. (요12:24)

(3) 하나님 아들들의 平和

'화평케 하는 자는 복이 있나니 그들이 하나님의 아들이라 일컬음을 받을 것임이요 (마5:9)

평화는 주여! 주여! 부른다고 그냥 얻어지는 것이 아니다. 콩 심은데 콩 나고 팥 심은데 팥 나듯 절차가 있는 것이다. 평화라는 말은 그렇다. 구약에는 살롬으로 신약에서는 헬라어로 에이레네로 번역된 이 단어는 세 가지 중요한 개념을 의미하고 있는데, 첫째는 안식을 누리는 평화이고, 둘째는 하나님과의 화해가 성립된 상태에서의 평화, 셋째로는 구원의 완성으로서의 평화라는 깊은 의미가 있다. 예수 그리스도께서는 우리를 하나님과 화목케 하려고 화목제물이 되셨다.

'平安을 너희에게 끼치노니 곧 나의 평안을 너희에게 주노라 너희에게 주는 것은 세상이 주는 것 같지 아니하니라 너희는 마음에 근심도 말고 두려워하지도 말라' (요14:1. 14:27)

'이것을 너희에게 이름은 너희로 내 안에서 평안을 누리게 하려 함이라' (요16:33)

'安息후 첫날 저녁때에 제자들이 유대인들을 두려워하여 모인 곳에 문을 닫았더니 예수께서 오사 가운데 서서 가라사대 너희에게 평강이 있을 찌어다' (요20:19~21)

두려워 문을 닫았던 연약한 제자들에게 나타나셔서 용기를 주시고 그들에게 평안을 기원해 주셨다. 그리고 숨을 내쉬며 聖靈의 기운을 불어 넣어주시며 희망을 주셨다. 이렇게 평화는 대상과의 친밀감을 유지하는 관계 속에서 느낄 수 있고 확신이 일어나는 것이다. 하나님의 아들이라 일컬음을 받는 상황이란, 헬라어로 칼레오가 동사, 미래수동

태다. 그러니까 평화를 만들어내는 사람은 자신이 스스로 하나님의 아들이라고 인식하는 차원이 아니라 다른 사람들에게 그들은 과연 하나님의 아들들이라고 불림을 받는 엄청난 사건이다.

그러기 위해서는 과연 우리가 어떤 삶을 살아야할까?

'안디옥 교회에서 큰 무리를 가르쳤고 제자들이 비로소 그리스도인 이라 일컬음을 받게 되었더라.' (행11:26)

이와 같이 우리가 하나님의 아들이 되기 위해서는 아들이 되는 실제적인 증거가 있어야 한다는 것이다. 그것은 세상으로부터 하나님의 아들이 됨을 신분적으로 증거가 되는 향기는 불신자들로부터 인정을 받는 길이다. 예수께서는 산상수훈에서 이렇게 말했다.

'너희의 착한 행실을 보고 하늘의 하나님께 영광을 돌리게 하라.' (마 5:16)

성도의 영광과 평화는 하나님께로서 내리시는 은혜임은 두말 할 것도 없겠거니와 생각지도 않은 이방인들이 우리의 삶에 박수 보내며 과연 저 사람은 하나님의 사랑받는 사람이라고 증언해주며 영광을 돌릴 때에 비로소 하늘에는 영광, 땅에는 평화가 臨齋(임재)하는 것이다. 화평이란 앞 절에 언급했듯이 입에 발린 관념이 아니라 삶의 현장에서 그 흔들림 없는 초연함과 굳건한 믿음이 흔들리지 않는 것이다. 그러기 위해서는 사도바울이 강조하는 단어를 주목해볼 필요가 있다.

'이렇게 우리는 믿음으로 말미암아 하나님과 올바른 관계를 가졌으므로 우리 주 예수 그리스도를 통해서 하나님으로 더불어 화평을 누리자.' (롬5:1)

- **어떻게 하나님과 올바른 관계를 유지 할 수 있는가.**

① 율법을 완성해야 하며 하나님의 사랑을 깨달아야 한다.

환란, 곤고, 핍박, 기근, 적신, 위험, 칼, 등 어떤 조건에서도 우리를 주님의 사랑에서 끊을 수 없다는 확신으로 감사하는 것이다. (롬8:35~39)

② 환란 중에도 즐거워하는 것이 하나님과 올바른 관계를 유지하는 증거다.

위 로마서에 언급된 하나님과의 화해는 바울의 독자적인 사상은 아니다. 모든 신약성경 전반이 이 개념이 핵심이다. 다만 바울이 자기의 지성적 전 존재를 동원하여 훼손된 내적인 평화를 회복하는 길을 안내하고 있는데, 그리스도와 연합하여 하나님과의 관계를 유지하는 과정에서 부딪칠 수 있는 고통마저도 자랑하는 격조 높은 정신이다.

이것이 어떠한 환경에서도 좁은 문으로 입문하는 구도의 자세다. (롬5:3) 일부러 사서 고생을 할 필요는 없다. 그러나 나무나 곡식이 자라는 과정에는 비바람과 사계의 섭리를 겪듯 성장을 위해서 고통은 인내를, 인내는 시련을 이겨내는, 끈기를 낳고 그러한 끈기는 희망을 낳는다. (롬5:3~4)

(4) 戰爭(전쟁)과 싸움이 끝이 남

1) 영적인 전쟁의 승리!

'너희가 주 안에서와 그 힘의 능력으로 강건하여 지고 마귀의 간계를 능히 대적하기 위하여 하나님의 전신갑주를 입으라. 우리의 씨름은 혈과 육을 상대하는 것이 아니요 통치자들과 권세들과 어둠의 세상 주관자들과 하늘에 있는 惡의 靈들을 상대함이라.' (엡6:10~12)

'그러므로 하나님의 전신갑주를 취하라. 이는 악한 날에 너희가 능히 대적하고 모든 일을 행한 후에 서기 위함이라. 모든 것 위에 믿음의 방패를 가지고 이로써 능히 악한 자의 불화살을 소멸하고 구원의 투구와 성령의 검 곧 하나님의 말씀을 가지라.' (엡6:13~17)

우리의 戰爭(전쟁)은 세속적이고 육적인 전쟁이 아니며 나 살기위해 남의 의자를 뺏는 생존경쟁도 아니며, 약소한 나라를 뺏고 원주민을 죽이며 인신매매를 하던 강대국들의 사악한 침략도 아니며, 공중권세 잡은 사악한 마귀권세와 인간을 물질의 노예전쟁의 노예 교만의 노예 근성과 진리를 거스르는 어두움의 세상 주관자인 사탄과의 싸움이다.

성경은 이러한 싸움을 선한싸움이라고 묘사했다.

'내가 선한싸움을 싸우고 달려갈 길을 마치고 믿음을 지켰으니 이제 후로는 나를 위하여 의의 면류관이 예비 되었으므로 주 곧 의로우신 재판장이 그 날에 내게 주실 것이니 내게만 아니라 주의 나타나심을 사모하는 모든 자들에게니라.' (딤후4:7~8)

'우리의 싸우는 병기는 육에 속한 것이 아니요 오직 하나님 앞에서 견고한 진을 파하는 강력이라. 모든 이론을 파하며 하나님 아는 것을 대적하여 높아진 것을 다 파하고 모든 생각을 사로잡아 그리스도에게 복종케 하라' (고후10:3~5)

바울은 이러한 싸움은 우리가 싸워 이겨내야 할 선한 싸움이라고 여러 차례 힘주어 말했다.

人權運動(인권운동)의 지도자 마틴 루터 킹 목사(Martin Luther King Jr.)는 39년의 짧은 생을 살았다. 그는 백인의 총탄에 맞아 결국 숨을 거두었지만 그는 이렇게 말했다.

"모든 비극 중에서 가장 큰 비극은 젊어서 죽는 것이 아니라 오래 살면서도 한 번도 진정으로 살지 않는 것이다."

라는 말을 남기며 자신의 삶을 선한 싸움에 바쳤다.

그는 매일 평균 40여 통씩 걸려오는 협박전화에 응대하며 분노한 군중 속에서 냉정을 유지하였고 경찰견에 쫓기고 소방호수 세례를 받으며 감옥에 끌려가고 집안에 폭탄을 던져 아수라장이 되어도 그를 고소하지 않고 그의 영혼이 회개하기를 기도하며 네 아이의 아버지 노릇과 노벨평화상으로 받은 상금 5만 4천불을 평화를 위해 쓰도록 내어놓으며 피부색과 관계없이 형제자매로 한 테이블에 앉게 하기 까지 온유하게 설득하며 그는 단 한 시간도 두 다리 뻗고 쉴 틈도 없이 선한 싸움에 혼신의 힘을 다하였다.

그의 삶은 정말 바울 비슷하게 살았고 예수 그리스도의 향기와 사랑과 복음을 기초로 하여 경주하던 선한 싸움이었다. 그러므로 우리의 싸움은 이웃과의 멱살잡이의 힘자랑 싸움이 아닌 예수 그리스도의 향기를 전하는 과정에서 일어나는 악의 영들과의 싸움이다.

2) 하나님의 아들들은 戰爭을 싫어한다.

'무리가 그 칼을 쳐서 보습을 만들고 창을 쳐서 낫을 만들 것이며 이 나라와 저 나라가 다시는 칼을 들고 서로 치지 아니하며 다시는 전쟁을 연습하지 아니하고 각 사람이 자기 포도나무 아래와 자기 無花果 나무 아래 앉을 것이라.' (미4:3~4)

사탄은 처음부터 가인의 마음을 강퍅하게 이용하여 형제를 죽이며 피를 흘렸다. 오늘날에는 가인의 후예들이 훨씬 힘이 있고 조직이 거대하고 세상을 흔들고, 어둠의 세상을 주관하고 있다. 이들은 종교라는 이름으로 전 세계를 지배했고 원주민들을 수억 명을 학살했고 쉴 새 없이 전 세계의 크고 작은 전쟁을 주도해왔다. 〈그림자 정부 中〉

전쟁이 인간의 욕구에 따른 자연적인 것이라면 평화에 대한 갈망 또한 인간의 존엄과 생명 존중의 본능적 욕구에 따른 당연한 보호 감정이기에 역사상으로는 전쟁이 발생한 처음부터 존재하고 있었으며, 서구에서는 히브리의 예언자, 고대 그리스 철학자의 사상에서부터 근대 인도주의 사상에 이르기까지 그 사상적 계보를 찾아볼 수 있다. 고대 동양에서는 중국 春秋戰國時代의 사상가 墨子(묵자)와 그의 가르침이 단연 대표적이라 할 수 있다. 다만 묵자 사후에는 학파가 분열하고 타락하면서 도리어 침략자를 위해 씁쓸한 추태를 보이기도 하였다.

• 영적인 사람들은 反戰主義(반전주의)를 주장한다.

히틀러, 뭇솔리니, 스탈린, 징기스칸, 라폴레옹, 알렉산더, 로마 황제들, 일본인들의 난징 대학살, 기타 크고 작은 종교 전쟁들, 200년 동안 계속된 십자군 악마전쟁, 베트남의 100년 전쟁의 수백만 학살, 6·25전쟁으로 400만 학살, 영적인 하나님의 사람들은 전쟁을 증오하며 반전주의를 지향한다. 예수, 붓다, 노자, 공자, 아브라함 링컨, 오쇼 라즈니쉬, 라마크리슈나, 라마나 마하라쉬, 여호와의 증인들, 우찌무라 간조, 가가와 도요히꼬, 함석헌, 등 수많은 평화주의자들이 전쟁무용론을 주장했으나 현실적으로 군대 무용론을 절대 지지를 못하는 현실이다.

유교, 불교, 도교, 기독교, 유대교, 이슬람교, 힌두교, 퀘이커, 안식일교회, 등 다수의 성인들이 반전주의를 주장하였으나, 한편 무지한 욕심이 전쟁을 일으키기도 하기 때문에 전쟁은 필요악이 되었다. 우리의 영적인 바람은 그렇다. 성경 사도행전 2장처럼 성령이 충만하기만 하면 무슨 전쟁이 필요하겠는가? 1차 세계대전 이후에는 제국주의에 반대하는 식민지 핍박 민족의 반제국주의, 민족 해방 운동과 자유주의, 사회주의, 세력에 의하여 전개되어갔다.

이런 정세는 제국주의에 억압되어 온 피압박 민족의 해방 투쟁을 발전시켰으며, 1927년 국제반제동맹을 결성하여 국제적 규모의 제국주의의 반대, 민족 독립지지 운동을 전개해 나갔다. 양심적 병역거부가 등장하기 시작한 것도 1차 세계대전이다.

그 이전부터 역사적으로 병역 거부자들은 지속적으로 저항하여 왔었다. 미증유의 대 살육전을 앞에 두고 종교적 신념과 정치적 신념에 따라 조직적으로 병역을 거부한 것은 1차 대전이 처음이다. 기독교에서는 양심적 병역거부가 재 침례파들의 저항으로 최초로 주창되었다.

3) 전쟁은 악마들이 만든 지옥이다.

일본의 한국 침략과 중국침략, 히틀러의 군비 확장에 의해 세계적으로 전쟁의 위기가 닥쳤는데, 이런 상황에서 헨리 바르뷔스(Henri Barbusse)와 로맹 롤랑(Romain Rolland)의 제창으로 1932년 8월 네덜란드 암스테르담에서 재국주의 전쟁에 반대하는 국제반전대회가 열려 여러 나라에서 2000여 명이 참가하였다. 이 대회는 사상 초유의 국제적 규모의 반전대회로서 정당, 사상, 신념의 차이를 초월하여 반전주의자, 평화 애호자들이 결집하였다. 이 대회를 계기로 하여 정치적 인도주의적 종교적인 갖가지 반전, 평화운동이 눈 앞에 처한 긴급한 과제에 대처하는 과정에서 반전주의, 반파시즘으로 단결해 나갔으며, 이러한 운동의 발전은 비록 전쟁 자체를 막진 못했지만 파시즘 타도와 제 2차 세계대전을 끝내는데 아주 큰 역할을 했다. 그리고 2차 세계대전에서의 반전운동 경험과 성과는 전후의 새로운 국제적 조건 아래에서 전후 세계의 평화운동에 많은 공헌을 하였다. 미국의 경우 진주만 공습을 당한 직후 의회의 대일 선전포고에서 찬성 388표 유일한 반대표 1표가 나왔는데 국회의원인 저넷 랭컨이 던진 반대표였다. 그녀는 비난도 받았으나 반전주의의 대표자라는 이미지와 함께

'민주주의란 만장일치가 나와서는 안 된다.'

라는 그녀의 소신은 후대에 인정받아 미국 국회의사당 현관에 동상이 세워지고 지금도 그녀의 뜻을 기리는 사람이 많다.

4) 전쟁에 동조하는 교회나 종교는 예수의 제자가 아니다.

나는 한때 존경하던 두레공동체 대표께서 이라크 전쟁 화약창고에 군인들을 파병하는 일에 찬성하는 걸 보고 소름이 끼쳤다. 거길 가면 총 맞아 죽을 확률이 높고 피를 흘려야 하는데 말이다. 결국은 가인의 후예로 막을 내려야겠는가? 예수사랑으로 시작하여 카인의 후예로 생을 마감해서야 되겠는가?

그동안 지구인구 절반이 넘는 수의 인명을 종교라는 이름으로 죽였다. 특별히 살인하지 말라는 교리를 가진 종교가 말이다. 지금도 여전히 교회는 반전운동과는 거리가 멀다. 전 세계적으로 반전운동은 확산되어야 한다. 수천만의 젊은이들이 병역을 거부하면 전쟁을 막을 수 있다. 젊은 군인이 없는데 누가 전쟁을 할 것인가? 국회의원이나 장관, 늙은 성직자들이 나가서 싸울 것인가?

2001년 9월 11일에 벌어진 9·11 미스터리 테러의 영향으로 부시 大統領이 테러와의 전쟁을 선언하여 일어난 21세기 최초의 전쟁인 미국 아프가니스탄 전쟁과 이어서 일어난 이라크전쟁, 적어도 아프가니스탄 전쟁까지는 그나마 이해할 듯하였으나, 부시 대통령이 무리수로 다른 전쟁을 또 일으키려 하자 2003년 2월 15일 세계 600여 도시에서 1150만여 명이 참여하여 반전시위를 하였다. 다들 뉴스를 통하여 알다시피, 부시의 고집은 이러한 운동을 우습게 넘기고 이라크전쟁 이후 미국이 이라크 포로를 학대한 것이 알려지는 등으로 인하여 세계의 반전운동을 더욱 확산되었다.

5) 영적인 사람들과 위인들은 反戰主義(반전주의)자들이다.

- 무기라는 것은 상서롭지 못한 기구다. 자연은 그래서 이를 미워한다. 그러므로 도를 깨달은 사람은 이것을 쓰지 않는다. 〈老子 道德經〉

- 싸우지 않고 적을 굴복 시키는 것이 제일 좋은 방법이다. 〈손무 孫子兵法〉
- 평화란 인류가 개발해야할 가장 강력한 무기다. (넬슨 만델라)
- 평화는 단지 폭력의 부재가 아니다. 평화는 자비심이 현현되는 것이다. (달라이라마)
- 문화의 가치를 소중히 여기는 사람이라면 평화주의자가 아닐 리가 없다. (알버트 아인슈타인)
- 그동안 전쟁으로 죽어간 이들을 생각하면 평화를 거부하는 이가 다 역겨워진다. (이시다 이라)
- 평화란 대가가 아무리 비싸도 전쟁보다는 낫다. (이재명)
- 신문에서 끔찍한 전쟁 소식이 없었으면 좋겠습니다. 세상의 모든 사람들이 하나로 이어지는 그런 평화의 세상이 올 것입니다. 이제 총소리는 게임 속에서만 들렸으면 좋겠습니다. (임요한)
- 국경이 없다고 상상해보세요. 그렇게 어렵지는 않아요. 죽이거나 죽어야할 이유는 없어요. 종교도 마찬가지구요, 모든 사람들이 평화롭게 살아간다고 상상해보세요. (존 레논의 lmagine 중에서)
- 우리의 기도문은 평화다. (성 프랜치스코)
- 화평케 하는 이 들은 복이 있나니 그들이 하나님의 아들이 될 것이다. (마5:9)
- 전쟁의 승리를 아름답게 여기는 것은 살인을 즐기는 짓이다.(老子)
- 한 명을 죽이면 살인이라고 세상의 지탄을 받고 열 명 백 명 천 명을 죽이면 그 죄는 그만큼 무거워진다. 하지만 남의 나라를 공격하여 수천수만을 짓밟아 죽이는 것을 사람들은 불의라고 여기지 않고 기록으로 남겨두어 후대에 전하는 것은 어찌된 일인가? (默子)
- 우리의 종교는 평화다. 눈에는 눈을 고집한다면, 모든 세상의 눈이 멀게 될 것이다. (마하트마 간디)
- 전투를 앞둔 병사의 눈빛을 본 적이 있는 사람이라면 전쟁을 하자는

자유, 평화, 윤택한 삶

말을 못할 것이다. (오토 폰 비스마르코)
- 전쟁에서 승리와 자유를 이야기하는 것은 잘못된 것입니다. 전쟁에서는 이긴 사람도 진 사람도 없어요. 그저 파괴만 있을 뿐입니다. (바오닌 베트남 육군참전용사)
- 나는 후트족의 투치족 학살이 있었던 르완다의 역사에서 보복과 재보복의 악순환을 끊어야 하고 그 길은 응보의 정의를 넘어 회복의 정의로, 용서의 자리로 가는 것이라고 말했다. 용서 없이는 미도 없기 때문이다. (데스몬드 성공회 대주교)
- 부자들이 전쟁을 선언하면 죽는 자들은 가난한 자들이다. (장폴 사르트르)
- 좋은 전쟁, 나쁜 평화란 이 세상에 있었던 적은 없다. (벤저민 프랭클린)

이 외에도 김대중 전 대통령, 김수환 추기경, 요한 바오로 2세, 프란체스코 교황, 나루히토, 노무현 전 대통령, 도쿠가와 이에야스, 도로시 데이, 데즈카 오사무, 다자이 오마스, 미자야키, 코지마 히데오, 토미노 요시유키, 이시다이라, 와카스키 레이지로, 하야호, 안중근, 안악희, 여운형, 오우삼, 함석헌, 장기려, 마광수 교수, 박원순 시장, 문재인 대통령, 천정배, 유시민, 홍석현, 차인표(배우), 버드런트 러셀, 하워드 진, JK. 롤링, 성 프란체스코, 등은 반전주의를 입으로 시인하며 누구의 눈치도 보지 않고 부르짖은 平和主義者들이다

해당사항을 내포한 영화 작품들
- 7월 4일생
- 고지선
- 귀향
- 닥터 스트레인지 러브

- 돌아오지 않는 해병
- 디어 헌터
- 람보 1편,
- 서부전선 이상 없다.
- 스탈린 그라드(1993년작)
- 쉰들러 리스트
- 작전명 발키리
- 줄무늬 파자마를 입은 소년
- 지구가 멈추는 날(1951)
- 철십자 훈장
- 머신건 프리처
- 마이웨이
- 블러드 다이아몬드
- 인생은 아름다워
- 아이 캔 스피크
- 지옥의 묵시록
- 웰컴 투 동막골
- 태극기 휘날리며
- 퓨리
- 풀 메탈 재킷
- 플래툰
- 허트 로커
- 안네의 일기
- 날아라 호빵맨
- 맨발의 겐
- 바람이 불 때에
- 총통 각하의 낯짝

자유, 평화, 윤택한 삶

- 판의 미로: 겉으로는 전형적인 판타지 영화지만 배경은 스페인 내전이 발발했던 스페인이며, 프란체스코 프랑코의 獨裁(독재)와 내전으로 고통 받는 사람들과 이런 비참한 현실에서 벗어나려는 소녀 오필리아의 모습을 그리고 있다.

이밖에도 소설과 수필, 노래, 만화, 연극, 등으로 전 세계에서 의식 있는 양심들이 반전운동을 펼치고 있으나 힘과 권력으로 무장한 루시퍼들과의 이 아마겟돈은 진행 중이지만 머지않아 악이 소멸되고 평화의 나라가 한번쯤은 꽃필 날을 기다리며 우리는 로고스로 全身甲冑를 삼을 것이다.

6) 아주 기이한 현상 하나

도저히 납득 안 되는 현상들이 우울하게 한다.
- 한국의 기독교인구 1300만
- 미국 2억 1천만 명 인구 3억 가운데 70%가 개신교 신앙을 갖고 있다. 지난 20년 동안 감소하여 지금은 약 50% 정도라고 하나 그들의 의식구조 안에는 청교도의 피가 흐르고 있어 개종을 하는 일은 없다고 조사되었다.

한국과 미국 이 두 나라만 해도 2억 2천만 명이 넘는 기독교인들이 왜 반전운동을 하지 않고 여기에 예속된 성직자들은 전 세계가 전쟁으로 기아를 낳고 하루가 멀다 하고 넘쳐나는 전쟁난민들을 그저 바라보고 침묵으로 일관하는가 말이다. 이것은 기가 막히다 못해 사탄을 동조하는 죄악인 것이다. 심지어는 전쟁을 통해서 장사를 하려는 야비한 속셈이 드러나는 행동은 분명 사탄이즘이며, 미구에 천벌을 받을 징조다. 진정 이 땅을 낙원으로 만들고 싶으면 전 세계 기독교총회를 엑스플로로 개최하여 30억이 넘는 교인들과 종교지도자들이 욕심을 버리고 반전운동을 선포하고 군대 무용론을 제창해야 한다.

그리하여 단결하고 환경을 개선하고 지구를 지키면 프리메이슨도 일루미나티 조직도 두려울 게 없다. 아! 그러나 교회는 지금 동물농장으로 변하고 있다. 먹기 위해 사는 돼지 떼 군대귀신이 어느 날 물에 빠져 몰살할 破滅의 날을 기다리며 살찌우고 있다.

아! 문제는 이것이다. 기독교란 '터를 잘 살펴 지키는 가르침'이란 말인데, 우리는 지금 터를 지키지 못하고 사탄에게 빼앗기고 말았다. 십자가의 박애정신의 선한 싸움에서 반드시 승리하여 온유한 예수의 마음으로 잃어버린 땅을 기업으로 찾아야 한다. (눅4:5~6, 마5:5)

(5) 千年王國에 들어감

1) 천년왕국 백성의 자격

천년왕국의 개념은 일반적인 기독교인들에게는 매우 설명이 난해하다. 그러나 영감 받은 그리스도인이라면 해석이나 납득함에 있어서 하나도 어려운 문제가 아니다. 왜냐하면 그 해석의 차이가 종이 한 장 차이이기 때문이다. 먼저 유념해야 될 槪念은 우리가 말하는 천국이나 하나님의 보좌는 죽어서 들어갈 낙원을 말하는 것이 아니라 예수님께서 임재하시어 이 땅에 세워질 실제적인 왕국을 의미하는데, 이는 첫째 復活인 의식 부활에 참예하여 거듭 태어난 그리스도인들이 왕 같은 제사장이 되어 이 땅에서 하나님의 아들로 권세를 부여받아 그리스도로 더불어 그 장막에서 천년동안 왕 노릇하는 것을 의미한다. 그러므로 천년왕국에 거주할 백성의 정체와 인격을 먼저 지식적으로 알고 이해해야 한다. 그 대표적인 언급이 염소 떼에서 羊으로 구별된 溫柔(온유)한 자들이 땅을 기업으로 얻는 것이다. (마5:5) 이들은 영적으로 휴거 즉, 라틴어의 랍토(Rapture)에서 유래한 말로 끌어당기다, 재빨리 낚아채다, 등으로 그리스도와 연합함을 의미함이다. 이미 혼인잔치에 들어가 그리스도의 정결한 신부들로서 그리스도와 더불어 살아가는 시냇가에 심기운 나무들이다. 이들은 둘째사망의 해를 두려워하지 않는 불사신들이며 이미 로마서 8장 35절의 사망권세를 이 땅에서 이긴 자들로 성전의 기둥들이 되어 그리스도의 지체가 된 사람들이다.(찬송, 주 예수 내 맘에 들어와 계신 후 변하여 새 사람 되고) 그러나 반면에 한 공간에 살면서도 휴거되지 못한 사람은 아이 밴 자들과 젖먹이는 자들로 신앙생활에 진전이 없고 별것 아닌 일에 걸려 넘어지고 항상 배우나 진리의 지식에 이르지 못 하고 삶이 시험이 많고 곤고가 많아 불평과 의심이 많고 염소처럼 고집이 세다.

'인자가 그의 영광중에 오고 또 모든 거룩한 천사들이 그와 함께 오면 그때에 그가 그의 영광의 보좌에 앉으리니 그 앞에 모든 민족들을 모아놓고 마치 목자가 양들을 염소에게서 갈라놓듯이 그들을 따로 갈라놓으리라. 그리하여 양들은 그의 오른 편에 세워두고 왕이 그의 오른편에 있는 사람들에게 말하기를 오라! 나의 아버지의 복을 받은 자들아, 너희를 위하여 준비한 王國을 받으라! 이는 내가 주렸을 때에 너희가 먹을 것을 주었으며, 내가 목마를 때에 마실 것을 주었고 내가 나그네였을 때에 대접하였고 내가 헐벗었을 때에 입혀 주었으며, 내가 병 들었을 때에 문안해 주었고 내가 감옥에 갇혔을 때에 찾아와 주었음이니라.' (마25:31~36)

이 사람들은 죽어서 사후 천국에 들어갈 백성이 아니라 이 땅에서 지극히 작은 형제들을 돌보며, 겸손한 사람들을 챙겨주던 영안이 열린 그리스도인들이다. (마25:37~40)

예수님을 직접 도운적은 없지만 그리스도의 마음을 닮아 종의 형체를 입은 자들을 돕고 사랑을 실천하는 사람들은 마치 예수그리스도를 도운 것으로 간주하는 것이다.

'그가 그 龍을 잡으니 곧 마귀요 사탄인 옛 뱀이라. 그를 천년동안

결박하여 무저갱에 던져 잠그고 그 위에 인봉하여 천년이 차도록 다
시는 만국을 미혹하지 못하게 하였다가 그 후에는 잠간 놓이리라.'
(계20:2~3)

무저갱 열쇠와 큰 쇠사슬을 가진 영향력 있는 천사는 사망과 음부의 열쇠를 가지신 그리스도의 권세를 받은 이긴 자들의 권한 즉, 베드로처럼 다윗의 열쇠를 가진 그리스도들이다. 예수 그리스도는 사망권세를 이기신 첫 열매요, 그 뒤를 이어 사망권세를 이기고 무덤에서 나와 생명으로 옮긴, 이긴 자들의 신앙고백이다. (요5:24, 롬8:1~2, 계1:18) 무저갱은 오랫동안 마귀들의 두려운 장소였다.

마귀들은 제발 무저갱만은 들어가지 않게 해달라고 예수께 간구하였는데 그것은 무저갱 열쇠가 그분께 있었기 때문이다. (눅8:31)

'그날에 주께서 높은데서 높은 군대를 벌하시며 땅의 왕들을 벌하시
리니 그들이 죄수가 깊은 옥에 모임같이 모음을 입고 옥에 갇혔다가
여러 날 후에 형벌을 받으리라.'(사24:21~23)

옛 뱀은 에덴에서부터 미혹하던 자다. 이 마귀는 스스로 타락하여 하나님과 비교하는 교만으로 타락하여 사탄이 된 존재다. 이에 여자의 후손과 싸움이 시작된 것이다. (창3:15, 사27:1) 무저갱은 끝도 시작도 없는 지하실 같은 곳이며 낭떠러지에서 계속 떨어지기만 하며 몸뚱이가 땅에 닿지 않고 계속 내려가는 곳이다. 이미 너무나 오래된 깊숙한 지하 감옥을 묘사함인데 일평생을 노예질하고 죽어서도 휴식을 얻지 못하는 상태다. 일천 년은 각 개인의 일평생으로 해석함이 적절하다. 이긴 자들, 성도들이 마귀권세에서 해방되어 침해받지 않고 자유인이 되는 것이다. 그 후에 잠깐 놓인다는 것은 육신의 일평생은 영원으로 이어지는 삶의 과정일 뿐 영원한 나라는 아니라는 것이다. 성도가 숨지는 날은 둘째 부활에 들어가는 날이다. 그의 영혼이 땅에서 분리되는 날, 옛날에 그를 지배하던 천년기약이 끝나므로 잠깐 놓이는 것이다.

자유, 평화, 윤택한 삶

'누가 음부(무저갱)에 내려가겠느냐 하지 말라 하니 내려가겠느냐 함은 그리스도를 죽은 자 가운데서 모셔 올리려는 것이다.' (롬10:7)

무저갱의 권세로 예수는 죽어있었다. 그러나 보라! 죽음을 이기고 부활하지 않았는가? 죽음을 이기는 비결이 곧 열쇠 즉, 문제 해결의 비결이며 新約聖經 전반의 원하는 비밀이다.

2) 이긴 자는 사탄 없는 천년왕국에 들어감

천년이라는 시간은 믿는 이들의 일평생을 의미하는 상징적인 시간의 개념이다. 이 세상의 보암직하고 먹음직하고 탐스러워 하는 이는 모든 유혹을 이기고, 환란, 곤고, 핍박, 기근, 적신, 위험 날의 마귀권세를 이기고 예수께서 세상을 이기신 것처럼 넉넉히 이기고 십자가의 비밀인 부활의 영을 받아 생명의 성령의 법으로 이미 安息에 들어간 하나님의 백성은 이미 왕국 백성으로 다시는 사탄의 속임수에 휘둘리지 않는 磐石위에 집을 지은 사람들로 이미 천년왕국 백성이 된 것이다.

이 왕국 백성은 부류가 있다. 첫째는 어린양의 신부로써 영적으로 休居(휴거, Rapture)되어 끌리고 낚아 채인 포도나무에 접붙인 그리스도와 연합된 사람들인데, 이들은 적그리스도인 짐승과 거짓선지자 옛 뱀의 머리를 깨뜨린 용사들이며 이미 부활체로 살아가는 사람들이기 때문에 초자연적인 능력과 사랑과 품격이 일반인과는 현저히 구별된다.

이들은 무엇을 먹을까 입을까 염려하지 않으며, 부르짖는 기도도 이미 끝난 상태이며, 그들이 하나님을 부르기 전에 이미 응답이 되어 지고, 평균 수명도 보통사람들보다 훨씬 길다.

이들은 유행 감각도 없고 차별도 없고 사고팔고 시집장가가고 부동산 증대에도 별 관심 없다. 오직 하나님과 그리스도로 더불어 일생동안 평안히 주의 장막 안에 거하는 삶을 최고의 복으로 알고 아직 주의 장막에 들어오지 못한 마당 신자들에 대한 연민으로 늘 마음을 쓰며 살과 피를 나누는데 전력하는 사람들이다. (사11:6~9, 사65:17~25, 계21:1~3) 이들은 다시는 저주가 없으며 생활은 성결하고 영적인 옷은 희고 수정같이 맑은 물을 마시며 생명나무 실과를 먹으며 어린양의 보좌가 무리 가운데 있어 밤낮으로 주의 얼굴을 보는 곳으로 세상 끝날 때까지 왕 노릇하며 격조 높은 노래 14만 4천인의 노래를 부르는 모임이다.

그러나 아이 밴 자들과 젖먹이는 자들은 자유의 재수생들로 화가 있다. (마24:19~20)

3) 천년왕국 백성의 禮服(예복)

- 들을 귀 있는 자가 되어 (계2:7, 눅7:22)
- 안약을 사서 바르고 눈이 열려 (시119:18, 계3:18)
- 마음으로 믿어 의에 이르고 (롬10:10)
- 처음 사랑을 잘 간수 하고 마음 밭에 진리의 씨앗을 가꾸어 (계2:4~5)
- 어린아이의 의식을 벗어나서 (왕하8:12, 애1:5, 고전13:11, 엡4:14, 히5:13, 고전3:1)
- 연약한 여인의 생각을 떠나 (약4:4, 딤후3:6~7)
- 그리스도의 인격으로 거듭 태어나 (빌2:5, 빌1:8, 고후3:18)
- 해를 입은 여인으로 마리아가 되어 (계12:1, 아6:10, 갈4:22~25)
- 진리를 거스르는 모든 것들을 철장으로 부수고 (계2:26, 고후10:3~6, 사41:14)
- 그리스도의 좋은 군사가 되어 나중까지 견디고 (딤후2:3~4, 딛1:10~12, 마10:22)
- 진리의 두루마기를 빠는 자들만 거룩한 성에 들어간다. (계22:14, 딤후2:11~12)
- 그 거룩한 성은 지금 여기에서 정해지는 분복이며 (눅18:28~39, 시23편, 사65:23~25)
- 받은 자 외에는 그 진가를 알 수 없다. (계2:17, 고전15:51~56, 고전2:12~13)

(6) 형제가 서로 동거함

1) 共同體(공동체) 聯合(연합)의 기쁨

다윗왕의 성전에 올라가는 순례자의 노래 중 으뜸으로 꼽히는 시편 133편은 하나님을 믿는 백성들에게 가장 이상적이며, 아름다운 천국의 실제적 삶을 노래하고 있다.

- 1절 : 보라! 형제가 연합하여 동거함이 어찌 그리 선하고 아름다운가?

- 2절 : 머리에 있는 보배로운 기름이 수염 곧 아론의 수염에 흘러서 그의 옷깃까지 내림 같고 이상은 연합의 共同體 기쁨을 감탄사로 노래하고 있다.

여기서 아론의 수염을 직유법으로 표현한 것은 제사장 국가의 흐트러지지 않는 연합의 의미를 수염에 비유한 것은 수 천 개의 수염이 연합하여 성스러운 제사장 앞가슴 옷깃까지 내림같이 온전한 품격을 의미함이다. 그리고 보배로운 기름이란 영감 받은 백성들의 윤택함을 의미함이며, '보배롭다'는 히브리어로 '핫도브' 즉, '구별되다'라는 의미이니 제사장을 위임할 때에 바르던 관유임을 나타내고 있다. (레8:10~12)

수염은 고대로부터 히브리인이나 근동주변 사람들, 우리 조선인들도 남자의 영화를 상징하는 위엄이었다. (삼하10:4~5, 20:9) 옷깃 역시 제사장이 입던 구별된 옷으로 긴 치마를 말한다. (출28:32) 위 시편은 구약의 노래지만 오늘날 우리에게 의미하는 상징적인 면은 새 시대의 대제사장이신 예수 그리스도의 포도나무에 접붙여 공동체를 이루어 연결된 영적인 새 예루살렘의 흰 옷 입은 백성들로 보는 것이 타당하다.

형제는 한 하나님, 한 메시아, 한 주님, 한 십자가의 복음을 듣고 부활한 사람이라면 삶의 형편과 처지는 달라도 성별은 달라도 모든 이론을 타파하고 오직 그리스도의 포도나무에 가지가 붙어있어야만 그의 피와 진액이 흘러 극상품 포도열매가 열릴 것이다. 이와 같이 형제가 연합하여 마음을 같이 할 때에 하나님의 축복은 단절되지 않으며 모든 형제들에게 골고루 막힘없이 위에서 기름이 흘러내리듯 매끄럽게 흐를 것이다. 수염에 기름을 뿌리면 어디로 흐르겠는가? 성령의 기름과 단비는 위에서 아래로 내려오는 것이 이치라는 것이다.(마5:21~26, 벧전3:7) 이러한 의미를 부여함으로 시인은 형제자매의 연합을 마치 舊約時代 대제사장 위임식 만큼이나 거룩하고 고상하고 아름다운 축복임을 시각적인 이미지로 전달해주고 있다.

• 3절: 헐몬의 이슬이 시온의 산들에 내림 같도다. 거기서 하나님께서 복을 명하셨나니 곧 영생이로다.

2절에서의 '기름' 대신 3절에서는 '이슬'이라는 상징적 이미지를 사용하고 있다. 이슬이란 성경 전체를 통해서 조명해보면 이슬은 축복의 상징(창27:39)이며, 우로(왕상17:1)를 의미하며, 헐몬은 레바논 산맥의 남쪽 돌출부를 이루는 산으로 해발 2,770m에 이르며, 요단강의 근원을 이루는 산이다. 이곳은 많은 양의 이슬이 내리는 곳으로 유명하여 이슬을 털어 받아 약으로 마시기도 하였다. 이렇듯 이슬은 생명력을 의미하며 성령을 의미하기도 한다. 시온의 거룩한 산은 聖殿을 품고 있는 신령한 곳을 의미한다. (시48:1, 87:1)

'하나님은 위대하시니 우리 하나님의 성 거룩한 산에서 극진히 찬양 받으시리로다 터가 높고 아름다워 온 세계가 즐거워함이여 큰 왕의 성 곧 북방에 있는 시온 산이 그러하도다.' (시48:1~2)

결국 시온이라는 이 무형의 장소는 하나님이 복을 명하시는 연합된 영적인 새 예루살렘을 말하며 거룩한 교제를 나누는 오늘날의 교회를 의미함을 히브리서를 기록한 기자도 언급했다. 여기서 구도자들에게 안위와 희망이 되는 절정의 약속은 이 시온에서 명령하신 복이 영생이라는 것이다. 영원한 생명에 대한 관심 때문에 종교가 생기고 교회가 탄생한 것 아닌가? 우리의 최후 소망은 영원한 생명인 것이다.

'너희가 이른 곳은 살아계신 하나님의 도성인 하늘의 예루살렘과 천만 천사와 하늘에 기록된 장자들의 총회와 교회와 만민의 審判者(심판자)이신 하나님과 및 온전케 된 의인의 영들과 새 언약의 중보자이신 예수와 및 아벨의 피보다 더 나은 것은 말하는 뿌린 피니라' (히 12:22~24)

2) 다툼 없는 연합을 원하시는 하나님

위 시는 교파분열과 이념의 분열, 다툼이 많은 이 세상에서 고뇌하며 신앙을 지켜온 사람들이 궁극적으로 희구하는 연합의 기쁨과 축복을 묘사하여 내용의 깊은 공감을 느끼게 한다. 하나님의 백성으로써 영적인 성도와의 연합을 도모하는 결과를 낳아야 함을 보여주는 시이다. 이는 그리스도 안에서 성도가 깊은 교제를 통하여 한 몸임을 깨달아 교회의 지체가 됨을 간증함과 하나님의 나라가 이루어지기까지 끊임없이 추구하던 소망과 이상이기 때문이다. (골2:2, 요일1:7)

교회의 분란과 다툼의 희생자는 결국 고스란히 교인들의 몫이다. 오늘날의 기성교회는 교단소속이라는 것이 있어 목회자는 떠나면 그만이고 교단은 재산권만 챙기면 되지만 분란으로 인하여 고통과 상처는 고스란히 교인들이 당한다. 죽도록 헌금해서 건축하고 해외선교하고 미자립교회 도와주고 쓰러지도록 과잉 충성하여 구원을 얻어 보겠다고 수고했는데 온갖 싸움을 지켜보며 고개를 들 수 없는 수위 높은 종교범죄뉴스를 하루가 멀다 하고 바라보는 교인들은 모두가 깨진 그릇들이 되고 말았다.

3) 바울 神學속에 묻힌 가면

개신교나 가톨릭 모두에서 예수보다 실제적으로 더 두드러지게 부각되는 중요한 인물이 있다. 바울이라는 인물이다. 그리스도교는 예수에 의해서 생겨난 종교가 아니라 사실은 바울에 의해서 제도적으로 생겨난 종교다. 예수는 교회를 만들거나 조직이나 제도를 만들지 않았다. 신약성경 절반 이상을 편지로 써서 남긴 글들이 오늘날 성경으로 편집되어 그 권위를 복음서와 똑같이 취급하고 있기 때문이다. 냉정히 계산하면 그리스도교는 바울신학이 먼저 형성되고 그 다음으로 예수의 行蹟(행적)이 맞춰진 것이다. 그런데 바울을 논하려면 빼놓을 수 없는 중요한 인물이 있다. 그는 **바나바**라 하는 사람이다. 바나바는 누구인가? 성경에서 조사해보기로 하자.

> '구브로(Cyprus, 지중해의 섬)에서 난 레위족인이 있으니 이름은 요셉이라. 사도들이 일컬어 바나바(권위자)라 하니 그가 밭이 있으매 팔아 값을 가지고 사도들의 발(교회) 앞에 두니라' (행4:36~37)

십일조만 바쳐도 인정받는 신자인데 소유하고 있는 不動産(부동산)을 다 팔아 그 돈을 모두 교회에 바칠 정도라면 바나바는 모범적인 사람이 분명하다. 성경은 그를 가리켜 다음과 같이 말하고 있다.

> '바나바는 착한 사람이요, 성령과 믿음이 충만한 자라. 이에 큰 무리가 주께 더하더라. 더 많은 사람들이 예수를 믿으려고 나오더라. 그런데 바나바가 바울을 찾으러 다소에 가서 만나매 안디옥(Antioch)에 데리고 와서 둘이 교회에 일 년간 모여 있어 큰 무리를 가르쳤고, 제자들이 안디옥에서 비로소 그리스도인이라 일컬음을 받게 되었더라.' (행11:24~26)

당시 안디옥에서 예수쟁이라는 말이 생겨날 정도로 활동했던 바나바, 그가 얼마나 중요한 인물이었는지 말해준다. 그런데 이러했던 바울과 바나바가 서로 원수가 되어 헤어졌다고 한다. 바울과 바나바는 서로 원수가 되어 헤어졌다는 것이 무엇을 의미하는가? 바울과 바나바는 예수 그리스도의 참된 실체를 깊이 몰랐던 순수한 인간들이었다는 것이다. 바울과 바나바는 신의 가르침이나 영감을 통하여 만난 것이 아니라 세상적 손익계산으로 離合集散(이합집산)하는 그런 인간적인 관계였음을 증명하고 있다. 신처럼 숭배 받는 바울과 초대교회의 유력한 바나바가 성령이 충만하고 착한사람이라고 미리 언급된 사람이 왜 연합하지 못하고 심히 싸우고 원수처럼 갈라섰을까? 이것은 매우 중대한 사실이다. 부부가 혼인을 파기한 거나 다를 바 없는 사건이 아닐 수 없다. 바울도 사람이니 다툴 수 있겠으나 심하게 다투는 것이 과연 성령의 9가지 열매일까?

> '서로 심히 다투고 피차 갈라서니, 바나바는 배를 타고 구브로로 가고 바울은 형제 교인들에게 주 예수의 은혜에 부탁함을 받고 떠나 수리아(시리아)와 길리기아로 다녀가며 교회들을 굳게 하니라' (행 15:39~41)

예수의 가르침은 제단에 예물을 드리러 가다 형제에게 원망들을 만한 일이 있으면 가서 해결하고 나를 좇으라는 주의이며, 일흔 번에 일곱 번이라도 용서하라는 것이 그리스도의 사랑이다.

오늘날 교파싸움이나 다를 바 없는 성경의 슬픈 구절이다. 지금 그리스도교는 내부적으로 분열된 종파가 전 세계적으로 예수 이름을 부르는 교파들이 3000여 개로 분열하였다.

4) 聯合(연합)을 싫어하는 인간

미국의 작가 마크 트웨인은 미국사회의 부조리를 연구하는 사람이다. 그는 여러 가지 시험을 통해서 다양한 연구를 하는 풍자적인 작가였다. 그는 재미있는 실험을 해보았다. 서로를 원수처럼 여기는 개와 고양이를 한 울타리에 넣어 어떻게 지낼까? 하고 시험해 보았다. 과연 개와 고양이가 어떻게 지냈을까? 이 개와 고양이는 처음에는 어색하게 지내더니 이내 서로의 존재를 인정하고 잘 지내더라는 것이 결론이었다. 이번에는 새와 돼지, 염소를 한 울타리 안에 넣고 지내게 했는데 결국 얼마동안 적응기간이 지나자 서로의 영역을 만들고 이들은 잘 지내더라는 연구결과다. 나도 1990년대에 고향 금산에서 사슴 우리 안에 염소와 닭을 함께 넣어 길러 보았는데 서로 싸우지 않고 잘 지냈다.

마크 트웨인은 새로운 연구를 해보기로 마음먹고 어려운 작업을 시도하였는데 이번에는 미국의 上流層을 형성하는 장로교 인들과 下流層을 형성하는 침례교인과 개신교와 적대감이 있는 가톨릭 교인을 한 공간에 넣고 살게 하였다. 과연 이들은 어찌 되었을까? 앞에서 실험했던 동물과는 정반대의 결과가 나타나기 시작하였다. 논쟁이 그칠 날이 없었고 서로의 차이를 인정하지도 않았고 용납하지도 않았으며 급기야는 열렬한 싸움으로 번졌다. 결국 인간은 예수 그리스도의 특별한 은혜인 죽음과 復活을 경험하지 않고는, 임마누엘을 경험하지 않고는, 결코 화합이나 연합을 할 수 없는 존재인 것이다. 이 작가는 말하기를 인간은 다른 동물들과는 달리 결코 화합할 수가 없다고 결론지었다. 가장 고상한 신앙을 말하는 사람인 그리스도인들이 더 연합하지 못하고 분열한다고 풍자적으로 말했다. 장로교인과 침례교인 사이의 적대감, 개신교와 가톨릭의 적대감 역시 마치 그들은 인간이기를 거부하는 것 같았다고 말했다. 때로는 동물보다 못한 짓을 서슴지 않았다고 그는 말했다. 그것도 하나님의 뜻을 따른다는 사람들이 말이다.

5) 포도나무와 가지로 聯合

예수를 깊이 알았다는 것은 임마누엘을 경험했다는 것은 우리의 심성이 바로 그리스도의 마음을 품고 닮아 참 포도나무이신 그리스도께

연합하여 관계를 유지하여 그의 열매인 극상품 포도 열매를 맺어야 함은 물론 주변의 형제들과도 더불어 차별 없이 하나 되어야 그를 가리켜 그리스도인이라 칭할 수 있고 하나님의 자녀라 할 수 있다. 날이 갈수록 그리스도인들은 인간에 대한 깊은 이해와 사랑으로 넓어져서 백합처럼 향기를 풍겨야 할 텐데, 자꾸만 개인주의로 변해가는 세상이다. 복음의 역동성을 잃어버려, 사회가 정해준 규범 속에 갇혀버리는 이 현실은 화석이 되어가고 있다. 새벽종도 울릴 수 없고, 세상이 교회를 걱정하는 기이한 현상이 매일 일어나니 TV뉴스 보기가 무섭다. 사회가 만들어 놓은 질서를 받아드리면 그것은 예수와 상관없는 일이 되고 만다.

예수께서는 당시 사회가 만들어 놓은 법인 바리새인들이 상종해서는 안 되는 사람이라고 낙인 찍어놓은 사람들을 보란 듯이 찾아다녔다. 사람들이 정해놓은 경계와 차별을 자신의 육체로 다 허물어 버리셨다. 그는 종교가 정해놓은 규범 앞에서도 자유로운 분이시었다. 말하자면 손가락질 받는 사람들의 친구가 되는 것도 망설이지 않고 심지어는 자신을 툭하면 죽이려 음모하는 바리새인들을 향해서도 끝까지 가슴을 열어놓으셨다.

예수께서 걸어가셨던 길은 소외된 사람들을 먼저 챙기셨다. 손가락질 받는 사람들에게 무한한 애정을 품으셨다. 갈릴리의 천민들 억압과, 세금 착취로 허덕이는 군중들, 또는 세리들, 사회에서 인정받지 못하던 娼女들, 경멸과 천시의 대상이었던 정신병자나, 귀신들린 사람들, 더 나아가 가족에게도 버림받는 문둥병자들까지도 차별과 편견을 다 무너뜨리셨다. 사람의 아들 人子, 예수는 이러한 사람들을 향하여 온 마음을 열었고 친구가 되셨다. 이것이 형제가 동거하여 연합하는 길이요, 낙원으로 입문하는 길이다.

그는 막힌 담을 헐어버리셨으며, 지성소의 휘장, 종교적인 차별의 상징까지 다 찢어 허물어버리셨다. 목숨까지 내어 놓으면서 개혁해버렸다. 예수께서는 바리새인의 눈에는 마치 먹기를 탐하며, 세리와 죄인,

창기의 친구라는 풍기문란의 오해를 받을 때에 남긴 말씀을 기억하자. 예수께서는 이렇게 변증하셨다.

'건강한 자에게는 의사가 쓸데없고 병든 자라야 의사가 필요하니라. 나는 의인을 위해 온 것이 아니요 죄인을 부르러 왔노라' (마 9:11~13)

위대한 사건 하나, 일곱 귀신이 들려서 할 수 있는 일이 없어서 사창가에서 몸을 팔 수 밖에 없었던 막달라 마리아, 그녀의 산산조각 난 가슴에 차별이 없는 사랑이 무엇인지를 보여주시며 돌 맞아죽을 운명 앞에 처한 그녀를 구해주시며 당대의 종교 지도자들에게 폭탄선언으로 혼비백산시키고 정죄하던 무리들도 죄를 지은 여인도 더 이상 죄를 짓지 못하도록 하시고 창녀를 성녀로 변형시켜 거듭나게 하신 이 생명의 운동은 위대한 뉴스다.

예수의 용서와 사랑의 복음을 전하던 초대 안디옥교회는 핍박자 사울을 형제로 받아들여, 바울로 거듭나게 하였고, 흑인을 형제로 받아들이고, 노예를 형제로 받아들였다. 차별을 넘어 연합하는 길은 예수 그리스도의 자취를 따르는 길밖에 없다.

유대인들에게는 지극히 불편한 관계 속에서 비판적인 예수가 사마리아여인이나 세리, 간음자, 거지나 不具者들에게는 지극히 관대하였고 그들이 생명처럼 아끼는 성전을 헐어버려라, 내가 사흘 만에 세울 것이다, 등등, 安息日에 병을 고치고 구덩이에 빠진 양을 살려주고, 밀 이삭을 잘라먹으며 여행을 하는 등, 그들은 예수가 유대사회의 질서를 파괴하는 줄로 생각하였다.

그들은 젊은 예수에게 교권에 대한 위기의식을 느꼈다. 더구나 수천 명씩 그를 따르는 무리들도 신경이 쓰였을 것이다. 결국 그들은 율법의 전통과 유전을 깨뜨릴 수 없어 聯合이 불가능하였고 '신 들메를 들기에도 감당치 못 하겠다' 하던 세례자 요한까지도 예수와 연합하지 않았다.

형제가 연합하여 동거함이 어찌 그리 선하고 아름다운가? 최고의 노래다. 할렐루야!

(7) 砂漠(사막)이 변하여 生水가 넘치는 樂園으로

'그때에 저는 자는 사슴같이 뛸 것이며 말 못하는 자의 혀는 노래하리니 이는 광야에서 샘물이 솟겠고 사막에서 시내가 흐를 것임이라.' (사35:6)

1) 믿는 자에게 따르는 표적들이다.

- 하나님을 구하는 자들은 사막에서도 샘물이 솟구친다. 모든 눈물을 그 눈에서 씻기시매 마음의 갈급함이 사라지고 주림도 사라지고 애통하는 마음이나 슬피 울 일이 없으니 근심 걱정도 사라지니 이는 처음 것들이 다 지나갔음이라 (계21:4)
- 천국은 세상이 변하는 것이 아니라 내가 변하는 것이다. 하나님을 만난 자는 사슴처럼 기뻐 뛴다고 하셨으니 마치 벙어리가 말문이 열려 노래함 같다고 하신다. 그러므로 목마른 자 원하는 자는 다 오라고 부르신다. 그 배에서는 생수의 강이 흐를 것이라고 하신다. (요7:38, 계22:1~3)
- 하나님의 속량함을 받은 자들이 돌아오되 시온에 이르러 그들의 머리위에 영영한 희락을 띠고 기쁨과 즐거움을 얻으리니 슬픔과 탄식이 달아나리로다. (사35:10)

2) 믿는 자들이 누릴 땅의 축복

- 광야와 메마른 땅이 기뻐하며, 사막이 백합화같이 즐거워하며 무성

하게 피어 기쁜 노래로 즐거워하며 레바논의 영광과 갈멜과 샤론은 아름다움을 얻을 것이라 그것들이 여호와의 영광 곧 우리 하나님의 아름다움을 보리로다. (사35:1~2)

- 광야와 사막이 무성하게 피어남은 죽은 나무에 꽃이 피듯 부활을 경험하게 하는 하나님의 권능의 날에 생명의 역사가 시작되는 왕성한 희망이다. (겔37:1~10, 눅15:2~32)
- 마침내 위에서부터 영을 우리에게 부어주시리니 광야가 아름다운 밭이 되며 아름다운 밭을 숲으로 여기게 되리라. 그때에 정의가 광야에 거하며 공의가 아름다운 밭에 거하리니(사32:15~16) 하나님의 사랑하는 백성과 자녀들은 위에서 부어주시는 축복의 영으로 광야가 변하여 아름다운 밭이 되며, 정의로운 하나님의 공의가 아름다운 밭에 뿌리내려 백합화처럼 피어난다.
- 나의 거룩한 산 모든 곳에는 해됨도 없고 상함도 없으니 이는 물이 바다를 덮음 같이 하나님을 아는 지식이 충만할 것임이니라 그 날에 이새의 뿌리에서 한 싹이 나서 만민의 기치로 설 것이요 열방이 그에게로 돌아오리니 그가 거한 곳이 영화로우리로다. (사11:9~10)
- 내가 헐벗은 산에 강을 내며 골짜기 가운데에 샘이 나게 하며 광야가 못이 되게 하며 마른땅이 샘 근원이 되게 할 것이며 내가 광야에는 백향목과 싯딤 나무와 화석류와 들 감람나무를 심고 사막에는 잣나무와 소나무와 황양목을 함께 두리니 (사41:17~19) 柏香木(백향목)은 의인들을 상징하며, 싯딤 나무는 아카시아나무 성질의 나무로 성막을 만들 때 재료로 쓰였으니 성전의 기둥 같은 의인들이며, 감람나무는 성령이 충만한 영성 있는 의인들이며, 잣나무와 소나무 황양목 역시 의인들이며, 언제나 변함없는 常綠樹(상록수) 같은 살아있는 생명력 넘치는 의인들이다. 노아방주를 잣나무로 만들었으니 이 모든 상징이 성전의 기둥들이다.
- 보라 내가 새 일을 행하리니 이제 나타 낼 것이라 너희가 그것을

알지 못하겠느냐? 반드시 내가 광야에 길을 사막에 강을 내리니 장차 들짐승 곧 승냥이와 타조도 나를 존경할 것은 내가 광야에 물을 사막에 강들을 내어 내 백성 내가 택한 자에게 할 것임이니라(사43:19~20) 깨닫지 못하여 우매한 짐승 같던 우리들, 잔인한 타조 같던 우리들, 승냥이처럼 사납던 죄인이었던 인간들이 하나님의 자녀가 되어 이제 창조주를 공경하고 존경하여 영광스러운 낙원으로 변화될 것을 노래함이다.

- 그때에 저는 자는 사슴같이 뛸 것이며 말 못하는 자의 혀는 노래하리니 이는 광야에서 물이 솟겠고 사막에서 시내가 흐를 것임이라 뜨거운 사막이 변하여 못이 될 것이며 메마른 땅이 변하여 원천이 될 것이며 승냥이의 눕던 곳에 풀과 갈대와 부들이 날 것이며 거기에 대로가 있어 그 길을 거룩한 길이라 일컫는바 되리니 깨끗하지 못한 자는 지나가지 못하겠고 오직 구속함을 입은 자들을 위하여 있게 될 것이라 우매한 행인은 그 길로 다니지 못할 것이며(사35:6~8)

메마른 광야에 샘물이 솟고, 숲이 우거지고 연못가에 부들이 바람에 나부끼며, 광야에 대로가 열리는 기적은 시대적으로는 이스라엘의 회복을 의미하지만 더 큰 이스라엘은 이긴 자들에게 부여되는 영적인 혼인 잔치에 청함을 받아 천년왕국 백성들이 된 하나님의 아들들에게 주시는 영원하신 기업이다.

- 그때에 정의가 광야에 거하며 공의가 아름다운 밭에 거하리니 공의의 결과는 영원한 평안과 안전이라 내 백성이 화평한 집과 안전한 거처와 조용히 쉬는 곳에 있으려니와 (사32:16~19)
- 그들이 하나님의 도를 노래할 것은 여호와의 영광이 크심이니이다 (시138:5)
- 여호와를 경외하는 것은 생명의 샘이라(잠14:27)
- 지혜의 샘은 솟쳐 흐르는 내와 같으니라 (잠18:4)

- 저는 시냇가에 심은 나무가 시절을 좇아 과실을 맺으며 그 잎사귀가 마르지 아니함 같으니 그 행사가 다 형통하리로다.(시1:3)
- 주께서 주의 복락의 강수로 마시우리로다. 대저 생명의 원천이 주께 있사오니 주의 광명중에 우리가 광명을 보리이다. (시36:8~9)
- 땅을 돌보사 물을 대어 심히 윤택하게 하시며, 하나님의 강에 물이 가득하게 하시고 또 단비로 부드럽게 하시고 그 싹에 복을 주시니이다. (시65:9~10)
- 너를 인도하여 메마른 곳에서도 네 영혼을 만족하게 하며 네 뼈를 견고하게 하리니 너는 물 댄 동산 같겠고 물이 끊어지지 않는 샘 같을 것이라. (사58:11)
- 내가 주는 물을 먹는 자는 영원히 목마르지 아니하리니 나의 주는 물은 그 속에서 영생하도록 솟아나는 샘물이 되리라.(요4:14)
- 누구든지 목마르거든 내게로 와서 마시라, 나를 믿는 자는 성경에 이름과 같이 그 배에서 생수의 강이 흘러나오리라 (요7:37~38)
- 내가 생명수 샘물을 목마른 자에게 값없이 주리라 (계21:6)

이와 같이 목마름 없는 푸르른 삶, 시냇가에 심기운 나무처럼 전혀 부족함이 없는 새 하늘 새 땅의 백성들이 누리는 윤택한 이 천국의 실재는 상징이 아니라 오관으로 피부로 느끼고 누리는 지금 여기 이 순간의 환경을 변화시켜 주신 하나님의 축복이다.

모든 고통은 다 옛날이야기가 되어야 한다. 만약에 믿노라 하면서 아직도 거지처럼 궁상 떨면 버리운 자가 틀림없다. 평화로운 사람도 다 이유가 있고 부자로 베풀며 잘 사는 사람도 다 이유가 있고 사방으로 우겨 싸여 사는 사람도 다 원인이 있는 것이다. 하나님은 정직하고 부지런한 자에게 응답하시고 그와 더불어 먹고 마시는 아버지가 되어 주시기 때문이다. 그리고 심은 대로 거두는 것은 만고의 진리다.

하나님은 만홀히 여김을 받지 않는 사실을 기억하라 (갈6:7)

8장.
복음의 根源을 찾아서

1. Oneness(하나)에서 하나로 돌아가는 영원한 진리

옥스포드 대학의 수학 물리학자인 Roger Penrose(로저 펜로즈)는 과거에 존재했던 우주들에 대한 증거를 발견했다고 주장했다. 이러한 주장은 '등각순환우주론(Conformal Cyclic cosmology)'이라는 이론에 근거하고 있으며 우리 우주가 단일의 빅뱅으로부터 시작되었다기보다는 압축의 일정한 순환을 거친다는 내용이다. 이 연구팀은 대부분의 우주는 하나의 순환에서 다음 순환으로 넘어갈 때 완전히 파괴되는 반면 어떤 전자기적 방사선은 순환과정에서 여전히 남아 계속 존속할 수 있다고 주장한다. 이전에 스티븐 호킹 박사는 블랙홀 방사선이 한 우주에서 다른 우주로 전해진 것이라고 제안했다. 우리가 현재 우리가 보고 있는 우주는 이전의 우주에서 블랙홀이 소멸한 후에 마지막으로 남은 것이라고 Penrose 박사는 주장한다. 이 연구결과는 학술지 아카이브〈Arxiv, 수학 물리학 생물학 통계학 분야의 논문〉에 개제되었다. 大宇宙의 생성소멸과 빅뱅의 신비 별들의 수명과 블랙홀, 은하계의 인드라 망, 어떤 과학자가 새로운 학설을 아무리 펼쳐도 이 광대한 우주를 다 알아낸 사람은 없으며 호킹 박사도 물리학자로서 겨우 一家(일가)를 이루었을 뿐, 이 광대한 우주를 다 알았다 할 사람은 지구상에 단 한 사람도 없다.

나는 지난 밀레니엄 초에 대둔산 자락에서 100일 동안 죽염과 물만 마시며 명상에 몰입하여 靈眼(영안)으로 우주를 유영하여 별들의 운행과 우주의 인드라 망을 확실하게 보고 깨달았다. 도롱뇽 알처럼 생긴 은하 마치 바나나처럼 약간 휘어진 은하계 마치 바나나 껍질 같은 젤리 층으로 투명한 막이 형성된 은하계에는 약 7천억 개에 달하는 별들이 인드라 망을 이루고 서로 자기장으로 운행을 유지하고 있으며, 大宇宙 안에는 이러한 은하계가 數千 兆(수천 조)를 이루고 있으니 그야말로 우주는 무한이며 인류가 살고 있는 이 지구는 아주 작은 미립자에 불과하다. 그러나 이 지구는 이성을 가진 生命體가 살아가는 행성으로 신의 특별한 섭리를 받고 있는 별이다. 대우주가 이리도 무한하고 신묘막측하지만 인간의 탄생과정과 오장육부의 생성과정, 60조 세포와 신경, 혈관, 뼈 조직, 근육조직, 기운을 나르는 經絡組織(경락조직)의 신비는 대우주 이상 위대한 신의 걸작이다. 이 경이로움을 瞑想함으로 인간의 심성은 유신론과 不可知論(불가지론)으로 결정된다.

> "대우주 가운데에 좁쌀자루 같은 항성들과 우리 몸 안의 60조 이상의 세포들과 30만 개의 땀구멍 은하계와, 남자의 생식의 핵인 수억의 精子 빅뱅과 여인의 자궁인 블랙홀과 10개월이 지나 어느 날 빅뱅에서 별처럼 태어난 새로운 생명체와 다 같은 창조의 신비는 하나다."

다만 칸트는 이 경이로움을 찬양하였다.

인간의 인체과학은 대우주 이상 신비하고 성스럽다. 이 몸 안으로 신들이 임재하고 영감이 들락날락하고 대우주와 직통하고 컴퓨터를 만들고 줄기세포를 만들고 인공지능을 만들고 천체망원경을 만들고 성경을 쓰고 팔만대장경을 기록하고, 종교를 만들고, 유감스럽게도 하나님도 만들지 않은 지옥을 인간은 만들었다.

Elohim(엘로힘)께서 하늘과 땅을 지으셨다. (창1:1) 성경에서 하나님(God)으로 잘못 번역되고 있는 'Elohim'은 히브리어로 하늘에서 내려

온 사람들을 의미하는 복수형으로 되어있다.

　이 구절은 우리들의 外界로부터 온 과학자들이 그들의 연구를 실현시킬 수 있는 가장 적합한 행성을 찾았다는 것을 의미한다. '지으셨다'는 것은 본래, '발견했다'는 말로서 실제로 그들이 지구를 발견하고 대기의 조건이 자신들의 행성과는 같지 않지만 인공적인 생명을 창조하는데 필요한 모든 요소를 갖추고 있음을 확인했다는 뜻이다. 〈라헬의 '지적 설계' 中〉

　유대인들의 민족 신도 외계문명에서 내려와 지배하였고 우리 조선인들도 은백색 우주선 마치 알처럼 생긴 비행선에 3000여 명의 천인들이 紫微宮(자미궁)에서 내려왔다. 눈부신 흰 옷을 입고 우리의 인류역사는 1만 2천 800년의 長久한 역사를 안고 오리엔트 문명의 발상지가 되어 우리의 言語와 智慧가 전 세계로 퍼져나갔다. 이를 뒷받침하는 실증적인 역사서적들은 일제강점기에 약 20만권 이상 왜인들에게 다 빼앗겼고 불 태워졌다.

(1) 宇宙를 遊泳하는 과학자들의 追想(추상)

　지금도 과학자들은 또 다른 별들에 인간 외에 다른 지성을 갖춘 생명들이 살고 있는지 열심히 찾고 있다. 그러나 우주는 대답이 없다. 나는 유체이탈을 경험할 때 많은 별들을 왕래하며 지구별 이외에도 60여 개의 별에서 인류 비슷한 생명체들이 살고 있음을 보았다.

　농사를 짓는 별들도 있고 지구 비슷한 곳도 있고 지구별에서 생명이 다하면 의식의 진동수에 따라 상승되어 태어날 별들도 있다. 옛날 사람들이 천국 간다는 말은 절대로 지어낸 말이 아니다. 100% 사후 세계가 있다. 바울은 로마에서 고난 중에도 열렬히 그리스도의 복음을 위해 선교에 힘쓰던 중 여러 하늘을 영적으로 유영하며 보이지 않는 세계에

대한 확신으로 가득하여 그는 죽음의 유익함을 누차 증명하였다.(고후 4:18, 빌1:20~21)

'또 땅에서는 외국인과 나그네로라 증거 하였으니 이같이 말하는 자들은 本鄕(본향) 찾는 것을 나타내셨느니라. 저희가 이제는 더 나은 본향을 사모하니 곧 하늘에 있는 것이라 그러므로 하나님이 저희 하나님이라 일컬음 받으심을 부끄러워 아니하시고 저희를 위하여 한 성을 예비하셨느니라.' (히11:14~16)

'어떤 이는 더 좋은 復活을 얻고자 하여 악행을 받되 구차히 목숨을 구걸하지 않고 희롱과 채찍 옥에 갇힘을 받았으며 돌로 맞고 톱으로 켜서 죽임을 받았으며 옷이 없어 양가죽과 소가죽을 뒤집어쓰고 환란과 학대를 받으며 동굴에서 유리하면서도 더 나은 부활을 기다렸다.' (히11:35~38)

　그러나 이 문제는 믿거나 말거나 어디까지나 개인의 자유의지다. 많은 사람들이 우주공간 어딘가에 지성을 갖춘 생명체들이 있을 것이라고 믿고 싶어 한다. 서로가 遭遇(조우)할 수 없는 공간적, 시간적, 한계가 있다고 믿고 싶어 한다. 그리하여 인간이 접근할 수 있는 근본적인 한계의 문제라고 대개 결론짓는다.
　주제에서 빗나가는 듯한 나의 견해는 사실상의 광범위한 인드라망의 네트워크 세계를 설명하려는 의도를 갖다보니 이야기가 지엽적으로 퍼지는데 포도나무 한 그루만 해도 그 신비를 간단히 설명할 수 없는 것이다. 잎사귀와 넝쿨 줄기 뿌리와 가지 꽃술 다음의 열매와 진액이 유기적으로 한 그루의 나무를 일구는 것처럼 우주 가운데서 지극히 작아 미립자에 불과한 이 지구촌에서 현존하는 인구가 100억이라 해도 작은 은하계의 별들의 숫자보다 적다. 여기서 사람들은 저마다 키 재기를 하며 약탈하고 서로 싸우고 종교를 만들고 교파를 만들고 약자를 괴롭히고 전쟁을 일으키고 죽이고 멸망하고 끝없이 분열한다.

성인들과 성자들이 시대적으로 나타나 의식을 계몽하였으나 악의 세력이 장악한 이 지구촌에는 사탄의 권세가 막강하여 선한 개혁자들이 항상 고난을 받아왔고 지금도 여전히 노아 때와 고모라 때나 다름없다. 성경이 말하는 역사적 배경으로는 최초의 살인자 가인 때부터 지금까지 그러하였고 앞으로도 전 세계인이 하나 되어 손을 잡고 노래하는 평화의 길은 묘연하기만 하다.

(2) 彼岸(피안, 저~편 언덕)의 세계를 만든 종교

요단강 건너의 가나안복지, 저 건너편 강 언덕에 아름다운 낙원을 목적삼고 우리는 거기 풍파 없는 곳을 찾아 본향으로 돌아가네… 불교적 용어로는 이승의 번뇌를 해탈하여 열반의 세계에 도달하는 일 혹은 그와 같은 경지를 경험한 사람의 의식 상태를 말하며 피안의 어원은 **'파라미타(Paramita)'**인데, 이 말을 음역하여 **'바라밀다'**이다. 파라미타, 도피안, 등으로 묘사되는 이 말은 결국 최고, 완전, 흠잡을 데 없음, 더 이상 추가할 것이 없음, 온전히 이루다. 모두 마침, 예수께서 十字架上에서 테텔레스타이(Tetelestai), '다 이루었다!' 등과 일맥하다.

널리 알려진 六波羅密(육바라밀)이라는 것, 布施(보시), 持戒(지계), 忍辱(인욕), 精進(정진), 禪定(선정), 智慧(지혜), 등의 완성을 뜻한다. 피안과 비슷한 맥락으로 사용되는 말은 다양하다. 涅槃(열반), 無爲(무위), 寂靜(적정), 甘露(감로), 安穩(안온), 解脫(해탈), 無住(무주), 微妙(미묘), 無漏(무루), 등 이 모든 말은 번뇌가 소멸되어 삶과 죽음마저도 초월한 상태를 의미한다. 이렇게 본다면 결국, 그 어떤 것에 대해서도 집착하지 않는 마음이 바로 피안인 것이다. 이미 안식을 경험하며, 임마누엘을 경험하면서도 목청을 돋구워 신을 부르며 울부짖는 것은 마치 물고기가 물속에서 물을 찾는 무지인 것이다.

기독교에서는 소위 구원받았다는 의미를 거듭 태어남, 중생, 회개, 새로운 피조물, 하나님의 자녀, 安息 등으로 묘사한다. 죽어서 사후 천국에 대한 해설이나 증명은 보여줄 수도 없고 알 길도 없다. 바울도 사실은 자기의 경험을 아꼈다. 〈바울묵시록 참조〉

요컨대 불교든 기독교든 천국은 이 세상과 동떨어져 있는 장소가 아님을 명심해야 한다. '存在論的'으로 바깥 어느 세상이 아닌 바로 지금 여기라는 사실이다. 그러니까 결국 천국이라는 것은 의식변화와 함께 존재하는 次元上昇(차원상승)으로 인식해야 하는 것이다. 우리가 서로 하나라고 하는 개념도 전부 의식변화와 더불어 공동의식을 교류함으로 느끼는 감정 밀착이지 만백성이 매일 붙어 살라는 것이 아니지 않는가? 그러나 彼岸(피안)을 기독교의 천국론이나 플라톤이 말하는 이데아와 혼동해서는 곤란하다. 基督教 天國論을 말하자면 지금까지 머나먼 죽음 이후 사후에 일어나는 현상으로 천국에 들어간다는 것을 꼭 육체의 죽음과 동시에 찾아가는 식으로 가르쳐왔으며 지금도 여전히 그렇게 믿고 있다. 결국 피안이던 구원이든 어느 장소로 이동하기 전에 바로 나 자신의 의식 변화와 함께 내가 존재하고 있는 지금 여기에서 경험되어지는 임마누엘이다.

'천국은 네 마음에 있다는 예수의 가르침을 우선 중시여길 것이다.'
(눅17:20~21)

니체가 폴라토니즘과 기독교 道德(도덕)과 교리를 '데카당스(Decadence, 퇴폐주의, 虛無主義)'라고 비판한 이유는 그것이 실재하는 존재를 부정하며, 자신이 딛고 서 있는 땅 즉, 실존하는 세계보다 피안의 세계에 있는 천국 혹은 이데아 같은 것에 중점을 두고 사람들을 현실도피자들을 만들었기 때문이다. 니체는 존재가 존재가치로서 인정받아야 한다고 생각했으므로, 존재 너머에 참된 존재가 있는 것이 아니라 바로 '지금 이 자리에 있는 존재자체가 참된 존재'라고 생각했다. 따라서 존재 너머에 참된 존재란 허구일 뿐이며 인간의 상상으로 만들어낸 것이라 하였다. 그 참된 存在에 중점을 둔다는 것은 곧 힘으로의 의지를 부정하거나, 감퇴시키는 것이기 때문에 그것을 데카당스(Decadence)라고 한 것이다. 종교인들은 이상한 병폐가 만연되어 있다. 그것은 다름 아닌 이 땅보다 더 나은 天國을 찾아서 지금의 현실을 부정하고 세상을 등지고 속세를 떠난다고 神學校를 간다고 출가를 한다고 여기저기 떠벌이고 세상 인연을 끊는다고 나팔을 불고 다닌다. 그리하여 명산 절로 들어가고 선방으로 들어가고 신학교에 가서 수업을 받고 나름대로 세속을 등지고 十字架를 바라보고 금욕 고행을 시작한다,

'하나님이 보시기에 좋았더라.'

한 이 아름다운 땅에서 더 깨끗한 천국에 들어가기 위해 애써 노력을 아끼지 않는다. 아! 그러나 어디가 속세이고 어디가 천국인가? 명산 선방에도 전기, TV, 냉장고, 에어컨, 온돌방, 공부방, 약수터, 주방, 등이 호텔 못지않다. 도대체 어디가 속세인가? 지구를 떠나 어느 항성에라도 날아갔는가? 우리는 전 세계 모든 사람은 지구라는 배를 타고 항해하는 전부 하나의 가족들이다. 천체의 항하(恒河) 모래알 같은 별들과 지구촌의 모든 사람들은 도연명의 말처럼 모두가 하나다. 종교도 각자들 문화형식에 따라 이름 지워진 신들의 이름은 궁극적으로 하나님을 부르는 행위인데 그들이 나름대로 자기민족의 최고의 신을 부르는 것을 살펴보면 그렇다. 그들이 만약 깨닫기만 하면 모두가 하나될 수 있는 준비가 된 사람들이다. 밤과 낮이 하나이며 陰陽이 하나이며 善惡이 하나이다.

(3) 나와 宇宙는 하나

우주는 무엇인가? 나는 우주 가운데에서 어떤 존재인가? 그리고 의

식 있는 사람들이 밤낮 부르짖는 하나 됨은 무엇인가? 도연명은 세계 모든 인류를 모두 형제라고 불렀고 더 나아가 一家 즉, 한 가족이라 불렀다.

철학에서는 조화를 말할 때 숲과 나무를 말하고, 불교 철학에서는 沆河(항하)의 물 입자로 말하며, 끈 이론에서는 우리 몸뚱이와 머리카락의 유기체 인드라 망을 말한다. 나라고 불리는 한 개인의 인식은 결국 숲속의 모든 나무와 풀뿌리가 서로 다른 개성을 갖고 있으면서도 그 뿌리가 서로 연하여 엉키고 어울리듯 인간 역시 온 우주와 분리할 수 없는 공간에서 숨 쉬고 있는 것이다. 나는 단 하나뿐인 고유한 존재요, 나의 탄생과 함께 부여된 것은 내가 주인인 것이다. 나의 인식을 통해서 주어진 지식이나 경험은 진화하는 내 영혼의 선물이다. 나는 神의 걸작이며 아들이다. 아버지가 날 만들었으면 아버지가 신이고 하나님이 나를 만들었으면 하나님이 신이다.

'예수께서 나와 아버지는 하나이니' (요10:22~35)

하신 의미가 그런 것이다. 이 말을 하신 예수는 신성모독으로 몰려 바리새인들이 체포하려 하여 예수는 자리를 피하였다. 그러므로 창조주와 피조물은 둘이 아니다. 신의 본질은 우주 어디에서나 존재하면서 만물을 창조하는 에테르다. 현대물리학은 양자이론을 통해 모든 것을 통합하는 확실한 과정을 위한 지식의 문을 열어두고 있다. 성경 요한복음의 특성은 마태, 마가, 누가보다 의식의 진동수가 形而上學적이다. 영적인 메시아라면 당연히 말할 수 있는 신과 하나라는 개념이 바리새인들의 눈에는 신성모독으로 느껴졌던 것이다. 이 위대한 초월적인 문장은 영적인 스승이라면 당연히 말할 수 있는 완성된 발언인 것이다.

동양의 현자들은 성경이 쓰여 지기 훨씬 전부터 神人合一의 원리를 설파하였다. 불교의 교리 중 색즉시공에 대한 표현과, 〈우파니샤드〉의 '그대는 그것이다'라는 말이나, '아트만과 브라만은 하나다'라는 梵我

一如(범아일여)라는 말과 동일한 의미를 전하고 있다고 나는 생각한다.

그것은 궁극의 道와 일체가 된 道敎式(도교식) 완성에 대한 기독교적인 표현이라고 느껴진다. 누구든지 진지한 수행자라면 오랜 영적인 믿음과 경험을 통해서 도달할 수 있는 경지라고 생각한다. 아무리 초라한 인간이라도 언젠가는 그리스도의 완성된 위치까지 올라가야 되는 것이 성경과 예수의 바램이다. (엡4:13, 히5:14)

〈우파니샤드〉, 〈바가바드기타〉, 〈道德經〉, 〈불경〉도 결국은 신앙하는 자신이 숭배하던 그 대상의 의식에까지 도달하여 성숙하는 것이 궁극이며 그 위치라 니르바나(Nirvana)이며, 그리스도의 의식이며 신성의 자리다. 이곳은 언제나 얽매임이 없고 숙제도 없고 번뇌도 없고 전혀 부족함이 없는 곳이다.

(4) 神人合一(신인합일)

'예수께서 이르시되 너희 율법에 기록된바 내가 너희를 신들이라 하였노라 하고 기록되지 않았느냐? 하나님의 말씀을 받은 자들을 그분께서 신들이라 하셨으며 또 성경기록은 깨뜨릴 수 없도다.' (흠정역 요10:34~35)

오늘날 목회자들이 잘 강론하지 않는 위 인용구절은 의미심장하다. '신들(Gods)'이란 표현이 두 번 나오고 있는데 오늘날 교회에서는 이해력의 한계에 따라 접근하는 자유가 있으니 난제로 남아있다.

오늘날의 교회는 끊임없이 속죄제를 지내고 가슴을 치고 회개하고 밤새워 기도하는 사람이 1등 신자다. 그가 심령에 평화가 있든 없든 목회자들은 신경 쓰지 않으며, 그러한 교인을 보면 칭찬하고 부추기며 후한 점수를 준다. '내가 너희를 신이라 하였노라' 이런 구절은 눈에 들어오지 않는다. 끝없는 회개와 심판자 앞에서의 두려움, 성결한 삶으로 천국에 들어가 상 받을 준비로 숨도 크게 못 쉬고 무거운 짐을 지고 수고하는 모습을 아름답게 여기는 희생의 피라미드이다. 내가 三位一體를 악마의 교리라고 비판한 것은 터툴리안이나 기타 신학자들에 대한 원한은 없다. 다만 사람을 헛갈리게 하며, 어지럽히는 교리는 없애 버려야 한다.

인간은 神과 같은 존재가 되는 것이 아니라 본래 神이었고 또 신이 될 것이다. 이보다 더 인간을 위로하는 희망의 메시지는 다른 성경에는 없다. '나와 아버지는 하나이니라.' 그 말은 예수께서만 하실 수 있는 말이 아니고 진리를 깨달은 모든 사람이 하나님을 아버지로 부를 수 있는 신앙고백인 것이다. 아직 못 미친 사람도 언젠가는 모든 인간이 고백해야 할 그리스도의 기름부음이다.

'너는 내 사랑하는 아들이라 내가 너를 기뻐하노라 하시니라' (막 1:11)

예수께서 피조물이며 하나님의 아들이듯이 우리 모두가 우리를 창조하신 그분의 아들들인 것이다.

'예수께서 이르시되 사람의 아들(The son of Man)이 영광을 받을 때가 왔도다. 진실로 너희에게 이르노니 한 알의 밀이 땅에 떨어져 죽지 아니하면 홀로 남거니와, 죽으면 많은 열매를 맺느니라.' (요 12:23~24)

이 구절은 일차적으로 그리스도의 죽음으로 탄생된 부활의 복음 그 광채를 말하지만 그리스도와 연합된 모든 사람의 함께 누릴 보상이며 영광이다. 누가 영광을 받는가? 우리 모두이다. 이 위대한 보상의 말씀은 한 인간이 오랜 진화의 과정을 거쳐 드디어 영적인 완성에 이르는 왕도를 의미함으로 본다. 사람의 아들이 자신 안에 존재하는 신적인 본질을 일깨워 이제 그 완성의 단계에 도달하는 길이 고난과 치욕의 십자가가 아니라 보람찬 영광의 십자가 후광이 되는 빛의 세계인 것이다.

2. 하나로 돌아가는 原始反本(원시반본)

오리엔트 문명의 발상지인 우리 한민족은 이스라엘보다 數千 年전부터 聖杯(성배)민족이다. 강화도 마니산을 비롯하여 한라산과 전국 명산에 天祭檀을 세우고 하나님께 예배를 올린 천손민족이다.

루돌프 슈나이너는 인류문명사의 대 전환기에는 반드시 그다음 시기의 삶을 살아갈 지혜(聖杯=성배)를 예시하는 민족이 출현한다고 힘주어 말했다.

내가 말하는 원시반본 정신은 소위 '증산도'에서 말하는 後天 開闢思想(후천 개벽사상)과는 다른 의미임을 미리 밝힌다. 고조선의 우리 민족은 따로 예배행위가 없이도 이미 천손답게 仁義禮智와 예절을 확립하고 공동체 의식을 공유하며 살았으며 마을마다 초상이나 결혼식이나 기타 생활양식을 통해서 생존 구조양식의 전반적인 면에서 우주 공동체 문화를 몸으로 체득하며 익히고 살았다. 가끔 天倫을 거역한 죄인이 나오면 마을에서 멍석말이를 하여 온 주민이 다 나와 작대기로 한 대씩 때려 몸을 상하지 않을 만큼 때려 심판하였고 누가 때렸는지 볼 수 없는 상태에서 벌을 받고 떠나든가 회개하고 마을에서 다시 살던가 했는데 죄 값은 치루었으나 혼인길이 막히고 여러모로 곤란을 겪으니 사람들이 죄를 짓지 않았다.

내가 原始反本을 말하는 의미는 이런 것이다. 매일 아침 동쪽하늘을 밝히고 솟는 태양처럼 마음에 하나님을 모시며 살아가는 안식에 들어간 사람들은 이미 모든 제도나 속죄나 예배가 끝이 난 상태다.

(1) 시대적 共同倫理

우리나라는 오리엔트문명과 하나님 신앙의 메카이며, 열방이 이리로 몰려와야 앞으로 산다. 희랍에 사상가가 많고 印度에 성자가 많다 하지만 10억이 넘는 인구를 자랑하는 나라에서 이름 있는 사상가는 열 손가락 안에 들어온다. 싯다르타는 네팔 사람으로 檀君의 후손이며, 우리 東夷族(동이족)이다. 동이족은 이미 천손이기 때문에 도를 구하는 마음이 生而知之(생이지지)로 이미 유전자속에 배어있어 본래 그렇게 도를 깨치도록 되어있던 사람이다. 샤카무니족 싯다르타는 결국 동이족이며 우리나라 사람이니 인도인이 아니다.

인도에서 추앙받는 성자들은 라마나 마하리쉬. 라마크리슈나, 금세기의 철학자들 중, 오쇼 라즈니쉬, 묵자난다, 영국 有學派(유학파) 크리슈나무르티, 간디, 선다싱, 테레사수녀, 등의 유명세는 인도를 대표할 수 있는 사람들이지만 우리 민족은 천손민족으로서 삶 자체가 이미 이웃사랑을 실천하며 求道者的인 삶을 살고 있는 사람들이다.

퇴계 性理學, 토정 이지암, 사명당, 원효, 등 말고도 깨달음을 얻은 각자들이 수백 명에 이른다. 그 유전자는 집단 無意識(무의식)으로 작용하여 형식적이나마 기독교 인구가 전 세계 1위의 숫자를 낳고 맘모스 교회와 사찰들. 팔만대장경, 등 종교의 발상지가 된 것이다. 그러나 이제는 이런 껍데기를 벗어던질 시기에 우리는 서있다.

돌아가야 한다. 본향으로. 꼴망태 메고 강변에서 소를 타고 천렵을 하며, 아이들과 무등을 타고 찔레를 꺾어 먹고 삐삐를 뽑아먹으며 풀섶을 걷고 비포장도로를 걷던 때가 그리운 것은 우리는 변천하는 플라스틱 문명과 더불어 잃어버린 영혼의 날개이다. 흰 쌀밥과 고기반찬은 많아졌지만 우리는 너무나 많은 보화를 사탄문명에게 내어줬다. 나에게 만약 타임머신이 있다면 주저 없이 1970년대로 날아갈 것이다. 위에서 언급한 성자들과 명상가들이 100년을 설파하고 10만 명의 한국교회 성직자들이 쉴 새 없이 설교하고, 2만여 명의 승려들이 템플스테이를 하고, 佛法을 설하며 외치지만 단 한 가지도 변한 건 없다. 도리어 사람들의 마음은 더욱 거칠고 메말라있고 만 가지 죄악은 더 猖獗(창궐)해만 간다. 그러니까 종교는 아무 할 일이 없다. 정말 극소수만이 이웃사랑 정도를 실천하며, 공동체의식을 유지하는 정도다.

(2) 윤리적 근원

세계는 지금 급변하다 못해 종말을 맞이하고 있다. 남태평양의 섬들이 사라지고 있으며, 해수면은 급상승하고 기후는 대변동을 겪고 있고, 사악한 조직들은 인구감축을 목적으로 매일 중금속 독극물을 공중에서 살포하여 대기를 오염시키며 중국에 책임을 전가한다.

무지하다 못해 멸망의 짐승들은 도살할 날을 기다리는 잔칫집 돼지처럼 먹고사는 일에 너무너무 바빠 하늘을 처다 볼 시간도 없어 히말라야 설산이 녹는다 해도, 빙하가 녹아내린다 해도, 해수면이 올라온다 해도, 太平洋의 섬들이 가라앉아도, 오존층이 멕시코만보다 크게 구멍이 났다 해도, 바다생물이 670여 종이 사라졌다 해도, 눈 하나 까닥하지 않는다. 독극물 켐트레일 이야기하다 인연 끊어진 사람도 여럿 겪었다. 윤리의식을 버린 현대인들은 재앙을 맞아도 싸다. 어쩌면 우리시대에 겪을지도 모르는 대격변을 생각하면 목숨이 두려워서가 아니라 지구를 지키지 못한 罪責感에 미안하고 죄스러워 잠을 못 이룬다.

정치인들은 애국자가 한 명도 없다. 목회자님들은 더욱 없다. 그분들은 '우리가 갈 천국은 이 땅이 아니란다.'며 눈물 없는 곳, 주님의 보좌가 있는 곳, 세 분 三位一體 하나님이 나란히 앉아 있는 보좌에 가서 이 땅에서 못 다한 부귀영화를 누리며 영생한다는 신념은 유치원 아이들보다 더 순수하니 할 말 없다. 최고의 形而上學인 신학을 연구한 님들이 이 정도 수준이니 그 이하 교인들은 무슨 말을 할 것인가? 이러한 말들을 농담으로 여기던 사람들의 심장은 아마 돌인가 보다. 저녁 9시 뉴스에는 정확한 동영상 보도가 매일 쏟아져 나오는데도 자극을 받지 않으니 이 무슨 저주란 말인가? 우리는 지금 준비해야 한다. 이제부터라도 원시에로 되돌아가야 한다.

1) 激變(격변)이 눈앞에 오고 있음을 의식하고 대처할 것이다.

격변이란 지구 재앙만을 뜻하는 게 아니라 격변은 人工知能時代와 더불어 창궐할 질병과 노인 문제, 기타 등등, 수많은 문제와 뒤엉킨 혼란을 겪을 것을 말함이다.

2) 사도행전 같이 서로 物物交換하며 연합할 것이다.

기독교인들은 앞으로 힘든 시기가 분명히 도래한다. 적그리스도가 지금 총회를 개최했고 수면위로 등장했으며 고위 회원들도 발표하였다. 오늘의 교회들 정말 정신 차려 깨달아야 한다. 저들은 지구상에서 교회를 완전히 통합하여 거기에서 우리가 믿던 예수 그리스도를 없애고 새로운 메시아를 바꿔치기 할 것이며, 그들이 세상을 주도한다. 최근의 마스크만 해도 그렇다. 마스크 없이는 관공소나 식당에도 못 들어가듯 교회예배도 곧 없어진다.

3) 이런 와중에도 세계는 하나라는 의식을 가져야할 것이다.

月人千江(월인천강) 하나의 달이 천개의 강에 비춰듯, 온 세계는 서로 하나라는 의념을 품을 것이다. 마치 남녀가 사랑의 궁극에 도달하면 생명이 태어나듯 온 세계가 서로 하나만 되면 지상낙원이 될 수도 있으니 世界一花(세계일화) 세계는 커다란 한 송이 꽃이 될 것을 명상하자. 이러한 하나의 사상을 가진 사람들은 의식이 확장되어 있으니 원수가 없고 언제든지 서로 사랑할 준비가 되어있는 사람들로 천국 백성들이다. 낡은 종교의 교리들은 이 시대를 구원할 수 없다. 인류의 과학은 결국 플라스틱을 창조함으로 지구를 병들게 했다.

지금으로부터 1만 5000년 전 파미르 고원 중심의 麻姑城(마고성)의 시대 그리고 그 시대에 시작된 神市(신시)와 그것의 연합사상이다. 부족사회, 족장시대, 모두 하나의 사상으로 서로 사랑하며 살았고 과거 치우천황의 통일사상도 희생은 最小化하고 대륙을 통일하여 태평을 안겨 줬었다.

세계는 지금 도처에서 불편한 변화가 많이 일어나고 있다. 새로운 표준의 등장은 100% 그림자 정부의 강력한 지도자가 출현할 징조이다. 수많은 교회가 그리로 달려갈 것이며 손잡을 것이다. 이 이야기는 80년대에 부흥사들이 말하며 겁주던 소위 종말론 설교와는 그 현황이 다르다. 이미 준비된 프로그램이며 적그리스도들은 100여 년 이상 충분히 준비하여 사실상 지금 세계는 그들 손에서 벗어나지 못하고 있으며 대형교회들은 이미 그들의 덫에 걸렸다.

대수롭지 않게 생각했던 그것이 얼렁뚱땅 한꺼번에 변할 것이다. 이 시대는 무엇보다도 서로 사랑해야 한다. 담 너머로 상추쌈을 주고받으며 빈대떡을 나눠먹던 그 동포애로 돌아가지 않으면 죽음이다. 그러한 의식의 세계로 反本(반본)하자는 것이다.

(3) 換父易祖(환부역조)

자신의 조상과 國祖(국조)를 바꾸고 부인하는 오늘날 保守的(보수적) 전통을 자랑하는 개신교회의 罪惡은 그 뿌리가 깊다. 심지어 제사를 지낸 사람을 마귀에게 제사했다 하여 교인들이 교회를 모두 떠난 곳도 있다.

조상이 魔鬼이면 자신도 마귀 아닌가? 타국의 민족 신을 하나님으로 숭배하며 더 크신 天地의 主宰이신 우주 총사령관 하나님을 부인하는 모순을 전혀 모르는 이 무지는 분명 큰 죄악인데 이 모든 병폐는 성경을 문자적으로 보는 데서 원인이 있다. 뿌리를 부정하는 것은 큰 죄악이다. 모세오경을 믿는 유대인들은 지금도 祭祀를 지낸다.

그런데 유대인들의 제사양식이 우리 옛적에 천제를 지내던 그대로 흉내 내는 것임을 알아야한다. 촛대, 향단, 물두멍, 제단, 제사장의 예복, 가슴의 흉배, 머리에 쓰는 관, 그리고 제물, 누룩 없는 떡, 백설기(무교병), 등 모두 우리 유산들이다.

아마 이것을 부인하는 교인들이 있다면 그는 분명 땅에서 고사리같이 솟아났든가 하늘에서 떨어졌든가 한 사람일 것이다. 筆者가 이렇게 단언하는 것은 교만하거나 이단의 길을 가서 하는 행위가 아니라, 나는 충분히 연구해보고 다각도의 사고와 수많은 독서와 비교종교와 고대역사를 엿보며 면밀히 조사해보고 성경을 품고 살다시피 하면서 신앙생활 45년 만에 내리는 중대한 결론이다.

이제 우리는 어리석었던 지난날을 회개하며 눈이 붓도록 울어야 한다. 문자주의 미몽에 깊이 빠진 세대주의 껍데기 神學思想과 융통성 없는 획일 신앙이 億兆蒼生(억조창생)의 인류가 전부 있지도 않은 지옥에 갔다고 막말을 하며, 예수 그리스도의 사랑을 가장 잔인한 살인자를 만들고 있으며, 檀君象의 목을 자르고 승려들을 마귀라고 부르며, 나하고 조금만 다르면 즉시 이단으로 몰아버리는 이 철없는 행위들은 목회자들의 게으름과 무지가 크다. 환부역조에서 탕자처럼 우리 옛 선조들의 하나님이 곧 순전한 하나님이었음을 깨닫고 기회가 되면 강화도 마니산에 올라 7000년 전에 세워진 천제단 하나님을 예배하던 제단에 올라보라. 이스라엘의 유대교가 생기기 훨씬 전 아브라함이 태어나기도 전에 우리 조상들은 天孫답게 하나님을 숭배하며 서로 사랑하며 살던 민족이다. 옹졸했던 마음과 시야에서 우리 조상들의 숭고한 슬기에로 원시반본 하자. 이렇게 본향을 찾아야만 우주적인 숙제와 하나님의 폭넓은 사랑과 인류 미래와 구원계획의 퍼즐이 맞아 들어간다.

(4) 나의 宗敎觀(종교관)

1) 지구 창조와 나이

수많은 과학자들의 지구 나이측정이 공통적으로 45~46억년으로 일치하고 있다. 지구탄생 시기에 대해서는 과거의 학자들 간에 많은 고심을 하였다. 이 정도 기본상식은 아마 초등학생들도 다 아는 사실이다. 중세시대에는 성경책을 기준으로 지구의 나이를 6천 년으로 보았는데 이는 우리 고조선 檀君記錄(단군기록)보다도 역사가 짧으니 지금은 아무도 창세기의 이론을 믿지 않는다. 그 뒤로 1949년에 미국에서 탄소를 가지고 지구의 나이를 측정하게 되었다.

하지만 동식물 생존 연대는 알아도 그 이전 낱낱이 밝히는 사람은 없다. 그리고 과학자들은 운석의 샘플로 측정하여 지구의 나이를 알아내기도 하였다. 우리가 어디서 왔고 또 어디로 가고 있는가에 대한 대답을 끊임없이 갈구해왔으며, 이에 대한 정확한 대답을 얻고자 科學者들과 神學者들은 많은 노력을 경주해왔고 지금도 탐구중이다.

종교계에서는 하나님께서 천지만물을 창조하신 시점을 지구의 기원으로 보는 경향이 지배적이다. 창세기 1장에는 하나님이 세상을 만들었다는 내용은 기록되어 있으나 언제 만들었다는 내용은 없다. 그런데 성경 열왕기에는 바벨론의 왕 느부갓네살이 사망한 연도가 기원전 562년으로 기록되어 있다. 그렇다면 이것을 기준으로 해서 구약성서에 나오는 139명의 선지자들과 족장들의 세대를 전부 더해 나가면 하나님이 세상을 창조한 날짜가 나올 듯도 하지 않을까? 1650년 아일랜드의 대주교가 구약에 쓰여 있는 대로 아담의 나이 930세에 사망과 므두셀라의 969세를 추적하고, 마태복음과 누가복음에 나오는 족보를 조사해 보면 하나님이 세상을 창조하신 날짜는 기원전 4004년 10월 22일 저녁 6시! 그러므로 지구의 나이는 6000년이라는 주장이다.

과학자들 일부는 9천만 년을 계산법으로 내세운 사람도 있고 아이작 뉴턴이 말한 5만 년을 주장하기도 하였다. 지금 기준으로는 좀 그렇지만 시대가 흐르고 과학도 크게 발전하면서 격동의 시대를 겪었다. 근대에 와서는 방사선 연대 측정법으로 신박한 지식의 기술이 나왔다. 1949년 미국 시카고 대학의 월러드 팀이 발견해서 노벨상을 수상하였다. 결국 지구의 나이는 46억 년 쯤 되었다는 사실이다.

2) 宗敎의 起源(기원)

이 지구위에 인류가 번성하기 전에는 종교 같은 것은 없었다. 땅 위에 사람들이 번성하며, 부족사회를 이루고 인구가 늘어나면서 인간은 정신문화 양식의 하나로 여러 가지 문제 중에서도 기본적인 것에 관하여 위엄과 초월적인 존재나 어떤 힘 있는 존재의 힘을 빌려 통상의 방법으로 해결이 불가능한 인간의 죽음과 불안, 공포 등을 해결해야하는 숙제에 부딪치게 된 것들이 종교로 발전하게 되었는데 舊石器時代에는 토테미즘 즉, 庶物崇拜(서물숭배)를 시작으로 종교가 발전하였다. 설명하자면, 기암절벽이나 벼락을 맞고 쓰러지는 큰 고목나무 등을 보며 숭배하던 천둥, 번개, 신, 바다를 지킨다는 희랍의 포세이돈이나 용이나 일월성신이나 따듯한 열기를 주고 곡식을 영글게 하는 태양이나 별자리, 등을 숭배한 사람들도 있다. 종교의 기원은 오래이며, 그동안 많은 질적 변화를 거쳐 왔으며, 오늘날에도 인간의 내적 생활에 크게 영향을 끼치고 있다.

초경험적, 초자연적이면서 의지를 가진 존재로 믿어지는 것이 신이나 영혼이며, 원리로 인정되는 것이 법이며 도덕이다. 이것들은 단순한 사상이나 이론이 아니라, 종교적 상징으로 만자나(卍字)나 十字架(십자가)는 물론, 神像(신상)과 같은 구체적인 형태로 표현되는 경우가 많다. 또한 신의 초인간적 행동이 신화로서 전해지고 숭배의 일정한 형식인 儀禮가 행해지는데, 이러한 종교의 특징이 고대로부터 철학자, 지식인들 사이에 종교에 대한 경멸심을 일으키게 하고, 과학의 인식과 모순된다고 지적을 받는 것이 통상이다. 그러나 한편으로는 그들의 이성을 전부 동원해도 도저히 체험할 수 없는 구체성, 계시, 그리고 설명 불가한 예시나 영감, 예언, 등 실재감이 종교를 지탱해가는 힘이다. 또 하나의 특징은 신앙을 함께 공유하는 사람들끼리의 공동체 의식이다. 같은 신앙을 가진다는 원칙위에 결성된 무리를 교단이라 하는데 교단은 그 교단의 지도자들을 양성하여 전문지식과 교리를 철저히 가르치며 공동체의 유지를 도모하는 한편, 포교를 힘쓰는 것이 종교의 기본 카테고리인 것이다. 세계적인 여러 사상이 나타난 시기에 발전한 종교사상 중에서 후세에 가장 크게 영향을 끼친 것은 현세 부정의 사상이다.

고대의 시대에는 他界(타계)관념은 있었어도 현세의 가치는 부정되지 않았는데 오늘날의 종교는 인간은 영원히 轉生(전생)하며 고통을 경험해야 한다는 업보, 카르마, 선악과 유전, 등 고난과 原罪에 대한 관념이 지배적이다. 이와 같은 문제의 해결에는 이미 현세의 인간관계에 의지할 수 없기 때문에 그 구제는 초자연적인 힘에 의해서 내세에서 심판을 받고 해결된다고 생각한 것이 현존하는 대다수 종교의 신앙관이다.

세계에는 각각 민족 특유의 종교로부터 세계적 보편적인 종교들이 출현하였다. 현존하는 종교 중 가장 오랜 역사를 안고 발전했던 종교는 拜火敎(배화교)라고 알려진 조로아스터교다. 창시자 짜라투스트라가 창시한 이 종교는 페르시아가 원산지이며, 기원전 660년쯤 창시된 것으로 오늘날의 이란 동부를 중심으로 전파되기 시작하여 퍼져나갔다. 알렉산더 대왕의 정복으로 아케메네스 王祖가 패망하자 교세가 약화되었다. 그러나 이 종교는 미트라교, 태양신교회, 로마 가톨릭 교회에 큰 영향을 끼쳤다. 로마교회의 예배 양식이나 기타 의식들과 의복, 기타 도구들은 이 조로아스터교의 대물림이라 해도 과언이 아니다.

우리가 기억해야할 것은 그렇다. 이 종교는 히브리인들의 유일신교인 유대교가 생기기 훨씬 전에 창시되어 제사장 제도나 예배당 제사제도나 기타 예배 양식들이 매우 세련되게 발전하였었다. 그중에서도 BC. 5세기에 힌두교에서 나온 불교, 1세기에 유대교에서 개혁자 예수 그리스도를 통해서 출발한 그리스도교, 7세기에 아라비아의 민족종교에서 발생한 이슬람교가 가장 세력을 떨쳤다. 이런 종류의 종교는 석가, 그리스도, 무함마드와 같은 敎祖가 있어서 각기 교단을 형성하고 민족의 테두리를 넘어서 선교 활동을 펼쳐나갔던 것이다. 그 내부를 돌아보면 말로 다할 수 없는 살상과 전쟁, 피로 얼룩진 변천이 있었으나 현재까지 그 조직들이 존속되고 있는 것은 인간은 강한 듯하나 죽음의 공포와 내세에 대한 두려운 혹은 홀로 있기가 두려운 심약함 때문이 그 이유가 될 것이다.

(5) 인드라망 (因陀羅法界問)

인드라 망이란 우주만물이 하나이며, 우주와 나는 한 몸이라는 개념이며, 한 생명이라는 유기적인 기본이념을 바탕으로 하는 인간과 자연의 조화로운 삶의 이치와 백사장의 모래알갱이가 분리하면 하나하나 개체인 동시에 전부 유기적으로 연계된 아름다운 우주의 질서와 통일된 의식을 의미함이다. 모든 현상인 우주의 森羅萬象(삼라만상)은 하나하나가 서로 다른 것을 비춰이며 숲과 나무처럼 서로 연하여 온전한 하나를 이루며 존재한다. 한 방울의 이슬의 낙차가 냇물과 연하고 강을 이루고 바다를 이루에 파도를 창조하는 이 신비는 인드라망의 신비다.

인드라망은 帝釋天(제석천)의 장엄한 그물이다. 이 그물은 하나하나의 그물코마다 진주로 장식된 한량없는 보주가 서로 비춰어 찬란하게 빛나고 있다.

이 말은 비유가 아니고 필자가 1999년 겨울 대둔산 자락에서 죽염과 물만 마시고 100일 금식 때 대우주 인드라 망을 충분히 살펴보았는데 그 총천연색상의 보석처럼 빛나는 별들의 빛은 인간의 입술로 형용할 수가 없음은 지구에는 그런 보석이 없기 때문이다.

그리고 현대과학이 밝히는 대우주 은하계는 천체 망원경으로 촬영한 우주 천체 사진을 보면 그 화려한 색채가 경이로움에 입을 다물게 된다. 다수의 구슬가운데 한 개의 구슬을 생각하면, 이 구슬가운데 다른 전체의 구슬이 그림자를 드리우고 다른 구슬의 하나하나에도 또 기타의 구슬 그림자가 나타나므로 이를 一重累現(일중누현)이라고 한다. 또 하나의 구슬에 영현 하는 일체의 구슬에 다른 구슬의 모든 그림자가 나타나는 것을 비추므로 이를 二重累現(이중누현)이라한다. 이렇게 이중 삼중 오중으로 비춰어 한량없는 것이다.

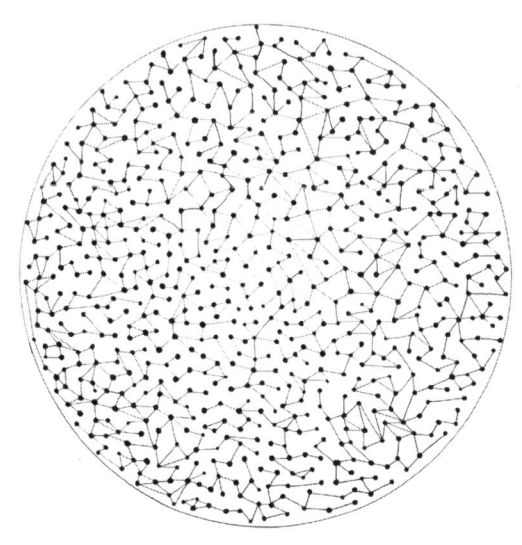

인드라망 1 [그림 송도혜]

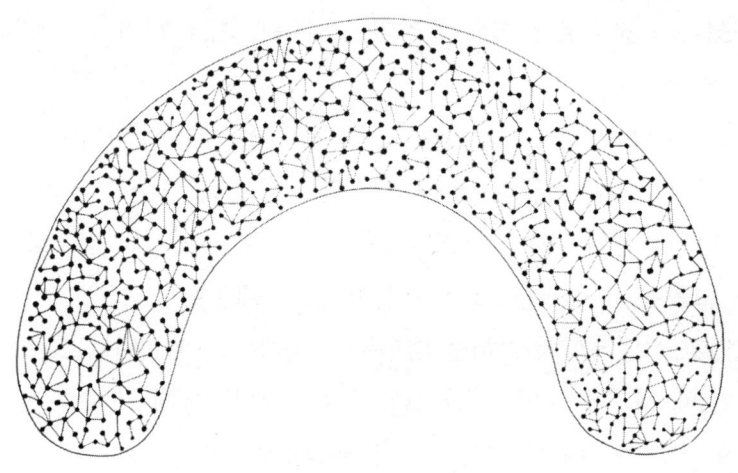

인드라망 2 [그림 송도혜]

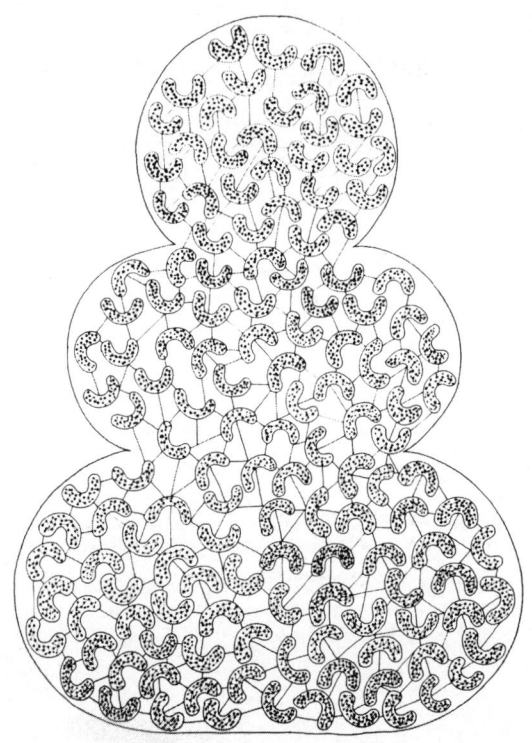

인드라망 3 [그림 송도혜]

1) 人體의 세포 인드라망과 宇宙

이스라엘 바이츠만 과학연구소(Weizmann lnstitute of Science)와 캐나다 토론토 어린이 환자 병원 소속연구진은 최근 醫生物學(의생물학) 분야의 동료심사 전 공개 학술 데이터베이스 〈bioRxiv.org〉에 올린 논문에서 평균적인 남자 어른을 기준으로 볼 때 인체 박테리아 총수는 39조개 정도로 추산돼 인간세포 수로 추산되는 30조개와 엇비슷한 규모로 보인다는 결과를 제시하였다.

이런 계산 결과는 박테리아와 인간 세포수의 비가 대략 10대 1에 달한다고 알려진 것과는 크게 다른 것이다. 대략 1.3대 1의 비율을 보여준다는 것이 논문 저자들의 주장이다. 연구진은 이번 계산에서 나이 20~30세 키 170센티미터 몸무게 70Kg의 어른 남자신체 조건을 평균적인 참조기준으로 삼았다.

또한 그동안 체내미생물과 인체에 대해 이루어진 연구결과와 데이터를 활용해 인체 박테리아의 수를 계산해 추정하였다. 먼저 논문 저자들은 체내 박테리아는 인체 기관마다 다르게 분포하며 박테리아 밀도와 인체 기관별 부피를 고려할 때 특히나 대장에 10^{14}규모로 몰려있으며, 치아 플라그에 10^{12}의 규모, 타액에 10^{11}의 규모, 위장에 10^{7}의 규모로 몰려, 대장기관내 박테리아가 총 개수에서 절대 우위를 차지했다. 인간 세포 수는 개수로 볼 때, 적혈구가 84%를 차지해 우리 몸에서 가장 많은 수의 세포임을 보여주었다. 근육세포와 지방세포는 무게로 치면 우리 몸에서 75%나 차지하지만 개수로는 1.1%에 불과했다고 연구진은 발표했다.

① 기타 숫자로 본 人體의 神祕

- 피가 몸을 한 바퀴 도는 시간은 46초가 걸린다.
- 눈을 한번 깜박이는데 걸리는 시간은 1/40초가 걸린다.
- 혀에 침이 묻어있지 않으면 절대로 맛을 알 수 없다.
- 코에 물기가 없으면 냄새를 맡을 수가 없다.
- 갓난아이는 305개의 뼈를 갖고 태어나는데 커가면서 206개 정도로 줄어든다.
- 사람의 허파는 오른쪽보다 왼쪽이 더 무겁다.

* 인간의 수명을 70 세로 기준할 때 일어나는 일들을 살펴보면
- 38,300리터의 소변을 본다.
- 127,500회의 꿈을 꾼다.
- 27억 번의 심장이 뛴다
- 3000번을 운다.
- 난자 생산량 : 400개
- 정자 생산량 : 4천억 개
- 웃는 횟수 : 540,000번
- 음식물을 먹는 량 : 50톤
- 눈을 깜박임 : 333,000,000회
- 마시는 물의 량 : 49,200리터
- 자라는 머리카락 : 563Km
- 심장에서 퍼 나른 피 : 331,000,000리터
- 인간의 모든 코에는 극소량의 철(Fe)을 가지고 있어서 커다란 자장이 있는 지구에서 방향을 잡기 쉽도록 해준다. 빛이 없을 때 이것을 이용해서 방향을 잡는다.
- 눈의 근육은 24시간동안 약100,000번 움직인다. 다리가 이 정도의

운동을 하려면 적어도 80Km는 걸어야 한다.
- 두 개의 콧구멍은 3~4시간마다 그 활동을 교대한다. 한쪽 구멍이 냄새를 맡는 동안 다른 한 쪽은 쉰다. 피곤할 땐 한 쪽이 막히면서 쉰다.
- 뼈의 조직은 끊임없이 죽고 다른 조직으로 새로 바뀌어 7년마다 한 번씩 몸 전체의 뼈가 새로 바뀐다. 하루에 섭취하는 열량의 4분의 1이 뇌에서 사용된다.
- 누구든지 눈을 뜨고 재채기를 하는 것은 불가능하다. 재채기는 시속 160Km다.
- 손톱 발톱의 경우 뿌리 부분이 완전히 손톱 끝까지 성장하는데 걸리는 시간은 6개월이 걸린다.
- 여자가 임신을 하면 피의 양이 25%정도 증가한다.
- 뇌는 몸무게의 2%밖에 안 되지만 뇌가 사용하는 산소의 양은 전체 사용량의 20%나 된다. 뇌는 우리가 섭취한 음식물의 20%를 소모하고 전체 피의 15%를 사용한다. 뇌는 1,000억 개의 신경세포와 1,000조개의 신경세포 집합부를 가지고 있어서 뇌 속의 상호연결은 사실상 한계가 없다.
- 성인이 가진 근육의 수는 650개이고, 관절은 100개 이상이며, 혈관의 길이는 120,000Km나된다. 또 뼈의 숫자는 206개인데 그 중 절반이 손과 발에 있다.
- 폐는 肺胞(폐포)라고 하는 공기 주머니가 있는데 그것은 무려 300만개 정도가 된다. 이 폐포를 납작하게 편다면 그 넓이는 93평방미터 정도가 된다.
- 매일 남성의 고환은 한국인구의 10배에 달하는 정자를 만들어낸다.
- 한 인간이 살아있는 동안 평균 2억 8천 번 심장 박동을 하고 약 2백27만 리터의 피를 퍼낸다. 일반적으로 체중이 70Kg 되는 사람은 피의 양이 약 5.2리터 정도 된다.

- 적혈구는 골수에서 매초마다 2만 개씩 생성되는데 적혈구의 수명은 120~130일쯤 된다.
- 이 골수는 평생 동안 약 500Kg가량의 적혈구를 만들어낸다.
- 인체에서 가장 큰 기관은 피부이다. 어른 남자들의 경우 피부의 넓이는 1.9 평방미터, 여자의 경우는 1.6평방미터이다. 피부는 끊임없이 벗겨지고 4주마다 완전히 새 피부로 바뀐다. 부모님을 통해서 물려받은 이 신의 선물인 우리 몸은 이 천연의 완전한 방수의 옷을 입고 사는 것이며, 한 달에 한 번 정도를 저절로 갈아입는 것이다.
- 한 사람이 한 평생 벗어버리는 피부의 무게는 48Kg정도 되며, 1천 번 정도를 새로 갈아입는다.
- 사람의 키는 저녁때보다 아침에 키가 0.8cm 정도 크다. 낮 동안 우리가 서 있거나 앉아있을 때 척추에 있는 물렁한 디스크의 뼈가 몸무게로 인해 납작해져서 조금 줄었다가 밤에는 다시 늘어난다.
- 위벽을 이루는 세포는 5십만 개에 이르는데 세포들이 매 분 죽어서 새 세포들로 대치된다. 그리고 3일마다 위벽 전체가 새것으로 바뀌는 것이다.
- 여자가 출산을 할 때는 자궁 입구가 평상시 때보다. 500배나 크게 열린다.
- 인간의 혈관을 한 줄로 풀어 놓으면 12만Km로서 지구를 3바퀴 감을 수 있다.
- 인간의 위와 脾臟(비장, 지라)의 50%, 간의 70%, 내장의 80%, 한 개의 폐를 떼어내도 살수는 있다. 인간의 눈은 이상 조건에서 10만 가지의 색을 구분 할 수 있지만 보통은 150가지를 구별해낸다.
- 지문이 같을 가능성은 640억대 1이다. 그러므로 이 세상 사람들 모두가 지문이 다르다.
- 한 단어를 말하는 데는 650개의 근육 중 72개가 움직여야 한다.
- 몸의 열기는 80%가 머리로 빠져 나가기 때문에 발을 따듯하게 하려

면 양말을 신는 것보다 모자를 쓰는 게 좋다.
- 눈 깜빡임은 눈을 보호하고 각막을 매끄럽게 하는데, 한 번 깜빡일 때 40분의 1초의 시간이 소요된다. 1분에 평균 15번, 한 시간에 900번, 평생 동안 3억 번 정도 한다.
- 정자의 무게는 난자의 75분의 1이다.
- 인간에게는 맛을 알아내는 9천 개의 미각이 있다. 혀의 뒷부분은 쓴맛, 중간부분은 짠맛, 앞쪽은 단맛을 느낀다. 보통 새는 40~60개, 벌새는 1천 개, 박쥐는 8백 개, 돼지는 1만 5천 개, 토끼는 1만 7천 개, 소는 3만 5천 개의 미각을 가지고 있다.
- 머리카락의 수는 10만 개이며, 수염은 3만 개 정도이고 잔털을 포함하면 30만 개이다.
- 땀구멍은 500만 개이며, 신경 종말은 1000만 개이다.
- 뇌세포는 230억 개, 세포 수는 100조 개 이상이다.

② 우리의 몸을 구성하고 있는 성분들

물 61.8%, 단백질 16.6%, 지방 1.49%, 질소 3.3%, 칼슘 1.81%, 인 1.19%, 칼륨 0.24%, 염분 0.17%, 마그네슘 0.041%, 철분 0.0075%, 아연 0.0028, 구리 0.00015%, 망간 0.00013%, 옥소 0.00004%, 기타 0.10082%

* 우리가 마실 수 있는 물은 지구에 있는 물의 0.009% 밖에 안 된다. 97%가 바닷물이고 2%는 얼음과 눈이다.

2) 人體 인드라 망

인간의 몸은 여러 組織들로 서로 지탱하며 유기적인 연결로 완벽한 統一體(통일체)로 연합되어 창조되었다.

- 뼈 조직: 몸을 지탱해 주는 기둥 역할
- 근육조직: 뼈를 보호하고 장기를 보호하는 방패역할
- 신경조직: 느낌과 통증, 기타 교감 기관
- 혈관조직: 인체의 생명을 지속시키는 심장의 피를 나르는 호스역할 이다.

이상 4대 조직은 서양의학의 기초적인 상식이다. 그러나 동양의학에서는 여기에 더 소중한 영적인 조직을 하나 더 발견하여 침구학에서는 교육시키고 있는데 그것은 바로 **경락조직**이다.

- 經絡組織(경락조직)이란, 육체내의 기운(에너지)을 나르는 센터이다. 경락은 에너지를 나르는 철도 노선과도 같고 경혈은 각각 노선의 역에 해당된다.

경혈은 경락의 體表循行路線(체표순행노선)에 분포된 혈 자리의 十二正經(십이정경)의 경혈과 奇經八脈(기경팔맥) 중의 任脈(임맥)과 督脈(독맥)의 경혈을 합하여 14경의 경혈로 이루어진다. 인체 내의 경혈은 약 700개에 속하며 지금 한의학에서 쓰는 혈 자리는 그 절반인 365개, 지구 1년 수에 해당한 만큼을 쓰고 있다.

예를 들면 百會(백회), 흰 기운이 모이는 혈 자리로 인체의 히말라야다. 백회로 영혼이 들락날락하는 사람은 마지막 단계인 니르바나의 해탈자로서 모든 율법이나 걸림이나 카르마나 윤회가 끝나고 천상에 태어날 사람들이다. 上星(상성)머리 정수리 백회에서 6센티쯤 아래에 자리 잡은 혈 자리인데 紫微宮(자미궁)에 속하는 별자리이며, 이곳도 깨달음의 전두엽을 담당하는 혈 자리로 명상에서는 매우 중시 여긴다. 그리고 이마의 印堂穴(인당혈)은 제 3의 눈으로 영계를 내다보는 눈이다. 그리고 코밑의 人中穴(인중혈)은 기절하여 정신이 혼미한 사람도 돌아오게 하는 요혈이며, 목젖 밑의 천돌혈과 양 젖가슴 사이의 丹中穴, 명치끝 자리의 巨闕(거궐) 즉, 양 갈비로 구성된 빗장 문을 열고 들어가는 큰 대궐이란 뜻이다. 뒤이어 上完, 中完, 下完의 혈 자리들은 오장을 완전하게 다스리는 혈 자리들이며, 아래로 石門(석문) 돌문을 열고 들어가 침술을 시도하면 영구히 임신할 수 없게 되고 돌문이 닫히듯 불임 자가 된다. 조금 내려가면 丹田氣海(단전기해) 즉, 단의 밭이며, 기의 바다가 나오는데 여기는 생명의 실상을 다루는 매우 중요한 영적인 센터이다. 조금 내려가면 생식기 뼈 언덕에 해당하는 曲骨(곡골) 즉, 노래를 부르는 뼈라는 뜻의 혈 자리다.

이 혈 자리는 남녀 사랑 궁극의 피안이며, 생명의 노래를 부르는 곳이다. 그 다음으로 성기를 지나 항문과 생식기 사이에 會陰(회음)이라는 혈 자리가 숨어있는데 모든 陰氣運(음기운)이 모여 있는 신비의 혈 자리다. 이곳은 마음을 안정시키는 곳이며 動悸(동계), 숨이 헐떡이는 증상을 치료하는 곳이다. 그리고 뒤로 돌아서 꼬리뼈에서 5cm 올라가면 長强(장강)이라는 혈 자리가 있고 조금 더 올라가면 척추중앙에 命門(명문)이라는 혈 자리가 있는데 즉, 생명이 들락날락하는 곳이므로 척추는 인체의 대들보와도 같아 군대에서도 기압줄 때에도 척추는 때리지 않는다. 水都穴(수도혈) 자리는 물을 다스리는 도시라는 뜻이며, 목 뒤의 亞門穴(아문혈) 자리는 벙어리가 될 수 있으니 목뒤 움푹 패인 곳을 격투기에서도 가격하지 않는다. 이상으로 언급한 이 혈 자리들은 그 이름들이 전부 森羅萬象 溪谷(계곡), 지역과 자연계의 명칭들을 빙자하여 명명하였다.

인체의 신비는 결국 하나의 인드라 망으로 연결되어 한 몸을 이루는 것이다.

3. 탈레스(Thales of Miletus)와 니체(Nietzsche)

(1) 탈레스(Thales of Miletus)의 물활론(物活論)

그리스의 철학자 탈레스는 BC.6세기에 활동한 사람으로

'세상의 모든 물질의 근원은 물이다.'

라는 학설을 남겨 물이 모든 물질의 본질이라는데 기초한 우주론과, 많은 연구자들이 BC.585년 5월 28일 일식에 대한 예언으로 유명하다. 그는 서양철학의 대부이긴 하나 탈레스의 글은 별로 남은 것이 없다. 그리하여 그의 업적을 평하기가 매우 어렵다.

그가 책 한 권도 남기지 않았는데 그의 이름이 아직도 전형적으로 빛나는 것은 당시의 전설적인 〈7賢人들의 경전〉에 그의 이름이 들어있고 상당부분 언급되었다는 것에 그는 이상화되었고 많은 행동과 格言(격언)이 그의 것으로 추정되고 있다.

헤로도토스에 따르면,

'탈레스는 어수선한 이오니아 都市(도시)들의 연합을 옹호하는 평화적인 정치가였다'

라고 전해지며 그리스의 학자 칼리마코스는,

'탈레스가 항해사들에게 북쪽 하늘에서 눈에 띄는 별자리 중 큰곰자리보다 작은곰자리를 기준으로 키를 잡으라.'

고 가르쳤다는 이야기를 기록하였다. 그리고 그는 기하학 지식을 사용하여 이집트의 피라미드를 측량하기도 하였다.

1) 萬物의 根源은 물이다.

탈레스의 눈에는 전체 우주가 물에서 시작하는 것으로 보였다. 많은 학자들이 탈레스의 영적인 정신세계를 깊이 들여다보지 못하고 있다. 물은 살아있는 신이며, 생명의 근원이다. 성경에는 창세기 1장 2절에,

'하나님의 神이 수면에 운행하였다'

고 기록하고 있으며 물의 진리와 생명력에 대하여 250여 회 기록하고 있다. 우주는 물에서 영양분을 얻어 살아있는 유기체이며, 모든 동식물의 생명을 이어주는 근원이며, 이는 老子는 〈道德經〉에서 '上善弱水(상선약수)'라는 말을 남겨 인간이 배워야 할 最高의 善行과 德目을 말할 때,

'최고의 선은 물과 같다고 하였는데 물은 만물에게 이롭게만 하면서 다투지 않으니 善이요, 사람들이 싫어하는 곳에도 머무니 道라 할 수 있고, 물은 낮은 곳을 택하니 겸손이요, 연못처럼 깊으니 말없는 베풂이며, 큰 배를 띄우니 섬김의 도와 같으며, 물에는 일정한 모양이 없으니 상황에 즉시즉시 화하며, 컵에 들어가면 컵 모양이 되고, 병에 담으면 병 모양이 되는 이 유연성은 融通性(융통성)과 겸손의 미덕, 급변하는 상황에 적절하게 대응하는 최상의 부드러운 성수다.'

라고 하였다. 그리고 장애물이 막으면 돌아가는 말 없음의 지혜, 구정물까지 받아주는 포용성, 어떤 그릇에도 마다하지 않고 담기는 융통성, 모진 바위도 갈아서 맨질맨질하게 갈고닦는 인내와 끈기, 장엄한 폭포를 만드는 투신의 용기, 결국은 유유히 흐르고 흘러 바다를 이루는 大儀(대의)를 일러 〈論語〉에서는 大海不棄淸濁(대해불기청탁)이라 하였다. 그러므로 물은 인류의 생명을 다스리는 하나님의 말씀이다.

2) 사람도 물 한 방울로 만들어지고 지구도 물이다.

물은 雨露霜雪(우로상설)로 변화한다.

물은 낮은 곳으로 흘러가는 겸손을 가르쳐준다. 한 방울의 이슬로 시작하여 가장 낮은 곳으로 흘러 연합을 이룬다. 이 신비한 세계의 모든 물줄기는 하나의 유기적인 끈 이론이며 결국은 하나를 이루는 세계다. 돌멩이도, 철기도, 도자기도, 열을 가하면 전부 물이 된다.

물의 입자는 모든 것을 하나로 뭉치게 하는 연합을 이룬다. 그러나 그 성질은 바뀌지 않는다. 물은 천지창조 이후로 변한 적이 없으며 그리고 기름과는 섞이지 않는 물의 본질은 사실 영원성을 의미하며 물과 산소는 不可不 관계니 생명의 근원이다. 그래서 물을 하나님의 말씀이라 칭하였다.

(2) 니체(Nietzsche)의 선악을 넘어서

니체의 사상에 입각하여 선악의 기준을 살펴보도록 한다. 선악의 기준은 우선 창세기의 역사적인 야훼의 기준에 맞추는 고정관념을 우선 버려야 한다. 신 중심으로 맞추다보면 그 종교가 가르치는 대로 終止(종지)대로 대부분 사람들은 선악을 판단하게 된다. 기독교의 종지는 박애정신이고, 불교는 대자대비를 모체로 한 인과 윤회주의이고, 유교는 仁義禮智信(인의예지신)이 종지가 된다. 그리고 도교는 無爲自然 살아있는 모두 자연으로 돌아간다는 사상이 그 맥락을 이루고 있다.

모든 종교는 제각기 그 당위성과 이론 정립을 지니고 있으니까 그런 건 아무래도 좋다. 문제는 신을 인정하는 유신종교가 사람을 헛갈리게 만든다는 것이다. 특별히 유일신 관을 준수하는 종교일 경우 그 선악에 대한 기준이 애매하여 모순이 더욱 극명해진다. 신앙의 대상자를 여호와로 숭배하는 기독교계층이나 알라신을 숭배하는 회교 같은 경우가 그런 것인데 교리 중에 선악의 기준이 확고하게 정해져 있어 요지부동이다.

아무리 그 사람이 다른 사람이 보기에는 어질고 선행을 베풀고 나누고 아름다운 사람일지라도 유일신이나 알라를 숭배하지 않으면 최고의 악이 되는 것이고, 아무리 극악무도한 살인마, 파괴범도 '하나님을 믿겠습니다.'라고 고백하면 의인이 되는 것이다. 그러니까 그 사람의 원래본성이나 행실에 대해서는 관계가 없다는 것이다. 궁극적인 것은 그가 신을 경배하느냐 안하느냐에 따라서 선악을 판단 내려야 한다는 것이 오늘날 기독교사상과 이슬람 사상이다. 중동에서는 서로 자기들의 신이 유일신이라 주장하며 오늘날까지 피비린내 나는 싸움이 수백 년 동안 끊임없이 벌어지고 있다.

1) 선악의 기준은 인간 상식의 궤도에 맞춰야.

선악의 기준을 신에게 맞추지 말고 사람들의 평화적인 구조에 맞춰야 한다. 자비로우시다는 신께서 정말 전쟁을 지휘하며 유럽의 그 피 냄새 나는 타락의 戰爭史를 지휘하셨는가? 다시 말해서 죄 없는 原住民을 수억 명을 죽여 그 종족들이 거의 사라졌는데 그것이 신의 뜻이란 말인가? 니체는 말한다. 다시 말해서 '이유 없이 인간을 죽이는 신은 신 자체가 악이다'라는 것이다. 이런 신은 골백번 죽여도 죄가 안 된다는 것이다. 아마존의 원주민들이나 아프리카 대륙의 어느 부족들은 아직도 벌거벗고 살고 있으며 부끄러움도 없고 평화롭게 살고 있는데 그들은 선악과를 먹지 않아서 부끄럽지 않을까?

유대교의 특성은 자신들만 선민이고 축복받은 민족이라는 우월의식으로 무장되어 자기들만 가나안땅의 천국백성이라는 자부심이 하늘을 찌른다. 여기에서 파생된 그리스도복음이 로마로 건너가서 태양신종교의 우상으로 뒤 바뀐 게 천주교 아닌가? 유대인들이 70년 동안 바벨론에서 노예생활을 할 때에 페르시아의 고레스 왕이 해방시켜줌으로 고향에 돌아가 성전을 재건하며, 페르시아의 국교였던 조로아스터교의 善惡思想을 받아들여 변형시켜 만든 것이 천국과 지옥사상이다.

수백 번 들여다보아도 창세기 1장 창조론에서는 하나님이 지옥을 만들었다는 내용은 없다. 天國, 地獄 개념은 신학자들이 만들어 자기네 입지를 확보하고 군림하는데 잘 써먹던 도구였다. 그렇다면 옛날 기독교가 전파되지 않았던 동양, 아메리카, 아시아 전역, 아프리카대륙, 오세아니아, 북극사람들은 모조리 지옥 갔는가? 그리고 왜 당시에 로마로만 사람들이 정신을 쏟았는가! 그곳은 당시에 대 선진국이었으며 모든 문화가 로마로 통하던 시대 아닌가? 그렇다면 빤하다. 교통수단 문화가 찬란한 곳에서 선교하려는 목적의 결과는 영광을 구하는 일일 수밖에… 결국 벌을 받고 말았다.

천주교는 하나님을 믿는 사람들이 아니다. 그들은 교황을 떠받드는 사람들이며, 교황들은 돈과 권력을 주무르며, 종교를 빌미로 온갖 부귀영화를 다 누리고 마녀사냥이니 이단 박멸이니 핑계로 살인을 밥 먹듯 하던 인물들이다. 같은 인간이며 피조물인 인간을 왜 그토록 떠 받들어야 하는가? 개신교도들도 마찬가지다. 대다수 대형교회 목사들은 예수님과 아무 상관없는 사람들이다. 땅에서 사치하며 장사하는 사람들이기 때문이다. 에스겔 先知者는 창세기의 原罪를 믿지 않았다. 그가 받은 영감은 이렇다.

'아비가 선악과를 따먹었다하여 아들까지 이빨이 시다고 함이 대체 무슨 말이냐? 나의 삶을 두고 맹세하노니 이스라엘 백성들이 다시는 이 설화를 쓰지 못하게 하라' (에스겔18:1~4)

'아들은 아비의 죄악을 담당치 아니할 것이요 아비는 아들의 죄악을 담당치 아니하리니 의인의 의도 자기에게로 돌아가고 죄인의 악도 자기에게로 돌아가리라. (겔18:20~21)

2) 펠라기우스(Pelagius)의 善惡思想(선악사상)

4세기경 영국의 수도사이며 철학자였던 신학자 펠라기우스는 인간의 자유의지를 중시 여겼으며 강조하였다. 그리고 아담의 原罪를 全人類에게 뒤집어씌우지 말라 하였고 유아세례를 부정하였으며 죄에 대한 連坐第(연좌제)를 부정하였다. 에스겔 선지자와 같은 생각을 전하였다. 결국 그는 맹렬한 비판을 받았다. 필자가 역사 속에서 오랜만에 발굴한 학자다.

416년 에페소스의 종교회의에서 異端으로 선고 되었으나, 그의 근엄하고 경건한 수도생활은 많은 사람에게 존경을 받았고 펠라기우스 학설이 탄생하게 되었다. 아마 에스겔 선지자의 견해를 지지, 신뢰하였을 것이다. 그러나 유대교의 사두개파들은 사독의 정통 제사장의 후예임을 자랑하며 그들은 모세오경 이외에는 예언서나 先知書(선지서)를 보지 않는다. 선지자들은 모세율법을 지키노라 하며 악을 행하는 유대민족을 호되게 질책하며 비판했기 때문이며, 그들의 장래를 불쾌한 언어로 비판하며 예언했는데 그들은 불편했고 따라서 이사야, 에레미야, 다니엘, 등 모두 박해를 받았다.

3) 선악의 基準(기준)

복음서에서는 선의 기준을 하나님에게 맞추어 말했는데 한 젊은이가 물었다.

'선한 선생이여! 어찌하여야 영생을 얻을 수 있습니까?'라고 예수께 질문하였다. 그때 예수는 '그대가 어찌하여 나더러 선한 선생이라 하느냐 선하신 이는 하나님 한 분 뿐이시니라' (눅18:18~19)

善의 개념이란 대관절 무엇인가? 조금 온유해 보이고, 예쁘게 보이며, 조용하고 신사적인 것 같고, 예의 바르고, 모범적이고, 기타 등등…

아니다. 선의 기준은 단적으로 말해서 상대적 개념을 넘어 그림자나 카르마나 회전하는 그림자마저 없는 절대세계이어야 한다.

내가 입버릇처럼 신의 절대성을 말하는 것은 선과 악, 너와 나, 음과 양, 남과 여, 천국과 지옥, 밉고 고움, 깨끗하고 더러움, 등 대립의 개념을 넘어서자는 영적인 자유의 비상구를 나는 예수 그리스도의 휘장이 찢어져 성소와 지성소의 구분이 사라지고 막힌 담이 없어져 하나가 되어버린, 자유의 기준을 하나라는 절대성에 기준을 두는 것이다. 그 절대성이란 존재는 이 지구상에 태양밖에 없다. 왜냐하면 태양은 그림자가 없다. 빛의 근원이기 때문에 그림자가 없는 것이다. (약1:17)

예수의 십자가는 단순한 구약성경이 말하는 속죄의식을 훨씬 넘어서 절대가치를 부여하는 심오한 자유를 탄생시키고 모든 이론을 통일시키는 통로이다. 그러므로 우주만물과 유기적인 통일을 모르면 결국 흑백론에 몰리게 되고 분리를 초래하며 항상 선악의 고갯길에서 헤매게 된다. 지구는 하나다. '하나 됨'만이 하나님의 세계다.

4) 신의 存在性에 대하여

이 세상에서 일어나는 가장 큰 대립은 유신론과 유물론 사상이다. 유신론은 신을 인정하니 삶의 가치관을 정신에서 찾고 유물론은 그 가치관을 유체에서 찾는다. 유신론은 자신의 내적마음에서 진리를 구하며 도를 찾는다. 영적인 내세의 천국을 희구하며, 유물론은 외적 물질에서 바로 인식되는 대로 세상의 도를 구하니, 육체적인 현세의 쾌락과 만족을 천국으로 보고 있다. 그래서 유신론 사상은 形而上學이며, 唯物論(유물론) 사상은 형이하학이다. 대개의 사람들은 신의 실체를 인식 못하고 있다. 신의 존재는 자신의 직관이 아니고는 절대로 인식할 수 없는 것이다. 신은 스스로 자신의 존재를 보여주지 않는 한 인간은 어떤 수단을 쓰더라도 그를 인식할 수 없다.

기껏 신을 만났다는 사람들의 견해는 꿈이나 환상들, 어떤 영감에 의한 것들이며 그런 것들은 객관성이 없고 불확실하며 어디까지나 개인적이며 일관성도 없다. 그것은 우리 지각으로는 박쥐들이 내는 초음파 소리를 못 듣는 것과 마찬가지로 별개의 차원이다.

니체도 신을 부정한 사람이 아니다. 일단 신의 존재를 인정하며 그는 당시 유럽 사회를 비판했다. 그는 목사의 아들로 태어나 7세에 이미 성경을 신구약 다 읽은 천재였으며, 머리는 비상했고 총명하였다.

5) 신들의 종류

인간들이 친숙하게 부르던 신들은 그 수가 무한하다. 신은 인간의 사유에 따라 의식의 수만큼 무한하다. 인격을 갖춘 인격신이 있으며 기능에 따라 농사신, 수렵신, 상업신, 복신, 빈곤신, 사신, 무신, 문신, 감시신, 창조신, 개개인의 수호신, 태양신, 달의 신, 바다의 신, 바람의 신, 산신, 동물 신, 곡식의 신, 인간형태 신, 동물형태 신, 반인반수 신, 서양에서는 춤과 음악의 신, 천지를 창조했다는 프타(Ptha)신, 다곤(Pagon)신, 명계의 신 모트(Mot), 바다의 신 얌(Yam), 태양의 여신, 구름과 습기의 신, 천사장 보후마나(Vohr mana), 천사장 아샤 바이슈타(Asha vasihta), 참과 완전한 정의의 천사장 하우트 바타트, 불멸의 천사장 아메르타드, 광명과 지혜의신 미트라, 질서의 신 바루나, 환각 도피의 신 하오마, 제왕의 수호신 크샤 바루나, 풍요의 여신 아나히타, 햇볕과 열과 건조의 신 수유가 있으며, 사랑의 신 큐피트(Cupid), 아름다움을 주는 비너스 신, 희랍은 때와 장소에 따라 신들이 등장했는데 이름 있는 신들의 수만 해도 千 神이 넘는다. 앞장에서 말했듯이 이스라엘의 신은 야훼, 중국의 신은 반고 옥황상제, 일본은 천조대신을 하나님이라 칭한다.

6) 神이란 무엇인가의 질문?

'신이란 무엇이냐?'라는 질문에 대하여 지구촌의 모든 인류는 종교적 매트릭스 속에서 해석하려는 경향으로 역사는 흘러왔다. 신이 인간과 비슷한 形象를 가지고 있어 스스로 말하고 생각하고 감정을 가지고 질투까지 하며, 판단을 하는 인격신의 모습으로 받아들이는 경우가 전반적이다.

신의 존재는 우주만물을 창조한 근원으로서의 속성이며 그 존재성을 드러냄은 스스로의 빛으로 발현하는 것이지만 그 존재성을 인식하는 것은 認識主體(인식주체)의 의식수준과 지각의 관점에 따라 다양한 형태로 받아들여지게 되는 것이다. 마치 사춘기아이들은 한창 호기심이 많아 유치원교육을 말해서는 안 된다. 인간의 理性的 변화와 시기에 따라서 신에 대한 인식과 깨달음의 恩賜(은사)가 다르다.

이 현상이 지구위에서는 신의 존재성을 정의할 때에 인격신과 비인격 신의 차이로 받아들여지고 있는 것이다. 人格神(인격신)이라는 대표격으로는 성경에 등장하는 하나님의 경우를 말하자면 모세나, 여러 선지자들이 신의 음성이나 영감은 받았으나 하나님의 얼굴은 보지 못했다고 하는데 음성을 듣고 신과 대화했다는 내용을 보면 인격신이라 할 수 있고 때로는 嫉妬(질투)하고 분노하는 인격으로 나타난다. 결국 인간과 비슷한 감정을 나타내며, 인간의 상식선을 통하여 예언하고 말한 것을 보면 사람 비슷한 인격으로 보일 수밖에 없다. 이러한 인격신의 중심의 신관은 개념적으로 서양철학의 사상적인 토대에 큰 영향을 미쳤다. 현대에 이르기까지 신의 존재를 인식하려는 인간들에게 가장 폭넓게 인식되어져 온 신의 모습이며, 지구에 존재하는 모든 종교를 신성하게 인식되도록 만들어주는 절대적인 수단이기도 하였다.

반면 동양적 사고방식에서는 비인격 신으로서의 관념이 강하다. 그것은 모든 만물에는 신성이 깃들어 있다는 범신적 사상이 그것이며(롬

1:19~20) 혹은 토테미즘적인 신관론이 훨씬 강하게 자리 잡고 있기 때문이다. 우리 한국만 해도 각 집안에는 조왕신(竈王神), 터줏대감, 등의 인격신도 있지만 북두칠성, 달신, 바다를 지키는 용왕, 산신, 등 비인격 신들도 있었다. 이러한 非人格神(비인격신) 중심의 신관론은 동양철학의 상대적 토대로서 큰 영향을 미쳐왔으며, 인간과 더불어 모든 자연의 미세한 대상 하나까지도 그 존재자체를 신성시하려는 평등주의적 관념으로 발전되어 왔던 것이다.

그런데 창조주의적 빛이라는 것은 모든 만물에 공통적으로 차별성 없이 내재해 있어서 우주의 모든 존재들에게 동질성의 속성으로서 상호존중과 공존의 모습으로 드러나는 것이 신의 존재를 인식할 수 있는 가장 합당하고 올바른 관념이라 생각된다. 그러니까 바울사상이 로마서 1장 19~20절에 말한 대로 모든 만물에는 신성이 충만히 깃들어 있는 것이다. 다만 신의 존재를 바라보는 것에 있어서 다양한 차이가 생기는 것은 우주에서의 진화과정에 따른 각 차원별 인식의 한계와 그 차원의 매트릭스 구조에 따른 表象(표상)현상의 다양성에 기인한다고 볼 수 있다.

7) 니체의 개념

신은 완전자, 부동자, 충족자, 不滅者(불멸자)로 이해된다. 그 결과 신과 생성은 배타관계를 맺게 된다. 이런 사유방식은 결과적으로는 생성하는 것, 그리고 시간의 흐름에 따라 변화를 겪는 것, 사멸하는 것을 불완전한 존재라고 폄하하게 한다. 이런 신 관념은 생성적 대상이며 인간적 대적이다. 그러므로 신은 억측이다.

신이란 올곧은 것, 모두를 왜곡하고 서 있는 것, 모두를 비틀거리게 만드는 하나의 이념일 뿐이다. 그게 아니라면 시간이란 존재하지 않고 덧없는 사멸하는 모든 것은 한낱 거짓일 뿐이어야 하지 않을까? 이런 것을 생각하면 우리의 온몸은 소용돌이치며 현기증을 일으킨다. 이러한 것을 억측하는 것, 그것을 나는 진정한 어지러움 병이라고 부른다. 유일한 완전자, 부동자, 충족자, 그리고 불멸자에 대한, 이러한 가르침 모두를 나는 악이라고 부르며 인간적 대적이라고 부른다. 불멸의 존재, 그것도 한낱 비유일 뿐이다. 시인들은 너무나 거짓말을 하고 있다. 〈니체의 '행복한 섬'에서 한글판〉 짜라투스트라는 이렇게 말했다.

"만약 신들이 존재한다면 나는 내가 신이 아니라는 사실을 어떻게 참고 견뎌낼 수 있을까? 그러니 인간이 상상하는 그런 신은 존재하지 않는다."

신의 죽음 명제는 아우구스티누스-안셀무스-데카르트-에이르의 전통에서 보여주고 칸트가 존재론적 신 증명이라고 불렀던 신 존재 증명을 뒤집어서 무효화시키고 있는 것으로 이해할 수 있다. 안셀무스의 신 존재(온전한 존재)로 생각한다. 그러므로 신은 적어도 사람들의 마음속에 존재한다. 사람들의 마음속에 뿐만 아니라 실제로도 존재하는 것이 더욱 완전한 존재자다. 〈인식의 가능성만이 존재의 실상이다. *필자주〉 완전한 존재자는 모든 완전성을 가질 것이므로 완전한 존재자는 가장 탁월한 종류의 존재성 즉, 우리의 생각에 의존하지 않는 존재성을 가지지 않으면 안 된다. 그러므로 '신은 실제로 존재한다.'의 형태로 진행된다. 안셀무스의 신 존재 증명은 짜라투스트라에게서 다음처럼 전복된다.

'내가 신의 관념을 갖고 있다면, 내가 신을 완전한 존재로 생각한다면, 그것은 신의 존재가 아니라 나의 존재를 입증할 뿐이다. 완전성이라는 관념을 갖고 있는 나의 존재를 혹은 이와 유사하게 내가 신의 관념을 갖고 있다면, 내가 신을 완전한 존재로 생각한다면, 그것은 신의 존재를 입증하는 것이 아니다. 다만 내가 관념적 존재로서, 나의 삶에 필요하기에 완전한 신을 구상해낸 것에 불과하다. 완전한 신 관념은 삶에 필요한 허구다. 이 관념의 창조자는 바로 나 자신이다. 그러므로 이 관념이 완전한 신의 존재를 증명할 수는 없다.'

신은 깨어있는 속에서 부동하는 예리한 이성이다. 이사야, 예레미야, 에스겔, 등이 자기 마음의 소리를 신과 일치시켰던 것이다. *필자주

8) 인식의 次元界

현존하는 지구의 차원계는 3차원 물질계인데, 이 3차원적인 매트릭스(Matrix)의 구조에 따라서 可視的(가시적) 현상의 다양성에 기인한다고 나는 생각한다.

인간이 신을 인식하는 것도 그 특성에 맞추어져 받아들이는 한계를 기지고 있다는 것이다. 상위차원으로 갈수록 인격신의 비중이 어느 정도 나타날 수 있는지 확인해 본 통계채널이다.

- 8차원 거의 0%
- 6차원 15%
- 3차원 100%
- 7차원 3~5%
- 5차원 35%

위 차원들은 앞 장에서 말한 色界(색계) 欲界(욕계) 無色界(무색계)의 천당들을 참고하라. 의식의 차원이 높을수록 인격신의 비율이 감소하는 것은 지구보다 빛의 속성이 더 統合的(통합적)으로 인식되어지고 개별성보다는 全體性이 더 강해지며 상호 존중적인 신의 속성을 더 잘 받아들이기 때문에 모든 만물에 동일한 신성이 들어있다고 생각하는 비인격 신적 관념론으로 발전되어져 간다는 것을 의미한다.

의식의 振動數(진동수)와 차원상승의 영적 진화의 여정에 있는 지구인이 나아갈 목적지는 종교적 신념에 갇혀 세상을 바라보는 고정관념의 카테고리보다는 모든 만물에 신의 속성이 본질적으로 내재되어 있는 無所不在의 관점으로 사고 패러다임을 전환해야 한다. 천국의 개념은 장로교 신학에서 말하는 三位一體 하나님의 세 분이 寶座(보좌)에 앉아 있는 그런 만화 같은 난센스(non-sense)가 아닙니다.

탈레스
($\Theta\alpha\lambda\tilde{\eta}\varsigma$, Thales, 기원전 6세기(대략 기원전 625년~기원전 624년 경~대략 기원전 547년~기원전 546년 경)는 고대 그리스의 철학자로, 밀레토스 학파의 창시자로 여겨진다. 고대 그리스의 철학자 아리스토텔레스는 탈레스를 "철학의 아버지"라고 칭했다. 그리고 현재의 사람들한테 탈레스는 최초의 철학자, 최초의 수학자, 최초의 고대 그리스 7대 현인이라는 별명으로 유명하다.

[사진] By Wilhelm Meyer

프리드리히 빌헬름 니체
(독일어: Friedrich Wilhelm Nietzsche, 1844년 10월 15일 ~ 1900년 8월 25일)는 독일의 문헌학자[1]이자 철학자이다. 서구의 오랜 전통을 깨고 새로운 가치를 세우고자 했기 때문에 '망치를 든 철학자'라는 별명이 있다. 그는 그리스도교 도덕과 합리주의의 기원을 밝히는 작업에 깊이 매진하였고, 이성적인 것들은 실제로는 비이성과 광기로부터 기원했다고 주장했다.

[사진] https://commons.wikimedia.org/w/index.php?curid=8008630

4. 흔들리지 않는 나의 뿌리

우리 민족이 뿌리를 잃어버린 지 千 年이 넘었다. 朝鮮時代에 스스로 자발적 事大(사대)를 해서 우리 문명이 중국보다 앞선다고 되어있는데 옛 古記錄(고기록)들을 없애버렸다. 慕華思想(모화사상), 중국을 천자의 나라 부모국가로 보는 과정을 거치면서 스스로 옛 역사를 잃어버렸고 많은 역사서는 고려가 滅亡하면서 많이 없어졌고 다시 학자들이 복원하여 기록된 고 기록들과 역사서들은 일제 때 역사에 관련된 책들은 모조리 이 잡듯 뒤져서 다 빼앗기게 되어 그야말로 뿌리 없는 민족이 되어버렸다. 1만 2천 8백여 년의 역사를 안고 오리엔트문명의 발상지인 우리 한민족은 강화도 마니산의 참성단(天祭壇)을 비롯하여 전국 명산마다 제단을 쌓고 하느님을 예배하던 우리민족이었다. 본래 천손의 후손들로 하나님을 믿는 종교의 종주국으로 基=터 기, 督=지킬 독 살필 독, 敎=가르칠 교의 나라이다. 우리의 제사제도나 제물, 향불, 촛대, 놋 제단, 제사장의 가운, 가슴의 흉배, 머리의 관, 등은 우리 고대전통 遺物(유물)이었으나 유대인들이 고스란히 빌려간 것이다.

모세가 태어나기 수천 년 전에 우리민족은 하늘과 직통했고, 아브라함이 나기도 전에 우리민족은 천제단에서 하나님을 예배하던 민족이다. 韓民族이라고 불리는 우리민족은 고대로부터 여러 족이 혼합되어 혈연을 형성하고 초기문화의 틀을 서로의 도가니에 부어 융합해 발전시켜 지금에 이르렀다고 생각하는 사람이 많으나 적어도 우리는 1960년대까지는 단일민족의 피를 운운하며 白衣民族의 유전적인 기운이 확실하여 모두가 흰 옷을 입고 생활하였는데 심지어 머슴들에게도 흰 옷을 입혔다.

서구문화가 들어오기 전의 한국의 모습. 모두 흰 옷을 입고 있다.
사진 네이버 블로그 texasatm

或者(혹자)는 당시에는 염색기술이 발달하지 않아서 흰옷을 입었다고 하는데 천만의 말씀이다. 우리민족은 염색기술이 발달한 민족이다. 그때에도 오색 이불이나 색동저고리도 있고 분홍치마도 처녀들이 입고 살았고 왕족들은 더욱던 오색칼라 의상을 입고 살았다. 그렇게 어른들은 흰옷이 정장이었고 머슴들이나 가난한 사람들도 모두가 흰 옷을 입고 살았다. 宣敎師들은 조선 사람들의 의복을 보고 성경의 흰 옷을 입은 큰 무리를 조선 사람이라고 확신하였다.

비록 日帝强占期에 뿌리의식을 많이 잃어버렸으나, 1970년까지만 해도 단일민족이며 백의민족이라는 제국주의 시절의 '프로파겐다(Propaganda)'를 외우고 암송하였으며, 유구한 역사 5000년 동안 4.7년마다 침략을 받았으나, 끈질긴 생명력으로 이끌어온 위대한 민족이라고 의식을 계몽하며, 뇌에 새기며, 근간까지 역사의식이 부족한 이웃들과 모임에는 한두 명씩은 이러한 이야기를 힘주어 말하는 사람들이 항상 끼어 있었다.

(1) 大陸(대륙)의 한민족 홍산문화 유적들

현재 산동성 泰山(태산) 지역에서 발굴된 早期(조기) 新石器 문화로서 전형적인 북방인류 문화를 보여주고 있다. 거북이 등껍질에 문양조각(후에 갑골문사 또는 한자의 원형적 문화원류 BC.2500~200)우리 동이족의 문화로 인정하는데 이의를 다는 학자는 없다.

영혼불멸의 사상풍습은 1차 매장하여 육신이 부패 후 뼈를 수습하여 재 매장하는 풍습으로 현 한국의 남부 전라도, 등의 풍습과 유사하다. 이것이 홍산문화(BC.4700~2500)이다. 홍산문화는 북방지구의 신석기 문화 중 중요한 문화다, 여기서 말하는 북방 지구란, 동북 3성(요녕, 길림, 흑룡강)은 내몽고 자치구 및 신강(위구르) 자치구를 가리킨다. 홍산 문화는 1935년에 발견되었지만, 채도와 세석기가 공존하는 신석기시대 문화가 長城以北(장성이북)에서 발견되었던 것에 주의해 1954년에 '홍산 문명'이라고 명명하였다. 발해 북안의 신석기 문화 중 가장 주목할 문화가 홍산 문화이다. 이 홍산 문화는 실로 엄청난 문화이다. 이 문화를 발굴함으로 인해서 黃河中心 문화 전파론을 지양하고 이른바, '다중심문화론'을 인정하게 되었으며, 산동 반도에서 발견되는 북신문화, 대문구, 용산 문화가 바로 이 문화의 영향을 받았다는 이론이 나오게 되었다. 또한 주목해야 할 것은 바로 이 문화가 바로 우리 古朝鮮의 중심지였다. 우리나라에서도 공식화 되고 있는 요녕에서 발견되었기 때문에 지나 학자 부사년이 주장하였던 '이하동서설'의 주인공인 東夷(동이)가 바로 고조선이며 우리 先祖였다는 결론이다.

또 우리나라의 학계에서도 이 문화를 고조선의 실제로 기원전 2333년에 건국되었다는 확실성을 논의하게 되었다. 고조선의 중심이 평양으로 주장하는 학자와 논쟁이 있기도 하였는데 이 문화 또한 한단고기를 중심으로 하여 꾸준히 강단 사학계를 한반도 중심의 植民史觀(식민사관)이라고 비판했던 재야 사학자들에게 힘이 되어 주었다. 홍산 문화는 황하문명보다도 빨리 고대국가를 형성한 유적이 보이며 성곽이나 왕궁 터, 등이 발견되어 고조선이 건국되기 전에 이미 고대국가의 발판을 만들었다는 재야 史學者들의 주장을 뒷받침하는 근거까지 되었다.

〈桓檀古記(환단고기)〉에서 나오는 배달국이 바로 홍산 문화(BC.4500~2500)이다. 나아가 신락문화(BC.6000~5000)를 기반으로 세워졌다는 주장이 의심할 수 없는 근거로 주장할 수 있는 상황이 되었다. 홍산 문화는 요녕 지역과 내몽고 동부지역에 광범하게 전개된 6천 년(BC.4000년)의 신석기시대 중기에 해당하는 2단계 신석기문화로 인식된다. 홍산 문화는 앙소문화의 채도와 이전단계의 연속고선문계 토기와 세석기, 등을 융합하여 한 단계 발전하여 전개되었는데 후에 이 지역 하가점 하층문화에 연결되고 대륙의 황하유역과 상동반도에도 큰 영향을 미치게 된다.

東夷族(동이족)의 활동지역을 문헌상으로 보면 하북성 동북부와 산동일대, 양자강하류 유역, 등으로 전해진다. 산동지역에서 가장 앞서는 신석기문화는 7천 년 전까지 소급되어지고 황하의 자산, 배리 강 문화와 뚜렷한 차이를 보이고 있으며, 또한 BC.4500년경의 이 지역 대문구문화와도 직접적인 연원관계에 있다.

(2) 홍산 문화의 특징

만리장성 북쪽 한참 넘어 요하상류 광범위한 지역에 5천 년 전 유물과 유적이 엄청 발굴되었는데 그 시작이 적봉시 홍산 부근에서 유물이 출토되면서 시작되어 그리하여 홍산 문명이라 칭하는 것이다. 이 지역에 살았던 민족은 몽골족, 선비족, 거란족, 여진족, 고조선, 부여, 고구려가 있었는데 어디가 홍산 문명인지 불투명하고 다만 많은 유물들만 출토되어 추적하여 연구 중이다. 1970년 후반에 이 지역유물을 연구하기 시작하였고 80년대에 들어오면서 500여 군데에서 유물이 쏟아져 나왔다. 1만 년 전의 신석기유물이 수도 없이 나오니 중국이 놀랐고 세계의 이목을 바꿔놓았다. 무엇보다도 기독교 6000년 창조역사를 말하는 신학자들은 크게 당황하였고, 현제 요녕성 서쪽 지역에서는 6000년 전의 무덤이 60여개나 발견되었다. 이집트의 피라미드보다 1000년 이상 앞선 피라미드는 한 면이 60m 높이 7단, 장수왕릉 즉, 장군총보다 한 변의 길이가 두 배인 거대한 적석 층을 만들려면 고대의 큰 국가가 분명 형성되었음이 분명하다. 발굴 중에 神殿(신전)도 발견되었는데 손이 곰의 손과 비슷한 여신상이었는데 이것은 우리 雄族의 어머니 최초의 웅녀인 우리의 어머니가 맞다. 이 웅녀가 하늘의 황제이신 환인의 아들인 환웅 사이에서 낳은 아들이 단군, 왕검 1세인 것이다. 실제 곰이 아니라 토템신앙의 대상이었던 우직한 곰의 상징으로 보면 된다.

호랑이는 성격이 급한 호랑이 같은 호족을 의미한다. 이와 같이 웅족을 의미하여 신상을 그렇게 만들어 세웠던 것이다. 그로부터 47대 단군으로 역사는 이어져 내려온 것이다. 월드컵 경기 때 붉은 악마라고 도깨비가면을 쓰고 大韓民國을 외치던 그 도깨비는 교회에서서 말하는 악마가 아니라 14대 환웅인 치우천왕의 투구와 갑옷인 것이다.

[좌] 2002년 한일월드컵 상징 마크
[위] 14대 환웅 치우천왕의 초상화

연대로 치자면 홍산 문명은 6500~5000년 전 인더스 문명은 석기인데 홍산 문명은 빛나는 옥으로 만든 아주 정교한 유물이 쏟아져 나왔다. 홍산 문화의 가장 큰 특징은 石墓系(석묘계) 돌무덤이다. 돌을 쌓아 묘실을 구성하는 적석총과 돌 판을 잘라 묘실 벽을 짜는 석관묘가 요녕성, 우량하우적에서 발굴되었다.

고고학에서는 가장 중요시하게 여기는 분야가 묘장법인데, 죽은 사람을 장례식 치루는 의식이야말로 오랜 기간 변하지 않는 그 민족의 고유전통이다. 周代에 와서는 나무로 곽을 만들어 묘실을 만드는 목관묘가 유행하기도 하였다. 지구역사상 석관묘를 채용하는 나라는 古朝鮮이므로 고조선의 전단계인 홍산 문화는 고조선의 선조들이 이룩한 문화로 보지 않을 수 없다는 주장이 공통적인 견해들이다. 돌을 이용하여 구조물을 축조하는 방식이 고조선 이후 高句麗에도 계속적으로 전승되는 고유의 산물이기도 하다. 사서에 나오는 황제 헌원과 대결을 벌였던 치우천왕(14대 환웅)의 세력 근거지로도 지적이 되기도 하는데 황제 헌원과 결전을 벌이며 하부과 산동일대를 개척하여 청구국을 세웠다는 기록은 司馬遷(사마천)의 〈사기〉에 더 자세히 기록되어있다. 또한 홍산 문화 이후 하가점 하층문화(BC.2000~1300)가 그 지역에 보다 광범위하게 확산되어 등장하는데 홍산 문화는 하가점 하층문화로 이어졌고 이 문화는 바로 고조선의 문화였다는 주장으로 이어졌다.

古朝鮮의 건국연대보다 조금 앞서는 서기전 2천 4백년 경으로 보이는 청동기 유적이 발굴되었는데 토출된 유물은 화살촉, 칼, 창, 등이 발굴되어 기원전 2333년에 고조선이 건국되었다는 기록의 신빙성을 높여주고 있다. 支那(지나, 중국의 또 다른 이름)의 학자들도 산동문화의 주인공인 동이족이 동북에서 기원하였다고 주장을 하면서도 구체적으로 어느 민족이었나를 밝히기를 꺼려하고 전백찬 같은 지나(支那)학자의 일부가 사적 상의 보이는 고조선이 동이족이었다고 주장을 하고 있다. 현재 우리나라 학자들도 고조선의 중심을 이전의 평양에서 요서, 요동, 등을 요녕으로 보고 있다. 韓民族의 기원도 그 곳에서 발생하여 한반도로 이주를 해왔다는 이론이 여러 자료를 볼 때 신빙성을 더해간다. 이 홍산 문명이 누구냐 하는 문제를 더 나가서 분명한 것은 이 문화의 뿌리 토대위에 고조선이 건국되었다는 것이 중요한 유산인 것이다. 잃어버린 조국의 뿌리를 18만여 권을 왜인들에게 빼앗기고 불태우고 충격적인 자료들은 왜놈들이 모조리 자기네 황실 지하 도서실에 감추고 철통같이 지키고 있다. 그 당시 자료들을 빼앗아 불태운 일본은 반드시 망할 것이다.

오늘날 정치인들은 왜 책을 되돌려 달라고 못하는가? 지긋지긋한 위안부 문제만 붙잡고 온 세계에 창피를 당하며 돈을 받아내면 진짜 할머니들의 몸 장사를 하는 꼴이 되고 만다. 용기 없는 일제 앞잡이 병신들은 역사의 뿌리를 뺏기고도 정신 못 차리고 輕重大小를 모르니 기가 막힌다. 祖國인가 宗敎인가?

(3) 수메르문명과 韓民族

지구상에서 수메르와 유사하게 문자를 가지고 있던 곳은 만주의 요하 일대로 꼽는다. 최근에 말하는 홍산 일대인데, 만주 요하 일대의 문명이 少昊金天王(소호금천왕) 일족이 티크리스, 유프라테스, 메소포타미아 즉, 양 강 유역이라는 것이다. 이 소호금천 씨가 내려가서 정착한 곳이 구약성경에서 말한 에덴동산이라는 곳이다.

에덴(Eden)이라는 말은 에딘(Edin)을 말하는데 에가 한자로 말하면 屋(옥)인데 글자의 뜻은 집 옥자로 불리지만 이 옥을 에로 읽는 것이다. 한자 옥을 에로 읽는 것, 여기서부터 수메르와 말이 방대한 부분이 같은데, 에-딘이 바로 딩-기르, 딩기르가 딘그르, 딩그르라는 말로, 다시 탱그리라는 말로 이어졌다. 수메르를 연구하는 학자들이 공통적으로 어려워하는 것이 하나있는데, 수메르와 한국과의 관계를 연구할 때 방법론에서 공통적으로 주장하는 거기의 근거에서 연구를 시작해야 한다는 것이다. 딩기르라는 말은 몽고어 탱그리라는 말과 뜻이 같다. 이 탱그리라는 말은 중앙아시아에서 심지어 구라파까지 퍼져있고, 탱그리라는 말은 두말할 것도 없이 '하늘에서 가장 높으신 신'이라는 말이다.

좀 더 구체적으로 단군이라는 말이 어디서 유래했느냐 하는 이것도 또한 국내 학자들이 다 동의하는 말이다. 단군은 댕그리에서 유래했고 댕그리는 탱그리에서 유래하였다. 지금도 호남일대와, 전북 충남 일대에는 무속인을 당골레라고 한다. 이것도 의문의 여지없이 학자들이 합의를 보고 있다. 몽고의 딩기르와 수메르의 딩기르가 다 같은 의미이다.

이 문명의 실체가 밝혀지기 시작한 것은 불과 100여 년 전부터인데 지금의 구약성경과 그리스로마 신화속의 많은 이야기가 수메르문명의 영향을 받은 것으로 학자들은 의견을 모은다. 수천 년 전에 만든 기록과 문화유산들이 속속 발견되고 해독되면서 우리가 알던 상식을 크게 바꾸어 놓았다. 오늘날 시간의 단위와 원의 각도 등으로 남아있는 60진법

이스라엘의 화폐단위로 남아있는 세겔 등이 수메르 인들의 유산이다.

〈길가메시〉대 서사시는 노아홍수 이야기로 각색되고 헤라클레스, 오딧세이, 등의 이야기에 모티브를 제공한 것도 99% 분명한 것으로 학자들은 추정하고 있다.

1) 인류 최초의 文明發祥地(문명발상지)는 수메르

홍산 문명의 전도사 소호금천 왕이 흘러들어와 정착한곳이 메소포타미아, 지금의 유프라데스 강 유역이다. 기원전 약 5천년 경부터 메소포다미아 지방에 거주한 것으로 학자들은 추정한다. 당시는 신석기말 초기 청동기시대로 막 목축과 농경이 시작된 무렵이다. 이 수메르 인들은 인류 최초로 도시를 만들었다. 농업으로 잉여생산물이 생기고 사람들이 모여 도시가 생기고 권력이 생겼다. 그들은 진흙을 빚어 점토판을 만들고 그 위에 갈대 펜으로 문자를 기록하여 보관하였다. 그러니까 최초로 문자를 만든 사람들이다.

성경에 나오는 지명과 기록들을 역사적으로 입증하는데 집중하였다. 그때까지만 해도 수메르의 존재는 아무도 알지 못했다. 수메르는 성경에 나오지 않기 때문이다. 그러나 앗시리아 유적을 발굴하던 중 수메르의 언어가 발견되고 해독되기 시작하면서 역사는 수메르에서 시작되었다는 사실을 모든 이들이 알게 되었다. 성경의 天地創造와 수메르인의 〈敍事詩 길가메시〉에 나오는 천지창조와의 연관성, 이 지방 사람들이 農耕民과 遊牧民(유목민)으로 분류되는데 주목할 문제이며, 유태인들은 수메르가 사라지고 한참이나 후에 등장하는 민족이다.

기독교가 로마에서 공인된 이후 메소포타미아에서의 그 이전 역사는 철저하게 파괴되었다. 그러던 중 粘土版(점토판)이나 유적들이 다량 쏟아져 나오며 그 문자가 해독되면서 상식이 뒤집히게 된 것이었다. 수메르 인들은 최초의 成文法(성문법)을 만들었다. 역사상 최초의 성문법은 바벨론의 〈함무라비 법전〉이라고 알려져 있으나 이것은 100% 수메르 인들이 만든 법전을 그대로 모방한 것이다. 이 법에서는 사회적으로 약자인 고아와 과부, 거지와 노동자들을 보살펴야 한다는 내용들이 기록되어있고, 가난한 사람들에게 과중한 세금을 걷어서는 안 된다고 했으며, 사람들이 싸우다 다치면 배상금을 지불하라는 조항도 포함되어 있었다. 그리고 다양한 직업도 기록되어있다. 농부, 어부, 목동, 군인, 성직자, 조세징수원, 도축업자, 금속기술자, 서기관, 음악가, 제빵기술자, 등 전문 직업인이 존재했다. 이러한 기록은 1만 4천 개가 넘는 점토판에 자세히 기록된 내용이다. 아브라함은 수메르의 중요한 종교 도시였던 우르(우르크)도시를 떠나 외국인 신분으로 가나안 땅으로 갔다.

2) 수메르와 한국의 共通點

수메르문명과 한국의 몇 가지 관계는 첫 번째로 고산숭배, 두 번째가 모계사회의 전통, 세 번째가 수메르어의 數詞(수사=헤아릴 수, 말씀 사) 하나하나가 심오한 연구 자료가 된다.

수메르 인들의 검은 머리카락의 유전자와 순장의 풍습, 씨름하는 장면, 다른 민족에서는 찾기 어려운 원형질을 간직하고 있다. 미국의 언어학자 CH. 고든 박사는 단적으로 말하길,

"수메르 인들은 북방에서 온 민족이 분명하다"

고 하였다. 윤정모 소설가는

"수메르 인이 한 민족이 아닌 다른 민족의 역사일 가능성은 없을까?"

라는 질문에 윤작가는

"희박하다"

고 단언하였다.

수메르(Sumer)는 메소포타미아의 가장 남쪽 지방으로 오늘날 이라크의 남부 지역이다. 수메르 문명은 세계에서 가장 오래된 문명으로 그들이 어디서 왔는지는 정확히 모르지만, 수메르인은 대략 기원전 5,500년에서 기원전 4,000년 사이부터 수메르 지방에서 살기 시작하였다.

수메르 문명이 가장 융성했던 때는 기원전 제3천년기로, 역사학자들은 통상적으로 이 1000년의 기간을 크게 초기 왕조 시대(2900?~2350? BC), 아카드 왕조 시대(2350?~2150? BC), 우르 제3왕조 시대(2150?~2000? BC)의 세 시대로 구분한다. 수메르인들은 자신들을 웅 상 기가(ùĝ saĝ gíg-ga, 음성학적으로 uŋ saŋ giga) "검은 머리 사람들" 이라고 불렀고, 그들의 땅은 키엔기르(Ki-en-ĝir) "수메르말을 쓰는 사람들의 땅"이라고 불렀다.

3) 수메르문명은 우리민족의 後裔(후예)들이다.

수메르 사람들은 처음부터 이 지역에 거주하던 자들이 아니었다. 그들은 조선사람 소호금천왕이 일가들을 데리고 이주하여 도시를 세운 것으로 그들을 셈족이라 할 수 없는 것이다.

우리민족의 한자는 동이족이 기원전 2600년경에 만들었다.

예를 들어,

- 船 배 선, 舟+八+口=船 대홍수에 8식구가 배안으로 들어감
- 禁 금할 금, 林은 두 나무, 즉 선악나무와 생명나무, 示 보일 시, 바라보지 말라.
- 婪 탐할 남, 林은 나무 열매를 女 여자가 먼저 탐하였다.
- 媒 아름다울 와, 女여자가 먼저 果 과일나무의 유혹을 받음.
- 束 제한할 속, 木+口 입 구 즉, 생명과 먹는 것을 제한함,
- 靈 신령 령, 雨 비 우+口+口+口=세 개의 입으로 성부, 성자, 성령의 입으로 내리는 水面에 운행 하시는 신 (창1:2)

성경 모세오경은 BC.1500년경에 현재 사우디아라비아 북부 사막에서 기록되었다. 우리 단군 역사나 홍산 문명, 수메르문명보다 훨씬 뒤에 생겨난 역사다.

수메르 문명은 1874년 오스만투르크의 바스라(현재 이라크의 알바스라)에서 프랑스 부영사로 있던 에른스트 드사르제크를 통해서 발굴이 시작되어 성서가 사실로 드러났다. 사실이긴 한데 수메르 창조신화를 그대로 옮겨왔다는 것인데 Nippur(니프르) 점토판 문서에서 그대로 드러나 학계에 큰 충격을 가져왔다.

에덴이란 말은 수메르어 에딘(Edin)에서 유래한 말이며, 수메르(Sumer)는 바빌로니아 남부 문명의 발상지를 말한다.

★ 한글은 檀君이 만들었다.

세종대왕은 集賢殿(집현전) 유생들과 이미 만들어진 재료를 가져다 맞춘 것이다.

〈한글 비밀의 문〉 히스토리채널 2003년 10월 9일 히스토리 채널 방송한 것을 정확히 시청하였다. 1976년에 미국 필라델피아에 있는 펜실바니아 大學校의 학자들이 최초의 수메르어 표준사전을 편찬하기 시작하여 1권이 1984년에 出版되기도 하였다.

4) 수메르어와 한국어 유사성 (점토판 번역)

한 국 어	수 메 르 어
아버지	아빠
칼	카르
한	안
엄마	엄마
밝음	바르
우리	우르
달	달
사람	사람
나락(볍씨)	나락(곡식의 신)
단군(몽골텡그리)	딩기르(단골)
아우	아우
북	북
어디서	어디쉐
부터	부타

벌써 17년 전 히스토리 채널에서 방송할 즈음에 점토판 해독인데 지금은 훨씬 더 많은 단어들이 번역되어 우리 언어와 일치하는 단군조선 하나님의 천손문화를 밝힐 것으로 나는 믿어 의심치 않는다.

(5) 길가메시(Gilgamesh)

길가메시는 수메르 神話에 나오는 英雄神(영웅신)이다.

고대 메소포타미아 수메르 왕조 초기시대인 우르크 제 1왕조의 전설적인 왕인데 그의 재위기간은 기원전 2600경으로 수많은 신화와 서사시에 등장하는 실존적인 인물이다.

흔들리지 않는 나의 뿌리

길가메시를 실제로 존재했던 인물로 추정함은 그의 訓談(훈담)을 기록한 점토판의 〈길가메시 서사시〉(기원전 2000년)대의 자료를 보며 확증하는 것이다. 메소포타미아 영웅가운데 가장 알려진 이름으로 수많은 픽션과 傳說에 그의 이름과 무훈담이 인용되고 있다.

루브르 박물관에서 소장중인 길가메시의 부조
photo by Urban
https://commons.wikimedia.org/w/index.php?curid=16654
73

1) 역사적인 인물

길가메시는 빌가메시(Bilgamesh)라고도 하는데, 의미상으로는 빌가(bil-ga)와 메쉬(mesh)로 구성되는데 빌가는 노년, 장로, 조상이란 뜻이고 메시는 젊은이, 英雄이란 뜻의 합성어다.

루브르 박물관에는 길가메시의 용맹하고도 거대한 부조상이 사자 발목을 움켜잡고 서 있는 모습이 소장되어 있다. 수메르 왕 목록에 길가메시는 리라의 아들이며, 127년간 재위했다. 단, 후세의 신화에서는 루갈반다의 아들로 바뀌었다. 길가메시 본인에 관한 考古學的 자료는 敍事詩외에는 발견하지 못했다. 그러나 전설 속의 엔메바라게시가 실재했다는 인물로 확인됨에 따라 길가메시도 실존적인 인물로 학자들은 확신하고 있다.

2) 敍事詩(서사시)의 내용

洪水說話(홍수설화)가 성경과 흡사하게 기록되어있다. 그 점토판들은 현재 영국 런던 '영국박물관'에 전시되어있어 관람이 가능하다. 여기에는 노아방주를 연상케 하는 내용과 방주가 그대로 기록되어있다. 여러 층으로 지은 방주와 산들이 물에 잠김과 주기적으로 새를 보내어 근처의 육지를 살피는 내용 희생제물을 바쳐 의식을 치루는, 등 창세기의 내용이 그대로 기록되어 있다. 수메르문명은 히브리 문명보다 약 1000년 이상 앞서 있었다.

필자가 길가메시를 말하는 것은 그가 영웅이었다는 것이 중점이 아니고 히브리문명 이전의 수메르 문명이 있었고 수메르 문명이전의 홍산 문명이 있었고 그 이전에는 天山 神檀樹(신단수)아래 내려오신 桓因과, 단군 1세 우리의 국조 왕검이 있었다는 것이며 그러므로 모든 종교와 예술 문명을 우리 오리엔트문명의 발상지는 기독교의 원산지인 우리 조선이라는 것이다. 나는 이 비밀의 역사를 말하려고 이 책을 기록하는 것이다. 왜냐하면 우리 조선은 복음의 발상지요, 문명의 종주국인 동방의 한 나라이기 때문이다. 이 1만 2천 800년의 長久한 역사를 안고 있는 나라와 문화는 지구촌에 없다.

왜인들에게 책과 자료를 다 빼앗기고 암울한 시기에 홍산 지방에서 거대한 피리미드와 많은 유물이 쏟아져 나옴으로 고대 찬란한 문화가 있었음을 再發見하는 것으로도 역사의식은 살아 부활하는 것이다.

약삭빠른 유대인들의 히브리종교는 거의가 빌려온 문화이며, 그들의 신은 외계문명에서 잔인하고 질투 많은 민신이었으며, 성경도 다 빌려 온 것이며 영적인 문화는 아예 없으며 사후세계나 신들의 세계도 그들은 없으며, 천사의 존재나 심판도 없고 그들의 신앙은 오직 唯物論(유물론)이며, 돈과 전쟁의 힘 그리고 자기 민족의 선민사상 외에는 아무 것도 없으며, 오직 살생과 영토 확장이 목적인데 그 방법이 그림자 정부를 운영하여 전 세계 왕들을 다 잡고 문화, 예술계, 정치계를 손안에 넣고 무너지지 않는 피라미드를 세우는데 그들은 1차 성공하였다.

이 거짓 문화의 종교를 수입한 나라들, 소위 기독교 교국들은 거의가 타락하고 100년을 넘기지 못하고 망했다. 그들은 예수의 가르침보다는 십계명과 율법, 이스라엘을 비극적으로 짝사랑하는 유대주의 자들이기 때문에 대다수가 적그리스도인 들이다. (고후3:12~15) 정말로 극소수의 적은 무리들만이 그리스도의 발자취를 따라서 사도행전 같은 삶을 모방한다.

(6) 유대인들이 문자도 없던 시절부터 찬란했던 우리문명은 지구의 유산이다.

1) 우리 동이족이 미 대륙에 진출한 증거가 발견되었다.

우리민족의 뿌리와 연관이 깊은 상형문자가 북미대륙 곳곳에서 발견되어 학계에 관심이 크다. 이들은 오래전에 북미 대륙으로 건너갔음을 보여주는 증거가 연구결과다.

교육학 박사이며, 비문연구가인 존 러스캠프(John A. Ruskamp Jr.) 박사는 2016년 11월에 출간한 그의 저서 〈아시아의 울림, Asiatic Echoes〉이라는 책에서 이같이 주장하였다. 러스캠프 박사는 앞서 2015년에도 미국 서부 뉴멕시코 주 엘버커키 지역의 페트로 글리프 국립유적지 내 암석에 새겨진 특이한 문양이 중국 商(상) 왕조 말기에 사용된 문자라고 분석하고 고대 중국인들이 2500년 전에 미국에 건너와서 살았다는 증거라고 주장하였다. 상 왕조는 기원전 1600년~1046년에 존재했던 고대 중국 왕조였던 동이족이다. 러스캠프 박사는 이 책에서 '舟'(주) 자를 지난 2007년 8월 유타 주 동북부의 나인마일 협곡에서 발견한 데 이어 최근에는 캐나다 온타리오 지방 岩面彫刻(암면조각) 공원에서도 발견했다고 밝혔다.

교육학 박사이자 비문 연구가인 미국의 존 러스캠프(John A. Ruskamp Jr.) 박사
사진출처 : http://www.sisagn.co.kr/news/view.php?idx=4219

그는 또다시 2019년 10월 유타 주 솔트레이크시티에서 남서쪽으로 100마일 떨어진 오지의 암벽에서 '禾'(벼 화) 자를 발견했는데 벼는 동이족이 곡식의 신으로 말할 정도로 귀중한 양식이었으며, 농경문화의 보화였다. 러스캠프 박사는 지난 10년간 113자의 갑골문자를 판독하였는데 이 중에는 舟 자나 禾 자처럼 한 글자씩 발견된 것 외에도 國王(국왕)이라는 글자도 있었고 어떤 단어나 문장형태도 있었다. 앞서 러스캠프 박사는 2013년 5월 뉴멕시코 앨버커키 인근 암벽에서 '大甲'(대갑)이라는 문자를 발견했는데 연구결과 중국 상나라 3 대왕의 이름으로 확인되었다. 〈매일경제2017.3.6.〉 러스캠프 박사의 자료 말고도 고대 동이족은 중국대륙 절반이상을 차지하고 있으며, 몽고, 일본, 부탄, 네팔, 북인도, 비하르 주, 등에 퍼져있다.

2) 역사, 문화, 의식이 왜 중요한가?

우리나라는 문헌에 기록된 역사적 자료만으로도 반만 년이 넘고 더 나아가서는 1만 2천 팔백년이 넘는 유구한 역사를 자랑하는 세계최초의 종주국이며 문명과 종교문화의 발상지이다.

장구한 역사 속에서 끊임없는 외세의 침략을 견디며 근세에는 일제 강점기라는 혹독한 시련을 겪으며, 연합군의 승리로 겨우 일어나 해방이 되는가 했더니 6·25를 겪으며 폐허가 되고, 세계 최빈국이었던 나라가 냉전과 분단의 고통을 또 겪어야했다. 우리는 아직 역사적으로 갈 길이 멀고 할 일이 너무 많다. 지금 보릿고개를 넘어 밥이라도 배불리 먹을 수 있는 것은 저절로 된 일이 절대 아니다. 나라를 지키기 위한 선조들의 피와 땀방울 덕분이라는 사실을 알아야 한다. 그러나 이 역사를 제대로 아는 사람은 정말로 몇 안 된다.

사실 우리나라 사람들의 역사의식 수준은 심각한 수준이다. 2019년 안전행정부가 전국의 성인남녀 19세 이상 1천 명과 중, 고, 청소년 1천

명을 대상으로 국민 안보의식에 대해 조사한 결과 우리나라 성인의 36% 청소년의 53%가 6·25전쟁을 모르고 상해임시정부를 아는 젊은이가 8%도 안 된다는 것이며, 古朝鮮 이야기나, 홍산 문명, 수메르 문명은 이들에게 전설 같은 이야기로밖에 들리지 않는다는 것이다.

나는 우리 명상센터에서 성서연구를 하는 사람들과 간혹 엉뚱한 질문을 던지는 버릇이 있다. 한창 주제별 성경공부를 하다가 느닷없이 우울감과 답답한 감정이 밀려올 때는 가슴이 멍해지며 '내가 지금 무슨 일을 하는 거야!' 하는 허무한 생각이 앞을 막는다.

역사를 잃어버리고 진짜 하나님을 버리고 양아버지를 따르다가 친아버지를 귀신이라 하여 목을 잘라버리고 예수 그리스도를 신으로 오인하여 우상을 숭배하는 이 나라의 영성수준을 생각하면 나의 이 외침이 과연 무슨 열매를 맺을 것인가! 하는 느낌이 들어 앞에 앉아 함께 머리를 맞대고 있는 교우들에게 이렇게 묻는다. 당신은 본인 생각에 祖上이 먼저입니까? 祖國이 먼저입니까?

'조국이 먼저인가요? 아니면 종교가 먼저인가요?'

이 문제는 매우 중요한 일이다. 이 문제는 運命的인 문제이며, 따라서 哲學的이며, 靈的인 물음이다. 우리는 뉴스 시간마다 난민들의 수용소와 폭탄세례로 인하여 단말마의 신음소리를 들으며 지구촌의 소식을 매일 접한다. 전 세계의 유일한 분단국가이며, 안보의 위험이 항상 도사리고 있는 나라임에도 불구하고 국민들의 역사의식은 정말 충격적인 수준이다. 일제만행도 벌써 잊었고 미국과 러시아가 3·8선을 만든 것도 벌써 잊고 지금의 안정이 계속될 것이라고 착각하고 있으며, 윤봉길, 안중근의 이름을 아는 것만으로도 천만다행이다. 역사를 잊은 민족에게 미래는 없다. 오늘은 곧 내일의 역사가 되고 역사는 계속될 것이다. 역사는 뿌리다. 이 모든 것을 가능하게 하는 힘의 源泉(원천)은 과거와 현재 그리고 미래를 관통하는 올바른 역사의식의 힘이다.

특별히 대한민국은 어리석고 못난 정치인들이 檀紀年號(단기연호)를 버린 죄가 너무 크다. 일제의 치하에서 육군 사관학교를 다닌 박정희 군사정부는 1961년 5.16군사쿠데타 정권을 수립 이후 단기를 사용하던 공용연호를 서기로 바꾸어 버렸다. 군사정부는 1961년 12월 1일부터 시행에 들어갔다. 서력기원은 전 세계적으로 사용하고 있지만 역사와 문화적 전통을 계승하는 나라들은 자국의 특수연호를 병행하여 잊지 않고 사용하고 있다. 잊혀져가는 우리 단군역사는 왜인들이 반으로 나누어 놓은 절반 역사는 올해로 4352년이다.

3) 그들은 왜 古朝鮮(고조선) 역사를 없앴을까?

그 이유는 고조선이 중국을 배척했다는 점과, 고조선의 종교가 神仙道(신선도)였다는 점과, 단군신앙 때문이었다고 전해진다. 조선 유학자들은 유교철학을 숭상하는 입장에서 늘 중국을 의식하였다. 친 중국세력이 지배권을 획득하려면, 유교와 거리가 먼 고조선의 역사를 축소할 필요가 있었다. 그래서 이들은 고조선 관계 서적들을 불태우기로 결의하였다. 흔히들 고조선이 단군조선-기자조선-위만조선으로 계승되었다고 말한다. 이 도식은 조선시대 때 정설로 굳어진 것이다. 이를 따를 것 같으면, 고조선은 기자가 도래한 때부터 정통성을 상실했다는 말이 된다. 고조선은 공화정 국가가 아니었다. 고조선은 왕조국가였다. 고조선 왕족은 解(해)씨였다. 왕조국가에서는 통치자의 성이 바뀌면 왕조도 끝이 난다.

즉, 고조선 왕실의 주인이 해씨에서 箕(기)씨로 바뀌고 나중에는 衛(위)씨로 바뀌었다면 고조선은 해씨에서 기씨로 바뀌는 순간에 이미 끝났다고 봐야한다. 이렇게 되면 기원전 108년에 고조선(위씨 고조선)이 漢武帝(한무제)의 침공을 받아 멸망했느니 안했느니 하는 이야기를 할 필요가 없는 것이다. 왕이 해씨에서 기 씨로 바뀌는 순간 고조선은 사라진 것이며, 따라서 이후 기 씨에서 위 씨로 바뀌는 것은 고조선의 정체성과 멀어진 것이다. 그러므로 기 씨에서 위 씨로 바뀐 108년의 사건을 고조선 역사에 넣을 수 없는 것이다. 위만이 상투를 틀고 조선옷을 입고 고조선에 왔으므로 그를 한민족으로 볼 수 있다 해도 마찬가지다. 위만이 등장하기 훨씬 전인 箕子(기자) 때에 고조선의 정통성이 이미 끊어졌다고 봐야 하기 때문이다. 그러므로 기자조선과 위만 조선을 우리역사의 한 시대로 인정하는 것은 고조선의 역사가 기자 때에 끝났다고 하는 것과 다를 바 없는 것이다.

그 같은 잘못된 논리는 우리교과서에도 그대로 반영되어 있다. 기자조선과 위만조선 중에서 기자조선에 대해서는 기술하지 않은 교과서도 있지만, 〈중학교 국사〉에서는 '문헌에 나타나는 고조선은 檀君朝鮮-箕子朝鮮(기자조선)-위만 조선으로 정치적 변화를 거친다.'라고 함으로써 두 가지 모두를 인정하였다. 하지만 〈삼국사기〉나 〈삼국유사〉처럼 보편적으로 인정되는 역사서들만 놓고 봐도, 단군-기자-위만의 구도가 역사적 사실과 일치하지 않는다는 것을 쉽게 알 수 있다.

결론부터 말하면 고조선이 단군조선에서 기자조선으로, 기자조선에서 위만조선으로 이어진 것은 순전한 거짓말이다. 단군조선이 그대로 쭉 이어졌다는 것이 참된 역사적 사실이다. 다시 말해서 기자나 위만이 단군조선의 명맥을 끊은 적이 없다는 것이 역사적 사실인 것이다.〈삼국유사 참조〉

4) 公權力(공권력)에 의하여 파괴된 역사 사료.

고조선 역사를 살펴볼 때 우리가 가장 먼저 고려해야 하는 것은, 이 시대에 관한 한국 측 자료가 공권력에 의하여 집중적으로 파괴되었다는 점이다. 공권력이 고조선 관계기록과 자료를 파괴했다는 것은 민족의 뿌리를 없애버린 내시가 되어버린 비극을 낳았던 것이다.

중국의 진시황제하면 떠오르는 것은 만리장성이 생각날 것이다. 그는 만리장성과 함께 焚書坑儒(분서갱유)가 있었다. 서적들을 불태우고 선비들을 매장하는 사상탄압은 중국만이 아니었다. 그것은 조선에서도 심했다. 조선시대에는 특히 심각했다. 조선왕조의 지배층인 유학자들은 자신들의 이념과 다른 것에는 극단적인 거부감을 표출하였다. 그들이 혐오한 것 중 하나가 바로 고조선이란 존재였다.

儒學者(유학자)들이 고조선을 싫어한 것은 바로 고조선이 천자의 나라 자신들의 큰집인 중국을 배척했다는 점과, 고조선의 종교가 단군예배와, 신선도였다는 것이 크게 걸렸던 것이다. 그래서 유생들은 고조선 관계서적들을 불태워 버리는 어리석음을 범해버렸다. 이러한 분서갱유가 世祖와 睿宗(예종) 두 부자에게 의해 자행되었음을 알려주는 기록이 있다. 세조 3년 5월 26일자, 1457년 6월 17일 〈세조실록〉에 따르면, 팔도 관찰사들에게 왕명을 내렸다.

★ 개인적으로 소장할 수 없는 당시의 책들이다.

〈고조선 비사〉,〈대변설〉,〈조대기〉,〈주남 일사기〉,〈지공기〉, 표훈의 〈삼성 밀기〉, 안함로 원동중의 〈삼성기〉,〈도중기〉,〈지리성모하사량훈〉, 문태산 왕거인 설업 3인이 지은 〈수산기소〉 1백여 권,〈동천록〉,〈마술록〉,〈통천록〉,〈호중록〉,〈지화록〉,〈도선한도참기〉 등의 서적은 개인적으로 소장할 수 없는 것들로 규정 지었고, 만약 갖고 있는 자가 있으면 스스로 자수하고 진상하도록 명하였다. 당시 유학자들에게 古朝鮮에 관한 역사가 불편했던 것은 바로 宗敎的(종교적)인 문제였다.

세조시대의 전권은 유학자들과 함께 관련서적들을 수거하는 방식으로 고조선 역사를 은폐하려했던 것은 日帝强占期(일제강점기) 왜인들과 다를 바 없는 뿌리를 버리는 어리석음을 범한 중한 죄였다. 자진해서 책을 내어놓지 않으면, 참수형을 내린다는 위험을 무릅써야 했다.

이것은 정부가 古朝鮮(고조선)에 관하여 숨길 것이 많았던 것이 과연 무엇이었을까? 고조선의 중심지는 지금의 중국 하얼빈이었으며, 옛 지명은 부여였다. 따라서 부여는 고조선의 수도를 가리키는 표현이었다.
〈김종성 '역사의 아침' 참조〉

이러한 위험을 무릅쓰고도 民族主義者들은 계속 역사의 맥을 짚어 저술활동을 하였고 세월이 흐르고 흘러 임진왜란이 지나고 조선왕조가 끝나고 왜인의 지배가 시작되면서 또 한 번 우리는 歷史書(역사서)를 모두 빼앗겼다. 왜놈 순사들은 아예 가택을 방문하여 이 잡듯이 뒤져서 역사서적을 다 빼앗아 가져가서 불태우고 일부는 일본 皇室(황실)로 가져가버렸다. 이렇게 우리는 뿌리를 잘렸다.

5) 내가 執着(집착)하는 韓國(한국) 역사

나는 학자도 아니면서 古朝鮮 歷史에 집착하는 것은 매우 간단하다. 우리는 역사와 함께 따로 종교가 필요 없는 天孫의 후예들이라는 것이다. 그러니까 옛 朝鮮은 단군 1세부터 神政國家의 영광된 배달겨레의 피를 이어받은 選民이라는 것을 가짜 하나님들 전쟁의 신들에게 종살이하는 유대인들과 종교로 인하여 노예 생활하는 사람들에게 폭넓은 복음과 '오리엔트문명'과 신앙의 종주국인 우리 한국의 뿌리를 자랑스럽게 여기고 이제라도 保存하려는 의도에서 나는 집착한다. 마치 하늘이 나를 돕는 듯, 좀 늦은 감은 있으나 근세에 있어서 많은 역사학자들이 復活하여 잃어버린 우리 역사를 활발하게 연구 검토하여 대단한 성과를 얻고 있다. 역사적 유물이 수천 점 쏟아져 전 세계의 이목이 집중되는 이 한반도의 핵 센터는 전 세계의 문화 종교 예술의 宗主國이라는 사실을 세계인들이 알고 있다.

기독교의 본질은 유대인의 산물이 아니고 우리나라가 始原(시원)이며, 불교의 시원은 네팔이 아니고 티베트도 인도도 아니다. 시카무니족,

싯다르타 붓다는 檀君의 정확한 후예다. 〈옥스포드 대사전 509p〉

神仙圖도 자미원 七星신앙도 우리 조선의 문화이며, 도교나 신선도 역시 중국의 신앙이 아니며 우리 동이족의 수행이다. 그러므로 한 마디로 우리한국은 전 인류 중 가장 오랜 역사를 자랑하는 1만 2천 8백년의 역사 속에서 하나님과 더불어 살아온 선민들이다. 반드시 우리는 꽃 피울 날이 머지않았다.

5. 人類 創造紀元(인류 창조기원)

오늘날 인류창조의 기원을 말함에 있어서 지구인구 절반 이상은 성경 창세기에 기록된 약 6천 년 역사에다 초점을 맞추고 그 이상은 궁금하거나 호기심이나 의심 없이 그냥 그렇게 믿고 살아간다. 사람을 흙으로 만들었다는 말은 믿기 싫어도 사람이 죽으면 4원소로 나뉘어져 地水火風으로 흩어지니 '아! 인간의 몸은 흙이구나.' 하는 정도로 수긍하며 심각하지 않은 사고로 살아간다. 이렇게 살아가는 것이 사실상 신경 쓸 일 없어 뱃속 편하다.

그러나 성숙한 인간은 사색하게 되고, 생각하는 갈대인 인간은 파스칼의 말을 빌리지 않아도 누구나 칸트가 겪은 순수이성과, 실천이성의 과정을 겪는다.

인간은 어디서 왔을까? 그리고 어디로 돌아갈 것인가? 죽으면 정말 영혼이 있는가? 아니면 흙으로 돌아가 끝나는 것인가? 사색하는 의심들을 통하여 생겨난 것들이 종교라는 카테고리이다.

(1) 腦(뇌)의 進化(진화)와 神의 出現!

오늘날 잊힌 문명과 태고의 신비를 밝히는 모든 학설과 고대의 역사적인 유물들을 발굴하여 잃어버린 시간들과, 당시의 문화를 재현하고 복원하는 놀라운 기술과 과학은 어디서 온 것일까? 결국 단적으로 말해서 초기 인류의 종교적인 기원이나 역사의 시원을 밝혀내는 도구는 '腦의 進化와 神의 出現'이다.

오늘의 과학문명은 눈부시게 발전하여 인공지능과 로봇, 생명복제가 더 이상 공상소설이 아님을 우리는 100% 전 세계인류가 인식하고 의심 없이 수용하게 되었다. 하지만 이 같은 현실 속에서 과학의 힘으로 먹고 마시고 입고 비행기를 타고 자동차를 타고 로봇 수술을 하면서도 종교의 힘은 여전히 강력하다. 세계의 많은 종교와 神話는 하느님 또는 신들이 인간을 창조했다고 가르치고 또한 그렇게 믿는다. 대다수 사람들도 신과 종교의 존재를 믿는다. 꼬치꼬치 묻고 다각도로 질문하고 애매한 질문에 말문이 막혀 답을 못해도 일단 '믿습니다.'로 귀결되는 것이 오늘날 신앙인들이다. 관념론에 빠졌던 신천지에 빠졌던 그들의 마음을 지배하는 신은 그들의 생각을 지배하는 뇌의 작용이라는 것이다. 미국의 언론이 조사한 연구 자료에는 미국인 10명 중, 9명은 종교가 있든 없던 관계없이 신이 존재한다고 믿었다.

그렇다면 도대체 신과 종교는 언제 어떻게 생겨났을까? 미국의 권위 있는 정신 의학자 E.플러토리는 최신 신경과학 연구를 통해 얻은 통찰력으로 명쾌한 대답을 하였다. 신은 인간의 腦(뇌)에서 작용하며, 종교적 믿음은 뇌 진화의 창조물이라는 결론을 내렸는데 아직 여기에 반론을 제기한 사람이 없다.

호모사피엔스의 진화가 우리를 신들과 공식 종교들로 이끌어온 여정은 참으로 비범하지 않은가? 우리의 뇌는 진화했을 뿐만 아니라, 그 과정을 우리가 이해할 수 있고 기록할 수 있고 그것이 우리 삶에 띠는

숨意(함의)를 생각할 수 있게 진화했다. 약 200만 년 전의 호모 하빌리스에서 시작해 호모 에릭투스, 옛 호모 사피엔스, 초기 호모 사피엔스 그리고 현생 호모사피엔스에 이르기까지 초기 인류의 뇌가 진화하면서, 그에 따라 인지 및 행동의 변화가 발생하고 결국 신이 출현하는 과정을 추적한다. 이를 위해 초기 인류 뇌의 해부학적 증거는 물론 고고학과 인류학, 심리학 증거를 종횡으로 엮어 보인 연구 결과라고 본다.

인류는 200만 년 전 호모하빌리스의 뇌가 커지면서 더 영리해졌고, 180만 년 전 호모에릭투스는 자아를 인식하기 시작했다. 그리고 약 20만 년 전, 옛 호모사피엔스에 속하는 네안데르탈 종은 타인이 무슨 생각을 하는지에 대한 인식 즉, 마음 이론을 획득한다. 자기 자신에 대해 생각하는 것은 약 10만 년 전으로 그 주인공은 초기 호모사피엔스였다. 다시 약 4만 년 전, 현생 호모사피엔스는 과거 경험을 활용해 미래를 계획하면서 시간선 상의 앞뒤로 자신을 투사하는 능력인 자전적 기억을 발달시켰다.

이 같은 인지능력의 획득은 농경 혁명과 폭발적 인구증가로 이어졌고, 그러면서 몇몇 중요한 조상들이 신으로 간주되기 시작한다. 이후 규모가 커진 공동체 안에서 정치 지도자들이 신의 유용성을 깨달으면서 신에 대한 믿음은 체계적인 종교가 됐고, 정치와 종교는 서로를 뒷받침하며 문명을 조직하게 되었다.

플러토리 박사는 뇌의 해부학적 변화가 신의 출현으로 이어지는 과정을 뒷받침하는 여러 과학적 증거들을 하나하나 제시한다. 초기 인류의 두개골연구, 고고학 유물 연구, 인간과 영장류의 사후 뇌 연구, 살아있는 인간과 영장류의 뇌 영상 연구, 아동발달 연구들을 밀도 있게 결합 분석해 초기 인류의 뇌 진화와 인지 발달 과정을 추적한 것이다. 뇌의 종교에 관한 토리박사의 연구는 베스트셀러 〈사피엔스〉의 저자 유발 하라리의 〈인지혁명론〉과도 궤를 같이한다. 유발 하라리는,

'호모사피엔스가 세상을 지배하게 된 요인 중 하나의 인지혁명을 꼽으며, 이 혁명의 핵심은 바로 실제로 존재하지 않는 것을 상상하는 능력이라'

고 설파한 적 있다. 토리박사는 그의 연구발표 첫머리에 언급하기를, '소년시절부터 나는 하나님을 찾아 끝없이 헤맸다'

고 하였다. 그는 人類學과 대학원에 다닐 때 전혀 닮지 않은 문화들에서 놀랄 만큼 비슷한 신들을 발견했다. 정신과 의사로서 뇌를 공부했고 "神이 腦의 어디에 거주하는지 알고 싶었다."

라고 고백하였다. 〈2019년 11월 28일 오후 5시 연합뉴스〉

★ 人間의 腦(뇌)는 穹蒼(궁창)이다.

'그 생물의 머리위에는 수정 같은 궁창의 형상이 펴 있어 보기에 심히 두려우며' (겔 1:22)

'그 머리위에 있는 궁창 위에서부터 음성이 나더라. 그 생물이 설 때에 그 날개를 드리우더라' (겔1:25)

'그 머리위에 있는 궁창 위에 보좌의 형상이 있는데 그 모양이 남보석 같고 그 보좌의 형상 위에 한 형상이 있어 사람의 모양 같더라.' (겔1:26)

'그 사면 광채의 모양은 비 오는 날 구름위에 있는 무지개 같으니 이는 여호와의 영광의 형상의 모양이라.' (겔1:28)

'하나님은 인간의 머리에 임재 하신다.' (삼일신고)

인간의 두뇌 안에는 신이 머무는 궁창과 신의 보좌(보좌)가 숨겨져 있다. 컴퓨터, 마천루, 63빌딩, 수에즈운하, 우주선, 항공모함, 반도체도 인간의 頭腦에서 나왔으며, 성경의 靈感, 예언서들, 비상한 깨달음이나 啓示등은 인간의 腦를 통하여 신이 出現하는 것이다.

神을 직접 본 사람이나 만난 사람은 없다. 만났다 해도, 기도 중이나 꿈속에서 다른 의식으로 경험 할뿐, 인간의 육안으로 신을 보는 사람은 없다. 신의 실체는 깨달음의 영감으로만 제 3의 눈으로만 볼 수 있는 것이며 따라서 천국을 보았느니 지옥을 보았느니 하는 간증들이나 개인적인 靈感들을 인정하긴 하나 그것은 의식의 눈으로 겪은 개인적인 경험이지 절대적인 것은 아니며 개인의 의식 차이에 따라 천차만상으로 投影(투영)되는 것이다.

만약에 절대적인 것이라면 63빌딩을 견학한 사람처럼 그들의 설명이나 간증이 공통적이어야 하지 않겠는가? 앞 장에 인체의 신비를 언급하였듯이 인간의 뇌는 신비한 에덴동산이다. 두뇌발달은 인간의 미래와 운명을 결정하며, 천지를 창조하는 것이다. 창조의 이치와 원리를 잘 사용하면 지상낙원이 오고 신이 주신 自由意志(자유의지)를 잘못 선택하여 두뇌를 잘못 사용하면 사탄이 되어 지옥을 만들기도 하는 것이다. 오늘날의 그림자 정부가 그러한 사탄의 그룹들이다.

(2) 神學(신학)의 進步(진보)

1) 헬레니즘이 미친 영향

현대인이 말하고 논하고 넘나들며 접하는 종교적 철학이나 기독교문명은 Hellenism(헬레니즘)과 헤브라이즘(Hebraism)이 주종적이다.

서구사상에는 예로부터 현대에 이르기까지 두 갈래 길의 큰 흐름이 있는데 하나는 그리스 로마의 사상인 헬레니즘으로 프로테스탄트 정신에 상당부분 영향을 미친 플라토니즘과 더불어 밀접한 관계를 유지하고 있다. 오늘날 基督敎情神은 그리스 로마에서 그 토대를 마련하였기 때문이다. 자유주의든 보수신학자이던 그 누구도 이 사실을 간과할 수 없고 부인할 수 없다. 그리고 또 다른 하나는 헤브라이즘 즉, 유대주의다. 이 두개의 흐름은 서로 상호공존 혹은 대립해가며 화합하기도 하고 서구사회의 문화를 유지하며 꽃피우기도 하며 흘러 내려오고 있다. 알렉산드리아의 유대인 필론은 플라톤 철학과 히브리 종교의 결합을 꾀하여 인간은 하나님 속에 머무는 행복을 위하여 자기의식에서의 탈출을 지향하였고, 세계와 하나님과의 중간자로서 로고스 신학을 제창하였다. 신 플라톤 주의자라고 일컫는 플로티노스는 알렉산드리아에서 교육을 받은 이집트인으로 후에 로마에 가서 철학을 가르친 사람인데, 그는 플라톤에 따라 최고의 것은 존재를 초월하는 '一者'라고 보았다. '태양에서 광선이 비추어 나오듯 이 一者에서 예지(Nous)가 유출되고 예지의 하부에서 영혼이 흘러나오고 영혼 다음에 감각계가 뒤따라 유출된다.'는 것이다. 이렇게 그는 완전한 것에서 불완전한 것으로 내려오는 길을 보여주었는데, 인간은 기도와 주술의 작용에 의해 반대방향으로 향할 수 있어 하나님과의 합일을 이상으로 생각하였다. 로마의 콘스탄티누스 황제가 313년에 그리스도교를 공인 선포하고, 유스티니아누스 황제가 플라톤의 학원을 폐쇄하자 고대의 그리스 철학은 그리스도교 사상으로 이어졌다.

2) 헤브라이즘(Hebraism)이 기독교사상에 미친 영향

헤브라이즘은 헬레니즘과 더불어 서양사상을 형성해 온 중요한 思潮(사조)다. 고대 이스라엘의 종교는 구약성경에 根源(근원)을 둔다. 그것은 BC.13세기쯤으로 거슬러 올라가는 이스라엘 민족의 신과의 계약이라는 傳承(전승)에서 비롯되며, 이어 Yahwist(야위스트: 야훼를 신의 이름으로 사용한 사람)나 엘로히스트(Elohist: 엘로힘을 신의 이름으로 사용한 사람), 등의 역사가와 〈申命記(신명기)〉 율법의 記者, 아모스, 호세아, 이사야, 예레미아, 등의 활약으로 점차 뚜렷한 형태를 갖추게 되었으며, 특히 BC.6세기 초기에는 남 왕국 유다가 바벨론에 의해 함락되고 다수의 선량이 포로가 되면서, 그 종교사상은 한층 심화되고, 제2 이사야의 '고난의 종복'에서의 救濟思想(구제사상)에서 그 정점에 달했다. 이 구제관은 나사렛 예수에 의해 실현됨을 그의 제자들에 의해 전파되어 마침내 그리스도교가 탄생한 것이다.

　이와 같이 기독교는 히브리문명의 전통과 깊은 관계를 갖고 있으며, 그 형성기에 헬레니즘과 접촉하여 이에 영향을 받아 이론적, 철학적 성격을 얻게 되었고, 이른바 그리스도교 신학을 형성하였다.

　헤브라이즘은 唯一人格神(유일인격신)의 역사적 계시와 이에 대한 신앙을 토대로 하고, 여기서 생기는 신에 의한 우주의 창조와 세계사의 主宰(주재)인 신과의 계약에 의한 인간의 책임을 주장하는 세계관 및 인간을 靈肉一體(영육일체)로서 파악하는 인간관에서 헬레니즘과 대립된다. 즉, 헬레니즘이 우주를 신들로부터 타락 또는 流出(유출)에서 생긴 것이라는 생각과는 달리 헤브라이즘은 우주를 만든 被造界(피조계)로서 파악한다. 따라서 헬레니즘에서처럼 인간의 육체나 물질계는 그 자체가 악으로 취급되지 않고 피조물의 하나로서 의의가 부여된다. 또한 인간은 운명이나 필연에 의해 움직이는 것이 아니라고 생각하며, 역사는 인간의 책임과 신의 인도에 의해 명확한 목표를 향하여 전개된다고 생각하는 것이다. 현세를 위해서 믿는 헬레니즘과 내세를 위한 영생을 얻고자 믿는 헤브라이즘, 두 개의 근본사상은 서양 유럽 문물을 이해하는데 있어서 중요한 요소로 작용하고 있다. 예나 지금이나 수많은 과학이 발달하여 인간의 욕망을 충분히 채워주는데도 백일기도를 해도 갈 수 없는 곳을 비행기를 타면 단번에 날아가는 기적 속에 살면서도 눈에 보이지 않는 신의 존재와, 유일신 신앙은 지속될 것이다.

(3) 自然은 神의 世界이다.

'自 스스로 자, 然 그럴 연, 저절로 연'이란 뜻을 지닌 이 한자는 BC. 2600년 전에 우리 동이족이 만든 글이다. 모세가 하나님의 이름을 물으며 그 존재성을 백성에게 어떻게 증명 하리이까? 하고 물을 때 그는 음성을 들었다.

'나는 스스로 있는 자니라' (출3:14)

우리는 하나님은 인격적인 분이라고 귀가 아프게 들어왔다. 그렇다면 이 인격적인 신은 누가 만들었는가. 스스로 있는 자이면 자기 자신을 스스로 만들었는가? 이 존재적인 의심 병은 전 기독교인의 풀 수 없는 숙제다. 다만 비난이 두려워 그냥 믿는 체하는 것이다. 나는 이 문제를 해결하기 위해 죽염과 물만 마시며 100일 동안 인적 없는 산에서 정말 절실하게 명상하였다. 2000년 밀레니엄 1월에 의심의 終止符(종지부)를 찍는 우주의 원리와 영계와 육계 신의 세계와 하나님의 실체를 100% 아주 분명하게 깨달았으며, 나의 가치관이나 신학관은 흔들리지 않으며 앞으로도 그럴 것이다.

物活論(물활론)을 주장한 그리스의 철인 탈레스를 좋아하는 이유가 여기에 있으며, 중국의 도연명과, 대지를 어머니로 부른 시인 칼릴 지브란의 이름을 한번 씩 불러주는 것이 나의 숨결이다. 예수 그리스도의 설교 재료는 들에 핀 백합화, 포도나무, 공중에 나는 새들, 무화과나무, 실로암 연못, 갈릴리바다, 호수, 등 자연이었다. 大宇宙는 스스로 있는 신의 실체다. 〈앞 장에서 언급한 '인체의 신비' 참조〉

오리엔트 문명은 그 깊은 형이상학적 우주과학과 철학으로 서구사람들이 자동차를 만들고 수에즈 운하를 만들 때 天體(천체)와 별들의 運行과 자연의 변화를 관찰하며, 24절기를 만들고 양력과 음력의 태양력 즉, 달력을 만들었다. 이러한 문명이 백두산-천산-동이족-홍산문명-수메르문명-히브리 문명으로 퍼져나갔다.

(4) 우리 의식의 알파와 오메가는?

지금까지 우리는 창세기의 說話와 유대주의 히브리 문명에 키를 맞추고 더 이상은 알려고 하지도 않고 궁금하지도 않은 듯 맹목적인 삶을 살고 있다. 역사만 해도 그렇다. 三國時代 이전은 마치 남의 이야기처럼 관심이 없다. 수많은 국내외 고고학자들과 민족주의자들과 역사학자들의 자료와 수천 점의 유물들이 발굴되어 박물관에 전시되어 있는 우리 조상들의 유적들과 天孫思想을 뒷받침해주는 당시의 예배장소와 제단, 등은 과거의 찬란했던 우리 역사의 시원과 우주 창조기원을 말해주는 原始反本(원시반본)의 기틀을 마련해주는 선조들의 값진 유산이라고 나는 생각한다.

그러므로 히브리 문명으로 끝을 보려는 생각을 버리고 오늘의 속 좁은 신학에서 오리엔트(Orient)신학을 탐구해보는 시간들이 되길 나는 독자들에게 부탁한다. 모세가 음성을 듣고 율법을 받았다고 할 때가 BC.1500년경이며, 우리 한국의 문명은 이미 하나님께 천제를 드리고 BC.2600년경에 우주의 뜻이 담긴 상형문자와 한자를 만들어 47세의 단군님들의 통치를 받으며 동방의 등불을 밝히며 天孫의 삶을 살았었다. 이것이 우리 문명과 인류 창조의 기원이다. 동방의 이 한나라로 반본 할 때에 이 민족은 復活할 것이다. 남의 논밭만 갈아주는 노예생활을 버리고 탕자처럼 회개하고 내 조국 내 하나님의 품속으로 어서 돌아와야 한다. **왜? 친 아버지가 있는데 반기지도 않는 남의 아버지 밑에 가서 유업도 없이 방황하며 기웃거려야 하는가?**

자존심 상하게 그것도 관념 신앙으로 말이다. 인류 창조역사가 6000년이라니 요즘시대에 이 같은 이론을 믿는 사람은 없다. 거제도 몽돌해수욕장이나 부산 태종대 해수욕장의 비단 같은 물 자갈을 한 개 들고 명상해 봐도 6천년 역사에 대한 의문이 풀릴 것이다.

考古學의 발달과 쏟아져 나오는 유물들과 土版 유골들, 아틀란트 문명, 등 할 말이 많으나 다음 장을 위해서 여기서 우리 의식이 원시반본되기를 바라며, 잃어버린 본향을 자각하기 바란다.

(5) 聖經의 6000년 역사 재조명해야 한다.

★ 聖經年代 6000년은 사실인가?

인류는 17세기에 들어서면서 사람들은 전설이나 口傳 說話보다는 고고학적 유물발굴에 많은 관심을 가지고 근동지역으로 수많은 사람들이 몰려들었다. 그 중에는 기원전 50만 년 전 경의 유물들을 유럽에서 발견하였는데 근동지방에서도 옛 舊石器時代보다도 더 이전 시대가 있었을 것으로 추정되는 사람의 두개골이 갈릴리에서 발견되었다.

기원전 2만 6천 년 기간을 옛 구석기시대 무스테리안 문화 기간으로 보고 1만 6천년~1만년 기간을 신석기시대 아나우제 1기 문화, 제 2기, 제 3기, 등으로 나누어 신석기시대로 현재에 이르기까지 계속 인류가 생육번성 했다는 것인데 성경연대보다도 수십만 년 전부터 사람이 살고 있었다는 것을 고고학적증거가 충분히 증거 하는 데도 보수주의 신학자들은 관심을 기울이지 않는다. 신석기 시대 쯤에는 기원전 1만년~5000년 사람들이 돌도끼를 쓰던 시기였고 지역에 따라 철기가 발달된 족들도 있었다. 그 시대의 유물들은 이집트, 레바논, 수리아, 터키, 메소포타미아, 페르시아, 희랍등지에서 많이 발굴되었다.

그 중에서도 碑文(비문)이나 壁文(벽문)과 기타 법전의 기록을 판독할 수 있는 재료를 얻게 되어 舊約聖經을 무색케 하였다. 성경 역사대로는 아담 때부터 계산을 해도 현재까지 6천여 년밖에 안 되지 않는가? 그리하여 성서학자들 중 고고학자들은 성경을 논의하는 과정에서 히브리민족이 나타나기 천 년 전인 고대 근동지방의 역사를 다시 조명하기에 이르렀다. 이것은 성경의 6천년 연대를 태초의 창조역사의 시점으로 계산했기 때문에 이 같은 착각을 하게 된 것이라는 것이다. 성경연대는 아담의 타락이후로 계산하면 퍼즐이 어느 정도 맞아 들어가게 된다. 영적으로 아담이 타락한 이후로부터는 시간이라는 제한아래 인간이 살게 되었기 때문이다. 아담 타락 후 5년이 지난 뒤에 애굽에서 처음으로 曆法(역법)을 썼다고 한다.(BC. 4241년) 그 이전에는 달력이나 시간의 개념 같은 제한이 없었다.

기원전 5000년경 남부바벨론 수메르 지방에서 살고 있었던 한 사람의 시체가 발굴되었는데 그 몸은 비교적 작은 편이었고 양털로 짠 앞치마 같은 것으로 몸을 가리고 있었으며, 설형 문자로 祈禱文(기도문), 詩歌, 천문, 歷史, 傳說, 등이 기록되어 있었는데 그 유골은 동양 사람의 유골 이었으며, 당시의 문화가 상당 수준 발달하였던 것으로 학자들은 추측하였다.

그곳에서 유출된 유물들은 후대의 셈족들이 거룩한 문헌으로 보존하고 그것을 재료로 하여, 創造說(창조설)과 에덴동산의 타락에서부터 洪水 설까지 모든 것을 기록하여 남기게 되었다는 결론에 이르렀다. 앞장에도 언급했듯이 수메르문명의 점토판이 지금은 14000개 이상 발견되어 이러한 유물은 히브리문명의 기초가 되었다.

이러한 유물은 히브리 종교적 시가의 형식과 종교, 사회적 지도의 근본원칙까지도 다 그것에서 본떠 만든 것이 가나안 사람들에게로 전래하여 내려왔을 것이라고 추정한다. 암튼 히브리문명은 수메르가 멸망한 뒤 천 년이 지나서야 시작된다. 하나님은 아담 이전의 여러 種의 人類를 창조하셨고 마지막으로 아담을 지으셨는데, 아담 당시만 해도 네피림과 또 다른 종의 인간이 살고 있었는데 그들은 신적인 사람들과 또는 巨人族 네피림이 살고 있었다. (창6:1~4)

(6) 유란시아 서 (The Urantia Book)

1) 영적인 指針書(지침서) 유란시아 書

제 2의 성경이라 하는 유란시아는 2,340 페이지에 달하는 영적인 책이다. 설명하자면 유란시아라는 고유이름은 지구 행성을 가리키는 이름이다. 영감 받은 사람들이 성경을 기록했듯이 〈유란시아〉도 깊은 영감을 받아 기록된 신비한 책이다. 누구든지 이 방대한 두께의 문서를 접하고 찬찬히 開墾(개간)해 들어가 보면 예사로운 책이 아님을 깨닫게 될 것이다. 좋은 의미로 이 책은 신들린 사람이 깊은 최면의 靈感중에 입으로 다른 行星의 천사들과의 대화를 速記士(속기사)가 받아 적을 글이라고 생각하면 쉽게 납득이 갈 것이다. 이 영적인 책은 196편의 글이 4개의 부분으로 구분하여 구성되어있다.

전문적으로 다양한 분야에 걸쳐서 광범위한 범위를 다루는 종교철학이나 과학적인 뒷받침을 해주는 지침서로 볼 수 있다. 비중 있는 내용에 비하여, 책의 저자가 밝혀지지 않고 현재 10여 개의 언어로 번역되어 있고 각 나라별로 학회도 있어 유란시아를 연구 중이다.

1911년 일찍이 미국 시카고의 의사인 윌리엄 새들러(William Sadler) 박사와 그의 부인 케이 새들러 박사는 이 분야의 사회계층에서 널리 알려진 사람이었는데 이웃에 사는 부인이 자신의 남편이 종종 깊은 잠을 자면서 비정상적으로 중얼거린다는 걱정을 상담하게 되면서 유란시아와 관련된 일이 시작되었다고 한다. 이 부인은 남편이 그런 상태에 들어가면 어떤 방법으로도 남편을 깨울 수가 없다며 심하게 걱정을 했다. 새들러 부부는 자칭 학생 방문자라 말하는 영적인 존재들이 이야기를 하는 것이라 주장하는 목소리와 대화하게 되었다.

이 사건은 쉽게 결론이 나질 않았고 이로 인하여 정기적인 그리고 의도적인 대화로 변하게 되었고 계속된 이들과의 대화는 1925년 초에 이르러 속기사가 받아쓴 방대한 분량의 문서가 되었다고 말하고 있다. 새들러 부부는 모두 저명한 의사였다. 특히 윌리엄 새들러는 사람들이 超自然 현상을 믿지 않도록 파헤치는 사람이었으며, 不可思議한 일을 주장하는 자들의 정체를 밝혀내는 전문가로서 명성을 얻고 있는 사람이었다. 1929년에 그는 〈미혹된 정신〉이라는 책을 펴냈으며, 그 책에서 사람을 속이는 수법과 자기 착각에서 비롯되는 심리적 주장이 어떻게 가능한지를 설명하고 있다. 그는 책의 부록에서 그가 '만족스럽게 설명할 수 없었던 경우가 2번 있었다.'고 쓴 바 있다. 그의 고백이다.

"내가 겪은 다른 예외 중의 하나는 정신심리 현상의 하나로 보기에는 매우 특이한 것으로서, 내 힘으로는 이 현상을 명쾌하게 설명할 수 없다는 것을 인정하지 않을 수가 없다.
이 사례에 대하여 정말로 자세하게 이야기하고 싶지만 종교적 신념에서 내가 했던 약속 때문에 지금 여기에 이 일에 관련된 모든 것을 말할 수가 없다. 달리말해서 나는 내가 살아있는 동안에는 한 개인으로서 이 일에 관하여 말하지 않을 것을 약속한 바 있다.
이 사례는 너무나 흥미롭기 때문에 나는 언젠가는 내가 한 약속이 좀 완화되어 일정한 범위 내에서 이 일에 대하여 좀 더 충분하게 거론되는 것이 허용되기를 원하고 있다. 내가 이일에 처음 접촉되었던 것은 1911년 여름이었다.
그 후로 나는 거의 쉬지 않고 계속 관찰하여 왔으며, 현재까지 거의 250여 차례의 밤샘 조사를 해오고 있다. 이들 내용의 대부분은 대동한 속기사가 방대한 분량의 노트로 만들어놓은바 있다.
이번 사례를 연구하면서 나는 이 일이 통상적으로 일어나는 비몽사몽의 하나는 아니라는 것을 확신할 수 있었다. 잠든 수면자는 매우 정상적인 상태인데 반면에 그가 중얼거리는 말의 내용은 매우 심오

했으며, 이 잠자는 주체가 그렇게 지껄이는 상태에 들어가면 지금까지도 그를 결코 깨어나게 할 수가 없다. 가끔 그의 호흡이 눈에 띄게 변하기도 했지만 그렇다고 해서 그의 몸이 경직되거나 심장 박동이 변화된 적도 없었다.

이 사람은 자신이 행하는 현상도 자기 주변에서 어떤 일이 벌어지고 있는지 철저하게 의식하지 못하였고, 그는 자신의 몸이 행성 바깥에 있는 어떤 個人性(개인성)들이 오고 가는 매개체로 이용되고 있다는 것을 결코 인식하지 못하고 있었다.

실제로는 전체 진행과는 전혀 상관이 없는 사람이며, 끊임없이 일어나는 자신과 관련된 이들 현상에 관해서 깜짝 놀랄 정도로 태연했고 무관심했다. 이 관찰이 18년 동안 지속되었으며, 이들이 전하는 메시지의 정신 심리학적 원인과 기원에 관한 조사와 연구가 결국 아무 것도 밝히지 못하고 있을 때, 나는 문득 내가 처음 이 일을 만난 바로 그 지점에서 조금도 밝혀낸 것이 없음을 깨닫게 되었다. 精神分析現想, 최면현상, 多衆人格(다중인격)현상으로는 이들이 말하고 기록되는 메시지들이 그 매개자의 의식이나 혹은 그 사람의 마음에서 비롯된 것임을 밝혀낼 수가 없었다. 이 매개체를 통하여 전달받은 대부분의 자료들은 본인의 사고습관이나 그가 받은 교육이나, 그가 지닌 철학 전체를 조사해 봐도 모두 정반대가 되는 것들이다.

1924년 새들러는 예전 환자와 그의 동료들과 함께 토론을 즐기는 친목 모임을 매주 토요일에 시작되었는데 우연히 요청에 따라 이 이상한 대화를 소개하고, 그 과정에서 얻는 메시지의 견본을 읽자 모임에서 즉시 지대한 관심을 끌게 되었고 곧 이어 새들러의 이 이상한 대화가 소문이 났으며 모임에서 갖가지 질문들을 하기 시작했고 이들 질문에 대한 답변들이 접촉 매개자를 통하여 하늘 존재들로부터 받게 되었다고 한다.

새들러는 이 모임의 시작과정을 설명하면서 그들이 만든 수백 개의 질문들이 별로 진지하지 않은 것도 있었으나 결과적으로 그들의 요구는 모두 기록되는데서 답을 얻을 수 있도록 되었다"

고 말한다. 전해 받은 답변 수준에 사람들은 점점 감명 받았으며 지금의 유란시아 책의 분량을 얻게 되기까지 질문이 계속 이어졌다고 한다. 이 모임은 포럼이라는 이름으로 알려져 있다.

새들러를 포함하여 5명으로 구성된 소그룹이 접촉 위원으로서 포럼으로부터 사람들의 질문을 모으고 답변으로 제공받는 기록들을 관리하면서 타이핑으로 정리하고 확인하는 역할을 맡았다고 한다. 새들러와 당시에 참여했던 사람들은 모두 사망했지만, 이 책의 글들은 1925년과 1935년 사이에 그들이 도저히 이해할 수 없는 방법으로 물리적으로 나타나게 되었다고 주장하고 있다. 이들의 주장에 따르면 책의 전반부 3개의 부분은 1934년에 완성되었고 제 4부는 1935년에 완성되었다고 한다. 포럼의 마지막 모임은 1942년에 있었고 글을 받게 된 방법에 대해 비밀을 엄수하기로 서로 약속하는 것으로 이 일이 완료되었다고 말하고 있다.

1935년에 모든 자료를 받아 기록으로 확보되었지만 명확성을 검토하고 약간의 수정이 가능할 수 있는 시간이 다소 필요한 것으로 여겨지는 추가 시간을 보냈다고 하며, 이 후에 새들러와 그의 아들 윌리암 빌 새들러 주니어가 이 글들에 대한 안내문을 잠깐 쓰려고 시도 한 적이 있었는데 그들은 즉시 '작은 등잔하나로 도시를 밝힐 수 없다'는 이유와 함께 자신들의 설명은 단 한 마디도 추가할 수 없다는 얘기를 듣게 되었다고 한다. 그러고 나서 머리말을 받게 되었다고 말하고 있다. 빌 새들러는 단지 책과 함께 인쇄될 목차를 정리하는 것을 도왔다고 한다.

포럼이 책을 심도 있게 연구하는 동안 의도적으로 진행되는 교통이 20년 동안 계속되었고 새들러와 몇몇 사람들에게 책을 출판해도 좋다는 허락이 1955년에 내려졌다고 한다. '유란시아 세계재단'은 일리노이 주에서 면세 교육단체로서 1950년에 설립되었으며, 개별적인 모금을 통하여 1955년 10월 12일에 국제 저작권을 가지며 〈유란시아〉 책을 출판하게 되었다.

2) 基督敎思想과 비교

이 유란시아는 현존하는 모든 종교와 교리들을 비교해볼 때 유란시아의 교훈이 가장 기독교 가르침과 유사하다고 할 수 있다. 그러나 일반적인 기독교 시각으로만 본다면 현저한 차이가 있는 것으로 보인다. 이 유란시아에서도 예수는 신약성경에서처럼 여전히 높이 받들고 있다. 이 책의 3분의 1 이상을 〈제4부 예수의 일생과 가르침에 대해서〉 이야기에 바치고 있다. 基督敎 성경에 나오는 예수가 어떤 분인지 그의 속성에 대하여 다음과 같이 말하고 있다.

- 그는 하나님의 아들이며 마리아와 요셉에게서 탄생되었다.
- 그는 人性과 神性을 모두 갖추었다.
- 그는 완전한 삶을 살았다.
- 그는 길, 진리, 그리고 일생으로서 사람들에게 하나님을 啓示하셨다.
- 그는 성경에 기록된 것처럼 나사로를 살리시고 물로 포도주를 만들고 오천 명을 먹이고 병자들을 고치시고 기적을 행하셨다.
- 그는 12사도를 가르치고 十字架에 못 박혔고 죽은 후 3일 만에 다시 살아나셨다.
- 하나님은 모든 실체의 創造者이시다.
- 하나님은 전지 전재 전능이며 무한하시고 영원하다.
- 하나님은 사랑이 넘치는 인격으로 묘사되고 있으며 하나님은 사랑이시다.
- 하나님은 광대한 하늘 천국의 무리들을 거느리고 있다.

- 하나님과의 개인적인 관계를 자각하며 신앙하는 자는 영적으로 태어나게 되는 것이다.
- 하나님을 믿는 신앙을 가지는 자는 죽음이후에도 생존한다. 천사와 신성한 개인성들이 존재하고 있으며, 사람들의 일생을 보호하고 사명활동을 하도록 보내지고 있다.
- 예수님의 십자가는 인류의 죄를 대속하기보다는 하나님의 사랑을 예시한 증거로서 설명하고 있으며, 인류의 대속이라는 가르침은 자신들의 권위와 위치를 위협하는 것으로 여겼던 당시의 종교 지도자들의 공포심에서 비롯된 것 중의 하나라고 설명하고 있다. 하나님은 분노하시거나 화를 내시거나 질투하는 분이 아니시며, 그는 온통 아버지 같은 사랑으로 존재하는 個人性이라고 유란시아는 가르치고 있다.
- 예수는 70만 명의 하나님의 낙원천국의 아들 즉, 창조주 아들 중의 하나인 네바돈의 미가엘이 인간으로 肉身化한 것이라고 기술하고 있다. 예수는 기독교에서 말하는 삼위일체의 두 번째 분으로 묘사하지는 않는다.
- 예수께서는 동정녀 마리아의 몸에서 탄생되었다는 말 대신에 부모 사이에서 自然的인 방법으로 출생되었음을 밝히고 있다.
- 유란시아는 基督敎 성경과 많은 부분 일치하며 폭 넓고 구체적이다.

3) 불교와의 比較(비교)

- 유란시아는 佛敎를 '위대한 세계적 범민족적 신앙의 하나로 여기며 수많은 민족의 사회윤리와 도덕과 순응되며 오직 기독교만이 불교에 맞먹을 만하다' 라고 설명하고 있다.
- 고타마 싯다르타는 참된 先知者이며, 그의 교리는 당대의 사람들을 위하여 진정으로 革命적이고 놀라운 것이라고 이 책은 가르치고 있다. 이 땅에 현존하는 모든 윤리와 종교적 가르침에서 볼 때 그는

인류의 역사에서 가장 특출한 일곱 명 스승의 한 분으로 존중되고 있으며 여기에 모세, 노자, 그리고 사도바울을 포함하고 있다.
- 따라서 불교는 오늘날에도 살아있고 활동하는 종교임은 그것에 따라 있는 가장 높은 도덕적 가치들을 성공적으로 보존하고 있기 때문이며, 과거 역사의 암흑기에도 이 종교는 평온을 유지하고 그토록 영웅적으로 잘 견디어온 것은 네팔의 한 지도자요, 왕자의 깨달음을 통하여 고귀한 신앙이 널리 전파된 것은 역사적으로 고무적인 사실이다.

4) 그 밖의 세계 여러 宗敎와의 비교

　유란시아에 나오는 많은 단문에는 여러 종교에 대하여 평가해볼 수 있는 내용들이 거론되어 있다. 이들 중에는 이슬람, 도교, 힌두교, 유교가 있으며 그 밖의 인류역사에 기록된 다른 여러 종교에 대한 해설이 있다. 131편의 세계 종교에서 세계 여러 종교가 모두 공통점을 가지고 있다는 점을 '예수의 종교'와 함께 논하면서 이들 여러 종교를 더욱 깊게 논하고 있다. 그러나 세계의 이들 여러 종교에 대한 수많은 근거들과 참조 내용은 〈제3부 유란시아의 역사〉의 글 86편 종교의 초기 진화에서부터 시작되고 있다.

5) 文學的인 측면에서의 고려

　유란시아는 공상과학, 역사소설, 혹은 판타지 이야기로 즐기는 것으로도 보인다. 또 어떤 사람들은 이 책을 실제 역사책으로 여기고 있다. 유란시아 책에 담겨진 내용의 일관성과 고도의 기술 방식으로 상당히 주목받고 있으며, 회의론자인 마틴 가드너는 자신의 글에서 이 책이 "상상력이 뛰어나다"고 말하면서 '우주에 대한 환상이라면 이 책과 겨룰만한 책이 없으며, 이 책의 우주이야기는 내가 알고 있는 그 어떤 공상과학 소설의 우주보다 뛰어나다'라고 그는 호평하였다.

6) 大衆文化(대중문화)에서의 유란시아

- 독일의 작곡가 칼하인즈 스톡크하우젠(Karlheinz Stockhausen)의 방대한 오페라 연작시리즈인 〈Licht, 빛〉은 그 첫 번째 공연과 세 번째 공연 〈빛으로부터 목요일〉에서 유란시아 내용을 반영하고 있으며, 주요 배역들의 3분의 2가 책의 내용에서의 미카엘과 루시퍼를 상징하고 있다.
- 세계적인 레게 음악가 파토 반톤은 정기적으로 음악회를 하면서 스스로 유란시아에 헌신하고 있다고 밝히고 있다.
- 재즈밴드인 일기예보(Weather Report)는 7번째 앨범에 수록한 곡에서 베이스 기타계의 전설인 '자코 파스토리우스(Jacopastorius)'가 유란시아에서 나오는 고유이름 하보나라는 이름으로 작곡한 곡을 소개하고 있다.
- 유명한 작가인 데니스 존슨(Denis Johnson)은 그의 소설 〈천사〉에서 유란시아의 추종자임을 설명하고 있다.
- 스페인어 베스트 소설인 베니떼(J.JBenitez)가 쓴 〈트로이목마(Caballo de Troy)〉는 유란시아 책의 표절이라는 지적을 받고 있다. 그는 자신의 책에서 그의 작품이 유란시아에서 영감을 받은 것이라고 솔직히 말했다.
- 1994년 〈성공하는 사람들의 7가지 습관〉이라는 책을 펴낸 스티븐코비(Stephen Covey)는 "25년 전에 처음 이 책을 읽은 후 현재까지 7번을 읽었지만 엄청난 영감을 여전히 받고 있다는 점에서 이 유란시아는 정말 놀랍다"고 고백하며, 저술 활동에 큰 영향을 받고 있음을 말하고 있다.
- 음악 연축 제작자인 제리 거버(Jery Gerber)는 자신의 작품 심포니 〈반역을 일으킨 행성〉은 유란시아 내용에서 얻은 개념에서 얻은 영감이라고 밝혔다.

- 1993년 노벨 화학상을 받은 케리뮬리스(Kary Mullis)는 자신이 저술한 〈정신세계에서 추는 춤〉에서 자신이 유란시아 책의 내용을 신뢰하고 있음을 말하였다.

그는 특히 2005년 〈사이언스지〉에 45억 년 전의 지구와 태양계의 기원에 대해 로버트 스톰이 발표된 논문 내용과 유란시아 책의 서술이 일치하고 있다는 점에서 놀랍고 또한 2004년과 2005년이 되어서야 발표될 수 있었던 두뇌 유전자 〈마이크로세팔린〉을 근거로 한 인류의 생물학적 진화를 이 책이 이미 상세히 설명한 것은 경이로운 생각이 든다.

이외에도 유란시아 책에서 영감을 받는 명상가들과 작가들 영화감독들은 지구촌에 헤아릴 수 없이 많으나 보수 기독교인들만은 유난히 로마 황제들이 훼손한 성경 이외에는 상상조차 금물이다.

내가 아는 서울의 명상가 마한 최항식 씨가 있다. 그는 대학에서 전자공학을 전공한 사람인데 전공과는 달리 선생은 수십 년 동안 명상센터를 운영하며 프로그램을 진행하는 사람이었다. 주로 인도의 성자로 불리는 바그완 쉬리 라즈니쉬(Bhagwan Shri Rajneesh)사상과 그의 包括的(포괄적)인 명상 비법들이었다. 2000년도 겨울 인도 뿌나에서 만난 마한은 따뜻하고 목소리도 온유하고 평화로운 사람으로 느껴졌다. 한국에 와서도 나는 가끔씩 瞑想家(명상가) 마한을 만나서 서로의 안녕을 물으며 지내고 있다.

그러던 몇 년 전 이야기를 꺼냈다. 내가 유란시아를 읽어보았다고 했더니 매우 반가워하며 놀라워하였다. 본인은 지금까지의 모든 이념이나 명상은 다 접고 유란시아로 원시반본 했다고 힘주어 말했다. 나는 단군할아버지를 말하고 마한은 유란시아를 최고로 꼽았다. 내가 보기로는 그는 유란시아를 마지막 생의 지침서로 확신하는 것처럼 보였다.

7) 유란시아는 靈的인 책이다.

2340페이지에 달하는 이 책은 인류 創造紀原(창조기원)과 우주기능의 구조, 에너지, 마음, 물질, 중앙우주와 초우주들, 지역우주와, 유란시아의 역사, 성경에서 두세 번 비친 멜기세덱의 현인, 예수의 탄생과 예수의 유년기, 예수의 교훈과 일생이 상세히 기록되어 있으며 도덕과 덕목, 그리고 個人性에 대하여 상세히 기록하며 상승하는 하나님의 아들의 위치와, 천국의 개념들과 예루살렘의 물리적 특성들에 관하여 기타 방대하게 기록하고 있다.

나는 본서를 기록하면서 아무래도 이 영적인 책을 영광스럽게 소개하는 것이 하나님과 영적인 존재들에 대한 예의가 아닌가하여 시대적 복음으로 유란시아를 소개하며 이 책의 권위를 높이 평가한다. 물론 사람이 기록했으나 하늘로부터 받은 영감이 분명하다. 이러한 방대한 작품을 기록한 개인은 지구상에 아직은 없다.

10년 전쯤 나의 아내 유미경 자매가 유란시아를 여러 달 동안 밤을 새워가며 정독하고 있었다. 그녀는 새벽녘이 되어서야 자기 방의 전등을 껐다. 그 이외에도 수많은 불교경전, 人文學, 情神世界에 관한 도서들을 8년 동안 끌어안고 거의 씨름을 하는 듯 하였다. 때로는 그녀의 건강이 상할 때도 있었지만 나는 절대로 관여하지 않았고 단 한 번도 방해하지 않았다.

우리는 그렇게 서로 20여 미터 떨어진 각자의 서재에서 자기분야의 영성을 갈고 또 닦았다. 우리의 방법은 禪僧(선승)들의 참선도 아니고 부흥사들의 부르짖는 기도도 아니다. 그런 기도는 할 줄도 모르고 靈的인 취향도 아니다. 그녀가 다 읽은 유란시아를 손에 들고 찬찬히 들여다보고 얻은 결론은 영적인 사람들에게 1독을 권하는 것이 어떤 임무일 것 같은 使命感이 생겼다. 유란시아에서 예수의 일대기에 관한 내용들은 사실 내게 있어 불만족하다. 신약복음서 내용과 거의 흡사하기 때문이다. 나는 40년을 기도명상으로 얻고 준비한 자료와 유란시아에서의 예수의 일생은 현저한 차이가 있으나 전체적으로 조명해볼 때 이 책은 영적인 책으로 충분하여 몇 차례 망설이다가 선택했음을 밝힌다.

〈天符經(천부경)〉, 〈신약성경〉, 〈유란시아〉, 〈老子〉, 〈般若心經(반야심경)〉, 〈法華經(법화경)〉, 구약성경 중 〈創世記(창세기), 솔로몬의 〈雅歌書(아가서)〉는 영혼의 지침서임에 틀림없다.

6. 슬픈 檀君 할아버지

古朝鮮(고조선) 단군 역사는 100% 實在한 建國(건국)이었으나 일제에 의해 건국의 역사는 檀君神話가 되어버렸다. 桓國의 환인, 배달국의 桓雄(환웅), 고조선의 建國, 檀君王儉(단군왕검)의 韓民族은 100% 분명한 역사를 왜인들과 일본문화로 뼈가 굵은 박정희는 1960년도에 우리 단군 연호를 없애버렸다.

이 불행한 사실을 도리어 외국 학자들이 더 안타까워한다는 것은 아이러니다. 거듭 재탕하는 나의 집착이시만 朝鮮時代에 유생들이 고조선 역사서를 없애고 유교의 창시자라 할 수 있는 孔子를 앞세우기 위해 佛敎를 탄압하기도 하였다.

세월이 흘러 일제강점기 때가 최고의 암흑기였다. 집집마다 가지고 있던 역사서는 자진하여 관공소나 순사들에게 供出(공출)하도록 강요하였고 그리고 이 잡듯 뒤지고 또 뒤져 모조리 빼앗아간 역사 관련 서적들이 18만 권이 넘는다고 상생방송 안경전 씨의 증언을 통해 두 차례 들었고 여러 블로그에도 비슷한 통계조사가 유포되었다.

(1) 古朝鮮은 神話가 아니라 歷史다.

역사는 뿌리이다. 뿌리 없는 민족이 어디 있는가?

우리민족의 역사는 환웅이 하늘나라에서 환인으로부터 천부인을 받고 비, 구름, 바람을 거느리고 3000여 명의 하늘백성의 무리들을 이끌고 白頭山(신단수)에 내려와 神市를 세웠다는 開天으로 시작되고 있다. 우리는 수천 년 동안 이 開天節(개천절) 명절을 기념하면서 檀君을 거론하고 桓雄을 말한다. 여기서 분명히 알아야할 것은 개천절의 주인공은 단군이 아니라 桓雄(환웅)이다. 檀君은 최초의 단군왕검으로, 고조선을 개국한 분이지 신시 開天을 한 분이 아니다. 단군역사의 시초는 18대 환웅 이후로 시작되는 고조선이 개국되는 轉換期(전환기)의 초대 王儉으로부터 시작되는 사실을 혼돈하지 말 것이다.

이 桓雄(환웅) 신화와 설화는 몽골제국과, 바이칼호수의 구석기 최종 말기 유적에서 시작된 細石器文化(세석기문화)를 가지고 출발하여 내몽고를 거쳐 만주로 들어와 흑룡강성, 치치하얼, 昻昻溪(앙앙계) 유적을 거쳐 백두산 언저리 만주벌판 雄族(웅족)과 豪族(호족)들에게 天神崇拜思想(천신숭배사상)을 가르쳐 개화시켜 나갔다. 말없이 순종적으로 융화된 熊族(곰을 신성시 하던 족) 추장의 딸 熊女와 마지막 환웅사이의 혼인이 이루어져 단군왕검이 탄생하였으며, 그가 조선을 개국한 초대 임금이다. 몽골의 부르칸칼든에는 쑥이 많고 질 좋은 쑥 마늘이 많다고 한다.

곰이 좋아하는 쑥이 있는데 잎은 쑥인데 뿌리는 마늘인 식물이 몽골에는 지금도 자생한다고 한다. 아마 환웅은 웅녀에게 쑥과 마늘을 따로 준 게 아니고 쑥 마늘을 준 것으로 학자들은 생각하고 있다. 이 사실은 말장난이 아니고 문헌과 여러 유적들이 발굴되고 많은 자료와 언어 문화적인 공통의식들을 보아 분명한 역사적 거울인 것이다. 〈삼국유사〉

고조선에 나오는 환인-환웅-단군왕검은 바이칼에 존재하고 있던 桓國(환국)이다. 그러나 일제강점기 조선총독부에서는 우리 민족이 간직해온 여러 역사 서적들을 모조리 빼앗아 불태워버렸다. 그리고 한국의 역사를 조작하기 위해 만든 조선사편수회의 위원으로 있던 **이마니시 류(今西龍)**라는 자는 〈삼국유사〉에 의하면 고조선에 옛날에 환국이 있었는데 昔有桓國(석유환국)이라고 기록되어 있었지만 昔有桓因(석유환인)으로 바꾸어 버렸다. 이것은 나라이름 국명을 사람이름(人名)으로 바꾼 것이 되어 역사를 신화로 조작해버린 것을 36년 동안 세뇌교육을 받고 그 뒤로 일제의 잔재는 그대로 이어서 조국을 버리고 조상을 버리고 太初의 天孫 나라가 하나님을 버리고 단군을 鬼神을 만들어 우상으로 전락시키고 말았다.

사악한 왜인 이마니시 류는 이런 조작을 바탕으로 〈檀君告(단군고)〉라는 논문을 써서 檀君神話라는 것을 창작해내어 조선 역사를 절단내는데 성공하였다. 왜인들이야 사악한 간도들이며 무슨 짓을 한들 가책을 모르는 철면피이니 그렇다 치고 그 밑에서 붙어먹던 기생충들은 눈을 뜨고 조상을 팔아먹고 조국을 버린 부랑아가 되고 말았다. 역사는 갈수록 조작되고 우리민족은 90% 이상이 속고 있으며 그나마 일부 뿌리 찾기 운동에 몸을 바치는 소수의 민족주의자들을 비웃는다.

고리타분하다는 것이다. 역사를 빼앗겨 그렇게도 피눈물 나는 설움을 받고도 아직도 정신을 못차린다. 우리민족 전체는 너무나 쉽게 간단히 속고 있다. 해방 후에 황의돈이 숨겨 훼손되지 않은 정덕본 〈삼국유사〉가 세상에 나옴으로 왜인들의 조작이 거짓으로 증명되었다. 우리민족은 조선시대까지만 해도 단 한 번도 단군역사를 신화라고 생각한 적이 없었으며, 특히 조선 초기의 관찬사서인 〈東國通鑑동국통감〉에서는 1천 48년이라는 기록은 여러 명의 단군들이 여러 대에 걸쳐 내려온 햇수이며, 한 사람의 통치와 수명을 말하는 것이 아니다. 그러나 왜인 이마니시 류가 만든 단군신화가 지금까지도 우리민족 전체를 세뇌하고 있으니 이것은 그의 제자격인 이병도가 해방 후 史學界(사학계)를 장악했기 때문이다. 우리민족의 첫 국가였던 고조선의 중심지를 알기 위해서는 문헌과 학술적인 연구 유적의 분포상태를 끊임없이 연구하고 파악하는 것이 애국하는 길이며 조국에 대한 애착이다. 역사학자들은 고조선의 강역이었던 위만조선과 그 후의 한사군의 위치를 연구하여, 고조선의 중심지를 파악해왔다. 이런 연구에 의해 현재 고조선의 중심지에 대해서는 만주 中心說, 대동강 中心設,이라는 세 가지 견해가 있다. 만주 중심설은 고려시대 때부터 견해가 있었다. 〈응제시주〉에는 한사군의 하나였던 樂浪郡(낙랑군)을 압록강 북쪽으로 보았으며, 홍여하, 신경준, 이익, 박지원 등의 학자들도 고조선의 중심을 요동으로 비정하고 있다. 이러한 의견들에 대하여 반박들도 있었지만 이러한 견해들은 일제하에서 독립운동에 앞장섰던 신채호, 정인보, 박은식, 등의 민족사학자들에 의해 民族史觀으로 설립되었고 안재홍, 홍이섭, 등으로 이어져 내려오다가 이들 대부분이 납북당하여, 결국 맥이 끊어지고 말았다. 1970년대 후반에 국사 찾기 협의회가 결성된 건 그나마 고무적인 일이다. 안호상, 이유립, 임승국, 문창정, 박형표, 박시인, 최인 등의 재야학자들이 등장하면서 본격적으로 주장되었다. 이어 위만조선의 도읍지가 요녕성의 북 진현 부근에 있었다고 말한다. 그리고 고조선의 전통은 고조선-부여-고구려-발해로 이어져 왔다는 만주를 중심으로 한 대륙사관을 부르짖었다.

(2) 우리의 원수 朝鮮總督 사이또

"朝鮮 敎育詔書" 歪曲(조선 교육조서 왜곡)

1919년 3. 1 독립운동을 계기로 일제는 소위 식민통치에서 문화 통치라는 명목으로 한국지배의 방식을 교묘하게 전환하기 시작하였다. 이러한 여러 가지 야비한 방법 중에 조선인에 대한 역사교육을 규정하는 과정에서 심대한 언명이 천명되었다.

일제는 아주 여러 해 동안 치밀하게 역사 도둑질을 하였는데, 그 첫 단계는 1910년 한일합방후, 초대총독 데라우치 마사타케는 취임하자마자, 총독부 취조국을 설치하여 조선의 관습과 제도의 조사를 명분으로 11월 전국의 행정 조직과 경찰조직을 있는 대로 동원하여, 조선의 옛 史書(사서), 조선의 역대 지도, 애국충정을 고취하는 문서들, 외국의 獨立運動史, 역사적 서적과 민족종교에 관한 문서, 특히 고조선 단군기록에 관한 책들을 불온서적으로 간주하여 향교, 사찰, 양반집, 선비, 유생들 자택, 서원들을 비롯하여 세도가는 물론 일방 평민들의 집들도 모조리 수색하기를 여러 차례 거듭하여 1911년 12월까지 14개월 동안 몇 차례씩 뒤지고 또 뒤져 1차 서적탈취가 총 15종류의 방대한 자료를 20만 권을 약탈하였다고 〈제헌국회사, 군국일보조선 강점 36년사〉에서 밝히고 있다.

1985년 10월 朝鮮日報 기사내용은 '일제 한민족 혼 말살, 새 사실 밝혀져'란 제목으로 역사서 20만권이 불태워졌다. 특별히 단군기록을 중점적으로 약탈하라고 쓴 서두는 시작된다. 일제는 빼앗은 고서적을 동이민족 상고사의 아킬레스건에 해당하는 단군왕검의 고조선 배달국 환웅시대의 역사, 그 위로는 단군의 역사를 비롯한 주요 고대사 서적을 극비리에 반출하여 황실도서관 지하실에 외부의 이용을 차단 한 채 보관중이다. 조선역사를 왜곡하기에 별 지장이 없다고 판단되는 〈삼국사기〉나 〈삼국유사〉〈東明王(동명왕) 기록〉과 〈조선왕조실록〉, 〈고려사〉, 등은 못 이기는 척 슬쩍 남겨두었다.

갑자기 들이닥쳐 대검을 허리에 차고 위협적이니 온 집을 낱낱이 뒤져도 반항할 수도 없었다. 반항하면 그 자리에서 체포되어 직결심판에 회부되어 옥살이를 하든가 대항하면 죽기도하였다. 어떤 명분으로도 왜인들이 갑 노릇을 하는 판국이니 재판에서 이긴다는 것은 기대할 수

없었다. 1922년 총독 **사이또**는 다음과 같이 詔書(조서)하고 전국에 영을 내렸다. 먼저

'조선 사람들이 자신의 일, 歷史, 傳統을 알지 못하게 하라. 그럼으로써 민족혼, 민족문화를 상실하게 하고 그들의 祖上과 그들의 선인들의 무위, 악행, 등을 들춰내고 찾아내어 그것들을 과장하여 조선인 후손들(아이들)에게 가르쳐라. 조선인 靑少年들에게 祖上을 경시하고 멸시하는 감정을 일게 하여, 하나의 기풍을 만들라. 그러면 조선인 청소년들이 自國의 모든 인물과 史蹟(사적)에 대하여 부정적인 지식을 얻게 될 것이며, 반드시 실망과 허무감에 빠질 것이다. 그때에 일본서적과 일본의 위대한 인물들을 소개하고 역사기록과 유적에 대하여 계몽하여 성의껏 가르치면 동화의 효과가 지대할 것이다.'

이것이 제국일본이 조선인을 日本人으로 만드는 요결인 것이다. 이것이 조선에 대한 일본인의 정책이며, 양심 없는 일본의 학자들과 지식인들을 이일에 비열하게 앞장을 섰다. 그들은 이렇게 36년 동안을 입이 아프도록 대한민국 청소년들에게 수고롭게 가르쳐 옥토 밭에 묘목을 심듯 식민사관을 성공리에 주입시켰다. 말 안 들으면 죽여가면서 말이다. 그들은 대 성공을 거두었다. 1차는 문서를 다 거두어들이는 걸로 성공을 하였고 2차는 청소년들 가슴에 일본식 묘목을 심는데 성공하였다. 그 당시 식민사관을 그대로 이어받은 것이 현 보수당이며, 임시정부 민족주의를 버리고 美國의 계획대로 정권을 잡은 이승만의 후예들이다. 1945년 8월 15일 해방은 됐으나 8월 16일부터 지금까지 일본식 교육을 받은 그 사람들이 정권을 휘두르고 역사가 왜곡되었어도 그 누구하나 원통해 하는 이가 한 사람도 없는 이 기막힌 현실이며, 아직도 왜인들을 짝사랑하고 있다. 상해 임시정부와 10만 명의 獨立鬪士들과 무관학교 출신 勇兵들은 수십 년 동안 헛 준비만 죽도록 하고 나라 찾는다고 재산과 청춘을 불살랐건만 단군역사의 달력까지 없애고 나라의

年號(연호)까지 없애버렸으니 왜인들이 얼마나 좋아할까? 아직도 光化門 앞에는 일장기를 흔들어대는 애국자들도 있으니 참으로 기가 차고 신기할 따름이다.

　우리나라는 그렇다. 독립은 했으나 자주독립이 아니고 연합군의 승리로 갑자기 해방이 되자, 임시정부가 가담하여 수습한 게 아니니, 미국은 임시정부 10만 군을 염두에 두지 않고 나라를 분단시켜 장사를 하기 시작한 것이다. 38선 이남은 미국이 주둔하여 간섭하고 북한은 러시아 로마넹코 사령관이 주도하였다. 당시 해방에 대한 이해를 거슬러 가면 그렇다. 8월 15일 일본이 항복하고 그들은 물러갔다. 그러나 8월 16일부터 식민사관은 진행되어 온 것이다. 일 해먹기는 편리했을 것이다.

　며칠 휴가 한 셈치고 호루라기를 불어 전 공원들이 모두 제자리 의자로 고스란히 돌아왔으니 말이다. 獨立을 기다리며 한을 품은 만주의 10만 대군들은 빨치산이 되어 결국은 나라가 두 동강이 되어 天文學的인 방위세를 미국에 바치며 지구촌에 유일하게 우리나라만 분단의 고통을 안고 북한을 적으로 대하는 비극을 안고 살아야하는 원한을 안고 민족주의자들은 심장을 썩혀가며 병을 앓고 있다.

　한국은 한꺼번에 너무나 많은 것을 잃었다. 檀君은 神話的 인물이 되었고, 그들은 세뇌하기를 곰과 호랑이가 느네 조상이라며 비꼬듯 가르쳐 스스로 神話를 만들도록 유도했다. 이 불투명한 역사를 누가 따르겠는가? 歷史意識이 희미해지니 민족정신의 기강이 흔들리는 것은 당연하다. 뿌리가 약하니 민족적 자존심이 약해지고 나라의 기강이 흔들리고 역사의식이 희박하니 애국애족보다는 한탕주의가 기승하고 왜인들 교육을 아주 오래 받고 살아온 이상한 유전자가 침투하여 남의 것을 빼앗으려는 왜인들의 기질과 남의 것을 훔치고 기웃거리는 거지문화가 심성 속에 흐르고 있다. 이젠 여기저기서 의식 있는 이들과 뒤늦긴 하나, 혼불을 밝히는 학자들의 움직임이 일어나고 있다.

그리고 實證的인 역사 자료도 모으고 있으며, 지금의 자료만으로도 왜인들의 천인공노할 왜곡을 밝힐 수 있게 되었다. 잃어버렸던 우리 古朝鮮 역사와 천손민족이었던 민족의 본질과 원형을 회복하고, 영토는 다시 찾지 못할지라도 정신이라도 되찾아, 지금의 영토라도 잘 보존하고 확증된 민족정신을 길러야 한다. 지금 정신 차리지 않으면 한 귀퉁이 남은 이 나라마저도 내주는 수가 있으니 정신 차려야 한다. 역사는 傳說이 아니라 붉은 피가 흐르는 현실이다. 뿌리를 찾아 보존함은 역사의식이지 보수 교회에서 말하는 우상숭배가 아니며, 이단행위도 아니다.

(3) 우리는 天孫(천손)

〈三國史記(삼국사기)〉 禮志(예지)에는

'震域(진역)의 古邦(고방)은 다 태양을 하늘로 제사하고 태양을 시조로 삼았다'

고 기록하였다. 물론 깊은 상징적 의미다. 여기서 震域(진역)이란 고조선을 나타내는 것으로 〈후한서〉에는 韓(한)은 셋으로 馬韓(마한) 辰韓(진한) 弁韓(변한)인데, 이는 모두 옛날 辰國(진국)이다. 중국의 경우 시일이 지날수록 하늘의 인격신적인 측면이 약화된 반면, 자연신으로서의 상징적인 면모가 강화되어가며 天神과의 血緣的고리는 약해져갔다. 고구려는 이와 정반대의 천신과의 혈연을 바탕으로 하는 천인합일의 양상을 강하게 지키고 있었다. 이렇게 하늘과 태양을 중시한 것은 바로 始祖(시조)로 이어진다고 하는 혈연적 연결성을 바탕으로 하고 있는 것이다. 고구려를 건국한 고주몽이 오이, 마리, 협보와 더불어 부여를 탈출하다가 엄리대수에 다다랐다. 앞은 강물에 막히고 뒤에서는 동부여 군사가 추격해오는 절박한 상황에서 고주몽이 강물의 수심에게 이렇게 외쳤다.

"나는 천제의 아들, 하백의 외손이오. 쫓는 자들이 다가왔으니 어찌 하리오?"

이에 물고기와 자라들이 다 올라와 다리를 놓아주었다고 전해진다. '나는 천제의 아들이다.' 라는 말은 부여와 고구려왕들의 정체성을 상징한다. 〈삼국유사〉에 따르면 해모수는 천제의 아들로, 五龍車(오룡거) 五輪車(오륜거)를 타고 하늘에서 내려와 북부여를 세웠다고 한다. 만주 집안 현에 세운 광개토왕 비문에도 '천제지자 황천지자'라는 기록이 남아 천손사상이 이어지고 있음을 보여주고 있다.

〈個物敎化經(개물교화경)〉은 고구려의 시조 고주몽이 칙서 형태로 남긴 기록으로 〈한단고기 고구려국 본기〉에 수록되었다. 이 수록에는 '천제지자'라는 내용이 명문화되어 있어 광개토왕 비문에 나온 내용을 구체적으로 설명하고 있다.

- 하나님께서 모든 인간을 창조하실 때 하나님의 모습을 본떠 매 사람마다 균등하게 三眞(삼진)을 주셨다.
- 이로서 인간은 하늘을 대신하여 능히 세상을 일으키게 되었다. '하물며 우리나라의 선조가 북부여로부터 나와 천제의 아들로 불리움에 있어서야 할 나위가 없는 것이다. 중략…'
- 이것이 신시배달국의 個物敎化(개물교화)이니
  하나님을 위하여 본성을 통하고(性通)
  백성을 위하여는 法을 세우며
  先王을 위하여는 功完(공완)을 이루고
  天下萬世(천하만세)를 위하여는
  知生(지생)을 나란히 닦는 교화를 이루는 것이다.

슬픈 단군 할아버지
749

이처럼 고구려는 하늘의 자손, 천제의 아들이라는 의식을 갖고 신시 배달국의 가르침 신교를 받아 나라와 백성을 다스려온 천손민족이었다.
　　삼국시대이후 단군은 고려 말, 대몽항쟁 시기에 주목받기 시작하였다. 12세기만 하더라도 고려의 역사적 위치를 부여할 때 고구려 계승의식과 신라 계승의식이 갈라져 있었다. 이는 김부식과 묘청의 대립처럼 고려사회의 분열을 조장하는 원인이 되기도 했다. 13세기 몽골의 침입이란 국난을 경험하면서 국론통일 및 국가의 자긍심 함양을 위한 존재로서의 단군의 인식은 그 존재는 더욱 뚜렷해졌다.

(4) 동방의 韓民族 삼성조 시원역사 시대의 역년

★ 환국 7세 환인시대 3,301년 BC.7191

★ 배달 18세 환웅시대 1,565년 BC.3897

- 1대 환웅 거발한 BC.3898~3804까지 94년간 재위
- 2대 환웅 居佛理(거불리) BC.3804~3718까지 86년간 재위
- 3대 환웅 右耶古(우야고) BC.3718~3619 까지 99년간 재위
- 4대 환웅 慕士羅(모사라) BC.3619~3512까지 107년간 재위
- 5대 환웅 太虞義(태우의) BC.3512~3419까지 93년간 재위
- 6대 환웅 多義發(다의발) BC.3419~3321 까지 98년간 재위
- 7대 환웅 居連(거련) BC.3321~3240 까지 81년간 재위
- 8대 환웅 安夫連(안부련) BC.3240~3167 까지 73년간 재위
- 9대 환웅 養雲(양운) BC.3167~3071 까지 96년간 재위
- 10대 환웅 葛古(갈고) BC.3071~2971까지 100년간 재위
- 11대 환웅 居耶發(거야발) BC.2971~2879 까지 92년간 재위
- 12대 환웅 州武愼(무주신) BC.2879~2774 까지 105년간 재위

- 13대 환웅 斯瓦羅(사와라) BC.2774~2707 까지 67년간 재위
- 14대 환웅 慈烏支(자오지=치우천왕) BC.2707~2598까지 109년간 재위
- 15대환웅 蚩額特(치액특) BC.2598~2509 까지 89년간 재위
- 16대 환웅 祝多利(축다리) BC.2509~2453까지 56년간 재위
- 17대 환웅 赫多世(혁다세) BC.2453~2381까지 72년간 재위
- 18대 환웅 居佛壇(거불단) BC.2381~2370까지 48년간 재위

"위 18대 거불단 환웅께서 웅씨 족의 왕녀와 혼인을 하여 2370년에 단군조선제국을 세우신 단군 임검 선조를 낳으셨다. 이때부터 조선 시대가 열린 것이다."

★ 조선 47세 단군시대 2,096년 B. 2333~238까지

- 1대 檀君 壬檢(임검) 선조는 웅씨 족의 비왕으로 있다가 BC. 2333년에 배달제국의 뒤를 이어 단군조선제국(고조선)을 세우셨다. BC. 2333~2240까지 93년간 재위
- 2대 檀君 扶婁(부루) BC.2240~2182년까지 58년간 재위
- 3대 檀君 嘉勒(가륵) BC.2182~2137년까지 45년간 재위
- 4대 檀君 烏斯丘(오사구) BC.2137~2099년 까지 38년간 재위
- 5대 檀君 丘乙(구을) BC.2099~2083년까지 16년간 재위
- 6대 檀君 達門(달문) BC.2083~2047년까지 36년간 재위
- 7대 檀君 翰栗(한율) BC.2047~1993년까지 54년간 재위
- 8대 檀君 于書翰(우서한)
- 9대 檀君 阿鉥(아술) BC.1985~1950년까지 35년간 재위
- 10대 檀君 魯乙(노을) BC.1950~1891년까지 59년간 재위
- 11대 檀君 道奚(도해) BC.1891~1834년까지 57년간 재위

- 12대 檀君 阿漢(아한) BC.1834~1782년까지 52년간 재위
- 13대 檀君 屹達(흘달) BC.1782~1721년까지 61년간 통치
- 14대 檀君 古弗(고불) BC.1721~1661년까지 60년간 재위
- 15대 檀君 伐音(벌음) BC.1661~1610년까지 51년간 재위
- 16대 檀君 尉那(위나) BC.1610~1552년까지 58년간 재위
- 17대 檀君 余乙(여을) BC.1552~1484년까지 68년간 재위
- 18대 檀君 冬奄(동엄)
- 19대 檀君 緱모蘇(구모소)
- 20대 檀君 固忽(고홀)
- 21대 檀君 蘇台 (소태)
- 22대 檀君 索弗婁(색불루) BC.1285~1237까지 48년간 재위
- 23대 檀君 阿勿(아물)
- 24대 檀君 延那(연나)
- 25대 檀君 率那(솔라) BC.1150~1062년까지 88년간 재위
- 26대 檀君 鄒魯(추로) BC.1062~997년까지 65년간 재위
- 27대 檀君 豆密(두밀) BC.997년~971년까지 26년간 재위
- 28대 檀君 奚牟(해모) BC.971~943년까지 28년간 재위
- 29대 檀君 摩休(마휴) BC.943~909년까지 34년 간 재위
- 30대 檀君 奈休(내휴) BC.909~874년까지 35년간 재위
- 31대 檀君 登屼(등올) BC.874~849년까지 25년간 재위
- 32대 檀君 鄒密(추밀)
- 33대 檀君 甘勿(감물) BC.819~795년까지 24년 간 재위
- 34대 檀君 奧婁門(오루문)
- 35대 檀君 沙伐(사벌)
- 36대 檀君 買勒(매륵) BC.704~646년까지 58년간 재위
- 37대 檀君 麻勿(마물)
- 38대 檀君 多勿 (다물) BC.590~545년까지 45년간 재위

- 39대 檀君 豆忽(두홀) BC.545~509년까지 36년간 재위
- 40대 檀君 達音(달음)
- 41대 檀君 音次(음차)
- 42대 檀君 乙于支(을우지) BC.471~461년까지 10년간 재위
- 43대 檀君 勿理(물리)
- 44대 檀君 丘忽 (구홀)
- 45대 檀君 余婁(여루)
- 46대 檀君 普乙(보을)
- 47대 檀君 古列加(고열가)

　* 위 치세기간은 기원전 2333년~기원전 1128년으로 47대 단군께서 1205년간 통치하신 역사다. 18대 환웅 통치와 47대 단군님들의 통치시대의 율법이나 교훈에는 사회제도에 필요한 생활 哲學들과 律法들과 박애, 이웃사랑과 도덕률이 山上垂訓(산상수훈) 이상 세밀하게 기록되어있다. 재위기간이 기록되지 않은 단군은 옛 문서나 비문자료들이 희미하여 해독이 안 되는 부분이라 이름만 기록하였다.

잘못된 韓國史(한국사) 체계

단군조선-기자조선-위만조신-한사군 연맹왕국

바른 한국사체계

환국-(신시)배달-(단군)조선-북부여(열국시대)-고구려(사국시대)

일본인들은 남의 역사를 가책 없이 조작하여 쑥대밭을 만들어버렸다.

7. 우리의 갈 길은

"우리의 갈 길은 오직 하나(Oneness)다."

(1) 歷史文化와 함께 공존하는 진리

역사가 왜 중요한가? 역사적으로 증명하지 않아도 불편함, 궁금함, 의심도 일어나지 않는 것은 우리가 마시는 공기와 산과 들의 자연뿐이다. 그러나 종교나 진리는 실증적으로 사실을 바탕으로 증명해야 한다. 막연한 것은 재미있는 이야기라도 傳說이 되고 만다. 앞 장에 언급한 대로 오늘을 사는 현대인들 중 基督敎의 문화는 첫째로 헤브라이즘과 헬레니즘의 영향을 기준으로 精神文化를 지탱해나가고 있다. 구약성경 창세기를 인류역사의 알파로 시작하여 발전한 유대인의 문화 즉, 히브리민족의 기원에 토대를 삼는 것으로 시작됨을 말하는 것이고, 둘째로 헬레니즘이란 바울이 로마에 입성하여 기독교를 전파한 뒤 여러 파란만장한 곡절을 겪은 뒤 폐 일언하고 기독교는 로마의 승인을 받는 것으로 시작하여 新約時代의 전환기를 맞는다. 東로마도시 이름을 기독교에 승인해준 황제이름을 따서 콘스탄티노플이라 명명하고 그리스로 기독교가 전파된 다음 플라토니즘은 교회에 적지 않은 영향을 미쳤다.

구약성경에는 영혼불멸설이 없으나 그리스 철학 중 靈魂不滅設의 이데아(Idea)사상은 신약성경에 많은 영향을 끼쳤다. 오늘날의 기독교 신앙은 유대주의(Judaism) 아니면 헬레니즘(Hellenism)의 영향이 깊숙이 자리 잡고 있다. 신약성경 기록 훨씬 이전에 수많은 역사적인 자료 발굴 중, 토판과 비석과 벽화, 문자가 수천 점이 판독되어도 감각이 없고 별관심이 없으며 놀라지도 않는다. 神學도 학문이니 더불어 발전해야 한다.

바울이 뵈뢰아 사람들을 칭찬했던 것은 그들의 외모가 수려해서가 아니다. 그들의 예수에 대하여 기타 성경에 대하여 사실인가 인간의 꾸며댄 이야기인가 하는 Fact(팩트)를 놓고 날마다 모여 깊이 연구하고 상고하고 심도 있게 공부하여 결론적으로 믿는 사람의 수효가 많아져 헬라의 귀부인들과 남자들이 많이 믿어 결국은 그들을 가리켜 바울은 신사적인 믿음이라는 찬사를 덧붙였던 것이다.(행17:11~12) 그렇다면 누가 더 신사적인 사람인가에 대하여는 우리 스스로 답을 내려야 하며 물줄기의 근원을 찾아가는 것은 의심이 아니라 보다 더 확실한 증거를 확보하며 동시에 옛 先祖들의 문화를 엿보며 그들의 숨결을 느껴보는 것이다. 진리의 팩트는 역사적인 시간과 더불어 흘러내려온 물줄기와도 같다. 복음이란 그 흐름 속에서 생명력의 확신을 공감, 공유하여 내 영혼에 이식하여 동참하는 것이기 때문이다.

진리를 찾아 고민하고 구상하고 밤을 새우고 늘 변화하고 자주 탈바꿈을 하는 사람은 머지않아 존재의 근원에 다다라 根本的인 위치로 귀향할 것이다. 그곳은 처음 시작했던 곳 알파의 순간으로 돌아가는 것이다.

(2) 再照明(재조명)해 보는 그리스도의 사상

기독교는 메시아사상이며 특별히 한국 기독교인들은 여과 없는 믿음으로 80년대에는 전 세계에서 그 수효와 교회 규모 예배출석, 과잉충성, 헌금, 등 세계 1위를 자랑하고 성장 하였었다. 그러나 지금은 41위로 밀려났다. 믿음의 대상인 예수께서는 전 인류를 구원하러 왔다고 믿으며 타 종교나 기타 신앙은 구원이 없으며 유대교도 천주교도 이슬람도 불교도 전부 우상숭배이며 구원이 없다고 못 박아 말하며 오직 예수밖에는 없다는 것이 보수적인 믿음이며, 기독교 이전의 億兆蒼生

(억조창생)의 수많은 인류는 예수를 믿지 않고 죽어서 모조리 지옥을 갔다는 결론으로 文字主意 신앙을 고수하는 것이 오늘날의 기독교 문화이다.

1) 예수는 異邦人(이방인)을 구하려는 의도가 아니었다.

'가나안 여인 하나가 가로되 주 다윗의 자손이여! 나를 불쌍히 여기소서 내 딸이 凶惡(흉악)한 귀신에 들렸나이다. 도와주십시오. 하되…' (마15:22)

'예수는 한 말씀도 대답지 아니하시니 제자들이 와서 청하여 말하되 그 여자가 뒤에서 소리를 지르오니 보내소서.' (마15:23)

'예수께서 대답하여 가라사대 나는 이스라엘집의 잃어버린 양 외에는 다른 데로 보내심을 받지 아니하였노라 하신대' (마15:5)

'예수께서 이 열둘을 내어 보내시며 명하여 가라사대 이방인의 길로도 가지 말고 사마리아 고을에도 가지 말고 이스라엘 집의 잃어버린 양에게로 가라' (마10:5~6)

위에 기록된 마태복음에 기록된 내용을 분석해보면 예수께서는 정작 자신의 입으로 전 인류를 구원한다는 말은 단 한 번도 한 적이 없고 유대인을 구원해야 한다는 다짐을 강하게 느낄 수 있다. 4복음 어디에도 전 인류를 구원해야 한다는 말은 없다. 한두 군데 비슷한 말이 있긴 한데 그것은 예수님의 사후 200년 후에 덧붙여진 것이며, 황제들의 조작이다. 예수님의 행적을 살펴보자.

'여자가 와서 예수께 절하며 가로되 주여 저를 도우소서 대답하여 가라사대 자녀의 덕을 취하여 개들에게 던짐이 마땅치 아니하니라.' (마15:25~27)

'여자가 가로되 옳소이다마는 개들도 제 주인의 상에서 떨어지는 부스러기를 먹나이다 하니 이에 예수께서 대답하여 가라사대 여자여 네 믿음이 크도다 네 소원대로 되리라 하시니 그 시로부터 그의 딸이 나으니라.' (마15:28)

여인의 자존심을 시험하실 의도였다 해도 일단 사마리아 지방 사람들을 개 취급하는 유대 전통을 예수역시도 중시 여겼으며, 가나안 여인이 자신을 개로 인정하는 에고를 버리자 병을 고쳐주었다. 이 구절은 얼핏 느끼기에는 인종차별의 벽이 느껴진다.

2) 黑白論理(흑백논리)를 試傳(시전)하신 예수

'인자가 많은 고난을 받고 장로들과 대 제사장들과 서기관들에게 버린바 되어 죽임을 당하고 사흘 만에 살아나야 할 것을 비로소 저희에게 가르치시되' (막8:31)

'드러내놓고 이 말씀을 하시니 베드로가 예수를 붙들고 간하매'(막8:32) '예수께서 돌이키사 제자들을 보시고 베드로를 꾸짖어 가라사대 사단아 내 뒤로 물러나라 네가 하나님의 일을 생각지 아니하고 도리어 사람의 일을 생각하는 도다.' (막8:33)

위 구절을 심각하게 생각하지 말고 인간적으로 느껴보자. 베드로는 젊은 스승을 걱정하는 마음으로 말했던 것이다. 그러나 예수의 비위에는 나이 먹은 베드로의 말이 비위에 거슬렸다. 여기에서 흑백논리가 예수의 입에서 튀어나왔다. 사탄아 물러가라 이 교리는 지금 대한민국 교회에서 계승중이다.

- 세례요한이 위기에 빠졌을 때에 모른 체 하시고 배를 타고 유유히 떠나셨던 예수…

- 예수께서 요한의 잡히심을 들으시고 갈릴리로 물러가셨다(마4:12)

- 이때부터 예수께서 전파하여 가라사대 회개하라 천국이 가까웠느니라 하시더라 (마4:17)

- 세례요한이 잡혀가니까 그 자리에서 예수님은 요한이 설교하던 방식대로 '회개하라 천국이 가까웠느니라' 하시며 설교하였다 세례요한은 바른 말하다가 분봉 왕 헤롯과 그의 제수씨 되는 헤로디아에게 목 베임 당하여 순교하였다. (눅3:19~20, 마14:3 ~4)

세례자 요한이 헤롯을 꾸짖을 때 예수는 침묵으로 일관하였다. 여기에는 몇 가지 문제가 있다. 요한과 예수님은 완전히 연합되지 않았던 것이다. 선교와 포교 방법의 길이 달랐다.

그러나 요한은 예수를 요단강에서 최대한 추켜세우며 예찬하기를 신들메를 들기에도 감당키 어려운 메시아임을 증명하고 사람들 앞에서 예수님의 입지를 분명히 권위 있게 세워주었다. 당시 상황으로 쓰레기 같은 유대인들이 볼 때 洗禮者 요한은 정의로운 선비였다. 서로가 영적인 이상이 달랐을까? 세례요한이 헤롯을 꾸짖을 때 예수께서는 그냥 침묵하였다. 자유주의 신학자들은 이 부분을 이상히 여기고 있다.

예수의 흑백논리는 경건의 모양만 남은 유대교의 위선자들에게는 필수 상황윤리였을 것으로 나는 생각한다. 그분이 지혜가 모자라서 그렇게 모난 소리를 할 사람이 아닐 것이다.

그런데 오늘날에 와서까지 예수의 행적에서 흑백논리를 배운 껍데기 신자들은 예수보다 한술 더 떠서 세상을 심판한다. 오늘을 사는 기독교인들은 자기 마음에 조금만 안 들어도 바로 사탄으로 몰아 부친다. 사탄이냐 아니냐는 성경이 기준이 아니라 그때그때 자기 욕심과 감정의 잣대로 결정되니 기분에 따라 달라진다. 어느 때에는 배가 조금만 아파도 '사탄아 물러가라' 감기만 걸려도 '더러운 귀신아 예수이름으로 떠나가라!'로 몰아 부치고 자신의 부주의로 과식을 하고 찬물로 목욕을 하여 감기에 걸려놓고 마귀역사라고 귀신을 쫓는다.

3) 冷情(냉정)했던 예수

요한이 체포되었다는 소식을 듣고 예수께서는 배를 타고 유유히 떠나 요한이 없는 틈을 활동무대로 회개를 촉구하며 외쳤다. 불의를 참지 못한 요한은 옥살이를 하고 있었다. 인간적인 측면으로는 그렇다. 혈연적으로도 사촌이며 예수가 그리스도임을 증거한 예언자가 옥에 갇혔는데 면회도 없었고 들여다보지도 않는 예수의 의도가 냉정하게 보인다. 허락도 없이 남의 밀 이삭을 안식일날 잘라 먹는 것도 (눅6:1) 좀 倫理的(윤리적)으로는 그렇다. 어떤 바리새인들이 말하되,

"어찌하여 안식일에 하지 못할 일을 하느뇨?"

라고 힐난하는 바리새인들에게 예수께서 대답하여 가라사대,

"다윗이 자기와 및 함께한 자들이 시장할 때에 한 일을 일지 못하였느냐?"

라고 하면서 제자들을 나무라지 않았다. 오히려 두둔한 것처럼 보인다. (눅6:3, 삼상21:1~6) 그러나 다윗은 제사장 아히멜렉에게 대화를 통하여 허락을 받고 少年들이 부녀를 가까이 하지 않았으면 줄 수 있다 하였을 때 여러 날 전쟁중에 여인을 멀리하던 그들은 제단에 진설된 떡을 훔쳐 먹은 것이 아니라 더운 떡을 올리고 물려낸 떡을 제사장의 허락을 받고 다윗과 그 부하들이 먹었던 것이지 훔쳐 먹은 것이 아니었다.

4) 기타 冷情(냉정)한 구절들

- 슬피 울며 이를 가는 저주 (눅13:2~5)
- 화 받을 고라신, 벳새다 (마11:20~24)

- 가정이 파괴 되는 듯한 극단 (마10:21)
- 검을 던지러 오신 예수 (마10:34)
- 아비와 어미, 며느리와 시어머니가 불화할 것임 (마10:35)
- 아비나 어미를 더 사랑하는 자는 합당치 않고 아들이나 딸을 더 사랑해도 합당치 않도다. (마10:37)

5) 유대인에게 냉정할 수밖에 없었던 예수

17년이라는 세월을 천신만고 求道旅行(구도여행)을 하신 예수는 地球村 그 어느 나라보다 죄악 되고 타락하고 목이 굳은 백성들이 다름 아닌 자신의 고향 이스라엘의 잃어버린 양이라는 것을 깊이 느꼈다. 예수께서 전도해야 할 대상은 이집트도 아니며, 헬라도, 페르시아도, 아라비아도, 인도도, 티베트도, 한국도, 중국도 아니었다. 당시 상황으로 만물보다 심히 부패하고 타락한 나라는 선민사상의 이상을 자랑하면서도 그것은 모양뿐 나라는 이방인에게 밟히고 제사장과 성전은 망하고 극심한 凶年(흉년)으로 아이를 삶아 먹으면서도 그들은 悔改(회개)하지 않았다.

그러므로 예수께서는 이스라엘 말고 어느 다른 이방나라를 위해서 선교할 마음이 없었다.

그는 경건의 모양마저 잃고 인구 몇 십만 밖에 안 되는 민족이 서로 5개의 파당을 짓고 분열하며 썩어가는 본토 유대인을 위해서 고난 받으신 것이다. 뒤늦게 베드로와 바울이 이방나라인 로마로 건너간 것은 그럴만한 이유가 있었는데 예루살렘 멸망 당시에 10만여 명의 노예들이 티투스 장군에 의해 로마로 잡혀갔다. 역사적 진상으로는 그렇다. 백성들이 거의 다 죽고 난 뒤 유대인들이 밀집되어 있는 로마로 전도를 떠났던 것이다. 그들은 지금도 예수를 인정하지 않는다. 따뜻하게 안으려했으나 그들이 원치 않았다.

예루살렘이 로마군대에 에워싸인 뒤 티투스 장군은 유대인에게 여러 차례 항복할 기회를 주며 오랜 기간을 진치고 기다렸으나 끝내 항복을 하지 않아 결국은 성전과 성은 무너졌고 무참히 학살을 당하였는데 이는 로마 군인들로 하여금 분노를 자아내게 하는 계기가 되어 화를 불러들이는데 도화선이 되었다. 맛사다 요새에서 최후의 멸망은 이래저래 다 죽고 힘없는 노인들과 아녀자들 조금 남았고 움직일 수 있는 사람 10만 명은 포로로 잡혀가서 원형극장을 건축하는데서 중노동의 虐政(학정)에 시달리게 되었다. 〈쿼바디스〉 영화를 시청한 사람들은 알 것이다. 부활하신 예수께서 베드로에게 하신 말씀이다.

'나는 네가 버린 내 형제를 위해 다시 로마로 못 박히러 가노라'

로마에는 노예로 끌려간 10만 명의 유대인 잔존자들이 있었고 그들은 또 다시 고레스 왕 같은 메시아를 기다렸을지 아니면 포기했는지는 모른다. 그러나 이때 예수께서는 부활해서까지 본인 유대인들을 끝까지 사랑하는 마음으로 베드로에게 계시하셨던 것이며, 바울에게도 영감을 주어 바울이 아시아로 전도여행을 떠나려할 때 성령이 막았다는 사도행전 16장 6절의 언급한 대로 갈라디아(오늘날의 터키)와 로마로 떠나야했던 결정은 근동지방에 흩어진 유대인과 로마에서 고통당하는 이스라엘의 잃어버린 양10만 명의 잔존자들을 먼저 위로 하려는 것이었다. 예수께서는 그토록 배척을 당하시면서도 본토 이스라엘과 유대인을 얼마나 사랑하며 애착했는가를 천천히 객관적인 시각으로 검토해 보라. 부탁컨대 예전의 사념으로 말고 꼭 객관적인 시각으로 보라.

'예수께서 이르시되 예루살렘아! 예루살렘아! 선지자를 죽이고 네게 파송된 자들을 돌로 치는 자여! 암탉이 그 새끼를 날개아래 모음같이 내가 네 자녀를 모으려한 일이 몇 번이냐 그러나 너희가 원치 아니하였도다. 보라. 너희 집이 황폐하여 버린바 되리라' (마23:37~39)

예수께서는 이렇게 고통스런 연민으로 本土人을 사랑했고 18년 동안이나 내공을 길러 충만한 성령으로 고향에 돌아와 改革(개혁)의 복음을 3년간이나 전하였으나 그들은 원치 않았다. 그를 따르는 사람들은 걸인, 病者, 가난한 사람들이었다.

6) 예수는 온 세상 인류의 죄를 짊어지신다는 말을 하지 않았다.

보수진보 保進主意(보진주의) 신학자들을 통 털어 공감하는 책은 마가복음이다. AD.50~60 년대의 기록으로 가장 먼저 기록한 책이다. 이 책에는 동정녀 이야기나 족보이야기도 없다. 예수께서 하나님의 보좌 우편에 앉았다는 것은 영적인 의식상승을 말함이다. (막16:19)

그렇게 중요한 이야기라면 어찌 마가라는 수제자가 숨길 이유가 있을까? 예수의 교훈은 유대인의 유산이다. 온유하고 섬세하고 냉정하신 예수께서 말을 할 줄 몰라서 침묵할 분이 아니다. 성경 어디에도 온 지구촌 만백성을 구하러왔노라 하는 구절은 없다. (막16:15)의

'너희는 온 천하에 다니며 萬民(만민)에게 복음을 전파하라'

'예루살렘과 온 유대와 사마리아 땅 끝까지 내 증인이 되리라.' (행 1:8)

이렇게 지방색을 언급한 것은 당시의 이스라엘과 사마리아는 왕국이 분열된 상태였고 매우 어지러운 판국이었다. 예수께서는 유대인과 사마리아를 땅 끝처럼 연민하여 감람산에 올라 예루살렘을 내려다보며 슬퍼하셨다.

병든 딸을 도와달라고 소리 질러 애원하는 여인에게,

'대답하여 가라사대 나는 이스라엘의 잃어버린 양외에는 다른 데로
보내심을 받지 아니하였노라 하신대'(마15:24)

자존심을 버린 이 여인에게 자비를 베풀어주셨으나 예수의 선교와 혁명의식은 당시의 심정으로 이방인이 아니라 유대의 본토였던 것이다. 아니라면 구태여 거절하는 바리새인의 눈총을 떠나 애시 당초 드넓고 인구 수효가 많은 이방인들에게로 가서 전도를 해야 옳지 않을까? 베드로와 바울이 로마로 간 것도 유대인의 잃어버린 本土人 10만 명을 위해 갔던 것이 분명하다.

예수께서 17년 동안 세계여행을 하면서 영성과 내공이 충만하여 결국 돌아간 곳은 갈릴리와 예루살렘, 고향과 당시 인구 100만이 안되는데 삼분오열된 안타까운 유대종교 역사와 암울한 민족의 고난 받는 현실을 보며 연민하는 마음으로 새 시대의 장을 열어보려는 의도였었다. 그러므로 어디까지나 본토에 대한 元始反本(원시반본)이 틀림없다. 예수께서 부활하신 후 갈릴리에 나타나 제자들에게 부탁하신 말씀이다.

'그러므로 너희는 가서 모든 족속으로 제자를 삼아 아버지와 아들과 성령의 이름으로 세례를 주고 내가 너희에게 분부한 모든 것을 가르쳐 지키게 하라 볼 찌어다 내가 세상 끝 날까지 너희와 항상 함께 있으리라 하시니라' (마28:19~20)

여기에 기록된 모든 족속은 일차 유대인 12지파를 의미함이다. 다른 이방민족에 대하여 애착하신 적이 복음서에는 없다.

(3) 異邦人(이방인)은 누구인가?

앞장에 말했듯 오늘날 地久村을 지배하는 문명은 두 가닥의 물줄기가 흐르고 있는데 그 첫째는 헤브라이즘(Hebraism)이며 또 하나는 헬레니즘(Hellenism)이다. 이 양대 문화는 종교라는 역사적 분위기를 옷 입고 발전하며, 전쟁과 평화를 경험하며 흘러왔다. 성경 창세기를 기준하여 6천 년 역사를 암기하며, 히브리 문명의 유대주의는 발전하였으며, 서기 1세기부터 바울과 베드로가 이방나라인 로마와 그리스에 선교를 전하는 바탕으로 인하여 교회가 로마의 승인을 받으며, 로마교회와 더불어 基督敎文化가 퍼져나갔다. 오늘의 개신교에는 플라토니즘이 많은 부분 스며들어있다.

　가장 결정적인 것은 예수께서 역사의 분수령이 되었다는 것이다. 지금 전 세계는 각자 자기나라의 전통적인 연호가 있어도 일차 서기 기독교 연호를 쓰는데 전 세계가 합의하여 서력을 사용하고 있으며, 1만 2천 8백여 년의 장구한 이 나라는 복음의 종주국이며 문명의 발상지인 한국에서까지도 1960년에 박정희는 국호인 연호를 없애버렸다.

　엄밀히 따져 말한다면 지구촌은 한 가족이다. 선민과 이방인이 차별이 없다. 유대민족이 쓸데없는 우월감으로 선민의식이 너무 강하여 그토록 만신창이가 되도록 멸망을 거듭하면서도 깨닫지 못하고 수메르문명을 이식하고 노아홍수설화를 그대로 베껴 놓고도, 일본인들처럼 역사 도둑질을 하고 오늘날까지도 神에 대한 信仰은 간곳없고 금융과 무기, 그림자 정부, 지하조직을 운영하며 피 흘리기를 즐기는 戰爭의 神을 부르는 저들은 장구한 역사적 뿌리로나 영적으로 보나 자신들이 이방인임을 아이큐 높은 저들은 분명히 알고 있다. 지구촌의 선민은 우리 고조선이며, 다시 말해서 여기는 종교와 문명 그리고 하나님에 대한 신앙의 발상지이며 동시에 종주국이다.

1) 朝鮮이란 말의 의미

　'朝'는 十=열 십(별 진) 日=날 일, 十=열 십(별 진) 月=달 월, 이 한자의 획들은 아침 조 字의 재료들이다. '열 십' 자는 '별 진' 자로도 병행하여 사용된다. 十字星 새벽별이 지는가 하면 아침 太陽이 솟아오르고 태양이 서산으로 지는가 하면 다시 십자성별이 빛나고 별이 빛나는 밤이 되면 뒤이어 찬연한 달빛이 하늘을 덮는다. 그러므로 위 글자를 아침 조, 비췰 조 자라 한다.

鮮은 魚=물고기 어, 羊=양 양, 鮮이니 고울 선, 뽑을 선, 자인데 우리 옛 조상들 중 물고기를 잡는 어부들과 양이나 염소를 기르는 유목민생활을 의미하는 것을 상징화하여 글자를 만들었다.

魚=물고기는 12궁도 관점에서 보면 로마시대의 상징으로 예수 그리스도의 상징이었다. 지느러미와 비늘 있는 날쌘 물고기는 거친 세파를 이기는 민첩함과 비늘은 전신갑주의 성도의 상징이다. (레위기11:9)

羊=양 양으로 예수는 어린양 제물이 되신 분이다. 양은 위장 주머니가 4개나 되어 아무리 거친 먹이도 새김질을 하며 발굽이 갈라져 세상과 구별된 삶을 살며, 순종의 제물이며 유순한 동물이다. 이러한 한자는 BC.2600년경 우리 동이족 선조들이 만들었는데 수메르문명에서 히브리문명으로 스며들었다. 유대의 제사제도나 제단의 그릇들이나 향로, 물두멍, 상차림, 등은 우리 제사 문화하고 똑같으며 제사장의 에봇까지 비슷하다.

2) 朝鮮이란 말의 영문초기 스펠링

朝鮮 = CHOSEN의 형용사는 ① 선발된, 선택한 ② 神에게 선택된 민족이라는 뜻이다.

3) 파리의 국립도서관에 소장되어있는

1375년판 그림에는 낙타를 탄 대상들이 천산산맥을 지나 〈거란-한국-옛 신라-프레스터 존(Prester John)〉이라는 제목으로 그림이 소장되어 있다. 전능하신 하나님을 믿던 신라왕국을 서구사람들은 '프레스터 존'의 나라라고 불렀다. 삼국통일신라의 국세와 기독교가 왕성했을 때의 것으로 사료되는 돌 십자가가 경주 불국사에서 수십 개가 발견되었다. 이는 중세기 아시아의 전설적인 왕으로 景敎(Nestorian, 경교)의 사제이며, 왕인 프레스터 요한이라는 사람에서 유래한 말이다.

(4) 韓國은 東邦(동방)의 빛

동방민족의 숨겨져 있던 비밀 역사가 있다.〈天符經〉,〈단기고사〉, 〈신단실기〉,〈조대기〉,〈제왕 연대력〉,〈삼성기〉,〈환단고기〉,〈규원사화〉,〈삼일신고〉,〈부도지〉,〈신지비사역술〉 등 민족의 찬란한 빛들은 조선의 성경이다. 강화도 마니산, 태백산, 한라산, 등 전국 명산에 천제단은 우리민족의 예배단이었다. 오리엔트 공역에서는 단군신전 4000년 전 신전터에서 막대한 재료들이 쏟아져 나왔으며, 놀랍게도 솔로몬 성전과 그 규모와 구조가 아주 흡사하다는 사실에 전 세계학계가 놀라고 있다. 더욱 놀라운 사실은〈우카리트(Ugarit)〉,〈라스 사므라(Ras Shamra)〉에서 발굴된 4천 년 전 왕궁도서관에서 토판에 기록된 문자를 구워서 만든 역사기록 15000장이 발굴되어 장기간에 걸친 해독 연구결과 마침내 판독에 성공하였는데, 이 토판의 기록역사는 우리나라〈환단고기〉의 단군, 우사, 운사, 풍백이 삼천군중을 거느리고 神市 즉, 하나님이 함께하는 나라를 건설했다는 기록이 고스란히 남아있음으로 역사와 더불어 하나님의 나라와 문명의 발상지인 우리 고조선의 영적인 신비가 전설이 아닌 비밀의 실체가 퍼즐처럼 맞아 들어가는 것은 우리 영혼의 메아리의 반향이다.

아브라함, 노아 할아버지 이전부터 우리민족은 유일하신 하나님을 섬기던 민족이었던 것이다. 라스 사므라에서 동방민족의 비사인 토판문서가 15000점 이상의 문서가 해독됨은 오랜 역사의 실체가 전설이 될까봐 인간의 지식이 극에 달하여 많은 사람이 빨리 왕래하는 번개같은 컴퓨터 시대에 (단12:4) 옛날 역사의 진실을 밝혀주신 것이다. 이러한 진리를 전설로 신화로 왜곡시키고 역사를 절단 내버린 왜인 **이마니시 류**와 그의 제자 조선인 **이병도**는 돌이킬 수 없는 죄인인 것이다.

수천 년 간을 머리에 녹이 슬어 썩을 대로 썩은 얼간이 지식인들은 우상숭배에 무속신앙, 기복신앙으로 천국 지옥타령으로 세뇌 박혀 강아지 아이큐도 안 되는 의식들은 격변이 일어나도 여전히 노아의 때와 소돔 고모라 때와 폼페이 최후의 날처럼 사고팔고 시집가고 장가가고 주식하고 도박하고 술 취하는 생활에서 벗어나지 못한다. 역사는 그렇게 흥하다가 망하고 앞으로도 역사와 종교는 그렇게 흥하다가 사라지기를 거듭할 것이다.

'이제 있던 것이 옛적에 있었고 장내에 있을 것도 옛적에 있었나니 하나님은 이미 지난 것을 다시 찾으시니라' (전3:15)

이 얼마나 이 시대에 딱 들어맞는 말씀인가?

(5) 성경으로 조명해보는 東夷族(동이족)의 원시반본

비잔틴 제국(Byzantine Empire, 395~1453) 기독교 수도원에 창세로부터 9세기까지의 〈과거 연월의 역사〉를 네스텔(Nester) 수도승이 기록한 〈(Georugios Hamarutoros)게오루기오스 연대기〉에 의하면 욕단 베렛 때에 시날 평지에 하늘에 닿을 듯 높은 탑을 40년에 걸쳐 공사를 진행하였는데 신의 분노로 거센 태풍으로 공사는 미완성으로 중단되고 사람들의 언어가 72개로 혼잡하게 나누어지고 全世界로 흩어지게 되었다. 이때에 노아, 셈, 야벳은 지역을 배정하고 셈족은 옛 뿌리를 찾아 동쪽을 주로 차지하였다.

제1 백두산, 아라랏(Ararat) 산은 하나님의 산을 뜻한다. 우리 선조들은 그 지역에 부도, 하나님의 뜻에 합당한 도시 나라를 건축하였다. 셈의 명령대로 〈천부경!〉 하나님의 3대 인침의 교육을 받았다. 그리고 구스의 아들 니므롯의 악행을 셈이 응징하여 니므롯을 쳐 죽였다. 그러나 급격한 인구증가와 함께 혼잡하고 거친 인류를 다스리기에는 불가능하였다. 제2 백두산 텅거리(Tengkeli)는 몽골어로 하나님의 산이라는 뜻이다. 또 박달산(Barkhdar Shian)은 하나님께 제사를 지내는 제단을 뜻하는 산이다. 〈삼국유사〉〈단군 일화〉는 그때 하나님 섬기는 족속들의 부도 즉, 하나님 통치도시 생활 설명이다.

1) 〈함경도 백두산〉

동방족속중 조선족이 해 뜨는 땅! 동쪽을 전진하여 본래 수메르문명의 시조의 원천인 중국대륙을 찾아 동반부에 살다가 서이 중국 족에 밀려 한반도로 후퇴를 하였다. 이와 같이 쪼그라든 근세 우리 민족들은 아라랏 산의 하나님의 산에서 예배했고 텅거리 산에서 하나님을 섬겼던 역사적인 사실을 日本, 中國의 반도사관과 황국사관의 왜곡된 학설을 그대로 받아들여 함경도 白頭山을 그대로 천산으로 착각하여 오늘에 이르렀다.

이는 오리엔트(Orient) 문명을 흐트러놓은 행위다. 이해를 돕기 위하여 다시 한 번 역사를 더듬는다. 재삼 언급하건대 히브리문명의 기원은 수메르문명의 뿌리에서 일어났고 수메르문명은 홍산 문명의 뿌리이며 홍산 문명은 우리 동이족, 백두산족의 장구한 신정국가였다는 것이며, 따라서 셈의 후손들은 본래의 뿌리를 찾아 원시반본한 것이다. 이러한 사실을 모르는 유대인들은 자기들의 뿌리를 모르고 太初의 역사 뿌리를 잊고 멜기세덱의 정체를 까마득히 잊어버리고 그 이름을 아예 언급도 않고 지금도 신의 뜻을 거스르고 戰爭神을 숭배하며 피 흘리기를 업을 삼고 있다. 이 유대주의를 수입한 한국교회 역시 유대주의를 벗어나지 못하며 종탑에 십자가만 걸었지만 구약시대에서 벗어난 것은 없다.

2) 禮拜(예배)의 變遷(변천)과 강화도 摩尼山 참성단

현재 인천광역시 화도면 摩=연마할 마 尼=중 니로 구도자가 도를 닦는다는 의미의 山(신성한 산)이라는 뜻의 이름이다. 이 산은 檀君(단군)께서 하늘에 예배를 올리기 위해 쌓은 것으로 7000년 동안 전해오는 제단이다. 사적 136호, 면적 5,603m 평방미터로 문헌기록에 의하면 단군께서 이 재단을 쌓고 하늘에 제사를 지낸 곳으로 나라의 전 국민이 알고 있던 곳으로 전해지며, 실제로는 단군에게 제사를 지내던 곳으로 고려, 조선시대에는 국가제사가 행해지기도 하였다. 즉, 단군이 366 가지에 이르는 나라 다스린 공을 세우면서 아울러 제천의 대례를 행하고 報本(보본: 생겨나거나 자라난 근본을 잊지 아니하고 그 은혜를 갚음)의 뜻을 드높였던 곳으로 전해진다. 이 제천의식은 1955년 전국 체전의 성화 채화를 계기로 부활되어 開天大祭(개천대제)라는 이름으로 지금까지 매년 양력 10월 3일 開天節에 거행되는데 그나마 천만다행이다.

3) 塹聖壇(참성단)은 역사적인 聖域(성역)이다.

민족의 제 1의 聖蹟(성적)으로 摩尼山 祭天壇(마니산 제천단)이라고도 하는 이 참성단에 대한 기록은 고려 때의 문헌 여러 곳에서 나타나고 있다. 고려 후기에 이 암이 엮었다는 〈檀君世紀〉에는,

'이 분이 단군이다. 제천 단을 쌓고(강화도 마니산에 있음) 三郎城(삼랑성)을 쌓으시다.(성이 강화 전등 산에 있고 세 아들을 보내어 쌓았기 때문에 '삼랑'이라함)'

라는 기록이 있다. 또 조선시대 학자 李種徽(이종휘)의 산문집인 〈수산집〉의 東史에는,

'제천 단은 강화도 마니산에 있으니, 단군이(穴口: 강화의 옛 이름)의 바다와 마니산 언덕에 성을 돌리어 쌓고 단을 만들어서 제천 단이라 이름 하였다. 제단의 높이는 17척으로 돌로 쌓아 위는 네모나고 아래는 둥글다. 위의 네모는 각 변이 6자 6치요, 아래는 둘레가 60자이다. 혹자에 의하면 마니는 강과 바다의 모퉁이라, 땅이 따로 동떨어지고 깨끗하며, 고요하여, 神明의 집이 된다.'

라는 내용이 있다. 이 기록을 통해 (제천단에 관한 연혁을 어느 정도 짐작할 것이다. 마니산(해발 468m)은 강화만의 간만의 차가 세계에서 가장 심한 곳으로 온 바다 潮水의 기점이라고 하는 대자연의 신비로움을 간직한 곳이다. 산세가 아름답고 가을단풍의 풍치가 빼어나 강화팔경의 하나로 꼽는다. 높은 산은 아니지만 918개의 지루한 계단으로 이어지다 정상이 보인다.

4) 참성단은 唯一한 檀君의 유적이다.

참성단은 大韓民國內의 유일한 단군의 유적이다. 1,000년 이상 마니산은 단군이 하늘에 제사를 올리던 예배 단으로 우리 의식 속에 자리 잡고 있다. 가장 오래된 기록은 고려 원종 5년 1264년에,

'왕이 친히 이곳에 올라 하늘에 제사를 올렸다.'

라는 기록과 또 〈高麗史〉에는 참성단을 두고,

'단군이 하늘에 제사를 지내던 단이라고 전한다.'

라고 기록하고 있다. 이로 미루어 원종 이전에 이미 참성단이 설치되었음을 말하고 있으며 광복 이후에 소개된 사서에 따르면,

'단군기원 51년 1264년에 왕이 친히 이곳에 올라 하늘에 제사를 지냈다.'

라고 기록하고 있어 이로 미루어 원종 이전에 제단이 건축되었음을 말해주고 있다.

마니산 참성단
By Ssnm1015 https://commons.wikimedia.org/w/index.php?curid=52561012

개천절 천제 [사진제공 강화군청]

(6) 우리의 할 일은 뿌리를 찾아가는 길이다.

인류문명과 모든 진리, 종교의 발상지인 우리 동이족은 우리나라 옛 桓國(환국)을 말함인데, 이 환국은 모두 아홉 족속으로 분류할 수 있는데 동이(東夷)의 종류는 동이의 9 겨레 혹은 9이(九夷)들이라 하였다. 옛날 동이 사람들은 얼굴 빛깔이나 옷 빛깔에 따라 여러 갈래의 겨레들로 나뉘었다.

① 누릉이(黃), ② 흰둥이(白), ③ 거무숭이(黑), ④ 푸릉이(靑)이고, 제1 백두산인 天山을 중심으로 한 동서남북의 방위에 따라 구별한 갈래들이 ① 양이, ② 우이(어이), ③ 방이, ④ 견이 인데, 이것들이 갈래를 합쳐서 동이(東夷)의 9겨레, 九族 혹은 간략하게 9이(九夷)라 한다.

또한 동이족이란 뜻은 梵語辭典(범어사전)에 의하면 'Tung-i', 'Tunga-i(뚱이, 뚱가이)란 우주만상의 이치에 통철한 지혜를 타고난 민족'이란 뜻이고 한민족이란 큰 민족, 한(韓)이란 즉, Khan=칸이요, 왕(王)이란 뜻이다.

중국의 역사서 〈禮記(예기)〉에는 동방을 이(吏)라 했는데 이 글자를 진시황의 입장에서는 오랑캐 이 자로 두려움의 대상이었지만 근원적으로 이 글자는 뿌리 근(根) 자와 동의어로 의미가 같은 것이다. 우리 배달겨레 동이민족은 적게는 6천년 앞 시대부터 지금의 중국 땅 전체를 개척하고 지배했었다는 사실이며, 지금의 중국 漢族(한족)이 중국 땅에 아직 들어오기에 앞서 우리배달, 동이겨레는 벌써 수천 년 전부터 중국 땅 전체를 개척하여 살았었다. 〈반역의 히스토리 참고 박인수 저서〉

영조 임금 때 학자였던 북애자의 〈揆園史話(규원사화)〉에는 다음과 같이 기록하였다.

'아득한 먼 옛날 옛적에 南北의 만주와 중국의 북부와 또 몽고의 일주가 이미 우리겨레의 농사짓고 짐승을 기르던 곳이었다.'

라고 기록하고 있는데 朝鮮이라는 글의 어원과 일치하는 게, 鮮와 魚(어)자는 밭 갈며, 물고기를 잡는 평화를 뜻하고 羊(양) 자는 뿔 돋힌 양이나 소 염소를 기르는 목축업을 의미하는 글이다.

고대 동이겨레의 갈래인 畎夷(견이)와 風夷(풍이)가 한밝산(백두산)이 있는 發朝鮮(발조선)인 發肅愼(발숙신)을 본 고장으로 하였으나, 세월이 흐름에 따라 그들이 나뉘어 東亞(동아)의 서 남녘으로 이주하여 살았다. BC.2300년에 기록된 〈山海經(산해경)〉이란 책에는 다음과 같이 기록된 글이 있다.

'북녘에 크고 넓은 더 거친 땅에 한밝산(백두산)이 있는데, 이 땅이 숙신나라(肅愼國)이다.'

이 숙신나라가 밝은 겨레 白族(백족)인 밝백성(白民)의 나라가 북녘에 있다. 그리고 이 숙신국에서는 오랜 옛날부터 8대의 왕들이 일어났다. 이 숙신국 +배달국에서 일어난 8대의 임금들은 BC.1세기에 지은 사마천의 〈史記(사기)〉와 AD.1~2 세기에 지은 반고의 〈前漢書(전한서)〉와 반광조의 〈綱鑑金丹(강감금단)〉에서는 분명하게 기록으로 남겼다. 다음 왕들은 전설이 아닌 실제이며 수많은 作家들과 詩人들과 道人들의 입술을 의탁하여 오르내리는 古代 우리나라의 왕들이다.

(7) 잊지 말아야 할 8대 임금들

1) 太昊伏羲 (태호복희)

하도낙서와 태극기를 만드신 분 BC.3528~3413

2) 炎帝神農 (염제신농)

백성들에게 농사짓는 법을 가르치신 왕 BC.3218~3978

3) 皇帝軒轅 (황제헌원)

BC.2692~2592 황제의 성은 공손이며, 이름은 헌원이며 젊을 때부터 총명하고 지혜가 뛰어나 미래를 예지하며 사물의 제도에 능통하여 의학, 의복, 화폐, 도량형, 음악세계를 통달하였고 천사들과 귀신들을 복종시켜 영적으로 뛰어난 왕이었는데 이를 三皇이라 한다.

4) 小昊金天 (소호금천)

BC.2598~2514 〈회남자〉, 〈시칙훈〉, 〈산해경〉, 〈서차삼경〉에 업적과 많은 설화들이 기록으로 남아있다. 이 왕께서는 고비사막을 횡단하여 수메르문명을 일으킨 분이시며, 히브리 문명의 基礎(기초)를 제공하신 왕이시다.

5) 顓頊高揚 (전욱고양)

BC.2513~2436 대륙의 전설적인 제왕으로서 전욱고양의 도읍은 대극성으로써 오늘날의 북경 서남쪽 周口店(주구섬) 부근이다. 이곳 대극성 주변의 지형이 마치 내몽골에서 발견된 玉龍(옥룡)과 그 형태가 유사한데 그 옥룡이 대극성의 형태를 축소한 모형으로 옥룡을 만든 사람들은 전욱고양 씨의 후예로서 옛 도읍 대극성을 잊지 않기 위하여 옥룡을 만들어 가정에 지니고 무덤에까지 넣어줬던 것이며, 그리고 전욱고양의 유전자와 후손임을 보존하기 위함으로 학자들은 추측한다.

6) 帝嚳高辛(제곡고신)

BC.2435~2367 그의 姓(성)은 姬(희)이고 이름은 俊(준)이다.

제곡의 아버지는 轎極(교극)이고 교극의 아버지는 玄囂(현효)이며, 현효의 아버지가 바로 황제다. 그의 어머니는 거인의 발자국을 밟아 제곡을 낳았으며, 그는 나면서부터 자신의 이름을 俊(준)이라 말했다고 한다. 어려서부터 총명하여 덕행이 고상하고 재능이 뛰어나 천하에 이름을 드높였다. 제곡은 105세까지 장수하며 70년간 통치하였다.

　＊ 참고문헌: 〈史記〉, 〈山海經〉, 〈帝王世紀〉, 〈呂氏春秋〉, 〈司馬遷〉, 등 많은 저서에 자세히 수록되어 전해지고 있다.

7) 요임금 (堯王)

　BC.2357~2259 요임금, 堯자에 임금王 자니 이 한자를 만들 때 아예 우리 동이족들은 요임금 堯자를 만들었던 것으로 임금의 덕과 백성을 사랑하는 인애함은 말로 다 할 수 없었다고 전해지며, 수많은 학자들과 독서가들은 구전으로 문헌으로 모르는 이가 없으니 공자의 입을 의탁하여, 노래한 詩 한편을 대신한다.

　〈이해〉 孔子가 말했다. 偉大(위대)하도다.

　위대하도다. 堯의 임금 됨이여!

　대단하구나! 오직 하늘만이 偉大(위대)한데,

　오직 요임금만이 그 하늘을 본 받았도다.

　그 덕이 넓고 넓어, 백성들이 할 말을 잊었도다.

　그는 업적을 이루었고 그의 문물은 찬란하게 빛나는구나.!

　＊ 오늘날 태평세월을 꿈꾸는 이들은 입버릇처럼 堯舜時代를 떠올림이 이때부터였다.

8) 순임금 (舜王)

　BC.2255~2208 순임금은 동쪽바닷가인 제풍에서 태어난 東夷사람이다. 대륙에서 聖君으로 또는 孝의 상징으로 추앙받는 순은 한족이 아니라 동이족이었다.

그는 어려서 어머니를 여의고 아버지의 후처밑에서 자라났다. 계모는 자기가 낳은 친자식만을 편애하고 순을 죽일 기회만을 찾았다. 그래도 순은 계모와 이복동생을 극진히 사랑하였고 효를 다하였다. 여러 차례 죽을 고비를 넘기면서도 계모와 이복동생의 卑行(비행)을 아버지에게 말하지 않고 인욕하며 효양하고 동생을 보살폈다. 그의 효행에 결국은 계모와 동생도 더 이상 순을 해치지 못하였으나 늘 그를 이유 없이 미워하였다. 그의 효행을 모르는 사람이 없었다. 그가 서른 살의 늦은 나이까지 결혼도 못하였고 오직 효성에만 몸을 바쳤다.

사방에서 제후들이 堯임금에게 그를 천거하였다. 그러나 堯임금은 바로 그를 등용하지 않고 두 딸인 娥黃(아황)과 女英(여영)을 순에게 시집을 보내 그가 집안일을 어떻게 다스리는가를 살피게 하였다. 또 아홉 명의 아들들로 하여금 그가 바깥일을 어떻게 해결하는가도 살피게 하였다. 순은 집안에서 근검절약을 실천했고 밖에서는 공정무사하게 처신하여 인망을 얻었다. 그런지라 그가 역산에서 밭을 갈면 농부들은 그에게 밭두렁을 양보하였고 강변에서 고기를 잡으면 그에게 잘 잡히는 자리를 내줬다. 그가 얼마나 정성껏 흙을 빚었으면 구운 질그릇들은 가운데가 터지거나 일그러진 그릇이 없었겠는가.

순의 집 주변엔 1년 만에 聚落(취락)이 들어섰고 2년째엔 고을이 커졌으며, 3년째에는 都市로 발전하였다. 그런데도 堯임금은 舜을 불러들이지 않았다. 다만 葛布(갈포)로 짠 베 한 필과 거문고와, 소와 양 몇 마리를 하사하고 창고를 지을 수 있도록 허락하였다. 완악한 그의 아버지는 그걸 보고서도 순을 죽이려는 마음을 버리지 않았다. 그는 창고 지붕에 올라가 흙 매질을 하는 것을 보자 사다리를 치우고 창고에 불을 질렀다. 그러나 순은 삿갓을 겨드랑이에 끼고 뛰어내려 목숨을 건졌다. 고수는 다시 순에게 우물을 파게 하였다. 그는 우물을 파면서 그 옆구리에 피신할 수 있는 구멍을 파두었다. 이복동생들은 그가 우물 밖으로 나오기 전에 우물을 다 메웠다. 그는 이번에야말로 순을 생매장

을 했다며 기뻐했다. 상은 아비에게 말하길,

"아버지와 어머니는 소와 양 그리고 창고를 차지하십시오. 저는 순의 두 아내와 거문고를 차지하겠습니다."

상이 순의 처소로 가서 그 거문고를 타며, 밤이 되기를 기다리고 있는데 순이 아무 일 없다는 듯이 돌아왔다. 깜짝 놀란 상은 어눌하게 버벅거리며 말하길,

"형이 죽은 줄 알고 울적해서 거문고를 타고 있었소."

그러나 순은 그를 欣然(흔연)하게 대했고 부모에게도 여느 때나 다름없이 효도를 다했다. 이러한 소식을 전해들은 堯임금은 그제서야 舜을 조정에 불러들였다. 그리고 다섯 가지 정사와 백관을 맡겨 그를 시험했고 그는 맡은 바를 훌륭하게 해냈다.

堯임금은 순에게 20년 동안 정사를 맡겨본 후에야 천자의 일을 섭정케 하였다. 舜이 섭정이 된지 8년 만에 요임금이 눈을 감았다. 그러나 순이 바로 임금의 자리에 오른 것은 아니다. 그는 요임금의 3년 상을 치른 후에 堯임금의 큰아들인 단주에게 양위하려고 하였다.

그러나 천하 만민이 요임금을 닮지 않은 단주에게 등을 돌리고 순을 따랐음으로 그제서야 겸허한 마음으로 임금 자리에 올랐던 것이다. 훗날 순임금의 뒤를 이은 우임금은 밖에 나갔다가 罪人을 보자 수레에서 내려 그를 붙잡고 울었다. 한 신하가 그 까닭을 묻자 우임금은 대답했다.

"요순시절의 사람들은 모두 堯舜의 마음으로 자기마음을 삼아 善良(선량)했는데 내가 임금이 된 후로는 사람들이 각자가 자기 멋대로 행하는 탓에 그 책임을 내가 통감하노라!"

이렇게 순임금은 三皇五帝(삼황오제) 가운데 마지막 군주로 聖君의 대명사로 요순을 함께 묶어 칭송하고 있는 것이다.

우리의 갈 길은

이러한 史蹟(사적)은 동방아시아 곧 동아의 시조 임금들이 모두 한밝산(白頭山)이 있는 배달, 숙신 나라인 倍達, 朝鮮(배달조선)나라에서 일어났음을 잘 알 수 있다. 예로부터 동방아시아에 대체로 4종족들이 있었는데 이는 東夷(동이), 南蠻 (남만), 西戎(서융), 北狄(북적), 등 4종족이 있었다. 이 4종족들의 특징은 〈前漢書(전한서)〉에 기록되기를 서융은 흉하고 남만은 교만하고 북적은 편벽되지만 東夷는 이들과 달리 성품이 유순하고 남만과 서융 북적보다 다르므로 孔子께서는 말하기를,

"中原(중원)에서는 자기의 사상이나 道가 실행되지 않음을 슬퍼하여, 뗏목을 타고 渤海(발해)를 건너가 동이겨레의 9이(九夷)에 살고 싶어 하였다고 전해진다."

공자가 뗏목을 타고 발해를 건너가 동이겨레의 九夷에 살고자하였는데 이 나라는 어진 교화가 있어서 하늘의 道를 펼칠 수 있는 까닭이었다. 우리 동이족은 武勇(무용)이 뛰어난 민족으로 夷자를 살펴보면 大=큰 대자에 弓=활 궁자니, 맨 먼저 훌륭한 활을 만들어 정확하게 과녁을 적중시켜 진시황은 이를 두려워하여 오랑캐 이자로 인식되었던 것이다.

(8) 東夷族이라 불리는 우리민족은 宗敎, 文明, 文化의 종주국

우리의 민족사는 桓因(환인), 桓雄天王(환웅천왕), 檀君(단군)을 중심으로 이룩한 배달국 건국으로부터 이어진 뿌리 깊고 장구한 세계최초의 장구한 역사를 지닌 민족이다. 배달국 이전에 환인의 還國이 있었음을 밝히 알아야한다. 배달국 건국은 10월 3일 개천절을 神市開天(신시개천)이라 하며 지금으로부터 5918년 전의 일이다. 그때로부터 배달겨레의 정통국조는 대 배달민족사 연표에 의하면 다음과 같다.

- 桓國(환국) BC.7198~3898
- 倍達國(배달국) BC.3899~2334
- 檀君朝鮮國(단군조선국) BC.2333~240
- 고구려-대진국-고려-조선-대한민국 임시정부-대한민국으로 맥이 흘러오고 있는 것이다.

(9) 종교의 발상지는 조선이다.

1) 기독교의 모태는 우리나라다.

앞장에서도 여러 차례 언급했듯 기독교는 히브리 문명도 아니고 헬레니즘도 아닌 태초부터 하나님을 숭배하던 우리 민족의 오리지널 民族宗敎다. 여러 권위 있는 선교사들과 신학자들 역사학자들이 공감하는 시각이다. 유대인의 舊約聖書에 기록된 제사제도, 제사장의 관, 에봇, 놋 제단, 물두멍, 제물, 陳設餠(진설병), 향불, 촛대, 굵은 베옷, 3일 장례식, 不淨(부정)에 관한 교훈, 등은 고대 우리민족의 천제단에서 행해지던 의식들이었다. 역사 깊은 우리민족이 유대인에게 빌려온 건 아니지 않는가. 이는 문화의식을 더듬어 올라가보면 퍼즐이 풀릴 것이다.

2) 佛敎, 석가모니(샤카족) 부처님은 어느 민족인가!

하는 연구가 많은 학자들을 통해서 밝혀지고 있다. 〈불교사전〉에서 化身佛(화신불)인 석가모니 부처님에 대해서는 두 가지의 특징을 묘사하고 있는데 온몸이 황금색이라 하였고, 머리에는 우리민족의 고대 풍속인 왕의 상투가 있었다고 하였으며, 황인종이었다고 전해진다. 석가모니 부처님은 인도의 드라비아계가 아니라 동이족이 분포하여 터를 잡은 네팔의 샤카무니 족에서 출생하셨다.

불교 대장경 〈釋迦氏譜(석가씨보)〉에는 부처님의 佛姓(성)을 瞿曇(구담), 甘蔗(감자), 釋迦(석가), 舍夷(사이), 日種(일종)이라 하였다. 釋迦譜(석가보) 계보에는 묘족의 후예라 했고 석가는 檀種(단종), 단군의 후예 刹帝利(찰제리)라 하였다. 이를 보면 석가의 氏族的 (씨족적) 근원은 舍夷(사이) 苗族(묘족), 찰제리, 등 여러 가지로 불리고 있다. 사이는 東夷(동이), 西夷(서이)를 의미한다.

특히 사이는 외국의 귀한 성씨로 알려져 있으니 인도의 原住民(원주민)도 아니고 '드라비다계'도 '아리아계'도 아니다. 외부에서 인도 근방으로 이주한 東夷나 西夷 일파로서 넓게는 알타이족이라고도 학자들은 추종한다.

3) 釋迦는 東夷族이며 단군의 자손

석가모니 붓다께서 단군의 후예임을 알리는 또 하나의 근거는 지구상에서 가장 권위 있는 〈옥스퍼드 대사전 509P〉의 기록이다. 'Dhanu Raja the name of one of the ancestors of Sikha-muni', 이 글은 '단군은 석가모니 선조 代 할아버지 中 한 사람의 이름'이라는 뜻이다. 여기서 Dhanu는 단군의 檀이며, Raja는 산스크리트어로서 임금, 왕, 혹은 君을 뜻하는 말이다. 실제로 네팔사람들이나 부탄 인들은 우리 몽고반점이 뚜렷하고 검은 머릿결이나, 피부색도 같고 골격도 같은 틀림없는 동이족임을 나는 현지에서 확인하였다.

4) 〈유란시아〉에서 설명하는 한의 아들들이 세운 문명.

이 책 〈유란시아〉에서는 중국이라고 언급하고 있지만, 앞 장에서 설명하듯이 그 당시의 우리 민족(동이족)의 영토는 중국 땅 전체를 개척하며 살아가고 있었다고 하였다. 그러므로 유란시아에서는 단지, 단순히 중국이라고 명시하고 있다고 짐작할 수 있다. 아래의 글은 〈유란시아〉에서 발췌한 것이다.

* 엔타이트가 이주하던 시기 동안, 중국인들은 이 세상에 있는 비교적 더 영적인 민족들 중의 하나였다. 상랑톤이 전한 하나의 진리에 대한 경배에 오랫동안 집착하였기 때문에 그들은 다른 종족들보다 가장 우위를 지킬 수 있었다. 진보적이고 발전된 종교에 의한 자극이 때로는 문화적 발전에 중대한 요소가 되기도 하는데, 인도가 쇠약해졌을 때, 중국은 진리를 최극 신(神)으로 모시는 한 종교의 활기찬 자극 밑에서 서서히 앞으로 나갔던 것이다. 〈유란시아 제 3부 유란시아의 역사 中 966P〉

* 시간 계산과 천문학 그리고 정부 운영에 대한 중국의 방법과 메소포타미아의 방법 일부가 비슷한 것은, 멀리 떨어져 있는 이 두 중심지들 사이의 상업적 관계로부터 기인되었다. 중국의 상인들은 수메르인 시대에 이미 육로를 통하여 투르케스탄을 거쳐 메소포타미아로 여행하였다. 이러한 교환은 일방적인 것도 아니었다. 〈967P〉

* 엔타이트들의 도래와 함께 시작되었던, 중국 문명의 발달기는 그리스도 이전 6세기의 엄청난 윤리적, 도덕적, 반(半) 종교적 각성이 이루어질 때까지 계속되었다. 그리고 중국의 과거의 진화에 대한 어렴풋한 기록을 보존하였으며 : 어머니 중심의 가족으로부터 아버지 중심의 가족으로의 전환, 농업의 확립, 농업의 발달, 산업의 개시─이 모든 것들이 연속적으로 전해진다. 그리고 이 이야기는, 다른 비슷한 설명들보다 훨씬 정확하게, 미개한 차원으로부터 우수한 민족이 훌륭하게 솟아오르는 모습을 보여준다. 이 시기 동안에 그들은 원시적인 농업사회로부터 보다 높은 사회적 체제로 발전되었는데,

그 체제는 도시들, 제조업, 금속 가공, 상업 교역, 정부, 기록, 수학, 예술, 인쇄, 등을 포함한다.

그리하여 황색 인종의 고대 문명은 여러 세기를 통하여 내려오면서 지속되어 왔다. 최초의 중요한 발전이 중국 문명에서 발생된 이래 거의 40,000년이 지났으며, 여러 차례 퇴보의 과정이 있었지만, 한의 아들들이 세운 문명은 20세기 시대까지 내려오는 계속적인 진보에 대한 온전한 그림을 보여줄 정도로 거의 모든 것이 전해지고 있다. 백색 인종들의 기계적인 발전과 종교적인 발전이 하나의 높은 체제를 이룩하고는 있지만, 가족의 충성심이나 집단적 윤리 또는 개인적 도덕성에 있어서는 중국인보다 뛰어난 적이 없었다. (970P)

〈유란시아 書 中 제 3부 유란시아의 역사 중에서, 네바돈의 천사장에 의해서 제시되었음〉

9장.
本心 本 太陽
大韓民國
(본심본태양 대한민국)

우리 古朝鮮의 성경 〈天符經(천부경)〉 하반부에 기록된 '본심 본 태양'은 다시 말해 온 세상의 모든 역사의 시원과 종교 문화의 發祥地(발상지)인 우리 대한민국의 해 뜨는 나라와 그곳에 뿌리를 내린 민족의 양명한 마음과 문화양식의 전통과 기운이다. 우리민족의 역사서중 몇 권의 秘書(비서)가 있는데 〈天符經〉과, 운초 계연수 선생의 기록인 〈桓檀古記〉가 세상에 나온 것과 〈符都志(부도지)〉라는 비서가 남아있는 것이다. 〈한단고기〉는 위대한 한국의 역사를 가지고 있는 비서이며, 총 5부로 나뉘어있는데 삼성기로부터 고려시대까지의 역사를 기록해 놓았다. 물론 그 시대 시대 사람들이 썼는데 그것을 계연수 선생이 모아서 〈한단고기〉라는 책으로 만들었다.

선생은 왜인들의 손에 殺害되어 압록강에 그 시신을 던져졌다. 그의 제자 이 유립 씨가 스승의 유언을 받들어 책을 세상에 내어놓았다. 〈한단고기〉에 따르면 우리나라의 역사는 5000년이 아니라 10000년이 넘으며, 나라는 삼성기 즉, 환국, 배달국, 단군조선으로 이어진다. 옛날에는 초등학교에서 단군역사를 배웠는데 박정희 정권이후로 檀君年號(단군연호)를 없애버리고 왜인 이마니시 류와 그의 제자 이병도가 역사를 절단내어버렸다.

우리영토는 엄청 거대했다. 옆으로는 5만 리, 위 아래로 2만 리였다. 환국시대는 7명의 왕이 통치하였고 여기서 환국이 끝나고 배달국이 시작되었다. 이 배달국 당시에도 환국시대보다는 세력이 약해지긴 하였으나, 그래도 이미 아시아의 절반을 차지하고 있던 엄청난 영토를 다스렸다. 환국시대는 총 18명의 대왕 환웅이 통치하였다. 그리고 18대 환웅 시대가 끝나고 檀君大王의 시대가 47대까지 이어져 통치하였는데 이것이 우리 고조선의 역사였다.

1. 符都志(부도지) 이야기

우리민족의 창세 신화인 〈부도지〉는 신라시대의 朴堤上(박제상)이 쓴 우리나라의 가장 오래된 史書이다. 지구촌 어느 민족에게서도 찾아볼 수 없는 심오하고도 놀라운 創世의 기록이며, 인류의 뿌리인 에덴동산에 해당하는 마고성이 파미르고원으로 추정하는데 단군의 뿌리에 해당하는 황궁 씨가 이주한 천산산맥에는 白頭山天池와 같은 이름의 같은 천지가 있다.

마고성은 마고가 사는 성으로 지상에서 가장 높은 성이며, 天符를 받들어 선천을 계승하였다고 한다. 성의 한 가운데는 天府壇(천부단)이 있고 사방에는 각각 堡壇(보단)이 있다.

천부는 천리를 숫자로 표현하여, 우주법칙을 설명한 것이며, 天符三印(천부삼인)이란 천지 本音을 본 뜬 것이다. 마고성은 지상의 가장 높은 곳에 있었다. 그리고 가장 오래된 성으로 전해진다. 마고 할머니의 전설은 민간신앙의 원조이며, 곳곳마다 전설이 많으며, 제단들도 많다. 옛적의 마고성은 실달성위에 허달성이 나란히 있었고 처음에는 햇볕만이 따듯하게 내려 쪼일 뿐 눈에 보이는 물체라곤 없었고 오직 (呂)(음율려)와, 흡(소리 음)만 하늘에서 들려오니 실달성과 하달성이 모두 이 음에서 나왔고 마고 또한 이 음에서 나왔다.

그리고 이 소리에서 모든 물질이 질서 있게 만들어졌다. 인간의 시조 마고도 인간은 소리가 원료라고 말한다. 우리나라는 소리의 나라다.(창세기 1장 참조) 우주의 律呂는 몇 번 부활하여 별들이 출현했다 하였으니, 빅뱅이나 우주 천지개벽이 몇 번 이루어져 우리 인간들의 역사는 가늠키 어려운 수많은 세월을 살아온 것이다. 성경의 6000년 역사는 아담 시대 이후의 기록으로만 해당되는 것이다. 현대과학의 유전공학은 최초의 인간은 여자였다고 말하는 이론은 맞는 말이 된 셈이다.

부도지 3장에서는 후천세계의 운이 열려 율려가 다시 부활하고 곧 響象(향상)을 이루니 聲(성)과 音(음)이 섞인 것이었고, 마고가 실달대성을 끌어당겨 천수의 지역에 떨어뜨리니 실달대성의 기운이 상승하여 水雲의 위를 덮고 실달의 몸체가 평평하게 열려 물 가운데에 땅이 생겨 땅과 바다가 나란히 늘어서고 산천이 넓게 뻗었다고 기록되었다. 이로 인하여 천수의 지역이 변하여 육지가 되고 또 여러 차례 변하여 水域(수역)과 地界(지계)가 다 함께 상하를 바꾸어 돌아가니 비로소 曆數(역수)가 시작되었다고 한다. 이것은 우주자연 이치를 계산하는 우리 민족만의 숫자 계산법이었을 것이다. 그러므로 氣, 火, 水, 土가 서로 섞여 빛이 낮과 밤, 그리고 사계절의 섭리를 구분하고 풀과 짐승을 살찌게 길러내니 모든 땅에 번성해졌다. 이 부도지 說話는 우리나라 영해 박씨 문중에서 보관되어 소중하게 전해지는 秘書(비서)로 우리의 상고사를 넘어 인류의 始原(시원) 역사서다.

구약성경 創世記 1장의 창조역사는 히브리민족의 기원이 되는 기초를 이루고 있는데 누차 분석하여 언급했듯 이스라엘역사는 수메르문명 이후 천 년이 지나면서 생겨났다. 그렇다면 모세가 기록한 창세기는 신의 음성을 받아 적은 것일까 아니면 솔로몬이 주변국의 문화들을 총 망라하여 잠언을 기록하듯 口傳으로 전해오는 설화나 傳說을 참고했을까? 이 부도지 이야기와 수메르문명은 깊은 연관이 있으며, 중앙아시아의 남동쪽 파미르고원으로 추정되며, 수메르문명의 기원은 이스라엘 나라가 생기기 천 년 전에 유프라데스 강과 티크리스 강 유역에 이미 도시를 이루고 있었고, 그 유적과 점토판의 해독된 내용을 조사한 연구 결과로는 우리 동이민족의 유전자로 학자들은 뜻을 모으고 있다. 미비한 점이 많으나 이 책을 끝까지 정독한 독자들이 목석이 아니라면 본 필자의 심정을 어느 정도 납득했으리라 믿는다.

'광명의 나라' '아침의 나라' 우리민족은 하나님을 예배하던 朝鮮(CHOSEN)으로 神에게 선택받은 자들이며, 天孫들이며, 세계에서 유일하게 開天節(개천절)인 하늘이 열린 날을 명절로 삼는 민족이다.

이러한 문화역사가 서양종교 일루미나티, 루시퍼, 태양신 종교가 예수교로 둔갑하여 쳐들어오면서 참 하나님은 밀려나고 오히려 우상숭배로 오인을 받고 십자가 형틀을 높이 달고 넓은 길로 치우치는 세계 WCC.(세계교회 협의회), 에큐메니칼(Ecumenical, 세계 기독교 연합)은 100% 일루미나티, 프리메이슨 수하의 노예들이며 표면상으로 평화를 가장하여 전 세계인을 속이는 사탄정부의 방충망이다.

100% 거짓 교회임을 명심해야 할 것이다. 이 큰 성 바벨론이 반드시 무너질 것이다. 이 에큐메니칼은 온 세계라는 의미의 그리스어로, 오이쿠메네(Oikumene)에서 유래한 말로 전 세계의 모든 교회라는 뜻이다.

2. 아시아(Asia)란 말의 始原(시원)

아시아는 육대주의 하나 동반구의 북부를 차지하는데 세계육지의 약 3분의 1에 해당하며—유럽 주와 함께 유라시아 대륙을 이룬다. 남북으로는 인도네시아에서 시베리아, 동서는 일본에서 터키 및 아라비아에 걸치는 지역이 포함된다. 우랄산맥, 카스피해, 캅카스산맥, 보스포루스 해협에 의하여 유럽과 갈라져 있고, 수에즈 지협으로 아프리카 대륙에 접해있다. 면적은 4439만 1162km 정도다. 고대 제국 앗시리아의 아카드어 '아스'는 日出 즉, 빛을 의미하며, 아시리아는 바로 이 아스에서 비롯되었는데 '해 뜨는 나라'라는 뜻으로 일본과 기원이 동일한데 일본어로 아사(朝=아침 조)와, 아시타(明日)라는 말로 아스에서 파생되었다고 논의를 모은다. 아스가 그리스어에 들어와 에게해 동쪽 이오니아 일대를 아시아로 불렀다.

(1) 아시아란 말의 시원

亞細亞(아시아)란 말은 처음, '첫 것'이란 말인데 '첫 녀' '처음여자' '아직 남자를 모르는 처녀'를 의미하며, 논밭을 갈 때에 첫 번 갈이를 하는 것을 아시갈이라 하고 두 번째 갈이를 재갈이 아니면 두벌갈이라 하고 죽을 끓일 때에도 첫 번째 끓일 때 아시 끓이기 빨래도 일차 빨래를 아시빨이라 하는데 이는 처음 첫 것을 일컬을 때 우리 朝鮮(조선) 말의 표현이었다.

그러므로 아시아란 처음 민족이란 말이 유력하다. 그리스인들은 동쪽에 있는 나라들을 가리킬 때에 사용한 아수는 (Asu=동쪽)이라는 뜻으로 語源은 아시리아 어에서 유래되었다고 한다. 그러므로 아시아란 古代의 東邦 오리엔트 문명을 가리켰던 것이다.

오늘날에는 우랄산맥과 카스피 해에서 동쪽으로 太平洋 연안에 이르는 유라시아 대륙의 중부와 동부의 전 대륙을 포괄한다. 지구상에서 가장 역사가 깊고 天孫民族(천손민족)으로 대륙을 지배했고 하늘 열린 날을 기념하여 개천절을 명절 삼는 민족은 전 세계에서 대한민국 밖에 없다.

아시아란 말은 그리스인들이 동방의 해 뜨는 나라를 칭할 때 그들 나라의 동쪽에 있는 나라들을 가리키던 아수(Asu)에서 유래했다는 학설이 타당하나 우리가 말하는 아시아란 言語의 의미는 즉, 처음, 첫 것을 아시로, 혹은 앗살이, 아예, 아주, 등으로 변천하였다.

3. 우리민족의 성경 天符經(천부경)

〈天 符 經〉

一始無始一 析三極無盡本

天一一　地一二　人一三　一積十鉅 無匱化三

天二三　地二三　人二三　大三合六 生七八九

運三四成環五七　一妙衍 萬往萬來

用變不動本 本心本太陽 昻明 人中

天地一 一終無終一

〈천 부 경〉

일시무시일 석삼극무진본
천일일 지일이 인이삼 일적십거 무궤화삼
전이삼 지이삼 인이삼 대삼합육 생칠팔구
운삼사성환오칠 일묘연 만왕만래
용변부동본 본심본태양 앙명 인중
천지일 일종무종일

＊ 현재 서점가에 얼굴을 계시하는 〈天符經〉과 천부경에 관한 密書(밀서)들이 서서히 빛을 드러낸 시기는 지난 Millennium(밀레니엄) 이후로부터였다. 유튜브가 발달하고 해외여행이 많고 고고학과 오리엔트 문명에 관한 연구가 증가하며, 기독교가 세속화되는 반면에 超宗敎와

비교 종교, 종교의 원형과 뿌리를 찾는 사람들이 부쩍 많아지며 동시에 〈환단고기〉, 〈부도지〉, 〈천부경〉에 관한 서적들 수십 종이 출간되기 시작하였으며 인터넷 역시 한 몫을 하였다.

현재 민간에 유포된 〈천부경〉은 한자로 표시된 81자의 문장이다. 이 귀중한 경전은 통일신라말기의 孤雲(고운, 고독한 구름) (崔致遠)최치원 선생이 우리나라의 古代文字로 쓰여진 글자를 현재의 〈漢字 天符經〉으로 옮겨놓은 것이다.

1) 천부의 이치가 전해진 脈(맥)

대 황조께서 얼(씨앗=뿌리)로써 천부의 뜻을 전해주신 이래 그 전승의 脈은 역대 단군시대의 〈天符印〉으로 그 후 〈천부원본〉이 古朝鮮 삼국 시대를 거쳐 여러 가지 형태로 계승되어 오다 통일신라시대에 이르러 최치원 선생의 깊은 관심으로 우리 민족의 밀서로 정착하여 남게 되었다. 그 후 〈天符經〉에 담긴 깊은 뜻은 고려, 朝鮮朝를 통하여, 현대까지 깊은 심법으로 전해오고 있다. 단군시대 당시의 堯임금에게 이 천부의 심법이 전해져 중국 대륙의 정신철학의 祖宗(조종)을 이루는 계기가 되었다. 그 뒤로 요임금은 舜(순)임금에게 순임금은 夏雨(하우)에게 천부의 이치를 전하였으며, 후대로 내려와 공자에게 이르러서는 이 뜻이 더욱 밝게 드러나게 되었다. 즉, 백두산족의 대성이신 공자께서는 백두산족의 經典인 〈大學의 혈구장〉과 〈中庸(중용)28장〉에서 천부의 원리와 이에서 비롯한 弘益人間의 이념을 다시금 후세에 전하여 밝혀놓았던 것이다.

2) 天符經의 歷史的 價値(역사적 가치)

이 〈천부경〉은 9000년 전부터 전해오는 인류의 가장 오래된 정신적, 역사적 유산이다. 그 내용은 그 어떤 정보보다도 미래적이며, 科學的이며, 찬란한 문화가 숨겨져 있는 가치 높은 경전이라는 것이다. 그 중 대표적안 정신은 聖統光明(성통광명), 宰世理化(재세이화), 홍익인간의 개념이다. 현재를 살아가는 현대인들이 무심코 사용하는 많은 기초 문화정보는 〈天符經〉과 천부경을 체계화한 내용들이 대단히 많다.

3) 天符經의 시대적 變遷(변천)

천부경	시대구분	민속놀이(예증)	역사적유물(예증)
씨앗(얼)	대황조 (한배검시대) 약 1만 년 전	곤지곤지 가위바위보	낙랑고분 벽돌銘文
天符印 원방각	檀君시대 약 5천 년 전	공기놀이 고누, 윷판	四神圖(사신도) 고구려강서 대묘, 고분벽화
81개의 수	약 3~4천 년 전 통일신라시대	장기, 바둑	三國史記 (삼국사기)
81자의 文字	통일신라시대 약 1천 년 전		신라 본기 진흥왕 37년

〈최치원 鸞郎碑序(난낭비서)〉

- 一始無始一(일시무시일) : 道란 하나요, 우주도 하나요, 나 자신도 하나다. 그러므로 하나로 비롯되되 無의 시작이며 무는 다시 하나로 돌아가는 알파와 오메가의 원리다.
- 析三極(석삼극) : 析=쪼갤 석=쪼갠다 함은 나눔이며, 한 끝이란 하늘과 땅과 사람의 이치다. 하나는 둘을 낳고 둘은 셋을 낳아 셋에 이르되 변화가 다함이 없어 天地人 즉, 하늘과 땅, 땅의 주인인 사람, 이 셋이 만물을 낳는다.
- 無盡本(무진본) : 하나는 천하의 뿌리이며 根本이다. 이것이 나뉘어 삼 극이 되고, 또한 삼 극이 되면 모든 이치가 이로 말미암아 큰 근본이 다함이 없는 것이다.
- 天一一 地一二 一人三(천일일 지일이 일인삼) : 이것이 곧 삼 극이며, 하늘은 하나를 얻어 하나가 되고 땅은 하나를 얻어 합하여 둘이 되고, 사람은 하나를 얻어 셋이 되니 그러므로 道는 하나이되 하늘에 있으면 天道가 되고 땅에 있으면 地道가 되고 사람에게는 人道로 나타난다. 그러나 나누면 삼 극이 되고 합하면 근본이 된다.
- 一積十鉅(일적십거) : 하나는 數의 비롯이며, 열은 수의 마침이다. 하나로 비롯하여 쌓아 열이 되면 크게 된다. 河圖(하도)의 열수는 천지조화의 근본이니 이치 또한 깊이 합하니라. 하나에서 열까지 쌓아 이로부터 나아감은 천만 가지의 변화가 그 다함이 없으되 다 삼 극의 변화로 인함이다.
- 無櫃化(무궤화삼) : 하나부터 열까지 쌓아 이로부터 나아감으로 천만 가지의 변화가 다함이 없고 이는 삼 극의 변화로 말미암음인 것이다.
- 天二三 地二三 人二三(천이삼 지이삼 인이삼) : 하나를 나누어 둘이 되는 것은 자연의 이치다. 하늘의 道는 陰陽의 이치이며, 땅의 도는 부드러움과 억셈이며, 사람의 道는 仁과 義 이니 어진마음과 옳은 정신이라,

- 大三合六 生七八九(대삼합육 생칠팔구) : 하나를 나누어 둘로 만들고 하나에 두 갑절 씩 곱하므로 여섯이 되고 하늘과 땅과 사람이 각각 그 둘씩 얻어 합하면 여섯이 되고, 이 여섯이 하나와 둘과 셋을 더하면, 일곱과 여덟과 아홉이 된다. 대개 數는 아홉이 되면 다시 돌아 그 쓰임이 다함이 없으니 아홉의 수는 천지조화의 작용이다.
- 運三四成環五七(운삼사성환오칠) : 셋이란 끝남의 근본이요, 넷은 셋으로부터 나오니, 이것이 근본의 변화다. 그러므로 셋과 넷으로 運行한다. 이러므로 여섯이란 삼 극의 크게 합침요. 일곱이란 여섯에서 나는 것이니, 이 또한 근본의 변화함이다. 다섯은 여섯의 먼저가 되고 일곱은 여섯의 뒤가 되므로 가락지를 이룬다함이니, 이미 여섯을 합침을 말하였고 또 가락지를 이룸도 말했으니 여섯을 말하지 않음은 뜻이 그 가운데 있기 때문이다
- 一妙衍萬往萬來 用變 不動本(일묘연 만왕만래 용변 부동본) : 중용에 이르기를 그 물건이 둘이 아니면 그 물건의 남을 측량할 수 없었다 하였으니 둘이 아니라 함은 하나를 말함이라. 이 하나의 묘한 옮김이 미루어 붙어서 다함이 없다. 흩어지면 한 번 가고 거두면 한 번 오나니, 간다함은 한 근본으로 만 가지가 다름이며, 이룬다 함은 만 가지가 다른 한 근본이니, 그 묘한 작용의 변화를 가히 측량하여 설명할 수 없으니 그 근본이 되어 부동의 근원인 것이다.
- 本心本(본심본) : 마음의 근본은 곧, 도의 하나에서 시작이라. 그러므로 사람으로 말하면 도의 근본은 또한 자기의 마음이다. 사람의 본심은 하늘의 마음이며 본시 밝고 양명한 것이다.
- 太陽昻明(태양앙명) : 마음의 광명이란 하늘의 태양과 같아서 비치지 않는 곳이 없어 어두운 지하실에서도 마음은 빛나는 것이다. 맹자가 이르기를 '사람의 마음에는 해와 달이 있어 반드시 비춰느니라.' 했는데 이는 道의 근본을 말함이다,
- 人中天地一(인중천지일) : 하늘과 땅과 사람은 하나다. 그 하나에

맞추어 三才가 되나니, 사람이 능히 그 본심의 하나를 잃지 않으면 천지만물의 근본이 나와 一體가 되므로 이른바 천하의 큰 근본을 세우는 이는 이것에서 얻음이다.

- 一終無終一(일종무종일) : 도의 원리란 하나의 시작으로 하나로 돌아가며, 그 시작은 곧 끝이요, 그 끝은 다시 시작이다. 하나로 마치되 마침이 없는 고로 공자께서는 이르시길 '나의 도는 하나로써 뚫는다.' 하였고 싯다르타는 '만 가지 법이 하나로 돌아간다.'라고 하였다. 老子께서는 '그 하나를 얻으면 萬事가 끝난다.' 하였으니, 이 알파와 오메가의 원리를 깨달았다 해도 그 심오한 원리를 筆舌(필설)로 남기는 것은 한계가 있다.
- 이 밖에도 〈天符經〉을 푸는 수리적 공식은 무궁무진하나 학식이 짧고 얄팍한 필자로서는 앞으로 더 공부하여 우리 경전에 애착을 가지려 한다.
- 〈天符經〉의 해석은 저자들의 견해와 학식에 따라 조금씩 異見이 있으나, 우리민족의 秘典(비전)이니 특별히 信仰人들은 꼭 관심을 갖고 읽어보길 권한다. 한자가 81자이며, 3×3=9, 9×9=81 어려운 글자가 아니니 〈옥편〉을 찾아가면서라도 주의 깊게 奉讀(봉독)하길 바란다. 특별히 문자주의 맹신으로 헤매는 오늘의 기독교인들의 눈이 뜨여 우리 성경인 이 〈천부경〉을 손에 잡는 기적이 일어나기를 진심으로 나는 기도한다. 〈천부경〉은 一始無始一(일시무시일) 다섯 자로 시작하여 逸終無終一(일종무종일) 알파와 오메가의 원형 무시무종의 영원성인 우주의 열쇠가 바로 〈천부경〉이다.

붓을 놓으며,,,

나는 밤마다 끝없는 우주를 유영하는 버릇이 있다.

평균 3시간 정도 잠을 자며 독서와 思索(사색) 육필원고를 쓰는 오래 습관은 나의 고독한 에너지이며 밤이 길어서 남긴 이 사연은 宇宙의 實體와 신의 실체와 연합하는 교신이다. 나의 의식은 누가 뭐래도 唯我獨尊(유아독존)이며, 乾坤獨步(건곤독보)의 觀音이다.

수많은 경험을 뒤로하고 이 至性(지성)의 門에 입문했다. 어렵게 우주의 市民權(시민권)을 얻어 한 발자국 딛는 셈이다. 나는 모든 종교적인 이데올로기를 떠났으며, 나는 기독교인도 아니며 불교인도 아니고 기술자도 아니며 철학자도 아니고 그 어떤 특별한 사람이 아니다. 예수는 나의 형님이며 스승이며 앞서가신 가이드이다.

나는 지금 상추쌈을 먹으며 담 너머로 푸성귀를 나눠 먹으며 哀慶事(애경사)에 얼굴을 내밀고 부둥켜안고 손을 잡는 弘益人間愛(홍익인간애)를 동경하며 컴퓨터 게임대신 윷놀이 판을 벌이는 사랑방으로 돌아가고 싶은 뒤쳐진 사람이다. 약자의 안타까움을 보며 그것이 보살의 아픔인줄 착각하고 오지랖은 부리던 마음도 버렸다.

宣敎도 의미 없고 봉사활동도 의미 없다. 사지가 멀쩡한 사람한테는 100원 쓰기도 아깝다. 나는 그냥 갠 날 흐린 날의 연속을 觀照하며 無差別(무차별)수용하며 살아간다. 누구의 동정도 필요 없고 투병중인 내게 지나친 연민을 보내는 것도 원치 않는다.

나의 공간을 명상센터라고 명명한 것은 구질구질한 프로그램 팔아먹는 전문화된 곳도 아니고 跏趺坐(가부좌)틀고 앉아 수염 기르고 도포자락 날리며 자아도취에 빠지는 곳이 아니며, 우리는 삶의 窮極(궁극)과 자신이 나아갈 길과 자연과 하나 되어 조화를 이루는 것을 중시 여기며, 修行이나 기타 행위를 절대로 강요하지 않는다.

나는 실제적으로 오는 사람 막지 않고 가는 사람 잡지 않는 삶을 살고 있다. 밤이면 理性(이성)의 메아리와 감정의 호소와 뇌리를 스치는 片鱗(편린)들을 모아 8년 동안 1200명 900명 400명 지금은 300여 명에게 음성편지를 아침마다 보내는 것이 교감의 일부분이며 텃밭에 채소와 약간의 藥草를 가꾸며 간혹 산에 올라 山野草도 채취하며 즐긴다.

이 글을 아내의 부탁으로 썼기에 우선 아내인 유미경 뮤지션에게 선물하기로 하며, 나의 歸納的(귀납적) 가치관이나 나의 주장인 하나복음〈Oneess Meditaion〉을 묻는 이에게는 나는 주저하지 않고 숲과 나무들 이야기를 펼쳐놓고 論語에 기록된 大海不棄淸濁(대해불기청탁)을 대신한다. 그리고 한 맺혀 입에 거품을 무는 이보다는 심각하지 않은 한가한 이들과 실없는 말질을 하며 밤늦도록 찻잔을 기울이는 복을 늘 기린다.

내가 가슴에 모시고 살아가는 그리스도의 인격과, 종교 장사꾼들과는 거의 만남이 없으며, 시작은 개신교에서 잔뼈가 굵어졌지만 지금은 별다른 모임인 멜기세덱의 반차인 오리엔트문명, 수메르문명, 東夷의 뿌리를 찾아가다 귀향한 本鄕은 환인, 18대 환웅, 47대 단군임금과 강화도 마니산 참성단으로 아브라함과 멜기세덱의 祭司長과 天孫의 복음, 그 뿌리를 찾아 나는 여기까지 거슬러 올라왔다.

이 책을 출판을 위해 헌금으로 협조하신 권유순님과 박효순님, 한정숙님, 한정자님, 임경심님, 물심으로 도우신 강진규 형제, 신금녀자매님, 나형석, 이명은, 이성은, 이유성, 도용락, 이수은에게 감사의 뜻을 기록하며 편집하느라 애쓰는 나의 아들 장윤과 나의 며늘아기 김상숙과 할아버지와 무언의 교감을 하는 손자 장인규의 이름을 여기 生命冊에 기록으로 남긴다. 그리고 특별히 나를 포용해주고 마음을 열어주신 구례 본향교회 손영호 목사(아우님)과 김기숙 사모님의 아낌없는 도움과 김영수형제와 민경희 자매의 영양타임으로 힘을 얻어 감사하며, 百科事典을 제공해주신 윤병 목사님과 순천의 구경오, 김보경님, 인도코끼리 나금채님과 김철한 사장님의 적극적인 도움과 나의 기관지를 돕느라 물심으로 애를 써주신 전주의 이안나님, 성재영 관장님과 박유경님과, 임진훈 선생과 아낌없이 주는 나무 박현춘 아우에게도 감사의 인사를 전한다. 명상음악을 듣도록 오디오를 제공해주시고 방을 꾸며주신 이홍식, 홍영숙님 진공오디오를 제공해주신 구경오, 김의숙 집사님의 성의에 감사의 뜻을 전한다.

혹여 보수주의 기독교인들이 이 책을 접하고 불쾌감을 느꼈다면 양해를 바란다. 나는 40여 년의 성서연구 끝에 여기까지 쉼 없이 의식이 進動(진동)하여 흘러왔고 지금 나의 에너지 상태는 들숨과 날숨만 남아있고 하나님의 법은 나의 마음이며, 성경은 나의 생각이다. 〈神師靈氣我心經(신사영기아심경)〉(히10:16~17) 나를 도우신 가브리엘님과 天地의 主宰이신 하나님과 그리스도의 임재 앞에 깊은 감사를 올린다. 漢字를 더러 첨부한 건 우리 동이문명의 뜻글이니 다만 한 두 자라도 우리 모임식구들이 익히길 바라는 마음에서였다. 필자를 물심으로 후원하신 명상가족 형제자매 여러분들께 감사를 드린다

'아브라카다브라!'
智異山 하나명상 센터에서 좁은 길 가는
장석열   2020년 7월

* 參考 文獻

成約成書
숨겨진 성서/ 월리스 반스토운
도마복음
숨겨진 영지주의/ 일레인 페이절스(Elaine Pagels) 著
제 2의 성서
바울 黙示錄
교회사
유대전쟁사/ 요세푸스 著
동방의 십자가/ 전흥상 著
Historioal Revolt(반역의 역사)/ 박 인수著
탈무드
조로아스터
가톨릭 백과사전
브리태니커 백과사전
기독교 罪惡史/ 조찬선 목사 著
그림자 정부/ 이리유카바 최 著
邪敎王國의 주역들/ 이일남 著
우주의 祕密/ 서천복 著
예수의 잃어버린 세월/ Elizabeth C. Prophet(엘리자베스.C.프로펫 著) 황 보석 옮김
한국의 종교연구
교회학/ 이청립 著
신화의 힘/ 조지캠벨 著
종교철학 개론/ 존획 著
행복한 섬/ 니체
지적설계/ 라헬
法華經
檀君記錄
부도지
天符經

* 기타 신문스크랩이나 뉴스자료들은 본문 중에 표기하였음.

진리의 근원 (眞理의 根源)

2020년 12월 4일 초판 발행

저자 장석열
펴낸이 장윤
표지 디자인 장윤, 김상숙
교정 유미경
교열 및 편집 장윤
펴낸곳 도서출판 청진
주소 충남 금산군 부리면 어재리 596-1
전화 041-752-1261
이메일 wkddbs@nate.com
등록 2010년 3월 12일 제 455-2010-1호

ISBN 979-11-89108-01-4 03210
정가 30,000원
저자와 협의로 인지 생략합니다.
파본은 구입처에서 교환해드립니다.
이 책은 저작권법에 의하여 보호를 받는 저작물이므로
무단 전재와 복제를 금합니다.